S. FISCHER

Liao Yiwu

DREI WERTLOSE VISA
und
EIN TOTER REISEPASS

Meine lange Flucht aus China

Aus dem Chinesischen von
Brigitte Höhenrieder und
Hans Peter Hoffmann

S. FISCHER

MIX
Papier aus verantwortungsvollen Quellen
FSC® C083411
www.fsc.org

Erschienen bei S. FISCHER

Satz: Dörlemann Satz, Lemförde
Druck und Bindung: CPI books GmbH, Leck
Printed in Germany
ISBN 978-3-10-397288-7

Der Winter kommt früh
unsere Bäume verdorren
kein Nährstoff mehr, Göttern zu weih'n
so friert uns die Zeit übers Haar
grauen allmählichen Firn
rissig die Haut wie das Schildpatt der Felder
der Winter ist da
wir lieben den Schlaf
das Herz ist müd
das Blut ist müd
wir schlafen unter dem Schnee
in so einem Land
bleibt nur der Schlaf

Li Bifeng

Im Spätherbst 2011 kam aus China die Nachricht, dass Li Bifeng, Untergrunddichter und politischer Gefangener des »Vierten Juni«[1], unter dem Verdacht der Fluchthilfe für Liao Yiwu von den Behörden in China festgenommen worden ist, nach Verhören, die beinahe ein Jahr dauerten, wurde er schließlich aufgrund einer haltlosen Wirtschaftsanklage zu zehn Jahren verurteilt. Das ist seine dritte Umerziehung durch Arbeit mit einer Gesamthaftzeit von zweiundzwanzig Jahren.

Dieses Buch ist ihm gewidmet. Wenn es für die Nachwelt erhalten werden kann, wird man sich für immer an diese vom Schreiben besessene Ameise in ihrem dunklen Kerker erinnern.

Inhalt

ERÖFFNUNG

DIE WUNDEN DER VERGANGENHEIT SOLLEN RUHEN

DIE NATIONALE SICHERHEIT VOR DER TÜR

»DIE AUSREISE DIESES MANNES ALARMIERT DIE WELT«

SCHLUSSKAPITEL

ERÖFFNUNG

Über den Grenzfluss

Es gibt Tage, die ein Leben lang in Erinnerung bleiben.

Zum Beispiel der 11. Januar 1992 – ich saß nach wie vor im Untersuchungsgefängnis von Chongqing, der Wachmann ging wie immer auf dem Flur des zweiten Stocks hin und her, plötzlich, wie ein blitzendes Schwert, sauste ein heftiger Windzug herab. Ich zog den Kopf ein wie eine Schildkröte, spürte aber etwas auf meinem Schädel, eine Rote Spinne, erbsengroß, war vom Wind herabgeweht worden.

Ich nahm sie herunter, legte sie auf die Handfläche und flüsterte ihr gerade zu, wie sehr mir hier alles auf die Nerven geht, da öffnete sich donnernd das elektrische Eisentor, jemand rief »099«, ich ging raus auf den Hof, und das gut zehn Zentimeter dicke Außentor aus rostfreiem Stahl öffnete sich ebenfalls. Ich musste die alte Anklageschrift aushändigen und erhielt aus den Händen der Gefängnispolizei eine neue Anklageschrift. Die alte Anklageschrift hatte acht »in einem gesonderten Fall zu behandelnde« Angeklagte umfasst, jetzt war ich der einzige Angeklagte – das heißt, aus einer besonders großen konterrevolutionären Gruppe war auf einmal ein einfacher Einzelfall geworden. Ich war kein »Rädelsführer« mehr, und mein Strafmaß fiel nach dem »Strafrecht der Volksrepublik China« von über fünfzehn Jahren auf unter fünf.

Über die Rote Spinne heißt es im Gefängnis, sie bringt Glück und selbst Todeskandidaten würden, wenn sie eine finden, eine unerwartete Urteilsrevision bekommen. Der französische Philosoph Foucault hatte einmal gesagt, jeder sei eine Spinne im Netz der Staatsmacht, der er nicht entkommen könne.

Dann der 31. Januar 1994, an dem ich aufgrund eines Appells mehrerer internationaler Menschenrechtsorganisationen und des englischen Premierministers Major dreiundvierzig Tage vor der Zeit freigelassen wurde.

Ich erklärte dem Gefängnis gegenüber immer wieder, ich wolle kein abgebrochener Student sein, ich wolle ein Diplom für mein vierjähriges Grundstudium an der Gefängnisuniversität, doch ich musste gehen.

Und dann kehrte ich in meinen Heimatort zurück, ließ mich scheiden und geriet in die Unterwelt. Die Zeit fliegt, die Dinge bleiben, die Menschen verändern sich, meine Augen wurden schwächer, aber immer wieder im Leben gibt es ein neues »und dann«.

Mein jüngstes »und dann« kam am 2. Juli 2011, als ich den Grenzfluss zwischen China und Vietnam überquerte.

Morgens um 9 Uhr 45 verließ ich das Hotel »Der Osten ist rot«. Gemäß der geheimen Verabredung war ich pünktlich um 10 Uhr an der Grenzkontrolle. Alles in allem waren da nur ein paar vereinzelte Reisende und hinter einem Schalter ein Fettsack mit Brille, der mir nach einem sekundenlangen tiefen Blick in die Augen, mir sträubten sich schon die Nackenhaare, endlich einen Stempel auf meinen Pass knallte. Als ich nach dem Sicherheitscheck mein Gepäck aufnahm, wurde ich puterrot und schwankte wie ein Betrunkener hin und her. Eine ganze Weile konnte ich nicht mehr richtig geradeaus gehen, in der Mitte der Großen Chinesisch-Vietnamesischen Brücke bekam ich weiche Knie und mein Bein knickte weg. Ich hielt mich am Geländer fest, stützte mich ab, Schweiß lief mir aus allen Poren. Die Ströme um meine Fußsohlen waren röter als Blut, wie ein Bajonett zog mir die Sonne nach Osten gehende Wunden. Auf einmal sah ich meine vor Jahren verstorbene Schwester mit ihrem langen Zopf und ihren großen Augen; dann meinen Vater, in jungen Jahren und in westlichem Anzug, im Alter mit Mütze; ich kniff die Augen zu, aus dem Wirbel von Erinnerungen an Schwester und Vater stiegen noch zwei Onkel mütterlicherseits auf. Den älteren von beiden, der im Krieg geflohen war, hatte ich niemals getroffen, er versteckte sich hinter dem jüngeren, der als Kriegsverbrecher ins Netz gegangen war, wie in diesem Augenblick der Mond hinter der Sonne – und die Sonne wurde in diesem Augenblick zur großen Sphinx vor der Cheops-Pyramide, riss ihr blutrünstiges Maul auf und stellte ihre Frage: »Am Morgen geht es auf vier Beinen, am Mittag auf zwei Beinen und am Abend auf dreien – was ist das?« Ich wusste es: ein Mensch, ein Lebewesen, das, solange es voranschreitet, auf viele Rätsel wie dieses aus alter Zeit trifft, aber selbst wenn du falsch antwortest und wegen der falschen Antwort rettungslos verloren bist, wird die Sphinx der Sage dich dennoch nicht fressen. Dreht man es jedoch um, würde aus demselben Rätsel ein »Am Morgen geht es auf drei Beinen, am Mittag geht es auf zwei Beinen, am Abend auf vieren« – unmöglich. Ich war jetzt dreiundfünfzig Jahre alt, unmöglich, noch einmal »umzukehren und sich anders zu besinnen«, weder der liebe Gott noch die Kommunistische Partei erlaubten mir, hier und jetzt noch mal »umzukehren«.

Geschäfte mit der Unterwelt

Im schweren Schatten der Sonne gingen die Verstorbenen dahin wie Schnee; ich folgte ihnen über die dreihundert Meter lange Brücke, erreichte die vietnamesische Grenzstation Lào Cai. Als ich aus dem Gebäude herauskam, stand ich immer noch ein wenig neben mir. Ich ging die Treppe hinunter und Liu, mein Helfer aus der Unterwelt, kam direkt auf mich zu.

»Und?«, fragte er.

»Alles gut«, antwortete ich.

Es war das zweite Mal, dass ich diesen Grenzfluss überquerte. Von der Panik ein wenig erholt, suchte ich mit Liu ein Straßencafé für einen typisch vietnamesischen, gefilterten Eiskaffee auf. Ich schaute mich in alle Richtungen um, grub, ohne Zeit zu verlieren, aus den Tiefen meiner Reisetasche mehrere Bündel Renminbi[2] heraus und zählte sie sorgfältig durch. Liu nahm sie in Empfang und setzte das Zählen fort. Als das Geschäft dann augenscheinlich zu beider Zufriedenheit abgeschlossen war, sagte ich lachend: »In Ihrem Metier lässt sich wirklich leicht Geld verdienen.«

Liu sagte: »Ja, Scheiße, von wegen leicht. Von den vierzigtausend Yuan hier will der Dickwanst, der Sie über die Grenze gelassen hat, dreißigtausend, bleiben zehntausend, die gehen noch einmal durch zwei. Da kann man nichts machen, mein lieber Schlammbeißer, im Schlamm und im Wasser, da geht eins ins andere, und ein bisschen was braucht man ja auch zum Leben.«

»Dieser fette Kerl ist aber ganz schön gierig.«

»Er ist beim Staat und geht ein ziemliches Risiko ein.«

»Das Risiko, mich durchzulassen, kann doch unmöglich so groß sein?!«

»Nicht ganz so groß wie bei Drogen und Schmuggel.«

»Wow, das lässt der auch alles durch?«

»Mit Geld geht alles. Gib dem Dickwanst eine Million und er lässt dir jeden Mörder durch.«

»Und wenn was schiefgeht?«

»Wird er vermutlich auf einen anderen Posten versetzt, bekommt einen Vermerk, wird abserviert, schlimmstenfalls sitzt er ein Jahr im Knast. Aber wenn man über Nacht reich werden kann, ist das auch zwei Jahre Knast wert.«

»Gar nicht so schlecht die Korruption, Korruption macht mutig«, staunte ich anerkennend. »Der Vorsitzende Mao sagte, die Geschichte wird von mutigen Helden gemacht.«

»Ohne Korruption keine Freiheit«. Liu schaute auf, fixierte mich ein paar Sekunden und stopfte die zweimal gezählten Geldscheine in seine Armeetasche, »ich verstehe, was Sie meinen«.

Ich wurde unbeschreiblich traurig und fischte noch mal zweihundert Kuai für ihn heraus, doch Liu sagte rasch: »In der Unterwelt gelten Regeln der Unterwelt, bezahlt wird, was vereinbart ist.« Daraufhin stand ich auf und dankte ihm wie ein Gelehrter in früherer Zeit, ich verbeugte mich mit den Händen vor der Brust: »Den Dank für ein Leben kann niemand je geben.«

Liu sprang bestürzt auf: »Warum denn so ernsthaft! Tun Sie das nicht, mein Herr, beschämen Sie mich nicht.« Der vietnamesische Wirt, der das alles verfolgt hatte, kam unter seinem Sonnenschirm vor und murmelte etwas vor sich hin. Liu übersetzte für mich: »Der Chef ist sehr bewegt, er sagt, Ihre Verbeugung hat ausgesehen wie bei einer Lehmfigur im Konfuziustempel am Fluss Nanxi.«

Die Sonne erreichte allmählich den Zenit, trotz eines Gewitters in der vorigen Nacht war es wie in einem unsichtbaren Dampfkochtopf, ich hatte das Gefühl, mein ganzer Körper dünste den Geruch von gegartem Fleisch aus. Der vietnamesische Cafébesitzer rief uns mehrfach hinein, doch wir lehnten höflich ab. Dann überquerten wir den großen Platz, um in einem Telefonladen eine Handy-Karte zu kaufen. Liu verhandelte eine halbe Ewigkeit stotternd auf Vietnamesisch, doch der Verkäufer nutzte die Gelegenheit aus und wollte nur Handy und Telefonkarte zusammen verkaufen. So zückte ich dreihundert Yuan und erstand ein Nokia Version 5, so groß wie ein Entenei, auf dem Bildschirm erschien eine abstruse vietnamesische Umschrift. Diese Schrift hat angeblich erst eine Geschichte von gut hundert Jahren, französische Missionare haben sie nach der Aussprache der lokalen Urbevölkerung für französische Leser geschaffen, davor war Chinesisch die offizielle Schrift in Vietnam.

Mit meinem vietnamesischen Telefon rief ich Tienchi in Deutschland an, sie freute sich sehr und schrieb sich meine Nummer auf. Ich bat sie, schnellstmöglich den verantwortlichen Lektor beim S. Fischer Verlag Peter Sillem, meinen Übersetzer Su Qin und meinen New Yorker Agenten Peter Bernstein zu informieren. Tienchi sagte, das werde sie auf jeden Fall tun und wir sollten von nun an ständig in Kontakt bleiben. Mein zweiter Anruf galt Liu Wenxian in Taiwan, ich hatte aber kaum ein paar Sätze gesagt, schon war mein Guthaben aufgebraucht. Also kramte ich eben meine vier Handys aus China heraus, viermal das gleiche Nokia, ich nahm eins und simste einer Reihe von Leuten. Mittlerweile wurde man von der Hitze nahezu frittiert, der Boden schien wie kochendes Chili-Öl, überall quollen Blasen. Liu hockte unter dem Rand einer Treppe wie ein Stück Koks, aus dem schwarzer Rauch steigt. Zum Glück war der Grenzfluss noch in der Nähe und ich hatte noch ein schwaches Netz.

Ich sah Lius fragenden Blick und erklärte: »Mein offizielles Handy ist aus, die Batterie raus, vor zwei Tagen habe ich das letzte Mal damit bei der Inneren Sicherheit angerufen und nachdrücklich ein Gespräch beim Tee gefordert, was aber abgelehnt wurde. Die drei geheimen Handys nutze ich jeweils nur in eine Richtung.«

»Puh, Sie sind mir ja vielleicht so ein Meisterspion!«

»Wo gäb's denn heute noch Spione?«

»Ich bin 1979 während des Chinesisch-Vietnamesischen Kriegs[3] geboren, mein Vater war Grenzsoldat und beim Verteidigungskampf im Laoshan-Gebirge dabei, da wurden eine ganze Menge vietnamesische Spione gefangen genommen. Die haben spioniert, Minen gelegt, gemordet und gebrandschatzt, die sind vor nichts zurückgeschreckt.«

»Alte Kamellen. Schätze, Ihr Vater war ebenfalls Spion, nur für China, und ist auch vor nichts zurückgeschreckt.«

»Als mein Vater aus der Armee kam, war der wechselhafte Chinesisch-Vietnamesische Krieg noch nicht zu Ende, aber mein Alter schaffte jede Menge Gewehre und Munition von seinen Kameraden nach Hause und verkaufte sie gut. Das hat Schule gemacht bei den Veteranen in den Grenzdörfern des Bezirks Wenshan, die Unterwelt hat im ganzen Land Wind davon bekommen und man machte höllisch viel Geld, es gab aber auch immer mehr Mordfälle, bis zuletzt die Regierung ebenfalls Wind davon bekam und Runderlass um Runderlass ausgab, an die tausend bewaffnete Polizisten durchforsteten im Umkreis Haus für Haus nach Waffen, am Ende kam es zu ausufernden Straßenkämpfen. Einen Tag und eine Nacht gab es in unserem Dorf Gefechte, sogar Flammenwerfer haben sie eingesetzt. Die Hälfte der erwachsenen Männer wurde erschossen, die andere Hälfte verschwand im Gefängnis, die Witwen mussten für die Familien sorgen.«

»Ist Ihr Vater auch erschossen worden?«

»Bei meinem Vater wurde ein Lendenwirbel getroffen, er saß dann im Rollstuhl.«

»Nicht schlecht, nicht schlecht, wie der Vater, so der Sohn.«

»Ein Unterschied wie Tag und Nacht. Mein Vater war zwar dann behindert, aber der hatte immer noch eine Power, dagegen kam ich nicht an.«

Der vietnamesische Reiseführer

Wir knabberten in einem fort an Wassermelonen, tranken Kokosnusssaft und zerkauten geschabtes Eis mit Saft, um unsere innere Hitze zu reduzieren, aber an den Mundwinkeln entstanden immer wieder neue große Hitzeblasen. Nach einer Weile fand Liu in der Umgebung des Platzes der Provinzregierung von Lào Cai einen inoffiziellen vietnamesischen Führer, der die Sprache Yunnans konnte.

»Herr Ruan, Herr Liao«, machte Liu uns bekannt, »aber der Einfachheit halber nur Ruan und Liao.«

Ruan saß auf einem in Chongqing produzierten chinesischen Motorrad der Marke *Jialing River*, Liu forderte mich auf, ihm zweihundert Yuan für seine Dienste zu geben, und Ruan schoss mit uns beiden, einer eng an den anderen gepresst, zum Bahnhof im Stadtzentrum, keine zehn Minuten und wir waren da. Die Zeit war gleichermaßen schnell rückwärts gerast, ich fand mich wieder Ende der 1970er Jahre, in einer Kreisstadt in meiner Heimat Sichuan, das Alltagsleben der Leute vor Ort spielte sich ganz und gar im Umkreis eines Bahnhofs wie in einem verblassten Farbfilm ab. Ein viereckiger Platz, gerade zwei Basketballfelder groß, rechter Hand die Straße aus der Stadt, linker Hand der Haupteingang des Bahnhofs, drei Stufen, drei Steinpfeiler, zwei Stockwerke. Ruan stellte sein Fahrzeug ab und brachte uns zum Fahrkartenverkauf. Es war Mittagszeit und der Fahrkartenschalter hatte geschlossen, worauf Ruan einen mordsmäßigen Aufstand machte und eine ältere, für vietnamesische Verhältnisse erstaunlich dicke Frau aufschreckte, die im Wind eines elektrischen Tischventilators vor sich hin döste. Ich überreichte wie verlangt zweihundert Yuan, sie fingerte aber nur ein Stück Papier heraus, kritzelte ein paar unleserliche Zeilen auf Vietnamesisch, dann berechnete sie die Fahrkarte. Ich zeigte mich etwas irritiert, Liu jedoch sagte immer wieder, »is' okay, is' okay, stell fürs Erste einfach dein Gepäck hier ab, Punkt acht solltest du wieder hier sein«.

Nach dem Mittagessen legte Liu seine Faust zum Gruß in die andere Hand und verabschiedete sich. Anschließend zeigte Ruan mir die Stadt, und obwohl dieses Lào Cai sich eine Provinzhauptstadt nennt, waren wir mit dem Motorrad in einer halben Stunde durch. Ruan war der festen Überzeugung, ich sei ein Spieler, und schleppte mich in ein Kasino in französischem Stil, das nur durch eine Wand vom Konfuziustempel getrennt war und von außen aussah wie eine Kirche, es gab ein Kreuz und eine Statue der Heiligen Mutter Maria, und überraschenderweise standen neben der angelehnten Eingangstür außerdem zwei Wachmänner mit Gewehr, deren Mützen und Uniformen angesichts der unglaublichen Hitze unglaublich akkurat waren. Ich reckte den Daumen nach oben, dennoch führten sie unbeirrt eine Leibesvisitation durch.

Ruan sagte: »Da drin sind lauter wichtige Kunden, die gewinnen oder verlieren in ein paar Stunden Millionen, deshalb hat die Sicherheit oberste Priorität.«

»Vietnamesische Dong[4]?«

»Renminbi.«

»So reich sind die?«

»Chinesen haben Geld, in Lào Cai gibt es an die hundert Kasinos in allen Größen, alles für euch.«

»Hey, aber auf beiden Seiten des Grenzübergangs gibt es doch Aufschriften ›Grenzübertritt zum Zwecke des Spielens streng verboten‹.«

»Die meisten Spieler kommen mit dem Schiff, wenn sie genug haben, fahren sie wieder zurück, die müssen nicht durch die Kontrolle.«

Ich wollte schon fast sagen, »im letzten Jahr bin ich auch noch mit dem Schiff gekommen«, aber dann sagte ich doch lieber: »Gehen wir rein!«

Ruan schüttelte den Kopf: »Ich kann nicht. Wir Einheimischen werden eingesperrt, wenn wir spielen.«

»Nur kiebitzen geht auch nicht?«

Kaum gefragt, streckte der Wachmann schon seine Arme aus, trennte Ruan von mir und ließ mich rein.

Drinnen war es wie im Kunstmuseum, die gewölbte Decke des Saals war bedeckt mit alten westlichen Ölgemälden. Wellen einer leichten Kühle trafen mich, wahnsinnig angenehm. Ich schaute mich um, auf einmal stand eine junge Frau neben mir, weiße Kleidung, kurzer Rock, und reichte mir ein Glas Mineralwasser mit Eis, sie sprach mit silberhellem Beijinger Akzent: »Mein Herr, hier entlang bitte.«

Ich wurde zu einer Service-Theke gebracht, ein Bediensteter mit schwarzer Fliege strahlte mich an: »Mein Herr, wie viele Nima wollen Sie eintauschen?«

»Was sind Nima?«

»Das sind die Jetons, bei uns heißen sie Nima.«

»Ist es möglich, dass ich mich erst einmal umsehe?«

»Ja, sicher. Ganz wie Sie möchten, mein Herr.«

Ich hatte in meinem ganzen Leben noch nicht gespielt, selbst mit Mahjong hatte ich, der ich mit Sichuan aus einer Mahjong-Gegend kam, noch nie zu tun gehabt. Hingegen habe ich »Zhongzhong, der Spieler« geschrieben, dem ein alter Freund als Vorlage diente. In der Geschichte kontert der Kerl, nachdem er drei Tage und Nächte ununterbrochen gespielt hat, einmal damit, dass er nur um Geld spielt, aber ich um mein Leben. Jetzt ging mir der Satz wieder durch den Kopf, hätte ich die Grenzkontrolle nicht glücklich passiert, hätte ich dann noch einen Weg bis zum Ende gehen können? Mit solchen Gedanken schlenderte ich hin und her, kam an Dutzenden einarmiger Banditen vorbei, jeder einzelne Spieler war völlig absorbiert, von Zeit zu Zeit ein Rattern und Scheppern und ein großer Haufen Jetons pladderte aus dem Arsch eines tutenden einarmigen Banditen und löste einen regelrechten Veitstanz aus. Der größte Roulettetisch, an dem reihum einige Dutzend Leute spielten, stand genau in der Mitte der Halle. Natürlich gab es auch Pokerspieler mit unbewegtem Pokerface, in einem kleinen Raum hinter einer Glasscheibe wurde getrunken und es wurden Zigarren geraucht, Wolkenberge und Nebelschwaden, alles sah frei aus und gelöst, aber in einem Augenblick waren Hunderttausende gewonnen oder verloren.

Das Fräulein mit dem kurzen Rock klebte wieder an mir: »Mein Herr, wollen Sie Ihr Glück nicht versuchen? Richten Sie sich ruhig häuslich ein, Verpflegung und Übernachtung sind kostenlos.«

Ich machte eine Geste des Bedauerns: »Es tut mir sehr leid. Ich muss bald weiter nach Hanoi.«

»Wirklich? Nicht schlecht. Beim ersten Mal fremd, beim zweiten Mal vertraut, hier ist meine Visitenkarte, wenn Sie von Hanoi zurück sind, rufen Sie mich an, jederzeit, okay?«

Ich nickte zur Bestätigung, danach zog ich mich diskret zurück. Denn im ganzen Kasino war ich wohl der Einzige, der nirgends dazugehörte.

Draußen döste Ruan im Schatten, sein Kopf ruhte auf einer prallen Kokosnuss. Ich hockte mich ein paar Minuten dazu und triefte wieder aus allen Poren. Ruan wachte auf und war ganz überrascht: »Hast du nicht gespielt?«

»Nichts für mich.«

»Zu groß? Gehen wir in einen kleineren Laden.«

»Lass gut sein.«

»In Lào Cai gibt es Kasinos für jeden Geldbeutel, eine Million, hunderttausend, zehntausend, tausend, hundert, ganz nach Gusto.«

»Kein Interesse.«

»Und Mädels? Die Mädels bei uns hier sind bekannt für ihre Schönheit und Einfühlsamkeit, dabei sind sie billig.«

»Ebenfalls kein Interesse.«

»Nicht spielen, keine Nutten – bist du überhaupt ein Mann?«

Ich prustete los: »Na, und du?«

»Ich spiele und besuche die Nutten auf der anderen Seite des Flusses. Aber die Mädels von Hekou taugen nichts.«

»Inwiefern?«

Das verschlug Ruan erst einmal die Sprache. Erst nach einer halben Ewigkeit meinte er: »Wenn du mal mit einem Mädel von Lào Cai geschlafen hast, dann wirst du schon verstehen, inwiefern die Mädels von Hekou nichts taugen.«

Ruan setzte die Spritztour mit mir fort. Von der Provinzstadt Lào Cai aus ging es auf dem Motorrad gut zehn Minuten zum ein paar Dutzend Kilometer langen Grenzfluss, an die von China und Vietnam gemeinsam genutzte Mündung des Nanxi Flusses in den Roten Fluss, der eine klar, der andere trüb, verbanden sie sich in der Mündungsbucht. Und zwischen den hohen Wellen auf beiden Seiten des chinesisch-vietnamesischen Grenzübergangs fuhren als winzige Punkte illegale chinesische und vietnamesische Fähren, wobei die vietnamesischen Schiffer nach ihrer Gewohnheit mit den Füßen steuerten und ruderten und bei guter Laune von

Zeit zu Zeit laut sangen. Sehr berührt von diesem Anblick sagte ich: »Vor zwei Jahren war ich auch auf einem solchen Boot, in Lào Cai und Shaba hatte ich fünf Tage meinen Spaß, dann kehrte ich zurück.«

Ruan lachte: »Und du hast dir keine vietnamesische Geliebte gesucht?«

Ich gedankenlos: »Ich hab nicht die entsprechenden Beziehungen.«

Auf einmal, kaum war das heraus, bog das Motorrad überraschend ab, wir verließen die Ufergegend, fuhren kreuz und quer durch enge Gassen und rasten zu einem Dorf vor der Stadt. An der Straße gab es jetzt keine hohen Gebäude mehr, die an uns vorüberziehenden Häuser und Läden waren maximal noch zwei Stockwerke hoch. Zu guter Letzt fuhren wir ein Stück parallel zu einem nur einen Meter breiten Eisenbahngleis, eines der Schmalspurgleise, wie es sie erst seit den Zeiten Mao Zedongs gab – damals, als ich mit acht Jahren meine Erfahrungen mit der Kulturrevolution machte, meine Eltern auf öffentlichen Versammlungen kritisiert und gebrandmarkt wurden, unser Zuhause von Roten Garden durchsucht und versiegelt wurde und ich auf der Straße verwahrloste, damals lief ich an ebensolchen Gleisen entlang, weiter und immer weiter, ohne zu wissen wohin. Weil sie so langsam fuhren, konnte man, wenn sich eine Lokomotive näherte, in der Regel immer noch davonhuschen wie eine Antilope. Später, herangewachsen, streunte ich nicht mehr, mein Herz jedoch blieb ein Vagabund im Land meiner Vorfahren, selbst als ich eine Familie gründete bzw. im Gefängnis saß, blieb das Herz dem Vagabundieren treu. Bis ich nun im fortgeschrittenen Alter die Heimat ganz verlassen musste.

Mit dem Wind umwehte die Erinnerung mein Gesicht. Am Vortag hatte ich in Kunming sehr früh einen Fernbus bestiegen, mein Sitznachbar, ein Mann aus Mengzi mit einer Gesichtsfarbe wie Zigarettenasche, erzählte mir, dass in den 70er, 80er Jahren, als der wechselhafte Krieg zwischen China und Vietnam sich in die Länge zog, auf beiden Seiten des Grenzflusses alles voll Minen und Scharfschützen war, niemand wagte sich da auch nur einen Schritt hinein; ungefähr zur Zeit des Massakers am 4. Juni 1989 auf dem Platz des Himmlischen Friedens in Beijing galt für eine Weile erneut »Höchste Alarmbereitschaft«. Erst Mitte, Ende der

90er Jahre, China und Vietnam hatten sich mittlerweile wirtschaftlich entwickelt, wurde die Grenze zwischen den beiden Staaten wie die Hosentaschen der korrupten Elemente Tag für Tag durchlässiger. In diesem über ein halbes Jahrhundert durch Kriege vergewaltigten Vietnam waren, genau wie in Japan nach dem Zweiten Weltkrieg, zu viele Männer gefallen und es gab einen Überschuss an Frauen, weswegen, um dem Land wieder Auftrieb zu geben, alle Regierungsebenen unter dem offiziellen sozialistischen Deckmantel stillschweigend bei Ausländern Glücksspiel und Prostitution duldeten.

»Wenn dich ein Dutzend Motorräder einkreist, auf keinen Fall Panik.«

»Eine Rockerbande?«

»Könnte man meinen. Bis sie die Helme abnehmen, das lange Haar hin und her werfen und dich anlächeln, dann begreifst du, du stehst vor der besten One-Night-Stand-Truppe der Welt. ›Komm mit mir.‹ Sie überbieten einander im Flirten und Kokettieren, da wird jeder schwach.«

»Das ist ja fast wie die Verführung durch reizende Schönheit im alten Shanghai?«

»Woher sollten die von solchen Spielereien was verstehen. Verhandle direkt, nachher gib, was du schuldig bist. Der Ruf der vietnamesischen Prostituierten war von den französischen Truppen über die Amis bis heute immer nur der beste.«

Unwillkürlich schnalzte ich mit der Zunge und schmeckte nach, in der Hose regte sich was. Doch genau in diesem Augenblick hielt Ruans Motorrad an einem Bambushaus mitten in einem Palmenhain, er pfiff auf zwei Fingern, der Besitzer streckte seinen Kopf heraus, er war dürr wie ein Geist. Auf seinen herzlichen Ruf hin ließen wir uns nieder und kippten einige Schlucke Pfefferminztee in uns hinein. Ich wiederholte aus der Erinnerung, was ich schon alles so gehört hatte, und Ruan bekräftigte: »Diese Motorradbräute sind absolut ein echt einheimisches Phänomen, hier im Haus gibt es zwei, willst du es mal probieren?« Damit rief er zwei Worte auf Vietnamesisch, und es kamen tatsächlich zwei junge Frauen mit langem, wehendem Haar hinter einer Bambuswand hervor.

Figur und Gesicht waren überragend, nur ihre Nasen waren ziemlich flach. Die beiden hockten sich neben mich, gefügig wie zahme Katzen, und schälten behutsam eine Mango.

Ruan sagte: »Für ein Verlobungsgeld von zwanzigtausend Yuan kannst du eine von den beiden nach China mitnehmen.«

Auf heißen Kohlen sitzend rang ich mir ein bitteres Lächeln ab: »Darüber reden wir, wenn ich aus Hanoi zurück bin.«

»Sie könnten dich auch nach Hanoi begleiten, kostenlose Reiseführer.«

Ich war in der Zwickmühle und wurde puterrot, hier half nur noch lügen: »Ich bin verheiratet und habe zwei kleine Kinder. Tut mir leid.«

»Gibt es in China nicht Familienplanung?«

»Ist lockerer geworden. Vor zwei Jahren war eine zweite Schwangerschaft schon heimlich möglich.«

Verlegenheit machte sich breit, nicht einmal von der Mango schmeckte ich noch etwas. Das alles war mir ausgesprochen unangenehm, ich ließ zweihundert Yuan als Trinkgeld liegen, stand auf und verabschiedete mich. Ruan brummte vor sich hin und brachte mich ziemlich unwillig zum Bahnhof zurück.

»So was von Sturkopf«, seufzte er wieder und wieder, »die eine hält man sich hier, die andere dort muss es ja nicht wissen, zwanzigtausend Yuan im Jahr, und wenn man ruft, ist sie da.«

Ich stand da wie ein Stoffel, der Angst bekommen hat vor der eigenen Courage, antwortete »hm, hm« und notierte mir gewissenhaft Ruans Telefonnummer: »Vielen Dank. Wir sehen uns in ein paar Tagen.«

»Passt, passt. Wenn du rufst, bin auch ich da.«

Zugreise in die Vergangenheit

Während ich Ruan nachschaute, atmete ich auf. Es war erst kurz nach vier, ich suchte mir in der Nähe ein Café, um was Kaltes zu trinken, und setzte mich zur Straße hin. Mein Bauch war noch nie mit so viel kaltem Wasser gefüllt worden, aber ich musste nicht ein einziges Mal auf die Toilette, alles verdunstete als Schweiß. Die Vietnamesen hingegen, die sich unter den Dächern genauso langsam bewegten wie in der prallen Sonne und auf dem Kopf Kokosnussschalen als Hüte trugen, waren ausgemergelt wie Eisen und schwitzten nicht die Spur, genau wie die geheimnisvollen Ureinwohner, die Gauguin auf Tahiti gemalt hat. »Auf der anderen Seite der Flussmündung sind die Häuser fünfmal so hoch wie hier, Menschen gibt es zehnmal so viele«, flüsterte ich. Die Sonne neigte sich gen Westen, die Baumschatten wurden immer länger und länger, Spatzen begannen zu tschilpen, rechts von mir kam Frau um Frau mit bepackter Tragestange auf der Schulter herbei, und auf beiden Seiten der Straße nahm über Dutzende von Metern ein Markt Gestalt an. Ich erhob mich und bummelte umher, lebende Fische, Obst, Schweinefleisch und alle Arten von natürlichen Gewürzen, doch ohne Frage noch natürlicher als alles andere waren die Bauersfrauen, die dich alle, ganz gleich, ob sie etwas verkaufen wollten oder nicht, naiv anlachten. Ich kaufte eine rote Drachenfrucht, die in chinesischen Supermärkten sehr teuer ist; dann hockte ich mich hin und kaute Betelnuss, die Leute von hier konnten einige Stunden so hocken und kauen, mir taten schon nach gut zehn Minuten die Kiefer und Waden gleichzeitig weh, ich konnte nicht anders, ich musste mich aufrichten mit meinem leuchtend roten Mund. Ein paar kleine Kinder mit nacktem Oberkörper trugen ihre Hüte aus Kokosnussschalen mit der Öffnung nach oben auf dem Kopf, in den Hüten türmten sich französische Baguettes, jede Stange mindestens dreißig Zentimeter lang, ich kaufte eine für fünf Yuan, und obwohl ich mit höchstem Genuss daran kaute, waren am nächsten Morgen bei der Ankunft in Hanoi immer noch zehn Zentimeter übrig.

Gegen halb sieben begab ich mich zum Bahnhof, die Wartehalle war nicht halb so groß wie die Empfangssalons korrupter Funktionäre in China und schon jetzt überfüllt mit vor sich hin dösenden Reisenden. Ein Deckenventilator drehte sich über den Köpfen, und als ich einen Augenblick dagestanden und gerade keine Idee hatte, was ich tun sollte, tippte ein älterer Mann mich an, zog ein chinesisches Taschenschach aus der Tasche und nach kurzem Zögern hockte ich mich auf den Boden, begann mit dem älteren Herrn zu spielen und war, weil ich jahrelang nicht gespielt hatte, prompt schon nach wenigen Minuten vernichtend geschlagen; der Alte streckte fünf Finger aus und ich übergab ihm taktvoll fünf

Yuan; der Alte schüttelte den Kopf. »Doch nicht fünfzig?«, jetzt schüttelte auch ich energisch den Kopf. Die Zuschauer brachen in schallendes Gelächter aus und der Alte musste wohl oder übel das Geschäft akzeptieren. Ich drängelte mich zur Tür hinaus und ließ mich auf den Steinstufen nieder; als die Sonne im Westen unterging, kamen Sterne und Mond heraus. Auf einmal wurde es im Bahnhof immer lauter, eine Lokomotive nahm schnaubend und wiehernd wie ein altes Schlachtross den Betrieb auf. Ich kam hoch, der Fahrkartenschalter war jetzt offen, Leute standen in einer um mehrere lange Bänke gewundenen Schlange an. Ich schaute mich gerade in alle Richtungen um, als aus der dichten Masse von Köpfen eine dicke Dame als meine Retterin auftauchte, im Gefolge zwei Männer und zwei Frauen, alle vollbepackt und nach Luft ringend. Ich schloss mich sofort an, gemeinsam drängten wir uns vor bis zur Fahrkartenkontrolle. Die dicke Dame schlug dröhnend gegen das Eisentor, ein Polizist machte es daraufhin auf und nahm alle, die ihr auf dem Fuß folgten, mit einem Raubvogelblick ins Visier. Die dicke Dame lächelte, wir gingen im Gänsemarsch durch, die Reihe kam an mich, der Polizist rief mit strenger Stimme »Halt!« und gab mir zu verstehen, ich solle Papiere und Fahrkarte vorzeigen. Die dicke Dame drehte sich um und griff sich im Strohkorb des vordersten Händlers wortlos ein stattliches Huhn und steckte es ihm zu – diese in ihrer unverfrorenen Unverblümtheit primitive Bestechung löste bei den anderen Reisenden zischenden und fauchenden Protest aus, doch der Polizist, das Huhn in der einen, den Elektroknüppel in der anderen Hand, erhob seine Stimme wie eine Fanfare und ließ eine wahre Schimpfkanonade los.

Verglichen mit den elektrifizierten chinesischen Zugmaschinen, die Tag für Tag und Monat für Monat modernisiert wurden, nahmen sich die vietnamesischen Dampfloks regelrecht putzig aus, wie bunt bemalte Bauklötzchen aus der Kindheit. Der Mond kurvte wie ein Betrunkener um tief hängende Wolken und Bananenstauden herum und wir trieben auf einem endlosen Bahnsteig unter freiem Himmel umher, bis ich vor Erschöpfung fast schlappmachte, da endlich wurde angeordnet, dass der von hinten gesehen zweite Wagen bestiegen werden sollte. Wie der Polizist hielten auch Zugführer und Zugbetreuer stattliche Hühner in den

Händen. Die dicke Dame nahm es mit der Hintertür peinlich genau: vorzeitig die Leute in den Zug zu verabschieden, zählte nicht, noch waren die Liegen festzulegen. Als Ergebnis der Beratung mit dem Zugbetreuer wurden fünf nirgends zuzuordnende Subjekte in das Abteil neben dem Klo gesteckt, sechs Kojen in zwei Reihen, die untere jeweils direkt über dem Boden, die obere direkt unter der Decke und die mittlere eine Art Hundehöhle. Ich verabschiedete mich artig von der dicken Dame, zwängte mich in die Hundehöhle und zahlte sofort den Preis für alle meine Sünden. In China war ich von normaler Statur, ich hatte nicht erwartet, dass ich, kaum aus dem Land, als korpulent zu gelten hatte.

Nach dem Verständnis offizieller chinesischer Rechtsbegriffe waren meine vier Mitreisenden »illegale Händler«. Das Staatsgebiet von Vietnam ist schmal und langgezogen, auf der Landkarte sieht es nach kaum mehr aus als einer Eisenbahnlinie, die sich von Norden nach Süden windet. Und das war nun Vietnams Version von Deng Xiaopings[5] klassischem Spruch: »Lasst einen Teil der Menschen zuerst reich werden«, in den Bergen lebt man von den Bergen, am Wasser lebt man vom Wasser und an der Eisenbahn lebt man von der Eisenbahn, und indem gleich und gleich sich gern gesellt, handelt man offiziell mit Geflügel und regionalen Produkten, verdient Geld über den Mehrwert zwischen dem Einkauf hier und dem Verkauf dort, insgeheim allerdings macht man mit Schmuggel noch seine Geschäfte. Damals wusste ich davon natürlich nichts, als der Zug dröhnend loszurattern begann, war alles am Tuscheln, Rauchen und Obstfuttern. Ein junges Pärchen begann zu flirten, zwängte sich zu zweit in eine Koje, die mir allein und im Liegen schon widerlich eng war, und ließ sogar noch einen Spaltbreit frei, durch den ein endlos schmatzendes Geknutsche ans Ohr drang. Ein etwas Älterer war seriöser, er sah hoch und streckte mir ein Stück Obst entgegen, während die Zeit an uns vorbeiflog, doch ich winkte dankend ab. Auf Reisen war es wichtig, auf der Hut zu bleiben.

Das Fenster war halb geöffnet, der laue Nachtwind flatterte und von einem warmen Lüftchen umschmeichelt versank ich allmählich in Schlaf; der Spielzeugwaggon verwandelte sich in ein Wiesel, das, sich von Abschnitt zu Abschnitt festbeißend, die Schienen entlang Reißaus nahm.

Die Reisenden im Bauch des Wiesels waren vollkommen lethargisch, am liebsten wären sie durch die Poren hinaus an die frische Luft gekommen. Ich selbst wurde durch den Darm ausgeschieden, klammerte mich an den Schwanz des Wiesels und kletterte Zentimeter für Zentimeter bis auf seinen Rücken. Der flaumbedeckte Waggon befand sich unter meinen Schenkeln, ich presste sie so fest zusammen wie möglich, bis die Beine nicht mehr mitmachten.

Ich wusste im Traum, das war Kalziummangel, ich bekam einen Wadenkrampf und fiel herunter. Im gleichen Augenblick verschwand der Wieselzug in der Ferne, nur Gleisbett und Schienen flohen weiter dahin, vom Boden weg ging es flugs in den Himmel, Zeilen aus dem zwanzig Jahre alten Gedicht »Tote Stadt« tauchten wieder auf: »Ich pendle im Spielzeugzug zwischen Klinik und Grab. Reisende steigen ein, steigen aus für alle Ewigkeit. Abwesende Gesichter. Nicht zu trennen Menschen und Leichen. Aus ihren Hirnen gemachte Arznei gegen Somniloquie wird auf den Bahnhöfen verkauft, ich bin Zeuge.«

In den 1980er Jahren, der Tauwetter-Periode Chinas, fuhr ich in einem solchen Bummelzug, sehnte mich nach einem uneingeschränkten Vagabundenleben und schrieb mit den Füßen epochemachende Epen wie Allen Ginsbergs »Howl«, Jack Kerouacs »On the Road« und Bob Dylans »Blowin' in the Wind«. Ich war fasziniert von Drogen, Homosexualität und radikaler Anarchie, auch wenn man damals in China nirgendwo Drogen, Homosexualität oder Anarchie finden konnte …

In meinem »Landesverräter«, der weite Kreise zog, schrieb ich:

> Nach der Befreiung vom Geist Mao Zedongs erlebte China in Kunst und Literatur eine Tauwetterperiode; wie auch die Sowjetunion in den 1950er Jahren nach der Befreiung vom Geist Stalins in Kunst und Literatur eine Tauwetterperiode erlebte. Solschenizyn, der große Autor des *Archipel Gulag*, wurde damals durch die Veröffentlichung seiner Novelle »Ein Tag im Leben des Iwan Denissowitsch«, in der er das Leben in einem Arbeitslager dokumentierte, in der Zeitschrift *Neue Welt* (*Nowy Mir*) über Nacht berühmt; in China waren es zahllose Dichter und Autoren, die auf solche Weise über Nacht berühmt wurden.
>
> Ich veröffentlichte im Alter von sechsundzwanzig in der Beijinger *Zeit-*

schrift für Dichtung (Shikan) »Das große Becken« und war auf einen Schlag in aller Munde, allerdings eigentlich recht spät; Gu Cheng, ein Dichter der Obskuren Lyrik, der sich später nach Neuseeland absetzte und auf der Waiheke-Insel den Freitod suchte, war keine zwanzig, als er mit einem Schlag schon in aller Munde war. Das von Rostflecken bedeckte Tor des Landes war einen Spalt weit aufgegangen, es ließ einen Lufthauch herein, und die hinter den Mauern abgeschottete Landschaft war im Handumdrehn grün. Wie auch die rote Ideologie der Menschen. Der neue König Deng Xiaoping hatte dem alten König mit einer Palastrevolution das letzte Geleit gegeben und die Massen jubelten über den Beginn einer neuen Politik, und obwohl das Morden weiterging, obwohl die politische Verfolgung weiterging und Wei Jingsheng[6], Xu Wenli[7] und Liu Qing, die Helden der Mauer der Demokratie am Xidan[8], zu schweren Strafen verurteilt wurden, trat der gesellschaftliche Mainstream in einen bislang beispiellosen Traum von politischer Erneuerung ein.

Dichter und Schriftsteller, die ihre Werke selbst auf minderwertiger Papierkohle veröffentlichen konnten, stiegen in einer Zeit ohne Handy und Internet zum Ersatzstoff für politische Erneuerung auf, jede Veröffentlichung war eine Ejakulation von Geist, die eine gigantische Menge von Lesern anzog. Vor dem Hintergrund materiellen Mangels und geistiger Stimulation nutzte auch die berühmte taiwanische Sängerin Teresa Teng[9] geschickt die Gunst der Stunde und betäubte mit zielsicherer Gefälligkeit und Erotik wie mit einem Betäubungsgewehr das ganze nach-maoistische China; »Der Ostwind weht, die Kriegstrommel schlägt« und ähnlich blutrünstige rote Lieder wurden ausrangiert, die Völker der Welt sangen nun die weichlich-verbotenen Lieder aus dem Feindesland, »Nach dem Abschied heute Nacht, wann kehrst Du wieder« oder »Die Blumen am Wegesrand«.

Ich hingegen stieß während des volksweiten frühlingshaften Erneuerungstraums zufällig auf Bob Dylan, als ich das Kurzwellenradio nach westlichen »Feindsendern« durchsuchte – ich weiß nicht mehr genau, ob es *Voice of America* oder die *BBC* war –, hörte ich heimlich »Blowin' in the Wind«:

How many roads must a man walk down
Before you call him a man
Yes, 'n' how many times must a man look up
Before he can see the sky

Yes, 'n' how many ears must one man have
Before he can hear people cry
Yes, 'n' how many deaths will it take till he knows
That too many people have died
The answer, my friend, is blowin' in the wind

Im immer wieder abbrechenden Gesang erstarrte ich, wurde mir bewusst, wie bemitleidenswert ich war, wie bemitleidenswert ganze Generationen meiner Landsleute waren. Ich sehnte mich danach, durch die Welt zu ziehen, zu suchen, Außergewöhnliches zu erleben, um die wahre Bedeutung des Lebens zu erfahren, aber obwohl die gesellschaftliche Situation sich entspannt hatte, hatte sich am System der Wohnsitzkontrolle nichts geändert, in eine andere Gegend umzuziehen, war schwieriger als in den Himmel zu kommen.

Der Freiheitsimpuls, im Mutterleib angelegt, in der Kindheit gekeimt, in der Jugend durch die »Beat Generation« wachgerufen, ließ mich unablässig gegen die impotente Parteistaatskultur rebellieren, und weil ich in der Wirklichkeit an keine Drogen herankam, tat ich in meinen Gedichten so, als sei ich auf Droge: »Ich bin eine leere Stadt, versunken in einer anderen leeren Stadt, die Welt ist groß, ich bin das Zimmer, das jede Nacht vor Verzweiflung lacht.« Da ich eine Untergrundzeitschrift für Lyrik herausgab und mich herumprügelte, wurde ich viele Male von der Polizei mitgenommen, aber damals stand selbst sie unter dem latenten Einfluss des Zeitgeschmacks: Man schätzte Dichter. Selbst wenn sie Order hatten, die Wohnung zu durchsuchen oder Vernehmungen durchzuführen, geschah das in freundlicher Atmosphäre.

Nach dem Massaker auf dem Platz des Himmlischen Friedens allerdings war alles anders …

»Aufwachen. Aufwachen!« Jemand stieß mich an. Unwillig erwachte ich, unwillig kehrte ich aus meinen Erinnerungsträumen zurück. Würde ich mich in diesem Loch von einem Mittelbett allerdings umdrehen, würde ich mit Sicherheit rausfallen. Weil das Anstoßen aber nicht aufhören wollte, machte ich die Augen auf – es war die Fahrkartenkontrolle.

Ich hatte keine Fahrkarte, niemand in diesem Abteil hatte eine Fahrkarte, wir kramten jeweils das Papier heraus, das die dicke Dame uns ausgestellt hatte, und nachdem ein Zugpolizist das überflogen hatte, zeigte er geradewegs auf die Taschen und Säcke der Händler, die allesamt oben im leeren Bett steckten. Der Polizist stieß mit seinem Stock dagegen und alles rauschte herunter. Er zerrte Stück um Stück heraus und inspizierte es, lebende Hühner und Enten, kostbare Heilkräuter, Zigaretten aus Yunnan und ein Beutel, zum Bersten gefüllt wie ein Ballon, er riss ihn auf und der exotische Geruch von Hanfblättern schlug uns entgegen. Ich hatte gehört, dass in Holland Haschisch legal ist, in Vietnam und China ist es Schmuggelware, das Vorgehen der Polizei beim Ausstellen der Geldstrafe war jedoch nicht viel anders als das der dicken Dame, er schrieb ein paar informelle Zeilen und kassierte die Hanfblätter. Offenbar machte man das so in Vietnam. Jetzt kam die Reihe an mich, Reisepass und handgeschriebene Fahrkarte waren bereits in den Händen der Polizei, sie redeten eine ganze Weile miteinander etwas, wovon ich kein Wort verstand, dann wurde ich zum Speisewagen gebracht, wo der Koch als Übersetzer fungieren sollte. Ein Polizist sagte zuerst, die Fahrkarte sei nicht regulär, dann, das Visum sei gefälscht, schließlich, ich hätte mich verdächtig benommen – das lief ganz klar auf eine Erpressung hinaus. Rechtfertigungsversuche wären sinnlos gewesen, ich packte hundert Yuan aus, der Polizist tobte, beschuldigte mich, seine »Würde zu beleidigen«; daraufhin legte ich noch mal hundert drauf, der Polizist tobte noch mehr und tat, als wolle er zuschlagen; schließlich knallte ich fünfhundert auf den Tisch, aschgrau im Gesicht setzte ich alles auf eine Karte.

Mit Wut im Bauch kehrte ich schließlich in das Abteil zurück und wir – ich war jetzt Leidensgenosse der »illegalen Händler« – machten unseren Gefühlen in einem Gemisch aus chinesischen und vietnamesischen Dialekten fluchend und schimpfend Luft, positive Gefühle beim Einsteigen, nostalgische Erinnerungen an die 80er Jahre – alles war wie weggewischt. Jetzt nahm ich ihre Früchte gern an, Pfirsich, Apfel, Litschi, Mango, Betelnuss, von allem probierte ich und musste anschließend, peinlich genug, dreimal aufs Klo rennen. Beim letzten Mal lief es nur so aus mir heraus, als der Zugbegleiter auch noch krachend an die Tür schlug: Wir waren kurz vor der Einfahrt in einen Bahnhof, und das war genau die gleiche Scheiße wie in China, vor der Einfahrt des Zuges schließen die Zugbegleiter die Türen ab, ob du fertig bist oder nicht, du musst dir den Hintern abwischen und in die Gänge kommen, sonst tritt dir der Zugbegleiter die Tür ein.

So langsam dieser Zug ohnehin schon fuhr, wurde er immer noch langsamer, manchmal war er kaum schneller als ein Fahrrad, manchmal hielt er pro Stunde zigmal an irgendwelchen verfurzten Haltestationen. Wenn Fahrgäste ein- und ausstiegen, war das wie ein Hofgang im Gefängnis: frische Luft! Etwa um drei Uhr morgens bedeuteten die Händler mir mit Händen und Füßen, dass wir bald in Hanoi sein würden, ich packte hastig zusammen, musste aber feststellen, dass wir weiterhin dauernd hielten und Hanoi kam und kam nicht. Bei einem Halt war es drinnen wie draußen stockfinster und ich dachte schon, das ist nun endgültig die Pampa, aber als ich genauer hinsah, war da doch wieder eine kleine Station.

Tagesanbruch in Hanoi

Früh morgens um Viertel nach vier, aus der Ferne hörte man einen Hahnenschrei, war da schließlich ein lautes schleifendes Geräusch, uns alle riss es synchron vor und wieder zurück, Hanoi, die große Hauptstadt des vietnamesischen Volkes, war endlich erreicht, schlicht und schmucklos kam sie daher, ein paar trübe Lichter mehr als in Lào Cai und an anderen Stationen, das war alles. Die »illegalen Händler« winkten zum Abschied, dann ging es für sie weiter in den Süden, noch einen Tag und eine Nacht, bis dieser Zug endlich die größte Stadt am südlichsten Ende erreichen würde, die Stadt, die nach dem Gründer der Kommunistischen Partei Vietnams Ho Chi Minh benannt ist (mit altem Namen Saigon) – ein von Luxusleben geprägter alter Kolonialhafen, von dem es hieß, in seinem fremdländischen französischen Lebensstil ähnele er dem Shanghaier Bund zur Zeit der chinesischen Republik, die Preise waren dabei doppelt so hoch wie im Norden.

Ich meinerseits war fix und fertig, schulterte mein Gepäck und stolperte im Zickzack durch den Menschenstrom über den Bahnsteig unter freiem Himmel. Der Mond ging im Westen unter, es war noch nicht hell, mehrere Durchgänge der Fahrkartenkontrolle standen weit offen, vor und hinter dem Eisengitter wimmelte es von Leuten, die lauthals schreiend Kunden zu requirieren versuchten. Ich war noch nicht aus dem Bahnhof raus, da streckten sich mir aus dem Schatten zahllose Hände entgegen, ich wurde am Arm gepackt, ratsch, der kurze Ärmel meines T-Shirts war zerrissen, ein Fetzen hing herab, ein Stück blanke Brust war zu sehen, ich ging in die Luft, tobte mit geballter Faust und die gierigen Pranken zogen sich vorübergehend zurück.

Aber es war unausweichlich, dass ich irgendwann in irgendeine Falle tappen würde, wer hatte mir auch gesagt, ich solle in der Fremde umherziehen, wo ich nicht einmal die Sprache verstand. Wie Genosse Lenin geprahlt hatte, mit Hilfe der vertrauten Melodie der »Internationalen« Parteigenossen zu finden, war ebenfalls unmöglich. Ich stieß also wie ein Keiler Kopf nach vorn durch den mehrreihigen Wall von Werbern und rannte zu einem Parkplatz gut zehn Meter außerhalb, wo ich dann auch tatsächlich, noch bevor ich wieder sicheren Boden unter den Füßen hatte, von den nächsten »Guerillas«, die schon auf der Lauer lagen, bei lebendigem Leib zusammen mit meinem Gepäck energisch in ein Taxi, nein, in ein inoffizielles Gefährt ohne Lizenz gepackt wurde. Die Autotür war noch nicht zu, da startete der Motor bereits mit einem lauten Knall. Der Fahrer, eine Hand am Lenkrad, streckte die andere aus dem Fenster und pflückte das fingierte Taxischild vom Dach. Dieselrauch stieg auf und vermischte sich mit starkem Uringestank, ich kurbelte das Fenster runter, unterdrückte mit Mühe den Brechreiz, zog aus der Hosentasche eine Adresse und gab sie dem Fahrer, nur die drei Schriftzeichen »Huan Jian Hu«, unter dem Chinesischen noch die vietnamesische Schrift, von der Landkarte abgeschrieben, dieser berühmte Hoan-Kiem-See war der einzige Platz in Hanoi, den ich kannte.

In inoffiziellen Taxis in China handelt man die Preise selbst aus; was man verhandelt, gilt. Bei inoffiziellen Taxis in Vietnam hätte ich Ähnliches erwartet, schließlich lernte der Lehrling Vietnam auch sonst jeden Zug und jede Bewegung von politischer Straffung bis zur wirtschaftlichen Entspannung von seinem Meister China. Niemals hätte ich gedacht, dass ein inoffizielles Taxi in Vietnam die Unverfrorenheit besitzen würde, ganz offen ein Taxameter zu verwenden, das unglaubliche Sprünge machte, es konnte einem angst und bange werden. Die Zahlenwerte beim vietnamesischen Dong sind gigantisch, 350 000 entsprechen einhundert Renminbi, weshalb die Zahlenreihe auf dem Taxameter von Minute zu Minute, von Sekunde zu Sekunde länger wurde, eine ins Astronomische gehende Zahl. Ich konnte nicht mehr wegsehen, zugleich war mein Hirn leer, der Schweiß triefte in Strömen, mir qualmte der kahle Kopf, eine fiktive Stimme am Ohr wiederholte wieder und wieder: »Wie viel wird das noch, wie viel wird das noch? Reicht das Geld, reicht das Geld?« Irgendwann waren wir dann am Hoan-Kiem-See, der Wagen war im Nu noch zweimal im Kreis gefahren und der Fahrer drehte sich zu mir um, ich verstand nicht, was er sagte, aber mir war klar, was er meinte. Ich rief »Hallo« und »Jaja«, und der Wagen blieb an der Einmündung irgendeiner Nebenstraße stehen.

Ergebnis der Umrechnung, ich zahlte 220 Renminbi, der Fahrer wollte eigentlich 250, doch ich rümpfte die Nase und machte mit der Hand ein paar schnelle Kreise, womit ich ihm bedeutete, dass ich die Kosten für die unnötigen Umwege abzog.

Der Hoan-Kiem-See ist unglaublich faszinierend, er gleicht einem Phönixauge, im Sonnenlicht schimmern seine kristallenen Wellen, und das mitten im Bauch von Hanoi; ein kilometerweiter See mit den verschiedensten Vögeln und Fischen, das Ufer mit seinem lückenlosen Baumschatten ist die traditionelle Sommerfrische der Einheimischen, ein wahres Paradies. Es war inzwischen fünf Uhr früh vorbei und noch immer bummelten eine Menge Leute mit bloßen Armen umher oder saßen trinkend auf dem Boden, der Mond tastete sich gemeinsam mit dem spärlichen Licht der Stadt in diesem Augenblick von einem Strommast am anderen Ufer über die Seefläche herüber und gab den Schattenrissen von Menschen, Bäumen und streunenden Hunden etwas Sentimentales und Träumerisches. Ich stand eine Weile da und konnte mir recht gut vorstellen, wie sich ganz Hanoi um diesen See herum konzentrierte, besser gesagt, wie es wegen dieses Sees allmählich entstanden ist. Rundum gab es jahrhundertealte Altertümer, in der Seemitte Tháp Rùa, den Schildkrötenturm, der wie ein Geist emporragt und der angeblich noch mit dem frühesten vietnamesischen Herrscher zu tun hat. Ich gähnte, mein Gepäck wurde schwerer und schwerer, eigentlich hatte ich ja schon immer mal ein richtiger Vagabund sein und mein Lager auf dem Boden aufschlagen wollen, aber jetzt fühlte ich mich doch nicht sicher genug. Deshalb drehte ich um, ging über die Straße und in eine Nebenstraße hinein. In völliger Stille lief ich acht Minuten dahin, bis ich ein Hotel mit schmaler Front sah, in dem ich niemals solchen Glanz erwartet hätte. Hinter der Rezeption befanden sich mindestens fünf Wanduhren mit jeweils verschiedenen Uhrzeiten der Welt. Und unter diesen Weltzeiten erwartete mich eine vage lächelnde junge Frau mit einem Schwall Englisch, ich schüttelte den Kopf; sie reichte mir ein englisches Formular, das ich nicht auszufüllen wusste, ich drehte es um und schrieb eine 100 mit einem Fragezeichen. Sie sagte *NO* und schrieb unter die 100 eine 500 mit einem Ausrufezeichen. Ich sagte *NO*.

Draußen ging ich weiter, nach fünfzehn Minuten betrat ich erneut ein Hotel, die Verhandlung verlief gleich, es waren immer noch 500, ich sagte *NO*. Draußen machte ich mich wieder auf den Weg, dabei fielen mir schon die Augenlider zu. Dazu verlief ich mich noch, das heißt, von Verlaufen konnte eigentlich keine Rede sein, denn ich wusste ja von Anfang an nicht, wo es lang ging. Ich war in den Straßen und Gassen im Kreis gelaufen und hatte das Gefühl, all diese endlosen alten Häuser mit Wimpern überall, ein Augenlid über dem anderen, wickelten den Hoan-Kiem-See ein. Nachdem ich noch mal eine Weile gelaufen war, wurde es hell, ich sagte zu mir selbst, dann eben 500, die Gesundheit geht vor. Doch ausgerechnet das nächste Hotel stand nun im ehemaligen Wohnviertel der französischen Kolonialisten, First Class, und als ich schweren Herzens eine 500 schrieb, ohne Fragezeichen, schrieb das Fräulein an der Rezeption unter die 500 eine 1000, ohne Ausrufezeichen.

Ich hätte beinahe geschrien. Aber ich durfte nicht schreien. Also wieder hinaus und weiter. Die ersten Sonnenstrahlen tauchten an den höchsten Dachvorsprüngen auf, ein paar Tupfen, wie Goldfische auf der Hand Gottes. Plötzlich öffnete sich um die Ecke ein Torspalt, eine schwarze Katze schlüpfte hinein und ich hinterher. Den gut zehn Meter langen

Gang, die Wände auf beiden Seiten wie von Intarsien mit Ölgemälden bedeckt, ging ich bis zum Ende durch und entdeckte dort einen knapp halben Meter hohen Tresen, hinter den sich ein junger Kerl zurückgezogen hatte. Ich reckte den Hals hinein, griff mir, ohne zu fragen, ein Stück Papier, zeichnete darauf eine 100, jede Ziffer groß wie ein Gänseei. Der junge Kerl machte Augen groß wie Hühnereier und nach drei Sekunden, Gott, nickte er tatsächlich!

Es war ein altes, traditionell vietnamesisches Haus, ich stieg über eine knarzende Holztreppe in den zweiten Stock hinauf, wo man im Flur ohne Vorwarnung direkt vor einer Opferstätte des dickbauchigen Gottes des Reichtums mit seinem immer und ewig purpurnen Bluthochdruckgesicht stand. Der junge Bursche sperrte ein Kupferschloss auf, Deckenventilator und Klimaanlage waren unentbehrlich, ich nickte zum Dank, schloss die Tür, zog die Hose aus und schlüpfte in Windeseile zuletzt ganz nackt unter die Dusche, wundervoll, der beste Moment seit zwei Tagen! Es war inzwischen taghell, draußen waberte die Hitze, auch im Zimmer fühlte ich mich wie in einem Ofen und es wurde immer wärmer. Ventilator und Klimaanlage waren längst voll aufgedreht, ohne einen Faden am Leib hockte ich mich neben das Bett, holte meinen Computer aus dem Rucksack und ging ins Internet. Der Zeitunterschied zwischen Vietnam und Deutschland beträgt sechs Stunden, Tienchi weilte sicherlich noch in Träumen, deshalb speicherte ich für sie in einem *Gmail*-Postfach, das wir beide von derselben Seite her nutzten, eine Nachricht. Sie brauchte nicht gesendet zu werden, Tienchi würde dasselbe Passwort eingeben und dann direkten Zugang haben. Dieses Spionagekommunikationsverfahren hatte ich in China viele Jahre lang genutzt, niemals war etwas durchgesickert.

Ich fühlte mich benebelt, in Watte gepackt, meine Hände schlugen vor dem Bildschirm auf die Tasten, mein Kopf hing herab, und plötzlich verlor ich das Bewusstsein, wie von einer Kugel getroffen, wie tot, ohne einen Faden am Leib. Inzwischen rief Tienchi wiederholt an, das Handy klingelte neben meinem Ohr, aber ich rührte mich nicht. Als ich allmählich wieder in die Gänge kam, hockte ein Gecko in meinem privatesten

Bereich, kein Wunder, dass mein Joystick alle Anzeichen einer Erektion zeigte. Ich sprang völlig perplex auf, der Gecko schoss durch die Luft und kletterte die Wand hinauf. Jetzt war ich wirklich wach und räumte weiter mit Spinnen und Ameisen auf, diese kleinen Lebewesen suchten nach Abkühlung wie die Menschen, und sie suchten nach den salzhaltigen Schweißpfützen auf meinem Körper. Ich nahm noch eine Dusche und reinigte im Badezimmer die über und über mit Schweißflecken bedeckte Strohmatte.

Anschließend ging ich wieder ins Internet. Ich sah eine Nachricht von Tienchi: »Toll, dass du gut in Hanoi angekommen bist, damit bist du nun endlich in Sicherheit. Ich habe mit Yeemei in Berlin telefoniert, wir sind der Meinung, du solltest möglichst schnell herfliegen. Sie kümmert sich sofort um das Flugticket. Ich telefoniere gleich noch mal mit ihr.«

Ich stieß einen langen Seufzer aus, obwohl ich kein Buddhist bin, faltete ich unwillkürlich die Hände zum buddhistischen Gruß und betete still zu Schwester und Vater, die schon im Himmel waren. Vor drei Tagen hatte es am Grenzfluss noch zwei andere Nachrichten gegeben:

Tienchi: »Den schwierigsten Weg hast du hinter dir, der Himmel hat dich vermutlich als Zeugen auserwählt. Dieses Jahr steht dir eine solche Prüfung bevor, du musst sie bestehen und du kannst sie bestehen. Lass ruhig auf dich zukommen, was das Schicksal für dich vorsieht, tu alles Menschenmögliche und folge dann der himmlischen Vorsehung, das ist eine der wenigen Weisheiten der Chinesen. Dir in dieser schwierigen Zeit ein wenig Mut zusprechen zu können, macht mich sehr dankbar – vorhin habe ich mit Peter, dem für dich verantwortlichen Redakteur beim Fischer Verlag, telefoniert, er sagte, das deutsche Außenministerium möchte, dass vorerst nicht nach außen dringt, dass du ein Stipendium des DAAD bekommst. Das Außenministerium wird dir helfen, aber es darf nicht an die große Glocke gehängt werden, andernfalls werden sie völlig passiv bleiben.«

Ich: »Wenn der alte Himmelsvater in mir und meinem Schreiben grundsätzlich einen zufriedenstellenden Zeugen dieser dürftigen Zeit sieht, wird er in dieser kritischen Phase vielleicht auch besonders auf mich achtgeben; wenn unterwegs irgendetwas passiert, gibt es in der

Finsternis sicher einen anderen Plan. Sehr viele Dinge sieht man erst klar, wenn man zurückblickt. Doch man kann nicht noch einmal von vorn anfangen. Als ich klein war, kam ein Teil meines Mutes von meiner Schwester Fei Fei; in diesem Augenblick kommt ein Teil meines Mutes von Dir.«

Mit Konfuzius ins Exil

Kurz nach vier am Nachmittag hatte ich einen Riesenhunger und ging raus, um mir etwas zum Essen zu suchen. Die Sonne brannte noch genauso sengend wie zuvor, das grelle Licht machte mich schwindlig, ich beeilte mich, bei einer Sparkasse in der Nähe gut eine Million Dong zu tauschen (das entsprach 350 Renminbi), schüttete abwechselnd Kokosnusssaft und Zuckerrohrsaft in mich hinein, verschlang zwei Schalen der lokalen sehr leichten Reisnudeln mit feinen Hühnerfleischstreifen und war nass am ganzen Körper. Ohne große Rücksichtnahme zog ich mein T-Shirt aus, und als ich es mit beiden Händen auswrang, kam mindestens ein großer Teebecher Dreckwasser heraus.

Gleich um die Ecke war wieder der Hoan-Kiem-See, vollkommen identische Motorräder *Made in China* bildeten einen dahinrollenden Strudel, der endlos um den See kreiste, den Verkehrsregeln gemäß im Uhrzeigersinn, und selbst wenn es manchmal katastrophal viele Fahrzeuge waren, ging es doch Zentimeter für Zentimeter immer weiter und würde letztlich niemals zum Stillstand kommen. Haha, letzte Nacht das war dann doch nicht ganz so schlecht gewesen, so absurd es auch war, hatte ich noch rechtzeitig Halt gemacht und war nicht ganz bis zum Ausgangspunkt zurückgekehrt.

Und vorbei war vorbei, jetzt hing ich weit zurückgelehnt mit übereinandergeschlagenen Beinen wie ein übernatürliches Wesen in einem Pub am Westufer des Sees. Neben alten Banyan-Bäumen mit ihren wirren und verknoteten Wurzeln schwangen schöne Frauen ihre langen oder kurzen Röcke und zogen für eine ganze Weile die Aufmerksamkeit von ein paar Freunden von Wein und Weib auf sich. Die Sprache war mir unverständlich, ein Gespräch zu führen nicht möglich, so trank ich Schluck um Schluck eiskaltes Hanoier Bier und war rundum mit mir zufrieden.

Wie es der Zufall wollte, kam ein starker Windstoß von der Seefläche her, die Schönheiten hielten ihre wie Schmetterlinge flatternden Röcke fest, doch es ließ sich nicht vermeiden, dass sich Frühlingsgefühle ausbreiteten und immer mehr Köpfe sich drehten. Ganz in der Nähe war Hanois Tempel der Gelehrsamkeit, in dem seit Generationen Konfuzius geopfert wurde, der den Gedanken, »Schaue nicht gegen die Riten, kein vertrautes Geben und Nehmen zwischen Mann und Frau«, eingeführt hatte – ob wohl des alten Herrn Seele im Himmel auch bei diesem Anblick ruhig blieb? Auf der ähnlich schwülheißen Insel Hainan, fiel mir ein, gab es ebenfalls einen solchen Tempel der Gelehrsamkeit, auf horizontalen Tafeln und Denkmälern fanden sich gleichermaßen erstklassige Kalligraphien, die alte Schrift in China wie in Vietnam bestand aus chinesischen Schriftzeichen, mit dem Vietnamesisch von heute hatte das nichts zu tun.

Und Konfuzius, der weltweit bekannteste chinesische Gelehrte, was hatte er mit dem heutigen China zu tun? Es gab zwar auf der Welt Hunderte Konfuzius-Institute und auf dem Platz des Himmlischen Friedens in Beijing ragte seit kurzem ebenfalls eine Statue von Konfuzius auf, aber das war von dem ins Exil gezwungenen Konfuzius der Geschichtsbücher meilenweit entfernt.

Spät in der Nacht kehrte ich ins Hotel zurück, nahm eine Dusche, und wieder ohne einen Faden am Leib verzehrte mich noch immer die innere Hitze. Ich kramte das *Shiji*, die *Aufzeichnungen des Historikers* von Sima Tan und Sima Qian, aus meinem Gepäck, schlug direkt die »Familiengeschichte des Konfuzius« auf, las voller Respekt zwei Seiten, bis mir der Kopf schwer wurde. Im Halbdunkel spürte ich, wie Konfuzius, die verschränkten Arme tief in den Ärmeln vergraben, aus den Worten heraustrat und mir gegenüber Platz nahm. Ich verbeugte mich ganz traditionell mit vor der Brust gefalteten Händen: »Meister, es ist so heiß, legt doch ab.« Der Meister erwiderte meine Höflichkeit: »Korrekt in Kleidung und Hut, den Gelehrten kühlt ein ruhig Gemüt.« Ich wurde rot, griff schnell nach meiner Hose, doch zu meiner Überraschung steckte in ihr bereits der Meister, der alte Herr war fast zwei Meter groß, meine lange war für ihn eine kurze Hose.

»Mein Spitzname ist ›Lulatsch‹, vermutlich von meinem Vater, Shuliang He, geerbt, gefeierter Krieger des Staates Lu, stemmte einmal im Kampf allein mit den Armen ein Stadttor, zehntausend Pfund, die Gefährten waren gerettet. Starb leider kurz nach meiner Geburt.«

»Ihr entstammt doch einer unziemlichen Begegnung Eurer Eltern an einem Berghang, den Himmel als Decke, die Erde als Lager, und so fiel ohne Ritus und Regel Talent herab, womöglich sind Himmel und Erde Eure wahren Eltern.«

»Haha, daher mein berühmtes Wissen und Gedächtnis, die Weitsicht, die Liebe zur Lehre, das überdauernde Werk.«

»Ihr seid eine große Persönlichkeit, Euer Werk kennt man auf der ganzen Welt.«

»Und zu welchem Zweck hat Er mich im *Shiji* aufgesucht?«

»Ich bin gerade aus China geflohen, Ihr seid vor über 2500 Jahren aus China geflohen. Ihr seid also der Urvater dieser Rolle.«

»Ging nicht anders. Ist der obere Balken nicht gerade, sind die unteren ebenfalls schief, ich allein konnte das Haus nicht stützen.«

»Ihr wurdet mit dreiundfünfzig Jahren Oberjustizminister, mit sechsundfünfzig Jahren wart Ihr Stellvertreter des Kanzlers, das ist wie ein Ministerpräsident des Staatsrates. Ihr habt gerade mal drei Jahre lang politische Reformen umgesetzt, und es wurde eine reiche Ernte eingebracht, niemand vergriff sich mehr an fremdem Eigentum, der Staat Lu[10] war der erste unter dem Himmel, die Reiche sandten Würdenträger aus, um von Eurem Wissen zu lernen. Ihr hattet das volle Vertrauen des Herrschers, was meint Ihr also mit ›allein‹?«

»Ja, der Herzog Ding von Lu war klar im Kopf, solange Schönheit ihm den nicht verdrehte, eine schöne Frau und er vergaß alles. In unserem Nachbarstaate Qi war selbst im Schlaf man besorgt über den raschen Aufstieg von Lu, es könne vollkommen Oberhand gewinnen und seine Grenzen weiter ausdehnen. Deshalb die Falle mit den Schönen. Nicht eine oder zwei, hohe Beamte wurden in alle Teile des Landes geschickt, öffentlich und weniger öffentlich nach achtzig Mädchen in ihrer höchsten

Blüte zu forschen, die Zierde von Qi, fähig in Tanz und Gesang, würdiger Zuckerguss um giftige Pille.«

»Ihr verfügtet über große Macht, hättet Truppen schicken und die weibliche Schönheit hinter die Tore des Landes zurückweisen können, die Augen des Herrschers hätten nichts gesehen und wären rein geblieben.«

»Ließ sich nicht verhindern, ein Gesandter des Staates Qi bestach den Günstling und Würdenträger Ji Si, eine hohe Bühne wurde errichtet an der Grenze des Landes, Tag und Nacht war Musik und Gesang, als es wärmer wurde, gingen die Mädchen, nackt wie Er hier, ans Werk, zehn Gruppen, wieder und wieder das gleiche erotische Spiel, mit Geschrei und Geschiebe strömte das Volk aus den Städten, die Straßen leergefegt. Längst waren Wichtigtuer im Palast, Herzog Ding erfuhr alles klein-klein, Ji Si an seiner Seite schlug sich Ohren und Wangen, wie im Rausch befahlen Herrscher und Minister Wagen und Pferd, ohne Schuhe an den Füßen, der Hof tagte nicht mehr. Lust ist ein besondres Ding, der ganze Hof, Zivil, Militär, im Galopp hinterher, im Handumdrehen versah niemand mehr sein Amt. Sofort standen die Tore des Reichs weit offen, der Plan ging auf und die pflichtvergessene Bande um Herzog Ding und Ji Si in die Falle, das Geschenk der Schönen wurde erwidert, Unmengen Gold, Silber und andere Pretiosen dem Staatsschatz entnommen. Und dann: Sie frönten der Unzucht, Herrscher und Minister, drei Tage scherte keinen das Reich, in der Stadt überschlugen sich Gerüchte, des Volkes Stimmung wollte Veränderung. Es war Zeit, ich musste in den verbotenen Palast, auch ohne Befug, unbeliebt musst' ich mich machen durch offene Mahnung, bat den Herrscher, am nächsten Tag am Stadtrand ein Tier zu opfern und sich zu besinnen. Den Herzog Ding reute zwar, dass er gefehlt, doch trieb er es weiter. Seine Favoriten verachteten mich, nannten mich Störenfried und trugen Böses im Sinn. Tausend Gerüchte, ich wusste nicht ein noch aus, ich musste Frau und Kind lassen und bei Nacht und Nebel mich über die Grenze aufmachen. Ein paar Dutzend Schüler liefen mir nach, mein Schüler Zi Lu, der Haudegen, lenkte den Wagen, ein Ritt wie auf Wolken, zahlreiche Mordbuben stellten uns nach über Meilen, Pfeile zischten, Schlachtrufe schlugen an unser Ohr.«

»Ihr seid dann für vierzehn Jahre fort gewesen.«

»Richtig, Exil in über zehn Staaten, mit siebzig erst kehrte ich nach Lu zurück.«

»Und wenn Ihr damals nicht fortgegangen wäret?«

»Vermutlich nicht mein Tod. Meiner Jünger waren viele, viele Augen und Ohren und sehr auf der Hut.«

»Warum dann die Flucht?«

»Kein größerer Schmerz als ein sterbend Herz.[11] Der Unterleib des Staates Qi stürzte so leicht den Oberkörper des Staates Lu, drei Jahre wirksamer Reformen in drei Tagen zunicht', ich gesunken zu des Hofes schlimmstem Feind, war das Wille des Himmels? Sind die Dinge des Lebens nicht schwer vorherzuseh'n? Unzählig der Geschichte entsprechende Lehren, so Herzog Ling von Chen, der mit beiden Favoriten zugleich die Xia Ji[12] besprang, schamlos und taten noch groß voreinander mit ihrem Gebaren im Bett, und Xie Ye, den loyalen Würdenträger, der die Wahrheit aussprach, brachte er um und wurde selbst dann Opfer des Zhengshu, des Sohns der Xia Ji. Sitten verfallen, Musik nicht gepflegt, deshalb kommt auch der Staat niemals zur Ruh'.«

»Das ist aus den *Frühlings- und Herbstannalen*[13]. Sima Qian schrieb: ›Als Konfuzius die *Frühlings- und Herbstannalen* schuf, ging Angst um unter korrupten Ministern, schlechten Söhnen.‹ Aber heute gibt es viel mehr korrupte Minister und schlechte Söhne als zu Eurer Zeit.«

»Starb denn auch Sein Herz? Und ist Er geflohen?«

»Ich habe das Buch *Für ein Lied und hundert Lieder: Ein Zeugenbericht aus chinesischen Gefängnissen*[14] geschrieben, das meine Zeit im Gefängnis festhält nach dem Massaker am Platz des Himmlischen Friedens in Beijing 1989. Das Manuskript verschwand zweimal bei Durchsuchungen, ich habe gut zehn Jahre darauf verwendet, es wieder und wieder zu schreiben, aber ich konnte es nirgends veröffentlichen. Jetzt sind die Deutschen bereit, es herauszubringen, die Polizei hat gesagt, nun gut, wenn das geschieht, stecken wir dich ins Gefängnis. Deshalb blieb nur die Flucht.«

»*Für ein Lied und hundert Lieder*? Eine Art *Frühlings- und Herbstannalen* der letzten Jahre?«

»Ich bitte Euch. Meister, Ihr habt große Geschichte geschrieben, ich selbst habe, unbedeutend wie ich bin, kleine Geschichte geschrieben.«

»Auch ich wurde erst spät Meister genannt, nach Abschluss des Werks und der Lehre, in meinen letzten drei Jahren. Die Kerze schwand im Wind, Asche das Herz, kalt der Sinn, des Herzogs Ai von Lu Auflagen für die Heimkehr nahm ich an, schloss die Tür, wies Besucher ab, fragte nicht nach Politik, verlegte mich ganz auf das Ordnen der Schriften der Alten, das *Buch der Lieder*, das *Buch der Dokumente*, das *Buch der Riten*, das *Buch der Musik*, die *Frühlings- und Herbstannalen* und das *Buch der Wandlungen*. Die *Gespräche*[15] wurden von Schülern gesammelt, sie hielten fest, was ich auf langer Wanderschaft gesagt und getan. Der Gedanken sind zu viele geworden, das verwirrt, besser nur die Gedanken der alten Weisen weitergeben. Nur weitergeben, nichts dazutun, weitergeben, das heißt ›erzählen‹, dazutun bedeutet ›schaffen‹, der Himmel hat mich zu einem Abschnitt im Fluss der Tradition bestimmt, vielleicht zu einem Abschnitt an einem Scheideweg, nicht aber zum ganzen Fluss. Seine Meinung?«

»Ich, ich wage keine Meinung. Ich bin noch unterwegs …«

Der Meister kehrte, die langen Ärmel schwingend, ohne ein weiteres Wort ins Buch zurück, mehrmals noch rief ich nach ihm, doch er antwortete nicht mehr. In großer Ehrfurcht las ich schweigend vom Ende des Meisters, als mir auf einmal die Augen zu regnen begannen: »Konfuzius wurde schwer krank, sein Schüler Zi Gong bat, ihn besuchen zu dürfen. Konfuzius, auf einen Stock gestützt, tat sehr gelöst und rief vom Tor: ›He, kommt Er doch noch?‹ Dann seufzte er wieder und wieder und deklamierte schließlich mit Blick zum Himmel: ›Berg Tai wird stürzen, ach! Der Tempel wird fallen, ach! Der Weise, ach, er muss geh'n!‹ Der alte Mann sang das mehrere Male, bis er zu schluchzen begann. Sieben Tage später starb er …«

Sima Qian sagt: »Im *Buch der Lieder* steht folgender Satz: ›Vor einem großen Berg weicht der Schritt; der Scheideweg ist weit und schwer.‹ Obwohl ich niemals dorthin gelangen werde, sehne ich mich doch sehr danach. Ich studierte die Bücher des Herrn Kong und durch die Bücher näherte ich mich dem Menschen. Ich bewunderte in Lu den Tempel der Gelehrsamkeit, seinen Wagen, seine Kleider, seine Bücher aus alter Zeit und seine Zither, die Guqin, das alles gibt es noch, Generationen von

Schülern richteten sich nach seinen Lehren, die wertvolle Tradition des Landes von Recht und Ritus dauerte fort, die wahrlich Besucher aus fernen Landen so sehr bannt, dass niemand an Heimkehr mehr denkt und niemand mehr gehen kann. In der Geschichte gibt es mehr Herrscher und Würdenträger als Fische in einem Fluss, sie versetzen Berge und leisten Unglaubliches, doch tot, sind sie tot und schnell vergessen. Allein Konfuzius, ein gewöhnlicher Mensch, ein Leben lang in der Fremde und überall gegen Wände gerannt mit seiner großen, über Generationen weitergegebenen Lehre, wird von den Gelehrten der Welt als Meister geehrt … ja, einen größeren Weisen und Heiligen gibt es nicht!«

Mein Übersetzer Su Qin

Das Handy klingelte, dann hörte es wieder auf, ich griff danach und schaute nach, drei neue Anrufe waren eingegangen. Ich legte schnell die *Aufzeichnungen des Historikers* beiseite und ging ins Internet, im *Gmail*-Fach für Entwürfe hatte Tienchi als neueste Nachricht hinterlassen: »Im Anhang das elektronische Flugticket, druck es so schnell wie möglich aus. Du fliegst am fünften spät nachts, am sechsten in der Früh bist du in Warschau, um acht dann in Berlin, Yeemei und Peter holen dich am Flughafen ab, ich selbst komme einen Tag später nach Berlin. Seit wir uns im Spätherbst letzten Jahres voneinander verabschiedet haben, hat sich die politische Lage radikal verändert, dass du nun nach der Rückkehr trotzdem wieder rausgekommen bist, kommt mir vor wie aus einer anderen Zeit …«

Ich holte tief Luft, wollte gerade eine Antwort tippen, da klingelte das Handy wieder, ich ging ran, es war Su Qin, mein Übersetzer ins Englische. Wir kannten uns seit bald zehn Jahren, er hat einiges von mir übersetzt, aber wir haben uns noch nie getroffen. »Ich habe zigmal versucht, dich anzurufen, bin aber nie durchgekommen«, beklagte er sich.

»Meine Nummer ist 01687046193, vielleicht hast du die Vorwahl von Vietnam nicht gewählt?«

»Erst hab ich das vergessen, aber dann hab ich sie gewählt und bin trotzdem nicht durchgekommen, bis ich schließlich gemerkt hab, dass ich eine Ziffer zu viel gewählt hab. Bei mir hier ist schon nach Mitternacht.«

»Kein Wunder, wenn du Aussetzer hast. Aber vor Ungeduld hätt ich fast schon das *Buch der Wandlungen* nach dem Schicksal befragt.«

»Tatsächlich. Und wie fühlst du dich jetzt?«

»Besser als in China.«

»Kommst du denn so ganz ohne Fremdsprache zurecht? Ich muss dich nicht daran erinnern, dass Vietnam noch immer ein kommunistisches Regime hat, Wang Bingzhang musste das am eigenen Leib erfahren, so ein alter Haudegen der chinesischen Demokratie-Bewegung er ist, haben sie ihn mir nichts, dir nichts von Hanoi zurück nach China verfrachtet und ihm lebenslänglich gegeben. Er hatte damals sogar noch eine amerikanische Green Card. Deshalb, geh am besten wenig raus, und von jetzt an telefonieren wir alle zwei, drei Stunden.«

»Es gibt Unmengen kleiner Hotels in Hanoi, ihn muss jemand verraten haben, sonst hätten sie Wang Bingzhang niemals schnappen können.«

»Reden wir jetzt nicht darüber. Jedenfalls, zwischen China und Vietnam gibt es schon lange einen Auslieferungsvertrag. Dein Glück ist nur, dass es im Moment zwischen beiden Ländern große Spannungen gibt, weil beide Seiten ein paar Inseln im Südchinesischen Meer für sich beanspruchen und Fischer verletzt und totgeschlagen worden sind.«

»Das hat doch kaum was mit mir zu tun.«

»Vielleicht doch. Jedenfalls, damit nichts passieren kann, haben wir über einen speziellen Kommunikationskanal mit der deutschen und der amerikanischen Botschaft in Hanoi Verbindung aufgenommen und ihnen genaue Informationen über dich zukommen lassen. Wenn du Hilfe brauchst, kannst du jederzeit die Hotline der Botschaften wählen.«

»Ich kann kein Englisch.«

»Ein paar Sätze reichen. Lern sie gleich mit dem Computer und schreib sie dir auf!«

»Haha, ganz am Anfang der Kulturrevolution habe ich mal Englisch gelernt, im ersten Jahr in der Grundschule wurde ein Englischkurs angeboten, schließlich sollte die ganze Menschheit befreit werden.«

»Wirklich? Das ist perfekt!«

»Woran ich mich noch am besten erinnere, das ist *communism*, *country*, *people*, *revolution* und dann noch: *Long live Chairman Mao*.«

»Und normales Alltagsvokabular? Zum Beispiel *Name*, *Beruf*, *Adresse*, *Telefon*?«

»Haben wir nicht gelernt.«

»Das ist kein Spiel, Lao Wei, du bist noch nicht außer Gefahr, klar? Halte dich ab jetzt bitte an das, was ich gesagt habe.«

Ich nickte und wurde sofort rot. Ich hatte das Gefühl, dass Su Qin auf der anderen Seite lächelte, und über das Ohr verteilte sich die Wärme in meinem ganzen Körper. »Es gibt wahre Liebe unter den Menschen.« Diesen Spruch, mit dem die Regierung um Unterstützung für die Opfer des großen Erdbebens in Sichuan von 2008 warb, flüsterte ich vor mich hin und war mit einem Mal unglaublich müde. Ich schlief tief und fest und traumlos wie ein totes Schwein bis zum Nachmittag des nächsten Tages. Su Qin war mein Tor in den Westen, vor vielen Jahren war er in China, um seine Eltern zu besuchen, kam an einem Buchstand auf der Straße vorbei, entdeckte ganz zufällig eine Reihe verbotener Bücher von mir und zog über verschiedene Freunde Erkundigungen über den Autor ein. Später nahmen wir direkt Kontakt auf und beschlossen zusammenzuarbeiten; wieder ein paar Jahre später, ich hatte das Ganze fast schon vergessen, rief er mich eines Tages plötzlich an und verkündete, seine Übersetzung sei in der gut neunzig Jahre alten Literaturzeitschrift *The Paris Review* erschienen und habe in literarischen Kreisen einige Resonanz gefunden. »Lao Wei, du bist über Nacht berühmt geworden«, sagte er und lachte dabei. Und ich stand eine ganze Weile neben mir.

Wie Su Qin mir eingeschärft hatte, konnte ich nicht vorsichtig genug sein. Deshalb bezwang ich meinen Impuls, draußen herumzulaufen, beugte mich hinter verschlossener Tür über den Tisch und ordnete meine Erinnerungen. Anfangs lief es nicht sehr gut, ich ging immer wieder unter die Dusche, drehte mich um mich selbst wie ein Hund, der sich in den eigenen Schwanz beißt, auf einmal aber stoppte ich und starrte triefend nass auf den Computer. Eine Eingebung überfiel mich, meine Finger rasten über die Tasten, auf gewundenen Wegen durch schwieriges Land schrieb ich achtzehn Stunden am Stück, noch am Nachmittag des nächsten Tages konnte ich nicht aufhören, obwohl ich es gewollt hätte. Erst als ich Beklemmungen und keine Luft mehr bekam, brüllte ich: »Fertig, fertig!« und schlief erneut wie ein Toter.

DIE WUNDEN DER VERGANGENHEIT SOLLEN RUHEN

Eine Familiengeschichte illegaler Grenzübertritte

Schon als Kind hörte ich eine Menge Geschichten über illegale Grenzübertritte und wollte immer alles ganz genau wissen, später überquerte auch einer meiner Onkel zweimal illegal die Grenze. Er war General der Nationalen Volkspartei, wurde bei der Huai-Hai-Operation[16] geschlagen und flüchtete sich, wie es hieß, im allgemeinen Durcheinander als einfacher Zivilist durch ganz China hindurch in seine Heimat Sichuan, wo er dann doch gefasst und für mehr als zwanzig Jahre in ein Kriegsverbrechergefängnis gesperrt wurde, erst 1975 wurde er amnestiert. Damals war ich siebzehn, ich hatte schon auf so manche Untergrundveröffentlichung, unter anderem zur Nationalpartei, Kommunistischen Partei und zu taiwanischen Spionen, einen heimlichen Blick geworfen, wäre aber nie auf die Idee gekommen, dass es auch in meiner eigenen Familie so etwas geben könnte. Mein Onkel hielt sich kerzengerade, er schritt an einem vorbei wie ein Wind, sein Mund war verschlossen, er sprach nie von seiner Vergangenheit. Aber in den 80er Jahren dann, als sich die Lage auf beiden Seiten der Meerenge zwischen dem Festland und Taiwan entspannte und eine erste Gruppe von Veteranen der Nationalpartei für einen Besuch der Familie aufs Festland zurückkam, geriet der alte Herr aus der Fassung. Da die Regierung ihm einen Pass verweigerte, machte er sich ohne Erlaubnis nach Putian in der Provinz Fujian[17] auf, verschwand in einem kleinen Fischerdorf, ging für gutes Geld an Bord eines Motorseglers, der zum Fischen hinausfuhr, und folgte den Fischschwärmen den Kuroshio-Strom[18] hinunter. Die Insel Jinmen[19] war so nah und doch Welten entfernt, mein Onkel sprang ins Meer, der fast siebzigjährige Mann kämpfte ein paar Stunden mit den Wellen und wurde schließlich doch von der starken Gegenströmung zurückgezogen, ein Haar und er hätte Erfolg gehabt. Einen halben Monat später erhielt die Polizei einen Tipp und kam für eine Befragung zu ihm nach Hause. Mein Onkel antwortete nur einen Satz: »Ich wollte nach Taiwan und von Chiang Ching-kuo[20] eine Erklärung verlangen«, damit wandte er sich wieder seiner Lektüre der *Memoiren von Chen Lifu*[21] zu.

Wie sich mein Onkel ins Zeug legte, war sehr überzeugend, aber auch wenn das gleiche Blut in unseren Adern floss, hatte ich doch lange Zeit nicht das Gefühl, dass ich bei einem Abenteuer schlechter dastehen könnte als er – bis zum frühen Morgen des 16. März 1990, als ich als Rädelsführer in der Sache »Massaker-Gedicht« an der Bushaltestelle Rinderhornbucht in Chongqing verhaftet wurde. Zu der Zeit hatte ich ein Manuskript von fast zwei Millionen Schriftzeichen bei mir, ich wollte mit dem Zug in den Norden, um über Liu Xiaobos Frau Liu Xia mit dem taiwanischen Popstar Hou Dejian in Kontakt zu kommen, danach wollte ich runter in den Süden, nach Guangzhou, und über den Freund eines Freundes und Wei Haitian von *China Merchants* in Shenzhen mit Hilfe der Unterwelt illegal die Grenze nach Hongkong überqueren.

Doch der Fluchtplan war vom Amt für Nationale Sicherheit schnell zunichte gemacht, überall im Land wurden Dutzende namhafter Dichter und Schriftsteller mit hineingezogen, einer nach dem anderen verhaftet und verhört, ich wanderte in den Knast, aus dem ich erst nach vier Jahren wieder rauskam, Frau und Kind waren fort, und der einsame Hagestolz suchte Unterschlupf bei Papa und Mama. Mein Onkel ging damals stramm auf die Achtzig zu, hielt sich aber immer noch kerzengerade und schritt an einem vorbei wie ein Wind, er übte sich zudem in Kalligraphie und frischte sein in früheren Jahren gelerntes Englisch und Deutsch auf. Das zeigte, dass, obwohl Vater und Sohn Chiang[22] inzwischen verstorben waren und die alte Nationalpartei heftigen Stürmen ausgesetzt war, mein Onkel seinen finsteren Plan noch nicht ganz aufgegeben hatte: Er wollte eine Erklärung haben. Und tatsächlich war er auf einmal, die Feier meiner Heimkehr war kaum ein paar Tage her, »wie von Geisterhand verschwunden«, und tauchte erst nach gut drei Wochen wieder auf. Er war, wie sich herausstellte, als angeblicher »Kader im Ruhestand« nach Yunnan gereist, in die Gegend von Tengchong, war bei der Gelegenheit tief ins Grenzgebiet vorgedrungen, bis zu einem Dorf der Dai[23], wo er auf einen alten Trick zurückgriff, indem er die lokale Unterwelt, die sich auf illegale Grenzübertritte spezialisiert hatte, bestach und zusammen mit anderen über einen Bergpfad für Pferdekarawanen zum *Goldenen Dreieck*, Zentrum des Drogenhandels in Asien, gelangte, in dem angeblich noch viele Nachfahren der Expeditionsarmee der Nationalpartei lebten. Doch als sie gerade den ersten Grenzposten umgangen hatten, sie waren noch nicht über der Grenze, machte sich plötzlich sein hoher Blutdruck bemerkbar. Obwohl er sofort Medikamente einnahm, betete der Abgesandte der Unterwelt ein »Buddha Amitabha« und brachte den Onkel »auf den rechten Weg« zurück.

Konfuzius schreibt in einem Kommentar im Anhang zum *Buch der Wandlungen*: »Des Himmels Wandel ist stark, der Edle muss ohne Rast an sich arbeiten.« Mein Onkel war genauso, man musste ihn bewundern. 1999 starb der alte Herr, mitten im Winter, ich hielt drei Tage Ehrenwache an seinem Sarg und wurde von seinem zaudernden Geist, der nicht fort wollte, bedrängt, ein Fluchttraum folgte dem anderen: Ich machte mich auf eine mühselige Reise, über Berg und Tal, immer dicht hinter mir die Verfolger, Polizei, Sträflinge, Rote Garden, Geister mit gefletschten Zähnen, die mit ihren Pranken wild um sich schlugen, dunkle Schatten, die wieder und wieder aufgerieben wurden. Ich floh, bis ich Krämpfe bekam, und noch mit Wadenkrämpfen floh ich weiter, ich sprang blutverschmiert herum wie ein schwarzes Seidenhuhn mit abgehackter Kralle, als mich die Kräfte verließen, drang ich ein in eine Erdspalte, wollte sogar durch einen Spalt in einem Klo verschwinden, der Kopf war schon durch, aber die vier Gliedmaßen blieben draußen und zappelten sinnlos. Als mir jemand ein Messer in den Hintern rammte, schreckte ich hoch. Einen kurzen Moment lang war ich verwirrt, dann stimmte ich vor dem Porträt meines verstorbenen Onkels unvermittelt einen Trauergesang an, der die Nachbarn ringsum aufschreckte und einen Polizisten der 110 zu einem »Strafzettel wegen Ruhestörung« veranlasste:

Du bist auf dem Weg
ich kann dir nicht folgen
Du bist ein Wind
ohne Schatten und Spur

Wasser am Himmel
Himmel auf Wassers Grund
Leicht ist der Toten Tanz
in der Wildnis

Im folgenden Jahr trieb ich mich in Beijing herum, zufällig saß in einer illegalen Bar der Regisseur Li Ying, gerade aus Japan zurück, mit dem Dichter Mang Ke, und als er mich sah, rief er gleich ein paarmal »die perfekte Besetzung« und gab mir auf der Stelle eine Hauptrolle in seinem Untergrundfilm »Flieg, oh, flieg«, ich war ein Killer und Schuldeneintreiber, der sich verbissen an die Fersen des bankrotten Mang Ke heftet. Auf uns wartete mehrwöchige harte Arbeit, bei eisiger Kälte in der Ödnis der Beijinger Vorstadt, ich bin ein ungeduldiger Mensch, ein Ende war nicht absehbar, deshalb schlüpfte ich am Set in meine Rolle, kippte eine halbe Flasche Whisky und schlug mir mit der Flasche gleich noch die Fontanelle ein. Blut floss und der Film war zu Ende, er wurde außer Landes geschmuggelt, er sollte bei schönstem Herbstwetter am Filmfestival von Tokio in der Kategorie Experimentalfilm teilnehmen. Ich ging mit dem aus Japan gekommenen Einladungsbrief zur Polizei und beantragte einen Pass, wurde jedoch scharf abgewiesen, und zwar nach Abschnitt 2, Artikel 8, Absatz 5 des »Verwaltungsrechts für Ein- und Ausreise«: »Die zuständige Behörde des Staatsrates vertritt die Ansicht, dass eine Ausreise nicht bewilligt werden darf, wenn der Antragsteller nach der Ausreise der nationalen Sicherheit Schaden zufügen oder nationale Interessen schwer beeinträchtigen könnte.«

Jede Diktatur hat ihre »Interne schwarze Liste zu kontrollierender Personen«, und so war das eigentlich nicht erstaunlich, doch ich drehte hohl und wollte bis zum Äußersten gehn, wahrscheinlich hatte ich das doch von meinem Onkel. Als der Regisseur Li Ying diese Geschichte meines Onkels hörte, schlug er sich auf die Schenkel und sagte: »Vergiss den Pass, geh einfach so über die Grenze. Wenn du dich das traust, trau ich mich, das zu filmen. Dazu dein Onkel und Ma Jinsan und wir haben einen Riesendokumentarfilm über ganze drei Generationen hinweg, fast hundert Jahre, das wäre eine absolute Sensation.«

»Du quatschst doch Unsinn.«

»Das ist kein Unsinn, der Ma Jinsan, aus Dali in Yunnan, der sich wie ein Einsiedler in ein Hochhaus in Tokio zurückgezogen hat, war Stabsoffizier bei Sun Yat-sen[24], ein General der Nationalarmee und Oberbefehlshaber der Pioniere, und er ist eine Generation über deinem Onkel. Er ist 96 Jahre alt geworden und überquerte vier- oder fünfmal illegal eine Grenze, von China nach Japan, dann nach Myanmar, nach Amerika, nach Taiwan, wie es scheint, hat er überhaupt nie den normalen Weg genommen. Zum letzten Mal hat er sich mit vierundneunzig nach Japan davongemacht, er starb mutterseelenallein in dem fremden Land, ganz gegen unsere jahrtausendealte Tradition, dass ein fallendes Blatt zu seinen Wurzeln heimkehrt, ist das nicht der Hammer? Ma war so voller Wut, wie dein Onkel wollte er ein Leben lang von seiner Nationalpartei ›eine Erklärung haben‹, aber bis zu seinem Tod schaffte er es nicht, das hochgesteckte Ziel zu erreichen.«

Mich schauderte: »Was willst du damit sagen? Der alte Ma überquerte illegal Grenzen, mein Onkel überquerte illegal Grenzen, aber ich werde wohl kaum eine Grenze illegal überqueren.«

»Das bestimmt das Schicksal, da wirst du nicht gefragt.«

»Gestern habe ich das *Buch der Wandlungen* nach meiner Zukunft befragt, es kam das Hexagramm ›Wanderer‹, der *Xugua*-Kommentar sagt dazu: ›Wer Großes sucht, verliert die Heimat und muss auf Wanderschaft.‹ Das bedeutet, jemand, der dem Großen Dao, dem Großen Weg, nachspürt, büßt unausweichlich sein Zuhause ein und irrt ziellos umher. Doch selbst wenn man in langer Nacht den Weg verliert, muss man allein weitersuchen, auch wenn man vielleicht drei Jahre lang nirgends ankommt.«

»Vielleicht acht Jahre, vielleicht auch länger, vielleicht kommst du gar nicht an, solange die Kommunistische Partei nicht fällt, vielleicht kommst du auch irgendwo an und als Gefangener wieder zurück. Haha, wer kann das schon sagen …«

Der Chinesisch-Japanische Krieg hatte acht Jahre[25] gedauert, mein Onkel hatte an der blutigen Schlacht um Tai' erzhuang[26] teilgenommen, er wurde von einer Kugel getroffen und lag stundenlang unter Hunderten von toten Kameraden begraben, bis er schließlich wieder zu sich kam, wie durch ein Wunder hatte er überlebt. Er sprach oft davon, fluchte jedes Mal eine Runde, sein Urteil über das Ganze: zu lang, zu hart, zu viele Tote. Niemals hätte ich gedacht, dass mein Weg zur Beantragung eines Reisepasses länger und härter werden würde als der Chinesisch-Japanische Krieg, erst im frühen Winter 2008 kam Bewegung in die Sache.

Im Schutz eines schweren Erdbebens

Das schwere Erdbeben in Sichuan vom 12. Mai wirkte damals noch nach, Flüsse und Berge waren zerstört, Zehntausende äußerlich frischer und strahlender Häuser waren, als seien sie aus Sojapresspappe, von einem Augenblick auf den anderen in sich zusammengefallen, über einhunderttausend Menschen starben in der Katastrophe, und in der Folge gingen die senkrecht nach oben geschossenen Immobilienpreise von Chengdu genauso senkrecht in den Keller, das ging wie Dünnpfiff nach zu viel Abführmittel. Chaos brach aus, die Leute verlangten Konsequenzen, der Regierung blieb nichts übrig, als die Rettung des Marktes in die Hand zu nehmen. Um Publicity zu bekommen, wurden zuerst einige Dutzend staatliche Spezialisten zu einem Meeting zusammengezogen, in Internet, Fernsehen und in den Zeitungen wurde das mit großem Brimborium zu einem »Beweis für Handlungsfähigkeit« aufgeblasen. – »Auch wenn es an der Peripherie des Gebirgsmassivs bebt und Risse entstehen, in der Stadt Chengdu selbst wird es niemals ein Erdbeben über der Stärke drei geben! Bevor das Becken entstand, war hier ein uraltes Meer, unter der Erdoberfläche liegt eine mindestens zwei Kilometer tiefe Sandschicht, die wie ein Schaumgummiteppich die Stöße abfängt, auf einem so dicken Teppich wäre es völlig unproblematisch, auch Objekte mit hundert Stockwerken zu errichten.« – Ein solcher Scheiß war nur dazu geeignet, den Volkszorn noch weiter zu steigern, und weil sich bei den Streitigkeiten um Baumängel, um Risse in Gebäuden oder in den Boden gesunkene Mauern keine Lösungen fanden, gab es zig Zwischenfälle, bei denen Immobilienverkäufer von mehreren Eigentümern heftig verprügelt wurden, die Regierung musste nun nicht nur den Katastrophengeschädigten helfen, sondern auch Festnahmen vornehmen, die Polizeikräfte befanden sich in großer Bedrängnis, also sah man keine andere Möglichkeit, als mit Zuckerbrot und Peitsche vorzugehen und die Taktik zur Rettung des Marktes zu ändern, eine neue Strategie kam auf die Agenda: »Alle Personen von außerhalb, die unmittelbar vor oder nach dem Erdbeben in einem von der Stadt Chengdu verwalteten Gebiet eine zum Verkauf stehende Immobilie von 60 Quadratmetern an aufwärts erworben haben oder erwerben, können ohne weitere Formalitäten diese als eingetragenen Wohnsitz beziehen.«

Auch ein Schädling des Vaterlandes wie ich hörte diese frohe Botschaft! Wie es der Zufall wollte, hatte ich gerade mit meinem Autorenhonorar für das bei *Random House* in Amerika publizierte Buch *The Corpse Walker* (etwa 350 000 Renminbi) eine über 80 m^2 große Wohnung in der kleinen Stadt Gongping, Bezirk Wenjiang, also im weiteren Umland von Chengdu erstanden. Schon am Tag nach der Verkündung der neuen Immobilienpolitik in den Zeitungen holte ich mir, sogleich auf dem Sprung, noch am Vormittag mit meiner »Eigentumsurkunde« bei der lokalen Abteilung für Öffentliche Sicherheit eine »Umzugsgenehmigung«, und noch am Nachmittag desselben Tages schoss ich wie der Blitz in einen Zug nach Osten, um nach zehn Stunden Chongqing zu erreichen. Und weiter schoss ich wieder wie der Blitz auf das mitternächtliche Schnellboot im Hafen von Chaotianmen, immer flussabwärts erreichte ich nach einer Stunde schließlich Fuling am Zusammenfluss von Yangtse und Wujiang. Es war noch dunkel, trübe Wellen schlugen hoch, kaum eine Menschenseele war zu sehen, ich drückte mich am Hafen des Weißkranich-Riffs in ein inoffizielles Taxi, damit ging es die Serpentinen hinauf bis zum höchsten Punkt, an dem noch was los war, dort suchte ich mir einen Gasthof, der die Nacht über auf hatte. Ja, mit sechsundzwanzig Jahren war ich zum Heiraten von Chengdu hierher gekommen und hatte mich hier niedergelassen, ich erhielt die Aufgabe zugeteilt, für das lokale Kunstmuseum Volksliteratur zu sammeln und zu sichten; mit zweiunddreißig kam ich wegen des Gedichts »Massaker« ins Gefängnis; mit sechsunddreißig kam ich wieder raus, ich ließ mich scheiden und kehrte nach Chengdu zurück; inzwischen bin ich über fünfzig und habe mit Fuling seit Ewigkeiten nichts mehr zu tun gehabt, die Polizei hatte es mir trotzdem nicht erlaubt, den Wohnsitz zu ändern.

Für drei Stunden verkroch ich mich im Zimmer, wusch mir weder das Gesicht noch zog ich die Schuhe aus. Eifrige nichtregistrierte Bordsteinschwalben, die rundum kreuzten, klopften wenigstens fünfmal an die Tür und telefonierten mich genauso oft an, aber ich lag wie tot über das Bett gestreckt. Punkt acht Uhr ging ich in den nieselnden Winternebel hinaus, den großen kahlen Schädel mit einem langen Schal dick umwickelt, ritt ich wie Onkel Afanti[27] aus der uigurischen Legende auf einem imaginären Esel zehn Minuten die Bergstraße hinunter. Ich betrat eine kleine Nudelbude gegenüber von dem Polizeirevier Lizhi, das für meinen neuen Wohnsitz zuständig war. Ich bestellte die scharfe Nudelsuppe, die die Leute hier am liebsten mit einer großen Handvoll kurzgebratenem zerstoßenem Chili und Sichuan-Pfeffer aßen. Kaum hatte ich was davon im Mund, wurden meine Augäpfel groß wie Reisklößchen, sintflutartig schoss kochender Schweiß aus meinem Turban. Hastig rief ich: »Eine Schale klare Brühe, bitte!« Um neun hatte das Polizeirevier seine Tore noch immer nicht geöffnet, ich stand auf, setzte mich wieder; um Viertel nach neun gingen die Tore endlich auf, aber es war kein Polizist, sondern eine Frau mittleren Alters, sie gähnte.

Ich stand als erster an dem Schalter für »Normales Publikum«, nach ein paar Minuten wuchs hinter mir eine lange Schlange. Ich reichte »Umzugsgenehmigung« und »Eigentumsurkunde« hinein, meinen Personalausweis allerdings behielt ich fest in der Hand, das Foto war zu deutlich, was nur wenn … Mir stockte das Blut in den Adern, die Schläfen pochten. Die Frau mittleren Alters begann, sich die Sachen anzusehen, zog im Dokumentenschrank hinter sich eine Schublade auf, wühlte und raschelte ein paar Sekunden darin herum, nahm ein Papier heraus und knallte einen Stempel drauf. Himmel! Vorsichtig packte ich das Wohnsitzpapier, das über Schicksale entschied, ein und machte, dass ich wegkam. Hundert Meter weiter war eine Verwaltungsstelle für Ein- und Ausreise des hiesigen Amtes für Öffentliche Sicherheit. Eine unsichtbare Hand zog mich hin, die Torwache hing am Handy, sah überhaupt nicht auf. Am Fuß eines Abhangs gab es einen Hof, in acht Jahren war ich mehr als zehnmal hier gewesen und kannte jeden Grashalm, jeden Baum. Ich versteckte mich hinter einer Wand aus Pflanzen und sah mich durch einen Oleander hindurch um, mein Erzfeind Zhuo Shumin stand rauchend vor dem Fenster des Abteilungsleiterbüros, oberhalb seines linken Ohrs war ein Schwarzes Brett in die Wand eingebaut, auf dem öffentlich bekanntgegeben wurde: »Personen mit Ausreiseverbot in diesem Bezirk«, insgesamt dreizehn Namen, Liao Yiwu an fünfter Stelle, die Begründung: feindliches Element; bei dem über mir die Begründung: Urkundenfälschung; beim Letzten: Scheinehe mit einer Ausländerin.

Fast hätte ich laut gelacht, sofort hielt ich die Hand vor den Mund und rannte weg. An der Straße stoppte ich ein Taxi, in einem Augenblick der Unüberlegtheit verwarf ich die Fahrt mit dem Schiff und kurvte stattdessen die Serpentinen hoch, hastete zur Fernbushaltestelle, an der Müll und Gesindel sich häuften, und bestieg den Bus zurück. Erst spät in der Nacht war ich wieder in Chengdu. Ich war unendlich müde, stemmte aber noch eine halbe Flasche 56-Prozentigen und lachte und lachte, ich konnte gar nicht mehr aufhören zu lachen. Bis ich mir plötzlich gegen die Brust schlug und in Tränen ausbrach, und alles, was ich intus hatte, wieder hochkam. Im Tran hob ich alte Fotos von meiner Schwester und von meinem Vater hoch und schlug dreimal dumpf mit dem Kopf auf den Boden, dann weiß ich nichts mehr.

Das Verwaltungsbüro für Ein- und Ausreise

Als ich die Augen aufschlug, stand die Sonne schon ziemlich hoch, ich richtete mich auf, schlug mit den Fäusten zweimal in die Luft, und weiter auf dem Sprung lief ich zum Schalter für Auswärtiges bei dem hiesigen Amt für Öffentliche Sicherheit, um meinen Wohnsitz eintragen zu lassen. In einem Meer von Menschen stand ich zwei Stunden an, nach noch mal ein paar Minuten zahlte ich zwanzig Kuai und hielt ein »Familienstammbuch« mit Plastikhülle in Händen; diesen Sieg im Rücken marschierte ich zu einem anderen Schalter, zahlte erneut zwanzig Kuai und bekam einen »Vorläufigen Personalausweis« ausgehändigt; nichts wie weiter auf dem

Feldzug zur nächsten Schlacht, ich setzte mich in ein inoffizielles Taxi, das ein Gemüsebauer fuhr, der Grund und Boden verloren hatte, in Windeseile lagen über dreißig Kilometer hinter uns, nach den Außenbezirken tauchten wir immer tiefer in das lebhafte Stadtzentrum ein, noch ein paarmal abgebogen und wir waren beim Verwaltungsbüro für Ein- und Ausreise des Amtes für Öffentliche Sicherheit der Stadt Chengdu. Zur Zeit der Republik war diese Gegend für ihren Viehhandel bekannt, deshalb heißt sie der »Esel- und Pferdemarkt«.

Wieder ein Meer von Menschen. Zum Glück war ich jemand, der sich durch den kleinsten Spalt in hermetisch geschlossenen Menschenhaufen zu stehlen wusste, wozu hatte ich mich schließlich wie ein herrenloser Köter jahrelang in den Niederungen der Gesellschaft herumgetrieben, wenn einer wusste, wie man »die Kastanien aus dem Feuer holt«, dann ich. Ich nahm also meine Mütze ab, stand da mit unterwürfig hängendem Kopf, und weil ich mich schon zwei, drei Tage nicht mehr gewaschen, Zähne geputzt und rasiert hatte, stand in meinem Gesicht ein weißes Stoppelfeld, ich sah aus wie ein alter buddhistischer Mönch, der gerade in das normale Leben zurückkehrte. Eine Gruppe ehrenamtlicher älterer Damen im Ruhestand füllte mir, über dies und jenes plaudernd, das »Reisepass-Antragsformular« aus, als Grund angegeben wurde eine »Gruppenreise nach Singapur«, das Formular reichte ich anschließend mit einem Foto, einer Kopie des »Vorläufigen Personalausweises« und fünfzig Kuai ein, ein lässiger junger Polizist hinter dem Schalter erwies mir die Freundlichkeit, das Ganze entgegenzunehmen, stellte eine Quittung aus und rief, ohne weiter nachzudenken: »Kommt gut nach Hause, mein Herr!«

»Wo ist denn hier, verdammt noch mal, ein Herr?«, ich hustete, eine halbe Ewigkeit später erst ging ich hinaus und fluchte über das Verkehrschaos. Eine Dunstglocke hüllte alles ein, es war keine fünf Uhr, aber der Himmel senkte sich schon als ein umgedrehter schwarzer Wok auf uns; die schönen Mädels liefen noch immer frech mit bloßen Oberschenkeln vorbei und zwitscherten wie die Spatzen. Das war meine Stadt, als ich vor vierundzwanzig Jahren hier wegging, war ich noch ein junger Kerl, inzwischen nannte man mich »mein Herr«.

Während ich noch die Wechselfälle des Lebens beklagte, sprach mich schräg jemand mit »Liao, alter Gauner« an, es war Li Bifeng, mein Knastbruder, der arme Hund war ein zweites Mal eingefahren, Wiederholungstäter, er hatte schon sieben illegale Grenzübertritte versucht, immer ohne Erfolg, war aber Experte für das *Buch der Wandlungen*. Drei Kupfermünzen sechsmal zum Himmel werfen, durch den Gegensatz von Vorder- und Rückseite die Wahrsagebilder zusammensetzen und Glück von Unglück trennen, das war meine Methode, ich hatte sie von ihm, im Gefängnis. Er war zudem ein Meister darin, es den Weisen der frühesten Zeiten nachzutun und mit neunundvierzig Streichhölzern anstelle der von der Erde verschwundenen Schafgarbenstengel diese Wahrsagebilder zu erstellen und zu interpretieren und Schritt für Schritt die Zusammenhänge zwischen Ereignissen und deinem früheren und heutigen Leben herzuleiten, wobei er so vage blieb, dass seine Worte immer voller Geheimnis waren.

Tatsächlich sah, wie es schien, Li Bifeng mit seinem seltsamen Lachen bis auf den Grund meines Herzens: »Na, holst du einen Pass?«

Meine Kopfhaut kribbelte, wie von einem Elektroschock. Als alter Vagabund immer auf alles gefasst, tat ich aber sofort überrascht: »Kriegst du einen Pass? Wenn die Sonne im Westen aufgeht vielleicht.«

»Woher kommt hier denn Sonne? Bei dem Scheißhimmel, wir haben schon seit einem halben Monat keine Sonne mehr. Lenk nicht ab …«

Ich machte weiter die Nebelmaschine: »Du lenkst ab, warum bist du denn hier, wenn nicht wegen einem Pass?«

»Nur so. Hehe, belebte Orte sind für uns Konterrevolutionäre doch so wahnsinnsanziehend. Sich hierhin, dorthin schieben lassen, dem beim Ausfüllen eines Formulars zusehen, dem beim Entgegennehmen einer Bescheinigung, wo Leute sind, ein bisschen plaudern, einfach als Ersatzbefriedigung.«

»Such einen, der dir ähnlich sieht, und gib ihm Geld, dass er dir hilft.«

»Die fiese Idee hat ja schon Yang Wei gehabt. Er hat doch einem toten Dörfler extrem ähnlich gesehen, dem sie den eingetragenen ständigen Wohnsitz nicht annulliert haben, und so hat er sich mit der Identität eines Toten einen Reisepass erschwindeln können, damit hat er sich dann nach

Thailand fortgemacht, in politisches Asyl, und ist am Ende bis nach Kanada gekommen, jetzt ist er Tellerwäscher.«

»Hör auf, dir gegen den Hunger Kuchen zu malen, lass uns lieber in der Nähe eine kleine Fliegenbude suchen und was trinken.«

In einer Fliegenbude

»Fliegenbude« ist die allgemeine Bezeichnung für Läden an der Straße, in denen es im Sommer massenweise Fliegen gibt, und wie die Fliegen stürzen sich auch Massen von Gästen auf das Essen dort, weil es schmeckt und billig ist. Chengdu ist das Beijing der Sichuan-Küche, hier würde man Gift essen, wenn es nur schmeckt. In der alten Gesellschaft gab es hier den Schriftsteller Li Jieren[28], er betrieb eine Fliegenbude und schrieb Romane, bei einem Einfall machte er den Laden einfach dicht und am Ende hinterließen seine Bücher den dauerhaftesten Nachgeschmack bei den Leuten, denn, wie einmal gezählt wurde, in seinen Büchern stehen über hundert Rezepte der Sichuan-Küche.

Erst als die beiden konterrevolutionären Elemente an die zehn scheußliche Pissgassen eingehend begutachtet hatten und die Beine nicht mehr wollten, stoppten sie an einem etwa einen Meter breiten Eckladen. Im Winter gab es kaum Fliegen, aber wie Fliegen saßen die Gäste, an jedem der sechs oder sieben niedrigen und dreckstarrenden Tischchen des Ladens saßen sie. Unter den Tischen standen bauchige irdene Weinkübel, der Ober rief dann und wann etwas, drängte sich zwischen die vielen Beine und holte Wein aus dem Kübel. Weil es für uns keinen Platz mehr gab, zog der Chef des Ladens, der den kantonesischen Barbecue-Imbiss am Eingang machte, eigenhändig Klapptisch und Klapphocker hervor und stellte sie neben die Treppe.

Ich sah zur Tür hoch, auf dem Ladenschild stand »Zu den vier Büchern und fünf Klassikern«, was ich lustig fand. Die vier Bücher und fünf Klassiker, die alle mit dem Namen Konfuzius in Verbindung standen, weisen natürlich auf die *Gespräche des Konfuzius*, das Buch *Menzius*, *Das große Lernen* und *Maß und Mitte* sowie das *Buch der Lieder*, das *Buch der*

Urkunden, das *Buch der Riten*, das *Buch der Wandlungen* und die *Frühlings- und Herbstannalen*, hier allerdings bedeutete »Zu den vier Büchern und fünf Klassikern« Schweinskopf, Schweineherz und -lunge, Schweineschwanz und Schweinsfußsuppe sowie in Würze gekochter Tofu, in Würze gekochte Ackerbohnen, in Würze gekochte Erdnüsse, in Würze gekochte Seidenspinner-Puppen und in Würze gekochter trockener Tofu. Unsere leeren Mägen grummelten und wir bestellten gleich alle »Vier Bücher« auf einmal, und als die verputzt waren, bestellten wir noch die »Fünf Klassiker« und tranken danach gemächlich Bocksdornschnaps.

Nach einer Weile tauchte der dicke Wang, ein Priester der Untergrundkirche, mit Teng Biao, einem Rechtsanwalt aus Beijing, im Schlepptau in der Gasse auf, beide waren enge Freunde von mir und ich machte sofort durch lautes Rufen auf mich aufmerksam, bald saßen wir zu viert an dem Tisch, an dem es zog wie Hechtsuppe, doch mit der Wärme des Schnapses wurde auch uns wärmer. Etwas angetrunken fragte ich Teng Biao lachend: »Ich habe gehört, mein Freund, sie haben deinen Pass beschlagnahmt?«

»Ja. Vor einem halben Monat wurde ich auf dem Weg zu einer wissenschaftlichen Konferenz in Hongkong an der Grenzkontrolle in Beijing aufgehalten, das ist ganz normal, als Rechtsschutzanwalt[29] bringst du mit wer weiß welchen Recherchen in wer weiß welchem besonders sensiblen Fall die Obrigkeit immer mal wieder gegen dich auf, das ist nie klar, ich sagte also okay, okay, ich bleibe. Doch dann gaben sie mir am Schalter den Pass nicht zurück, sie nannten es eine ›gesetzliche Einbehaltung‹, ich tobte und stürzte los, um ihn mir selbst zurückzuholen, aber es waren gleich mehrere Polizisten da, die mich packten und erst wieder losließen, als sie mich weit genug rausgezerrt hatten.«

»Du hast dich für mich in meiner Passsache eingesetzt, und jetzt haben sie deinen eigenen selbst beschlagnahmt?«

Teng Biao brachte keine Antwort mehr heraus, er schaffte nur noch ein einfaches »Hehe«, seine Augen waren schmal wie Schlitze geworden, blinzelten aber unablässig. Vor anderthalb Jahren hatte der Kerl sich angeboten, sich für meine Rechte einzusetzen, wir kamen daraufhin am Hafen von Chongqing zusammen, schossen gemeinsam mit dem Boot stromabwärts und stürzten laut schreiend in die Aus- und Einreiseabteilung von Fuling. Als er dort seinen »Anwaltsausweis« und die juristische Promotionsurkunde der Universität Beijing präsentierte, versetzte er den kleinen Lokalpolizisten tatsächlich einen ordentlichen Schrecken, Zhuo Shumin, der Abteilungsleiter, konnte sich nicht mehr rechtzeitig aus dem Staub machen und hockte am Ende unter dem Vorwand, ein großes Geschäft erledigen zu müssen, gute vierzig Minuten auf dem Abtritt, wobei er in Wirklichkeit mit seinem Handy nach oben Bericht erstattete. Teng Biao übernahm die Rolle des Klowächters und gab mir ein Zeichen, dass ich ihm am rückwärtigen Fenster den Weg abschneiden sollte, ich flüsterte: »Muss das wirklich sein?« Teng Biao bestand darauf, er hatte schon einmal einen Fall gehabt, bei dem ein Polizist durch ein Fenster abgehauen war, weil sein Kontrahent zu allem fähig war.

Zhuo Shumin hatte es noch nie mit einem derart gewieften Anwalt zu tun gehabt, ihm blieb nichts übrig, als sich in sein Unglück zu fügen, seine Untergebenen anzuweisen, mir ein »Antragsformular« zu geben, auf der Stelle ein Foto zu machen, Fingerabdrücke zu nehmen, die Gebühr zu kassieren und eine offizielle »Empfangsbescheinigung« auszustellen. »In drei Arbeitstagen ist alles fertig«, und nach ein wenig Zirkus um scheinbar akkurate Pflichterfüllung fuhr er mit einem falschen Lachen fort: »Wenn das höheren Ortes genehmigt wird, schicken wir den Pass nach Chengdu.«

»Und wenn sie es nicht genehmigen?«

»Dann bedaure ich das wirklich sehr.«

»Auf dein Bedauern ist geschissen, Zhuo Shumin, im Gefängnis hattest du mich am Wickel, hier draußen hast du mich am Wickel, hört das denn nie auf?«

»Hau ab, du sturer Bock von einem Konterrevolutionär, hau ab, am besten zum Nordpol, oder zum Südpol, komm mir nur nicht mehr unter die Augen! Was ich sage, zählt doch nicht, was die oben sagen, das zählt.«

»Und was kam dabei heraus?«, fragte Li Bifeng.

»Ein endloses Hin und Her, über ein halbes Jahr, die Prozessunterlagen waren einen halben Meter hoch, herausgekommen ist nichts«, antwortete

Teng Biao. »Eine ganze Reihe von Leuten schrieb etwas zur Unterstützung, dreimal auch unser dicker Wang hier, alles für die Katz.«

»Dann ist der Fall noch nicht ad acta?«

»Natürlich nicht. In den letzten acht Jahren hast du zwölfmal einen Pass beantragt und jedes Mal wurde das abgelehnt, damit kannst du noch ins *Guinness-Buch der Rekorde* kommen.«

»Du wirst mit Siebzig noch keinen Pass haben«, streckte sich Li Bifeng, »aber das ist egal, ist doch sowieso besser, heimlich über die Grenze zu gehen. Angeblich sind erst vor kurzem wieder zwei von der Demokratischen Partei ins Meer gesprungen und auf der taiwanischen Insel Jinmen erfolgreich an Land gegangen.«

»Lieber Liao, in so einer Situation«, begann der dicke Wang behutsam und fuhr fort, »wäre es doch sicherer, eine nette Frau aus dem Ausland zu heiraten. Komm öfter mal in unsere Kirche, der Herr wird sich deiner erbarmen.«

»Ich habe zurzeit eine Freundin.«

»Du bist zweimal geschieden und Freundinnen wechselst du wie das Hemd, nicht wahr? Liu Xiaobo und ich sind in dieser Sache einer Meinung, dein einziger Weg aus dem Land sind blaue Augen.«

Es wurde dunkel, der Wind frischte auf, wir zogen nach drinnen um; bis jeder wieder seiner Wege ging, war es spät geworden. Mein Weg zurück in meinen Kreis an der Peripherie der Stadt wäre zu weit gewesen, deshalb ging ich zu Fuß zu Mutter ins Ginkgowaldviertel im Westen der Stadt, um dort zu übernachten. Als ich klopfte und die Tür aufmachte, war meine Mutter noch beim Fernsehen und ich murrte: »Du bist so spät noch auf!«

Mutter meinte nur: »Ich hab schon ein bisschen geschlafen.« Dann berichtete sie, der dicke Li von der Inneren Sicherheit sei mit noch jemandem hier gewesen und habe eine ganze Weile herumpalavert. Mein Herzschlag beschleunigte sofort.

Am nächsten Tag rief ich ihn an und der dicke Li fragte, warum gestern mein Handy aus gewesen sei. Ich sagte, ich war was trinken, natürlich ist da mein Handy aus. Der dicke Li fragte, mit wem, ob es die hiesigen Unterzeichner der »Charta 08« gewesen seien.[30] Liu Xiaobo sei am Ende, ich solle mich besser etwas vorsehen. Ich sagte, ich sei mit meinem Vater unterwegs gewesen. Der dicke Li sagte: »Der Alkohol hat dir wohl das Hirn aufgeweicht: Dein Vater ist seit sechs Jahren tot, ich selbst habe einen Blumenkranz geschickt.«

Ich atmete durch.

Mit List zum Erfolg

Ich verkroch mich zu Hause. In diesem meinem Wenjiang, das zwischen Dujiangyan und Chengdu liegt, in allen Dynastien war es die Kornkammer des Sichuan-Beckens, bekannt für weites fruchtbares Ackerland, das sogenannte »Land des Himmels«, es ist hier. Mit dem neuen Jahrhundert und dem Wirtschaftsboom wurde dieser Flecken Erde allerdings vollständig erschlossen, aus der Kornkammer wurde Immobilienland und unsere gute alte Kreisstadt Wenjiang wuchs um ein Mehrfaches, meine eigene Immobilie befand sich in einer staatlichen Anlage, meine Schwester Xiaofei hatte Gefallen daran gefunden und sie machte den Kauf für mich fix. Ich war gerade eingezogen und renovierte, da kam es zum großen Erdbeben der Stärke acht in Sichuan, ich hatte das Dachgeschoss, Dachfirst und Wände bekamen sofort jede Menge Risse und der Regen sickerte durch. Als ich mich beschwerte, erfuhr ich schließlich, dass der Gemeindebeamte und gleichzeitig Bauunternehmer mit all seinen Kapitalanlagen längst ausgewandert war, nach Australien, es war aussichtslos, man konnte nur selbst Arbeiter anstellen und die Risse beheben.

Inzwischen waren diese Unerfreulichkeiten alle schon Geschichte. Mein Internet war gekappt, mein Telefon wurde abgehört, aber all das konnte mich keinesfalls abhalten, herumzuliegen und Becketts Meisterwerk *Warten auf Godot* zu lesen. Vielleicht war mein Reisepass so eine Art Godot, ein Vagabund, den du niemals zu Gesicht bekommst, je mehr du ihn ersehnst, umso ferner ist er dir, wobei jeder, der vorbeikommt, dir erzählt, Reisepass Godot wird bald hier sein, vor ein paar Minuten bin ich ihm begegnet, wir haben geplaudert.

Ich schlug die Zeit tot, während der gesetzlichen Frist von drei Wochen las und schrieb ich nichts außer meinem *Warten auf den Reisepass Godot*, durch meinen Kopf geisterte ständig ein Lied aus einer alten Oper: »Mit Familien in Fehde, voll Hass auf das Reich, Wu Zixu[31], am Zhao-Pass über Nacht erbleichte sein Haar.« Es erinnerte mich an das Gefängnis, wo ein Todeskandidat in der Nacht vor seiner letzten Reise diesen Vers dreimal nacheinander herausschrie, bis ihm von einem Gefängnisaufseher der Mund mit einem durchsichtigen Klebeband verschlossen wurde, und er, stumm gemacht, sich in seiner inneren Not in die Hosen schiss, ich war es dann, der ihm half, die Hosen zu wechseln. Seit ich aus dem Gefängnis bin, nein, eigentlich seit meiner Geburt, denke ich, hat dieses durchgedrehte Land meine unschuldige Sippe, meine Familie und mich selbst, der ich überhaupt nicht zu irgendeinem Widerstand tauge, einer Demütigung nach der anderen ausgesetzt, auf dem Platz des Himmlischen Friedens richteten sie 1989 ein Massaker an, und ich schrieb einfach nur ein Gedicht »Massaker«, aber sie gaben keine Ruhe mehr. Trotz meiner inneren Not, trotz meines Ersuchens um Gnade, sie gaben keine Ruhe mehr.

Unter solch empörter Trauer, unter solchen Tagträumereien verrann unbemerkt die Zeit. Als ich termingemäß wieder am »Esel-Pferdemarkt« war und mich in den feudalen Amtssitz drängte, hatte ich bereits jede Hoffnung fahren lassen. Ohne Regung schob ich meine Bestätigung vom letzten Mal in den Schalter, eine junge Polizistin nahm sie entgegen, warf einen Blick drauf, zog sofort rechts eine Schublade auf, und drei Sekunden später war ich im Besitz eines Reisepasses in rotem Schutzumschlag!

Ich schwankte, als hätte ich einen im Tee, aus dem kalten Winterwind war auf einmal ein Frühlingswind geworden. Den Pass verbarg ich an meiner Brust und drückte die Hand drauf, wie ein Herzkranker, ich konnte es kaum erwarten, nach Hause zu kommen, dort nahm ich den Pass heraus und untersuchte ihn genau, es war, wie es war, da stand Liao Yiwu. Mein Handy klingelte, ich ging ran, es war der dicke Li von der Inneren Sicherheit: »Hallo, alter Freund, was treibst du zurzeit?«

Ich antwortete kurz angebunden: »Ich dichte meine Wohnung ab.«

»Damit bist du doch schon längst fertig.«

»Es kommt wieder Wasser rein.«

»Oh, eine größere Sache also. Ich erzähle dir von einer anderen größeren Sache.«

»Nicht nötig, das interessiert mich nicht.«

»Das interessiert dich ganz sicher.«

»Der Vorsitzende Mao sagt: ›Wenn jemand einmal etwas Schlechtes tut, ist das nicht schlimm, schlimm ist, wenn er sein ganzes Leben Schlechtes tut und nichts Gutes.‹ Der dicke Genosse Li ist gerade so ein Vorzeigebeamter.«

»Haha, wenn ich nicht Gutes täte, wärst du längst weg vom Fenster.«

»Verdammt, danke.«

»Ernsthaft: Die Bekanntmachung der neuen Politik bezüglich einer Registrierung am Wohnsitz nach Wohnungserwerb, kennst du die?«

»Im Ernst?«

»Im Ernst.«

»Du nimmst mich auf den Arm.«

»Du lebst wohl hinter dem Mond. Unter diesen Umständen sollten wir uns Zeit nehmen für einen Tee, du sagst uns, wie du darüber denkst, ich teile das der Führung mit, und wenn du nach Fuling willst, um deinen Wohnsitz zu ändern, werden wir dir hier in Chengdu eine Bescheinigung ausstellen, um dem nach Kräften zum Erfolg zu verhelfen.«

»In Ordnung, aber ist das diesmal denn wenigstens halbwegs sicher?«

»Nicht zwingend natürlich. Du weißt doch selbst, deine Situation ist speziell, wenn Fuling weiter mauert, sind auch uns beim besten Willen die Hände gebunden.«

Ich hätte am liebsten losgepoltert: »Hast du deine menschliche Ader entdeckt!?«, sagte aber stattdessen nur: »Das klingt nicht schlecht, danke.«

Der tote Reisepass

Bevor ich mit dem dicken Li Tee trank, traf ich mich noch mit dem Schriftsteller Wang an der »Neuen Großen Südtorbrücke« zum Tee. Das war eine alte Gewohnheit, seit über zehn Jahren trafen wir uns jeden Sonntag, sommers wie winters, im Frühling wie im Herbst, zum Tee.

Wang war als Kunstredakteur bei einer Zeitung, insgeheim jedoch schrieb er extrem kryptische Romane, alles für die Schublade, nahezu ohne etwas zu veröffentlichen, wie der österreichisch-ungarische Versicherungsangestellte Kafka. Diesmal kam Wang gerade vom Schwarzmarkt für DVDs und hatte eine ganze Menge Zeug dabei: »Die Sachen hier sind sehr physisch, die neuesten Erwachsenenfilme aus Japan, der Welt größtem Pornoland, die wundervollsten Körper und Gesichter, es sind ganz klar Nutten, aber davon ist nichts zu merken, bist du interessiert?« Er lachte laut und sein großer feister Kopf glänzte im dichten Nebel. »Die Sachen hier sind metaphysisch, ›Der Vorleser‹, ›Good Bye Lenin‹, ›Les Chinois à Paris‹ und ›Das Leben der Anderen‹, vor allem das musst du dir anschauen! Vielleicht gibt es in deinem Leben auch so einen Spion der alten Schule wie in dem Film, sicher wird es nicht so romantisch sein, so bewegend und mit Klavierbegleitung von Beethoven …«

»Gern, wenn du mir ein paar Kopien von ›Das Leben der Anderen‹ für lau geben kannst, bringe ich das ein bisschen unter die Leute.«

»In Ordnung.«

»Mein prächtiger Freund Wang.«

»Ja ja, mein Body ist eine Pracht, seit kurzem habe ich einen neuen Fettring. Trotzdem, mein Liao, keine unverdienten Lorbeeren!«

Nun gab ich ihm eine kurze Zusammenfassung der jüngsten Entwicklungen und schloss rundum zufrieden: »Offen den Steg repariert, heimlich woanders übergesetzt, wie findest du meinen Blitzkrieg, Bruder?«

Wang kommentierte ungerührt: »Beim Staatsapparat, nun, solange da das rote Lämpchen nicht leuchtet, wenn du durch bist, bist du durch, das ist gar nicht so selten.«

»Welches rote Lämpchen?«

»Für den Ausschuss, der darf nicht durch. Vor fünfzig Jahren wärst du nicht durchgekommen.«

»Es wäre auch gegangen, nur auf andere Weise.«

»Eine Zeitlang konnte man sich vielleicht durchmogeln, aber am Ende landete der Ausschuss beim Ausschuss, die Leute haben das früher oder später gemerkt.«

»Du bist doch schon in Chengdu gemeldet.«

»Aber mein Pass ist trotzdem tot.«

»Wang, du verdammter Scheißkerl.«

Extrem beunruhigt rief ich sofort beim dicken Li an und meinte, das Frühlingsfest stehe vor der Tür, ob wir das vereinbarte Gespräch beim Tee nicht verschieben wollten. Das Frühlingsfest ist das Weihnachten der Chinesen, Li willigte ein, wenn er es auch ein bisschen sonderbar fand, er meinte: »Mein lieber Freund, du bist allseits als so ungeduldig bekannt, woher auf einmal diese Geduld?«

Ich sagte nichts weiter. Nur wenig später traf bei meiner Mutter zu Hause ein Brief aus Übersee ein, ein Einladungsschreiben der *Qi-Foundation* des *Independent Chinese PEN Center* im australischen Melbourne. Mein kürzlich in Taiwan erschienenes Buch *Das Erdbebenirrenhaus. Eine Chronik des Erdbebens von Sichuan* hatte den von dieser Stiftung etablierten »Preis zur Unterstützung von Fortschritten in China« erhalten, die Preisverleihung sollte im Juni sein. Ich freute mich wahnsinnig über diese unverhoffte Nachricht, nahm sie als »Fingerzeig des Himmels« und beschloss, nach dem Frühlingsfest sofort nach Beijing zu fahren und mich um ein Visum zu kümmern. Aber wie das Sprichwort sagt: Auf nächtlichen Wegen bleiben Geister nicht aus – am siebten Tag des Frühlingsfestes, es war gerade mal zur Hälfte vorbei, kam ein dringender Anruf vom dicken Li, der ohne Umschweife wissen wollte, wo ich sei. Ich antwortete, bei meiner Familie; der dicke Li weiter, zu Hause oder irgendwo unterwegs? Wenn unterwegs, dann wo genau?

Mein Handy wurde seit Jahren verfolgt und abgehört, nicht zu antworten, hätte nichts geholfen, nach ein paar Minuten schon hielten zwei Limousinen von Audi vor der Haustür meiner Mutter im Ginkgowaldviertel. Ich stieg in den zweiten Wagen, vom Vordersitz drehte sich einer nach hinten um und sagte: »Lange nicht gesehen, Liao Yiwu, wir sind beide älter geworden.«

Es war Zheng Zijian, der Vizechef des Amtes für Öffentliche Sicherheit der Stadt Chengdu, der Ende des vergangenen Jahrhunderts noch als Stellvertretender Abteilungsleiter oft mit mir beim Tee gesessen hatte, zwischendurch tranken wir auch schon mal Hochprozentiges, bis er eines

Tages plötzlich verschwunden und durch einen jüngeren namens Song ersetzt war; den wiederum ersetzten später eine Ya Ling und ein Zhou Bin; zuletzt kam der dicke Li, woran sich acht Jahre lang nichts mehr änderte, er hielt sich außergewöhnlich gut.

Zheng Zijian sagte weiter: »Sie haben Ihren Wohnsitz schließlich wieder in Ihre alte Heimat verlegt, meinen Glückwunsch.«

Ich antwortete mit einem spöttischen Lächeln: »Vielen Dank, Herr Zheng, ich möchte dazu gern ein Gedicht von He Zhizhang[32] aus der Tang-Dynastie ein wenig abwandeln, damit wir uns gegenseitig etwas Mut machen:

›Fort noch jung, im Alter erst zurück,
Heimatklang, doch ward die Schläfe blass;
ohne Kampf nicht Freunde heut,
doch lächelnd sag, woher der Hass?‹«

»Haha, man merkt den Literaten, verfluchen ohne ein böses Wort.«

»Endlich war ich nicht mehr gezwungen, für den eigenen Heimatort bei euch eine ›Vorläufige Aufenthaltserlaubnis‹ zu beantragen.«

»Mit dem Vaterland geht es rasant aufwärts, das Zeitalter schreitet voran, alles schaut nach vorn.«

»Und vorn sehe ich, dass unser Katz-und-Maus-Spiel erst mit dem Tode endet.«

»Haha, nicht den Mut verlieren, Liao, Sie müssen nur kooperieren, dann wird aus einem Widerspruch zwischen einem Feind und uns ganz flott ein Widerspruch innerhalb des Volkes.«

Der Wind war kalt, kleine Sträuße von Feuerwerksblumen gingen am Himmel zur vollen Blüte auf, da die Teehäuser an der Straße noch nicht wieder geöffnet hatten, fuhren unsere Autos in ständigem *stop and go*, und nachdem sie so mehrere große Kreise gezogen hatten, landeten sie wieder bei einem Teehaus im Freien, in der Nähe der Wohnung meiner Mutter. Als der Chef des Ladens die beiden funkelnagelneuen Karossen sah, war ihm klar, dass das keine gewöhnlichen Gäste waren, und er katzbuckelte schon, als er uns in der Mitte des Innenhofes empfing. Durch Risse im Gebäude drangen hie und da von draußen einige Lichtfetzen herein und ein kleiner Augenbrauenhäherling gab in seinem Käfig ein paar Töne von sich, was der Ladeninhaber sofort schleimig kommentierte: »Auch der Vogel weiß es, wenn vornehme Gäste uns beehren.«

Zheng Zijian nahm den Mittelplatz der sieben Polizisten in Zivil ein, die Hofschranzen, die ihn umgaben, waren der Büroleiter Huang Yisheng und als Abteilungsleiter mein dicker Li, die anderen kannte ich vom Sehen, aber wer genau sie waren, daran konnte ich mich nicht mehr erinnern. Der Chef des Ladens trug umgehend Tee auf, ich erhob mich etwas von meinem Platz, um ihn entgegenzunehmen, schon hielten mich die Handlanger Zhengs wie auf Absprache fest. Während ich mich nun nicht mehr rühren konnte, nippte Zheng Zijian an seinem Tee, räusperte sich und kam direkt zum Punkt: »Liao Yiwu, wo ist Ihr Reisepass? Händigen Sie ihn uns aus.«

Unter den stechenden Blicken von sieben Augenpaaren senkte ich den Kopf wie ein Volksschädling.

Huang Yisheng assistierte: »Liao, der Herr Leiter hat Ihnen eine Anweisung gegeben, händigen Sie ihn uns also klugerweise aus.«

Der dicke Li leistete ebenfalls Schützenhilfe: »Wir werfen einen Blick drauf und geben ihn wieder zurück, wie wäre das?«

Ich lief rot an, senkte meinen Kopf noch tiefer. Zheng Zijian spitzte eine wenig die Lippen und die Handlanger an seiner Seite klopften mich, ohne irgendeinen Einwand zuzulassen, von Kopf bis Fuß ab. Als sie in meinen Achselhöhlen und an meinen Eiern herumfingerten, hielt ich das Gekitzel nicht aus und musste schallend lachen, woraufhin Zheng Zijian mich einen »Rowdy« schimpfte und ich mich über dieses Unrecht beschwerte: »Wenn Ihr Unterleib abgesucht wird, lachen Sie dann nicht?«

»Dreckskerl.«

»Hahaha.«

»Und Sie wollen Literat sein?«

»Sie sind viel mehr Literat als ich.«

»Sie müssen den Pass aushändigen.«

»Es ist korrekt, was der Herr Behördenleiter sagt.«

»Sie müssen den illegal erworbenen Pass aushändigen.«

»Ich habe mich an den offiziellen Weg gehalten.«

»Wir sind anderer Meinung, Ihr Vorgehen war illegal.«

»Ist mein Pass denn falsch?«

»Falsch ist er nicht, aber tot.«

»Dann gibt es bei Pässen tote und lebendige?«

»Wenn er nicht aktiviert wird, ist das ein toter Pass. Deshalb händigen Sie ihn am besten aus, wir beraten auf einer Sitzung darüber, und wenn allgemeine Übereinstimmung besteht, geben wir ihn offiziell erneut aus.«

»Danke für die Vorwarnung. Ich werde ihn nicht aushändigen.«

»Wir werden bei Ihnen zu Hause alles durchsuchen.«

»Tun Sie sich keinen Zwang an.«

»Auch bei Ihrer Mutter werden wir alles durchsuchen.«

»Tun Sie sich keinen Zwang an.«

»Liao Yiwu, du verdammter …«

»Reaktionärer Krötenbastard. Ich spreche es für Sie aus. Verehrte Anwesende, wie viele Jahre haben wir jetzt miteinander zu tun? Seit wie vielen Jahren beantrage ich schon einen Pass? Diesen Schatz, für den ich die Kraft von neun Ochsen und zwei Tigern gebraucht habe, der durch eine Gesetzeslücke, durch Magie und einen Salto rückwärts zu mir gekommen ist, diesen Schatz soll ich Ihnen überlassen? Ja, bin ich denn blöde im Hirn? Und selbst dann würde ich den Pass eher in den Abtritt werfen, als ihn einfach so auszuhändigen, damit Sie sich, werte Genossen von der Polizei, hinter meinem Rücken über das blöde Arschloch lustig machen können.«

Beide Parteien standen sich geraume Zeit gegenüber, sie hätten mich jederzeit zerdrücken können wie eine Ameise, da konnte mein Kampfgeist so groß sein, wie er wollte. Aber die Polizisten setzten ihrer Wut nach und nach ein Lächeln auf, auch wenn das eher direkt aus einer professionellen Eishöhle kam. Eine Woche später, die im Sichuan-Becken seltene Sonne strahlte, wurde ich in Wenjiang auf dem Weg vom Markt nach Hause von ein paar unbekannten kräftigen Männern angemacht, sie stellten sich mir in den Weg, durchsuchten mich und schlugen mich schließlich zusammen, ein paar Dutzend Gaffer standen um uns herum. Nach dem Krankenhaus lag ich noch über einen Monat zu Hause, und als die Wunden einigermaßen verheilt waren, rief ich den Beijinger Rechtsschutzanwalt Teng Biao an, der sagte: »Mich haben sie verschleppt und zusammengeschlagen, mit einer schwarzen Binde über den Augen, irgendwo in den Außenbezirken, sie meinten noch, sie würden mich in einem Erdloch lebendig begraben. Am besten bleibst du fürs Erste nicht zu Hause.«

»Wo kann ich denn hin?«, flüsterte ich. Da hatte ich plötzlich einen Einfall und stieg sofort in einen Zug nach Norden. Vor der Abfahrt beantragte ich via Internet bei der australischen Botschaft in Beijing ein Visum. Später hörte ich, dass man in der Botschaft sehr zögerlich war, denn aus den Unterlagen ergab sich ein gravierender Fluchtverdacht. Daraufhin verfasste ich eine »Schriftliche Verpflichtung«, wie vorgesehen zurückzukehren, und auch Qi Jiazhen, die juristische Repräsentantin der *Qi-Foundation* als der einladenden Seite, verfasste ein entsprechendes »Garantieschreiben«. Während ich in Beijing festsaß, traf ich mich auf heimliche Vermittlung von Yu Jie, einem Schriftstellerkollegen, der über ein riesiges Netzwerk verfügte, in einem Nobelclub mit dem zweiten Sekretär der Botschaft, und nach einer Stunde Kaffee bei einem fröhlichen Gespräch löste sich schließlich alles im Wohlgefallen eines dreimonatigen Visums auf.

Liu Xias Geburtstagsfeier nach Liu Xiaobos Inhaftierung

Am 1. April war Liu Xias Geburtstag, der Tag, an dem man im Westen andere »in den April schickt«, ein gutes Dutzend international bekannter Konterrevolutionäre eilte, beschattet von der Polizei, zu den Lius nach Hause, um zu feiern. Ich war mit Zhongzhong, dem früheren Schriftsteller, späteren Glücksspieler und jetzigen Restaurantinhaber ebenfalls zu der Party eingeladen. Liu Xia lachte wie immer über das ganze Gesicht, äußerlich hatte die Inhaftierung ihres Ehemannes Liu Xiaobo ihre Begeisterung für das Leben in keiner Weise beeinflusst. »Mein guter Liao!«, rief sie laut, »als letztes Jahr die Polizei die Wohnung stürmte, um sich Xiaobo zu greifen, habe ich als Erstes dein ausländisches Autorenhonorar aus der Schublade geholt, das wir dir vorher nicht mehr hatten geben können. Ich dachte mir, wenn das eigene Geld weg ist, ist es halt weg, aber das Geld von unserem armen Teufel Liao darf auf keinen Fall wegkommen. Siehst du, so bin ich zu dir!«

»Wie viel ist es denn?«

»Siebentausend Silberdollar.«

»Ich lade euch alle zu einem großen Essen ein.«

»Dafür reicht es ja doch nicht. Aber Xiaobo, der hat sich mit der jahrelangen Arbeit am Schreibtisch die Hüfte ruiniert, du musst ihm einen Liegestuhl kaufen, wenn der dumme Kerl Ende des Jahres nach Hause kommt, wird er den Stuhl für den Mann nehmen und immer wenn er den Hintern hineinpflanzt, wird es sein, als mache er es sich auf dem guten kahlen Liao bequem.«

»Und wenn der dumme Kerl dann einen fahren lässt? Haha, nein, das ist mir zu suspekt.«

»Bevor du gehst, musst du aber irgendwas zur Erinnerung hier lassen.«

»Wer sagt denn, dass ich gehe?«

»Meine Intuition sagt das. Wo Xiaobo jetzt sitzt, wirst auch du, wenn du nicht machst, dass du wegkommst, früher oder später einsitzen müssen, und wozu sollte das gut sein? Außerdem sind wir uns alle einig, dass du dir am besten eine junge Westlerin suchst, anders wird es nicht gehen.«

Als Antwort verzog ich nur den Mund. An diesem Abend gab es dank der Kochkünste des Schriftstellers Xu Xiao und von Liu Xias kleinem dicken Bruder eine Unmenge von Delikatessen und Leckerbissen und ein gutes Dutzend Leute saß um einen langen Tisch. Liu Xia hatte den Vorsitz. Ich erinnerte mich vage, dass sie seit ihrer Jugend, obwohl sie beim Essen und Trinken regelrecht zulangen konnte, immer schon auch regelrecht mager gewesen war, aber gerade im Kontrast zu dem gehbehinderten Zhongzhong gewann sie noch immer, es war wie bei einem verblassten Zierbambus, sah man nicht so genau hin, fiel nichts auf. Liu Junning, Topakademiker der Universität Beijing, Yang Guansan und Liu Suli, die zur Elite des »Vierten Juni 1989« gehörten, waren dagegen wahre Hühnen und auch ihre Ausdrucksweise fiel auf. Li Xiaoshan, ein Dokumentarfilmer, und ich waren zwar nicht groß, aber an Speck hatten auch wir einiges zu bieten, das war unverkennbar. Am meisten jedoch fiel Bao

Tong auf, ein alter Herr und persönlicher Sekretär des früheren Generalsekretärs der Kommunistischen Partei Zhao Ziyang[33], der 1989, als der betagte Zhao zu Fall kam, sich ebenfalls nicht mehr halten konnte und zu sieben Jahren Gefängnis verurteilt wurde.

Außer dem Tunichtgut und Herumtreiber Liao waren alle Anwesenden ehrbare Leute und sehr maßvoll, weshalb Liu Xia und ihre Freundin Li Hong immer nur mit mir ein ums andere Mal anstoßen wollten. Liu Xia sagte: »Trink nur, trink nach Herzenslust, wenn du dann in der richtigen Stimmung bist, spiel auf der Flöte einmal das Lied, das du für Xiaobo geschrieben hast.«

Sie meinte das »Klagelied des Vierten Juni«, das ich in der Nähe von Dali, am Fuß der Cang-Berge, geschrieben hatte. In einer Widmung dazu heißt es: »Im Herbst 2007 erhielt ich eines Abends in der Dämmerung Yunnans einen Anruf von Liu Xiaobo, er klang ungewöhnlich mutlos. Er sagte, darf es denn sein, dass die, die für unsere Sache und unser Land gestorben sind, von uns einfach vergessen werden? Sind all unsere Anstrengungen vollkommen vergeblich gewesen? Ich musste weinen. Die ganze Nacht blieb ich auf und schließlich entstand dieses Lied.«

Etwas später in dieser Geburtstagsnacht rief von unten die Polizei an und drängte Bao Tong zu gehen. Von dem tschechischen Schriftsteller Kundera gibt es ein herausragendes Buch mit dem Titel *Abschiedswalzer*, möglicherweise war auch das hier der Abschiedswalzer eines letzten gemeinsamen Essens mit ihm und wir würden den alten Herren nicht mehr wiedersehen. Deshalb trank ich noch ein Glas auf ex.

Alles wartete, es war vollkommen still, ich stand auf und musste mich wieder setzen, und weil ich ein wenig unsicher auf den Beinen war, zog Liu Xia schließlich selbst die Bambusflöte aus meinem Rucksack und reichte sie mir: »Komm, spiel bitte.« Ich schaute völlig perplex, und als ich wieder aufstehen wollte, befahl Liu Xia: »Bleib sitzen, bitte!« Daraufhin setzte ich mich sehr gerade, legte das Mundloch der Flöte auf die Unterlippe und blies langsam wie ein mattes Tier in der Wildnis Luft darüber. »Es wird auf seinen Wegen alt, wer lebt, wer tot ist, bleibt für immer jung.« Ich brummte die zwei Zeilen vor mich hin, dann wurde mir plötzlich schwarz vor den Augen und ich fiel wie enthauptet kopfüber unter den Tisch. Unter allgemeiner Aufregung wurde der tote Hund hochgehievt, man flößte ihm heißes Wasser ein und nach zwei, drei Schlucken brach es wüst und schwallartig aus ihm heraus. Die allgemeine Aufregung wurde noch größer. Das Licht löste sich in einer Vielzahl von Sternen in den Tiefen des Weltalls auf und aus der diffusen Galaxis kamen Liu Xias Schreckensrufe. Ich wurde hinausgetragen, und weil ein Besoffener schwer ist wie aus Stein, konnten sie mich mit vereinten Kräften nicht mehr halten, ich kugelte mit dem Gelärme eines schweren Lederballs hinunter, ganze drei Stockwerke, nicht einmal die Wendestellen der Treppe hielten mich auf, es war ein Gefühl, als schlüge man mir fortwährend dumpf, aber heftig mit einem Stock gegen den Hinterkopf. Als nächstes lag ich starr am Straßenrand, wartete auf ein Auto und folgte mit blauer Nase und Beulen im Gesicht Zhongzhong nach Hause. Als ich am nächsten Tag zu mir kam, platzte mir schier der Kopf, die ärztliche Diagnose lautete: leichte Gehirnerschütterung. Zhongzhong schimpfte: »Der schöne Geburtstag, wenn du dir den Hals gebrochen hättest, du Scheißkerl, zu deiner Beerdigung wäre niemand gekommen.«

Schnell gestand ich unter reumütiger Verbeugung meinen Fehler ein und entschuldigte mich, auch den anderen schrieb ich und entschuldigte mich bei jedem einzeln, worauf Liu Junning zurückschrieb: »Wo gäbe es denn einen Helden, der sich nicht betrinkt?« Yang Guansan meinte: »Das ist alter Brauch seit den Sieben Weisen vom Bambushain[34], wenn deinem Kopf nichts fehlt, ist alles in Ordnung.« Liu Xia lachte nur und sagte gar nichts.

Ich lag noch im Bett und kurierte mich aus, da kam unerwartet der Künstler Pian Shankong zu Besuch, Zhongzhong runzelte die Stirn: »Könntet ihr beide euch bitte irgendwo draußen die Zeit vertreiben?« Dieser Kamerad hatte nämlich zweimal mit einer Kunstperformance, bei der er Scheiße aß, alle Welt geschockt, und Zhongzhong war der Chef eines Restaurants, natürlich mied er ihn wie der Teufel das Weihwasser. Wir lösten das heikle Problem, indem wir uns in ein Séparée des Sichuan-Restaurants im zweiundzwanzigsten Stock verzogen, wo wir Feuertopf mit Hühnerinnereien bestellten und beim Essen über dies und das schwadronierten. Pian Shankong flüsterte mir schließlich ins Ohr: »Dieses Jahr ist der 88. Geburtstag der Kommunistischen Bande, ich bereite wieder eine Kunstaktion vor.«

Ich war alarmiert: »Mein Lieber, du wirst doch wohl nicht noch ein drittes Mal Scheiße fressen?«

Pian Shankong antwortete mit ernster Miene: »Das wird erhabener als Scheiße fressen.«

»Ah ja!?«

»Am 1. August 1921 proklamierte die Kommunistische Partei Chinas auf einem roten Revolutionsschiff auf dem Nanhu in Jiaxing in der Provinz Zhejiang ihre geheime Gründung; das spielen wir nach, für den 1. August 1999, wir fahren zu dem »Roten Schiff« auf dem Nanhu, mieten ein schwarzes Schiff und dort proklamiert auf demselben See die Chaotische Partei Chinas ihre Gründung. Zwölf Künstler treten als die Parteibonzen auf, da haben wir zum Beispiel den eher orthodoxen Li Da[35], unser Li, der in der öffentlichen Meinung recht gut angesehen ist, kann seinen Part übernehmen; Chen Duxiu[36], mehr der Agitator, passt perfekt zu Wen Pulin, der nur zu gern Unruhe stiftet; Zhang Guotao[37] spaltete die Rote Armee, der könnte ein Onkel von Ai Weiwei sein, der sich so sehr darauf versteht, Spaltungen zu provozieren; ich, selbst schon mehrfach abtrünnig geworden, komme auf Zhou Fohai[38] raus, der später China an die Japaner verraten hat; und du, Liao, du mit deinen miesen Tricks, du bekommst die Rolle des großen Intriganten Mao Zedong …«

»Hm, hm, wenn erst mal zwölf Banditenhäuptlinge auf einem Haufen sind, hat die Polizei leichtes Spiel.«

»Deshalb müssen strenge Sicherheitsvorkehrungen her, nichts davon darf durchsickern, E-Mail, Telefon, SMS, Twitter, Weibo[39], alles tabu, ich wähle einen nach dem anderen für seine Rolle aus und informiere jeden unter vier Augen, und ein Ziel der Aktion ist es gerade, die Untergrundgeschichte der ›Kommunistischen Banditen‹[40] wieder ins Bewusstsein zu rücken.«

»Wenn es dann soweit ist, wird uns jemand zur Seite stehen?«

»Ja.«

»Gibt es einen Geheimcode?«

»Ein Funke und die Steppe brennt!«

Die Worte waren kaum verklungen, als das Nebenzimmer krachend aufgetreten wurde, Zhongzhong ragte wie ein Gott zur Tür herein und kochte vor Wut: »Die Schwänze soll es euch versengen, ihr verdammten Wichser! Warum geht ihr so mit anderen um!«

Pian Shankong machte sich eiligst aus dem Staub. Ich fragte bestürzt, warum er so unhöflich sei. Und Zhongzhong brüllte weiter: »Liao Yiwu, wir sind geschiedene Leute!«

Ich nickte und senkte den Kopf, forschte aber trotzdem weiter nach dem Grund – es stellte sich heraus, mein guter alter Freund hatte gerade am Computer in Aktien spekuliert, als die auf ein absolutes Hoch gestiegen waren und er eben auf eine Taste drücken wollte, um alles abzustoßen, erschienen auf dem Bildschirm auf einmal die drei Schriftzeichen von *Pian-Shan-kong* und anschließend ein gigantisch fetter Hintern. Er wurde so panisch, dass er versehentlich mit einem Klick auf Kaufen drückte: »In nicht mal einer halben Sekunde ist aus einem schönen Profit ein Verlustgeschäft geworden, und zwar ein happiger Verlust, sechstausend Kuai! Ich hab schon so was geahnt und bin runter, und tatsächlich habt ihr Unglücksraben euch hier verkrochen, das ist jetzt das Resultat.«

Ich konnte nicht mehr und bog mich vor Lachen, Zhongzhong ließ sich anstecken und aus seiner Wut wurde ebenfalls ein Lachen. Damit verdiente er sich nun wirklich den Namen einer Nummer eins von Sichuan in Sachen Humor, und mehr noch, den Namen eines ehernen Bruders, wie man sie nur im Knast findet.

Die Geheimdienststation der Nationalen Sicherheit in der Unterwelt

Ein Sprichwort sagt: Wer zu viel lacht, kommt zum Weinen zu spät.

Am nächsten Tag ging ich in der Abenddämmerung raus bummeln und traf auf einen alten Bekannten, der mir den Schreck in alle Knochen fahren ließ.

Dieser Bekannte mit Namen Yu gehörte zur Nachkommenschaft eines Generals der Volksbefreiungsarmee, seine Familie stammte eigentlich aus Zhengzhou in Henan, aber schon als Kind ging er mit seinem Vater nach Sichuan. Anfang der 80er Jahre begann er auf einmal, riskantere Geschäfte zu machen, mit Hilfe seiner Beziehungen zur Armee schmuggelte Herr Yu vor allem elektrische Haushaltsgeräte über die Taiwanstraße und wusch damit seinen ersten Korb voll Gold; dann füllte er durchschnittlichen *Meng*-Wein, der ebenfalls für die bekannte *Wuliangye*-Destillerie produziert wurde, in andere Flaschen und klebte echte Etiketten mit der Goldschrift von *Wuliangye* auf, brachte das in großen Mengen auf den Markt und wusch so seinen zweiten Korb voll Gold; schließlich investierte er in Immobilien und Golfplätze und stieg zum Multimillionär auf, der auf legalen Wegen genauso zu Hause war wie auf illegalen. Im Herbst 2005, meine Familie war zerstört und ich trieb mich ohne viel Geld in Yunnan herum, kam mir dort zu Ohren, der Herr Yu habe immer noch eine Karte in seinem magischen Ärmel, maß dem aber keine Bedeutung bei; wo hätte ich denn geahnt, dass ich zwei Jahre später von der lokalen Inneren Sicherheit in einem Gasthaus in Dali festgesetzt, einen Nachmittag lang verhört werden und beim Warten auf meine Ausweisung zurück nach Sichuan stattdessen die Nachricht erhalten würde, der herbeieilende Herr Yu werde mich aus meiner Lage »befreien«? Und kaum dass er für mich ein gutes Wort eingelegt hatte, fand ich mich in einem stattlichen Anwesen wieder, wo ich etwa vier Monate lang von früh bis spät mit ihm zusammen war. Tatsächlich war das eine Geheimdienststation der Nationalen Sicherheit in der Parallelwelt der Geheimgesellschaften, Herrn Yus Stellung entsprach der eines Stationsleiters und es gab, wie es hieß, eine interne Telefonverbindung direkt zur höchsten Geheimdienstebene. Herr Yu war Tag für Tag mit dem Kommen und Gehen von Gästen beschäftigt, er war hemmungslos dem Alkohol verfallen, trank mittags, trank nach dem Mittagsschlaf erneut, beim Abendessen ging es weiter und spät nachts musste er noch in ein Lokal, bis er betrunken war. Er trank ausschließlich schottischen Whisky, der auf dem Luftweg aus Großbritannien kam – *on the rocks*. Mit so einem lebensmüden Säufer an einem Ort, blieb mir gar nichts anderes übrig, als ebenfalls kräftig über die Stränge zu schlagen.

Irgendwann abends klingelte dann einmal mein Handy, es war Liu Xiaobo. Er klang erschöpft und fragte mich völlig überraschend: »Glatzkopf, bringt es etwas, dass wir weitermachen?« Mir verschlug es die Sprache, er fuhr fort: »Der Vierte Juni liegt jetzt bald zwanzig Jahre zurück, an der Diktatur hat sich nichts geändert, am mangelnden Schamgefühl und am schlechten Gedächtnis der Volksmassen hat sich nichts geändert, Mann, sie sind einfach umsonst gestorben.« Ich starrte ein paar Sekunden vor mich hin, dann schossen mir die Tränen aus den Augen: »Wenn schon ein kluger Kopf wie du so denkt, was soll ein Schwachkopf wie ich dann tun?« Mein Gegenüber schwieg.

Anschließend habe ich mit diesem Herrn Yu die Nacht durchgesoffen, meine Flöte heulte wie ein Geist und ich schrieb einen Text auf das Geheul:

»Mondnacht durchzieht Erinnerung
und meine Liebe fällt mir ein,
es wird auf seinen Wegen alt, wer lebt,
wer tot ist, bleibt für immer jung.«

Herr Yu riss es mir aus der Hand, las es mit affektierter Stimme zweimal und lachte boshaft: »Es wird auf seinen Wegen alt? Träum weiter. Wenn der Höllenkönig Yama dich nachts zur dritten Doppelstunde ruft, kannst du nicht bis zur fünften hier bleiben. Trink, trink, trink.« Ich leerte ein weiteres Glas Whisky. Ein Lakai des Herrn Yu stieß zu uns und brachte einen Toast mit einem 56-prozentigen Schnaps aus, ich hielt mit. Als mein Bewusstsein sich einnebelte, hielten sie mich fest und flößten mir das Zeug ein. Mit fast schon geschlossenen Augen sah ich, wie Herr Yu eine Spritze rauskramte und sich in die Hüfte rammte, er hatte Zucker im Endstadium und brauchte ständig Insulininjektionen. Ich hörte eine Stimme fragen: »Wollen Sie?« »Nein, nein, nein.« Mein Herz klopfte bis zum Hals, ich keuchte und schnaufte, es ging nicht mehr, ging nicht mehr.

Sie trugen mich in ein Zimmer und ich stürzte kopfüber in den Klokübel. Erst am Nachmittag des nächsten Tages, draußen war strahlender Sonnenschein, trat Herr Yu mit dem Fuß die Tür auf und rief laut: »Stell dich nicht so an, komm hoch, wir trinken einen.« Ich kam hoch, machte zwei Schritte, dann weiß ich nichts mehr. Als ich wieder bei Bewusstsein war, hatte die strahlende Sonne mit dem Mond getauscht. Die Tür stand weit auf, Herr Yu und mehrere Polizisten des hiesigen Amtes für öffentliche Sicherheit beugten sich über mich: »Komm hoch, wir trinken einen.«

»Wenn ich noch was trinke, bin ich tot.«

»Wenn du nicht trinken willst, auch gut, dann schreib ein Geständnis.«

Ich nickte und legte mich vollkommen am Boden zerstört wieder ins Bett, mir platzte der Schädel, doch ich wälzte mich herum und fand keinen Schlaf. Geschrieben habe ich Folgendes:

Gib auf, nein!
Gib auf! Nein nein!
Kind tot, Vater tot, Liebste tot
Bruder und Schwester tot
Wenn die Herzen der Menschen tot sind
Was nutzt es, dass du nicht aufgibst?
Die Zeit verrinnt, Wolken, Regen
Die Erde überwuchert
Die Sonne ist giftig, die Zuschauer sind Schweine
Du ohne Familie ohne Land ohne Kraft
Scham
Scham – was nutzt sie?
Du sagst, du lebst, um zu erinnern
Doch Erinnern – was nutzt das?
Gib auf! Nein!
Gib auf! Nein!!
– und was nutzt das?

Als Hu Ping *Der Vierte Juni. Meine Zeugenaussage*[41] diskutierte, zitierte er dieses Gedicht und interpretierte: »Was dieses Kurzgedicht zum Ausdruck bringt, ist einerseits heldenhaftes Beharren, andererseits tiefer Zweifel am Sinn dieses Beharrens. Was nutzt es, nicht aufzugeben? Wenn doch scheinbar alles umsonst ist. Andererseits ist das Beharren am meisten von Nutzen in einer Zeit, in der nichts mehr etwas nutzt. Bei Konfuzius heißt es entsprechend: ›Einem Heer von drei Armeen kann man seinen Führer nehmen; dem geringsten Mann aus dem Volk kann man nicht seinen Willen nehmen‹[42]; oder auch: ›In dürftiger Zeit zeigt sich, wer taugt, sieh nach im großen Buch der Geschichte‹.[43] Hier besteht der Sinn des Nicht-Aufgebens einfach darin, nicht aufzugeben, Erfolg ist nicht das, was zählt. Wie edel und menschlich ein Mensch ist, hängt davon ab, wie weit er die niederen Instinkte der Selbstsucht zu überwinden vermag und sich der Macht nicht beugt.«

Aber ich habe aufgegeben. Ich war nur ein kleiner Literat vom Bodensatz der Gesellschaft, sie haben mich zerdrückt wie eine Wanze. Sollte mich der Schnaps einmal um Leben oder Verstand bringen, dann bestehe ich darauf, dass mein ganzes Geschreibsel aus all den Jahren, die Millionen von Schriftzeichen wie ein Haufen leerer Flaschen in den Müllcontainer der Zeit geworfen werden. Ich werde dann eine Lachnummer sein und selbst Freunde, die mich schätzen, wie Liu Xiaobo, Hu Ping, Wang Lixiong oder Kang Zhengguo werden sich kopfschüttelnd abwenden.

Ich habe klein beigegeben, ich habe eine »persönliche Aussage« verfasst, fast fünftausend Wörter, die Herr Yu für mich bei der Nationalen Sicherheit eingereicht hat, ich wollte nur noch raus aus der Sache und überleben. Nach einem Rückblick auf mein wendungsreiches Leben folgten am Ende noch diese beiden Abschnitte:

> Zusammenfassend lässt sich sagen, dass ich derzeit dabei bin, mich allmählich als »chinesischer Autor« in der westlichen Welt zu etablieren, das ist ein Resultat meines jahrelangen Schreibens und nicht das Resultat von Demokratiebewegung oder Menschenrechtsaktivitäten. Ich gebe zu, das mir aufgezwungene politische Etikett des ›Vierten Juni‹ zeitigte eine bestimmte Wirkung, aber nicht die wichtigste, nicht einer der Vertreter der westlichen Sinologie, mit denen ich in Kontakt war, hat mich mit Demokratiebewegung oder Menschenrechten in Verbindung gebracht. Der Vierte Juni liegt Jahre zurück und viele aus der damaligen Elite haben Gefängnis oder Flucht erlebt, am Ende hatten sie sich verändert, sie verließen das Land, machten Geschäfte, machten in Kultur oder Kunst und sind inzwischen normale und erfolgreiche Persönlichkeiten der Gesellschaft geworden. Ich hingegen wurde wegen der Frage des Vierten Juni auf eine Schwarze Liste verbannt, neunmal wurde mein Antrag auf einen Reisepass abgelehnt, weil ich nach

wie vor zu einer der fünf Klassen von Menschen gehöre, die nach unseren Gesetzen nicht ausreisen dürfen.

Das ist ein klarer Fall von Rechtsbeugung, welches Unheil könnte denn ich, ein Mann der Bücher und ohne politischen Verstand, dem Land nach der Ausreise schon zufügen? Ich habe im Gefängnis gesessen, ich weiß, wenn man tatsächlich »Schaden« anrichtet, muss man auf jeden Fall den Preis dafür zahlen, aber kann für einen Berufsschriftsteller, der vom Schreiben in der Muttersprache lebt, ein Preis höher sein, als »fremd in der Fremde zu sein«? Was kann ich noch tun, wenn der Nährboden und das natürliche Umfeld für das Schreiben verloren sind? Werden die Leute im Westen einen noch wahrnehmen? Wer von den vielen emigrierten Schriftstellern hat draußen etwas von Bestand geschrieben, in dem sich etwas Wesentliches des Volkes der Kaiser Yan und Huang verkörpert? Wie viele genießen international einen Bekanntheitsgrad, wie ich ihn derzeit national genieße?

Ich habe immer wieder darüber nachgedacht, ob ich das Land verlassen soll oder nicht, würde ich den Entschluss fassen, mich von dem Land und Boden, die mich genährt haben, zu verabschieden, wäre das wohl recht einfach zu bewerkstelligen, soviel ich weiß, ist der illegale Grenzübertritt in zahlreichen Dörfern der Dai von Xishuangbanna tägliche Praxis, mit dreißigtausend Renminbi lässt sich so ziemlich alles machen. Aber das würde bedeuten, mich selbst zu lebenslänglich zu verurteilen. Und bei Konfuzius heißt es: »Reise nicht in die Ferne, solange die Eltern noch leben.« Meine Mutter ist bei guter Gesundheit und es wäre pietätlos, würde ich mich in ihren letzten Jahren nicht mehr um sie kümmern können; auf so demütigende Weise die Heimat und Verwandte und Freunde, die mich liebevoll umsorgen, zu verlassen, wäre nicht rechtschaffen.

Deshalb beantrage ich immer wieder meine normalen Rechte als ein einfacher Chinese, das ist auch der grundlegende Weg, die politische Brandmarkung loszuwerden. Das Problem ist jedoch, dass mein registrierter Wohnsitz im Bezirk Fuling der Stadt Chongqing liegt und Zhuo Shumin, der Abteilungsleiter der Verwaltung für Ein- und Ausreise, seinerzeit ausgerechnet Protokollführer in der Untersuchungsgruppe für meinen Fall war, er sieht mich immer nur unter dem Stigma des politischen Häftlings und versteht den dringlichen Wunsch eines Schriftstellers nicht, sich davon zu lösen.

Als der altbackene, rückwärtsgewandte und am Fortschritt nicht interessierte Polizist, der er außerdem ist, versteht Zhuo Shumin noch weniger, dass gerade seine einseitige Parole vom »Klassenkampf als Leitlinie« in den Augen der westlichen Medien, die ihre heiligste Pflicht in der Sensationsmache sehen, nur eine Ausrede für die von ihnen angegriffene »Verfolgung von Schriftstellern durch die chinesische Regierung« darstellt, er selbst ist es, der dem Staat Schaden zufügt.

Seit 2003, also inzwischen über vier Jahre, bin ich ohne Unterbrechung in Yunnan, wer hätte gedacht, dass die Polizei hier menschlicher sein würde als in einigen Großstädten, auch hat der Himmel mir Herrn Yu als Freund geschickt. Er war sofort davon überzeugt, dass ich ein traditioneller Literat bin, der ohne seine Kultur nicht leben kann, und aufgrund der gemeinsamen Anerkennung unserer jahrtausendealten Moral hat er sich bereit erklärt, bei einer eventuellen Ausreise meinerseits für meine Rückkehr zu bürgen, eine Ritterlichkeit, die mich bei dem »Verfall der Riten«, der uns umgibt, sehr rührt.

Vor allem, weil dieses Jahr die Olympischen Spiele in Beijing stattfinden, wird mein Buch *Chinas Gesellschaft von unten*[44], das zur gleichen Zeit von der größten amerikanischen Verlagsgesellschaft in englischer Übersetzung auf den Markt gebracht werden wird, mit Sicherheit hochgekocht werden, auch wenn der Inhalt des Geschriebenen nicht der Rede wert ist – von den Händlern, um den größtmöglichen Profit zu erzielen, von den Medien, um nach Möglichkeit eine Sensation zu haben. »Unschuldiger Unterklasse-Schriftsteller und unglücklicher Dichter hält an seinem persönlichen Werk fest, während die Großmacht, die die Olympischen Spiele veranstaltet, seinen Antrag auf einen Reisepass ein zehntes Mal ablehnt, dieser Dissident wird wohl niemals sein Land verlassen dürfen« – das sind die Stoffe, aus denen Emotionen gemacht werden! Ohne Frage kann das die Aufmerksamkeit von Millionen Lesern in der englischsprachigen Welt auf sich ziehen.

Und weil das so ist, bin ich nun unbegreiflicherweise wieder an den Opferaltar gefesselt und werde wohl niemals über mich selbst bestimmen können. Dabei ist das, wonach ich mich seit vielen Jahren sehne, nichts anderes, als dieses überflüssige Stigma abzustreifen und ein ernsthafter Schriftsteller, Dichter beziehungsweise Erinnerungsarbeiter chinesischer Sprache zu sein, im Augenblick habe ich Vertrauen in meine Fähigkeit, dieses Ideal zu erreichen.

Voraussetzung für eine harmonische Gesellschaft ist, erstens in Orientierung am Menschen und zweitens durch Ausgleich von Konflikten den sozialen Austausch und Ausgleich voranzubringen. Dass ich in der Lage bin, den zuständigen Stellen gegenüber vorbehaltlos und aufrichtig meine Gedanken darzulegen, zeigt bereits eine Art von Fortschritt. Einen Fortschritt des gesunden Menschenverstands und des Gewissens.

Ich bin jetzt fünfzig Jahre alt, ich bin erschöpft vom Leben unter dem Schatten der Politik und ich bin es leid. Ich möchte im Laufe des Jahres wie ein ganz normaler Chinese eine neue Familie gründen und meinen Beruf ausüben. Ich bitte die zuständigen Stellen ernsthaft, meinen Lebenslauf in allen Einzelheiten zu durchleuchten, meinen Gemütszustand zu beobachten und auch mir das Recht jedes normalen Chinesen auf einen Reisepass einzuräumen.

Man möge mir erlauben, allein mit dem Zauber der chinesischen Sprache in meinen Werken Leser aller Sprachen zu gewinnen, vielleicht wird es etwas langsamer gehen, vielleicht werden sensationelle Erfolge auch ganz ausbleiben, aber es ist ja auch ein Kennzeichen der chinesischen Kultur, langsam zu sein, und dabei dauerhaft und von langem Atem.

Auch meine Flöte ist langsam, und auch sie ist etwas, von alters her überliefert, mit langem Atem.

Ich danke Herrn Yu für alles, was er für mich getan hat und tut.

Liao Yiwu (Chinesischer Dichter, Schriftsteller und Volksmusiker)
Donnerstag, den 17. Januar 2008

Ich warf also das Handtuch, entkam dem Drecksloch, wurde von Yunnan zurück nach Chengdu expediert, erholte mich in der Abgeschiedenheit von der Welt und schämte mich in Grund und Boden; tagelang wollte ich niemanden sehen. Ich zählte es an den Fingern ab, es war jetzt fast ein halbes Jahr, dass ich mich von diesem Herrn Yu verabschiedet hatte, und jetzt stand er auf einmal vor mir und ich hatte keine Chance, ihm auszuweichen!

Herr Yu wollte nichts hören, winkte einen BMW heran und zog mich hinein. Der Chauffeur wusste, was zu tun war, er bog ein paarmal ab, um Staustrecken zu vermeiden, und fuhr direkt auf die Autobahn Beijing-Tianjin. Etwa eine halbe Stunde später, das Abendrot ging in die Dämmerung über, erreichten wir an der Grenze zu Hebei einen geheimen Club der Extraklasse. Die Außenfassade aus Beton gab dem Ganzen das Aussehen eines Megabunkers, Security mit Gewehren patrouillierte. Ich war gerade dabei, mir einen Kopf über das Ganze zu machen, da lachte Herr Yu mit zur Seite gedrehtem Gesicht: »Warum so mutlos, Krötenbastard? Komm rein.« Er ging voraus. Die Lounge war eine einzige Pracht, schöne Frauen und smarte Männer schwebten wie tropische Fische durch den Raum, Yu gegenüber waren sie äußerst ehrfürchtig, in einem fort hörte man nur »Guten Tag, großer Bruder Yu«. Alle Achtung, unwillkürlich schnalzte ich mit der Zunge, dem Alter und der Familienhierarchie nach hätten sie, alles Kinder der 80er und 90er, ihn allerdings eher noch als »werter Onkel« anzureden gehabt.

Mit dem Aufzug fuhren wir in den zweiten Stock, Herr Yu verlangte nach dem größten Séparée des Clubs, und das war ganze fünfhundert Quadratmeter groß. Die Inneneinrichtung war im Stil der Qing-Dynastie, an der Stirnseite stand ein kaiserlicher Drachenstuhl, auf der gegenüberliegenden Seite quer ein kaiserliches Drachenbett. Kaum hatte Herrn Yus Hosenboden das Drachenbett berührt, tippelten zwei Schönheiten als Prinzessinnen aus einem kaiserlichen Harem verkleidet damenhaft herbei, zogen ihm Schuhe und Jackett aus und massierten ihm die Beine. Herr Yu sagte zu mir: »Setz dich auf den Drachenstuhl, genieße es, einmal Kaiser zu sein.« Ich erwiderte »nicht nötig« und setzte mich auf einen Hocker links vom Drachenbett.

Herr Yu höhnte: »Die Stinkende Nummer Neun[45] ist angeborene unterste Schublade.«

Ich nickte: »In der Kulturrevolution war mein Vater eine Stinkende Nummer Neun, das heißt, der Sohn tritt in die Fußstapfen des Vaters.«

Herr Yu sagte dazu nichts, sondern ließ etwas zu trinken bringen. Die beiden Prinzessinnen gossen daraufhin uns beiden ein, eine hielt die Flasche, die andere die Gläser. Herr Yu trank einen kleinen Schluck, ließ ein lautes »Gut!« hören und bat die Prinzessinnen, sich zu setzen, aber die waren mit dem kleinen Finger nicht zufrieden, küssten ihn, eine auf die linke, die andere auf die rechte Wange. Herr Yu sagte: »Nicht so ungeduldig.« Dann zückte er die Brieftasche und gab jeder ein Trinkgeld von dreitausend. Das wurde als Auftakt für einen wahren Geldsegen verstanden, denn im Nu war das Drachenbett von gut zehn dieser Prinzessinnen umringt, und indem sie hier massierten, dort mit kleinen Fäusten den Rücken klopften, ihm den Mund küssten, zu trinken gaben oder mit ihm scherzten und flirteten, machten sie diesen Herrn Yu zum exakten Ebenbild eines korrupten Kaisers. Herr Yu war schon völlig entspannt und hatte noch immer Schwierigkeiten, sich ihrer zu erwehren, am Ende zeigte er auf mich und sagte: »Genug jetzt, dreitausend für jede, trollt euch zu ihm.«

Wie von der Tarantel gestochen machte ich einen Satz von drei Fuß: »Wir haben uns lange nicht gesehen, Bruder Yu, und wir haben noch keine zwei Sätze gewechselt, doch das, das, ich muss mich an dieser Stelle verabschieden.«

»Die Welt ist doch sowieso mit Brettern zugenagelt, wo willst du denn hin?«

Wie vor den Kopf geschlagen stand ich da: »Das heißt?«

»Wolltest du nicht ins Ausland? Nur wer dem Tiger das Glöckchen umgebunden hat, kann es auch wieder losbinden.«

»Und wer war das? Das Amt für Innere Sicherheit? Das Amt für Nationale Sicherheit?«

»Die Innere Sicherheit agiert vor aller Augen, die Nationale Sicherheit im Verborgenen, als ›getarnte Front‹, verstehst du? Wie viele ihrer Spitzel sind wohl in deinem Umfeld, vielleicht sind deine Mutter, dein Bruder, deine Schwester und deine Ex alle von der Nationalen Sicherheit gedungene Spitzel, die Freunde, denen du am meisten vertraust, der und der zum Beispiel, sie schreiben Gedichte, schreiben Romane, schreiben reaktionäre Zeitkommentare, und sind möglicherweise doch Spitzel. Das ganze Leben völlig bloß, ohne Kleider, ohne Verkleidung, dann brauchst du keine Angst zu haben, von Spitzeln durchleuchtet zu werden. Sie erstatten einfach in unregelmäßigen Abständen Bericht, und auf der Basis ihrer Berichte bewerten, prüfen und teilen die oben ein: normal, relativ gefährlich, gefährlich, hoch gefährlich, extrem gefährlich. Hoch gefährlich und extrem gefährlich müssen sofort unter Kuratel gestellt werden. Du brauchst das nicht, als großer Bruder habe ich die Verantwortung für dich übernommen, schlag einfach nicht zu sehr über die Stränge, dann musst du auch nicht unter Kuratel gestellt werden.«

»Ganz schön komplexe Geschichte. Großer Bruder Yu, du wirst doch wohl nicht zu irgendeinem anderen meiner Freunde sagen, der Liao Yiwu ist ein Spitzel?«

»Haha, das kann durchaus sein, vielleicht bist du ein Spitzel ohne dein Zutun. Offene Spitzel, wie ich zum Beispiel, können jedes deiner Worte, jeden deiner Schritte berichten.«

Mir sträubten sich die Haare, ich konnte nicht mehr an mich halten, unwillkürlich leerte ich ein großes Glas Whisky in einem Zug. Herr Yu grinste spöttisch: »Sieht aus, als hätte ich dich erschreckt! Haha, aber hat man es erstmal so weit gebracht wie ich, ist es nicht mal das Geld für die Drinks und die Frauen wert, über dich zu berichten …«

Glas folgte auf Glas, anders ging es nicht, Alkohol ist ein Strohhalm, ein unsichtbarer Strohhalm, nach dem allein du greifen kannst, um nicht komplett unterzugehen; Alkohol ist das Feigenblatt, das deine Blöße verdecken kann, wenn man dich bloßgestellt hat. Ohne Kleider, ohne Haut, ohne Eingeweide, nichts als ein Herz voller Gedanken, das schlägt und schlägt und tanzt, auf der Bühne des Lebens in Ringen von Spitzeln umstellt und beobachtet, ist da der nächste Akt des Schauspiels vielleicht das reine Gewissen? Wirklich? Aung San Suu Kyi, die Oppositionsführerin und Friedensnobelpreisträgerin aus Myanmar, sagte einmal, lass Angst nicht zu deinem Alltag werden – hast du das geschafft?

Jemand kam herein, dauernd kam jemand herein, die Zechkumpane an meiner Seite wurden immer mehr. Herr Yu lachte: »Verdammte Scheiße, das sind alles Künstler, das ist ein bekannter Regisseur, er dirigiert das Spiel von anderen, selbst ist er ein Schwindler; hätte der Herr Regisseur Zhang einmal die Güte, mir eine Rolle zu geben, würde zu mir am besten Palasteunuch und Mösenlecker passen, ich bin seit zehn Jahren impotent;

und der hier ist Immobilienkünstler, mit einer Genehmigung der Regierung und einem Bankkredit in der Tasche brauchte er nur noch Bauland zu verhökern und war innerhalb von ein paar Stunden einige hundert Millionen reicher, ein richtiger Zauberer; der ist ein Designer aus Shanghai, eine ganz große Nummer, hat mal Obskure Lyrik geschrieben, tatsächlich ist er ein Parasit, nicht Fisch, nicht Fleisch; und der ist der große Mixer, allerdings mixt er keine Cocktails, das ist ein Mixer von *Public Relations*, er hat sich ganz auf Geschäfte im hundert Millionen Bereich festgelegt, für ihn selbst schauen da jeweils mindestens ein paar Millionen heraus …«

Den Gästen war das nicht peinlich, im Gegenteil, sie fühlten sich geehrt, wieder und wieder nickten sie zustimmend, eine aus dem Ausland heimgekehrte dürre Bohnenstange schleimte sogar: »Wir sind Künstler, Bruder Yu, und Sie sind unser Allkünstler.«

»Furzknochen, Deng Xiaoping war der Allkünstler der Reform- und Öffnungspolitik.«

»Ja, stimmt, ich bin ein Furzknochen.«

»Ein Glas zur Strafe.«

»Gut, gut.«

»Drogen zur Strafe.«

»Crystal Meth oder Pilze?«

»Schnee.«

»O Mann! Der ist viel zu teuer! Danke, großer Bruder, nein, danke lieber Onkel Yu.«

»Ober, bringen Sie ihm eine Spritze, auf dem Weg holen Sie auch meine und bringen sie her!«

Der dürre Auslandsheimkehrer machte seinen Arm frei, die Nadel war kaum drin, schon lag er unter dem Drachenbett. Herr Yu meinte dazu nur: »Schafft diesen ausländischen Müll auf den Abtritt und pisst ihm ins Gesicht.« Sprach's und zog allen voran in den Kampf, vor dem Klo gab es sofort eine lange Schlange, Herr Yu fummelte über dem ausländischen Müll seinen Dingsbums heraus und machte eine halbe Ewigkeit herum, bis er ein spärliches Wässerchen abgab. Sein ganzer Kopf glänzte von ungesundem Schweiß, er schwankte und taumelte zum Drachenbett, zog das Vorderteil seines chinesischen Gewandes hoch und spritzte sich Insulin in die Taille, bevor er endlich die Augen schloss und sich erholte.

Musik setzte ein, es war das Erhu-Stück »Der Mond in zwei Quellen« des blinden Musikers A Bing[46], Herr Yu war während der Kulturrevolution als Jugendlicher mit Bildung zur Arbeit auf einen Bauernhof landverschickt worden, wo er gegen depressionsbedingte Herzrhythmusstörungen Erhu lernte. Den blinden A Bing liebte er so sehr, dass er noch Jahre später als mittlerweile reicher Mann mit dem Geld regelrecht um sich warf, wenn er irgendwo auf der Straße einen blinden Erhuspieler traf.

»Zwanzigtausend für jeden hier«, winkte Herr Yu kraftlos, »es wird bald hell, haut ab, ihr!«

Wie ein Trauerzug zog die Meute auf Zehenspitzen ab. Ich folgte dem Strom vor die Tür und stellte zu meiner Überraschung fest, dass der Fahrer noch wartete. Auf dem Weg zurück in die Stadt fiel mir ein berühmter Vers aus dem »Kurzen Lied« des intriganten Karrieristen Cao Cao[47] aus der Zeit der Drei Reiche ein:

Heller Mond und Sterne kaum
die Elster südwärts fliegt
umkreist dreimal den Baum
kein Zweig, der sie wiegt

O heiliger Erdgott, der Generationen verbindet, in all der Weite und Endlosigkeit gibt es keinen Baum für eine Elster, die eine Gegenmelodie krächzt?

Auch mit Flügeln keine Flucht

Pass und Visum waren erledigt, das Flugticket nach Australien war ein Kinderspiel, die Beijinger Grenzkontrolle war zum Greifen nah, doch ich hatte Angst, mich vorschnell auf diesen Weg zu machen. Tür und Fenster fest verschlossen breitete ich eine Karte von ganz China auf dem Bett aus, fuhr wie ein General im Krieg mit dem Finger hierhin und dorthin, überlegte eine ganze Weile hin und her und hatte plötzlich einen Einfall. Ich schaltete sofort mein Handy ab, nahm den Akku heraus, damit es nicht mehr verfolgt werden konnte, und machte mich wie einstmals der jugendliche Herumtreiber Liao Yiwu gestiefelt und gespornt mit einem Zug nach Süden auf, wo ich in einem Tag und einer Nacht die Stadt Nanning in der Region Guangxi an der Grenze zu Vietnam erreichte, dort lief ich unter sengender Sonne zum vietnamesischen Konsulat für ein Visum und stieg um in einen Fernbus Nonstop in die vietnamesische Hauptstadt Hanoi. Zwei Stunden später waren wir am »Youyiguan«, dem »Freundschaftspass« (früher hieß er »Zhennanguan«, »Pass zum Schutz gegen den Süden«), an der Grenze nach Vietnam. Über Dynastien hinweg waren hier, um Vietnam in seine Schranken zu weisen, chinesische Streitkräfte zusammengezogen gewesen, später einmal überrannten sie wie eine Naturgewalt vom Pass herunter den strategisch wichtigen Ort Lang So'n ganz im Norden des Feindeslandes.

Mit vor Unruhe feuchten Händen stieg ich mit ein paar Dutzend Reisenden aus dem Bus, zu Fuß ging es weiter zur Grenzkontrollhalle, wo wir uns anstellten. Eine Hitzewoge waberte über die flatternden roten Fahnen hinweg, überall war Grenzschutzmiliz, mit und ohne Gewehr, manche ragten aus dem Boden wie Holzpfähle, manche schlenderten auf und ab und nahmen jeden, an dem sie vorbeikamen, ins Visier. Der Eingang war aufgeteilt in einen linken, mittleren und rechten Korridor, mir wurde ein Zeichen gegeben, den mittleren zu nehmen. Vor mir waren drei müde und verstaubte Rucksacktouristen, alle in kurzer Hose und T-Shirt, die Rucksäcke ragten einen ganzen Kopf über sie hinaus, was die Kontrolle sehr verlangsamte. Ich hoffte unterbewusst, es würde noch langsamer gehen und noch langsamer, aber …

»Im Osten ein Manöver abhalten und im Westen angreifen« war, das wusste in China jedes Kind, die wesentliche Taktik Maos, die auch bei mir damals in den Gefängniszellen bei Kämpfen unter den Gefangenen oft zum Einsatz kam: Es wedelt dir zum Beispiel einer ständig mit den Fäusten vor dem Gesicht herum und du glaubst, er schlägt dir die Nase ein, und dann haut dich völlig unerwartet ein flinkes Bein um. Dass ich nun die lange ersehnten Schätze Wohnsitzregistrierung, Reisepass und Visum mit einem Mal in Händen hielt, war für mich ein »Schultersieg«

über den Staatsapparat. Wenn nun die Guerillataktik zur Umgehung der Grenze wieder ein Blitzerfolg würde, dann …

Ich war ganz in meine Gedanken versunken. »Hallo, herkommen.« Erst nach dreimaliger Aufforderung durch den Mitarbeiter der Grenzkontrolle wurde ich wach und ging zum Eingang. Ich überreichte meinen Pass, eine Hand hinter dem Schalter nahm ihn entgegen. Ein paar Sekunden und zwei hell strahlende Mausaugen sahen vom Computerbildschirm auf: »Name?«

»Liao Yiwu.«

»Treten Sie bitte zur Seite.«

»Weshalb?«

»Erst zur Seite treten.«

Ich blockierte den Durchgang wie eine Gräte den Hals. Hinter mir wurde die Schlange immer länger, der Grenzer wurde ungeduldig und erhob sich, um jemanden zu rufen. Drei Militärpolizisten mit Pistolen tauchten auf, ihr unbewaffneter Anführer ließ sich den Pass geben, inspizierte ihn eingehend und lächelte scheinheilig: »Alles in Ordnung, zur Gepäckkontrolle kommen Sie bitte mit.«

Mein Kopf war völlig leer, mechanisch drehte ich um und ging mit ihnen mit, in einem Büro setzte ich den Rucksack ab und breitete den Inhalt auf dem Boden aus. Die Polizisten steckten die Waffen in die Lederholster an ihrer Hüfte zurück und fingen an, gebückt meine Habseligkeiten zu inspizieren, wobei der Leitende mit mir Smalltalk machen wollte. Ich grummelte ein bisschen vor mich hin, mir war nicht nach Plaudern, ich starrte immer nur auf meinen Reisepass in ihren Pranken und schluckte kräftig.

»Fertig.«

Das wurde mehrfach wiederholt: »Fertig, fertig«.

Abrupt holte ich mir meinen Pass zurück. Nein, dazu hatte ich nicht den Nerv, etwas wie ein menschlicher Schatten war in der Luft, übernatürliche Kräfte waren am Werk, die holten den Pass zurück.

»Was soll das!«

»Das ist mein Pass!«

»Wir schauen ihn noch mal an.«

»Sie haben ihn bereits gesehen.«

»Die Leitung hat ihn noch nicht gesehen.«

»Spielen Sie kein Theater, Sie sind der Leiter.«

Die Polizisten stürzten sich auf mich, ich wurde auf den Bürotisch gedrückt, doch meinen Pass hielt ich mit beiden Fäusten eisern fest. »Sie schlagen mich tot!«

Ich brüllte so laut, dass die Dachziegel vibrierten. Die Polizisten waren wie vom Donner gerührt. Ich schrie weiter: »Sie haben kein Recht, meinen Pass einzubehalten!«

Die Polizisten lockerten ihren Griff ein wenig, woraufhin ich mich aufrichtete und auf ein Sofa um die Ecke zurückzog; wir belauerten uns eine Weile wie die Schakale und grinsten einander immer böser an; ich steckte den Pass in meine Unterhose, wo er an meinem schweißnassen Schamhaar festklebte. Die Uhr an der Wand war ein grüner Frosch, er quakte zwölfmal nacheinander, es war also inzwischen Mittag geworden. Ein etwas älterer Offizier kam herein und nickte mir zu: »Wir halten uns strikt an die Gesetze, bitte haben Sie Verständnis.« Dann gab er an dem Festnetzapparat auf dem Tisch eine Nummer ein, kam durch und am anderen Ende war die Innere Sicherheit von Chengdu. Nach zwei Sätzen zur Begrüßung hörte der Offizier ein paar Minuten aufmerksam zu, bis er extrem langsam antwortete: »Wir sind von der Grenzschutzpolizei, kein Organ für Rechtsfälle, unsere Amtsgewalt ist begrenzt. Gut, sprechen Sie direkt mit der betroffenen Person.«

Durch den Hörer hörte man nach dem dicken Li rufen, nach einer halben Minute kam er angerannt und schimpfte: »Solange du nicht gegen eine Wand läufst, kehrst du nicht um, ich habe dir doch gesagt, du kommst nicht hinaus! Du händigst jetzt deinen Pass der Grenzkontrolle aus und kommst brav zurück nach Chengdu und dann überlegen wir gemeinsam, wie wir die Kuh vom Eis bekommen.«

Mit einer Pause nach jedem Wort sagte ich: »Lieber sterbe ich.« Damit hängte ich ein. Der Offizier hatte sich mittlerweile einen Stuhl herangezogen, saß hinter dem Schreibtisch und legte ein ordnungsgemäßes Vernehmungsprotokoll an. Name, Alter, Staatsangehörigkeit, Beruf, Familienstand, Vorstrafen. Ich antwortete, ich hätte keine Straftat begangen.

Der Offizier lachte: »Wollen Sie mir sagen, die Regierung hat Sie zu Unrecht eingesperrt?«

»Was ist daran komisch? Die Regierung hat jede Menge Leute zu Unrecht eingesperrt.«

»In Ordnung, streiten wir nicht darüber. Wissen möchte ich, warum Sie hier bei uns über die Grenze machen wollen.«

»Ich will nicht über die Grenze machen, ich will ganz normal über die Grenze ausreisen.«

»Dass man Sie von Amts wegen daran hindern würde, das wussten Sie?«

»Nein.«

»Warum nicht?«

»Ich habe einen gültigen Reisepass und ich habe ein Visum, es gibt keinen Grund, mich an der Grenze festzuhalten.«

»Sie stehen auf einer Namensliste des Intranets für die interne Kontrolle. Weiterhin wurden wir von der Inneren Sicherheit Chengdu informiert, dass Sie Ihren Pass auf unstatthafte Weise bekommen haben.«

»Vor einiger Zeit habe ich an meinem Wohnort einen Antrag auf einen Pass gestellt und diesen problemlos erhalten. Nichts daran war unstatthaft.«

»Gut, das ist ins Protokoll aufgenommen. Weiterhin möchte ich wissen, warum Sie nicht über Beijing ausreisen und von dort direkt nach Australien fliegen? Das wäre naheliegend. Warum fahren Sie stattdessen erst in das ferne Yunnan?«

»Weil ich auf diesem Weg Studien mache.«

»Studien worüber?«

»Über den Sozialismus Yunnaner Prägung.«

»Das ist Unsinn. Aber gut, ist ins Protokoll aufgenommen.«

Als die zweieinhalbstündige Routinevernehmung beendet war, gab der Offizier Anweisung, einen ganzen Stapel Aufzeichnungen mit Fingerabdruck zu versehen und zu unterschreiben, danach las er dienstbeflissen den »Bescheid über Ausreiseverbot« vor: »Liao Yiwu, nach Kapitel 2, Artikel 8, Paragraph 5 des Aus- und Einreiseverwaltungsgesetzes der Volksrepublik China unterbindet unsere Abteilung Ihre Ausreise. Wenn Sie diese Entscheidung nicht akzeptieren, können Sie innerhalb von zehn Tagen bei der Grenzschutzeinheit der bewaffneten Polizei der Autonomen Region Guangxi der Zhuang-Nationalität Berufung einlegen.«

Mit dieser krachenden Niederlage zog ich mich zurück, alles drehte sich, ich suchte mir ein Hotel in der Nähe, das war ihr Schultersieg, ich war am Ende, konnte aber trotz meiner völligen Erschöpfung nicht einschlafen. Ich fingerte den Pass, der mein Ein und Alles geworden war, aus der Hose, er war durchgeweicht und roch streng nach Urin. Ich machte dem Foto darauf Vorhaltungen: »Liao Yiwu, du bist so was von schamlos.«

Überraschenderweise gab das Foto die Beschimpfung zurück: »Wer ist hier schamlos, Liao Yiwu?«

»Scheiße.«

»Wer wollte sich denn über die Grenze stehlen und ist dann hier zu Boden gegangen?«

»Scheiße.«

Ich stand auf, duschte, ging raus, kaufte eine Wassermelone und ging wieder aufs Zimmer, mangels Messer schlug ich die Melone am Kopfende des Bettes in zwei Teile und schlürfte wie ein Schwein daran herum, als ich mit ihr fertig war, hatte ich noch Gelüste und ging ein zweites Mal hinaus. Eigentlich wollte ich noch eine Melone, aber dann fiel mein Blick auf eine Bushaltestelle, ich ging hin und schaute mir das genauer an, die Endhaltestelle war Pudorf, eine andere kleine Grenzgarnison, wie von selbst stieg ich, wieder voller Ideen, in den Bus. Nach mehreren zig Minuten kamen wir an eine kleine Schlucht, an ihrem Eingang war die Haltestelle, es ging einen Abhang hinunter, unten standen auf einer Länge von zweihundert Metern zwei, drei Reihen von Betongebäuden kreuz und quer, das sollte die Hauptstraße von Pudorf darstellen. Die Sonne brüllte, der Boden versengte mir die Füße, ein heilloses Durcheinander von Müll, Schweinen und Hunden stank zum Himmel, ich sprang wie eine Antilope vorwärts und war im Handumdrehen am Ende der Straße. Ich hielt an, ich witterte schon die Grenze, besser gesagt, einen verrosteten Maschendrahtzaun in der Nähe. Auf der anderen Seite war üppiges Grün, zwischen den Baumschatten stachen immer wieder Stücke einer weißen Mauer ins Auge, nur ein gelbes Gebäude, von dessen Dach eine vietnamesische Fahne wehte, fiel etwas aus dem Rahmen.

Von der linken Seite kam lautes Rufen, ein Militärpolizist gab mir gestikulierend zu verstehen, dass ich zurückgehen solle. Über seinem Kopf prangte ein riesiger Slogan »Entschlossen gegen den Grenzverkehr für Drogenhandel, Glücksspiel und Prostitution«. Die Straße, an der sich ein an eine Zahlstation erinnerndes Wachhäuschen befand, war in einem beklagenswerten Zustand. Ich drehte um und war im Nu wieder an der Haltestelle. Bis zur Abfahrt waren es noch ein paar Minuten, ich war mit einem Bein schon am Einsteigen, da zupfte an meinem anderen Bein eine Vietnamesin mit einem wehmütigen Gesicht unter der Kokosnussschale, die ihr Hut war. Mein Puls ging hoch, ich zog mein Bein zurück, um ihr etwas zu verdienen zu geben. Vorn und hinten trug sie je einen großen Bambuskorb voll grüner Mangos, ich wusste nicht, wie ich das angehen sollte, doch die Frau zog ein Hackmesser mit gebogenem Griff und reichte mir mit der Spitze ein Stück. Ich kaute ein paarmal, sie war ein bisschen sauer, aber ich konnte ihr schlecht nichts abkaufen, also zückte ich zwei Kuai und streckte zwei Finger aus, was heißen sollte, ich nehme zwei. Die Frau war außer sich und machte Anstalten, mit dem Messer auf mich einzuhacken!

Ich packte ihr Handgelenk, doch hinter ihr baute sich auf einmal eine ganze Gruppe von Vietnamesinnen auf. Es war nichts zu machen, ich musste die Beine in die Hand und Reißaus nehmen, ich lief um den Bus herum und spielte mit ihnen Verstecken. Alle schauten kichernd und lachend dem Trubel zu. Erst als kurz vor der Abfahrt der Fahrer ein paar Sätze auf Vietnamesisch brüllte und mich aufforderte, einen Ausgleich von zehn Kuai zu zahlen, gaben sie verärgert auf.

So gefährlich war die Grenzgegend hier. Zurück im Hotel befragte ich mit drei Kupfermünzen das *Buch der Wandlungen* und murmelte vor dem Bett kniend die relevanten Sprüche – dabei kam das Hexagramm »Zersplitterung« heraus, was soviel hieß wie: Das Yin siegt über das Yang, dunkle Mächte sind am Werk. Das versetzte mich derart in Panik, dass ich sofort zusammenpackte und mich aufmachte, das Geld für die Übernachtung war zum Fenster hinausgeworfen.

Die stinkenden Füße eines weitgereisten Mönchs

Ich erreichte Nanning gerade noch, bevor es dunkel wurde, das Abendlicht durchwucherte die Dämmerung in einem intensiven Rot, ein Lungenkarzinom im Spätstadium. Mit meinen Sachen auf dem Rücken studierte ich, unschlüssig, wie ich weiter vorgehen sollte, eine Ewigkeit den Fahrplan über dem Haupteingang der Fernbusstation, warf ein paar Bettlern, die mich umringten, etwas Kleingeld hin und zog mich in die fremden, von einem heißen Wind durchwehten Straßen zurück. Der Strom von Menschen, der Strom von Autos riss nicht ab, die Gebäude warfen riesige Schatten, irgendwie hatte ich die Orientierung verloren.

Meine Beine waren müde, mein Herz war dagegen. Aber wenn die Beine sagen, es geht nicht mehr, braucht man erst einmal eine Bleibe; das Herz sagt, dann werde ich umso erschöpfter sein, weil ich im Traum wieder weiter und weiter laufen werde. Ich hielt es mit dem Herzen, nahm den Rucksack ab, setzte mich an die Straße und blätterte in meinem *Atlas des Südwestens*, nebenbei massierte ich mir mit einer Hand die Knöchel. Als die Nacht immer undurchdringlicher wurde, kam auf einmal ein großer Doppeldeckerbus quietschend vor mir zum Stehen, genauer gesagt, hatte er bereits aufreizend langsam mehrere große Kreise um die Verkehrsstation gezogen, der Ticketverkäufer wieselte ständig wie ein kleines schlaues Äffchen herum, um Fahrgäste aufzutun, und lockte in seinem, dem Zungenschlag von Sichuan recht ähnlichen Yunnan-Dialekt: »Wenshan, Pingyuan, Kaiyuan, Jijie, Mengzi! Letzte Fahrt heute, Luxusschlafplätze, gut und preiswert, wer steigt ein? Das gibt es nirgendwo sonst mehr!«

Gerade wollte ich auf die Beine kommen, als der smarte Bursche angeschossen kam und sich meinen Rucksack packte: »Schnell, mein Freund! Wenn die Verkehrspolizei uns sieht, müssen wir Strafe zahlen.«

»Ich überlege noch.«

»Überlegen Sie drin in aller Ruhe weiter.«

»Wann verlasst ihr denn die Stadt?«

»Wir drehen noch ein paar Runden, wenn Sie sich alles in Ruhe überlegt haben, sehen wir weiter.«

Das klang gut, allerdings war es im Bus wie in einer Höhle, die sonderbarsten Körpergerüche mischten sich. Der Bus stammte aus einer deutschen Produktion, aus zwei Ebenen mit geräumigen und bequemen Schlafplätzen waren in China jedoch drei Ebenen geworden, entsprechend unserer gigantischen Überbevölkerung und unserer kleineren Statur. Da mich der Bodensatz unserer Gesellschaft aber nicht erschrecken konnte, ich war den Anblick gewohnt, verstaute ich meinen Rucksack, zog hundertsechzig Kuai aus der Tasche und kaufte eine Fahrkarte nach Wenshan, wendig und auf der Hut wie eine kleine »Sichuan-Maus« wühlte ich mich nach hinten durch: Auf den oberen Schlafplätzen in der hintersten Reihe war zwar am wenigsten Luft, aber wie bei den durchgehenden Schlafgestellen im Gefängnis konnte man dort auch nicht herunterfallen, wie sehr es bei der langen Fahrt auch rumpeln mochte. Und selbst wenn der Bus umkippen würde, hier war die Überlebenschance am größten.

Ich hob den Kopf, rief »Entschuldigung« und kletterte hinauf, oben waren zwei Männer und eine Frau, ausgesucht höfliche Zeitgenossen, die, als sie einen glatzköpfigen Mönch heranskriechen sahen, sofort zur Seite rückten, es war Platz in Hülle und Fülle. Wir alle waren in den Subtropen unterwegs und dünsteten einen ähnlich sauren Schweißgeruch aus, doch solange man sich zu Hause fühlt, stört kein Gestank die Harmonie. Der Bus zog noch immer seine Kreise und suchte nach Fahrgästen, die smarte Stimme des Fahrkartenverkäufers war längst heiser und Protest flackerte hier und da auf, vorne erhob sich ein Fahrgast aus Sichuan aus einem der unteren Betten und redete ihm zu: »Guter Mann, wollen Sie sich nicht ein wenig schonen, ich habe hier *Golden Throat* Kräuterbonbons, nehmen Sie und es geht wieder.« Unerwartet schlagfertig entgegnete der smarte Bursche: »Gerne, mein Freund, wir schlucken ja ein Leben lang genug bittere Pillen, und immer geht es um das liebe Geld.«

Ich musste lachen, hielt mir aber sofort die Hand vor den Mund. Weil ich seit zwei, drei Tagen pausenlos unterwegs war, erst von Norden nach Süden, jetzt von Osten nach Westen, völlig wahllos gegessen und getrunken und dazu auch noch das Zähneputzen vernachlässigt hatte und jetzt wieder ins Bett gefallen war, ohne mich um irgendetwas zu kümmern, bemerkte ich bei mir einen ausgesprochen üblen Mundgeruch. Und natürlich hob auch das Mädchen am Fenster den Kopf, der Mann zwischen uns gab mir zwei Kaugummis und ich sagte schnell: »Danke, einer reicht.« Das Mädchen hielt sich die Nase zu und meinte nur: »Für die ganze Nachtstrecke reicht einer sicher nicht, wenn Sie mehr brauchen, sagen Sie es bitte.«

Mir stand der Kopf vor Schweiß, so unangenehm war mir das. Und während ich am liebsten im Erdboden versunken wäre, tauchte noch so ein kahler Mönch auf, der bei der Hitze auch noch in den Kesa, die buddhistische Mönchskutte aus handgewebtem Baumwollstoff, gewickelt war. »Meine zahlreichen Wohltäter, vergeben Sie mir. Buddha Amitabha.« Er grüßte auf buddhistische Art, indem er seine Handflächen vor der Hüfte zusammenlegte, wir wussten natürlich, was sich gehörte, und machten den mittleren Platz frei. Der Mönch robbte mit einer kotauartigen Bewegung den Kopf voran ans Ende durch, schnellte danach auf den Rücken wie ein Karpfen aus dem Wasser und blieb flach liegen. Am Ende lagen wir, fünf Personen, so eng nebeneinander, dass keine Zeitung mehr dazwischen gepasst hätte.

Ich gab ein bewunderndes »cooles Kungfu« von mir und rückte ein paar Zentimeter zur Seite, um Körperkontakt zu vermeiden. Doch plötzlich drückte sich ein angewinkeltes Knie gegen mein Hinterteil und von dem Schlafplatz hinter mir kam die Frage: »Verehrter Mönch, seid Ihr aus dem Shaolin-Kloster?«

Der Mönch: »Hmm.«

Nächste Frage: »Sie geben es doch nicht nur vor?«

Der Mönch: »Hngng.«

Das Mädchen von drüben: »Heute glaubt doch bei uns jeder, der ein bisschen Kungfu kann, er wäre ein Shaolin. Selbst die Affen bezeichnen sich als Shaolin, weil sie die ›Affenfaust‹ beherrschen.« Der Mönch: »O je.« Dong, dong, schlugen seine Fäuste gegen den Plafond. Ich schnalzte anerkennend mit der Zunge: »Liaode.«

Der Mönch fragte überrascht: »Verehrter Wohltäter, wo haben Sie mich einfachen Mönch denn schon getroffen?«

»Ich habe Euch noch nicht getroffen.«

»Wieso wissen Sie dann meinen Mönchsnamen?«

»Welchen Mönchsnamen?«

»Liaode.«

Jetzt war ich perplex, begriff aber gleich: »›Liaode‹ heißt in Sichuan so viel wie ›außerordentlich‹.«

Nun war der Mönch seinerseits perplex: »In den Sutren steht ›liaode‹ dafür, dass auf der Welt alles Illusion ist.«

Das Mädchen nebenan mischte sich wieder ein: »›Liaode‹ ist also so viel wie ein Furz im Wind, und dafür wollen Sie dann noch jemanden schlagen?«

Der Mönch leistete Abbitte: »Meine Fähigkeiten sind noch gering, zu Unrecht trage ich den Namen ›Liaode‹, werte Wohltäterin, vergeben Sie mir.«

Der Bus war inzwischen fast vier Stunden im Kreis gefahren, mittlerweile war es tiefe Nacht und endlich war er voll und der Fahrer gab Gas. Außerhalb der Stadt ging es auf die Autobahn, es war ein irres Gerase, aber der starke Wind, der klappernd und flatternd durch das Fenster kam, war eine Wohltat für Körper und Geist. Es dauerte allerdings nicht lange und der Bus verließ die Autobahn, es ging ein ziemliches Stück über eine Schotterstraße, dabei hat es uns auf den oberen Schlafplätzen hinten im Bus die Köpfe derart durchgerüttelt, dass wir ganz kirre wurden. Bald danach schlief ich ein, nur von Zeit zu Zeit machte ich ein wenig die Augen auf. Im Halbschlaf sah ich, wie der Mönch sich aufsetzte und wieder hinlegte, jäh stieg ein erstickender Gestank auf: Dieser Mönch hatte die Socken ausgezogen.

Das Mädchen mit seiner sensiblen Nase schnellte hoch wie ein Känguru, doch noch bevor sie es zum Fenster geschafft hatte, brach schon der erste Schwall aus ihr heraus; ihr unmittelbarer Nachbar reichte ihr geistesgegenwärtig eine Plastiktüte, in die der Kopf des Mädchens tief eintauchte und spuckte, was das Zeug hielt. Der Mönch beeilte sich »Buddha Amitabha« zu preisen, während ich mir die Nase zuhielt und sagte: »Lasst ›Buddha Amitabha‹ aus dem Spiel, verehrter Mönch, ich flehe Euch an, zieht erst Eure Socken wieder an und werdet dann Buddha, wäre das möglich?«

»Warum?«

»Eure Füße stinken.«

»Und was ist mit Ihrem Mund?«

Im Bett hinter mir kam ein Kopf hoch und fällte ein salomonisches Urteil: »Werte Mönche, bei dem einen ist es oben, bei dem anderen unten, beim einen ist es der Mund, beim anderen sind es die Füße, beide steht ihr euch in nichts nach.«

Ich hielt mir peinlich berührt den Mund zu und der Mönch zog nicht weniger peinlich berührt seine Socken wieder an und entschuldigte sich: »Es ist wirklich nicht einfach, als buddhistischer Mönch ständig und überall unterwegs zu sein.«

Da fiel mir urplötzlich das Lied »Socken aus« von Ji Xian, einem älteren Dichter aus Taiwan, ein:

Wie die Socken stinken,
Wie die Füße stinken.
Sind eines Wanderers Socken,
Sind eines Wanderers Füße.
Hat kein Zuhaus, hat niemand
Jemand haben und Zuhause,
wie fremd das klingt.

Unwillkürlich begann ich, für den Mönch Sympathie zu empfinden.

Aus dem Mädchen war inzwischen alles raus und sie verteilte nun Kaugummis und Zahnpasta an mich und den Mönch, die wir kauen beziehungsweise auf die Füße schmieren sollten, damit so oder so jeder seinem Anteil an der fürchterlichen Luftverpestung entgegenwirke. Peinlich berührt von dieser Blamage legten wir uns deprimiert nieder und waren im Handumdrehen eingeschlafen. Ein Schlaf, tiefer als das Grab. Der Bus hielt an, der Fahrkartenverkäufer rief: »Wenshan!« Ich schlief weiter und der Mönch stieß mich, um mich zu wecken. Oder besser gesagt, es war wie in einem Tagtraum, ich kroch hoch, zog mein T-Shirt über und rutschte zu Boden. Der Fahrkartenverkäufer sagte: »Ihr Rucksack.« Ich schüttelte meinen Kopf, stakste schwankend hinaus, hielt mich an der Bustür fest und schaute mich um, es war stockdunkel, in der gesamten Kreisstadt gab es ein einziges Irrlicht, das nicht weit weg war. Ich fragte: »Wie viel Uhr ist es?« Der Fahrkartenverkäufer antwortete: »Halb fünf.« Ich schimpfte: »Verdammt, in dieser Herrgottsfrühe holen Sie mich aus dem Bett.« Der Fahrkartenverkäufer darauf: »Sie haben eine Fahrkarte nach Wenshan gekauft.« Ich flüsterte: »Warum habe ich eine Fahrkarte nach Wenshan gekauft?« Der Fahrkartenverkäufer kratzte sich an der Stirn: »Wie soll ich das wissen? Vielleicht wollten Sie in Malipo das ehemalige Schlachtfeld an der Katzenohrhöhle besichtigen, das aus dem Chinesisch-Vietnamesischen Krieg? Das liegt zwei Stunden hinter Wenshan.« Ich verneinte: »Reden Sie im Traum? Ich interessiere mich doch nicht für irgendwelche Schlachtfelder.« Damit zog ich den Kopf zurück und ging wieder nach hinten. Ich war platt wie Brei auf der Landstraße. Selbst der Bus schnarchte dröhnend, als er weiterfuhr. Der Fahrkartenverkäufer rief: »Zahlen Sie noch vierzig Kuai und steigen Sie an der Endhaltestelle Mengzi aus.«

So schlüpfte ich wieder in mein Bett zurück und schlief bis Mengzi. Um halb neun schien eine strahlende Sonne über die Landschaft und in den Bus herein. Die kreuz und quer liegenden Nachtgäste hatten den intensiv-fauligen Geruch von gesalzenem Fisch aus Holland angenommen, wenn er nach der langen Überfahrt gelöscht wird. Der buddhistische Mönch streckte sich und wollte mich hochziehen, um sich mit mir zusammen für die Hilfe des Mädchens bei der Beseitigung des Gestanks zu bedanken, doch sie war längst fort. Erfreulicherweise waren in Mengzi die Straßen breit, die Produktion beträchtlich und die Preise niedrig, ein Taxifahrer brachte mich eigenverantwortlich zu einem Hotel, wo die Übernachtung nur sechzig Kuai kostete, aber das Bett groß genug war für zwei Wasserbüffel. Ich schlüpfte gleich wieder ins Bett und schlief diesmal bis Mittag, stand auf, putzte mir die Zähne, duschte, wechselte die Kleider, ging aufs Klo und besorgte etwas zum Beißen, schließlich war ich runderneuert, ein Chow-Chow mit frisch glänzendem Fell, der fürs Erste rundum zufrieden in einer sanften Brise durch die fremden Straßen spazierte.

Der erste illegale Grenzübertritt

Mengzi ist eine historische Stadt, ihre Öffnung nach außen kann zurückverfolgt werden bis zum Ende des Chinesisch-Französischen Kriegs im Jahr 1885. Damals hatte die Qing-Regierung[48] eine vernichtende Niederlage einzustecken und trat den über Generationen tributpflichtigen Vasallenstaat Vietnam (die alte Bezeichnung ist Annan[49]) an Frankreich ab, Mengzi selbst »sank herab« zu einem exterritorialen Handelshafen, aus dem die Franzosen Steuern zogen. Das erste Konsulat, das erste Zollamt, die ersten ausländischen Firmen, das erste Telegraphenamt, das erste Postamt, die erste Bank, die erste Pferderennbahn und die erste Tanz- und Musikhalle im Südwesten Chinas, das alles schoss hier wie Bambussprossen nach einem Frühlingsregen aus dem Boden und machte die lokale Bevölkerung zu einem Haufen aufgescheuchter Enten; das nicht nur in China bekannte Opium aus Yunnan sowie die eigens dafür gefertigten Opiumpfeifen gingen ebenfalls von hier aus in die Welt, über die chinesisch-vietnamesische Grenze wurde beides nach Südostasien, Thailand, Indien, Sri Lanka und sogar über das Meer verkauft, überall auf der Welt träumten Abenteurer, Drogensüchtige und Künstler von dem »Großen Reich im Osten«. Die französische Schriftstellerin Duras wurde mit ihren schmalen Lebenserinnerungen *Der Liebhaber* über Nacht berühmt, die stark exotische Färbung darin kann natürlich Saigon meinen, aber auch das damalige Mengzi, vor allem bei den Opiumpfeifen in der gleichnamigen Verfilmung des Romans erkennen Experten auf den ersten Blick die feine »Handarbeit aus Mengzi«.

Inzwischen hatte sich das alles in Schall und Rauch aufgelöst. Mich persönlich interessierte aber sowieso am meisten, dass Mengzi von der Flussmündung an der Grenzstadt nur vier Stunden mit dem Auto entfernt war. Die Leute dort witzelten gern: Beijing ist so weit und Hanoi so nah, wir kommen leichter aus dem Land heraus als aus der Provinz. Und tatsächlich, fuhr man früh von Mengzi los, konnte man in Lào Cai auf der anderen Seite des Grenzflusses zu Mittag essen und einen nächtlichen Imbiss in der vietnamesischen Hauptstadt Hanoi zu sich nehmen.

Am nächsten Nachmittag mietete ich, nachdem ich alle möglichen historischen und geographischen Informationen zusammengetragen hatte, eine dreirädrige Fahrradrikscha zur Bushaltestelle in der Altstadt. Die Minibusse fuhren alle Viertelstunde und waren mehr als schäbig; das Einzige, was passenderweise noch schäbiger war, waren die einheimischen Fahrgäste – sie schleppten dabei allerhand einheimische Spezialitäten mit sich herum wie Hühner, Enten und Gänse. Eine fest verschlossene große Kiste war sogar mit Schlangen vollgestopft und die Spalten zwischen den Brettern mit allen Arten von Heilkräutern und Gewürzen abgedichtet worden. Ich zwängte mich durch die Tür und wollte mich gerade neben eine Hami-Frau mit einem schwarzen Wickeltuch um den Kopf setzen, als plötzlich ein Rhesusaffe, der sich in einem Stoffbeutel versteckte, verstohlen seine Krallen ausfuhr und mich am Hinterteil erwischte. Zum Glück waren meine Jeans solide, ein kurzer heftiger Schmerz war alles.

Der Laster setzte sich heftig schaukelnd in Bewegung, fuhr aus der Stadt, folgte in einem Bogen der Autostraße am Flussufer und drang dann in das hohe Gebirge ein. Die vielen verlassenen Eisenbahntunnel und Schmalspurbahnen entlang der Straße waren in mehreren Schichten überwuchert, sie waren, wie es hieß, mit Investitionen der französischen Kolonialisten gebaut worden und wurden vom neuen China später ihrem Schicksal überlassen; heutzutage geht eine Autobahn von Kunming über Mengzi schon fast durch bis Hekou, die Straße, auf der wir gerade waren, wird später von einem noch neueren China ebenfalls ihrem Schicksal überlassen werden.

Ich, wie gewohnt eingedöst, wachte just auf, als wir die Grenzstation am Nanxi Fluss erreichten, ich stieg aus, damit die bewaffnete Militärpolizei meinen Personalausweis kontrollieren und eine flüchtige Leibesvisitation durchführen konnte. Die Einheimischen stiegen mit ihren lokalen Spezialitäten nahezu vollzählig hier aus, es war Wochenende, die in die Dutzende gehenden Feriendörfer waren ausgebucht und sie den Wildfleischrestaurants in den Dörfern sehr willkommen. Ich sorgte mich unwillkürlich um den frechen Affen, der mir das Hinterteil malträtiert hatte, möglicherweise würde er noch vor Morgengrauen im Öl braten, in Sojasoße schmoren oder in der Suppe kochen.

Als die Sonne im Westen stand, erreichte der leere Minibus die Flussmündung. Eine kleine Stadt zog sich lang und schmal zwischen Berg und Fluss entlang; am jenseitigen Ufer war das vietnamesische Lào Cai, auch eine kleine Stadt, die sich lang und schmal zwischen Berg und Fluss entlangzog. Weil die Berge auf beiden Seiten des Grenzflusses den Nord-Süd-Wind abhielten, war es an der Flussmündung außerordentlich schwül-heiß; obwohl wir nach dem Mondkalender erst den dritten Frühlingsmonat hatten, lag die Temperatur bereits bei achtunddreißig Grad und es donnerte unentwegt, ohne dass es regnete.

Ich suchte mir ein Hotel und wollte gerade duschen, als das Zimmertelefon klingelte. Eine Stimme fragte kokett, ob der Herr auf seinem Zimmer Massagedienste in Anspruch nehmen wolle. Ich sagte, dass ich das nicht wolle; mein Gegenüber insistierte, sie hätten hier vietnamesische Fräuleins, hübsch und voller Liebe und Zärtlichkeit, billiger als die chinesischen und beim ersten Mal sogar umsonst. Ich legte auf. Als ich unter der Dusche war, klopfte es trotzdem dauernd an der Tür, und als ich aus dem Bad kam, war unter der Tür schon eine Visitenkarte mit einer vollkommen nackten Vietnamesin durchgeschoben worden. O Mann, diese unverblümte Art stammte vermutlich aus den Fußwaschhäusern im Landesinneren, die Grenzstadt hier in Yunnan war wirklich in Ordnung, viel entspannter als Guangxi mit seinen Messerstechereien und Schießereien. Ganz offenbar waren Verderbtheit und Freiheit den Menschen beider Länder hier einfach gleichermaßen liebgewordene und akzeptierte Zwillinge.

Ich spazierte den Grenzfluss entlang und wieder zurück, in der Nähe der Grenzkontrolle lehnte ich mich an ein Geländer und schaute in die Ferne. Das Abendrot und das Rot auf den Wellen verschmolzen changierend miteinander, manche Farbflecke waren heller, manche dunkler, manche wurden ganz dunkel, weil diffuse Bergschatten über ihnen standen, manche funkelten wie Diamanten, und das war, genau konnte man es nicht sagen, der Glanz des Wassers, das Sternenlicht oder vielleicht das Mondlicht, das durch die Wolken brach. Die Natur lässt sich nicht durch Grenzen teilen, die Vögel, die zwischen beiden Ufern hin und her flogen, brauchten keinen Pass und kein Visum, in diesem Sinne heißt es bei dem griechischen Dichter Elytis[50]: »Hoch fliegen die Vögel und lindern der Menschen Last.«

Ein Verkaufsstand für kalte Getränke stand neben dem anderen, ich setzte mich irgendwo hin und schüttete ein eiskaltes Getränk ums andere in mich hinein. Bei den Einheimischen konnte ich heraushören, dass der illegale Grenzübertritt, der in anderen Gegenden schon für Aufregung sorgte, wenn man nur davon sprach, hier gang und gäbe war. Ein alter Herr, der eine Wasserpfeife rauchte, schätzte, dass an die zweihundert Leute Geschäfte machten, bei denen sie heimlich die Grenze überquerten, »und die Geheimgesellschaften von Yunnan, Sichuan und dem Nordosten Vietnams hatten unlängst noch ein Treffen, bei dem sie ihre jeweiligen Territorien abgrenzten, um Konflikte zu vermeiden«, so der alte Herr.

»Greift die Regierung da nicht ein?«

»Die können das nicht.«

»Warum nicht?«

»Der Rote Fluss und der Nanxi schlängeln sich über zig Meilen dahin, was sollen sie da tun? Truppen schicken zur Überwachung? Wie früher den Wasserlauf entlang einen Maschendrahtzaun ziehen oder Minen legen? Das wäre doch vollkommen unrealistisch. Deshalb haben sie es stillschweigend akzeptiert, um nicht zu sagen, alle zahlen sogar jeden Monat bei der Grenzpolizei Steuern.«

»Und dann?«

»Für Reisende ist es praktisch und die Wirtschaft auf beiden Seiten profitiert auch davon.«

Das war tatsächlich praktisch. Hier lag der Preis für ein Ausreisevisum bei fünfhundert Yuan; ging man jedoch ohne Visum über die Grenze, zahlte man für das Fährboot zweihundert. Vor allem wurde man registriert, wenn man die Grenzkontrolle passierte, man konnte maximal drei Tage auf der anderen Seite bleiben und durfte nichts Verbotenes tun, also keine Prostituierten, kein Glücksspiel, keine Drogen; passierte man die Grenzkontrolle nicht, wurde man nicht registriert und konnte machen, was man wollte. Wenn man irgendwie in einen Streit geriet, konnte es einem dann natürlich passieren, dass man von einem Vietnamesen erschlagen wurde und von der Bildfläche verschwand.

Als ich dem alten Herrn zwanzig Kuai für seine Informationen gab, kam er sofort hoch und rief an den Ecken ringsum, den Kiosken, dem Anlegeplatz, den Restaurants und den kleinen Läden, wie eine Drehlaterne nach Leuten: »Die Preise kennen Sie, jetzt schauen Sie, wessen Gesicht Ihnen zusagt.«

»Das Gesicht eines Menschen sagt nichts über sein Herz.«

»Aber jede Umgebung bringt doch ihren eigenen Menschenschlag hervor, die Leute vom Nordosten sind eher brutal, die Sichuanmäuse eher durchtrieben und die Leute aus Yunnan eher ein bisschen bieder.«

»Na gut.« Ich lenkte mein Boot in die Strömung und suchte nur noch jemanden aus Yunnan, und die Erfahrung, die ich zwei Jahre später machte, bestätigte, was der alte Herr gesagt hatte, und auch meine Vagabundennase ließ mich nicht im Stich.

So lernte ich meinen Liu aus Wenshan kennen. Er war 1979, im Jahr des Chinesisch-Vietnamesischen Kriegs, geboren und hatte seine ganze Kindheit unter Artilleriefeuer verbracht. Der alte Herr sprach in den höchsten Tönen von ihm: »Die anderen rennen sich überall die Hacken ab nach Kunden, in den Hotels, auf den Straßen, in den Nachtclubs und Massageläden, und wenn ihnen jemand ins Netz gegangen ist, heißt es sofort: ›Wollen Sie nicht drüben ein bisschen Spaß haben?‹ Nur Liu sitzt einfach kerzengerade in seinem Bücher- und Zeitungskiosk und bewegt sich den ganzen Tag nicht von der Stelle, er ist jemand wie Jiang Taigong[51], dem die Fische ja angeblich auch von selbst ins Netz gingen.«

Liu lächelte schüchtern und hinterließ mit seinen schneeweißen Zähnen und seinem ebenso blütenweißen Hemd einen aufrichtigen und blitzblanken ersten Eindruck. Er fischte seinen Personalausweis aus der Tasche und zeigte ihn mir, gab mir dazu seine Handynummer, verlangte jedoch keinerlei Kontaktdaten von mir. Ich lud ihn zu einem kalten Getränk ein, er schüttelte den Kopf; ich lud ihn zu einem Drink ein, er lehnte wieder ab: »Später vielleicht.« Daraufhin schrieb ich ihm mein Hotel und meine Zimmernummer auf. »Morgen früh um zehn«, mein Tonfall war entschlossen, »pünktlich unten in der Empfangshalle.«

Ich trank für mich allein eine Flasche angesetzten Schnaps aus der

Gegend, schwankte ins Bett und schlief traumlos die ganze Nacht. Am nächsten Tag kam Liu mit einem nagelneuen Motorrad angefahren und brachte mich damit zu einer etwa drei Kilometer entfernten Fähre am Roten Fluss. »Eigentlich ist es über den Nanxi näher, aber dort sind mehr Leute und es wird zu viel geredet, hier ist es abgeschiedener«, so Liu. »Während ihr mit dem Boot unterwegs seid, fahre ich mit dem Motorrad außen herum auf die andere Seite und hole Sie dort ab.«

Bootsführer waren vietnamesische Eheleute. In dem recht großen schwarzen Boot mit Segeldach waren nicht einmal ein Dutzend illegale Grenzgänger. Das Ruder quietschte, die Grenzkontrollen auf der großen Brücke zwischen China und Vietnam schien man mit der ausgestreckten Hand berühren zu können. In dieser Weise trieb ich lässig über die Grenze, zum ersten Mal in meinem Leben verließ ich, am Ende völlig mühelos, das Land. Als wir den halben Weg hinter uns hatten, vergaß ich alles um mich herum, und ich begann leise das »Lied von der vietnamesisch-chinesischen Freundschaft« vor mich hin zu singen, das in meiner Jugend populär war:

> Vietnam – China,
> Berg an Berg,
> Fluss an Fluss,
> und im Osten unser Meer,
> Freunde sind der Sonne zugewandt.
> Wir trinken aus den gleichen Flüssen,
> seh'n uns morgens,
> seh'n uns abends,
> hören morgens noch den gleichen Hahn schrei'n.
> Hey, hey, lang sollen leben,
> Ho Chi Minh und Mao Zedong!

Ho Chi Minh, der Gründer der Kommunistischen Partei Vietnams, wie auch Kim Il-sung, der Gründer der Kommunistischen Partei Koreas, die dem Vorsitzenden Mao während der Kulturrevolution wiederholt offizielle Besuche abgestattet hatten und wiederholt in den »Kurzmeldungen«, die in allen Kinos des Landes gezeigt werden mussten, zu sehen waren, waren in unserem Land damals allseits bekannte internationale Stars. In Gesprächen beim Tee nach dem Essen waren diese beiden Männer und ihre Länder für die einfachen Leute Chinas die engsten Schüler und Nachbarländer und gleichsam auch die beiden Torwächter gegen den amerikanischen Imperialismus. Später wandte der Schüler Vietnam, der wirtschaftlich lange von unserer Unterstützung abhängig war, sich plötzlich ab, kollaborierte mit dem sowjetischen Revisionismus, machte dem Lehrer China das Leben schwer und verletzte zutiefst die Gefühle eines Milliardenvolkes. Deshalb setzte Deng Xiaoping, der aus dem Hintergrund die Fäden zog, einige hunderttausend Soldaten der Volksbefreiungsarmee über die Grenze in Marsch und sie zogen dem Feind eins über das Fell – die Lektion hieß: Passt nur auf, ihr vietnamesischen Arschgeigen, »Angriff ist die beste Verteidigung«, wenn es sein muss, können wir Lạng Sơn dem Erdboden gleichmachen und sogar Hanoi einnehmen, ihr werdet fallen wie Gras, bis es in eurem Winzland keinen erwachsenen Mann mehr gibt.

Nachdem über dreißig Jahre ins Land gegangen waren, bestanden die unberechenbaren Territorialstreitigkeiten zwischen beiden Ländern noch immer, die Leute auf der Straße jedoch, die wie die Heuschrecken und Ameisen einfach um das nackte Überleben kämpfen, haben hier wie dort die Wunden der Geschichte vergessen und ihre Freude an den heimlichen Grenzgeschäften.

Als unser Boot an einem verlassenen Strand anlegte, gingen die Reisenden an Land, und während wir in einen verabredungsgemäß wartenden vietnamesischen Minibus stiegen, kungelte unser Liu, der sich perfekt auf andere einzustellen wusste, noch mit den vietnamesischen Bootseignern, es machte absolut den Eindruck, als arbeiteten sie sehr gern zusammen. Ich sagte verblüfft: »Liu, haben Sie alle von uns aufgetrieben?«

»Meine Leute machen das, ich übernehme danach. Haha, ich bin so etwas wie der chinesische Reiseführer eines internationalen Untergrundreisebüros.«

»Ich wollte aber keine Gruppenreise.«

»Schon klar.«

»Mit Prostituierten und Glücksspiel habe ich nichts am Hut.«

»Schon klar.«

»Wohin geht es dann als nächstes?«

»Nach Sa Pa, eine alte Sommerfrische noch von den Franzosen, eine gute Stunde Fahrt. In Sa Pa gehen Sie in ein Hotel, dort brauchen Sie keinen Pass, Sie können bleiben, solange Sie wollen. Wenn Sie wieder in Lào Cai sind, rufen Sie mich an.«

Ich war unglaublich aufgeregt. War ich erst in Sa Pa, würde das sein, als sei ich vorübergehend vom Erdboden verschwunden. Zum ersten Mal nach mehr als einem halben Leben.

Die alte Sommerfrische aus der Kolonialzeit

Ich wurde zu einer Bushaltestelle unweit des Sitzes der Provinzregierung von Lào Cai gebracht, wo ich in einen regulären Bus umstieg. Und während ich ebenfalls das erste Mal in meinen Leben unter der so drahtigen Urbevölkerung Vietnams eingezwängt war, schraubten wir uns eine Bergstraße hinauf. Der Bus kreiselte einen steilen Berg hoch, der wie eine riesige Meeresschnecke in den Himmel ragte; kurz unter dem Gipfel, auf 1650 Meter über dem Meeresspiegel erreichten wir die kleine Stadt Sa Pa.

Genau in der Mitte eines von Bergketten umgebenen Hochlandbeckens lag ein ovaler See, der wie ein Spiegel des klaren, wolkenlosen Himmels zwischen tiefgrün und azurblau schimmerte. An den Hängen um diesen Spiegel herum standen Gebäude, die die französischen Kolonialherren vor über einhundertfünfzig Jahren zurückgelassenen hatten, ihre Mauern waren sehr uneinheitlich rot, gelb oder weiß, Stein wechselte mit Holz, im Panorama bildeten Spitzdächer, Kuppeln, Sattel- und Flachdächer ein pittoresk wirkendes Durcheinander, und der Klang der Kirchenuhr reichte in der friedlichen Stille weit in die Ferne, dieser Ort war, so konnte man sagen, eine kühle Enklave, die Gott aus Europa hier abgeworfen hatte, mit dem feuchtheißen und sorgenvollen Vietnam schien das alles nichts zu tun zu haben.

Ich suchte mir auf der rechten Seite eines trapezförmigen öffentlichen Platzes ein von einem Taiwaner betriebenes Hotel aus. Ursprünglich hatte ich einen anderen Plan, ich wollte nach oben gehen und am Rand des Flusstals in einem Hotel im französischen Stil wohnen – für einhundertfünfzig Renminbi die Nacht konnte man dort einen heimlichen Blick in das private Ferienleben des früheren französischen Generalgouverneurs von Vietnam werfen, die Schlafzimmerbalkone hingen über dem Abgrund, von den vergoldeten und versilberten Betten, den Speisetischen, dem Geschirr und den Wasserklosetts hieß es, sie zeigten keinerlei Spuren des einhundertfünfzigjährigen Gebrauchs – doch dann stand der taiwanische Hotelchef gerade am Eingang und sprach mich mehrmals als »Landsmann« an, was mir das Herz wärmte, und so entschied ich mich kurzfristig um und checkte in diesem normalen Hotel ein. Das Zimmer war sehr klein, hatte jedoch erfreulicherweise einen Balkon zum See, und man konnte nach Belieben im Internet surfen.

Zu meiner Überraschung hatte der taiwanische Hotelchef, der mich als »Landsmann« bezeichnet hatte, einen japanischen Namen, er hieß Doihara Kenji, was mir in Erinnerung rief, dass es unter den in den 40er Jahren zur Hinrichtung durch den Strang verurteilten japanischen Hauptkriegsverbrechern ebenfalls einen Doihara Kenji gegeben hatte, Kopf des Nachrichtendienstes der japanischen Invasionstruppen in China. Aber wie konnte es zu einem taiwanischen Doihara kommen? Machte er hier auch in Nachrichtendienst? Während ich noch im Stillen meine Überlegungen anstellte, hatte Doihara bereits die Daten meines Personalausweises eingetragen, eine Nacht kostete achtzig Yuan, was recht günstig war. Ich ging aufs Zimmer und verstaute mein Gepäck. Als ich noch ein wenig rausgehen wollte, reichte Doihara mir einen Schirm, und während ich noch höflich ablehnte, fiel schon eine schwarze Wolke wie ein langes Bein in das Tal ein und verschlang die goldene Sonne, als wäre sie ein Snack. Bald danach donnerte es und fing an zu regnen, all die vielen Touristen stellten sich unter Dachtraufen, ich jedoch spannte den Schirm auf und spazierte zur katholischen Kirche hinunter: Das Tor war nicht ganz geschlossen, ich machte mich dünn und schob mich hindurch.

Es war Sonntag, der Gottesdienst war bereits zu Ende, und ich betete stumm zur Heiligen Mutter Maria, zu Jesus und zum Kreuz, als der vietnamesische Priester plötzlich zwei Glöckchen läutete. Ich wusste nicht, was das zu bedeuten hatte, aber ich konnte die freundlichen Augen verstehen. Mit einem Amen verschwand ich durch die Seitentür, ging nach hinten in den Garten und stand einen Augenblick unbeweglich vor zwei Reihen symmetrisch angeordneter Kiefern und Zypressen, die bis in den Himmel ragten, dann stieg ich eine Treppe hinauf und ich stand direkt vor den Gräbern zweier Missionare. Die Inschriften waren französisch, ich verstand sie nicht, doch beide waren 1944 gestorben, das heißt im Zweiten Weltkrieg, das immerhin verstand ich. Damals litten Vietnam und China gleichermaßen unter dem Wüten der Japaner, viele westliche Missionare gingen heimlich und von beiden Seiten jeweils über die Grenze und gaben ihr wertvolles Leben, um in diesem Feuersturm das Evangelium zu verbreiten. In meinem Buch *Gott ist rot*[52] hatte ich einige mündliche Berichte über diesen Abschnitt der Geschichte aufgezeichnet, und jetzt stand ich wie von Zauberhand an diesem Ort, an dem sie im fremden Land ihre letzte Ruhe gefunden hatten – konnte Gott in all seiner Unergründlichkeit mir, dem Sünder, der so viele tausend Meilen vom Weg abgekommen war, den rechten Weg zurück zeigen?

Wieder im Hotel ging ich online, und es war nicht nötig, erst eine Firewall zu überwinden. Ich schrieb eine E-Mail an Qi Jiazhen von der australischen *Qi-Foundation* und erzählte ihr von meinen abenteuerlichen Erlebnissen. Sie war überrascht, was man alles anstellen musste, um aus dem Land zu kommen und ihren »Fortschrittspreis« entgegennehmen zu können. Heimlich über die Grenze zu kommen, sei einfach gewesen, erklärte ich, aber Vietnam sei ja immer noch eine Diktatur, es sei nicht möglich, politisches Asyl zu beantragen, und es sei auch nicht möglich, hier einfach in ein Flugzeug zu steigen. Qi Jiazhen fragte, ob denn die Menschenrechtsorganisationen in Hongkong nicht helfen könnten. Ich antwortete, auch das ließe sich nicht machen, das Massaker auf dem Platz des Himmlischen Friedens liege inzwischen so viele Jahre zurück und so eine wundervolle Sache wie die »Operation Zeisig«[53] sei längst Vergangenheit und nicht wiederholbar. Qi Jiazhen sagte, sie werde über alles noch einmal nachdenken, ich solle erst einmal eine Dankesrede für die Preisverleihung schreiben.

Als es Zeit für das Abendessen war, traf ich unten, noch unschlüssig, was ich tun sollte, Doihara und hatte einen Geistesblitz: Ich lud ihn mit einem breiten Lächeln zum Essen ein. Doihara druckste herum und sagte dann, da sei aber noch seine persönliche Sekretärin. Freimütig und unkompliziert antwortete ich, ich würde sie beide einladen. Doihara nickte und bat mich, noch kurz zu warten.

Über die Rezeption hinweg unterhielten wir uns eine Weile über dies und das. Es stellte sich heraus, dass Doihara von der Gemeinde Sa Pa engagiert worden war, mit Investitionen aus Taiwan ökologische Landwirtschaft zu betreiben. Er erklärte: »Mein Gut liegt zwischen dem Fansipan, dem höchsten Gipfel von Vietnam, und dem Drachenberg, etwas mehr als eine Stunde Fahrt mit dem Auto, dort lebt die indigene Bevölkerung, genau wie die indigenen Einwohner in den Bergen von Taiwan. Die traditionellen Trassenfelder sind sehr schön, aber bei Wasserreis sind die Erträge nicht hoch, ich experimentiere damit, den taiwanischen Hochgebirgstee einzuführen, heutzutage ist Tee viel mehr wert als Reis.«

»Gute Idee!«

»Die Arbeiter auf meinem Gut kommen aus der indigenen Bevölkerung, in der Hauptsache sind es Schwarze Yi, sie sind allerdings faul und dumm, nur mit der technischen Ausbildung und all dem Drumherum habe ich mich über ein halbes Jahr herumgeschlagen.«

»Dann sind die Lohnkosten sehr niedrig?«

»Ja. Vermutlich die niedrigsten in ganz Asien, sonst wäre ich gar nicht hier.«

Eine unsägliche Antipathie stieg plötzlich in mir auf, aber weil ich hier fremd war, musste ich tun, als sei nichts.

Doihara spöttelte: »Wenn Sie, Herr Liao, besondere Vorlieben haben, ich werde gerne nach Kräften behilflich sein.«

»In welcher Hinsicht besonders?«

»Na, zarte Hühnchen beschlafen. Die Mädchen der Ureinwohner heiraten mit dreizehn, vierzehn, bevor sie zwanzig sind, schleppen sie schon zwei, drei Babys mit sich herum, haha, deshalb, ausgesprochen lohnend.«

»Haben Sie, Herr Doihara, denn schon oft diese zarten Hühnchen beschlafen?«

»Das würde ich nicht wagen, meine liebe Fang würde mir das niemals verzeihen.«

Kaum gesagt, tauchte Fang, die »persönliche Sekretärin«, auch schon auf, sie erwies sich als ein absolut frisches und schönes Mädel. »Guten Tag, mein Herr.« Sie begrüßte mich auf Chinesisch, ohne jeden Akzent. Doihara zwinkerte mir zu: »Meine Fang ist das bemerkenswerteste Resultat meiner Ausbildung.«

Das Dienstmädchen aus Vietnam und der taiwanische Chef

Zu dritt liefen wir geradeaus den Abhang hinunter, gingen um den trapezförmigen Platz herum in eine hundert Jahre alte, mit Steinplatten gepflasterte Straße hinein, in der sich auf beiden Seiten Läden für einheimische Kleidung und Handwerksprodukte befanden. Darauf folgten westliche Restaurants, Cafés und Pubs, einige Dutzend dicht aneinander. Doihara wählte ein Restaurant, von dem es hieß, es sei das älteste, es war brechend voll, alles Gäste aus dem Westen, wir waren die einzige Ausnahme.

Erst nach etwa einer halben Stunde bekamen wir einen Platz, an einem langen aus einem echten Baumstamm gezimmerten Tisch für über zehn Personen setzten wir uns an eine Ecke. Ich bestellte die billigste Pizza, Doihara ein Rindersteak, Fang ein Schweinekotelett, dazu gab es jeweils noch einen großen gemischten Salat. Fang strich nachdrücklich heraus, dass sie aus Hanoi komme und nur Hanoi-Bier trinke, und so schlossen wir beiden Männer uns an und tranken ebenfalls Hanoi-Bier.

In Sa Pa regnete es viel und es gab viel Nebel, kaum wurde es Nacht, wurde es draußen extrem feucht und kalt, meine vor ein paar Stunden frisch aufgetankte Energie war fort, ich wollte mich nur noch hier verkriechen, mit Alkohol wärmen und den nur vage vernehmbaren Liedern vom Mittelmeer zuhören, die meine Seele in die weite Welt hinaustrugen. Als Doihara schon ein wenig beschwipst war, fragte er mich, ob ich auch ins Umland von Sa Pa wolle, er könne mich fahren: »Da können Sie zu

Fuß nicht einmal in einer Woche alles anschauen, und es kann passieren, wenn Sie lange genug durch das Hochgebirge laufen, dass Sie auf einmal in Laos stehen.«

»Gibt es Grenzsoldaten?«

»Wenn Sie Pech haben, ja, aber dann grüßen Sie einfach und gehen zurück; wenn Sie Glück haben, gibt es keine, aber der dortige Urwald ist undurchdringlicher und es gibt mehr wilde Tiere als hier, Sie müssen aufpassen, dass Sie nicht reingehen und nicht mehr rauskommen und Tiger und Leopard Sie dann aufhalten und Ihren Pass sehen wollen.«

»Danke. Ich verzichte.«

»Wollen Sie vielleicht nach Hanoi?«

»Ich habe kein Visum.«

»Fang wird überübermorgen nach Hause fahren, Sie könnten mit ihr fahren, zusammen im Zug.«

Fang nickte: »Sie können bei meinen Eltern wohnen, nach etwa zehn Tagen können Sie wieder mit mir zurückkommen.«

»Das geht?«

»Vietnam ist wie China, mit Geld geht alles.«

»Und für den Fall, dass ich auf Polizei treffe?«

»Ohne Papiere bekommen Sie eine Geldstrafe von dreitausend Yuan und können gehen; wenn Sie wieder gefasst werden, zahlen Sie noch mal.«

»Wenn das so ist, möchte ich nach Saigon.«

»Da könnte ich den Führer machen, Sie bezahlen mich pro Tag, das kostet nicht viel.«

»Was heißt das?«

»Doihara weiß es, ich bin seit fast zwei Jahren seine persönliche Sekretärin, ich koche, passe im Hotel auf und schlafe mit ihm, dafür zahlt er jeden Monat vier Millionen vietnamesische Dong, das entspricht ungefähr eintausendzweihundert Renminbi.«

Doihara lachte laut: »In Vietnam ist das ein überdurchschnittlicher Lohn.«

Fang spitzte ärgerlich den Mund: »Im Norden schon, im Süden nicht unbedingt. In Saigon-Hafen nehmen die Banken nicht einmal Renminbi.«

Unvermittelt fragte ich: »Gibt es dort Schmuggel?«

»Schmuggel gibt es viel. Dort ankern Schiffe aller Nationalitäten, es gibt alle möglichen dunklen Geschäfte.«

»Auch Menschenhandel?«

»Ja, auch das.« Die gute Fang wurde wachsam: »Wieso fragen Sie das?«

»Ich, ich möchte,« entschlüpfte es mir, doch dann korrigierte ich mich, »ein Freund von mir möchte von dort illegal nach Europa.«

Doihara und Fang rissen die Augen auf: »Um die halbe Welt! Sie machen Witze?«

Ich warf den Kopf in den Nacken und lachte lauthals, als wäre es ein Witz gewesen, verriet mich damit aber nur umso mehr. Alle die Gäste um uns herum sahen jetzt her. Fang murrte: »Mein Herr, Sie sind betrunken. Wir gehen besser.«

Als wir wieder im Hotel waren, war es bereits Mitternacht, noch unter dem Einfluss des Alkohols ging ich online und nahm Verbindung mit Australien auf, dann kontaktierte ich meinen Freund Ban Zhongyi in Japan, um mir kräftig Luft zu machen über all den Mist, in dem ich saß. Ein Buchgelehrter taugt einfach nichts, mit einem Mal liefen mir die Tränen aus den Augenwinkeln. Mir fehlte der Mut, ans andere Ende der Welt ins Exil zu fliehen, und mir fehlte auch die Geduld, mir mit jemandem wie Doihara länger die Zeit zu vertreiben, aber sollte ich tatsächlich wieder heimlich zurückgehen? Ich hatte einen Pass und Visa für zwei Länder und musste illegal zurückreisen? Das waren, verdammt noch mal, wirklich bittere Pillen, die ich zu schlucken hatte.

Danach hing ich in Sa Pa drei Tage lustlos herum, kam mir vor wie ein Zombie. Einer dieser Tage war der »Tag der Liebenden« der Schwarzen Yi, die Touristen strömten ausnahmslos zu dem trapezförmigen Platz, um sich ihre traditionellen Gruppentänze anzusehen. Wohl gut zwanzig Tänzer hatten sich gerüstet mit einem »Cha'erwa« genannten schwarzen langen Oberkleid aus Leinen und mit Bambusstöcken in den Händen, mit denen sie derart knallend auf den Boden schlugen, dass es aus den Bergen nur so widerhallte. Der Vortänzer in ihrer Mitte breitete wie ein Falke seine Flügel aus, kroch wie eine Giftschlange aus einer Höhle, krähte wie ein Hahn und erhielt von den Zuschauern dafür Applaus um Applaus.

Die Bambusstöcke wurden dann gegen Mundorgeln aus Bambus eingetauscht, die Qeej, unter deren pfeifendem Spiel die kleinen, feingliedrigen Mädchen der Schwarzen Yi dazustießen, man begann, paarweise zu tanzen. Schließlich wurden auch einige Touristen, die sich das Spektakel ansahen, in die Tanzreihen gezogen und der Tanz wurde ein großes Durcheinander. Ich führte ebenfalls für ein paar Minuten einen Froschtanz auf, erntete dafür aber nur Buhrufe.

Als Fang von mir hörte, dass ich Flöte spiele, fand sie das sehr aufregend und wollte unbedingt, dass ich etwas abseits an einem ruhigen Ort mein Können bewies. Kaum hatte ich dort das Lied »Unsterblicher Exilant« einmal durchgespielt, verneigte sich zu meiner großen Überraschung ein vietnamesischer Barbesitzer mit vor Tränen schwimmenden Augen und auf der Höhe der Brust aneinander gelegten Handflächen vor mir. Am Mittag des nächsten Tages saß ich dann als Straßenmusiker im Schneidersitz am Tor der katholischen Kirche und spielte, Fang neben mir rief auf Vietnamesisch unermüdlich Leute heran, und es regnete tatsächlich eine ordentliche Anzahl von Geldscheinen, amerikanische Dollar, Euro, kanadische Dollar, vietnamesische Dong und Renminbi, so viel, dass die fahrenden Künstler um uns herum neidisch wurden und die Polizei riefen. Daraufhin brachte Fang mich zu dem am Vorabend so bewegten Barbesitzer, wir bekamen zu essen und trinken und am Abend machte ich in seiner Bar weiter Musik.

Als ich 1994, gerade aus dem Gefängnis entlassen, draußen keinen Platz mehr im Leben hatte, habe ich so für eine geraume Zeit meinen Lebensunterhalt verdient, indem ich meine Kunst in den Bars von Chengdu und Beijing feilbot. Am Anfang spielte ich für zwanzig Kuai fünf Lieder, weniger als der Preis eines Chinakohls, zwischen Geige, Saxophon und Erhu, der zweiseitigen chinesischen Geige; später kombinierte ich Flöte und Gesang, um möglichst viel Emotion zu wecken, und so stieg mein Tagesverdienst bis auf siebzig Kuai. Das große Geld allerdings machte ich immer erst in der zweiten Nachthälfte, wenn es in den Straßen still geworden war, der Wind sich gelegt hatte, die meisten Menschen gegangen waren, dann lebte ich von denen, die noch nicht fort waren, weil sie Liebeskummer hatten, depressiv oder dem Alkohol verfallen und ohne Zuhause waren. Ich musste nur zu jemandem hingehen, die Flöte zwischen den Fingern, und gratis ein besonders trauriges Lied spielen und, während die Melodie noch nachklang, entschieden zum Abschiedsgruß eine Faust in die andere Hand legen, dann konnte ich sicher sein, dass man alles tat, um mich zurückzuhalten. Mir blieb nichts, als ein weiteres, noch trostloseres Lied zu spielen, was die Armen richtig todtraurig machte. Das nutzte ich schließlich, vergoss mit ihnen ein paar Krokodilstränen der Marke »Weltschmerz« und bekam dreißig bis fünfzig pro Lied extra, was drei- bis fünfmal über dem normalen Kurs lag.

Ach ja, die Zeit verfliegt, was für einen Unterschied machte es letztlich, ob man ein paar Dutzend Jahre oder ein paar Minuten älter geworden war? Am nächsten Tag musste ich mich jedenfalls wieder auf den Weg machen. Ich steckte Fang das mit der Musik verdiente Geld zu und sie lachte sehr liebenswert: »Kommst du mit mir nach Hanoi? Oder«, sie machte eine kurze Pause, »ich gehe mit dir nach China und wir verdienen dort weiter?«

Ich wusste nicht, was ich sagen sollte.

Am Nachmittag des nächsten Tages war ich zurück in Lào Cai und rief Liu an. Er fragte, wo ich sei. Ich sagte ihm, am Eingang des Konfuziustempels. Er meinte darauf, das sei perfekt, auf der anderen Straßenseite sei die Flussmündung des Nanxi: »Gehen Sie rüber, am Strand sehen Sie ein vietnamesisches Fährboot. Fahren Sie da mit, ich werde Sie am anderen Ufer abholen.«

Illegal zurück

Am Abend nach meiner illegalen Rückkehr schloss ich im Hotel in aller Eile meine Dankesrede für Australien ab, darin hieß es: »Ich würde bei dieser Gelegenheit zu gerne das Meer auf der südlichen Halbkugel sehen, die frische Luft atmen und meine angespannten Nerven entspannen, doch ich bin gezwungen, hier zu bleiben, nicht einmal ein ›Seufzer vor der Größe des Ozeans‹ wird mir möglich sein … Angesichts unumkehrbarer Wendepunkte im Leben habe ich mir angewöhnt, von Schicksal zu sprechen; im ›Erdbebenirrenhaus‹ habe ich von so vielen unschuldigen Toten berichtet, war das alles Schicksal? Und ich lebe noch! Und warum liegt mir das auf der Seele …«

Es gibt keinen Grund dafür, dass mir das auf der Seele liegt. Dass ich spurlos verschwunden war, dürfte allerdings etwas gewesen sein, was der Polizei auf der Seele gelegen hat. Und tatsächlich, kaum war der Akku wieder im Handy und dieses zwei Minuten an, erhielt ich schon einen Anruf vom dicken Li: »Liao, wo bist du?«

Für die Ortung von schnurlosen Telefonen gibt es ein umfassendes Netz, dem man nicht entgehen kann, es hätte deshalb keinen Sinn gehabt, ihn anzulügen: »Ich bin im Bus.«

»Von wo nach wo?«

»Von Kunming nach Dali.«

»Du fährst nicht nach Dali, kehr sofort um und komm zurück nach Chengdu.«

»Warum?«

»Es gibt etwas zu regeln.«

»Ich habe das Land nicht verlassen.«

»Dein Handy war über zehn Tage aus, du musst erklären, wo du in der Zeit warst.«

»Wo ich heut Nacht vom Rausch erwacht', am Ufer waren Weiden, Morgenwind und kaum noch Mond.«

»Was soll das, Morgenwind und kaum noch Mond.«

»Das sind die Worte von Liu Yong.«[54]

»Wer ist Liu Yong?«

»Haha, der hat eine Weile mit mir getrunken.«

»In der Gegend von Guangxi oder an der Grenze von Yunnan?«

Ich brach das Telefonat ab, der dicke Li rief erneut an, ich brach es wieder ab, schaltete das Handy aus und nahm den Akku raus. Gegen Abend war ich in der alten Stadt Dali, am Südtor stieg ich aus dem Bus und keuchte am Fuß der Stadtmauer entlang nach oben, überquerte die Hauptstraße, weiter hinauf, die achtzehn Gipfel des Cang-Gebirges erhoben sich über mir, als säße eine Reihe von Bäuerinnen mit dicken Hüften Arm in Arm. Ihre Stimmen schienen mich zu rufen, doch es war nur der unaufhörliche Wind, der die Wolken, die nach einer Legende der Bai am Himmel stehen, um nach ihren aus der Fremde nicht zurückgekehrten Männern Ausschau zu halten, genauso in Unordnung brachte wie das Gras an den Hängen und der die plumpen, runden Steine küsste, was mich an Qiuqiu denken ließ, einen Mischlingshund mit rundem Schädel und rundem Hinterteil. Ihn hatte ich zwei Jahre lang bei mir gehabt und, als ich Dali verließ, dem Dichter Yefu in der Siedlung am Südtor anvertraut; als Yefu fortging, gab er ihn weiter an Yu Shicun, einen Universitätsgelehrten; als Shicuns Mutter unerwartet starb, ging Qiuqiu verloren. Zu Tränen gerührt schrieb Yefu in »Qiuqius Biographie«: »Ein unendliches Land, ein kleiner Hund, wohin bist du gelaufen?« Das spielte auch boshaft darauf an, dass ich, der alte Hund, mich eines Tages verlaufen könnte.

Jetzt gab es keinen Qiuqiu mehr, dafür hockte der alte Zhang, mein langjähriger Nachbar in Chengdu, an dem Platz, an dem Qiuqiu immer seine Knochen genagt hatte. Zhang hatte es nach seiner Scheidung hierher verschlagen und er war nun schon eine ganze Reihe von Jahren hier, er war reich an Lebenserfahrung und was er prophezeite, erwies sich oft als richtig. Nach meiner zweiten Scheidung hatte er mir, es war spät im Herbst und zwei Uhr in der Nacht, in einem schäbigen Teehaus an der Straße aus dem Stegreif mit dem *Buch der Wandlungen* wahrgesagt und war auf das Hexagramm »Zersplitterung« gekommen. Ich wollte das im *Buch der Wandlungen* nachschlagen, doch er befand, das müsse man nicht nachschlagen, das Hexagramm für »Zersplitterung« habe ganz oben eine Yang-Linie, darunter fünf Yin-Linien, es sehe aus wie ein Bettbrett, das von zehn Ziegelsteinen gestützt werde und so wackelig sei, dass es jederzeit zusammenkrachen könne. Ich könne nicht zu Hause bleiben und solle schnell machen, dass ich wegkomme. Mir fuhr der Schreck in die Knochen, aber am Ende kam ich trotzdem nicht mehr rechtzeitig weg, eines Abends wenige Tage später war ich in meiner Wohnung im siebten Stock eingesperrt. Durch den Spion sah ich einen großen Kreis von Polizisten in Zivil, die die Tür komplett absicherten, während sie dagegen schlugen und traten, und weil es für irgendeine Reue inzwischen zu spät war, steckte ich Scheckkarte, Personalausweis und Festplatte ein, machte auf dem Absatz kehrt und kletterte an dem außen angebrachten Ofenrohr vom Küchenfenster auf die Dachterrasse. Im entscheidenden Moment, als ich mit Klimmzügen versuchte, das linke Bein von unten einzuhaken, rutschte ich dabei zweimal ab, ich baumelte in der Luft, mir brach der kalte Schweiß aus – wenn ich aus dem siebten Stockwerk abstürzen würde, wäre ich nur noch Hackepeter. Zum Glück war ich jeden Abend fünf Kilometer joggen gegangen, daran hatte ich nahezu zehn Jahre festgehalten, und meine Muskeln waren so hart, purer Stahl, wie man ihn für Messerschneiden benutzt – ich schaffte es also aufs Dach und entkam durch ein anderes Treppenhaus. Zwei Tage später allerdings wurde ich am tausend Meilen entfernten Bahnhof von Kunming von einer Sondereinheit des Büros 610 abgefangen, und zwar, wie sich herausstellte, weil herausgekommen war, dass ich zwei aus der Psychiatrie des Kreises Pi der Stadt Chengdu entkommene Mitglieder von Falun Gong interviewt hatte. Die Spezialpolizisten ließen ein Unwetter über mir niedergehen, ich sollte Aufnahmen und Aufzeichnungen der Interviews herausgeben, doch ich blieb eisern bei der Behauptung, die gebe es gar nicht, harrte drei Stunden aus, und als ich mit dem Schrecken davongekommen war, erinnerte ich mich wieder Zhangs unglaublich genauer Voraussage und mir standen im gleichen Augenblick die Haare zu Berge.

Jetzt begegneten wir uns wieder, wie Verschwörer musterten wir einander, dann gingen wir Arm in Arm durch den Haupteingang unseres Gasthauses, über den Hof mit üppigen Zierpflanzen direkt auf die Terrasse im Dachgeschoss. Zhang hatte dort Getreidebrei an der Luft stehen und forderte mich auf, mein Gepäck abzustellen und es mir schmecken zu lassen: »Nach dem Essen gibt es dann was zu trinken«, er brachte von drinnen eine große Flasche heraus, »die ist von der Brennerei Yang hinter dem Drei-Pagoden-Tempel, sechsundfünfzig Prozent, ein solider Maisschnaps.«

»Heute bin ich zu kaputt.«

»Der eiserne Liao ist tatsächlich mal kaputt?«

»Ich bin nur noch Schrott.«

»Auch im Schrott ist Eisen, warum redest du so?« Zhang zeigte sich erstaunt, fixierte mich eine ganze Weile, bis mir das letzte bisschen Tageslicht vom schweißnassen Glatzkopf geglitten war, dann fragte er: »Soll ich für dich noch mal die Zukunft befragen?«

»Lieber nicht«, ich winkte mit beiden Händen zum Zeichen der Kapitulation, »einmal ›Zersplitterung‹ reicht.«

»Und wenn es diesmal keine ›Zersplitterung‹ wäre?«

»Jeder, dem du schon mal wahrgesagt hast, hat auch ohne ›Zersplitterung‹ Federn lassen müssen.«

Zhang kicherte gespenstisch, seine Mausohren stellten sich auf. Mir zitterten sogar die Augenlider, so nervös war ich, ich kippte mehrere große Schnäpse nacheinander, dann schaute ich im Mondschein vom Cang-Gebirge her wieder auf Zhangs kleine Koboldohren und hatte das Gefühl, es hüpften lauter kugelige, winzige Menschlein darauf herum. Zhang sagte: »Was ist mit deiner Flöte, spiel doch was, dann werde ich hören, ob es mit dir abwärts oder aufwärts geht.«

Ich spielte benebelt drauflos.

»Dein Energiefluss spielt ja völlig verrückt.«

»Ich bin Tausende von Meilen wie verrückt durch die Gegend gerannt, kein Wunder, dass mein Energiefluss verrückt spielt«, sagte ich deprimiert, »ich weiß nicht mehr ein noch aus, verdammt.«

DIE NATIONALE SICHERHEIT VOR DER TÜR

Die Ameise im Traum

Ich lag ausgestreckt vor dem Fenster. Der Mond war wie gewaschen, alles war feierlich still, draußen stand eine alte Pagode aus der Tang-Zeit[55], wie ein Schwertkämpfer aus der Vergangenheit, der für immer und ewig allein war, weil er in die aktuelle Gesellschaft so überhaupt nicht passte. Ich schloss die Augen, und während die Zeit rückwärts floss, krabbelten Kolonnen von Ameisen über meinen Hals, ich wischte sie mit einem Handstreich fort, es war kein Traum, auf dem Bett waren wirklich Ameisen. Aber ich war so müde, dass ich nicht mehr hochkam, und so blieb nichts, als die Ameisen im Traum und in der Realität machen zu lassen, was sie wollten.

Ein Mensch dürfte im Laufe seines Lebens unzählige Ameisen zu Tode bringen, denn Ameisen sind einfach zu klein. Im Alter von vier Jahren entdeckte ich einmal in meiner alten Heimat im Kreis Yanting am Haimen-Tempel, in dem Bergdorf, in dem ich geboren war, einen Ameisenhaufen. Für Kinder eines zu Maos Zeiten nach außen vollkommen abgeschotteten Landes war das eine Riesensache. Ich veranstaltete ein Riesenspektakel und lockte damit eine Horde von dreckverschmierten kleinen Dreckbacken an, alle zusammen packten wir geräuschvoll unsere kleinen Piepmätze aus und pinkelten mitten auf den ausgetrockneten Baumstumpf, in dem sich der Ameisenhaufen befand. Unter den Ameisen brach Panik aus, eine enorm dichte und schwarze Masse quoll heraus, der gesamte Baumstumpf war bedeckt, als verhülle ihn eine sich windende Schutzmaske. Ein etwas älteres Kind packte Zündhölzer aus, hob kurzerhand eine Handvoll Reisig auf und entfachte ein Feuer. Die Ameisen waren vor dem Ertrinken in alle Richtungen geflohen, doch als ich mir das aus der Nähe anschaute, bemerkte ich, dass die Ameisen nach wie vor rein und raus rannten, nur jetzt so schnell, dass man die einzelnen Ameisen nicht mehr unterscheiden konnte. Wir Kinder lachten aus vollem Hals, die dreijährige gigantische Hungersnot, bei der fast vierzig Millionen Menschen verhungerten, war noch nicht lange vorüber, noch immer herrschten Not und Elend; so weit das Auge reichte, waren die kahlen Hügel von verlassenen Grabstätten wie von schlammigen Wogen überflutet. Und wir hatten am Ende überlebt, wir hatten am Ende noch den Spaß, einen Ameisenhaufen zu zerstören.

Und nun krabbelte mitten in der Nacht eine kleine Ameise mein linkes Augenlid hinauf und schrie in einem fort meinen Kindernamen: »Ermao, Ermao!«

Unbewusst griff ich an mein Auge, die Ameise stieß einen Schmerzenslaut aus. »Du kannst ja noch schreien?«, sagte ich erstaunt.

»Natürlich kann ich das. Alle meine Kameraden haben schauerlich geschrien, als sie von euch totgepisst und verbrannt worden sind. Ihre Leichen liegen kreuz und quer auf dem Schlachtfeld. Aber wir sind machtlos, die Menschen sind zu groß, so groß wie Gott.«

»Ach herrje, und du Winzling, wie bist du davongekommen?«

»Von wegen davongekommen, ich bin zurückgerannt, weil ganz drinnen noch die Ameisenkönigin war, wir mussten sie schützen, eine Ameisenkönigin kann sich nicht bewegen, genau wie eine Bienenkönigin, und ohne Königin hat das Leben einer Ameise keinen Sinn. Alle sind gestorben, alle meine Geschwister sind gestorben, fast wäre ich auch hin gewesen, die Königin war so viel größer als ich und ich kam unter ihr zu liegen; als ich wieder zu mir kam, war alles vollkommen still. Ganz langsam krabbelte ich durch einen Haufen verkohlter Leichen aus den Tiefen des Baumstumpfes heraus. Vielleicht konnte ich ja eine neue Ameisenkönigin finden, ja, ich musste unbedingt eine neue Ameisenkönigin finden, um ein neues Leben zu beginnen.«

»Das tut mir alles sehr leid, ich war noch ein kleines Kind und wollte nur spielen.« Ich war so erschüttert, dass mir die Tränen kamen. Der Herbstmond füllte das ganze Fenster aus, seine fahlen Schatten bildeten am Himmel Ameisenhaufen. Eine Tigermücke schaffte es durch mein Gazenetz, summte um meine Nasenspitze herum. Ohne einen Augenblick nachzudenken, schlug ich zu, doch gleich bereute ich es, ob ich jetzt von einer Stechmücke träumen würde?

Die Furcht der Ameise ist die Furcht des Menschen. Die Ameise hat eine Ameisenkönigin, hat der Mensch eine Ameisenkönigin? Kann sein Leben ohne eine solche sinnvoller sein als das einer Ameise?

Im Traum dachte ich weiter. Im Nachdenken schrumpfte ich ein wenig zusammen zu der Ameise aus meiner Kindheit, die ich im Traum gesehen hatte, ich hatte die Katastrophe überlebt und krabbelte auf das Augenlid des lieben Gottes, wobei ich ebenfalls »Ermao, Ermao« rief. Eine unermesslich große Hand griff sich unbewusst ans Augenlid, und als auch ich vor Schmerz einen Schrei ausstieß, stürzten die achtzehn Gipfel des Cang-Gebirges, die sich hinter dem Haus erhoben, krachend über mir zusammen. Ich zitterte kurz, wachte auf und sah Zhang, dürr wie eine Bohnenstange, vor meinem Bett stehen; ich warf über seine rechte Schulter einen Blick nach draußen, auch die alte Pagode der Tang-Zeit stand da wie eine Bohnenstange.

»Ich muss für ein paar Tage fort.«

»Wozu?«

»Ich habe in der Nacht einen merkwürdigen Traum gehabt, das Cang-Gebirge hat sich in einen Ofen verwandelt, der schön warm in der Welt stand, er war nach vorn und hinten offen und Liu Xiaobo, Wang Lixiong, Wang Yi, Wei Jingsheng; du und noch andere Konterrevolutionäre, die nicht mehr zu sehen waren, standen nackt davor Schlange wie die Juden in ›Schindlers Liste‹, die, Männer wie Frauen, alt und jung, in Reih und Glied singend in den Gasofen gingen.«

»Grausam poetisch.«

»Ihr seid von vorne in den Ofen rein und kamt hinten tellerweise als öltriefende gegrillte Schweinerippchen wieder heraus.«

»Gegrillte Schweinerippchen? Die mag ich sehr.«

»Meine Träume erweisen sich oft als zutreffend. Es wird irgendein großes Unheil geben, ich muss mich ein paar Tage verstecken.«

»Selbst wenn mir etwas passieren würde, was hat das mit dir zu tun?«

»Im Traum hat die Polizei auch an meine Tür geklopft.«

»Vielleicht haben ja die Geister des Cang-Gebirges bei dir geklopft?«

»Bis dann.«

Ich stand auf und ging mit Zhang hinaus. Inzwischen war es Mittag geworden, die Sonne strahlte, nirgends irgendwas von einem verschissenen bösen Omen! Ich nutzte die Gelegenheit für einen Ausflug ins Grüne, ich stieg hinauf zur *Tianlongbabu Filmstadt*[56]. Als ich mich auf die Spitze eines riesigen Felsens stellte und mich umsah, entdeckte ich Zhang, wie er mit seinem immer wieder aufblitzenden Eierkopf nach wie vor in großen Schritten abwärts lief. Ich wusste, er würde in Xiaguan in einen Bus steigen und in den Kreis Yangbi auf der anderen Seite der Cang-Berge fahren, unterwegs gab es eine Menge heißer Quellen direkt an der Straße, die er auf dem Rückweg eine nach der anderen aufsuchen würde, was mindestens einen halben Monat dauern dürfte.

Besuch von der Polizei

Ich erholte mich eine Woche lang, wie ein müdes Tier im Käfig kurierte ich die unzähligen Wunden meiner Seele, indem ich an den verlassenen Hängen der Cang-Berge meditierte. Die Lebenskraft ist im Körper wie ein Licht aus dem Nichts, das umso heller wird, je mehr man daran dreht. Dann erhob ich mich, als die Sonne sich gegen Westen neigte, durchquerte die Wiese, ging um die Außenmauer der *Filmstadt* herum und geradewegs hinein in ein Häuschen der Bergwache. Der Ticketkontrolleur hatte bereits Feierabend, ich stieg einfach über die Stufen den Berg hinauf und nach etwa zwei anstrengenden Stunden erreichte ich den Jadegürtelweg, der auf halber Höhe waagerecht um den Berg herumlief. Ich wanderte ein ganzes Stück ohne Anstieg dahin, bog um einen Bergvorsprung und ging wieder zurück, es war, als würde ich schwebend die Reise eines daoistischen Unsterblichen nachahmen. Verstreut flohen Wolken über und unter mir mit dem Wind, und als noch ein paar Tropfen herabwehten, traten aus der Drachenaugen- und aus der Phönixaugenhöhle, zwei vor Hunderten von Jahren von Asketen in den Abhang gehauenen Höhlen, gleichzeitig zwei Regenbögen, die bis zum Erhai-See am anderen Ende der alten Stadt reichten.

»Schöne Landschaft«, entfuhr es mir so unwillkürlich und laut, dass ich an der Mundecke eines »General-bindet-Pferd-an-Stein« am Rand des

Abgrunds einen Hund mitsamt einem Menschen aufschreckte, woraufhin der Mensch auf eine sehr offizielle Weise rhythmisch ausschritt. Mich packte die Angst und ich zog mich schleunigst zurück. Beim Abstieg kam ich durch einen Friedhof der Hui, die zahllosen Grabhügel glichen mit der Zeit erstarrten Wellen. In der Ferne sah man den Mondschein über den langgezogenen Erhai-See kommen, sein silbernes Licht war klar und schien sich langsam aus den Toren des Sees aufzurichten; Fische sprangen zum Himmel hinauf und wurden zu kaum noch zu erahnenden Sternen. Ich hätte gern noch einmal »schöne Landschaft« gerufen, doch diesmal hielt ich mich zurück.

Als ich ins Gasthaus kam, war es fast zehn, zwei Polizeiautos standen im Schatten versteckt, ich achtete nicht darauf. Ich ging in mein Zimmer im ersten Stock und wusch mir im Bad gerade das Gesicht, als es an der Tür ein Geräusch gab, ein Trupp Polizisten drängte herein, an der Spitze eben der, den ich am Berg aufgeschreckt hatte. »Liao Yiwu? Wir sind die hiesige Innere Sicherheit, von den Kollegen aus Chengdu sind wir beauftragt worden, Ihnen einen Besuch abzustatten. Mein Name ist Yang.«

»Danke. Mein Zimmer ist klein, so viele Leute passen hier nicht rein.«

»Dann kommen Sie doch einfach mit uns.«

»Wohin?«

»In die Stadt.«

»Die Altstadt?«

»Nach Xiaguan.«

»Bitte zeigen Sie mir die ›Vorladung‹.«

»Wir laden Sie nicht vor, wir bitten Sie einfach nur, kurz mit uns zu kommen.«

»Und wenn ich nicht mitkomme?«

»Bei polizeilichen Untersuchungen zu kooperieren, ist die Pflicht eines jeden Bürgers.«

»Was untersuchen Sie denn? Die Sachlage zu erläutern, ist die Pflicht der Polizei.«

»Wo ist Ihr Reisepass bitte?«

»Habe ich nicht bei mir.«

»Tut mir leid, dann müssen wir alles durchsuchen.«

»Bitte zeigen Sie mir den ›Durchsuchungsbefehl‹.«

»Wir durchsuchen nur mal in aller Schnelle.«

»Hmm, na dann bitte.«

Yunnan ist ein Grenzgebiet, in dem viele verschiedene Ethnien zusammenleben, und die Menschen nehmen das Leben deshalb irgendwie leichter, die Polizei macht da keine Ausnahme. Wie zu erwarten, hatten sie mein Gepäck schon nach wenigen Minuten durchforstet. »Wo ist er?«, fragte der Polizeibeamte Yang.

»Selbstverständlich kann ich Ihnen das nicht sagen«, antwortete ich.

»Sie sind glatt wie ein Aal. Haben Sie Freunde hier?«

»Ich habe mich mehrere Jahre in Yunnan aufgehalten, ich habe ziemlich viele Freunde hier.«

»Ich weiß, dass Sie in Lijiang ohne Lizenz eine Kneipe am Laufen hatten. Ich war sogar dort.«

»Ich war auch zwei Jahre in Dali.«

»Von heute an sind Sie in Dali nicht mehr willkommen.«

»Weshalb?«

»Sie machen uns nur Schwierigkeiten.«

»Wollen Sie mich ›aus dem Land weisen‹? Hehe, Yunnan ist doch kein Ausland.«

»Wir bringen Sie nach Lijiang und Sie kaufen sich ein Flugticket nach Chengdu.«

»Dali hat doch selbst einen Flughafen.«

»Wurde stillgelegt.«

»Ich möchte nicht nach Chengdu.«

»Wir sprechen im Auto darüber. Kooperieren Sie bitte, das ist besser für alle.«

Mir blieb nichts anderes übrig, als wieder einmal schnell meine Sachen zu packen. Ich zahlte beim Wirt die Rechnung und ging mit der Polizei mit. Wir fuhren hinunter zur Hauptstraße, dann aber nicht nach Xiaguan, sondern in die entgegengesetzte Richtung direkt nach Lijiang. Nächtliches Dunkel senkte sich herab, der Schatten meines Freundes Zhang bewegte sich die ganze Zeit vor dem Fenster hin und her. »Diese neurotische Unke, Mann«, seufzte ich in mich hinein.

Als wir in Lijiang eintrafen, war es schon Mitternacht. Ich hatte eigentlich erwartet, wir würden bis zum Tagesanbruch auf dem Polizeirevier bleiben, doch der Wagen wand sich zum Gipfel des Löwenberges neben der Altstadt hoch und fuhr in eine ausgedehnte Wohnanlage ein. Ich war im Winter 2003 zum ersten Mal in Lijiang gewesen, in der Wohnanlage einer Familie Que auf halber Höhe des Löwenberges, oberhalb der Sifang-Straße, wo zur Zeit der Republik[57] eine der Poststationen auf der alten südlichen Seidenstraße lag, für kleinere Pferdetrupps; heute fielen hier die Touristen ein wie die Fliegen, man kann sagen, in ganz Yunnan, nein, sogar ganz China ist das die am dichtesten besiedelte Touristenattraktion. In der Unterwelt heißt es: Lijiang ist die internationale Hauptstadt für amouröse Abenteuer, der Ort, an dem Liebeskummer zu über achtzig Prozent kuriert werden kann, das Auftreten einer Krankheit namens »One-Night-Stand« bewegt sich hier auf einem Langzeithoch, in der Qixing-Straße im Stadtzentrum sind mehr Nutten und Stricher unterwegs als Fische im Fluss, doch die Preise sind fair geblieben. Als ich an dem einen Ende der kleinen Steinbrücke hier die illegale Kneipe hatte, kam einmal plötzlich mitten in der Nacht, kurz vor der Sperrstunde, der versoffene Büroleiter der lokalen Tourismuszeitung, zugleich Sekretär der Parteizelle, mit sieben Nutten im Schlepptau an, angelte sich eine Raubkopie meines verbotenen Buches *Fräulein Hallo und der Bauernkaiser. Chinas Gesellschaft von unten*, blätterte laut raschelnd zu den beiden Kapiteln »Der Dreifachservice von Fräulein Wang« und »Der Freudenhausbesucher Tang Dongsheng« durch, gab dem Autor Lao Wei laut brüllend den Befehl, »Buch signieren und verkaufen«, und trank dabei mit jeder seiner »Sieben Nymphen aus der unteren Gesellschaft« jeweils ein Glas. Mein nächster Nachbar, ein Naxi, wurde von dem Lärm wach und warf wie wahnsinnig Backsteine über die Hofmauer, ich wurde knallrot, so peinlich war mir das trotz des dicken Fells, das ich mir zugelegt hatte, ich wäre am liebsten im Erdboden versunken.

Jetzt war ich wieder an meiner alten Wirkungsstätte, allerdings nicht ganz freiwillig. Yang holte im ersten Stock einen Schlüssel, schloss damit im Erdgeschoss einen kleinen Raum auf und arrangierte alles, um mich hier unterzubringen. Ich hatte kaum die Augen zugemacht, als es draußen schon hell wurde, ich stand auf und öffnete das Fenster, doch als ich in nächster Nähe den bewaffneten Wachposten sah, schloss ich das Fenster schnell wieder und ging zurück ins Bett. Kaum war ich wieder eingeschlafen, schloss jemand die Tür auf, kam herein und rief »Frühstück!«

»Kein Hunger!«, gab ich im Liegen zurück.

Er fragte: »Warum nicht!?« Und ich antwortete: »Ich frühstücke nie.«

Bis nach Mittag geschah nichts mehr, im Haus war es die ganze Zeit über absolut ruhig geblieben. Wie im Gefängnis stand ich auf, nahm Haltung an und machte laut rufend Meldung, diesmal schloss der Polizeibeamte Yang selbst auf. Ich fragte, wann es zum Flughafen gehe. Er antwortete, es sei noch kein Ticket gebucht. Ich wurde unruhig und erklärte mich bereit, selbst für das Ticket zu bezahlen. Er sagte, es eile nicht, der Flug nach Chengdu gehe erst am Abend.

Daraufhin bat ich, mich draußen in die Sonne setzen zu dürfen, der Polizeibeamte Yang nickte; nach diesem ersten Erfolg wagte ich gleich noch mehr und bat um Tee, der Polizeibeamte Yang lachte: »Sie sind wirklich aus Sichuan, selbst wenn der Himmel einstürzt, wollt ihr noch euren Spaß haben.« Aber er brachte umgehend eine Kanne Puer-Tee aus Yunnan.

Ich ließ mir den Tee Schluck für Schluck schmecken, schaute in den Himmel, betrachtete den Boden, dann drehte ich mich nach hinten und holte aus meinem Rucksack das Buch *Zhuangzi* und begann zu lesen. Weil meine Gedanken wild wie Hanf wucherten, nahm ich von dem, was ich las, gar nichts auf, aber ich konnte Texte wie den folgenden schon mit vier Jahren wie am Schnürchen auswendig aufsagen: »Im tiefen Norden gab es einen Fisch, sein Name war Kun; niemand weiß, wie viele tausend Meilen Kun groß war. Er verwandelte sich in einen Vogel, sein Name war Peng; niemand weiß, wie viele tausend Meilen der Rücken Pengs breit war. Er erhob sich und seine Schwingen waren wie Wolken am Himmel …« Das war die gewissenhafte Erziehung meines Vaters, am Anfang verstand ich von alldem kein Wort, ich musste es einfach schlucken; erst viele Jahre später begriff ich nach vielen Wechselfällen des Lebens allmählich das Heilsame, das die bittere, aber in ihrer Wirkung süße traditionelle Kultur hatte, eine Wirkung, die ich immer wieder erfuhr, wenn ich in ausweglose Situationen geriet. Zhuangzi, für den nicht einmal der

Abschied für immer eine große Sache war, maß dem Gefängnis oder der Trennung von der Familie noch weniger Bedeutung bei. Kurz gesagt geht aller Schmerz irgendwann vorbei, und wenn nicht, dann weil man sich selbst nicht genug Ruhe gönnt – deshalb schlug Zhuangzi, als seine Frau an Hunger starb, zum Erstaunen aller mit beiden Händen heftig auf eine umgedrehte Fußwaschwanne ein und improvisierte dabei das Lied: »Das Laub, es wächst, es grünt, es welkt und fällt raschelnd im Wind, am Ende kehrst du zurück zu dem Ort, der dich einst trug.« – Als ich meinen Vater im Augenblick seines Todes umarmte und ihm, bevor der Körper steif wurde, sein Sterbegewand für die weite Reise anzog, kam mir wohl auch deshalb plötzlich Zhuangzi in den Sinn, und wie mich mein Vater auf unseren himmelhohen Acht-Unsterblichen-Esstisch hob, wo ich dann unter Tränen »Im tiefen Norden gab es einen Fisch« rezitierte und nicht hinunterzuspringen wagte, selbst wenn ich dringend mal musste.

Getarnte Front

Buch und Erinnerung verwischten sich, meine Nerven entspannten sich, wurden ruhig. Der Himmel war hoch, die Wolken leicht, eine Taubenschar hielt sich auf dem Ziegeldach auf, ich hob den Kopf und dankte Zhuangzis Geist im Himmel, dann ging ich hinein, um ein wenig zu schlafen. Als ich wieder aufwachte, war es zu meiner Überraschung schon Mittag, einen Tag später. Ich dummer Hund erinnerte mich, dass Yang gesagt hatte, dass es erst am Abend einen Flug geben würde, gestern Abend, kam hoch und trank weiter Puer-Tee, bis ringsum alles in Gold getaucht wurde. Goldene Strahlen um die Schultern strömten Polizisten zum Haupttor herein, ich stand ein weiteres Mal auf, ging hinein und schulterte meinen Rucksack. Der Polizeibeamte Yang nickte ein paarmal und ich folgte ihm hinaus. Am Tor stand ein nagelneuer Benz, der mir kein Polizeiauto zu sein schien, ich zögerte.

Aus dem Autofenster wehte eine Alkoholfahne, dann reckte sich ein bekanntes Gesicht heraus: »Krötenbastard, komm rein.«

Ich war platt, legte aber zum Gruß eine Faust in die andere Hand, wie es in der Unterwelt üblich war: »Lange nicht gesehen, werter Bruder Yu.« Danach setzte ich mich hinten rein. Der Wagen wurde angelassen, die Polizisten winkten zum Abschied, ich fragte erstaunt: »Die kommen nicht mit?«

»Ich bringe dich.«

»Ich mache dir Umstände, werter Bruder.«

»Es ist ja nicht das erste Mal, dass du mir Umstände machst.«

»Ja, was bleibt mir anderes übrig.«

»Dass du ins Ausland willst, kann ich verstehen, wer will heutzutage nicht ins Ausland? Und dass sie dich seit über zehn Jahren nicht rauslassen, ist wirklich happig.« Ich nickte bestätigend. Damit jedoch gab Herr Yu dem Gespräch eine andere Richtung: »Aber du bist auch nicht gerade ein Licht, das wenig Öl braucht. Erzähl mir mal, wie du dir deinen Pass ergaunert hast?«

Ich wies das zuerst mehrfach als unrichtig zurück, bevor ich wahrheitsgemäß über alles Rechenschaft ablegte, lediglich meinen illegalen Grenzübertritt nach Vietnam behielt ich für mich.

Herr Yu kommentierte das Ganze geistesabwesend mit einem unbestimmten »hm, hm«. Der Fahrer mischte sich ein: »Sein Sternzeichen passt wirklich zu unserem Herrn Liao, er ist ein richtiger Hund und hat schnelle Beine.«

Herr Yu darauf: »Die können noch so schnell sein, der Kommunistischen Partei läuft er damit nicht davon. Am Ende braucht er doch wieder mich als Bürgen.«

Ich lachte bitter: »Das Ansehen meines großen Bruders Yu ist eben bedeutend.«

»Es ist das Ansehen des Amtes für Nationale Sicherheit, das bedeutend ist. Die Innere Sicherheit verhaftet vor aller Augen, die Nationale Sicherheit schützt im Verborgenen.«

»Ich bin ein Nichtsnutz aus der untersten Gesellschaft und den Schutz meines Bruders Yu gar nicht wert.«

»Ein Hund in der Sänfte weiß nicht zu schätzen, dass er getragen wird.«

»Das stimmt. Ein Hund will immer wieder Scheiße fressen.« Ich lachte mit ihm. Anschließend wandte ich mich dem Fenster zu und bemerkte, dass wir über den Hügel, der zum Flughafen geführt hätte, hinwegfuhren und die Richtung zum Lashihai-See am Rand von Lijiang einschlugen – es ging zurück. In Yunnan bezeichnete man ganz zweifelsohne jeden simplen Binnensee mit einem Umfang von ein paar Kilometern gleich als ein »Meer«[58], auch der Erhai, das »Er-Meer«, von Dali ist ja ein Binnensee, wenn auch um das Zigfache größer als dieses »Lashi-Meer«, und mitten in der Nacht heulte es dort oft tatsächlich gespenstisch wie von einem Meer her. – Daran dachte ich gerade, als der Wagen langsamer wurde, auf beiden Seiten der holprigen Straße war Moor und Schilf, dann kam eine Pferderennbahn, die, von allen Touristen verlassen, unter bunten Abendwolken in die Ursprünglichkeit des ehemals einsamen Strandes zurückgesetzt war. Der Wagen wurde noch langsamer und stoppte schließlich in einem Dorf kurz hinter der Rennbahn. Herr Yu ging ein paar Minuten voran, dann betraten wir eine große Wohnanlage am See.

Das war seit Generationen der herrschaftliche Wohnsitz einer reichen und bedeutenden Naxi-Familie, hinter der neunzig Fuß hohen Mauer lagen drei miteinander verbundene Wohnhöfe, die beiden Zwischenmauern waren, wobei innen und außen miteinander korrespondierten, jeweils mit zwei im Wasser spielenden Drachen und mit einem der Sonne entgegenfliegenden Phönix bemalt. Es gab eigentlich auch im vorderen und im mittleren Hof jede Menge freie Zimmer, doch Herr Yu nahm mich mit bis in den hinteren Hof und brachte mich im Stockwerk unter ihm unter. »Nur ein Fußboden trennt mich von dir,« lachte er, »ob du hustest, furzt oder dir einen runterholst, ich höre alles.«

»Was so viel heißt wie: Mein werter Bruder Yu passt auf mich auf.«

»Na woher denn, ich bitte dich einfach, mein Gast zu sein.«

»Darf ich mich frei bewegen?«

»Kein Problem. Sag nur Bescheid, bevor du rausgehst!«

»Kann ich auch in die Altstadt von Lijiang?«

»Ja, auch das ist weiter kein Problem, ich habe sogar den Auftrag, dich hin und her zu fahren, ich bin dein Escort-Service. Du kannst auch treffen, wen du magst, ich weiß, dass du in allen Ecken des Landes und in der Unterwelt eine Menge Freunde hast.«

»Dann, dann, dann«, sagte ich ohne Zuversicht, »herrscht hier eitel Sonnenschein?«

»Hahaha, komm, komm, trink was mit mir.«

Der Speisesaal im mittleren Wohnhof war gigantisch, in der Mitte ein langer Tisch, an dem zwanzig Leute Platz hatten. Als ich auftauchte, erhoben sich die zahlreichen zuvor eingetroffenen Speisegäste der Reihe nach etwas von ihren Plätzen und verbeugten sich zum Gruß, Herr Yu stellte mich einem nach dem anderen vor: Es gab einen vom Auslandsstudium zurückgekehrten Doktor, einen Regisseur, ein angesagtes Sternchen, einen Maler, einen Immobilienhändler, einen Beamten, einen tibetischen »Lebenden Buddha«, man konnte sagen, »nicht Krethi und nicht Plethi, hier gab sich die Hautevolee ein Stelldichein«. Herr Yu übernahm den Vorsitz am oberen Ende, winkte kurz und zwei Köche brachten große Platten und Schüsseln und trugen abwechselnd über zwanzig verschiedene Sichuan-Gerichte auf. Dazu kam Alkohol, ausnahmslos schottischer Whisky auf Eis. Es hatte gerade einmal alles im Rund angestoßen und nahm die Stäbchen auf, um mit dem Essen zu beginnen, da schellte die Türglocke und diesmal beehrten uns völlig uniforme Mitarbeiter der regionalen Nationalen Sicherheit mit ihrer Anwesenheit. Ein Behördenleiter Niu an der Spitze schien lustlos und unmotiviert, doch seine Augen blitzten tückisch, und als er mir die Hand gab, war sein Händedruck recht kräftig; der Stellvertretende Behördenleiter dagegen war sehr bescheiden und freundlich, wenn er sprach, lächelte er, ein Mann, der sich leicht mit den Volksmassen verbinden konnte; die anderen drei repräsentierten die Volksmassen, und zwar jene Art von Volksmassen, die schnell übersehen wird.

Wir setzten uns wieder, um weiter zu essen und zu trinken. Wobei ich zum essen gar nicht kam. Einer nach dem anderen von der Nationalen Sicherheit wollte mit mir anstoßen, ich konnte kaum noch mithalten, trotzdem wies ich niemanden zurück. Die Gesichter wurden in einem Augenblick schon groß, im nächsten klein, in diesem Augenblick lang, im nächsten flach. Ich ging auf die Toilette, steckte mir den Finger in den Hals, kotzte herzlich und hielt meinen Kopf unter kaltes Wasser, dann zog ich wieder in den Kampf. Ich muss wohl zwischen Toilette und Speisesaal drei-, viermal hin und her gelaufen sein, mir war irrsinnig schwindlig, in meinen Eingeweiden waren elementare Mächte am Werke, irgendwann legte ich mich bäuchlings über die Türschwelle und rang nach Luft. Der Mond war ein großes Fischglas, das stabil an seinem höchsten Punkt stand, aus dem Fischglas lief silbernes Licht wie Wasser herab und durchnässte mich. »Liao! Lao Wei! Konterrevolutionär! Krötenbastard, wo steckst du?«, rief Herr Yu mehrmals, sofort ließ ich mich wieder im Speisesaal sehen. Das Bankett war so gut wie vorüber, die Gäste waren fort, am Tisch saß nur noch die Nationale Sicherheit, aufrecht, als hätte sie ein Lineal verschluckt.

Sie halfen mir auf meinen Platz, ich forderte sie weiter lautstark zum Trinken heraus. Herr Yu holte sein Insulin hervor und spritzte es sich erneut in die Taille, danach füllte er alle herumstehenden Gläser bis zum Rand und sagte: »Jetzt ist dieses Baby schon so alt und noch immer so ein Hitzkopf.«

Behördenleiter Niu pflichtete bei: »Schätze, der würde auch Gift saufen.«

Auch ich pflichtete bei: »Alkohol *ist* Gift.«

Herr Yu: »Furzknochen, ich trinke jetzt mein halbes Leben und bin noch nicht tot.«

Ich lächelte: »Nicht tot, doch schon das letzte Aufgebot.«

Herr Yu schlug mir mit der flachen Hand kräftig auf meine Platte und war einen Moment verblüfft: »Bist du in den Abtritt gefallen?«

»Nein doch!«

»Und warum schwitzt du wie ein Schwein?«

»Ist das so?«

»Scheiße, du hast Übungen gemacht!«

»Ist das so?«

»Das treibt den Alkohol raus.«

»Ist das so?«

»Lao Wei, für mich bist du eine ehrliche Haut, vor all unseren Freunden hier frage ich dich heute Abend, ob du nicht kooperieren möchtest.«

»Beim Trinken, da kooperiere ich gern bis zur Neige.«

»Und bei einer gelegentlichen Berichterstattung?«

»Berichterstattung? Worüber? Was ich weiß, wisst ihr doch sowieso schon vor mir, und was ich nicht weiß, wisst ihr auch.«

»Gut, gut, ›Berichterstattung‹ hört sich vielleicht zu dramatisch an, nennen wir es ein kleines Gespräch, wie wir Lust haben, ganz egal, ob mit oder ohne konkreten Inhalt.«

Ich konnte die Augen kaum noch offen halten, aber die Augen meiner Seele waren groß wie Hühnereier, ich hatte grauenvolle Angst: »Ich bin zu müde. Reden wir später weiter.«

»Keine Chance. Ein Säufer muss das Berufsethos eines Säufers haben. Komm mit mir in die Altstadt, dort trinken wir weiter.«

Heller Mond und Sterne kaum, das Wasser wellt sich klar, ein Trupp verließ die Anlage und wankte das Seeufer entlang. Herr Yu stützte sich auf meine Schulter: »Krötenbastard, wenn du nicht tust, was man dir sagt, werfe ich dich den Fischen im Lashihai zum Fraß vor, still und heimlich, weder Götter noch Geister werden etwas merken.«

Ich lachte laut: »Na gut, hoffentlich sterben dann nicht ein paar Fische im Suff.«

Behördenleiter Niu sagte: »Am Suff gestorbene Fische interessieren niemanden, ein Schriftsteller, der besoffen in einen See gefallen ist, das ist eine Nachricht.«

Herr Yu riss die Augen auf: »Die Spezialisten von der Spurensicherung, Herr Behördenleiter, man sollte überlegen, bevor man etwas sagt, man bekommt es ja mit der Angst.«

Behördenleiter Niu sagte: »Ohrfeigen, ohrfeigen! Trotzdem, vor einer Woche wurde aus dem See tatsächlich eine unbekannte Leiche gefischt, der hatten sie beide Beine abgeschnitten. Ein Team der Kriminalpolizei hat die ganze Nacht getagt und ging der Sache Punkt für Punkt nach, aber die Spuren waren nicht schlüssig, und so blieb nichts anderes, als beim Amt für Nationale Sicherheit um Unterstützung zu ersuchen.«

Ich schnalzte eine ganze Weile erstaunt mit der Zunge, dann brummte ich vor mich hin: »Wie schön das Leben auch sei, in hundert Jahren ist alles vorbei.«

Damit war die Nationale Sicherheit erst einmal zum Schweigen gebracht. Nur Herr Yu entgegnete schnell: »Dem Krötenbastard fällt doch immer noch ein Spruch ein.«

Damit brach alles in wüstes Gelächter aus. Kein Mensch dachte daran, dass das alle Hunde im Dorf wecken würde, von allen Seiten bellte und blaffte es, es wollte gar nicht mehr aufhören, woraufhin dann auch noch die auf dem See rastenden Nachtvögel in Scharen in die Höhe schossen. Als ich mit Herrn Yu schließlich im Wagen saß, schlief ich sofort ein, nach wenigen Sekunden schon schienen wir in der Sifang-Straße in der Altstadt zu sein. Es war vier Uhr in der Früh, es war kalt, doch im »Kleinparis« und im »Sunshine« beiderseits eines kleinen Flussgrabens war noch reger Betrieb. Wir suchten uns im Sunshine ein Séparée und machten mit dem Kampftrinken weiter, bis sich im Osten fahl der Tagesanbruch ankündigte. Plötzlich war ich weg vom Fenster, wie zurück, wie ins Bett, wie ich noch aus meiner Hose gekommen bin, davon weiß ich nichts mehr. Als die Sonne schon hoch im Zenit stand, schob Herr Yu mit dem Fuß meine Tür auf, stellte sich vors Bett und klopfte, dong, dong, auf eine Schale mit Nudeln, ich brüllte mit geschlossenen Augen »kein Essen«, er schlug mir mit der flachen Hand einmal leicht auf die Glatze und machte kehrt. Erst nachmittags um drei Uhr stand ich auf, ließ mich vollkommen hinüber auf die Treppenstufen sacken und kam wie ein Stück Holz ziemlich lange nicht zu mir. Herr Yu hingegen hatte schon seinen Mittagsdrink zu sich genommen, Mittagsschlaf gehalten und war im Begriff, am See ein bisschen zu angeln, für danach verabredete er mit mir eine Wiederaufnahme des gestrigen Kampftrinkens.

Milde dem Geständigen, Strenge dem Widerstand

Diesen Sommer war ich komplett im Tran. Wenn ich heute daran zurückdenke, herrscht noch immer ein vollständiges Chaos in meinem Kopf, was ich im Kopf hatte, hat der Wind wie Wolken in alle Richtungen verstreut und lässt sich nur mit größter Mühe halbwegs wieder zusammenbringen, ein heftiger Donnerschlag allerdings ging mir durch Mark und

Bein. So viel, wie ich Tag für Tag soff, war es wirklich ein Wunder, dass ich mich nicht zu Tode gesoffen habe, zumal ich, als ich jünger war, schon von einem halben Glas Bier hinüber war.

Unter Alkohol erzählte ich viel Müll, viel Blödsinn, viel Scheiße, Hirnamputiertes oder auch Bierernstes, überwiegend war es auf jeden Fall die Wahrheit, ich log äußerst selten, denn wenn das Amt für Nationale Sicherheit sich an der »getarnten Front« verbeißt, wird die Lüge schnell zu einer Handhabe, um dich festzunageln, und die unerbittliche Verfolgung nimmt kein Ende mehr. Hast du das Gefühl, es wird gefährlich, trink; es wird fürchterlich, trink; kipp in einem Zug zwei Glas in dich hinein und die Zunge verknotet sich von selbst, kipp weiter, schlimmstenfalls kommt dir alles wieder hoch. Wenn du dich über das Klo wirfst, um dir die Seele aus dem Leib zu kotzen, denk daran, das ist immer noch vergnüglicher, als an die Wand gestellt zu werden. Die Nationale Sicherheit steht rechts und links neben dir und hat ihre Freude an dem schmutzigen Spektakel.

Als der Schriftsteller Wang Lixiong in Xinjiang einmal Material für ein Buch sammelte, wurde er vom Amt für Nationale Sicherheit erwischt, in geheime Haft genommen und verhört. Anfangs hielt er gerade so noch durch, später, nach tagelangen Attacken durch verschiedene Gegner, eine Ermüdungstaktik, ließ er unvorsichtigerweise einen Namen fallen und das Amt für Nationale Sicherheit nahm eine Verhaftung vor. Aus Sorge, er könne unter der fortwährenden Inquisition ganz zusammenbrechen, zertrat Wang Lixiong sein Brillenglas und schnitt sich die Halsschlagader auf, doch obwohl schon blutüberströmt, scheiterte er, danach hatte er jede Hoffnung verloren. Viele Tage später wieder zu Hause, sagte diese große Persönlichkeit, die einst völlig allein am Gelben Fluss umhergezogen war, in jungen Jahren habe er die Welt ändern wollen, jetzt, wo er älter geworden sei, habe er verstanden, wie schwer es schon sei, an sich selbst etwas zu ändern – auch sonst, ich wollte nicht jeden Tag trinken und schon gar nicht wollte ich jeden Tag mit der Nationalen Sicherheit trinken, aber was sollte ich tun – Wang Lixiong erweist sich wirklich als ein Prophet, dagegen bin ich ein kleines Licht.

Einmal schleppte Herr Yu mich mitten in der Nacht in die Kneipe 2416 in der Altstadt, weil sich dort eine Menge zwielichtiges Gesindel herumtrieb. Ich saß vorne und sah dem Auftritt des Wandersängers Zhao Muyang zu, ein Star in der Szene, Herr Yu saß mit zwei Typen von der Nationalen Sicherheit hinten, die Luft war gesättigt von einem intensiven Haschgeruch. Herr Yu streckte seinen Kopf vor und fragte mich, ob ich etwas rauchen wolle. Er meinte, Hasch mache nicht süchtig und es sei viel weniger schädlich als Zigaretten. Ich sagte, früher hätte ich das Zeug schon mal geraucht, ich würde es nicht mögen; Herr Yu fragte weiter, wie es mit Ecstasy sei. Ich sagte, auch das hätte ich probiert und auch das hätte ich nicht gemocht. Da begann Zhao Muyang in seinem Nordwest-Akzent zu röhren, und zwar das von mir so geliebte »Halte aus«:

Was man nicht sagen kann, so viel,
sag nicht, was man nicht hören will,
kommt alles auf dasselbe raus,
ich kann mir nur sagen: halte aus!

Zhao Muyang hielt aus und auch ich konnte nur aushalten. Doch da plötzlich hatte der Kerl sich high gesoffen und wollte nicht mehr aushalten, er schlug nicht nur das Keyboard in Stücke, er warf auch seine Kleider von sich, schleuderte zuletzt seine Hose fort und brüllte splitternackt:

Wer hat wem die Hand gegeben,
wer beweinte wen,
hilflos lass uns einen heben
und den Schnaps zum Herzen gehn …

Einige Dutzend Gäste standen auf und klatschten, hier und dort wurde sogar gepfiffen, einer sprang auf einen Tisch und rief laut: »Flieg, flieg, flieg! Bravo, bravo, bravo!« Herr Yu klopfte mir auf die Schulter und spottete: »Der hat den Mut, sich auszuziehen, du auch?«

»Was braucht es dazu Mut?«

»Na, dann mach doch.«

Ich stand auf und löste meinen Gürtel. Herr Yu hielt mich schnell zurück: »Du machst das wirklich? Hast du nicht alle Tassen im Schrank?«

»Das ist Aktionskunst. Man könnte auch noch ohne die Hose Gedichte rezitieren.«

»Oder ohne Hose Konterrevolution machen.«

Ich wechselte vor Wut die Farbe, drehte mich um und ging; weil Herr Yu mich nicht mehr zu fassen bekam, wies er die beiden von der Nationalen Sicherheit an, mich schon einmal in die Wohnung zu begleiten. Als ich ins Bett ging, schaute ich auf die Uhr, es war erst halb zwei, noch ziemlich früh. Natürlich dauerte es nicht lange und es klingelte, Herr Yu brachte einen Haufen Leute mit, die einen Mordsaufstand machten, mir blieb nichts übrig, als auf den Lärm zu reagieren und ihnen hoch in den ersten Stock zu folgen, zu einem erneuten Kampftrinken.

Zum ersten Stock gehörte ein privater Teeraum, der an allen vier Seiten mit chinesischer Malerei, Kalligraphie und Antiquitäten geschmückt war, Herr Yu und ich saßen uns am Tisch gegenüber, auf beiden Seiten die wohlbekannten fünf Leute von der hiesigen Nationalen Sicherheit. Diesmal wurden heißer Tee und Schnaps mit Eiswürfeln aufgetragen, Feuer und Eis, was eine besonders bizarre Wucht hatte.

Nach drei Runden Schnaps sagte Behördenleiter Niu an der Seite von Herrn Yu: »Auf unseres werten Bruders Yu Veranlassung hin möchten wir dich noch etwas besser verstehen lernen.«

»Ach ja? Wozu?«

»Um Widersprüche aufzulösen und Gegensätze zu beseitigen, auch das gehört zu unseren Aufgaben.«

»Ich interessiere mich nicht für Politik.«

»Auch gut. Sprechen wir ein wenig über dich.«

»Wo soll ich anfangen?«

»Wie du willst.«

»Ich heiße Liao Yiwu, mein Pseudonym ist Lao Wei, ich bin 1958 geboren, am 19. des sechsten Monats des alten Kalenders, im Alter von gut einem Jahr war ich drei Jahre der großen Hungersnot ausgesetzt, die das ganze Land erfasst hatte, es fehlte nicht viel und ich wäre einer der fast vierzig Millionen Hungertoten gewesen; mit knapp sieben war ich der Kulturrevolution ausgesetzt, meine Eltern wurden verhaftet und öffentlich angeprangert und ich, ohne Familie und Zuhause, verwahrloste auf der Straße. Als Mao Zedong starb, Deng Xiaoping zurückkam und die Hochschulprüfungen wiederaufgenommen wurden, scheiterte ich an diesen viermal, weil meine Schullaufbahn zu lange unterbrochen und die Grundlagen zu dünn waren, das fünfte Mal blieb mir erspart, weil man mich für die Kurse in Kreativem Schreiben an der Universität Wuhan empfohlen hatte, doch wegen zu häufigen Fehlens wurde ich von dort wieder verwiesen, womit ich das Ansehen meines Vaters, er war Lehrer für Klassisches Chinesisch, endgültig ruiniert hatte.«

Die Nationale Sicherheit konnte nicht an sich halten und schüttete sich aus vor Lachen. Herr Yu warf ein: »Auch ich habe die Schule nicht zu Ende gemacht, auch mein Vater wurde in der Kulturrevolution öffentlich angeprangert.«

Der Vizebehördenleiter darauf: »Meinen Vater hätten die Verfolgungen in der Kulturrevolution fast umgebracht.«

Ich fuhr fort: »In jeder der unzähligen politischen Bewegungen nach der Befreiung war mein Vater böswilligen Schikanen ausgesetzt. Er saß zwischen allen Stühlen und musste ums Überleben kämpfen, entsprechend hatte ihn der Mut ziemlich verlassen und er machte sich immer Sorgen, mir, seinem Sohn, könnte etwas passieren. In den 80er Jahren passierte aber nichts, im Gegenteil, ich erhielt mehr als zwanzig offizielle Literaturpreise, ich war ein außerordentlich gefeierter Avantgarde-Dichter. Doch das reichte mir nicht, ich wollte ein Dichter von Weltrang sein, deshalb traf ich Vorbereitungen für eine Lyrikzeitschrift im Untergrund, zog durch die Gegend, studierte fleißig die amerikanische Beat Generation, folgte dem Drogensachverständigen Allen Ginsberg und pappte das von Allens verrückter Mutter für den Sohn geschriebene »Vermächtnis« an das Kopfende meines Bettes: ›Der Schlüssel ist auf der Fensterbank, der Schlüssel ist unter der Sonne vor dem Fenster – ich habe den Schlüssel bei mir – heirate, Allen, lass die Drogen – der Schlüssel ist im Fenstergitter, der Schlüssel ist unter der Sonne vor dem Fenster.‹ Leider war damals mein soziales Umfeld vergleichsweise clean, ich konnte keine Drogen auftreiben, ansonsten wäre ich längst drogenabhängig gewesen und hätte dementsprechend nach dem Vierten Juni statt ins Gefängnis in eine Entzugsanstalt kommen müssen.«

Herr Yu nickte zustimmend: »Jetzt kannst du doch was rauchen. Da wäre überhaupt nichts dabei, viele Literaten rauchen doch.«

Ich seufzte: »Als ich jung war, hätte ich alles ausprobiert, jetzt bin ich zu alt dafür.«

Der Vizebehördenleiter darauf: »In den Volksgruppen der Bai, Dai und Naxi hier in Yunnan gibt es überall Leute, die ständig mit den Drogen aufhören, du hast doch mal was darüber geschrieben, jemand hat über hundertmal aufgehört.«

Und Herr Yu: »Das ist wie bei Tabak und Alkohol, wirklich aufhören macht das Leben langweiliger.«

Es wurde noch einmal angestoßen, die Stimmung schien harmonisch.

Ich fuhr fort: »Ich bin Anarchist, für mich ist unbedingte Freiheit das Höchste, meine Eltern und meine Großeltern litten ihr Leben lang unter der Politik, ich will nicht auf das gleiche Gleis geraten. 1989 starb Hu Yaobang[59], Studenten gingen auf die Straßen, Revolution griff um sich wie eine Naturgewalt, die überwiegende Mehrheit der Literaten machte mit, zum Beispiel der Lyrikstar Bei Dao, der zusammen mit Lao Mu und Chen Jun eine ›Petition‹ von dreiunddreißig bekannten Intellektuellen initiierte, in der eine Amnestie für politische Gefangene und die Freilassung von Wei Jingsheng, dem führenden Protagonisten der Beijinger Demokratiebewegung zur Zeit der ›Mauer der Demokratie‹ 1979, gefordert wurden. Ich hingegen bin weg aus Beijing wegen meiner ›Antipathie gegen Massenbewegungen‹, ich kehrte zu meiner Familie nach Fuling zurück, las keine Bücher, keine Zeitungen, keine Briefe, und ich sah auch kaum fern …«

Herr Yu: »Hättest du das immer so gehalten, wäre alles in bester Ordnung!«

»Am 1. Juni kam aber Michael Day zu mir, sein Radio hatte auf Kurzwelle einen super Empfang. Was dann kam, wisst ihr ja, am frühen Morgen des 4. Juni stieg mir mein heißes Blut zu Kopf, zu den Gewehrsalven und grausigen Schreien, die man im Radio hörte, las ich das ›Massaker‹.«

»Das hast du wirklich hören können?«

»Wie sollte das gefakt sein? Das war fast wie im Krieg.«

»Sie wollten Deng Xiaoping zu Fall bringen, seine Reform- und Öffnungspolitik zunichte machen, was sollte man tun, es war notwendig, das Feuer zu eröffnen«, betonte Herr Yu. »Wenn man nichts unternommen hätte, um die Situation unter Kontrolle zu bringen, wäre das Land ins Chaos gestürzt worden, die Reden Dengs auf seiner Reise in den Süden[60] und den wirtschaftlichen Aufschwung hätte es nie gegeben, auch den normalen Leuten wäre es dann nicht so gut gegangen.«

»Damals machten diese Worte von General Wang Zhen in der Gesellschaft die Runde: Zweihunderttausend Tote sind zwanzig Jahre für das Land.« Ich lächelte kalt.

»Das war im Zorn gesagt«, stellte Behördenleiter Niu richtig, »beim ganzen ›Vierten Juni‹ sind ja auch nur gut hundert Menschen ums Leben gekommen. Aber genug damit, darüber diskutieren wir nicht, Liao, weiter.«

»Dass ich eine Tonbandaufnahme gemacht, einen Film gedreht, im Gefängnis gesessen habe, und wie es war, nachdem ich wieder raus war, ist euch ja vermutlich allen bekannt. Wen man einmal als Konterrevolutionär gebrandmarkt hat, der wird das so schnell nicht mehr los. Um meinen Fall herum gab es Dutzende Festnahmen, sechs kamen länger als zwei Jahre ins Gefängnis, und war einer ein echter Konterrevolutionär? Oder auch nur ein ›Konterrevolutionär‹, der sich wie Liu Xiaobo für die Zukunftsaussichten des Landes und den Fortgang der Demokratie interessiert hätte? Keiner, oder? Das waren, verdammt noch mal, alles nur so ein paar Wirrköpfe, die Gedichte und Romane schreiben.«

»Willst du damit sagen, man hat die Falschen festgenommen?«

»Die Falschen oder nicht, das ist nicht der Punkt, man ist ein paar Tage, ein paar Wochen eingesperrt, und der Fall ist erledigt, die ganze erzieherische Freilassung, dass man auf Bewährung weiter unter Beobachtung steht, das hat Literaten wie mir vor Augen geführt, wie furchtbar der Staatsapparat ist, sobald wir ›Vierter Juni‹ nur hören, machen wir uns aus dem Staub. Bei der Rettung eines ›gestrauchelten jungen Menschen‹ liegt der Profit doch immer bei der Regierung, bei der Gesellschaft. Verdammt noch mal, dieses unbedingte Festhalten an Strafverfolgung und Sippenhaft hat aus den anarchischen Hippies alten Schlags doch erst die politischen Gefangenen ohne Familie und Zuhause gemacht.«

»Tja, nun, Liao, tatsächlich war die Provokation durch dein Gedicht ›Massaker‹ extrem, und es machte dazu noch in so vielen Städten die

Runde und du bist nur zu vier Jahren verurteilt worden, das war doch keineswegs unfair. Aber lassen wir das, bleiben wir bei der Sache, damals warst du also noch einer aus der breiten Masse, die sich über die wahren Sachverhalte nicht im Klaren war. Und später?«

»Saß ich im Gefängnis, kam raus, wurde geschieden, lebte von der Straßenmusik, jobbte, schrieb Bücher, verdiente Geld, heiratete wieder, wurde wieder geschieden …«

»Nicht so schnell, was hast du im Einzelnen gemacht?«

»Um mich irgendwie durchzuschlagen, habe ich eine ganze Menge gemacht.«

»Und was ist mit Liu Xiaobo, Wang Lixiong, Teng Biao, Wang Yi, Yu Jie, Liu Xianbin und all euren Leidensgenossen aus dem Gefängnis?«

»Mit dem einen oder anderen hatte ich hin und wieder Kontakt.«

»Auf welche Weise?«

»Zum Beispiel kam einer aus dem Gefängnis und man gab ein Begrüßungsessen für ihn, oder einer war klamm und man half ihm mit ein bisschen Geld. Liu Xiaobo und Wang Lixiong haben beide bei mir zu Hause gegessen und genächtigt, um ihr Geld nicht für ein Hotel ausgeben zu müssen.«

»Und die politischen Unterschriftenaktionen? Du hast dich nicht gerade selten beteiligt.«

»Freundschaftliche Unterstützung, um genügend Leute zusammenzubringen.«

»Du selbst hast auch ein Papier verfasst.«

»Nein.«

»1998, den offenen Brief an den amerikanischen Präsidenten Clinton.«

Ich kam schlecht drauf: »Damals arbeitete ich auf Empfehlung eines Freundes unter anderem Namen beim *Chengdu Handelsblatt* als Redakteur der Seite über Persönlichkeiten, ich machte viele Überstunden, um ein wenig Geld zu verdienen, und gerade hatte sich alles stabilisiert, da wurde ich von der Nationalen Sicherheit Chengdu entdeckt, prompt standen sie vor der Tür und drohten dem Verlagsleiter – so wurde ich gefeuert, klagen konnte ich nicht, aber ein in die Enge getriebener Hund springt über Mauern, und deshalb wollte ich eben einen Brief an Clinton schreiben. Was wäre denn, wenn ich jetzt plötzlich erklären würde, das Familieneigentum aller Anwesenden wird konfisziert, und ihr könntet nirgendwo Klage gegen dieses Unrecht einreichen, kämt ihr nicht vielleicht auch auf den Gedanken, an Bush Junior zu schreiben?«

Herr Yu schimpfte lachend: »Du bist so ein Scheißkerl.«

»Wenn ich mich nicht aufregen muss, bin ich auch kein Scheißkerl. Ich hatte bei zwei, drei Zeitungen Arbeit gefunden, jedes Mal scheiterte das an Ärger mit der Polizei. Weil ich mir aber keinen Ärger leisten konnte, ging ich dem allem aus dem Weg und kam nach Beijing, wo ich für den sekundären nichtstaatlichen Büchermarkt schrieb, doch verdammt noch mal, alle drei Bücher, die ich zustande brachte, wurden verboten. Entscheidet selbst über Recht und Unrecht: Das Buch *Der verwahrloste Tempel* ruft die Untergrundgedichte der siebziger Jahre in Erinnerung, dass die Gruppe der Menglong-Lyriker[61] darin einen Goldüberzug bekommt, ist das in der politischen Situation heute nicht scheißegal? Gut, vielleicht hätte ich nicht meinen unglückseligen wirklichen Namen, der auf eurer schwarzen Namensliste steht, verwenden sollen, das konnte natürlich schwerlich gut gehen. Dann *Fräulein Hallo und der Bauernkaiser. Chinas Gesellschaft von unten* und *Von Ort zu Ort*, da habe ich meinen Namen geändert in ›Lao Wei‹ – als ich mit dem Verlag in Verbindung trat und meine Personalien angab, habe ich mir den Personalausweis eines Freundes geliehen; und der Inhalt, ganz kalter Kaffee, drei Religionen und neun Schulen, alles drin, nur Mitglieder der Demokratiebewegung sind nicht darunter, aus welchem Grund also wurden diese beiden damals zu den ›topverbotenen Büchern‹? Der Verlag erhielt eine Geldstrafe und wurde reorganisiert, bei der Zeitung *Süd-Wochenende* wurde wegen der Veröffentlichung einzelner ›Gespräche mit Chinas unterer Gesellschaft‹ der Chefredakteur von seinem Posten entfernt, das ganze Redaktionsteam wurde weitgehend ausgetauscht, war das wirklich nötig?«

»Verbotene Bücher sind Sache der Zentralen Propagandaabteilung, die Polizei hat damit nichts zu tun.«

»Aber dass man mir die Reisschüssel aus der Hand schlug und ich mit nichts mein Leben bestreiten konnte, machte mich wütend. Eigentlich wollte ich jedes Jahr ein Buch mit Geschichten von der unteren Gesellschaft Chinas herausbringen, über das Geldverdienen hinaus hätte ich damit auch einen bescheidenen Beitrag für mein sozialistisches Vaterland geleistet.«

»Haha, einen bescheidenen Beitrag geleistet? Es wohl mit Dreck besudelt.«

»Für einen Schriftsteller gilt, wo Licht, da auch Schatten, die beiden Seiten der menschlichen Natur, mit Besudeln hat das nichts zu tun. Publiziert man außerdem im Land, muss der Inhalt sowieso einmal und ein zweites Mal geprüft werden, in kritischen Zeiten sogar noch ein drittes Mal, selbst aus einem vollständig reaktionären Text würde durch all diese Überprüfungen eine revolutionäre Kurzfassung werden. Es hätte mich nicht gekümmert, selbst wenn ich wie ein Schwein auf den Müllplätzen hätte wühlen müssen und mich nur noch an Abfall kugelrund gefressen hätte, es hätte mich nicht gekümmert.«

»Dein *Gesellschaft von unten* haben wir alle gelesen, es ist einfach noch viel zu viel Schatten darin.«

»Man hätte doch weiter kürzen, weiter ändern können, bis das Licht sichtbar geworden wäre. Mit einer Krähe ohne Federn, einem Schwein ohne Borsten kann man doch nach Belieben verfahren, man kann nach Belieben darauf herumkritzeln, ich verlangte von Vater Staat nichts als eine Möglichkeit, meinen Lebensunterhalt zu verdienen. Aber als ›Publikationskiller‹, bei dem der Verlagswelt schon das Herz in die Hosen rutschte, wenn sie nur von ihm hörte, gab es für mich diese Möglichkeit nicht mehr, nicht einmal unter anderem Namen. *Gesellschaft von unten* gelangte immerhin trotzdem in den Straßenverkauf, es gab immer neue Raubdrucke, die Verkaufszahlen reihten sich ein auf Platz drei hinter erotischer Literatur und politischen Interna, doch ich selbst verdiente dabei keinen Cent, was konnte ich also tun? Da war es dann doch besser, aus lauter Verzweiflung ein hohes Risiko einzugehen als zu verhungern; ich suchte mir eine neue Plattform und bot meine Texte über das Internet im Ausland an. In der freien Welt ist es so, je reaktionärer, umso mehr Leser, um wie ein ehrenwerter Literat einigermaßen wohlhabend zu leben, musste ich also nur Richtung Reaktion durchstarten. Mittlerweile habe ich es vom ›gestrauchelten jungen Menschen‹ zum ›gestrauchelten alten

Menschen‹ gebracht, die Regierung hat mir bis heute nicht die rettende Hand gereicht. Natürlich nicht, die Regierung hat das ja nicht einmal bei Staatspräsident Liu Shaoqi[62] getan …«

»Lass gut sein, wir sind doch jetzt dabei, dir die rettende Hand zu reichen.«

»Mit Whisky *on the Rocks*.«

»Verdammt noch mal, du hast keine Ahnung, was gut für dich ist, am besten wir werfen dich wirklich den Fischen im Lashihai zum Fraß vor.«

»Dann würde immerhin das Schicksal über Leben und Tod entscheiden.«

Wie zwei Kampfstiere gingen Herr Yu und ich mit hochroten Köpfen hoch und wurden zugleich von der Nationalen Sicherheit auf unsere Plätze gedrückt. Behördenleiter Niu sagte: »Lao Wei ist ein aufrechter Mensch. Das heute war ein guter Austausch.«

Nachdem ich eine ganze Weile vor mich hin gebrummelt hatte, sagte ich schließlich: »Wollt ihr mich wirklich retten, dann lasst mich kommen und gehen, wie ich will.«

Draußen krähte ein Hahn, die Morgendämmerung trat ans Fenster. Herr Yu gähnte und sagte resigniert: »Lao Wei, diesmal musst du die Kurve kriegen, ob du willst oder nicht, verstanden? Okay, stoßen wir ein letztes Mal an und gehen schlafen.«

Liest der Bastard?

Geistig und körperlich völlig erschöpft schlief ich bis zum Abend. Herr Yu rief mich zum ersten Mal nicht zum Trinken, sondern ließ den Koch eigens für mich eine Schale gebratenen Reis und eine Schüssel Suppe zubereiten. Als ich damit fertig war, ging ich spazieren, flammend rote Abendwolken färbten den halben Himmel, auch der See schien in Flammen zu stehen. Ich hatte lange nicht mehr gesungen und Flöte gespielt, meine Kehle war ganz eingerostet, ich brüllte – in der Weite des Landes war der Widerhall lange zu hören. Mir fiel ein, wie ich vor vielen Jahren im Untersuchungsgefängnis von Chongqing nach zwanzig Tagen mit den

Händen in Handschellen auf dem Rücken vor Verzweiflung losgebrüllt hatte, was so einen Riesenalarm auslöste, dass Polizisten mit Hunden Hals über Kopf ausrückten. Ich wurde mit Elektroknüppeln traktiert und rollte über den Boden hin und her, mit blutiger Nase und geschwollenem Gesicht kehrte ich in die Gefängniszelle zurück, doch die zum Reißen gespannten Nerven hatten sich entspannt, eine halbe Stunde schlief ich tief und fest und war am Ende weniger verzweifelt als zuvor – denn ein Häftling hatte mir ins Ohr geflüstert, meine Stimme könne einen ja zu Tode erschrecken, was bewies, dass meine inneren Organe noch intakt waren.

Ich kehrte um und legte mich ebenfalls wieder schlafen, erst mitten in der Nacht wachte ich auf, öffnete die Tür und ging raus, der Mond machte alles taghell. Ich setzte mich auf die Treppe, um wie die Menschen in alter Zeit dieses Licht zu nutzen, schlug versuchsweise eine von oben nach unten geschriebene Ausgabe der *Aufzeichnungen des Historikers* auf und konnte tatsächlich jede Spalte und jedes Schriftzeichen deutlich sehen.

Aus Gewohnheit blätterte ich gleich zu den »Biographien von Laozi und Han Feizi«[63] vor, las, wie Konfuzius in jungen Jahren in der Bibliothek der Hauptstadt der Zhou-Dynastie[64] bei Laozi vorgesprochen hatte, um etwas über den Grundsatz »Der Edle vergilt, was er bekommt« zu erfahren, und Laozi antwortete: »Der Edle ist wie ein Vogel, ist der Himmel hoch und die Wolken leicht, fliegt er hoch; wenn Wind und Regen ihn beuteln, geht zerzaust er zu Fuß. Er wartet voller Geduld, selbst wenn etwas für ihn nicht mehr zu erwarten ist, er wartet. Wenn du und ich eines Tages nur noch Knochen sein werden, wird unser Gespräch weiterhin in den Ohren der Menschen widerhallen.«

Große Worte, von dem Willen getragen, die Zeiten zu überdauern – Konfuzius weckten sie wie aus einem tiefen Traum und er war verwirrt ob Laozis undurchdringlicher Aura. Unwillkürlich klatschte er in die Hände und rief: »Der Drache, dachte ich immer, sei nur Legende, nun lernte ich wahrhaft etwas über den Drachen, der sich nie ganz zeigt!«

Als auch ich in diesem Moment wie Konfuzius voller Bewunderung auf mein Bein klatschte, schob sich aus meiner Kniebeuge tatsächlich ebenfalls noch ein verirrter Drachenkopf hervor, der sich dann allerdings nur als Herrn Yus neu erworbene Tibetdogge entpuppte. Das Vieh war ein Mittelding aus Wolfshund und Grizzly, vollkommen unerschrocken und um ein Vielfaches kräftiger als ein Wolf, den Hirten in Tibet eine unschätzbare Hilfe, jetzt jedoch weit weg von der Hochebene, wo er hätte laufen können, zog er den ganzen Tag nur Kreise im Hof, seine aktuelle Situation wie auch sein kugelrunder Schädel zeigten durchaus eine gewisse Verwandtschaft zu mir.

Ich hielt ihm mein Buch zum Lesen hin und der Bastard tat schwer gebildet, leckte zweimal, die Buchseite blieb kleben. Nachdem ich lachend mit ihm geschimpft hatte, ließ ich ihn bäuchlings auf meinen Schoß. Dieser Augenblick berauschte mich ohne Alkohol. Ach, ach, selbst der große Laozi in seiner Zeit »ging zerzaust zu Fuß«, am Ende blieb ihm keine andere Wahl, als auf einem Wasserbüffel über den Hangu-Pass[65] außer Landes zu gehen, und er verschwand auf Nimmerwiedersehen, was sollte da unsere Generation von Grillen und Ameisen sagen?

Die rettende Hand der Nationalen Sicherheit

Einige Tage später hatte die Nationale Sicherheit noch einmal ein langes Gruppengespräch mit mir.

Es war wieder im Teeraum im ersten Stock und es gab wieder heißen Tee und Schnaps, nach mehreren Runden sagte Behördenleiter Niu betont langsam: »Wir haben deine Sachen auf den ausländischen Webseiten studiert, ›Justizirrtümer‹, ›Gefängnisbericht‹, ›Rowdys des Vierten Juni‹, ›Der letzte Grundbesitzer‹, ›Missionare und Untergrundkirche‹, ›Das Erdbebenirrenhaus‹, das ist einfach zu viel, und alles in einer Antihaltung gegenüber der Regierung. Wie du selbst schon gesagt hast, ein direktes Durchstarten Richtung Reaktion, das aber sehr gefährlich ist. Würde man dem weiter auf den Grund gehen, würde allein dieses Beweismaterial schon reichen für eine Verurteilung zu mehr als zehn Jahren. Aber der werte Bruder Yu schätzt dich, er hat sich für dich stark gemacht, in der vergangenen Zeit haben wir auch immer mehr übereinander gelernt und wir alle sind der Meinung, dass du dich ändern kannst …«

»Mich noch ändern? Haha, inzwischen bin ich wirklich ein gestrauchelter alter Mann.«

»Nein, nein, du kannst noch ein ganz Anderer werden. Nur wer die Zeichen der Zeit versteht, ist ein großer Mann, eine stattliche Anzahl derer, die nach dem Vierten Juni fort sind, sind inzwischen offiziell oder auch im Geheimen ins Land zurückgekehrt und haben sich entwickelt, in Immobilien, Kunst, Unterhaltung, Wissenschaft, Übersetzung, Beratung, Aktien, überall zeigen sie bemerkenswerte Fähigkeiten, selbst wenn einer mit leeren Händen und List einen seltenen weißen Wolf fängt, ohne Investition also guten Profit macht, ist das, solange nicht gegen das Gesetz verstoßen wird, in Ordnung. Die Wirtschaft unseres Vaterlandes boomt, wenn jeder Brennholz sammelt, dann brummt der Ofen, oder etwa nicht? Ein bekannter Gelehrter der Chinesischen Akademie der Sozialwissenschaften, der sich am Vierten Juni sehr exponiert hatte, den Namen habe ich vergessen, war viele Jahre im Exil, eine schwierige Zeit, dieser Gelehrte hat eine systematische Theorie des ›Abschieds von der Revolution‹ aufgestellt, und weil die obere Regierungsebene und die akademischen Kreise das für überzeugend hielten, durfte er auf zwei Hochzeiten tanzen, er kam auf beiden Seiten zu Geld und Ruhm. Ein großer Mann sollte sich in dieser Weise zu beugen und zu bestehen wissen und drinnen wie draußen leben können! Unter uns gesagt, weder Mao Zedongs Recht zur Rebellion noch die Demokratie und Freiheit des Westens passen zur gegenwärtigen Lage unseres Landes mit seiner über eine Milliarde Menschen, jeder will ja nicht nur etwas zu essen, sondern auch schnell einen gewissen Wohlstand erreichen, das ist im Kommunismus nicht anders.«

»Gut gesagt, gut gesagt, aber was kann ich tun?«

»Deine Stärke ist doch das Schriftstellern. Du bist durch und durch ein Literat, nicht wie die üblichen Mitglieder der Demokratiebewegung, die nichts schreiben können als wie gut die westlichen Demokratien sind, wie schlecht die Diktatur in China, wie schlecht die Gemeinheit und Brutalität der Polizei und dass es besser ist zu sterben, als sich zu beugen. Deine Geschichten von der unteren Gesellschaft zeigen, du hast die Nase und das Auge für so etwas, das ist mit großem Vergnügen zu lesen; du bist ein Ass darin, alles und jeden zu verunglimpfen, und erhebst dabei klammheimlich dich selbst …«

»Heißt das, die Herrschaften haben die Absicht, meinen Export für den Inlandsverkauf zu bestimmen?«

»Du stoppst deine fortgesetzten reaktionären Veröffentlichungen im Ausland vollständig und wir suchen für dich einen Weg im Land.«

»Ich kann unter dem Namen Liao Yiwu Bücher veröffentlichen?«

»Das geht nicht.«

»Dann als Lao Wei?«

»Geht auch nicht.«

»Unter Ermao, meinem Kindernamen?«

»Geht noch immer nicht.«

»Gut, gut. Dann halt Schweinehund, Sauhund, irgendein Name eben.«

»Ganz richtig, der Name ist gleichgültig, auf den Inhalt kommt es an.«

»Dann bekommt *Gesellschaft von unten* eine neue Aufmachung, wird neu verpackt und geht wieder raus.«

»Ein verbotenes Buch, das einfach wieder auftaucht? Haha, wie albern ist das denn.«

»Dann, dann, also mir fällt im Moment nichts ein, was ich verbessern sollte.«

»Etwas hellere Themen vielleicht?«

»Ich bin an das Dunkle gewöhnt, da kann ich nichts verbessern.«

»Käme auf einen Versuch an! Zum Beispiel über die *Gesellschaft von oben* schreiben, also über Chefs, Weißkragen, Models, Medienmoderatoren, Unterhaltungsstars, Rückkehrer aus dem Ausland und so weiter, kurz gesagt, über die Geschichte des Kampfes erfolgreicher Persönlichkeiten an der Spitze gesellschaftlicher Trends. Ich erinnere mich, dass Yang Lan solche Interviews gemacht hat, such mal online und kopier sie dir runter, dann schreib sie in deinen Worten neu und füg ein paar lustige Abschnitte ein, das wird sich bestimmt gut verkaufen.«

»Wenn ich die Fähigkeit hätte, an die Spitze zu klettern«, lachte ich bitter, »wäre ich wohl nicht so beschissen dran.«

»Dann schreib über Dali, Lijiang, Kunming und Shangri-La, Sitten und Gebräuche, in Yunnan gibt es Dutzende ethnische Minderheiten, die alle ihre ungewöhnlichen traditionellen Aufzeichnungen haben, die die Menschen absolut interessieren dürften. Zum Beispiel von der matriarchalischen Urgesellschaft am Lugu-See, wo sie mitten in der Nacht singen und heiraten gehen …«

»Diese *Regionalgeschichten* sind doch längst in Reisehandbüchern ausgeschöpft worden.«

»Ich hab einen Vorschlag«, warf Herr Yu ein. »Du Krötenbastard trägst nach außen ein dummes Schweinegesicht, im Kopf aber bist du helle, du hältst es gern mit den drei Religionen und neun Schulen, den zweiundsiebzig Zünften samt Abwegen und krummen Wegen, schreib also doch einfach über die auswärtigen Gäste, die sich in Dali und Lijiang herumtreiben, die Kneipen betreiben, singen, Mädels aufreißen, mit Heilmitteln aller Art handeln oder als *Petit bourgeois* am liebsten in der Sonne dösen, das wäre leicht und unterhaltsam.«

»Sie selbst, mein Herr, würden dafür den besten Stoff bieten.«

»Ich wäre ohne Zweifel einer der überdimensionalsten Nichtsnutze, aber über mich zu schreiben, erlaube ich dir nicht, von der ›getarnten Front‹ lass mal lieber ganz die Finger. Ein gewisses Maß an Schmalz und Gefühl muss rein, schicksalhafte Liebe, das Leben in Saus und Braus, Huren und Glücksspiel, geht alles, aber es ist wie mit Geschmacksverstärker, ein bisschen ist gut, wenn es zu viel ist, wird der Mund taub und nichts schmeckt mehr.«

»Der Hammer«, ich schnalzte mit der Zunge, »echt der Hammer, Bruder Yu, du bist mein Vorbild!«

»Ich bin ein Nachttopf, prächtige Oberflächenglasur, aber es wird doch nur hineingepisst, wie könnte ich ein Vorbild sein? Lao Wei, die Welt ist ein dauerndes Hin und Her, du und ich hätten eigentlich einfach aneinander vorbeischrappen können, da wir uns aber kennengelernt haben, müssen schon unsere Vorfahren durch Karma verbunden gewesen sein. Und ich bin ein Clown, ein trotz seiner Millionen unheilbar kranker Clown – wie sollte das bei dir dann anders sein? Talent zählt einen Scheiß, über die Dynastien hat es viele begabte Gelehrte gegeben, die jung gestorben sind. Hat der Höllenkönig Hama dir die Mitte der Nacht bestimmt, wird er dich nicht erst am Ende der Nacht holen. Solange man aber am Leben ist, heißt es ›Aushalten‹, und das Schriftzeichen für dieses ›Aushalten‹ besteht im unteren Teil aus dem Schriftzeichen für ›Herz‹ und darüber für ein ›Hackmesser‹, auch das Spritzen von Blut muss man also aushalten.«

Mich schauderte und ich bekam eine Gänsehaut: »Gut dann«, ich schluckte ein ganzes Glas bitteren Schnaps hinunter, »ich schreibe ein Buch über *Nichtsnutze von Lijiang.*«

»Ich investiere, ich zahle dir Zweihunderttausend im Voraus, wenn nach der Fertigstellung jeder der anwesenden Herren hier zufrieden ist, bitte ich den Präsidenten der Universität Beijing um ein Vorwort, gebe Empfehlungen ins Ausland für Übersetzungen und für Preise, und dann gehst du als der neue Literaturstar aus dem Land, am Ende bist du Krötenbastard ein ganz neuer Mensch.«

»Ich will keine Vorschüsse. Ich versuch es erst einmal, dann sehen wir weiter.«

Die Nationale Sicherheit stand auf, hob die Gläser und wünschte mir unisono ein »neues Leben«. Passend krähte wieder der Hahn. Herr Yu lachte: »Tatsächlich liebe ich geradezu dein ›Frag die Cang-Berge‹, ich muss das jedes Mal vor mich hin singen, wenn du nicht da bist und ich mich richtig high getrunken habe, die anderen denken dann, ich hätte den Verstand verloren.«

In meinem Tran holte ich meine Flöte und spielte mit tiefen heulenden Klängen das Vorspiel und Herr Yu sang heiser und aus vollem Hals weiter:

Wind folgt auf Wind,
er macht für sie sich krumm,
frag die Cang-Berge, warum?
Gras wächst über Gras,
Geist geht mit Geistern um,
frag die Cang-Berge, warum?
Zu alt der Himmel,
zu kleine Leute,
auf deine Leute kein Verlass,
das Vaterland schert sich nicht drum,
frag die Cang-Berge, warum?

Behördenleiter Niu kommentierte: »Die Melodie ist sehr traurig. Dazu besteht beim Vers ›das Vaterland schert sich nicht drum‹ der Verdacht einer versteckten Anspielung, am besten wird das geändert in ›das Mädchen schert sich nicht drum‹. So wird daraus ein ›Lied vom Liebeskummer in den Cang-Bergen‹ und man kann es in einer Fernsehserie verwenden.«

Vom Zusammenbrauen eines Bestsellers

Im Folgenden arbeitete ich abgeschlossen in meinem stillen Kämmerlein. In den letzten Jahren war ich notgedrungen viel im Land herumgekommen, die Nichtsnutze, die ich dabei kennenlernte, waren so zahlreich wie die Haare eines Ochsen. Ein Betrüger, der sich »Reisender von Canglang« nannte, wechselte in drei Tagen siebenmal das Handy, um seinen Gläubigern und Frauen zu entkommen; eine coole Type, die immer ihre Schirmmütze so weit wie möglich in die Stirn zog, war bekannt als »Der Schwachkopf«: Er hatte in Shanghai jemanden mit dem Messer angegriffen und fand sich drei Tage später mit einer Anhängerin der Bahai-Religion, die aus der amerikanischen Zentrale in Chigaco gekommen war, im Fluss der Liebe wieder, mit ihr beriet er, wie er in den Glauben eintreten und so emigrieren könnte; schließlich ein Lama und ein Lebender Buddha, die ihre Tage in der Kneipe verbrachten, ein Künstler, der sein Geld damit verdiente, dass er Tag für Tag Mao Zedong spielte und mit Touristen Gruppenfotos machte, und andere mehr, sie alle waren es wert, dass man über sie schrieb. Also listete ich zentrale Punkte und Details für einen Roman auf und entwarf eine von Anfang bis Ende durchgehende Hauptfigur, die »Wang Er, die Pockennarbe« heißen sollte. Ich rechnete kurz, wenn ich Volldampf durcharbeiten würde, könnte ich in drei Monaten an die hunderttausend Schriftzeichen zusammenbringen, das dann noch ein wenig gestreckt, und ich könnte mit etwas mehr als hundertzwanzigtausend Vollzug melden und wäre ein freier Mann. Das Geld war mir letztlich egal, mir ging es an erster Stelle um meine Freiheit.

Nachdem der Antrieb gegeben war, ging es mit den *Nichtsnutzen von Lijiang* zügig voran:

Ich heiße Wang Er, die Pockennarbe, ich bin ein Dichter der Modernen Schule der achtziger Jahre des zwanzigsten Jahrhunderts, heute lebe ich vom Schreiben.

In jener speziellen Zeit hatte mein Name einen sehr guten Klang, heute ist davon aber nichts mehr übrig, niemand weiß mehr etwas davon. Das ist wie bei den Pop-Stars heute, eine Weile ist man populär, dann ist mit einem Windstoß alles vorbei. Es gibt ein Lied mit dem Titel »Es bleibt nur die Erinnerung«, eine populäre Redensart in Lijiang in Yunnan lautet hingegen, »Erinnerung zeigt, du bist alt geworden«. Dagegensein. Dagegensein ist ein grundlegender Charakterzug der jungen Generation, die in den 70ern Geborenen waren gegen die 60er, die 80er gegen die 70er, die 90er wachsen gerade kräftig heran und die letzten Tage der 80er-Generation sind nicht mehr fern – das ist das Gesetz des Wettbewerbs in der Natur, Raubtiere sind darauf angewiesen, dass sie jung viel Fleisch bekommen, Haustiere, dass sie jung viel Gras bekommen, Menschen schließlich, dass sie jung nach Belieben über die Stränge schlagen können. Ich habe einmal eine ganze Reihe alter Männer interviewt, die einiges an Geschichten vorzuweisen hatten, und ob nun einer in seinen frühen Jahren Seeräuber oder Pionier der Revolution war, politisch rechts oder links, Unterschicht oder Oberschicht, was sie alle unisono tief bewegte, war ihre Jugend, und wenn sie in ihr Fehler gemacht, vielleicht sogar jemanden getötet hatten und nicht dafür hingerichtet worden waren, durften sie immer noch die Hoffnung haben, sich eines Tages in irgendetwas auszuzeichnen – hatten sie im Alter jedoch erneut einen Fehler begangen, ach je, was soll man sagen, dann konnten sie diesen, bevor sie in die Grube fuhren, nicht mehr zurechtrücken.

Direkt neben mir wohnte ein Künstler, der hohes moralisches Ansehen und allgemeinen Respekt genoss, er war fast achtzig und ähnelte ein wenig einem ranghohen Funktionär in dem alten Film »Die Kinder des Helden«. Und der Mann hatte tatsächlich auch mitgemacht beim Widerstand gegen Amerika und der Unterstützung für Nordkorea, an der Front im fremden Land gab er unter ständigem Artilleriefeuer einen Auftritt speziell für die Leute dort, am 1. Oktober 1957 war er zum Nationalfeiertag der Volksrepublik China sogar nach Beijing eingeladen und sah den Feierlichkeiten vom

Turm über dem Tiananmen-Tor am Platz des Himmlischen Friedens aus zu. Dann, eines Nachts, schlug er, vielleicht hielt er die Einsamkeit nicht mehr aus, einen angeschlagenen Krug vollends in Stücke und ging in einen jener primitiven Friseurläden, wo man für achtzig Yuan auch zum Schuss kommen kann. Doch konnte er in seinem Alter überhaupt noch Liebe machen? Bestenfalls ließ er nach dem Ausziehen das Mädchen symbolisch ein bisschen an der Palme schütteln, um seinen verwelkten Stängel zu ermutigen und seine Lust in der Art des *Buchs der Wandlungen*, »welkes Yang treibt Blüten«, trocken zu befriedigen. Aber letztlich kam es anders, denn im Zuge einer saisonalen »Säuberung von Pornographie und anderem Verbotenen« wurde der alte Herr von einer gnadenlosen Stadtverwaltung stattdessen »in flagranti« erwischt und, ein gefundenes Fressen für die Medien, mit einem Lorbeerkranz als »ältester Freier Sichuans« geehrt, musste harte zehntausend Yuan Strafe zahlen und hatte einen so schlechten Ruf weg, dass es noch Kind und Kindeskind in Misskredit brachte. Bald darauf verfiel er deshalb dem Trübsinn und starb.

Eigentlich hätte ein so angesehener alter Herr in den Genuss einer prunk- und ehrenvollen Beamtenbestattung kommen müssen, doch wegen seines »Mangels an Rechtschaffenheit im hohen Alter« konnte er nur noch ein sehr einfaches Begräbnis bekommen. Als ich, die Pockennarbe, damals zur Aufbahrungshalle ging, um ihm die letzte Ehre zu erweisen, sah ich die einsamen Räucherstäbchen, die dem Toten geopfert waren, mit eigenen Augen und selbst beim kostenlosen Leichenschmaus mit Mahjong waren gut zehn Tische zu viel aufgestellt.

Eine vergleichbare Geschichte aus Lijiang ist aufgezeichnet in *Forgotten Kingdom*, der Autor des Buches heißt Peter Goullart, ein Russe, der in den vierziger Jahren des zwanzigsten Jahrhunderts unter der Regierung der Nationalpartei ganze neun Jahre dort verbrachte und den man als Entdecker von Shangri-La bezeichnen kann, ein zweiter Doktor Joseph Rock gleichsam. In seinen Vierzigern verliebte sich der Junggeselle Peter Goullart überraschend in eine junge Frau der Naxi, doch als er dreist tatsächlich um ihre Hand anhielt, wurde er, wie zu erwarten war, zurückgewiesen. Die Frau erklärte: »Lieber Sklavin eines jungen Kerls als Geliebte eines alten Knackers.« Bald danach heiratete die schöne Frau mit Namen A'nixian einen jungen Mann aus der eigenen Volksgruppe, betrieb aber anschließend gleich wieder ihre Scheidung. Vor Gericht fand A'nixian gewohnt beredte Worte zu ihrer Rechtfertigung: »Hohes Gericht, dieser sogenannte Ehemann ist noch grün hinter den Ohren, bis der erwachsen ist, bin ich eine alte Frau.« Der Richter untersuchte die Sache, bestätigte, dass die männliche Seite noch nicht die ehelichen Pflichten erfüllt hatte, und entschied mit einem Hammerschlag auf Scheidung.

Die unmittelbar folgende Szene unterschied sich kaum noch von einem Theaterstück, der Richter stieg von der Gerichtsbühne hoch über den Köpfen der Leute herab, nahm, das Eisen schmiedend, solange es heiß war, A'nixians Hand und sagte erregt: »Ich bin Witwer! Mein ganzes Leben habe ich auf eine Frau, so feurig wie du, gewartet! Du oder keine!« Und beide stürzten sich auf der Stelle in die Flitterwochen ihrer jeweils zweiten Ehe. Die junge Ehefrau aus dem Volk der Naxi, A'nixian, verfeinerte nach ihrer Heirat mit dem hohen Richter, der gut zehn Jahre älter war als Peter Goullart, der die Sache aufschrieb, weiter Geist und Körper und wurde über alle Maßen glücklich.

Die Art und Weise, wie dieser Richter sich vor Gericht die beklagte Ehefrau schnappte, ginge nun allerdings selbst heute, ein gutes halbes Jahrhundert später, in ihrer Unkonventionalität sehr weit, inwiefern kann man also den Fall des achtzigjährigen Freiers mit dem Richter in einem Atemzug nennen? Man kann daraus ersehen, dass Lijiang als Wiege amouröser Abenteuer noch mit den Urahnen, die es recht bunt trieben, auf einer Stufe steht, obwohl hier inzwischen vor Hunderten von Jahren die konfuzianische Kultur eingeführt worden ist, ältere Herren seither nichts als Menschlichkeit, Gerechtigkeit, Tugend und Moral im Mund führen und ältere Damen den ganzen lieben langen Tag fasten und zu Buddha beten, ist die Gesamtstimmung im Volk doch so geblieben, dass Fehltritte, wo nicht ermutigt, immerhin stillschweigend geduldet werden. Bevor ich nach Lijiang kam, hatte mich in einer tibetischen Kneipe am Flussufer des Funan in Chengdu ein fahrender Sänger mit einer Volksweise gefesselt:

»Viel Volk hier in den Schänken,
doch muss mein Herz ich missen,
ein Glas noch, zwei,
noch ist es nicht vorbei,
mich bringt nichts von den Füßen …«

Im sozialen Miteinander ist es nicht selten, dass einer auf dicke Hose macht, der Drang nach Fehltritt tobt im Latz nach wie vor, ich selbst bin auf diese Weise nach Lijiang gekommen, und ich bin fest überzeugt, es gibt mehr Leute wie mich, die ebenfalls derart kopflos hierher gekommen sind – ganz im Sinne Mao Zedongs, der roten Sonne, der gesagt hat: »Von allen Enden der Welt sind wir zusammengekommen für das gemeinsame revolutionäre Ziel amouröser Abenteuer.«[66]

Diesen Text legte ich den Leuten der Nationalen Sicherheit zur Prüfung vor, ich war absolut zufrieden damit, hielt das Ergebnis für vollkommen unpolitisch und reichlich unterhaltsam. Keinesfalls hätte ich erwartet, dass ich frontal unter Beschuss geraten würde, Herr Yu schlug empört auf den Tisch und erhob sich: »Du wagst es wirklich, der Macht zu trotzen! Rede Tacheles, Krötenbastard, welcher alte Revolutionär ist zu Nutten gegangen?«

Behördenleiter Niu stampfte mit dem Fuß und brüllte: »Es ist leichter, Berge und Flüsse zu versetzen, als den Charakter dieses Schurken zu ändern!«

Mir brach der kalte Schweiß aus, eiligst verbeugte ich mich demütig, die Hände vor der Brust ineinander gelegt: »Vergebung, bitte, Vergebung! Ich mach es neu, noch mal neu!«

Daraufhin schloss ich mich ein weiteres Mal in meinem stillen Kämmerlein ein und entwarf in größter Not eiligst einen zweiten Anfang von *Nichtsnutze von Lijiang* –

Wang Er, auch Pockennarbe genannt, war Dichter, aber bereits in einem höheren Alter.

Eines der Kennzeichen des Alters ist Engstirnigkeit, auf alles blickt man mit Missfallen. So war beispielsweise eines Tages Wang Er, die Pockennarbe, urplötzlich voller Groll, als er an einem Straßenstand in einer Zeitschrift entdeckte, dass Dichter Sowieso aus Beijing in aller Öffentlichkeit seine Hosen heruntergelassen hatte und dafür lautes Schimpfen, aber auch Bravorufe seitens der Medien sowie der Öffentlichkeit geerntet hatte. Er schnappte sich zu Hause eine Flasche Klaren und grollte trinkend weiter. Sein fünfzehn Jahre alter, kahler Hund kam zu ihm, in seinen Augenwinkeln sammelte sich die Augenbutter, Pockennarbe tauchte das Ende eines Essstäbchens in den Klaren, ließ ihn lecken und flüsterte ihm ins Ohr: »Von allen Hunden aus Chengdu hast nur du den Mut, einen Klaren zu trinken, du kommst noch aus einer anderen Zeit.«

Der alte Hund machte sich winselnd lieb Kind und Pockennarbe sprach weiter: »Du Hund der alten Gesellschaft, warum gehst du nicht hinaus und suchst dir andere Hunde zum Spielen? Tut der Dödel nicht mehr oder kommt ihr intellektuell nicht klar? Die anderen, die sich herausputzen und Parfüm versprühen, kriegen keinen Hühnerknochen klein, vertragen nichts Scharfes und Scheiße bekommen sie nicht runter. Aber du? Aber dein verpocktes Herrchen?«

Sein Gedankengang brach ab, der Kopf des Hundes wuchs ins Unendliche, Wang Er Pockennarbe stand auf und stieg auf sein Sofa, plötzlich klappten die vier Wände des Zimmers zusammen, das Dach flog davon und er stand auf einer Bühne, überall nur Köpfe, ein Getöse wie von Ebbe und Flut, er fing an – die Hosen herunterzulassen. Wie es hieß, hatte der dafür berühmt gewordene Dichter erst sechzehn Hosen übereinander gezogen, dann zwanzig Minuten lang eine nach der anderen wieder heruntergelassen, bis schließlich ein zerknittertes Manuskript zum Vorschein kam, aus dem er las. Unmittelbar danach wurden Hosen und Manuskript meistbietend versteigert, der Mindestpreis pro Hose lag bei zehntausend, der Mindestpreis beim Manuskript bei vierzigtausend pro Gedicht, das war in etwa so viel, wie der freie Schriftsteller Wang Er Pockennarbe in vier Jahren harter Schufterei insgesamt verdient hatte – wer wollte zu einem solchem Traumjob nein sagen? Ein Escort-Fräulein in Chengdu mit einem Top-Body erhielt für einmal Ausziehen auch nur sechshundert Yuan, müsste sich also drei- bis vierhundertmal hintereinander ausziehen und sich voll verausgaben, um mit Ach und Krach mit diesem Dichter gleichzuziehen.

Das war das Zeitalter der Publicity, Wang Er Pockennarbe, der davon keine Ahnung hatte, konnte sich nur zu Hause verkriechen und ein paar Schnäpse hinter die Binde kippen, um dann vor einem alten Hund seinem Drang nachzugeben und die Hosen herunterzulassen. Doch selbst dieser Genuss war schnell vorbei – denn am Abend kam seine Frau von der Arbeit.

Seine Frau war einunddreißig, fünfzehn Jahre jünger als er, aber auch schon vorzeitig gealtert. Sie blickte nicht nur auf alles, was sie umgab, mit Missfallen, sondern auch auf das ihr Nächste, ihren Wang Er Pockennarbe, das war der Beweis. Seine Frau hatte ihn geheiratet, weil sie die dritte Generation der Avantgarde-Dichter der 80er Jahre bewunderte, er erinnerte sich noch an ihr erstes gemeinsames Mal im Bett, seine Frau vergaß selbst in höchster Erregung nicht, ihn als »letzte Insel des Idealismus« zu rühmen. Tränen, Schweiß, dazu die Körperflüssigkeiten der Vereinigung, im Allgemeinen sprach man bei solchen das Gehirn vernebelnden Vergiftungssymptomen von Liebe. Der herausragende post-impressionistische Maler Gauguin allerdings wusste: »Für jedes Gift gibt es ein Gegengift.« Das Gegengift für die Liebe ist der Alltag: Essen, Trinken, Ausscheidung. Die Frauen sind gegen dieses Gegengift zunächst immun, auf Biegen und Brechen halten sie an der Liebe, wie sie in den Popsongs besungen wird, fest; später dann fressen sie das Gegengift geradezu in sich hinein, was die Männer zwingt, aufs Ganze zu gehen und für endlose materielle Wünsche zu blechen. Wang Er Pockennarbe hatte über zehn Jahre die Schriftstellerei betrieben und unter größten Mühen eine Wohnung von etwa hundert Quadratmetern zusammengeschrieben, doch seiner Frau war das nicht genug, sie verglich ihn mit erfolgreicheren Zeitgenossen, da hatte der Sowieso ein Restaurant, der Sowieso eine Kneipe, der Sowieso war Buchhändler, der Sowieso ein wohltätiger Star, verdiente in einem Jahr zig Millionen im Schlaf, und selbst der Sowieso, dieses Muster an Tugend, der lange am »revolutionären Schreiben« festgehalten hatte, aber ein offizielles Honorar ablehnte, hatte nicht auch er sich als Gastprofessor in eine berühmte Universität gedrängt und bekam jetzt, und das für nichts, im Jahr gut fünfzig-, sechzigtausend? Und, unterstrich die Frau, er schreibt immer noch gute Gedichte.

Pockennarbe wusste darauf nichts zu antworten. Die Ehe war eine Art Gewohnheit, und willst du nichts daran ändern, bleibt als Alternative nur Rückzug. Außerdem hatte sie wegen ihm dreimal abgetrieben, »je mehr an der Gebärmutter herumgeschabt wird, desto dünner wird sie, ich habe das Gefühl, dass sie schon ganz durchlöchert ist, es ist völlig unklar, ob ich später noch mal was Kleines bekommen kann.« Vorwürfe dieser Art hatten eine ungeahnte Macht, es war immer der Mann, der sich mit gesenktem Kopf schuldig bekennen musste, und mit der Zeit war Wang Er Pockennarbes letzte Zuflucht der Abtritt geworden. Außer wenn die Lust in ihm schwoll, durfte er auch das Schlafzimmer auf keinen Fall betreten, andernfalls riskierte er, dass die Frau ihn einer heftigen Kritiksitzung unterzog, von wegen ihre Klamotten hätten nicht genug Chic, ihre Kosmetika seien zu wenig hochwertig oder das Parfüm Marke Sowieso habe einen viel femininеren Duft. In Küche, Arbeits- und Wohnzimmer konnte er sich noch weniger aufhalten, ohne eine Absperrung, ohne Grund dich einzuschließen, musst du jederzeit bereit sein, wie Li Houzhu[67] unter demütigenden Umständen zu kapitulieren – und das mit dem sicheren Wissen, nie ein dichterisches Meisterwerk zustande zu bringen wie seine Verse:

»Wie viel kann man Sorgen haben, darf ich fragen?

So viel wie Frühlingsflüsse sie nach Osten tragen.«

Kaum also, dass er in diesem Moment den Schlüssel in der Tür hörte, war Wang Er Pockennarbe, der in seinen poetischen Träumereien selbst die Unterhose ausgezogen hatte, mit einem Schlag auf dem Boden der Tatsachen zurück. Seine Frau trat bereits ganz amtlich durch die Tür, glücklicherweise war es herbstlich kühl und seine Jacke relativ weit. Noch bevor der Hausdrache etwas begriff, war er blitzartig auf dem Abtritt verschwunden, der alte Hund mit seiner Schnapsfahne wollte ihm auf diesem Weg folgen, wurde aber von der Klotür eingequetscht und heulte erbärmlich auf. Daraufhin kam von seiner Frau ein noch viel gellenderes Gebelfer: »Dich juckt wohl das Fell!!«

Wang Er Pockennarbe zog auf dem Klo sitzend einmal entschlossen ab, griff sich aber gleich noch ein Buch. Die Tür war von innen verriegelt, die Wände auf allen drei Seiten waren voll mit Büchern, die er eins nach dem anderen hereintransportiert hatte – das hier war der letzte Rest seines literarischen Selbstverständnisses, an dem er eisern festhielt, der Feind konnte noch so viele Angriffe lostreten, für ihn hieß es ganz im Sinne des deutschen Dichters Rilke, wer spricht von Siegen, überstehn ist alles.

Seine Frau pochte etwa drei Minuten an die Tür, dann gab sie auf und begann kurz darauf, lauthals fluchend sauber zu machen. Den Geräuschen nach zu urteilen, waren die noch gut halbvolle Flasche Schnaps in der Mülltonne und die Erdnusskerne, die er geknabbert hatte, im Kühlschrank gelandet. Als nächstes würde der Boden gewischt, danach gekocht und gebraten, bis er schließlich auftauchen würde, damit das schweigende Abendessen pünktlich stattfinden konnte. Wang Er Pockennarbe konnte ein bitteres Lächeln nicht unterdrücken und schrieb beiläufig zwei Verse: »Schlampige Zeiten, das Leben eine Schande wie gehabt.«

Doch es war das nichts als das Wunschdenken der Memme Wang Er Pockennarbe. Nach zwei Zigaretten kalkulierte er, dass es in etwa Zeit sein müsste, und schloss die Tür auf, um zu sehen, wie die Dinge standen. Hingewuchtet erhob sich die Frau vor ihm wie einer der ›Transformer‹: »Du willst ein Mann sein?!«

Er wollte gerade entgegnen, du willst eine Frau sein, da zog sich der Transformer zurück, las den Wischmopp vom Boden auf und machte mit der Arbeit weiter, rauf, runter, rauf, runter, als ginge es um alles. Um sich herauszuwinden, wischte sich Wang Er Pockennarbe über den Hintern und suchte um des Friedens willen nach einer Ausrede: »Ich hab Verstopfung, ich muss zum Arzt.«

Seine Frau nickte, bewegte den Wischmopp noch schneller, dann hob sie ihn ohne jede Regung auf und fuhr Wang Er Pockennarbe mit schnellen Bewegungen zweimal energisch durch das Gesicht. Wang Er Pockennarbe hielt instinktiv die Feudelstange fest, sie standen sich gegenüber wie beim Tauziehen. Noch bevor er etwas von seiner Hose sagen konnte, wurde sie ihm schon hingehalten, als er den Griff am unteren Ende lockerte, wurde ihm noch einmal energisch durch das Gesicht gefahren und der Mund, den er gerade zum Schimpfen aufmachen wollte, sofort gestopft.

Für den Menschen ist das Gesicht von besonderer Bedeutung, das ist das Ergebnis von mehreren hunderttausend Jahren Evolution vom Affen zum Menschen. Wie hätte er deshalb später noch mit sich reden lassen können? Obgleich die Frau endlos jammernd und weinend Asche auf ihr Haupt streute: Eine Depression, sie habe Halluzinationen gehabt und das Gesicht des Dichters Pockennarbe für den Boden gehalten, für eine Tür. Sie beteuerte, sie leide an einem Sauberkeitsfimmel, den Feudel habe sie so viele Male ausgespült, der leide auch fast schon am Sauberkeitsfimmel, er rieche nach nichts. Wenn er es nicht glaube, solle er nur riechen, es gebe wirklich keinerlei Geruch daran.

Wang Er Pockennarbe war jetzt ohne jede Regung. Das Ende des Kalten Krieges bestand in einer Trennung für ein Jahr, für seinen Lebensunterhalt sollte jeder selbst sorgen. Er beschloss, nach Lijiang zu verschwinden, die Abschiedsworte seiner Frau waren: »Pockennarbe, eine Trennung heißt nicht, dass man wild herummachen kann.«

Das war die Einleitung des Buches, dann schrieb ich nur noch darüber, wie Wang Er Pockennarbe von Chengdu nach Lijiang flog, um seine Sorgen in Alkohol zu ertränken. Ich machte mir viel Mühe damit, das Geschriebene wieder und wieder zurechtzufeilen, bevor ich es erneut zur Prüfung vorlegte, aber die Nationale Sicherheit schaute sich nach der Lektüre nur bestürzt an. Herr Yu spottete: »Wang Er Pockennarbe, Lao Wei, bist du wirklich so dumm oder tust du nur so?«

Ich antwortete einfältig: »Egal, wenn es so nicht geht, mach ich es noch mal neu.«

»Nicht nötig.«

»Warum nicht?«

»Da ist nichts zu retten.«

»Wirklich?«

»Wirklich. Heute Abend gehen wir lieber in der Stadt was trinken.«

Im Vollrausch

Wir kämpften uns in der Altstadt durch etliche Kneipen; ohne zu merken, dass ich bereits sternhagelvoll war, kippte ich irgendwann im ersten Stock von Hausnummer 66 in der Straße des Ersten Mai um und kam nicht mehr hoch. Herr Yu kümmerte sich diesmal nicht weiter darum, er nahm die Beine in die Hand und war fort, auch die Nationale Sicherheit machte sich aus dem Staub. Nach Mitternacht schwärmten neue Gäste grüppchenweise herein, eine Menge Füße mussten über mich hinwegsteigen, und weil der Inhaber Zhenjiang sich Sorgen machte, ich könnte totgetrampelt werden, rief er ein paar Leute, die mich an den Füßen unter einen über drei Meter langen und breiten Kneipentisch bugsierten, ein Dichter aus Guizhou mit dem Namen Shen Jie hatte dort gerade eine Lesung, seine ultrahohen Schaftstiefel stampften immer wieder knallend auf den Boden. »Nummer 66« war die einzige illegal betriebene Kneipe der Altstadt, tief in einer Seitenstraße im ersten Stock eines alten Naxi-Wohnhauses, vor vier Jahren war ich selbst der erste Inhaber gewesen, die Miete betrug im Jahr fünfzehntausend, im Erdgeschoss konnte man wohnen, darüber bewirtete man die Gäste. Zu meiner Überraschung waren mehr und mehr auch nicht geladene Gäste gekommen, die von meinem Flötenspiel gehört hatten, irgendwann war es so rappelvoll, dass eine illegale Kneipe entstanden war, für die es keine Lizenz gab und in der nur Schnaps und Bier verkauft wurden.

Auch den großen Kneipentisch hatte ich noch eigenhändig gebaut. Dachbalken, die der Vermieter über die Jahre in einer Ecke aufgestapelt hatte, wurden mit Dutzenden von Äxten an den Enden auf gleiche Länge gebracht und ungeschält und ungehobelt direkt mit über dreißig Zentimeter langen Nägeln zusammengezimmert, die vier Beine waren um einiges dicker und solider als Elefantenbeine, hätte man diesen urigen Kneipentisch als Bühne genommen, hätten sich gut zwanzig Leute an ihn quetschen können. Mein Nachfolger als Inhaber, Zhenjiang (er war einmal auch Drummer und Zweitstimme bei mir gewesen), der acht Jahre in Tibet verbracht hatte, folgte noch dem gleichen Ritual wie damals, wer besoffen war, wurde unter den Tisch gekickt, da zeigte er sich mir gegenüber als seinem Wohltäter, der ihm die Kneipe fast geschenkt hatte, keinen Deut höflicher.

So war die Unterwelt der Gaukler und Schwindler, zum Trinken kam man von überall zusammen, Fremde trafen sich und nickten sich zu, schüttelten sich die Hände, ein ganzer Kerl fragte nicht, woher man kam, und wenn doch, dann war es eher zum Schein. Als ich wieder etwas klarer sah, platzte mir schier der Schädel, ich quälte mich unter dem Tisch vor, kroch in eine Ecke und suchte mir ein weiches Kissen, an das ich mich lehnen konnte. Und als es mir dann nach einer Menge heißen Tees noch immer nicht gut ging, nahm ich meine Flöte und begann zu spielen.

Zhenjiang machte die Musik aus, klemmte wie in alten Zeiten eine Elefantenfußtrommel zwischen die Knie und legte los. Weil die Flötenklänge aber sehr ungleichmäßig kamen, war ein Rhythmus nicht aufzunehmen, er legte die Trommel beiseite, griff sich seine Zither und zupfte zur Flöte. Als deren Klänge noch ungleichmäßiger wurden, konnte Zhenjiang nur noch mit seiner Stimme begleiten, bis schließlich die Klänge der Flöte einen immer heftigeren Kampf mit blitzenden Säbeln und Schwertern evozierten und auch die Stimme nicht mehr mitkam.

Eine Hand hielt Zhenjiang zurück. Sogar mit geschlossenen Augen war mir klar, dass es der Taiwaner Liu Wenxian war, ein Experte in Bildhauerei und Kochen und der erste Stammgast von Nummer 66. Im tiefsten Winter 2005, der nach dem Vierten Juni ins amerikanische Exil gezwungene, große Schriftsteller Liu Binyan[68] war im hohen Alter von einundachtzig Jahren in der Fremde gestorben, hatte ich einen hochwertigen Daunenmantel übergeworfen, den er mir kurz vorher noch über das Meer hatte zukommen lassen – darin war ein Zettel, auf dem stand: »Liao Yiwu, den Mantel habe ich vor vielen Jahren aus China ins Ausland getragen. Jetzt möchte ich ihn dir schenken.« – Ich komponierte das Lied »Unsterblicher Exilant«, übte es eine Weile, und eben diesem Liu Wenxian liefen damals, während es verklang, die Tränen über das Gesicht.

Hat man im Leben einen Freund wie ihn, ist das sehr beglückend. Zhenjiang war nun still, die zahlreichen Gäste hörten auf zu reden, und auch dieser kurze Moment der Stille war sehr beglückend. Ich modulierte dann meinerseits kurz, und unvermittelt war ich bei »Im Vollrausch«. Das ist ein Lied für die alte Qin-Zither, geschrieben von dem berühmten Gelehrten der Dynastien Wei-Jin[69] Ruan Ji[70], doch der moderne Liao spielte es gern auf seiner Flöte. Die Stimmung ist zu Beginn recht ruhig, eine Art Vorspiel zum Trinken, und immer verschämt wie eine Pfirsichblüte; dann kommen Wogen und Windungen, als fließe Wasser nach unten, während der Schnaps nach oben steigt; und schließlich Blitz und Donner als ein langes Pfeifen über Bergen und Flüssen, während Himmel und Erde in den Trinkbecher stürzen. In der Coda »Der Unsterbliche kotzt Schnaps« stürzen zuletzt Berge und Säulen ein, die Herzen brechen auf und Blut fließt heraus, alles auf der Welt wird wieder zu Staub.

Zu diesen Klängen becherte Liu Wenxian kräftig vor sich hin, im flackernden Kerzenlicht schüttete er ohne jedes Zaudern Schälchen um Schälchen eines sechsundfünfzigprozentigen Hochlandkorns in sich hinein. Eine magere Gestalt, das lange Haar offen über der Schulter, war er in bemerkenswerter Weise ein moderner Ruan Ji. Um die alte Qin zu spielen, braucht man die Hände, um Flöte zu spielen, braucht man Luft, die zehn Finger über den Löchern heben und senken sich wie Falken, aber was sie packen und zermalmen, ist nicht Beute, sondern alkoholisierter Atem aus den Organen des Körpers. Ich dachte mich weit zurück in die Zeiten von Wei und Jin, als die Familie Sima alle Welt hinters Licht zu führen suchte, die politische Lage war beispiellos finster, Informanten des Hofes kamen aus allen Löchern, jeder Intellektuelle fühlte sich in Gefahr, die Berühmtheiten Kong Rong[71] und Xi Kang[72] von den »Sieben Weisen vom Bambushain« wurden, weil sie den Mund nicht halten wollten, einen Kopf kürzer gemacht und öffentlich zur Schau gestellt, und zu allem Überfluss wurden auch ihre Sippen in die Sache hineingezogen. Daraufhin ließ der Säufer Liu Ling an Tragestangen einen Sarg hinter sich her tragen, wenn er eines Tages im Suff umfallen würde und nicht mehr hochkäme, sollte man ihn an Ort und Stelle begraben. Ruan Ji, der nächste in der Reihe und ein noch größerer Säufer, verdrehte sofort die Augen, bis das Weiße zu sehen war, wenn er jemanden oder etwas nicht mochte, weil verdrehte Augen aber keine Meinungsäußerung waren, konnte er nicht bestraft werden. Sobald man ihn unter Druck setzte, seine Meinung kundzutun, machte er das Geschrei eines Esels nach. In der chinesischen Geschichte ist Ruan Jis Eselsgeschrei genauso berühmt wie sein langer, lauter Klageschrei, von der Mitte des Reichs bis in die Regionen, vom Kaiser und den Beamten bis zu den gewöhnlichen Leuten hielt man das Eselsgeschrei noch lange Zeit in Ehren, wie man eine geistige Errungenschaft in Ehren hält, wie für das heutige »Supergirl« oder den »Superboy« gab es landesweite Meisterschaften in Eselsgeschrei – und so kam es, dass auch der Kaiser, als Ruan Jis Ruhm auf dem Höhepunkt war, nicht anders konnte, als »dringend nach dem Weisen zu verlangen«, und eigens einen Gesandten auszuschicken, um ihn als Beamten an den Hof zu holen. Für Ruan Ji aber hieß Beamter so viel wie Enthauptung, und so, bevor noch der Gesandte auf seinem schnellen Pferd eine Chance hatte einzutreffen, soff er in seinem Schreck schneller, als das schnelle Pferd lief, es heißt, er habe einen ganzen großen Bottich in sich hineingekippt. Das stelle man sich vor, sich den Bauch mit einem ganzen Bottich Wasser zu füllen, ist schon keine Kleinigkeit, aber mit Alkohol! Er hing wirklich nicht mehr an seinem Leben. Der Gesandte hielt drei Tage und drei Nächte an der Seite von Ruan Ji Wache, als er sah, dass der sich nur wie ein Schwein herumwälzte, grunzte, schnarchte und kotzte, war er mit seiner Weisheit am Ende, er musste zurückkehren und wahrheitsgetreu berichten. Ruan Ji war seinem Verhängnis entronnen, er blieb noch einige Tage im Bett, dann spielte er, eingewickelt in eine Bettdecke und das lange Haar offen über den Schultern, auf der alten Qin, und zwar dieses Jahrhunderte später von mir auf der Flöte gespielte »Im Vollrausch«.

Der Esel Liu Wenxian schrie »guter Schnaps, gute Flöte« und rannte raus zum Kotzen. Zhenjiang war ebenfalls beim Kotzen. Auch die Gäste waren fort. Mein Gesicht war tränenüberströmt, die ganze Trostlosigkeit der alten und der neuen Zeiten lag darin.

Nach ein paar solchen Nächten wurde ich, obwohl ständig auf der Hut, in der Nummer 66 von einer Gruppe Unbekannter plötzlich umstellt und verprügelt, ich ging mehrfach zu Boden, kam mehrfach wieder hoch und wollte durch die Tür abhauen, doch es gelang mir nicht. Am Ende wurde ich von den brutalen Schlägern die Treppe hinuntergestoßen, krachte bis ganz nach unten und verlor dort das Bewusstsein. Doch, dem Himmel sei dank, meine Knochen waren heil geblieben. Zhenjiang, der Wirt, trug mich mit ein paar anderen rein, am folgenden Tag kam ich wieder zu mir, mein Kopf war dick wie der eines Pandabären, mein Körper war auf den Umfang eines Holzfasses geschwollen.

Im Anschluss pflegte ich eine Woche meine Blessuren, kehrte dann mit Herrn Yu nach Chengdu zurück und kurierte mich zu Hause weiter aus. Meine Mutter und die Geschwister versorgten mich im Wechsel mit dem Sud von Heilkräutern. Zwischenzeitlich kam der dicke Li, der für mich zuständige Polizist der Inneren Sicherheit, zu Besuch, erkundigte sich nach meiner Gesundheit, erklärte immer wieder, man werde »das Vergangene ruhen lassen«, und seufzte wiederholt, »zu Hause ist alles einfach, auswärts ist alles schwierig«. Ich zeigte mich von dieser übermäßigen Gunstbezeugung geschmeichelt und tat, als würde ich verstehen, aber, was er tatsächlich im Schilde führte, war mir nicht klar. Nach Jahrhunderten war die illegal wie legal agierende Unterwelt noch immer genauso gefährlich wie zur Zeit der Wei-Jin-Dynastie, doch ich war nicht Ruan Ji, und die »Sieben Weisen vom Bambushain« gab es schon gar nicht mehr.

Eines frühen Morgens erschütterte mich ein verheerender Hustenanfall, anschließend nieste ich zweimal lautstark, dann war ein kupfermünzengroßer violetter Blutklumpen herausbefördert und meine verstopften Lungenlappen waren mit einem Mal wieder ganz leicht.

Über Nacht ein Name auf der Frankfurter Buchmesse

So weit saß ich zu Hause fest, ich bekam nichts mit von dem, was draußen passierte, konzentrierte mich stattdessen vollständig auf die Lektüre der alten Weisen, der Herbstregen prasselte unaufhörlich, ich studierte schon den Ahnen Chen Tuan[73] aus der Tradition von Laozi und Zhuangzi und lag meistens Tag und Nacht im Bett. Der Überlieferung nach wurde Chen Tuan über zweihundertfünfzig Jahre alt, oft schlief er mehr als einen Monat, ein Ausmaß an Faulheit, zu dem ich nicht fähig war, aber dass ich außer für essen, trinken und die Notdurft tagelang nicht aus den Federn kam, das war trotzdem ohne weiteres möglich. Mein Denken sank so weit ab, dass ich schon fürchtete, es verlöre sich bald in irgendwelchen Tiefen eines Meeres, da kam von Su Qin, meinem amerikanischen Übersetzer, ein Brief, in dem es hieß: »Du bist noch mal über Nacht berühmt geworden, diesmal in Deutschland!«

Auf der Frankfurter Buchmesse 2009 war China Gastland. Von offizieller Seite wurden angeblich, um auf dieser weltweit größten Buchmesse »kulturelle *soft power*« zu präsentieren, über hundert systemkonforme Schriftsteller geschickt, fast zweitausend Mitarbeiter von Verlagen, aus dem Verkauf, der Forschung und der Überwachung, und unter der Führung von Xi Jinping, dem späteren höchsten Würdenträger in Partei, Regierung und Armee, hielten die Vorsitzende des chinesischen Schriftstellerverbandes, Tie Ning, und der stellvertretende Vorsitzende Mo Yan (und spätere Nobelpreisträger für Literatur, der propagierte, Zensur sei wie die Sicherheitskontrollen auf Flughäfen, man muss sie nicht mögen, muss sie aber akzeptieren) bei der Eröffnungsfeier schönfärberische Reden. Was die von deutscher Seite eingeladenen systemexternen unabhängigen Schriftsteller dagegen anging, es handelte sich um Dai Qing, um Bei Ling und um mich, wurden wenig später auf Intervention der offiziellen chinesischen Seite die Einladungen an Dai Qing und Bei Ling unter der Hand wieder rückgängig gemacht. Aber natürlich war das durch die Medien herausgekommen und hatte schon heftige Wogen geschlagen; dann zog sich auch noch die von Tie Ning und Mo Yan geführte chinesische Schriftstellerdelegation geschlossen von der Veranstaltung zurück, um gegen das »ungeladene Erscheinen« von Dai Qing und Bei Ling zu protestieren; und schließlich war da noch ich, der einzige Schriftsteller, der trotz Einladung nicht zur Veranstaltung erscheinen konnte, was die Phantasie der deutschen Leserschaft aufs Äußerste beflügelte.

Henrik Bork, Journalist der *Süddeutschen Zeitung*, hatte von Bei Ling meine Telefonnummer erhalten und machte das erste Exklusivinterview mit mir; danach kamen »in mehreren Angriffswellen« fast vierzig Medien aus aller Welt; auch vonseiten der Buchmesse gab es wiederholt Anrufe, die allerhöchsten Enthusiasmus zum Ausdruck brachten. Ich wusste gar nicht, wie mir geschah, und redete völlig unsinniges Zeug, zum ersten Mal in meinem Leben stand ich international »im Rampenlicht«. Später erfuhr ich, dass die deutsche Übersetzung *Fräulein Hallo und der Bauernkaiser* meines Buchs *Gesellschaft von unten* in der Folge mehrfach nachgedruckt worden war und die Verkaufszahlen weit über das hinausgingen, was alle offiziellen Autoren zusammen zu verzeichnen hatten.

Auch die Polizei schaute dumm aus der Wäsche, außer mein Haus zu bewachen und zu bekräftigten, dass ich nicht ausreisen dürfe, hatten sie keine »weiteren Anweisungen«. Dieses unerwartete Ereignis injizierte mir jedoch, nach allen Regeln der Kunst zugrunde gerichtet und mittlerweile tief verzweifelt, eine kräftigende Infusion mit krähendem Hahnenblut (und nicht mit nur gackerndem Hennenblut), der superfaule Schlafkönig nahm seine abendlichen Fünfkilometerläufe wieder auf und sein Leben wurde noch um die Erfahrung eines kalten Krieges in zwei schlaflosen Tagen und Nächten reicher. In dem Text »Leb wohl, fernes Frankfurt« erfand ich schließlich folgenden Dialog mit Gott:

Liao: »Gott, es ist die Kommunistische Partei, die darauf besteht, dass ich mich nicht von der Stelle bewege, dass ich ununterbrochen schreibe, und unversehens bin ich nun Zeuge von Geschichte und aktueller Realität in einem Mauseloch …«

Gott: »Liest du alte Zeitungen? Vor zwei oder drei Jahren brach der vollkommen intakte große Damm des Tai-Sees, und hast du nicht gesehen, schossen Hunderte Millionen von Mäusen heraus, alles war voll davon, wie ein gigantischer Brecher kamen sie über die menschlichen Siedlungen. Der Damm war ein einziges Sieb, alles war durchlöchert.

Es heißt, der große Krieg zwischen den Menschen und den Mäusen dauerte über einen Monat, die Dorfbewohner konnten nicht standhalten, so wurde eine große Menge bewaffnete Polizei in Bewegung gesetzt, mit Knüppeln, Schwertern und Speeren, Wasserwerfern, doch erst als sie am Ende Maschinengewehre und Flammenwerfer einsetzten, zwang man die Mäusebrut fürs Erste zum Rückzug. Das heutige China aber ist genau wie der von dieser Mäusebrut durchlöcherte Damm, und wenn es zusammenbricht, werden Wellen um die ganze Welt gehen und sie in Mitleidenschaft ziehen. Die Polizei hat dann genug mit sich selbst zu tun, willst du dann immer noch über das große Meer oder bleibst du lieber, wo du bist?«

Liao: »Bis das passiert, bin ich längst tot und kann mich nicht mehr von der Stelle bewegen.«

Ein Brief an die deutsche Bundeskanzlerin Merkel

Aber zum Sterben war es jetzt noch zu früh, im Nu war eine zweite Einladung aus Deutschland da, zum Kölner Literaturfestival lit.COLOGNE.

Ich rief regelmäßig bei der Polizei an, um mir eine Genehmigung zu holen; genauso regelmäßig brachte die Polizei »ihr tiefes Bedauern zum Ausdruck«; wenig später kam ein Brief von der in Köln lebenden Tienchi, in dem sie mich drängte zu verhandeln. Ich fragte, ist das wirklich nötig, sie hätten bereits ihr Bedauern zum Ausdruck gebracht. Tienchi meinte, Ai Weiwei werde kommen, er werde bei der Eröffnungszeremonie mit der letztjährigen Literaturnobelpreisträgerin Herta Müller ein Gespräch führen, warum ich denn da nicht kommen könne? Ich sagte, ich wisse es nicht, sie solle Ai Weiwei fragen, er wisse es vielleicht. Später fragte ein Journalist Ai Weiwei tatsächlich öffentlich, und der dicke Kerl brüllte vor Ärger: »Woher soll ich wissen, wann die chinesische Regierung welche Zuckungen hat und welchen armen Hund es dann trifft? Ich kenne Liao Yiwu nicht einmal.« Eine alte chinesische Redensart besagt, das Rad des Schicksals dreht sich, im nächsten Jahr ist die Reihe an mir. Wo hätte denn der dicke Ai gedacht, dass ihn im nächsten Jahr dasselbe Unglück treffen sollte – er wurde nicht nur an der Beijinger Grenzkontrolle festgenommen, sondern »verschwand spurlos« für einundachtzig Tage, bekam keinen Pass mehr und konnte das Land auch danach nicht mehr verlassen.

Ich andererseits hätte niemals daran gedacht, dass ich von der Deutschen Botschaft in Beijing angerufen werden würde, die andere Seite stellte sich vor als »Anders Lundgren von der Presse- und Kulturabteilung« und drängte darauf, ich solle mich am Deutschen Konsulat in Chengdu schnellstmöglich um ein Visum kümmern.

Ich sagte: »Die geben dem doch nicht statt.«

Anders Lundgren sagte: »Haben Sie schon mit ihnen Tee getrunken?«
Ich sagte: »Nein.«

Lundgren darauf: »Machen Sie das schnell!«

Ich sagte: »Und wenn dann auch nichts geht?«

Lundgren darauf wieder: »Erklären Sie ihnen die Sachlage, dass Sie zur lit.COLOGNE fahren, um für Ihr neues Buch auf Deutsch Werbung zu machen, und dass das überhaupt nichts mit Politik zu tun hat.«

Ich sagte: »Das werden sie nicht glauben.«

Lundgren sagte: »Ob sie es glauben oder nicht, kümmern Sie sich in jedem Fall um Ihr Visum, das Auswärtige Amt hat uns angewiesen, alles in unserer Macht Stehende zu tun und mit der chinesischen Regierung zu verhandeln.«

Zum ersten Mal in meinem Leben erhielt ich solche Wertschätzung aus dem Ausland, ich hatte ein Gefühl, wie es wohl ein literarischer Anfänger bei seinem ersten großen Erfolg hat. Deshalb nahm ich Verbindung mit dem dicken Li von der Inneren Sicherheit auf und bat dringend um ein Gespräch beim Tee. Der dicke Li sagte, bald sei Chinesisches Neujahr, er habe viel zu tun, besser nach dem Jahreswechsel.

Ich sagte, es müsse sofort sein.

Der dicke Li sagte: »Du wirst schon nicht verdursten.«

Ich sagte: »Ein deutscher Journalist aus Beijing wird kommen.«

Kaum hörte der Mistkerl das, sagte er: »In zehn Minuten bei deiner Mutter im Ginkgowaldviertel.«

Das Teetrinken brachte rein gar nichts, genau so, wie ich es vorhergesehen hatte; allerdings rief mittendrin Lundgren von der Deutschen Botschaft wieder an. Als der dicke Li mitbekam, worum es ging, sagte er leise: »Sag, dass du krank bist und nicht in der Lage zu fliegen.«

Ich hätte gern gesagt: »Und wenn ich nicht krank bin, könnt ihr dafür sorgen, dass ich es werde!«, hielt mich aber zurück. Ich versprach lediglich vor den Augen der Polizei, mich umgehend um mein Visum zu kümmern.

Der dicke Li runzelte die Stirn: »Liao, diesmal geht es wirklich nicht.«

Auch ich runzelte die Stirn: »Ich bin sechzehn Jahre aus dem Gefängnis raus, habe dreizehn Anträge gestellt, wann wird es denn mal gehen?«

»Finde dich damit ab, wenn man sich anschaut, welche Schicksale Literaten bei uns seit frühesten Zeiten hatten, dann geht es dir doch vergleichsweise gut. Außerdem war ich auch noch nie im Ausland.«

»Du könntest dir von der russischen Polizei eine Einladung geben lassen.«

»Auch mit einer Einladung würde ich nicht gehen. Deine Mutter war auch noch nie im Ausland. Viele Chinesen waren noch nie im Ausland.«

»Wenn es die Möglichkeit gäbe, würde meine Mutter ins Ausland gehen. Aber was hat das mit meiner Mutter zu tun?«

»Sind noch Eltern da, reise nicht! Das hat Konfuzius gesagt.«

Mein Herz bebte und der dicke Li verwandelte sich in meinen Vater, ein viele Generationen von seinem Meister entfernter Jünger des Konfuzius und ein von Tausenden von Schülern geachteter Lehrer des klassischen Chinesisch, der zwar früh verstand, dass sein Sohn ein Wildpferd und im Innersten nicht zu zähmen war, aber doch kurz vor seinem Tod, im letzten Widerschein der Abendsonne, noch mein Handgelenk fasste und mit dem Zeigefinger etwas in meine Handfläche schrieb. Weil er sah, dass ich nicht verstand, schrieb er es wieder und wieder in meine Handfläche, bis ich schließlich sechs in Druckschrift geschriebene, aber unsichtbare chinesische Schriftzeichen identifizierte: »Sind noch Eltern da, reise nicht!« Das sollte mich dazu bringen, mich, wenn er einmal nicht mehr wäre, weiter um meine Mutter zu kümmern. Mit Tränen in den Augen nickte ich damals, und in einer ganz anderen Zeit sagte ich nun zum dicken Li und zugleich zum Geist meines Vaters: »Ich werde zurückkommen.«

Der dicke Li schaute mich mit einem etwas eigenartigen Ausdruck an, dann ging er mir um den Bart: »Willst du dieses Jahr zum Lichtfest[74] denn nicht an deinen Geburtsort Yanting zurück, um euer Familiengrab dort zu besuchen?«

Ich lachte spöttisch: »Wenn ich zum Lichtfest in Deutschland sein sollte, werde ich einfach dort drei Räucherstäbchen anzünden und aus der Ferne mein Opfer darbringen.«

»Träum besser nicht. Was die Deutschen sagen, ist ohne Bedeutung.«

»Was ist von Bedeutung?«

»Du bist Chinese, natürlich ist bei dir von Bedeutung, was die chinesische Regierung sagt.«

»Kann ich mich von der chinesischen Regierung scheiden lassen?«

»Liao, du hast doch nicht getrunken? Du stehst seit Jahren ununterbrochen auf der landesweiten Namensliste für die interne Kontrolle politischer Dissidenten, kapierst du das?«

»Wenn ich dich treffe, ist das sowieso immer, als würde ich auf eine Flasche billigen Fusel treffen, ich wurde von euch inzwischen zweimal in eine Scheidung getrieben …«

An dieser Stelle kam ein heftiger Luftzug durch die auffliegende Tür. Dem dicken Li platzte die Hutschnur, er schlug auf den Tisch und fuhr hoch. Mutter drückte ihn auf seinen Platz zurück, drehte sich zu mir um und ermahnte mich: »Ermao, halt den Mund!«

»Ma, ich muss da unbedingt hin«, rief ich, »ich ersticke bald!«

»Mein Sohn erstickt bald«, wandte meine Mutter sich wieder dem dicken Li zu, »bitte setzen Sie sich doch bei Ihren Vorgesetzten für ihn ein. Der Drittälteste der Zhangs von Haus Drei hier in unserer Wohnanlage hat in einem Handgemenge jemanden mit einem Messer angegriffen und wurde dafür zu lebenslänglich verurteilt, er wurde im Januar 1994 entlassen, zur gleichen Zeit wie mein Sohn, und er ist inzwischen oft geschäftlich im Ausland …«

Ich wurde noch wütender: »Jeder Mörder darf aus- und einreisen, nur ich darf es nicht!«

»Der andere hat sich halt nichts mehr zuschulden kommen lassen.«

»Hab ich das?«

»Ja, was denkst du denn? Wenn du dich nach dem Gefängnis wie der andere auch zum Besseren bekehrt und irgendein Geschäft angefangen hättest, wärst du längst frei, du aber … nun, genug damit, streiten wir nicht im Zorn. Wann kommt der deutsche Journalist?«

»Sobald ich ihn anrufe.«

»Ich rate dir, nicht anzurufen.«

»Hm.«

Einen Tag später rief der dicke Li noch mal an: »Der deutsche Journalist war noch nicht da?«

»Was willst du?«

»Ich will dir sagen, dass du das Ganze vergessen kannst.« Der dicke Li lachte tückisch wie eine Katze, die mit der Maus spielt: »Ich habe es dir schon früher gesagt, du hast zwar einen Pass, aber der ist tot.«

»Ich verklage dich!«

»Bist du nicht sowieso ständig am Verklagen? Früher war es Fuling, jetzt hast du Chengdu am Wickel, verklag doch am besten gleich noch die deutsche Kanzlerin. Du willst einfach keine Ruhe geben.«

»Merkel?« Ich schnalzte mit der Zunge, als hätte ich auf einmal etwas Gutes dort zu schmecken. Inspiration stieg in mir auf, finstere Pläne kochten hoch, ich brachte wiederholt meinen Dank zum Ausdruck. Der dicke Li konnte sich keinen Reim darauf machen und entgegnete mehrfach, zu danken gebe es nichts.

Daraufhin schlief ich zwei Nächte ausgezeichnet, duschte und griff in aller Bescheidenheit den ausgezeichneten Vorschlag des dicken Genossen Li von der Inneren Sicherheit auf, ich dachte ein wenig nach und begann dann zu schreiben.

Liebe Frau Merkel,

meine fernen Grüße.

Mein Name ist Liao Yiwu, ich bin ein Schriftsteller der chinesischen Unterschicht. Vor nicht allzu langer Zeit hat der S. Fischer Verlag mein erstes Buch in deutscher Übersetzung unter dem Titel *Fräulein Hallo und der Bauernkaiser. Chinas Gesellschaft von unten* herausgebracht, das von den Lesern wie von der Kritik sehr geschätzt wurde und sich recht gut verkaufte, so dass der S. Fischer Verlag zurzeit die Herausgabe meines zweiten Buches,

Für ein Lied und hundert Lieder. Ein Zeugenbericht aus chinesischen Gefängnissen, plant, in dem ich mein Leben im Gefängnis in der Folge des »Vierten Juni 1989« beschreibe.

Diesen Brief schreibe ich Ihnen nicht nur, weil Sie die deutsche Kanzlerin sind und in internationalen Angelegenheiten sehr einflussreich, sondern auch, weil Sie selbst in Ost-Deutschland in einer Diktatur gelebt haben und vielleicht auch mit Füßen getreten, gedemütigt und in Ihrer Freiheit eingeschränkt wurden und Ihnen meine gegenwärtige Gemütsverfassung vielleicht nicht gleichgültig ist. Sie waren fünfunddreißig Jahre alt, als die Berliner Mauer fiel, ich war einunddreißig, als sich im gleichen Jahr, am 4. Juni 1989, das Massaker auf dem Platz des Himmlischen Friedens ereignete, ich noch am gleichen Abend das Langgedicht »Massaker« schrieb und vortrug, deshalb festgenommen und für vier Jahre ins Gefängnis gesteckt wurde. 1997 haben wir die Zeitschrift für Untergrundliteratur *Intellektuelle* gegründet, auf den beiden Innenseiten des Umschlags der ersten Nummer waren zwei Fotos, die die Menschen bewegt haben: das eine von 1970 zeigte den Kanzler der Bundesrepublik Deutschland Willy Brandt, wie er als Vertreter des deutschen Volkes im polnischen Warschau als Zeichen des Schuldeingeständnisses und der Reue vor dem Denkmal der Helden des Ghettos niederkniete; das andere war vom 9. November 1989 und zeigte Volksmassen, die außer sich vor Freude die Berliner Mauer durchbrachen.

Vielleicht waren wir als Individuen einst Teil eines Abschnitts gemeinsamer Geschichte auf diesem Planeten? Vielleicht ist mir bestimmt, was Sie erlebt haben, früher oder später auch zu erleben? Gott hat es mit den Deutschen wirklich sehr gut gemeint.

Da ich daran festhalte, mit meinem unabhängigen Schreiben Zeugnis abzulegen, durfte über viele Jahre in meinem eigenen Land kein einziges Schriftzeichen von mir erscheinen, mehr noch, mir wurde für viele Jahre verboten, das Land zu verlassen. Das letzte Mal war das zur Internationalen Frankfurter Buchmesse, China als Gastland hatte über hundert offizielle Schriftsteller und eine gut tausendköpfige Delegation aus den verschiedensten Bereichen geschickt, um sich bei dieser »Kulturolympiade« nachdrücklich zu positionieren, und nur ich fehlte aufgrund eines Einschreitens der chinesischen Polizei, was in der deutschen Gesellschaft hohe Wellen schlug.

Ich verdanke den aufrechten deutschen Lesern, dass mein Buch, das von der Geschichte der chinesischen Unterklasse erzählt, wiederholt neu aufgelegt werden konnte. Aber in mir will keine rechte Freude aufkommen, denn warum können wir, meine Weggefährten in der Untergrundliteratur und ich, über so viele Jahre hinweg immer nur in »Einzelkämpfermanier« die Abschirmung, die uns umgibt, durchbrechen und vom Westen zur Kenntnis genommen werden? Warum hat bei meinem alten Freund, dem Literaturkritiker Liu Xiaobo, erst das Desaster einer elfjährigen Gefängnisstrafe die Kreise der Politik, der Geschäftsleute, der Intellektuellen und der Sinologie aus ihren schönen Profitträumen geweckt, die sie mit der chinesischen Diktatur aushecken?

Uns leitet Stilgefühl beim Schreiben, ein Gefühl der Scham für die Geschichte, ein göttliches Gefühl in der Kunst, es gibt nichts, das uns fehlte im Vergleich zu den Schriftstellern, die offiziell von China hofiert werden und zudem im Westen sehr populär sind. Als ich unmittelbar nach dem »Vorfall um mein Fehlen bei der Frankfurter Buchmesse« erneut eine offizielle Einladung erhielt, dieses Mal vom Kölner Literaturfestival lit.COLOGNE, habe ich sofort ein ums andere Mal mit der Polizei verhandelt und kommuniziert. Ich habe versprochen, mich zurückzuhalten, ich habe versprochen, mich von der gegenwärtigen Politik nach Möglichkeit fernzuhalten, nur über Literatur, Erinnerungen und Geschichte zu sprechen. Ich lebe seit über fünfzig Jahren in einem schmutzigen Abwasserkanal und wäre fast daran erstickt, ich muss unbedingt einmal durchatmen, den Geschmack der Freiheit auf der Zunge spüren – wie schmeckt sie eigentlich? Ist sie süß? Salzig? Oder ist sie farblos und ohne Geschmack? Sollte ich mit meiner chinesischen Lunge, die von stinkender Luft gefüllt ist, gar nicht dafür eingerichtet sein? Sie vielleicht sogar aufgeben müssen?

Mir ist gesagt worden, dass ich auf diesem Festival aus meinen Werken lesen, als Musiker auftreten und mit zahlreichen westlichen Autoren zusammenkommen und sprechen soll. Insbesondere Herta Müller, die Literaturnobelpreisträgerin von 2009, hat das demütigende Leben unter einem autokratischen Regime selbst kennengelernt, ihre Werke lesen sich wie eine moderne Geistesgeschichte Chinas. Ich muss sie nach ihrer »indirekten Erzählweise« fragen, nach ihren Empfindungen, als sie »zum ersten Mal die Grenze passierte und entkam«, ob es ihr möglich war zu schreiben, wenn sie abgehört oder heimlich überwacht wurde? Und was die Leidenschaft für Abweichung mehr weckt, das Schreiben in Freiheit oder das abgehörte Schreiben?

Ich würde auch auf den deutschen Film »Das Leben der Anderen« zu sprechen kommen und auf die bedrückende »Sonate vom guten Menschen« darin: Konnte sie einen alten Geheimdienstler mit seinen Kopfhörern in seinem Keller wirklich so bewegen? Wie vor gut zehn Jahren einen frustrierten Polizeioberen namens Cao Jian, der mitten in der Nacht heimlich in meine Zelle kam und meinem Flötenspiel lauschte?

Das Regime jedoch hat deswegen sein Gesicht noch in keiner Weise verändert. Und so teilte die Polizei mir vorgestern, am 3. Februar 2010 um die Mittagszeit telefonisch mit, dass meine Ausreise nicht bewilligt wurde. Ich fragte nach dem Grund. Der Polizist sagte, auf höherer Ebene sei das Verbot noch nicht aufgehoben. Ich fragte, wer diese höhere Ebene sei. Der Polizist antwortete, das könne er mir nicht sagen. Ich fragte, ob die höhere Ebene in Sichuan oder in Beijing sei. Der Polizist zögerte einen Augenblick und nannte dann Beijing.

Ich verstummte. Ich weiß, mein Vaterland hofft, dass ich für immer verstumme, so wie die Menschen der unteren Gesellschaft, die ich in meinem Buch beschrieben habe, die sich, beraubt, niedergetreten und misshandelt, wie sie sind, nicht artikulieren können – oder denen, wenn sie es denn tun, niemand zuhört; und die, wenn man ihnen doch zuhört, ständig ermahnt werden, sich in ihr Schicksal zu fügen und das ungeschriebene Gesetz zu befolgen: »Alle sind ohne Ehrgefühl, warum du nicht?« Ja, es stimmt, mein Land hofft, dass ich, wie die überwältigende Mehrheit der offiziellen Autoren, geistig und körperlich beraubt, mit Füßen getreten und misshandelt, mich des Vergessens befleißige, mich in Abgestumpftheit dankbar zeige und das Ganze als ästhetische Notwendigkeit hinstelle. Denn wenn eine Prostituierte von einem Freier misshandelt wird, braucht er ihr auch nur genug Geld zu geben und etwas Beruhigendes zu sagen wie: »das erhöht deinen Marktwert und bringt dir mehr Kunden«, dann wird sie sich ebenfalls dankbar zeigen und das Ganze als ästhetische Notwendigkeit hinstellen.

Um mir den letzten Rest meiner Würde und meiner Träume, der die Brutalität hier überlebt hat, zu bewahren, wende ich mich, sehr geehrte Frau Merkel, an Sie. Ich bitte Sie inständig, schenken Sie der Tatsache Ihre Aufmerksamkeit, dass ich daran gehindert werde, in Ihr Land zu reisen, ich bitte die von Ihnen geführte deutsche Regierung inständig, machen Sie Ihren außenpolitischen Einfluss geltend, dass ich bei der lit.COLOGNE nicht erneut fehle, wie schon bei der Internationalen Buchmesse in Frankfurt.

Lassen Sie bitte nicht zu, dass die Literatur erneut von der Macht gedemütigt wird.

Tausende von deutschsprachigen Lesern, die mein Buch *Fräulein Hallo und der Bauernkaiser. Chinas Gesellschaft von unten* gekauft haben, hoffen noch darauf, dass ich pünktlich in Köln erscheine; der S. Fischer Verlag, der ein zweites Buch mit mir plant, hofft noch darauf, die Freude mit mir teilen zu können, ein in Unfreiheit geschriebenes Buch in Freiheit veröffentlicht zu haben. Ich selbst hoffe noch darauf, etwas über Demokratie lernen zu können, über gesundes, nicht länger heimliches und verstohlenes Weinen und Lachen.

Entsprechend werde ich ungeachtet des polizeilichen Verbots zur Deutschen Botschaft gehen und ein Visum beantragen, werde mir ein Flugticket kaufen, pünktlich den Zoll passieren und nichts unversucht lassen, schnellstmöglich nach Köln zu kommen. Wenn ich, wie diese Leute mich im Vorhinein gewarnt haben, an der Grenzkontrolle abgefangen werden sollte, werde ich meinen deutschen Lesern und den deutschen Medien, die mich nach wie vor unterstützen, wenigstens in die Augen schauen können.

Wenn alles wunschgemäß laufen sollte, werde ich China keinen weiteren Schaden zufügen können und wollen, als die Wahrheit zu sagen. Ich werde auch nicht den Effekt von »verbotener Literatur« nutzen und um politisches Asyl ersuchen. Ich werde auf jeden Fall nach China zurückkehren. Denn der Boden für meine schriftstellerische Arbeit und das Ohr meiner Musik sind hier, in der Mitte der Abermillionen des chinesischen Ameisenvolks. Ich kann mir nicht vorstellen, dass ein Autor, der sein muttersprachliches Umfeld verlässt, noch irgendetwas zuwege bringt, auch wenn mein alter Freund Liu Xiaobo mir vor zehn Jahren in einem Brief geschrieben hat: »Vor der Klugheit der Welt sind wir beide Narren, wir gehören auf das ›Narrenschiff‹ des alten Europa, wir treiben auf dem Meer und das erste Land, auf das wir stoßen, ist unsere Heimat.«

Ich danke Ihnen, dass Sie diesen Brief zu Ende gelesen haben!

In der Hoffnung auf Ihre Hilfe,
Liao Yiwu, Autor, Dichter und Künstler

5. Februar 2010, zu Hause in Chengdu, Provinz Sichuan, China

Ich feilte und änderte noch eine Weile an den Formulierungen, dann schickte ich den Brief an Henrik Bork und eilte direkt zum Deutschen Konsulat in Chengdu für ein Visum. So kurz vor unserem traditionellen Neujahrsfest war überall im Land ein einziges Gehetze, kleine und große Straßen waren von Fahrzeugen und Menschen verstopft, seit vielen tausend Jahren unverändert »Volksbrauch« der Chinesen, selbst wenn man Tausende Meilen von zu Hause fort ist, an diesen Tagen muss man an seinen Heimatort zurück und die Familie treffen, und wenn man gute zwei Wochen nach Herzenslust zusammen gegessen und getrunken hat, geht jeder wieder seiner Wege.

Vom Westen der Stadt bis in den Süden zum gleich neben dem Amerikanischen Konsulat liegenden *Western Tower* brauchte ich mehrere Stunden. Dort gehen zahlreiche Firmen mit ausländischem Kapital ihrer Arbeit nach, das fünfundzwanzigste Stockwerk jedoch gehört vollständig zum Deutschen Konsulat, und dieses schien mir, als ich kurz hinauf schaute, weiter oben als die in den Wolken verschwundene Sonne. Ich erhielt ohne weiteres ein Visum für zwei Monate, das Konsulat erledigte alles selbst. Jetzt waren in meinem »toten Reisepass« drei ungestempelte »tote Visa«, ein australisches, ein vietnamesisches und ein deutsches.

Zurück bei meiner Mutter blätterte ich in einer Zeitschrift, die mir ein deutscher Diplomat zum Abschied geschenkt hatte, eine Sonderausgabe zum zwanzigsten Jahrestag des Berliner Mauerfalls. Das Brandenburger Tor, Symbol der Trennung von Ost- und West-Deutschland, wurde am 9. November 1989 von vielen tausend Menschen, die von zwei Seiten hoch brandeten, erschüttert. In China hingegen hat am 4. Juni des gleichen Jahres das Morden auf dem Platz des Himmlischen Friedens unsere »Berliner Mauer« noch mal ein Stück höher gebaut, ähnlich wie man die knapp einhundertsechsundachtzig Meter hohe Zipingpu-Talsperre immer höher baute, die das große Erdbeben von Sichuan hervorrief – und die Große Mauer von Generationen von Kaisern und Königen im Gebirge nördlich von Beijing, die über die Zeiten bis in unsere Tage dort mäandert, sie ist heute eine internationale Touristenattraktion, aus der das chinesische Volk seinen Stolz bezieht.

Ein alter Freund jagt durch die Zeiten

Nachdem ich mit meiner Mutter zu Abend gegessen hatte, machte ich wie immer einen Spaziergang. Im frostigen Wind kam ein bekanntes Gesicht, das ich seit mehr als zehn Jahren nicht mehr gesehen hatte, vorbei, ich schloss spontan auf und brüllte: »Xue Feng«. Der schaute kurz zurück und meinte: »Entschuldigung, Sie täuschen sich.«

»Wie kann das sein? Ich werde dich noch als Asche erkennen.«

»Ich heiße nicht Xue Feng. Sie täuschen sich wirklich.«

Ich war perplex, der andere nutzte das aus und machte, dass er fortkam. Die Zeit lief plötzlich rückwärts, er war es! Am Abend des 25. Februar 1999 wurde er mit mir verhaftet. Ich lud ihn damals gerade persönlich zu meiner Hochzeit am darauffolgenden Tag ein, er nickte und überreichte mir dabei eine Papiertasche. Im nächsten Augenblick stürzten Polizisten in Zivil aus Verstecken hervor, man drückte uns zu Boden, Handschellen schnappten zu und wir wurden in einen Geländewagen am Straßenrand gezwungen. »Verdammte Scheiße noch mal!«, fluchte ich los; er hingegen hatte einen Riesenschreck bekommen. Er war ein Dichter der 80er Jahre und litt an schweren Depressionen, drei Tage zuvor hatte er im Morgengrauen ein Freitodgedicht vollendet mit dem Titel »Ich sitze auf dem blubbernden Riss der Zeit«, danach schnitt er sich die Pulsadern auf, und als dann alles voller Blut war, wählte er meine Nummer.

Ich eilte auf der Stelle zu ihm, ich konnte ja nicht ahnen, dass meine Rettungsaktion ihm gleich wieder schaden würde. Wir Pechvögel wurden in einer Rüstungsindustrieeinheit einer öden Vorstadtgegend eingesperrt, das Ergebnis der konzentrierten Verhöre war, dass sich in der Papiertüte, dem »Indiz«, weder ein konterrevolutionäres Manifest noch das Programm einer Organisation befand, sondern vielmehr ein Ausdruck von *Chinas Gesellschaft von unten*, den er für mich gemacht hatte, also von dem Buch, mit dem ich in Deutschland bekannt geworden war – trotz fehlerhafter Information durch ihre Informanten lasen die Polizisten alles mit größtem Interesse und verstiegen sich dann zu der Ansicht, diese Schrift sei eine Droge und für die Gesellschaft noch gefährlicher als jedes Manifest oder Programm.

Nach zwei qualvollen Nächten wurden wir wieder auf freien Fuß gesetzt. Kaum draußen, nahm er die Beine in die Hand und machte sich aus dem Staub. Ich kam ihm so schnell gar nicht hinterher, stampfte mit dem Fuß und seufzte. Ich dachte mir schon, dass ich ihn in diesem Leben nicht mehr zu Gesicht bekommen würde. Allerdings hörte ich immerhin, dass seine Depressionen durch dieses Missgeschick plötzlich besser geworden waren, er wollte nun, wie er wieder und wieder selbst sagte, »das Leben würdigen«.

Zu erwähnen wäre noch, dass die Hochzeit wie vorgesehen stattgefunden hat, allerdings in einem gewissen Ausnahmezustand, denn der Bräutigam war nicht da. Die Braut hatte aber keine andere Wahl mehr, sie trug trotz allem ihr nach der Tradition strahlend rotes Hochzeitskleid und ein genauso strahlend rotes Lächeln. Sie stieß mit jedem Gast an, und weil sie normalerweise keinen Tropfen Alkohol trank, war sie, noch bevor sie es recht bemerkte, gleich betrunken. Als die Älteren sie umringten und ihr alles Glück der Welt wünschten, liefen ihr die »Freudentränen« über das Gesicht. Später sagte sie: »Ohne dich an meiner Seite war ich wie eine ziellos wandernde Seele, das war keine Hochzeit, das war Theater.«

Langsam steigt das Vergangene in feinen Wirbeln davon, meine Braut von damals ist längst wieder verheiratet. Das Leben ist vergeblich wie das Auf und Ab der Gezeiten, wenn man vorher wüsste, wie alles kommt, würde man dann überhaupt noch etwas anfangen? Aber lassen wir das, ich hatte einfach nicht damit gerechnet, dass ein alter Freund wieder so schnell fortlaufen würde!

Kneipe und Kirche

Während ich noch vor mich hin seufzte, klingelte mein Handy, es war Huanqing, ein Musiker, der gerade aus Yunnan zurück war, er lud mich ein, am Abend mit ihm auf die Bühne zu gehen. »Bring alles für einen Auftritt mit, in der kleinen Kneipe warte ich auf dich für die Hörprobe.«

Huanqing war der erste Kneipenkünstler, den ich nach meiner Gefängniszeit kennenlernte, wir traten nicht immer, aber doch hin und wieder zusammen auf. Ich spielte Flöte, sang, schrie oder trug Gedichte vor, er bediente einen Computer, mixte und verwob mal schnelle, mal langsame Klänge wie Meeresrauschen, Donnergrollen, Regenschauer, Feuersbrunst und Vogelgezwitscher, und wenn ihm das nicht genug war, spielte er mit Maultrommel, Flöte oder Kastagnetten dazu und verband gewissermaßen Altes und Neues in einer tief bewegenden Weise. Sobald in der Künstler- und Gauklerszene in irgendeiner Kneipe an der Tür beziehungsweise an den Wänden die Schriftzeichen »Huanqing und Lao Wei« auftauchten, gab es mit Sicherheit schnell kein Durchkommen mehr und die Eintrittskarten waren in Nullkommanichts ausverkauft. Einmal stieg ich vollkommen im Kleister auf die Bühne, in der Hand hielt ich eine Klangschale und Huanqing dachte, ich würde einen tibetischen oder mongolischen Kehlkopfgesang anstimmen, er unterlegte das mit mäßigem Wind bei Sonnenschein und einem zwitschernden Vogelwettstreit, ich jedoch fing auf einmal an, das »Massaker« zu deklamieren, Huanqing stutzte kurz, ließ sich aber nicht beirren, und mit einem Mal war ein Mordssturm, tosende Brandung kam auf, er tat alles, um die Teile mit politisch allzu sensiblem Geheul zu überspielen. Vor der Bühne kam es zu Tumulten, danach gab es Beifall von allen Seiten, im Publikum war ein Sänger mit dem Künstlernamen Cao Cao, der aus vollem Halse Rilkes Gedicht »Ernste Stunde« sang:

Wer jetzt weint irgendwo in der Welt,
ohne Grund weint in der Welt,
weint über mich.

Wer jetzt lacht irgendwo in der Nacht,
ohne Grund lacht in der Nacht,
lacht mich aus.

Wer jetzt geht irgendwo in der Welt,
ohne Grund geht in der Welt,
geht zu mir.

Wer jetzt stirbt irgendwo in der Welt,
ohne Grund stirbt in der Welt,
sieht mich an.

Solch unvorhergesehene Ereignisse riefen gewöhnlich die Polizei auf den Plan, die Leute wie mich dann zum nächsten Revier brachte, fragte, was das »wirre Gebrüll« eigentlich gesollt habe, worauf man antwortete: »Weiß ich nicht mehr.« Am Ende wurde man eine Nacht in die Ausnüchterungszelle gesteckt und bekam ein paar hundert Kuai Geldstrafe.

Aber an dem Abend waren Huanqing und ich bis zu dem kritischen Moment schon eine volle Stunde auf der Bühne gewesen und hatten damit zügige eintausendzweihundert Kuai verdient. Da Huanqing die Hauptarbeit geleistet hatte, bestand ich darauf, dass er achthundert davon bekommen sollte, die übrigen vierhundert gaben wir mit unseren literarischen Freunden für Bier aus, schließlich waren Wang, Ran Yunfei und Wang Yi eigens gekommen, um uns anzufeuern. Wir waren absolut bester Dinge und stießen immer wieder miteinander an. Auf einmal meinte ich unvermittelt: »Der alte Freund ist schon wieder geflohen«, und alle seufzten einen Augenblick. »Wen einmal eine Schlange gebissen hat, der fürchtet sich zehn Jahre vor jedem Brunnenseil«, sagte der gute Wang, »das kann man verstehen«.

Ran Yunfei machte sich lustig: »Hätte er auch deine Ex gesehen, wäre er doch vielleicht nicht geflohen, oder?«

Ich lachte bitter: »Sicher nicht, sie kommen aus dem gleichen Ort, schätze, die begegnen sich jetzt öfter.«

»Du hättest deine Ex frühzeitig zu unserem Zirkel ›Des Herbstregens Segen‹ kommen lassen sollen«, sagte unser guter Priester Wang Yi, der kaum einmal nicht mit seiner Profession anfing, »Gott erlaubt die Scheidung nicht.«

»Ja, richtig«, sagte Ran Yunfei und fuhr selbstzufrieden fort: »Meine Frau ist dahin gegangen, ich habe sogar bei ihrer Taufe gesprochen und ihr Glück und Segen gewünscht. Schau, Wang Yi und ich, wir sind beide Dissidenten, und unsere Familien sind wie ein Fels in der Brandung.«

»Warum lässt du dich nicht taufen?«

»Ich esse zu gern und trinke zu viel, das würde Gott nicht gefallen.«

»Haha, unsere Kirche ist die kleine Kneipe hier.«

»Redet keinen solchen Unsinn, sonst wird euch die Zunge herausgeschnitten.« Wang Yi rührte weiter in der Wunde: »Liao, deine Ex ist so eine anständige Frau, warum konntest du sie nicht halten? Liu Xiaobo war viermal im Gefängnis, aber seine Frau steht noch immer unerschütterlich an seiner Seite.«

»Ohne Liu Xiaobo wäre auch meine Ex noch an meiner Seite.«

»Warum sagst du das?«

»In den Jahren nach dem Gefängnis habe ich die Nacht zum Tag gemacht und mit Auftritten mein Geld verdient, aber Genosse Liu Xiaobo hat mich immer und überall gefunden, kurz, er holte mich vom Zechen, von der Bühne oder aus dem Bett und schickte mich zum Faxgerät im nächsten Gemischtwarenladen, um einen öffentlichen Aufruf an die Regierung entgegenzunehmen. Was mir am meisten Angst macht, das sind Dokumente, ich habe in meinem ganzen Leben kein einziges Dokument wirklich zu Ende gelesen. Aber sobald ich etwas unterschrieben und zurückgefaxt hatte, stand mit Sicherheit die Polizei in der Tür, durchsuchte die Wohnung und brachte mich an einen besonderen Ort, ›um Tacheles zu reden‹; wenn es schnell ging, dauerte es ein paar Stunden, das Längste waren gut drei Wochen. Nachdem sich dieses Spielchen mehr als zehnmal wiederholt hatte, stellte meine Ex schließlich die fast schon philosophische Frage: ›Haben wir eine Zukunft?‹«

»Du hast doch hoffentlich mit ›Ja‹ geantwortet, du bist ein Dichter, hättest du ihr einen Stapel Liebesgedichte geschrieben, dann wäre sie sicher geblieben.«

»Das ist Liu Xiaobos Domäne. Hört euch das an:

›Bevor du in die Grube fährst,
vergiss nicht, mir mit deiner Asche zu schreiben,
vergiss nicht, gib mir deine Adresse im Jenseits.‹[75]
Die Liebe ist wirklich heiß wie ein hungriger Wolf.«

Während wir tranken, war es immer kälter geworden. Als es ans Abschiednehmen ging, verabredete ich mit meinem Freund Wang für den nächsten Tag einen Besuch auf dem Markt für Raubkopien, »um für die deutsche Kanzlerin eine Kopie von ›Das Leben der Anderen‹ zu suchen«. Ich grinste. Alle waren sich einig darin, dass der Liao es jetzt geschafft hatte, jetzt war er oben.

Eine Raubkopie für Frau Merkel

Am Nachmittag des nächsten Tages führte mich Wang auf direktem Weg zur Fußgängerzone an der traditionsreichen, hundert Jahre alten Chunxi-Straße mitten in der Stadt, wir kamen zu einem alten, mehrstöckigen Haus und gingen ungeachtet eines kalten Windzugs weiter hinter das Haus, durch ein Eisengitter in den dritten Stock hinauf, und durch einen extrem dunklen Korridor gelangten wir an eine schmale fleckige Tür. Nach dreimaligem Klopfen, dong dong dong, tauchte die Chefin auf und ließ uns ein.

In den beiden Zimmern standen überall Blechregale, auf nur wenig mehr als zwanzig Quadratmetern glitzerte eine große Vielfalt an Juwelen, kein Wunsch blieb offen, es war schon fast ein visuelles Museum, hier standen gut und gerne hunderttausend raubkopierte DVDs. Um es den Kunden einfacher zu machen, waren Regale und Körbe nach Kategorien geordnet. Wang suchte zwei brandneue japanische Erotikfilme heraus, dazu »Der Dalai Lama im Exil«, »Les Chinois à Paris« und »Good-Bye, Lenin«. Ich griff nur nach »Das Leben der Anderen«, der kostete neun Kuai.

Wang drehte sich um: »Der ist jetzt schon seit einem guten halben Jahr in aller Munde.«

Die Chefin pflichtete ihm bei: »Das stimmt, allein hier sind an die tausend rausgegangen, in den Märkten von Chengdu müssen es Zehntausende gewesen sein.«

»Woanders war man vielleicht gar nicht so interessiert.« Wang machte ihr ein Kompliment: »Sie haben hier die beste Qualität und gelten als ein ganz besonderes Phänomen in der Untergrundkultur.«

»In einem Brief an Frau Merkel habe ich diesen Film erwähnt«, sagte ich angeberisch, »deshalb egal wie …«

»Egal wie was? Du hast ja vielleicht eine ausgeprägte Phantasie.«

»Für die Idioten oben bin ich alter Depp wie das Ding in ihrer Hose, das lassen sie nie und nimmer los, doch dieser alte Depp kann in seiner Not auch zu einer Stecknadel werden, die ganz still und leise dort steckt und den Staatsapparat, der aus reiner Gewohnheit die Schenkel zusammenpresst, aufschreien lässt.«

»Schon gut«, sagte Wang, der mit seinen Gedanken ganz woanders war, »Chefin, haben Sie Dokumentarfilme aus den osteuropäischen Ländern für mich, auch von diesen besonders tollen hermetischen Kunstfilmen hätte ich gern welche. Und bei den koreanischen Filmen steht für mich der Regisseur Kim Ki-duk ganz oben.«

»Kein Problem, ich kenne Ihre Vorlieben, erotisch, seriös, reaktionär, nach dem Neujahrsfest kontakte ich Sie per SMS.«

Reisepass, Visum und Flugticket hatte ich inzwischen zusammen, die diplomatischen Verhandlungen zwischen Deutschland und China gingen ohne Unterbrechung weiter, die lit.COLOGNE würde am 10. März eröffnet werden, nach den Regeln dieses schon über Jahre gehenden Katz-und-Maus-Spiels, überlegte ich mir, würde ich im Vorfeld sicher noch polizeiliche Kontrollen über mich ergehen lassen müssen. Deshalb beschloss ich ad hoc, am 1. März in den Norden zu fahren, ich hatte vor, mich für die dann noch übrigen zehn Tage bei verschiedenen Freunden in Beijing zu verstecken, am zehnten unerwartet durchzubrechen und ihnen keine Zeit zu lassen, etwas zu unternehmen. »Es könnte ja tatsächlich mal eines dieser Wunder geben, wie sie in der *Bibel*, in *Buddhistischen Schriften* oder im *Koran* beschrieben werden, das mich aus meiner verzweifelten Lage rettet«, verlor ich mich in abwegigen opportunistischen Hoffnungen, »wenn ich in dem Augenblick, in dem ich ungehindert die Grenze passiere, in äußerster Erschöpfung eine Vision haben sollte und es ist Jesus, dann glaube ich für immer an Jesus, ist es Buddha, glaube ich für immer an Buddha. Und für den Fall, dass es der alte Spion mit seinen Kopfhörern aus ›Das Leben der Anderen‹ ist? Ich habe schon oft von ihm geträumt. Wenn er aber noch lebt, zählt er nicht, ich kann niemanden verehren, der noch lebt.«

Das ganze Chinesische Neujahr hindurch trank ich Unmengen von billigem Fusel, und als ich vor Angst schon fast durchdrehte, erhielt ich eine Mitteilung der Deutschen, dass Merkel einen Kurier nach Chengdu schicken wolle. Ich vereinbarte, ihn am 1. März um 9 Uhr morgens im Konsulat zu treffen. »Ein gutes Zeichen, wie es in meinem Leben noch keines gegeben hat«, der Alkohol brannte, ich machte mir weiter Hoffnungen,

»das verdammte ›Wunder‹ wird vielleicht in Deutschland wahr. Es wird doch erzählt, Ai Weiwei habe in seinen zehn Jahren in Amerika alle Gesellschaftsschichten von New York eingehend studiert, er ist herumgezogen, hat gebüffelt, war Reiseführer, hat gemalt und ist splitterfasernackt auf der Straße herumgelaufen, nichts stieß auf irgendeine Resonanz, nur die Deutschen fanden auf Anhieb Geschmack an ihm und man ließ unter seiner Leitung und mit ihm tausendundeinen Chinesen über Tausende Meilen nach Kassel reisen, um ein ›Märchen‹[76], von dem er sein Leben lang geträumt hatte, wahr werden zu lassen. Und jetzt Liao, die geduckte und getretene Unterschicht-Ratte aus Sichuan? Liao, der selbst, als er das ›Massaker‹ mit aller Kraft hinausschrie, die so taube Welt nicht aufschrecken konnte? Wird auch für ihn noch alles gut werden?«

Nicht einmal die Polizei ließ von sich hören. Noch überraschender war aber, dass ich am vierten Tag des neuen Jahres eine E-Mail von dem alten Freund »der wieder geflohen war« erhielt, er berichtete, er habe bei seiner ersten Flucht nach Hause in der Wand des Arbeitszimmers völlig unerwartet eine faustgroße Abhöreinrichtung ausgegraben. Er forderte Rechenschaft: »Hat es dir in all den Jahren die Ruhe geraubt, dass du mich unschuldigen Melancholiker in deine Angelegenheiten hineingezogen hast?«

Ich hätte gern geantwortet: »Jedes Unrecht hat einen Täter, jede Schuld einen Schuldner, ich wurde zu vier Jahren verurteilt, bin zweimal geschieden, wurde wie oft verhaftet, wie oft waren meine Manuskripte nach Durchsuchungen verschwunden, hat dir das die Ruhe geraubt?« Doch ich ließ es resigniert bleiben. All die Jahre hatte ich mir solche philosophischen Fragen wie die nach dem »Seelenfrieden« nicht gestellt. Schwankend stand ich auf, strich und klopfte von links nach rechts die Wände bei mir ab, in der Vorstellung strich und klopfte ich einmal über alle Wände in allen Zimmern in Chengdu, Yunnan und Beijing, in denen ich mich einmal niedergelegt hatte, glücklicherweise hatte ich nicht mit Frauen herumgemacht, war nicht in irgendwelche Geschäfte verwickelt und hatte nicht nach Dingen gefragt, die mich nichts angingen, sonst würde ich heute aus anderen als politischen Gründen verfolgt. Ganz China ist ein einziges Gefängnis, mit unsichtbaren Wänden, mit sichtbaren Wänden, in allen Handys und Computern, Gebäuden und unter den Menschen, die uns umgeben, sind womöglich Abhör- und Beschattungseinrichtungen versteckt. Und wer wird gern zum ahnungslosen Idioten? Der alte Liao?

Am 28. Februar nachmittags schulterte ich mein Gepäck und eilte ein weiteres Mal vom Westen in den Süden der Stadt, wo ich heimlich in ein Gasthaus in der Nähe des Deutschen Konsulats eincheckte. Bei der Registrierung verwendete ich einen falschen Ausweis, ich schaltete mein Handy aus, nahm den Akku heraus und ging auch nicht ins Internet. In diesem »modernen Vakuum« war ich ganz so, wie Laozi das im *Daodejing*[77] für Säuglinge und Wasser beschrieben hat, ich rollte mich mal in der Bettdecke zusammen, mal floss ich durch Hirngespinste hindurch, und ohne dass ich es merkte, hatte ich volle zwölf Stunden geschlafen, Abendessen und Frühstück waren ausgefallen. Gegen neun Uhr morgens überquerte ich am nächsten Tag in einen Mantel gewickelt und die Mütze tief in die Stirn gezogen hastig die Hauptstraße, ging in den *Western Tower*, hinauf in Etage fünfundzwanzig und erschien pünktlich im etwa tausend Quadratmeter großen »deutschen Luftraum«, den die Morgensonne auf gleicher Höhe stehend beschien. Hinter der Sicherheitskontrolle begleitete mich eine Dolmetscherin zu Generalkonsul Hans Mondorf und Herrn Cyrill Nunn, dem Beauftragten für Menschenrechte in Asien und Gesandten der Kanzlerin, die mich im Büro bereits erwarteten.

Cyrill Nunn ist so außergewöhnlich groß wie ein hoch aufgeschossener Moso-Bambus aus Sichuan. Fest meine Hand haltend sagte er: »Kanzlerin Merkel hat Ihren Brief und Ihr Buch *Fräulein Hallo und der Bauernkaiser: Chinas Gesellschaft von unten* gelesen, sie hat höchsten Respekt vor Ihnen und lässt mich Ihnen ganz persönlich ihre herzlichsten Grüße übermitteln.« Und weiter: »Wir alle mögen Ihr Buch. Dass ein chinesischer Schriftsteller so schnell in Deutschland so viele Leser hat, ist außerordentlich selten, deshalb sind alle besonders interessiert daran, ob Sie ausreisen dürfen oder nicht. Wir haben unsere diplomatischen Bemühungen niemals abreißen lassen, doch die chinesische Seite hat bis heute nicht geantwortet.«

Ich brachte nur ein »das macht doch nichts« heraus, in mir spürte ich dabei aber eine wohltuende Wärme.

Hans Mondorf, rund wie ein Münchner Bierfass, seufzte: »Sie sind kein deutscher Staatsbürger, wir müssen deshalb bei den Verhandlungen ausgesprochen vorsichtig sein, damit wir nicht am Ende Ihnen schaden. Chinesische Beamte sind sehr gut darin, um den heißen Brei herumzureden, bis man nicht mehr weiß, wo hinten und vorne ist, und niemandem mehr klar ist, wo eigentlich das Problem liegt. Wo Lösungswege sind. Ob sie in Beijing oder in Sichuan liegen. Aber lassen Sie sich nicht entmutigen, ich bleibe noch drei Jahre in Chengdu, in drei Jahren wird es Veränderungen geben. Es freut mich sehr, in der Position zu sein, Ihnen höchstpersönlich jederzeit Visa ausstellen zu können.«

Ich sagte, vielen Dank, mir war klar, was zu tun war. Mehrere Deutsche nickten mir ganz direkt zu. Die Sonne schob sich hinter eine schwarze Wolke und brach wieder durch, sie überzog durch die bodentiefen Fenster das ganze Zimmer mit einem orangefarbenen warmen Licht. Meine Augen waren ein wenig feucht, in diesem meinem Heimatland voller Wolkenkratzer und mit diesem endlosen Meer von Menschen, das mir seit über fünfzig Jahren ein Gefängnis war, hatte ich keine andere Wahl, als Ausländer für mich um meine Freiheit kämpfen zu lassen.

Cyrill Nunn schaute auf seine Armbanduhr und sagte, er fliege mit der Mittagsmaschine nach Deutschland zurück, werde umgehend mit Frau Merkel zusammentreffen und sie über die Chengdu-Reise informieren. »Möchten Sie ihr etwas mitteilen, Herr Liao?«

Ich suchte aus meinem mitgebrachten Rucksack den »Unsterblichen Exilanten« heraus – auf der von mir hergestellten CD kam dabei als erstes das im chinesischen Untergrund schon lange zirkulierende Lied »Mütter des Tiananmen«, das ich später öffentlich bei der Verleihung des Friedenspreises des Deutschen Buchhandels 2012 gesungen habe – sowie »Das Leben der Anderen«, das spezielle Geschenk für Frau Merkel, das ich extra noch auf dem Markt für Raubkopien erstanden hatte.

»Mit Blick auf den internationalen Schutz des Rechts am geistigen Eigentum weiß natürlich jeder, dass es ›ein ernster Verstoß‹ ist, eine

Raubkopie zu schenken, dazu noch der deutschen Kanzlerin, aber China verbietet öffentliche Vorführungen dieses Films, entschuldigen Sie deshalb bitte, wenn ich keine legale Version kaufen konnte.« Hilflos fuhr ich fort: »Da Frau Merkel im früheren Ostdeutschland aufgewachsen ist, sind ihr ja vielleicht illegale Raubkopien nicht fremd.«

Die Deutschen mussten lachen. Ich jedoch sagte todernst: »Abhören ruft Furcht hervor, Furcht kann Literatur hervorbringen.«

Cyrill Nunn versicherte mir, er werde dieses »spezielle Geschenk« auf jeden Fall übergeben. Dann witzelte er noch: »Gibt es chinesische Untertitel? Oder eine chinesische Synchronisation? Dann kann Frau Merkel damit vielleicht Chinesisch lernen.«

Alle lachten noch mehr. Hans Mondorf sagte: »Herr Liao, eine Menge Polizisten hörten Sie ab, während Sie die chinesische Gesellschaft von unten ›abhörten‹. Haben Sie zu Hause mit Ihrem Schlafzimmer, Boden, Dach, auch mit dem Festnetztelefon, dem Handy und im täglichen Leben mit Freunden keine Probleme?« Ich sagte, darüber hätte ich mir nie Gedanken gemacht, denke man darüber zu viel nach, könne man hier nicht mehr leben.

Nach einer knappen Stunde erhob ich mich, um mich zu verabschieden. Cyrill Nunn klopfte mir auf die Schulter: »Fahren Sie zum Flughafen?« Ich bejahte und gab jedem einzeln zum Abschied die Hand; vor dem Büro drängten sich noch sieben, acht Deutsche im Flur und wünschten mir alles Gute. Mir war im Grunde klar, dass es dieses Mal nicht gut werden konnte, aber sterben würde ich auch nicht. Und nach jedem Sturm kommt die Erde auch wieder zur Ruhe.

Kurz bevor es hinunter ging, gedachte ich noch des Spions in »Das Leben der Anderen«: »Ich habe gehört, er ist vor kurzem gestorben?«

Die Übersetzerin nickte: »Ja, ein Herzinfarkt. Aber der Regisseur wurde auf einen Schlag berühmt und macht jetzt in Hollywood weiter.«

Bin ich ein Flugzeugentführer?

Unten nahm ich mir ein Taxi, hatte eine angenehme Fahrt zum Flughafen und kam ohne weiteres durch die Sicherheitskontrolle. Beim Abflug-Gate setzte ich mich, holte mein altes und ein neues Handy heraus, mit dem seit langem überwachten alten Handy rief ich meine Mutter an und erklärte, zu Mittag zum Essen zurück zu sein, Mutter allerdings machte gleich einen Aufstand, Genossen von der Polizei seien bei ihr, du sprichst mit ihnen, ja? Vor Schreck kappte ich sofort die Verbindung. Dann wischte ich mir den kalten Schweiß aus dem Gesicht und rief mit dem neuen Handy meinen Ausreiserechtsanwalt Teng Biao an, um ihm meine Abflug- und Landezeit mitzuteilen und ihn zu bitten, mich am Flughafen abzuholen. »Wenn ich nicht ankomme, bin ich verhaftet worden, dann kannst du den, den und den anrufen«, ich nannte ihm eine lange Reihe Namen von Leuten aus dem Westen, darunter den Beijinger Korrespondenten der *Süddeutschen Zeitung* Henrik Bork, den Leiter des Shanghaier Korrespondentenbüros der *New York Times* Howard W. French und den Beijinger Korrespondenten unter anderem für die *Frankfurter Rundschau* Bernhard Bartsch. Teng Biao sagte erstaunt: »Die Zeiten haben sich für dich aber echt geändert, mein lieber Nichtsnutz aus der Unterschicht!«

»Lass doch den Unsinn.«

»Okay. Allerdings haben wir in Beijing dieses Jahr Schneestürme wie schon seit Jahrzehnten nicht mehr, es ist eiskalt und auch die Straßen sind vereist, von mir hier in Huilongguan mit dem Auto zu fahren, wird kaum gehen. Ein enger Freund, der in der Nähe des Flughafens wohnt, wird dich abholen, ich selbst komme dann etwas später. Soll ich Zhongzhong benachrichtigen?«

»Ja gern. Ich bleibe zehn Tage in Beijing und werde zwischen wenigstens drei verschiedenen Orten wechseln.«

»Haha, du spielst wohl das listige Kaninchen mit seinen drei Bauen.«

Es gab einen Aufruf, das Boarding begann, ich sagte, »unmittelbar vor dem Abheben bestätige ich noch mal«, dann stand ich auf und stellte mich an, mit dem Strom ging es durch die Ticketkontrolle, danach mit großen Schritten zum Flugzeug.

»Willkommen an Bord«, die Flugbegleiterinnen lächelten ausgesucht freundlich, die Passagiere reagierten ausgesucht höflich. Ich fand meinen Platz, mit dem Gefühl eines Fischs, der durchs Netz geschlüpft war, drückte ich mich ans Fenster und hatte kaum die Augen zu, da fühlte ich mich in einem Aquarium aus Glas von Fäden imaginärer Algen zugedeckt. Alles machte einen so friedlichen Eindruck. Nachdem jeder an seinem Platz saß und die Sicherheitsgurte angelegt waren, demonstrierten Flugbegleiterinnen im Durchgang parallel zur Durchsage mechanisch die Sicherheitseinweisungen. »Nichts passiert«, sagte ich zu mir selbst und klingelte Teng Biao an, der konnte gerade noch Hallo sagen, da eilte schon eine Flugbegleiterin herbei: »Sind Sie Herr Liao Yiwu?«

»Was ist?«

»Sie werden gesucht.«

Ich sagte: »Also doch!«, steckte das Handy ein und stand auf. An der Kabinentür krochen bewaffnete Polizisten mit Helmen herum, als spielten sie in einem Film.

»Bitte nehmen Sie Ihr Gepäck mit!«, drängte die Flugbegleiterin. Ich folgte ihr Richtung Ausgang, die Sitzreihen schwebten eine nach der anderen wie Federn vorüber, unter denen die Passagiere sich versteckten. »Verdammter Mist«, dachte ich, »wieder verhaftet und wieder alles für die Katz«.

In der Nähe der Tür wurden mir zwei Maschinenpistolen ins Kreuz gedrückt, die Flugbegleiterin sagte: »Auf Wiedersehen!« und entfernte sich mit einer Verbeugung. Die Polizisten befahlen: »Hände hoch, Handflächen an die Wand!«, der leitende Offizier neigte sich zum Cockpit und klopfte, das Flugzeug löste sich von der Terminal-Röhre, rollte langsam gut hundert Meter und stoppte im Zentrum des Flughafenvorfeldes. Eine transportable Ausstiegsrampe wurde an der Seite angesetzt, und als die Kabinentür wieder aufging, stand die Rampe voll mit bewaffneten Flughafenpolizisten mit Helmen, gute zehn (ein Trupp) hielten mit sehr ernsten Gesten Maschinengewehre mit beiden Händen waagerecht vor sich. Diese Behandlung war wirklich eine Nummer zu groß für mich, hätte eher zur Verhaftung eines Flugzeugentführers oder großen Drogendealers gepasst, oder nachdem was erzählt wird, war vor vierunddreißig Jahren, als Hua Guofeng[78] in Zhongnanhai, dem Hauptquartier der Kommunistischen Partei westlich des Kaiserpalastes, Mao Zedongs Witwe Jiang Qing[79] aus dem Hinterhalt überfallen ließ, genau so ein großer bewaffneter Trupp ausgeschickt worden. Das war vielleicht eine unglaubliche Scheiße! Nach einer ersten Panikattacke machte auch ich als Verbrecher brav bei dem Theater mit und streckte wie ein Kriegsgefangener beide Hände in die Luft. Die Frühlingssonne stand hoch am Himmel, die Berge sah man diesig in der Ferne, ohne Unterlass wirbelten Gewehrmündungen um mich her, wir kamen dem zweihundert Meter entfernten Revier der Flughafenpolizei Schritt für Schritt näher und ich wurde von mehreren Mahjong spielenden Zivilpolizisten übernommen, damit hatte die Festnahmeaktion mit Gewehren im Anschlag ein Ende.

Ich legte meinen Rucksack ab, und weil mir alles weh tat, kickte ich ein wenig mit den Füßen und bog die Hüfte. Ein Polizist sagte: »Ist gut, es reicht, wir sind hier nicht auf dem Sportplatz, machen Sie keinen Mist.« Also setzte ich mich zum Mahjong-Tisch und sah durch ein bodentiefes Fenster hilflos zu, wie in der Ferne mein Flugzeug zur Startbahn rollte und dann direkt in den wolkigen Himmel aufstieg. Danach kam ein Polizeiwagen der Inneren Sicherheit, um mich abzuholen, ein über und über staubbedeckter Santana mit den immer gleichen altbekannten Gesichtern, der Kopf war wieder Büroleiter Huang Yisheng, und der dicke Li, mein Dauergegner, brüllte bei meinem Anblick sofort los: »Liao, Mann, Liao, wie oft hab ich dir gesagt, dass du nicht rauskommst, du hörst einfach nicht. Und wie schmeckt es dir jetzt, gegen die Wand gelaufen zu sein?«

»Völlig easy.«

»Hahaha.«

»Komisch wie Dödel!«

Und als sei ich besagtes Organ hinter dem Latz, klemmten mich vier Polizisten zwischen sich ein, so waren wir noch jedes Mal gesessen, wenn ich festgenommen wurde. Dann hupte der Wagen zweimal und fuhr auf die Straße, vom Flughafen ging es auf direktem Weg zum Autobahnring um die Stadt, dort ohne Störung weiter, mir kam es sogar schneller vor als im Flugzeug, im Nu hatten wir die Kleinstadt Gongping im Bezirk Wenjiang im weiteren Umland von Chengdu-Stadt erreicht, wo das zuständige Polizeirevier meines derzeitigen Wohnsitzes war.

Die ganze Reviertruppe stand am Eingang, um uns feierlich willkommen zu heißen. Huang Yisheng führte den Haufen erhobenen Hauptes hinein, durch den Hof schritten wir in das Büro des Revierleiters. »Liao, kooperieren Sie bitte, wir machen ein schriftliches Protokoll.« Ohne eine Pause setzte er sich und deutete dabei auf einen Hocker in der Mitte: »Setzen Sie sich, alles setzen!«

Etwas musste ich sagen, sonst würde ich hier nicht rauskommen, ich war eine gläserne Person und ich hatte die Regeln begriffen, und so gestand ich ohne Ausschmückungen alles von Anfang an. Huang Yisheng wollte das Flugticket sehen und ich holte es heraus; dann wollte er noch das Visum sehen, das aber lehnte ich umgehend ab. »Sie passen ja auf wie ein Luchs.« Er lachte.

»Wir kennen einander gut genug.«

»Also gut, Sie sind eine internationale Persönlichkeit, wir wollen Ihnen keine Schwierigkeiten machen. Wenn Sie das Protokoll unterschreiben, machen wir Schluss und essen zusammen etwas, dann bringen wir Sie nach Hause.«

»Danke.«

»In diesem Monat dürfen Sie Ihre Wohnung aber nicht mehr verlassen.«

»Hausarrest?«

»›Hausarrest‹ ist kein juristischer Begriff. Es muss ›Überwachung der Wohnung‹ heißen. In dieser Zeit dürfen Sie auch keine Interviews geben.«

»Ist das eine Entscheidung der Polizei von Chengdu? In Ordnung, das werde ich den Reportern dann so sagen.«

»Nein, nein. Das ist nur ein dringender Rat von mir.«

Als ich nach gut vier Stunden von der Inneren Sicherheit und Zivilpolizisten des Polizeireviers nach Hause gebracht wurde, parkten am Zugang zu meinem Wohnviertel zwei Polizeiwagen, mein Leben unter Hausarrest begann sofort. Jeden Vormittag um zehn krähte die Polizei an

Haus 5 von unten hoch, bis ich mich am Fenster zeigte; selbst zum Einkaufen bedurfte ich ihrer Begleitung, das ging so, bis die lit.COLOGNE in Deutschland zu Ende war.

Eine öffentliche Erklärung des deutschen Außenministers

Allerdings gab ein Telefoninterview das andere, noch einmal stand ich unter einem heftigen Beschuss vonseiten der öffentlichen Meinung, zum Glück hatte ich ein altes und ein neues Handy. Der deutsche Außenminister Guido Westerwelle gab in Berlin folgende öffentliche Erklärung ab: »Die Bundesregierung hat sich mehrfach und hochrangig dafür eingesetzt, Liao Yiwu die Reise zu ermöglichen, leider ohne Erfolg. Wir werden uns im offenen Dialog mit China weiter für Meinungsfreiheit und Bürgerrechte einsetzen und setzen darauf, Liao Yiwu bald in Deutschland begrüßen zu können.«[80]

Der Reporter Yanike von *Radio France Internationale* schließlich gab seinem Interview damals den Titel »Wann wird er den Geschmack der Freiheit kosten können?«:

Wie ist Ihre gegenwärtige Situation?
Ich darf mich nur zu Hause aufhalten, darf nicht hinaus, wenn ich hinaus will, vor allem wenn ich Chengdu verlassen will, muss ich sie auf jeden Fall anrufen, das haben sie mich immer wieder wissen lassen, wenn ich an einen anderen Ort will, muss ich sie ebenfalls anrufen.

Wie lange hat Ihre Rückkehr vom Flughafen gedauert?
Ich bin gegen 11 Uhr aus dem Flugzeug geholt worden, nachmittags kurz nach 3 wurde ich freigelassen, soweit ich das sehe, also nach gut vier Stunden. Etwa gegen halb vier war ich zu Hause.

Mit welcher Begründung hatten Sie denn das Flugzeug zu verlassen?
Es gab keine Begründung, es geschah auf Verlangen von oben, auf Befehl von oben, sie waren nur die Ausführenden.

Aber was haben sie gesagt?
Zuerst wurde ich zum Polizeirevier am Flughafen gebracht, danach zum Polizeirevier in der Nähe meiner Wohnung, wo mir eine Reihe von Fragen gestellt wurden: Warum wollen Sie am Kölner Literaturfestival teilnehmen? Welcher Art ist dieses Literaturfestival? Von wem wird es organisiert? Und so weiter … Dann: Wer hat das Flugticket in Auftrag gegeben? Solche Fragen. Dann wurde von meinem Flugticket, das die lit. COLOGNE für mich online geordert hatte, noch eine Kopie gemacht. Ich erklärte ihnen, das ist eine rein literarische Geschichte, ich sei ein Schriftsteller, es wäre schön, wenn sie nicht dieses literarische zu einem politischen Ereignis hochstilisieren würden. Sie haben aber keinerlei Erklärung abgegeben, sie sagten nur, ich dürfe auf keinen Fall fort, ich müsse kooperieren.

Und was werden Sie tun, solange Sie nicht hinaus dürfen?
Warten. Die deutsche Botschaft, die deutsche Regierung und die deutsche Bundeskanzlerin werden ihre diplomatischen Kanäle haben, ich meinerseits habe keine Möglichkeiten, etwas zu tun, bei meinem ursprünglichen Plan, in Beijing die Grenzkontrolle zu passieren, wusste ich auch, dass sie mich womöglich an irgendeinem Übergang aufhalten werden, und letztlich war es dann einerlei, ob sie sich mir erst in Beijing in den Weg gestellt hätten oder es schon in Sichuan getan haben. In jedem Fall wollte man sich mir in den Weg stellen. Und das war auch nicht meine erste Erfahrung dieser Art, im vergangenen Jahr ist mir das schon einmal passiert.

Hat man in dieser Zeit Ihnen gegenüber zu Zwangsmaßnahmen gegriffen oder waren Sie körperlichen Angriffen ausgesetzt?
Als ich herausgeholt wurde, war da wahnsinnig viel Flughafenpolizei, und als mich dann gut zehn Polizisten zum Warten ins Flughafenrevier brachten, sah die Situation schon ein wenig danach aus, aber sie haben mir letztlich nichts getan.

Es heißt, Ihnen wurde damit nun zum dreizehnten Mal die Ausreise verweigert?
Stimmt.

Ich habe gesehen, dass Sie an Bundeskanzlerin Merkel einen Brief geschrieben haben, die deutsche Seite müsste eigentlich inzwischen interveniert haben?
Bevor ich heute los bin, hat sich der deutsche Beauftragte für Menschenrechte in Asien im Konsulat noch mit mir getroffen und mir Grüße und die Wertschätzung von Kanzlerin Merkel übermittelt, die Kanzlerin sagt, sie gehöre ebenfalls zu meinen Lesern und hoffe sehr, dass ich nach Deutschland könne, aber da ich kein deutscher Staatsbürger bin, müsse das letztendlich die chinesische Regierung abnicken.

Und wie denken Sie darüber, dass man Sie so beharrlich nicht ausreisen lassen will?
Ich kann mir darauf keinen Reim machen. Ich habe einen deutschen Film gesehen, »Das Leben der Anderen«, darin wird von einem Agenten alter Schule erzählt, der in einer dunklen Ecke das Leben eines Künstlers belauscht; was nun mich angeht, auch ich schreibe und mache Musik, sonst nichts, aber wie es scheint, befinde ich mich in einer ähnlichen Lage wie dieser Künstler. Ich kann deshalb nur sagen, ich weiß einfach nicht, was in denen vorgeht.

Seit der Frankfurter Buchmesse im letzten Jahr haben Sie in der literarischen Welt Europas viel Ansehen gewonnen, immer mehr Leute kennen Sie und auch die, die Ihnen helfen, dürften mehr geworden sein …
Einem Schriftsteller sollte es immer lieber sein, wenn er mit seinen Werken ganz langsam mehr und mehr Menschen berührt und für sich gewinnt, und mir wäre das ebenfalls lieber gewesen. Aber wenn man in einem Land wie diesem lebt, bedeutet das auch, dass jemandem wie mir gar nichts anderes übrig bleibt, als durch seine Nicht-Anwesenheit, wie etwa in Frankfurt, mehr und mehr Leser zu gewinnen; und Köln ist jetzt die Fortsetzung in Sachen Nicht-Anwesenheit, es ist absurd.

Denken Sie, dass sich an dieser Situation bald oder zumindest in absehbarer Zeit etwas ändern wird?
Sie sagen: wenn ich mich so und so verhalte, den Mund nicht aufmache, mich etwas mehr zurücknehme, werden sie nach oben berichten, wie es um mich bestellt ist. Tatsächlich verstehe ich das Prozedere in ihrem

System nicht allzu gut. Deshalb würde ich sagen, niemand kann das mit Bestimmtheit sagen.

Ich habe den Eindruck, man gestattet Ihnen auch nicht, Interviews mit ausländischen Medien anzunehmen.
Ja, richtig. Trotzdem, auch wenn ich das Gefühl habe, dass sie mich nicht gehen und noch weniger reden lassen wollen, ich bin Schriftsteller und die Freiheit, zu publizieren und meine Meinung zu sagen, ist das, was ich verfolge, das ist eines meiner höchsten Prinzipien.

Heißt das, Sie werden nicht der Freiheit abschwören, um sie so dazu zu bringen, mit Ihnen etwas entspannter umzugehen?
Obwohl ich inzwischen mit meinen Kräften völlig am Ende bin, habe ich, wenn ich es mir recht überlege, in all den Jahren trotz allem niemals daran gedacht, im Ausland irgendwie politisches Asyl zu suchen. Ich bin Schriftsteller, meine Muttersprache ist Chinesisch, und alles, was ich schreibe, hat mit Chinas unteren Gesellschaftsschichten zu tun, das ist der Nährboden für mein Schreiben, im Fall einer Ausreise würde ich deshalb auf jeden Fall zurückkehren. Aber ich würde gern einmal spüren, was das bedeutet: wirkliche Freiheit. Deshalb trage ich in mir ständig die Sehnsucht nach einer Grenzüberquerung, wie einen starken Drang.

Gibt es noch irgendetwas, was Sie unseren Hörern gern sagen möchten?
Ich bin hin und her gerissen zwischen allen möglichen Gefühlen, denn jetzt bin ich schon so alt und habe noch nicht kosten können, wie echte Freiheit schmeckt, das ist wirklich ein Defizit in meinem Leben.

Der Dichter, der siebenmal illegal die Grenze überquerte

Am 28. März vormittags rief von unten jemand, er wolle mit mir einen Tee trinken, ich streckte den Kopf hinaus und sah meinen Gefängniskameraden Li Bifeng. Ich schaute mich weiter um, die Kleinwagen, die die ganze Zeit über am Hauptzugang geparkt waren, waren verschwunden. Das bedeutete, die Wohnungsüberwachung war beendet.

Ich, schon kurz davor überzuschnappen, schoss hinunter und umarmte Li Bifeng: »Verdammt, du hast ja vielleicht Nerven!«, staunte ich.

»Wer hat Nerven?«, Li Bifeng konnte sich keinen Reim machen.

Ich schilderte ihm die Sachlage. Li Bifeng schlug sich gegen die Stirn: »Wenn ich komme, verschwinden sie, was für ein Zufall! Meinen herzlichen Glückwunsch!«

»Quatsch Glückwunsch.«

»Aus unserer Clique der politischen Gefangenen vom Vierten Juni, oder besser gesagt eigentlich von allen Generationen politischer Gefangener des Sichuaner Provinzgefängnisses Drei in den letzten Jahrzehnten, das dürften an die tausend sein, haben es nur Hu Feng und du geschafft, dass auf sie irgendwie reagiert wurde. Ich muss dich heute einladen, wenn wir satt und betrunken sind, dann wahrsage ich dir. Erinnerst du dich noch? Am ersten Tag des Neuen Jahrs '93 habe ich mit Zündhölzern statt der alten Schafgarbenstengel auf Knien und den Blick zum Himmel zu König Wen[81] vom Staate Zhou gebetet und dann mit dem *Buch der Wandlungen* ein Hexagramm für dich erstellt, heraus kam: ›Befreiung‹. Keiner hat daran geglaubt, weil deine Strafe erst am 15. März '94 abgesessen war. Und wie war das Resultat?«

»Ich bin dreiundvierzig Tage früher freigekommen und habe tatsächlich noch nach dem alten Kalender an Neujahr die ›Befreiung‹ bekommen, da, mein Freund, hast du richtig gelegen. Aber bei dir selbst, warum hast du da nie richtig gelegen?«

»Das zu erklären würde lange dauern.«

»Ich mache bei der Gelegenheit einfach gleich ein Interview mit dir.«

»Du hast mich schon interviewt.«

»Machen wir noch eins, wir sprechen vor allem über Flucht.«

»Haha, du willst dir nur die Zeit mit mir vertreiben!«

»Klar, mir mit dir die Zeit zu vertreiben, das ist, wie wenn ich mir selbst eine Infusion mit Hahnenblut gebe.«

»Du strahlst jetzt schon über das ganze Gesicht, noch Hahnenblut und es kommt dir zu den Ohren wieder heraus.«

Der Smog, der uns tagelang eingehüllt hatte, lichtete sich allmählich. Also fuhren wir mit einem der inoffiziellen Taxis in die Stadt und luden außerdem unseren alten Freund, den Schriftsteller Wang, und den erfolglosen Künstler Hu Niu ein, sich mit uns in der bekannten Fliegenbude »Zu den vier Büchern und fünf Klassikern« zu treffen, dort futterten wir alle »vier Bücher und fünf Klassiker« auf der Speisekarte hoch und runter, dann sagte ich mit einem langen Seufzer der Erleichterung: »Ein, zwei Monate Hausarrest, und der Mund weiß nicht mal mehr, wie Gurke schmeckt.«

Hu Niu kicherte: »Und die Gurke unten, schmeckt die noch?«

»Die weiß jetzt, wie der Staatsapparat schmeckt. Irgendwann werde ich alter Trottel noch ein Performance-Künstler wie du, auf mein linkes Ei graviere ich dann ›Amt für Öffentliche Sicherheit‹ und auf das rechte ›Amt für Nationale Sicherheit‹. Der Schildkrötenkopf bekommt ein ›Ständiger Ausschuss des Politbüros‹.«

»Tiefsinnige Botschaft.«

»Scheiß tiefsinnig ist das, das wird dich umbringen.«

»Verrückt, verrückt.«

Wang meinte: »Ich kann das verstehen. Die Ausreise ist für unseren Liao das, was die Witwe für den Witwer ist, viele Jahre lang hat man es ausgehalten, irgendwann brennt aber die Hose, dann ist man fast im Bett, genauer gesagt, man umarmt sich gerade und wird brutal auseinandergerissen. Auf diese Weise ist irgendwann der Drang nach der Freiheit auf jeden Fall wieder da.«

»Immerhin war ich«, wollte ich fast sagen, »schon mal in Vietnam«, aber ich schluckte es hinunter und sagte stattdessen: »Li Bifeng war schon mal in Myanmar, was meinst du, wann wird dein Drang nach Freiheit wieder da sein?«

»Lass mich erst mal noch in Ruhe ein bisschen was trinken, bevor du schon mit dem Interview anfängst!«

»Danke, dass du mich daran erinnerst.« Ich nutzte die Gelegenheit, mein Aufnahmegerät aufzubauen. »Der Chefredakteur des taiwanischen Verlags *Asian Culture*, Liao Chih-feng, hat sofort eine Geschäftsmöglichkeit gewittert, als er gehört hat, dass ich einmal mit Kneipenauftritten mein Geld verdient hab, er hat mir sehr nachdrücklich vorgeschlagen, ich soll in Anlehnung an Mario Vargas Llosa aus Lateinamerika auch ein

Buch machen wie dessen *Gespräch in der ›Kathedrale‹*, das ist der Name einer Bar, soll ich da jetzt vielleicht mit dir anfangen?«

»*Gespräch in der ›Kathedrale‹*? Ein sehr vornehmer Buchtitel. Da halte ich mich jetzt noch zurück, zu nachtschlafender Zeit gehen wir dann in eine Bar, du fährst Cocktails auf und erweist mir damit deinen gehorsamen Respekt und dann erzähl ich ein bisschen was.«

»Es kann genauso gut *Gespräch in der Fliegenbude* heißen«, meinte Hu Niu und fuhr gleich fort: »Wenn ich mir dein Gesicht so anschaue, es ist auf einer Seite größer als auf der anderen, wie bei einer Vergiftung, du hast vermutlich zu viel verdrecktes Abfallöl gefressen.«

»Das waren die Prügel von Grenzern. Acht bewaffnete Polizisten haben sich mit gespreizten Beinen vor mir aufgebaut, ich sollte unter ihnen durchkriechen, als ich das nicht tat, haben sie mich schier totgetreten. Ein Tritt ging nach oben, voll auf die linke Backe, die linke Seite meines Gesichts wird deshalb für immer größer bleiben; ein Tritt nach unten, voll in den Unterleib …«

»Und auch deine Hoden sind für immer größer. Im Hochsommer im Gefängnis, wir trugen beide kurze Hosen, um es etwas kühler zu haben, fiel bei dir auf einmal, plumps, ein Knödel raus, du hast Grimassen gezogen wie der Froschkönig.«

»Wären meine Hoden wirklich für immer größer geblieben, wäre meine Familienlinie dahin gewesen, aber ich bin verheiratet und habe einen Sohn. Ich muss also sagen, dass ich noch Glück gehabt hab, ihre Tritte in den Schritt streiften die Hoden nur und schlugen dahinter ein, was zu einem ›linksseitigen indirekten Leistenbruch‹ führte, wenn ich mich nur ein bisschen anstrenge, fällt ein Bruchsack da heraus und das tut erbärmlich weh. Damals habe ich wirklich gedacht, meine Eier sind Brei, unterwegs hab ich jede unbeobachtete Sekunde genutzt, sondierte und fühlte, bis ich mir endlich über die verletzte Stelle sicher war.«

»Und bist du jetzt vollständig wiederhergestellt?«

»Ich hab mich operieren lassen. Aber es entweicht immer noch Luft von innen, und wenn es bewölkt ist, geht es mir nicht gut.«

»Ein Behinderter des Vierten Juni, hahaha.«

»Schön, dass du darüber lachen kannst.«

»Mein verrückter Li, jedes Mal, wenn ich dich deine ›Geschichten vom Erwachsenwerden‹ erzählen höre, würde ich am liebsten heulen, doch am Ende muss ich lachen.«

»Mein Vater ist ein historischer Konterrevolutionär, er wurde während der Kulturrevolution ständig wegen irgendwelcher Fehler öffentlich an den Pranger gestellt, und unter dem Schatten dieser traumatischen Familienerfahrung fehlte es mir von klein auf an Zuversicht; als ich älter war, lebte ich für die Literatur, ich schrieb Tausende von Gedichten, und dadurch fand ich ein wenig Zuversicht; danach kam die Studentenbewegung von '89, an einem Tag im Mai rannte ich plötzlich zu einer Massenversammlung und hielt eine Rede, ich machte mich stark für Demokratie und Freiheit und am Schluss trug ich ein Gedicht vor, für das es tosenden Beifall gab, da war ich auf einmal ganz durcheinander, zum ersten Mal in meinem Leben war meine Zuversicht richtig groß; als ich mich dann noch von Mianyang nach Chengdu aufmachte, zum Vorsitzenden des Autonomen Jugendverbands gewählt wurde und noch einige Male öffentlich und vor einem Haufen von Leuten irgendwelche Reden gehalten hatte, erreichte meine Zuversicht ihren Höhepunkt. Doch dann kam es zum Massaker des Vierten Juni und aus unserem Land war im Handumdrehen ein Schießplatz geworden – als an allen Ecken und Enden ›Steckbriefe‹ auftauchten, floh ich vor einem Prozess von Chengdu nach Kunming und weiter nach Xishuangbanna. Ein Student dort suchte einen Reiseführer aus dem Volk der Dai, mit dem eine große Gruppe von Anführern der Studentenbewegung aus allen Teilen des Landes ›auf der Flucht vor einem Prozess‹ durch die Berge illegal über die Grenze nach Myanmar ging, am Ende aber verloren wir uns. Ich lief mutterseelenallein auf der Seite von Myanmar einen Tag und eine Nacht aufs Geratewohl durch die Gegend und verirrte mich. Irgendwann stand ich am Fuß eines steilen Berges, ansonsten war da nur Schilf in einem Moor, das gut zwei Mann hoch war, ich ging also dort hinein, und weil ich unbestimmte Bauchschmerzen hatte, hockte ich mich gleich noch hin für ein großes Geschäft: Als ich fertig war und wieder aufstand, drehte sich auf einmal alles um mich herum und ich wusste nicht mehr, wo ich war. Deshalb ging ich auf dem gleichen Weg zurück und kletterte halb den

Hang hoch, um mich zu orientieren, da funkelte ein Blechdach in der sengenden Sonne. Ich war ganz aufgeregt, denn unser Reiseführer hatte gesagt, im Wa-Staat an der Grenze von Myanmar seien alle Dächer aus Eisenblech. Ich raste pfeilgerade hinunter, auf halbem Weg allerdings kam ich an eine Weggabelung, ich dachte bei mir noch, nach links, rannte aber, weiß der Teufel warum, trotzdem nach rechts, und kurz darauf hörte ich: ›Keine Bewegung!‹ Fast gleichzeitig zischte eine Kugel an meinem Ohrläppchen vorbei, schlug mit einem Knall im Baumwipfel vor mir ein und ein Wolfshund stürzte sich von hinten auf mich und hechelte mit seiner großen Schnauze nach meiner Kehle. Ich zitterte wie Espenlaub, fiel, ganz und gar unfreiwillig, auf die Knie, und machte mir auch noch in die Hosen.«

»Das alles hast du schon zig Mal erzählt, aber zum ersten Mal hast du verraten, dass du dir dabei in die Hosen gemacht hast.«

»Zum Glück hatte ich vorher noch das andere Geschäft verrichtet, sonst …«

»Is' gut, lass es dabei.«

»Ich bin von einer Partisanentruppe der Kommunistischen Partei Myanmars geschnappt worden, der Offizier war ein noch während der Kulturrevolution in Yunnan aufs Land verschickter sogenannter ›gebildeter Jugendlicher‹[82], der 1970 nach Myanmar rübergemacht hat, um die Weltrevolution zu unterstützen. Mich schickten sie zurück, am Wachposten an der Grenze haben sie mich fast totgeschlagen. Zum Glück konnte sich eine Studentin der Dai, die bei der Studentenbewegung dabei gewesen war, in der Mittagspause der Soldaten heimlich zu mir ins Zimmer schleichen, sie fütterte mich mit einer eigenartig aussehenden Wildfrucht, die meine inneren Verletzungen heilte, und schmorte für mich ein Wildschweinbein. Als ich wieder bei Kräften war, hatte ich noch immer unerträgliche Schmerzen im Unterleib und befürchtete, dass es mit Kindern und Enkeln vorbei sein würde.«

»Und dann?«

»Dann ging es durch viele Hände und Orte zurück an meinen Geburtsort, wo ich wegen konterrevolutionärer Propaganda und Aufwiegelung zu fünf Jahren verurteilt wurde; mein Komplize Tang wurde zu drei Jahren verurteilt. Zuerst kam ich ins Provinzgefängnis Nummer Eins in Nanchong in Sichuan, dann wurde ich ins Provinzgefängnis Nummer Drei im Kreis Dazhu verlegt, wo wir Freunde wurden.«

»Wir sind auch im gleichen Jahr entlassen worden, ich im Januar, du im Juli.«

»Am 4. Juli, dem amerikanischen Nationalfeiertag, hat mich ein Polizeiauto an meinen Geburtsort Mianyang gebracht, zur Überwachung durch die dortige Öffentliche Sicherheit. Meine Freundin hatte fünf Jahre auf mich gewartet, deshalb haben wir gleich zum Jahresende geheiratet, im zweiten Jahr haben wir einen Jungen bekommen.«

»Hast du damit nicht andere in Schwierigkeiten gebracht?«

»Mir war es um die Liebe zu tun, Schwierigkeiten für andere waren nicht mein Plan. Um Geld für den Unterhalt der Familie zu verdienen, war ich für eine Versicherungsgesellschaft im Außendienst unterwegs, aber ständig hat mich die Polizei mitten in irgendwelchen Kundengesprächen aufgefordert zu verschwinden, sogar vom Fleck weg fortgebracht haben sie mich. Mit der Zeit konnte ich der Arbeit nicht mehr sinnvoll nachgehen.«

»Warum haben sie dich so schikaniert?«

»Nun, da habt ihr mich reingezogen. Kaum war ich aus dem Gefängnis, bist du aufgetaucht, und auch Xu Wanping ist gekommen, und der hat auch noch in meinem Beisein mit Liu Qing, dem Vorsitzenden der amerikanischen ›Human Rights in China‹-Initiative, telefoniert und …«

»Wann hast du denn selbst mal Ruhe gegeben? Es wird erzählt, du bist, kaum dass die Feierlichkeiten zum hundertsten Tag nach der Geburt deines Sohns vorüber waren, schon nach Shenzhen los, um heimlich über die Grenze zu gehen.«

»Ja, das stimmt. Ein Freund arbeitete im Gefängnis von Peng'an, ich nutzte das, um Interna über inhaftierte politische Gefangene des Vierten Juni zu erfahren, ich wurde aber denunziert, die Polizei setzte mich im Hotel neben dem Gefängnis fest und lieferte mich an meinen Heimatort aus. Die Öffentliche Sicherheit dort befahl mir, ›zu Hause auf alles Weitere zu warten‹, meine Frau geriet in Panik, mir blieb nichts anderes übrig, ich habe alle an der Nase herumgeführt; während ich mit ein paar befreundeten Gaunern Morra spielte und die Gläser fröhlich kreisten und angestoßen wurden, nutzte ich ein kurzes ›Ich muss mal‹ und machte mich noch vor dem Ende der Nacht aus dem Staub. Ich erinnere mich, dass mich mein Sohn nassgemacht hatte und ich deshalb, als ich in den Nachtbus sprang, noch stark nach Urin müffelte.«

»Hast du Unterstützung gehabt?«

»Ja. In einem Hotel in Guangzhou habe ich Kontakt zu einer Hongkonger Menschenrechtsorganisation aufgenommen und sie über meine Notlage informiert, mein Gegenüber zögerte ein paar Minuten, dann legten wir fest, dass mich jemand am Morgen des übernächsten Tages um zehn Uhr an der Zhong-Ying-Straße in der Hongkonger Grenzstadt Sha Tau Kok treffen sollte. Hongkong war damals noch nicht zurückgegeben, die Zhong-Ying-Straße war quasi eine internationale Grenze und es gab Grenzposten. Mein Herz begann auf der Stelle zu rasen, aber am nächsten Tag ging ich zunächst mit einem gefälschten Ausweis in die Sonderverwaltungszone von Shenzhen und versteckte mich.«

»So einfach sollte das sein?«

»Es war wie in einer Spionagegeschichte. Zur festgelegten Zeit würde jemand mit einer Zeitung, der *Ta Kong Pao*, in der rechten Hand von der anderen Seite auf die Brücke im Zentrum der Zhong-Ying-Straße gehen. Ich sollte zur gleichen Zeit auf meiner Seite ebenfalls losgehen und beim Aufeinandertreffen würde er mich ansprechen: ›Mein Herr, wollen Sie zollfreie Ware?‹ Meine Antwort sollte sein: ›Ich habe ein kleines Kind, ich will nur Lebensmittel.‹ Als nächstes würde er meine Tasche übernehmen und vor mir dahinschlendern, ich sollte einfach hinterherlaufen.«

»Du bist ihm hinterher … bis nach Hongkong?«

»Ich bin hinterher … bis nach Hongkong. So kann man das sagen.«

»Das ist keine Spionagegeschichte, das ist ein Spionagetraum.«

»Am vorgesehenen Tag bin ich sehr früh zur Zhong-Ying-Straße, ich habe mich angestellt, bezahlt und die Durchgangsformalitäten erledigt, dann bin ich einfach nur so herumgelaufen. Auf beiden Seiten gab es Geschäfte, ich habe getan, als wäre ich ein Tourist, aber ich habe immer die Augen offengehalten. Als es so weit war, ging ich umgehend auf die Brücke, aber da war niemand mit einer *Ta Kong Pao* in der rechten Hand, ich lief ein paarmal auf und ab, nichts, es gab niemanden, der in seiner rechten Hand auch nur irgendeine Zeitung gehabt hätte! Mir brach der kalte Schweiß aus, im nächsten Augenblick schon war ich von Kopf bis Fuß nass geschwitzt. Plötzlich sah ich jemanden aus meiner Gegend, es war ganz klar jemand, den ich kannte, doch er drehte sich zur Seite und sah mich nicht. Deshalb grüßte ich ihn: ›Herr Wang, guten Tag, welch ein Zufall, Sie hier!‹«

»Wenn man keine Probleme hat, schafft man sich welche.«

»Ich war wie von Sinnen. Verdammt, wieder einmal ein Akt von ›Warten auf Godot‹! Weil Godot nicht aufgetaucht war, bin ich ihn eben suchen gegangen. Und ich habe den ersten Straßenhändler am Weg gefragt, ob man gegen Geld auf die andere Seite kommt. Der Händler fragte, wozu ich auf die andere Seite will. Ich erklärte, ich will billig ausländische Waren kaufen. Der Händler meinte, in Ordnung, fünftausend Kuai und ich suche jemanden, der Sie rüberbringt. Ich sagte, ich hab nur zweitausend. Der Händler darauf, in Ordnung, dann rief er ein Mädchen, das einen Hongkonger Akzent hatte, sagte, ich soll mit ihr gehen und ihr auf der anderen Seite dann das Geld geben.«

»Und was hätte auf der anderen Seite geschehen sollen?«

»Ein weiterer Anruf bei der Organisation.«

»Wo wolltest du in diesem endlosen Menschenmeer jemanden finden?«

»Darüber habe ich überhaupt nicht nachgedacht, ich wusste nur, ich muss fort. Aber ich war mit dem Mädchen gerade mal ein paar Schritte gegangen, schon kam ein bewaffneter Polizist direkt auf uns zu, rief, ich soll stehen bleiben, und wollte meinen Ausweis inspizieren. Dann steckte er den Ausweis ein und befahl mir, zur Wachstation mitzukommen. Mein Schädel explodierte mit einem Knall und in diesem Explosionspilz aus Nichts wurde ich von einem Soldaten in die Wachstation gesperrt – gleich hinter dem Maschendraht war die freie Welt und einer kurzen Eingebung folgend hatte ich meine Tasche noch hinüber geworfen. In der Tasche waren nämlich eine ›Anklageschrift‹, ein ›Urteilsspruch‹, ein Langgedicht, ein Theaterstück und ein paar Romane, dieses ›schriftliche Belastungsmaterial‹ konnte ich nicht in die Hände der Polizei fallen lassen. Doch der Polizist zog einfach den Maschendraht auseinander und holte die aus dem Land geworfene Tasche zurück.«

»Das ist wirklich der Hammer. Das gehörte doch schon zum englischen Staatsgebiet.«

»So ist es. Meine Werke waren vor mir in England.«

»Und dann?«

»Nachdem ich mich eine Nacht lang in einem Hundezwinger eingerollt hatte, gab der Grenzschutz wieder einmal der Polizei meiner Heimatstadt Bescheid, dass sie mich übernehmen sollten. Nach meiner Rückkehr schrieb ich eine ›Verpflichtung‹, bat meine Mutter, zweitausend Kuai zu bezahlen, wurde gegen Kaution freigelassen und wartete auf die Untersuchung.«

»Das hört sich alles ziemlich unglaublich an. Du hast wirklich Kontakt mit Hongkong gehabt?«

»Was sollte daran nicht wahr sein?!«

»Und ihr habt wirklich eine Kontaktaufnahme verabredet?«

»Jedes Wort ist wahr.«

»Das war keine Einbildung?«

»Als ich wieder zu Hause war, konnte ich es selbst nicht begreifen, ich rief noch einmal an – kein Anschluss unter dieser Nummer.«

»Und mit so weicher Birne hast du weiter Revolution gemacht? Besser du wärst auf den rechten Weg zurückgekehrt, hättest es dabei bewenden und dir von Frau und Kind das Bett wärmen lassen.«

»Ja, meine Frau kümmerte sich ganz allein um den Kleinen, weinen konnte sie schon nicht mehr. Aber jemand, der im Gefängnis gesessen hat, will los, sobald ein Windstoß das Gras bewegt, und ist er erst einmal auf Achse, wird das Unheil immer nur größer, viele Male hat mich die Polizei in fremden Gegenden aufgegriffen und zurückgeholt, und nachdem Verhöre zu nichts führten, haben sie mich wieder freigelassen. Wäre ich einmal nicht mehr freigekommen, hätte ich noch Frau und Kind mit Gefängnisbesuchen belastet.«

»Du bist ein geborener Unglücksrabe. Wie oft bist du dann noch abgehauen?«

»Da muss ich überlegen. Meine zweite Flucht nach Hongkong war ebenfalls kein Erfolg, und dann bin ich noch dreimal in Yunnan über die Grenze. Anfang 1998 hatte mich jemand aus der Untergrundkirche schon bis zur Stadt Muse an der Grenze von Myanmar gebracht, aber ein mitreisender Christ hatte mit Aung San Suu Kyi zu tun und so kam es zu Nachforschungen der Regierungstruppen von Myanmar, sie gingen von Tür zu Tür und in diesem Ausnahmezustand wurde ich, ohne dass ich irgendetwas erklären konnte, einfach wieder über die Grenze eskortiert. Am verrücktesten war mein Versuch, über die Provinz Heilongjiang in der Mandschurei abzuhauen, so ziemlich äußerster Norden, da gibt es noch Kanäle der Untergrundkirche.«

»Damit wärst du siebenmal abgehauen, das dürfte dir einen Platz im Guiness-Buch der Rekorde sichern.«

»Bevor ich in den Nordosten hinauf bin, hatte mich jemand von den ›Chinesischen Christen für Gewissen und Nächstenliebe‹ noch ermutigt: ›Geh, Bruder Li, du stehst in deinem Kampf nicht allein, bist du erst dort, wird man einen Weg finden, dich nach Russland zu bringen. Bist du dann im Ausland, vergiss bitte nicht, Sprecher für unsere Organisation im Ausland zu sein.‹«

»Eine große Verantwortung auf deinen Schultern.«

»Ich bin daraufhin vom Süden in den Norden, Meilen über Meilen entfernt, bis in die Mandschurei, in eine Welt aus Eis und Schnee, wo vor vielen Jahren die japanischen Teufel geherrscht hatten. Wie besprochen fand ich in einem abgelegenen Winkel der internationalen Handelszone an der chinesisch-russischen Grenze eine illegale Agentur, die sich speziell darum kümmerte, dass Chinesen zur Schwarzarbeit nach Russland kamen. Ein großer Kerl sagte: ›Zahlen Sie fünftausend Kuai, dann geht alles klar.‹

Ich fragte: ›Und die Route?‹

Er sagte: ›Zuerst geht es schnellstmöglich nach Tschita, dem russischen Bahnhof in Fernost, dann bringt man Sie auf einen internationalen Zug der Transsibirischen Eisenbahn.‹

Mein Blut kochte mir in den Adern, ich zahlte sofort. Er lachte über das ganze Gesicht: ›Diesmal werden fünfzehn Leute ›auf Reisen‹ die Grenze überqueren, Sie sind der letzte, der noch zur Gruppe stößt.‹

Dann brachte er mich zu einem Containerlager und wies mich an, mit den anderen Illegalen irgendwelches Zeug zu schleppen.

›Sobald es morgen hell wird, geht es los, ihr versteckt euch im Warencontainer und werdet mit anderen Containern das Land verlassen.‹ Bevor er ging, ordnete er noch an: ›Übergeben Sie mir Ihre sämtlichen Papiere und alles, was Sie bei sich haben, wir kümmern uns zentral darum, wenn Sie sich Russland nähern, wird alles wieder an die rechtmäßigen Besitzer zurückgegeben.‹«

»Hüte dich vor dem Verkauf durch Menschenhändler.«

»Das habe ich mir auch gedacht und konnte vor lauter Sorge nicht schlafen. In aller Frühe, irgendwann kurz nach vier, hatte ich das Gefühl, nicht weit entfernt Stimmen zu hören, und kletterte heimlich auf einen Container, ein kalter Wind wehte mir entgegen, ich war schnell schon fast steif gefroren, aber ich hatte Glück, ich hörte die Absprache mit einer Gruppe von russischen Lastwagenfahrern. Ein Dolmetscher stand dazwischen und ich hörte einen Russen gerade noch sagen: ›Das geht nicht, das ist noch der alte Fleischpreis, fünftausendfünfhundert für jeden.‹

Der große Kerl sagte: ›Zehntausend für jeden, keinen Cent weniger.‹

›Und warum?‹

›Die fünfzehn Leute sind auf der Flucht, die werden nicht Hals über Kopf davonrennen, willige Arbeitskräfte für die Bauernhöfe von Tschita.‹

Die Russen wussten dagegen nichts zu sagen und boten einen Kompromiss an: ›Okay. Wir zahlen euch jetzt die eine Hälfte, wenn wir Tschita erreicht haben, die andere.‹«

»Verdammte Scheiße, das ist ja Sklavenhandel! Wie früher mit den Schwarzen.«

»Sklavenhandel mit Gelben. Ich war so erschrocken, dass ich mich sofort zurückzog, dicht an zwei Reihen von Containern entlang tastete ich mich zum eisernen Haupttor, es war fest verschlossen und – zu hoch, da war kein Drüberkommen. Auf der rechten Seite gab es außerdem eine Torwache mit einem Schäferhund, ich konnte ein lautloses Schluchzen nicht unterdrücken. Aber, o Mann, manchmal glaube ich, Gott hat doch Augen und er hat mein Elend gesehen, denn plötzlich rührte sich im Containerlager etwas, die Torwache lief mit dem Hund hin, und ich machte, dass ich in das Wachhäuschen kam, von dort ging es nach draußen und weg war ich. Ich hatte keinen Groschen mehr in der Tasche, aber Gott war mir weiter wohlgesinnt, im dichtesten Schneegestöber zeigte er mir den Weg zu einer Familienpension, die machte ein Behinderter, dort klagte ich mein Leid und nach ein paar Minuten standen eine heiße Suppe und gedämpfte Brötchen vor mir. In einem Zimmer der Pension holte ich dann mein Handy heraus, das in einem meiner langen Strümpfe steckte, und bat einen Freund aus Sichuan dringend um siebenhundert Kuai für die Rückreise, die er mir telegraphisch zukommen lassen sollte. Auf diese Weise kehrte ich, die Hosen gestrichen voll, nach Hause zurück und wurde erst einmal ernstlich krank, was sich noch schlimmer gestaltete als jede Flucht bisher.«

»Dieser verrückte Li«, Hu Niu hob mit beiden Händen sein Glas und verbeugte sich tief, »der verrückte Li, ein Meister der Performance-Kunst.«

»Nicht viel und wir hätten dich nicht wiedergesehen.«

Auch Wang legte seine Hände zum Gruß gegeneinander: »Großer Meister Li, gib acht, gib acht auf dich.«

»Wichtig ist, dass es jemanden gibt, der dir zu Hilfe kommt«, Li Bifeng schlürfte von seinem Schnaps und resümierte unbekümmert weiter, »wäre ich so bekannt wie unser Liao hier und würde auch ich die deutsche Kanzlerin kennen, hm, tja, müsste ich dann noch durch Grenzkontrollen? Ich wäre sofort über alle Berge.«

Ich packte mein Aufnahmegerät zusammen und wusste nicht, ob ich lachen oder weinen sollte, zu ihm sagte ich nur: »Du blöder Vollpfosten.«

Ein Aufseher spielt Sonne

Es ist jetzt der 3. September 2014, nachmittags, die Herbstsonne steht hoch, in meiner Wohnung im Westen von Berlin habe ich den Text oben geschrieben. Meine Mundwinkel lächeln, doch innerlich weine ich, weil Li Bifeng inzwischen zum dritten Mal im Gefängnis sitzt. Das erste Mal war es für fünf, das zweite Mal für sieben und das dritte Mal ist es für zehn Jahre, sein Leben ist ziemlich am Ende, er war immer so gerne unterwegs, ob er das noch kann, wenn er wieder rauskommt?

Meine Frau ist seit sieben Monaten schwanger, sie trägt einen großen Bauch vor sich her, sitzt gelassen an meiner Seite und sieht mir beim Tippen zu. Als Li Bifengs Frau vor Jahren auch so einen Bauch hatte, floh er in seinem eigenen Land völlig kopflos von einem Ort zum anderen. Noch verrückter war, dass ihn seine Frau gewöhnlich stillschweigend unterstützte und ihn sogar zur Flucht ermutigte, denn er verbreitete eine Ruhelosigkeit um sich, die alle Menschen, die ihn umgaben, ebenfalls in Unruhe versetzen konnte. Als er zum zweiten Mal ins Gefängnis musste, erinnere ich mich, war noch ich es, der Liu Qing, den Vorsitzenden von »Human Rights in China« in Amerika, anrief und von ihm tausend US Dollar als Spende erhielt, aus meinen Geschäften auf dem Schwarzmarkt konnte ich noch etwas dazulegen, alles in allem waren es dann zehntausend Renminbi. Ich fuhr mit dem Zug von Chengdu nach Mianyang und gab das Geld seiner Frau. Nachdem ich eine Weile mit Frau und Kind zusammengesessen hatte, erzählte ich, dass ich einen Anwalt gefunden hätte: »Zwecklos.« Ich seufzte.

»Er selbst allerdings meint, auch wenn es keinen Zweck hat, er braucht einen«, sagte sie. »Er hat in diesen Tagen im Untersuchungsgefängnis von Jiangyou ein paar Sachen geschrieben und möchte sie mit Hilfe eines Anwalts rausschaffen.«

»Laut Vorschrift darf ein Anwalt nichts hinausschaffen, schon gar nicht unzulässige Texte.«

»Deshalb wollte er ja unbedingt, dass du einen entsprechenden Anwalt findest.«

»Verstehe.«

Der Anwalt für Li Bifeng war ein Kumpel von mir, als wir ein gutes halbes Jahr später beim Tee zusammensaßen, übergab er mir heimlich einen Packen Manuskripte, eng geschriebene Schriftzeichen, winzig wie Fliegenköpfe, bedeckten sie fast einhundert nachgedunkelte Manuskriptseiten, es war der Zwilling meines Gefängnismanuskriptes. Darunter waren Gedichte, Tagebücher, politische Kommentare, Fabeln, Romane und ein Märchen. Schnell versteckte ich den Packen, nicht einmal unserem engsten Freund Wang erzählten wir davon. Als Li Bifeng sieben Jahre später aus dem Gefängnis kam, war das ein ganz besonderes Geschenk für ihn, ich übergab es ihm schön geordnet und mahnte ihn mehrfach, Kopien zu machen. Natürlich war der Großteil seiner Werke bei Hausdurchsuchungen verschwunden, diese Texte jedoch haben alle Plünderungen überlebt. Am 4. Juni 2013 initiierte das Literaturfestival Berlin in Erinnerung an das Massaker auf dem Platz des Himmlischen Friedens zum 24. Jahrestag eine »weltweite Lesung für Li Bifeng«, über fünfzig Städte von überall aus aller Welt waren mit von der Partie, und Li Bifeng wurde durch seine Aufzeichnungen aus dem Gefängnis am Ende eine weithin gefeierte Persönlichkeit.

Seinerzeit jedoch tasteten wir alle uns noch durch eine finstere Nacht. Li Bifengs Frau sagte, jedes Mal, wenn dieser dämliche Hund nach Hause komme, fahre ihr der Schreck tief in die Knochen und sie dränge ihn sofort, schnell wieder zu gehen. Insbesondere am Abend, bevor er zum zweiten Mal in den Knast kam, er hatte sich acht Monate draußen verborgen gehalten, stand er bei Einbruch der Dunkelheit plötzlich im Zimmer – wie ein Geist. Als er sie auch noch umarmen wollte, schrie sie vor Angst und wich ihm aus; dann wollte er sein Kind in die Arme nehmen, aber auch das Kind hätte für nichts in der Welt das Bein der Mutter losgelassen. Er zog es zu sich her, herzte und küsste es so wild, als bisse er, dem Verhungern nahe, in einen Fleisch-Baozi. Das Kind weinte schrecklich und schrie in seiner heftigen Erregung mit einem Mal noch: »Papa!« – Im Gefängnis schrieb Li Bifeng, es war das erste Mal, dass das Kind überhaupt etwas sagte. –

»Die Nachbarn hier sind alles Spitzel«, trieb seine Frau ihn an, »mach schnell, dass du wegkommst – bitte!« Ihm blieb keine Wahl, er verbrachte nur fünf Minuten zu Hause, nach tausend Meilen auf Achse verbrachte er nur fünf Minuten zu Hause und stieg vor dem Haus wieder in ein Taxi. Das Ende vom Lied: Nach wenigen Kilometern war das Taxi von bewaffneter Polizei umstellt …

Heute bin ich in Berlin, in einem ruhigen und sicheren Zuhause, und denke an Li Bifeng, an sein unruhiges und unsicheres Zuhause, was mich einigermaßen beklemmt. Die Sonne und das Gesicht meiner Frau strahlen um die Wette, seine Texte hingegen sind ein fortgesetzter Albtraum:

Im Sommer 1992 verbrachten Zhang Fafu, ein alter, aus einem Arbeitslager in den Kohleminen in das Gefängnis von Nanchong verlegter Strafgefangener, und ich drei Tage allein im Gemüsefeld auf dem Dach des Gefängnistraktes im Ersten Provinzgefängnis von Sichuan, um dort, so unsere Aufgabe, wo das Gemüsefeld auf dem Dach zum Gefängnisbad hinausgeht, mit Eisendraht und Plastikplanken eine Schutzwand zu bauen, damit die anderen Gefangenen von hier aus den weiblichen Gefangenen nicht mehr unten im Bad heimlich zusehen konnten. Ich hatte diesen schönen Job bekommen, weil meine Haftzeit kurz, ich gebildet und Verkäufer im Gefängnisladen war und ich nicht zu den normalen Kriminellen gehörte.

Auch der alte Zhang Fafu war kein Durchschnittstyp. Am zweiten Tag erzählte er mir von seinen Erlebnissen, in dem, was er erzählte, spürte ich ein ums andere Mal das Vibrieren von Geist. Neunundvierzig, vor der Befreiung Chinas, hatte er ganz versessen aufs Lernen noch eine Mittelschule besucht, er verstand viel vom Leben und fand sogar an Gedichten Gefallen. Auf sein ständiges Drängen hin habe ich ihm dann auch eines meiner Gedichte überlassen. Unglücklicherweise wurde ich nach ein paar gemeinsamen Tagen in ein anderes Gefängnis verlegt. Irgendwann war ich dann im Dritten Provinzgefängnis und es kam jemand vom Ersten, um mit mir die Bücher des Gefängnisladens zu prüfen, dabei erfuhr ich, dass Zhang Fafu etwas zugestoßen war. Er hatte sich Plastikplanken von unserer Schutzwand an die Arme gebunden und war damit vom zweiten Stock gesprungen, er war aber nicht tot, sondern fiel in ein Wachkoma.

Ich weiß nicht, ob er mein Gedicht überhaupt gelesen hat. Als ich später nach Verbüßung meiner Haftstrafe aus dem Dritten Provinzgefängnis von Sichuan entlassen wurde, steckte ich das Originalmanuskript des Gedichts in eine Bambusflöte, die mir Liao Yiwu einmal geschenkt hatte, verstopfte das untere Loch mit einem Stück Seife und brachte es auf diese Weise aus dem Gefängnis nach draußen. Ich schreibe es hier nun nieder, denn noch nach so vielen Jahren denke ich, wenn ich an Zhang Fafu denke, sofort auch an die Schutzwand auf dem Hausdach und die dafür vorgesehenen Plastikplanken, zwar hat das mit den Wänden, von denen in meinem Gedicht die Rede ist, nichts zu tun, dennoch ist es mir unmöglich, dieses Gedicht und Zhang Fafu voneinander zu trennen.

… gehen – wohin
… gehen – wohin
alter Himmel
dein fleischiger Schritt zwängt mich ein
ich kann nicht mehr laufen

Himmelhund frisst Mond – eine Legende
der Wind zerpflückt die Hoden der Sterne
meine Faust blendet mein Auge
Blut, das durch ein Flussbett schießt
ein Aufseher spielt Sonne …
geht am Fenster auf und ab …

Das Gedicht hat fast zweihundert Zeilen, in Erinnerung blieb mir jedoch vor allem dieses »ein Aufseher spielt Sonne«. Vor Jahren habe ich im Untersuchungsgefängnis von Chongqing einmal eine verwandte Zeile geschrieben: »ein Aufseher spielt Mond«. Weiter heißt es dann bei mir: »Gefängnis ist eine schwere Geburt. Ewigkeit, du Hure, die Menschheit steckt fest in deiner Vagina.«

Ein Spitzel taucht wieder auf

Im Frühlingsmonat April gab es noch mal einen Kälteeinbruch, auch das Chengdu-Becken steckte in der kosmischen Vagina fest. Bei feinstem Nieselregen sahen wir fast einen halben Monat keinen einzigen Sonnenstrahl. Dieses nasskalte Wetter gab in Sichuan seit jeher den Grundton für die Werke von Literaten ab. Um diesen Grundton ein wenig aufzuhellen, trank man, ging zu Prostituierten oder spielte Mahjong, das ist in dem realistischen Regionalroman *Wellen auf stehendem Wasser* von Li Jieren aus der Republikzeit sehr treffend beschrieben. Da ich jetzt allerdings unter polizeilicher Sonderaufsicht stand, wagte ich nicht, der Tradition des Bordellbesuchs zu folgen, Mahjong zu spielen, war mir wiederum zu profan, so blieb mir nur, zu trinken und dabei zu lesen. Mein verehrter Lehrer Liu Shahe, ein von Mao Zedong namentlich als Rechtsabweichler kritisierter bedeutender Schriftsteller und darüber hinaus einer jener Könner der Kalligraphie, wie man sie an fünf Fingern abzählen kann, bekam oft Besuch von Bewunderern, die ihn um eine Kalligraphie ersuchten und dazu erlesenen Schnaps mitbrachten. Weil Liu mit seinen achtzig Jahren Alkohol nicht anrührte, nach mehrfacher höflicher Ablehnung am Ende aber doch den Pinsel in die Hand nehmen musste, gelangte dieser erlesene Honorarschnaps oft in mein an minderwertigen Schnaps gewöhntes Hundemaul.

Begleitet war dieser erlesene Schnaps dann außer von alten Freunden natürlich von alten Büchern. Eines Tages las ich gerade in den *Aufzeichnungen des Historikers* die Geschichte des Prinzen Ji Zha aus dem Reich Wu, als von unten wieder einmal jemand rief. Ich streckte meinen Kopf hinaus, um nachzusehen, und war einigermaßen geplättet, denn es war Herr Yu, der, selbst wenn ich ihn lange nicht gesehen hatte, doch wohl auch zu meinen »alten Freunden« gezählt werden musste!

»Wie hast du mich hier gefunden?«

»Warum sollte ich dich hier nicht finden?«

»Bringst du Grüße von der Nationalen Sicherheit?«

»Red keinen Stuss. Ich komme rauf.«

Gewohnheitsmäßig ließ ich meinen Blick schweifen, am Eingang unseres Viertels parkten wieder zwei Kleinwagen. Noch bevor ich lange überlegen konnte, war Herr Yu schon in der Wohnung, er sah sich eine ganze Weile prüfend um, dann erst sagte er: »Wie viele Zimmer?«

»Mit der Küche vier.«

»Nicht schlecht.«

»Von außen sieht es nicht schlecht aus, aber beim großen Erdbeben 2008 haben Wände und Dach Risse bekommen, das musste schon einige Male repariert werden.«

»Ah ja, du bist ja 2008 eingezogen und hast noch am Ende des Jahres deinen Pass bekommen.«

»Mein guter Bruder Yu ist sehr scharfsichtig.«

»Natürlich bin ich im Bilde über deine Tricksereien. Aber sag, ist deine Renovierungsfirma denn ganz zuverlässig?«

»Die waren aus der Kreisstadt Wenjiang, tatsächlich waren das alles

Handlanger, die auf den Straßen herumlungern, mir doch egal, ob die zuverlässig sind oder nicht.«

»Verstehst du nicht?«

»Was meinst du?«

Herr Yu biss mir schon fast ins Ohr, als er sagte: »Gibt es in den Wänden nicht irgendwas zu viel? Beim Verlegen von Kabeln und Rohren, dem Montieren von Lampen …«

Ich sog heftig die kalte Luft ein und lachte gezwungen: »Und wenn schon. Wenn ich etwas Reaktionäres zu sagen habe, dann sage ich das in aller Öffentlichkeit.«

Herr Yu blickte einmal in die Runde, sah die Schnapsflasche am Sofa und wechselte das Thema: »Ganz allein mit dem Maotai? Ziemlich dekadent. Woher kommt der?«

Eigentlich wollte ich erst sagen, »Honorar für meinen Lehrer«, doch mein Mund machte daraus: »Ein Geschenk – von einem deutschen Journalisten«.

»Von welchem deutschen Journalisten?«

»Bernhard Bartsch.« Dieser Tage war ein Beijinger Korrespondent der *Frankfurter Rundschau* mit dem Namen Bernhard Bartsch tatsächlich heimlich hergeflogen und hatte mich interviewt.

»Die Deutschen sind deine Retter. Aber aus zu viel Rettung wird Desaster. Wie heißt es noch mal beim alten Laozi?«

»Unglück ist auf Glück gestützt, Glück im Unglück beschlossen.«

»Rasend schnell geantwortet, und jetzt komm mit.«

Unten ging es ins Auto, aber schon nach nur wenigen Kilometern Fahrt kehrten wir in einen Teegarten bei einem Bauernhof ein. Kaum saßen wir, tat Herr Yu einen tiefen Seufzer: »Ein Scheißwetter, da vermisst man die Sonne von Yunnan, oder?«

Ich spottete: »Die Sonne von Yunnan ist angenehm, aber am Schnaps dort säuft man sich tot.«

»Du und ich, wir sind doch richtige Freunde in Promille?!«

»Was kommt denn jetzt?«

»Wir beide in Yunnan, wie wäre das?«

»In der Wohnanlage vom letzten Jahr? Da muss ich um Gnade bitten.«

»Gnade gibt es nicht, nach Yunnan musst du, kann woanders sein als letztes Jahr.«

»Ich nehme meine Mutter mit.«

»Guter Junge, das geht in Ordnung.«

»War's das?«

»Nur die Ruhe. Du hast in deinem Brief an die deutsche Kanzlerin davon geschrieben, dass du *Für ein Lied und hundert Lieder. Ein Zeugenbericht aus chinesischen Gefängnissen* veröffentlichen wirst, was hat es damit auf sich?«

»Das habe ich geschrieben?«

»Hast du, im ausländischen Internet.«

»Das war die Werbetrommel.«

»Das ist der Text über das Gefängnis, der ist in den 90ern zweimal beschlagnahmt worden.«

Mir wurde für einen Augenblick schwarz vor den Augen. Trotzdem lachte ich gezwungen: »Was ist damit?«

»Halt uns bloß nicht zum Narren, wir haben die Kontrolle über alles. Von wegen ›was ist damit‹, wir bringen dich jetzt nach Hause!«

Mit schwerem Kopf und auf schwachen Beinen ging ich in die Wohnung hinauf, fiel aufs Sofa, der Schnaps und das Buch daneben waren an ihrem ursprünglichen Platz, ich sah genau hin, es war wie zuvor Seite 240 in den *Aufzeichnungen des Historikers*, Band 31, die Geschichte des Prinzen Ji Zha aus dem Reich Wu. Aber irgendwas stimmte nicht. Ich holte den Computer her, ich wollte in meine *Hotmail*-Postfächer, zur Sicherheit hatte ich neben dem offiziellen Postfach zwei geheime, eine ganze Menge über die Jahre geschriebene Texte und Interviewmaterialien hatte ich dort unter »Entwürfe« gebunkert, so konnte ich, wenn mein Computer Angriffen ausgesetzt war, noch von woanders über das Internet darauf zugreifen. Doch jetzt war ich wie gelähmt, in beide geheime *Hotmails*, die ich seit über acht Jahren verwendete, kam ich nicht rein, die Passwörter und die persönlichen Daten waren vor einer halben Stunden gelöscht oder geändert worden!

Reflexartig hackte ich auf der Tastatur herum, bis der Bildschirm mit einem Knall schwarz wurde, jetzt war auch er gelähmt. Was sollte ich tun?

Ich rief Herrn Yu an, hatte das Wort »getarnte Front« kaum ausgesprochen, als er die Verbindung kappte. In dieser ausweglosen Lage kippte ich die halbe Flasche Maotai auf einmal, ich ließ den Schnaps nur so in mich hineingluckern, als wäre es Wasser, dann schnappte ich mir meine Bettdecke und fiel in der Hoffnung aufs Sofa, der Rausch werde meine zahlreichen Sorgen vertreiben. Aber auch im Rausch träumte ich noch, es passierte jedoch nichts, ich las lediglich weiter über Ji Zha. In der Frühlings- und Herbstperiode[83] vor über zweitausendfünfhundert Jahren war Ji Zha aus dem Reich Wu am Südufer des Yangtse auf dem Weg nach Norden zu einer Audienz bei dem Himmelsohn der Zhou-Dynastie, sein Verkehrsmittel war die Pferdekutsche, mit der heutigen Flugstrecke von zwei, drei Stunden musste man sich damals ein gutes halbes Jahr herumquälen. Kurz, Ji Zhas Aufbruch lag schon eine geraume Zeit zurück, als er auf halber Strecke in das Reich Xu kam. Das war zwar klein, aber ein Land von guten Sitten, und Ji Zha als vornehmem, weit gereistem Gast wurde eine feierliche Gastfreundschaft zuteil. Während des Banketts fixierte der große Herrscher von Xu unverwandt den Säbel an Ji Zhas Hüfte, ein Kleinod von unschätzbarem Wert. Ji Zha sagte sich im Stillen: »Wenn er euch gefällt, nehmt ihn.« Aber nach den Riten der Zhou-Dynastie mussten Sondergesandte aller Reiche bei der Audienz mit dem Himmelssohn der Zhou stets einen Säbel tragen.

Ji Zha machte sich wieder auf die Reise und aß und schlief ein weiteres gutes halbes Jahr im Freien. Als er den Auftrag seines Landes erfüllt hatte und wieder in das Reich Xu kam, war der Herrscher von Xu gestorben. Ji Zha machte sich, darüber unendlich traurig, sofort zu seinem Grab auf, und nachdem er ihm mit besonders wertvollen Räucherstäbchen die Ehre erwiesen, ein Papierschwert verbrannt und Tränen der Trauer geweint hatte, zog er seinen Säbel und hängte ihn voller Ehrerbietung an einen Baum vor dem Grab des Herrschers.

Seine Begleiter konnten das nicht fassen, brauchte doch der Herrscher von Xu kein Schmuckschwert mehr, außerdem hatte Ji Zha nicht gesagt, dass er es ihm schenken wollte. Aber Ji Zha meinte: »Für mich hatte ich schon damals so entschieden, und ob tot oder lebendig, dieses Schwert ist seines.«

Aufruf zu einer weltweiten Lesung

Im Traum zog ich noch in der fernen Zeit mit Ji Zha meine Kreise, ich applaudierte ihm wiederholt mit großer Bewunderung und mir schien eine lange Zeit vergangen zu sein, als ich plötzlich von einem Anruf geweckt wurde, doch es war noch hell, ich hatte nicht mehr als drei Stunden geschlafen. »Komm heim, Abendessen«, kommandierte meine Mutter am anderen Ende der Leitung. Ich sagte, ich wolle nichts essen. Mutter erklärte, sie habe soeben einen großen Briefumschlag erhalten: »Er ist für dich.« Also fuhr ich sofort in die Stadt, eine Stunde später tauchte ich an der Ersten Ringstraße im Ginkgowaldviertel auf, ich stieg aus, lief zweihundert Meter und war an der Zhongxin-Straße. Außerhalb der Umfriedung, innerhalb derer meine Mutter wohnte, war ein in Chengdu bekannter Straßenstrich, Friseursalons mit tagsüber fest verrammelten Rolltoren drängten sich dicht an dicht, ich hatte in dieser Gegend nicht weniger als zehn meiner Geschichten aus der Gesellschaft von unten gesammelt, die aus *Nichtsnutze von Lijiang* oben schon erzählte Geschichte vom »Alten Revolutionär als Freier« war ebenfalls von hier.

Ich klopfte und öffnete die Tür, meine Mutter übergab mir einen großen Briefumschlag, in dem ein dicker Packen Papier steckte, alles auf Deutsch. Mein Herz schlug heftig, ich zog die Blätter heraus und breitete sie aus, sie bedeckten den halben Esstisch; auf der anderen Hälfte des Tisches standen zweimal gebratenes Schweinefleisch, Rettichsuppe und Schweinefleischstreifen in Fischsauce sowie Schälchen und Stäbchen für zwei. Etwas später hatte ich soweit verstanden, dass das eine dritte Einladung aus Deutschland war, auf der letzten Seite links unten hatte Ulrich Schreiber, der Direktor des Internationalen Literaturfestivals Berlin, unterzeichnet.

Zutiefst bewegt begann ich vor mich hin zu murmeln. Mutter fragte vom anderen Ende des Esstischs: »Ermao, was redest du?« Ich sah auf, starrte sie ausdruckslos an und murmelte weiter vor mich hin. Besser gesagt war es eine uralte Stimme in mir, die ständig wiederholte: »Mit dieser Einladung wird es anders als mit den beiden früheren.« War das Sima Qian? Oder war es der Ji Zha aus Sima Qians *Aufzeichnungen des Histori-*

kers? Ich hatte zu Hause die Aufzeichnung bis zur Hälfte gelesen, dann war Herr Yu hereingeplatzt, und mit ihm die »getarnte Front«, und ich hatte mir einen angetrunken und die Geschichte »Ji Zha hängt seinen Säbel auf« im Traum zu Ende gelesen, eine Geschichte darüber, wie man sein Leben riskiert und ein Versprechen hält. Sollte es zwischen den beiden Enden eines Zeitraums von über zweitausendfünfhundert Jahren irgendeine Verlinkung zwischen mir, diesem Ji Zha und Ulrich Schreiber geben?

Mit der Einladung zusammen war ein »Aufruf zu einer weltweiten Lesung«[84] gekommen, den über einhundertfünfzig westliche Autoren und Autorinnen unterzeichnet hatten:

> Das internationale literaturfestival berlin (ilb) ruft Kulturinstitutionen, Schulen, Radiostationen und interessierte Personen zu einer weltweiten Lesung von Gedichten und Prosa des chinesischen Autors Liao Yiwu am 4. Juni 2010 auf. An diesem Tag jährt sich das Massaker am Tian'anmen-Platz in Beijing im Jahr 1989, bei dem nach Angaben des Roten Kreuzes ca. 2600 Menschen den Tod fanden. Über das Ereignis selbst, dem eine Demokratiebewegung vorausging, wird in den offiziellen Medien in China nichts publiziert, die Zensur wurde noch am 20. Jahrestag des Geschehens bis in die Web-2.0-Internetplattformen hinein enorm verschärft. Das verordnete Schweigen in China, das auch die Phase der Kulturrevolution betrifft, die enorm hohe Zahl von Todesurteilen in diesem Land und der Umgang mit Tibet müssen von den zivilgesellschaftlichen Instanzen demokratischer Gesellschaften umso deutlicher kommuniziert werden.
>
> Am 4. Juni sollen deshalb folgende Werke Liao Yiwus gelesen werden: Für einen zum Tode Verurteilten; Zum Tode Verurteilte sprechen über ihre Hinrichtung; Für ein Lied und hundert Lieder; Das Vaterland der Gefangenen; Vor Gericht; Die Totenrufer; Der Trauermusiker; Die Familie eines Opfers des 4. Juni; Der Klomanager; Der vierte Juni.
>
> Liao Yiwu ist einer der Autoren, die in China trotz internationaler Erfolge nicht publiziert werden, weil sie in den Augen der Machthaber die »Verbreitung konterrevolutionärer Propaganda mit ausländischer Hilfe« ausüben. Selbst sein Name darf nicht genannt werden. Von 1990 bis 1994 war er aufgrund seiner literarischen und gesellschaftspolitischen Aktivitäten im Gefängnis und wurde nur aufgrund internationalen Drucks vorzeitig aus der Haft entlassen. Seine Interviews mit Underdogs (*Interviews with*

People from the Bottom Rung of Society) und seine Gedichte (wie *Massacre* und die Anthologie *The Fall of the Holy Temple*) sind in den vergangenen Jahren im Ausland publiziert worden, u. a. in renommierten Verlagen und Zeitschriften wie *Lettre International* (Deutsche Ausgabe) und der New Yorker Zeitschrift *The Paris Review*.

Die chinesischen Behörden ließen Liao Yiwu, obwohl er inzwischen einen Reisepass besitzt, weder zur Frankfurter Buchmesse im Oktober 2009 noch zur lit.cologne ausreisen. Das ilb sowie das Harbour Front Literaturfestival in Hamburg haben ihn nun für die Festivals im September eingeladen. Wir können nur hoffen, dass die chinesischen Behörden ihm das fundamentale Recht zur Ausreise und die Wiedereinreise nach China gewähren werden.

Ziel der weltweiten Lesung soll sein, das Werk des Autors Liao Yiwu einer breiteren Leserschaft bekannt zu machen, an das Massaker von 1989 zu erinnern und China im Blick auf die Menschenrechte dringend zu mahnen.

Aus Anlass des dritten Jahrestages des Kriegsbeginns im Irak hatten das internationale literaturfestival berlin und die Peter-Weiss-Stiftung für Kunst und Politik am 20. März 2006, dem Jahrestag der politischen Lüge, erstmals zu einer weltweiten Lesung von Eliot Weinbergers *What I Heard about Iraq* aufgerufen. Es folgten weltweite Lesungen nach der Ermordung Anna Politkowskajas, im Vorfeld der Olympischen Spiele in China, gegen die Regierungsführung Robert Mugabes, in Gedenken an Mahmud Darwisch und zur Unterstützung der demokratischen Opposition im Iran. Bis zu hundert Institutionen, darunter auch Radio- und Fernsehsender, beteiligten sich an den weltweiten Lesungen auf allen Kontinenten oder berichteten.

Die zur weltweiten Lesung bestimmten Texte liegen in Englisch (Liao Yiwu, *The Corpse Walker: Real-Life Stories, China from the Bottom Up*, übersetzt von Wen Huang, Pantheon Books, New York 2008) und Deutsch (Liao Yiwu, *Fräulein Hallo und der Bauernkaiser – Chinas Gesellschaft von unten*, übersetzt von Hans Peter Hoffmann und Brigitte Höhenrieder, Fischer Verlag, Frankfurt a. M. 2009) vor.

Institutionen und Personen, die sich mit einer Lesung am 4. Juni beteiligen möchten, werden gebeten, uns zu informieren.

Cannabis in der alten Stadt Dali

Aufgrund dieser »weltweiten Lesung« wurde Chengdu im Mai zu einer »sensiblen Zone«, westliche Journalisten kamen zahlreich zu Interviews. Weil ich fürchtete, erneut unter Hausarrest gestellt zu werden, blieb mir nichts anderes, als der »Empfehlung« der Polizei Folge zu leisten und zusammen mit meiner Mutter in einen Zug nach Westen zu steigen. Nach einer Nacht waren wir an einer Guangtong Transferstation im Autonomen Bezirk Chuxiong in Yunnan, verließen den Bahnhof, liefen zwei Kilometer durch die Gegend, um möglichst schnell an eine Fahrkarte für einen Fernbus zu kommen, wo wir dann weitere fünf Stunden durchgeschüttelt wurden, bevor wir die alte Stadt Dali erreichten. Meine Mutter klagte dort fortwährend, »meine alten Knochen fallen gleich auseinander«, ich klopfte ihr halbherzig auf den Rücken und redete ihr gut zu: »Nur wer viel leidet, hat ein langes Leben.«

»Wer sagt das denn?«

»Das hat ein hundertjähriger Daoist auf einem Gipfel des Cang-Gebirges gesagt. Außerdem hat er gesagt, Vögel halten mehr aus als Menschen, im Winter gehen sie fort, im Frühjahr kommen sie wieder, in einem Jahr machen sie viele Meilen, und das nur, damit sie Insekten finden.«

»Und haben Vögel ein langes Leben?«

»Der Kranich hat ein langes Leben. Wenn du, verehrte Mutter, dieses Leid aber weiter tapfer trägst, wirst du länger leben als ein Kranich.«

»Und was ist mit Schildkröten?«

»Leben auch lange. Äußerlich ist eine Schildkröte bewegungslos, aber innerlich leidet sie schlimmere Qualen als ein Vogel.«

»Wer sagt das?«

»Haha, das sagt die Schildkröte selbst.«

Während Mutter und Sohn so vor sich hin plauderten, stiegen sie am Fuß der alten Stadtmauer entlang nach oben, überquerten die erneuerte Hauptstraße und gingen in die Siedlung am Südtor zwischen den Zehen des Cang-Gebirges. Schaute man nach oben, konnte man am Ende der Steigung den »Ein-Pagoden-Tempel« aus der Zeit des Tang-Kaisers Xuanzong[85] sehen. Ich wohnte, wenn ich hier war, eigentlich immer in einem bäuerlichen Gasthof neben dem »Ein-Pagoden-Tempel«, doch jetzt zögerte ich, verließ dann den in der herrlichen Landschaft geomantisch perfekten Ort, machte mit Mutter einen Bogen nach links, wir gingen über eine kleine Steinbrücke, über einen Feldweg zwischen Maisfeldern und kamen zum von dem Untergrunddichter Yefu gemieteten Bauernhof.

Auf mein Klopfen gab es keine Antwort, auch als ich herumliegende Steine über die Umgrenzungsmauer warf, kam keine Reaktion. Nur die Hunde um den Hof herum belferten los. Ich stellte mich auf Zehenspitzen, tastete zwischen Mauerrand und Türrahmen herum und fand einen Schlüssel. Innen standen wir vor zwei quer stehenden ebenerdigen Häusern, am Ende einer Treppe fühlte ich unter der Türschwelle des Haupthauses nach dem Schlüssel für dessen Tür. Hinter ihr befand sich gleich in der Mitte ein Wohnzimmer, links und rechts waren die Schlafzimmer, von denen Mutter und Sohn jeweils eines in Besitz nahmen. Meine Mutter legte sich für ein Nickerchen aufs Bett, ich ging in die Küche und kochte uns Reisbrei, und während ich wartete, dass er gar wurde, blickte ich in die Vergangenheit zurück. Yefu, der Bewohner dieses Hofes, hatte Ähnliches erlebt wie ich, er hatte Gedichte geschrieben, im Gefängnis gesessen und sich in der Halb- und Unterwelt herumgetrieben, hatte allerdings eher aus dem gleichen Grund wie Li Bifeng im Gefängnis gesessen: Als er nach dem Massaker auf dem Platz des Himmlischen Friedens vor der Verfolgung floh, wurde er, als er gerade mit einer Organisation jenseits der Landesgrenze Kontakt aufnahm, von einem Spitzel der Nationalen Sicherheit verraten und zu sechs Jahren verurteilt. Etliche Zeit danach waren wir uns vor etwa drei Jahren in einer engen Gasse der Siedlung am Südtor über den Weg gelaufen, einer so überrascht wie der andere seufzten wir beide: »Ist das denn die Möglichkeit!« Dann kauften wir was zu trinken und saßen bis spät in die Nacht zusammen, ich spielte ziemlich angeheitert Flöte, Yefu begleitete mich mit seinem Schnarche und als ein Lied zu Ende war, wachte er unvermittelt auf und fragte: »Das klingt nach so viel Kummer, bist du geschieden, Bruder?«

»In zwanzig Jahren zweimal.«

»Ich bin auch zweimal geschieden.«

»Wie heißt es so schön: Wenn das Land in Gefahr ist, kann man nicht an Familie denken!«

Zwischen Traurigkeit und Freude hoben wir zum wiederholten Male das Glas und wünschten unseren Frauen, mit einem anderen glücklich alt zu werden.

Diese vergangenen Ereignisse waren mit dem Dampf des Kochens aber schnell wieder verschwunden, kaum dass der Reisbrei fertig war. Ich rief meine Mutter, wir gaben Senfgemüse aus Fuling zum Reisbrei dazu und mit dem Bauch freute sich das Herz. Nachdem Mutter zwei Schüsseln Reisbrei gegessen hatte, sagte sie plötzlich: »Bevor du im Gefängnis warst, hat Xia mir oft Senfgemüse aus Fuling mitgebracht, ich weiß gar nicht, wie es ihr inzwischen ergangen ist?«

Damit traf sie mitten in einen wunden Punkt und mein Gesicht verdüsterte sich. Erstaunlicherweise verdüsterten sich die achtzehn Gipfel des Cang-Gebirges hinter dem Haus ebenfalls, der Himmel war schon ganz verdeckt von den Schatten der Berge, und von einem Augenblick auf den anderen war das Abendsonnenlicht dahin, das eben noch wie in voller Rosenblüte gestanden hatte. Ein Hund vertrieb eine Katze, die auch noch von der Terrasse auf unser Haus sprang, dass die Dachziegel klapperten, und meine Mutter schoss hinaus und beschimpfte den Hund, schloss dann alsbald ihr Fenster und legte sich schlafen.

Ich hingegen huschte wie ein Dieb aus dem Hof und eilte mit großen Schritten in die Altstadt. Die Mondsichel kam gerade heraus, sie lag auf dem Erhai-See wie ein nasser Silberfisch auf einem Edelsteinteller mit Wellenintarsie. Gleichzeitig stiegen hinter mir mit dem Wind ständig schwarze Wolken aus den Tiefen des Cang-Gebirges auf, verschluckten erst die Altstadt und dann auch den Silberfisch Mondsichel Stück für Stück. Der Nieselregen war wie ein Stehgreifgedicht, mal dichter, mal gelöst. Ich dachte daran, dass Dali, dieses Stück Land zwischen Cang-Gebirge und Erhai-See mit seiner reichen Getreideernte von alters her immer ein Garten Eden gewesen war, während der drei Dynastien Tang, Song und Yuan[86] gab es hier einst zudem achthundert Jahre lang ein unabhängiges Königreich, Monarch wie einfaches Volk waren fromme Buddhisten und wollten mit dem Treiben der Welt nichts zu tun haben. Der

Überlieferung nach hatten sieben Monarchen in dieser Religion Zuflucht gefunden, dem Leben entsagt und aus eigenem Entschluss die Macht abgegeben – das war nichts weniger als die von Generationen von Historikern einhellig so hoch geschätzte »Abdankung von Yao und Shun«[87] in unserer frühesten Geschichte, es war das höchste politische Ideal in der chinesischen Tradition –, und obwohl das Reich Nanzhao und das nachfolgende Reich Dali angegriffen und zum Grenzgebiet eines umfassenden Einheitsstaates umgebaut wurden, blieb die Zentralverwaltung immer nur äußerlich, der Name des Herrschergeschlechts änderte sich, Beamte und Bevölkerung jedoch blieben die alten. Die »Riten von Yao und Shun« waren weiterhin überall verbreitet, und selbst noch in den zahlreichen Tempeln der Urbevölkerung war es die ganze Zeit über wie in einem westlichen Parlament, oft drängten sich ein Dutzend oder auch mehrere Dutzend Persönlichkeiten aus Religion, Legende und Geschichte um den Altar und erfreuten sich alle gemeinsam und unbeschwert am Strom der betenden Pilger.

Mit der Kommunistischen Partei Chinas dann wurde das aber alles anders.

Während ich mich so zwischen Vergangenheit und Gegenwart treiben ließ, war ich, ohne es zu merken, in der Altstadt angekommen. Hier hatte ich mir zwei, drei Jahre lang die Zeit vertrieben, in den Gassen sah ich einige bekannte Gesichter, aber fürs Erste rief ich keine Namen. Ein großgewachsener Ausländer hatte eine modische chinesische Touristin im Schlepptau, sie schlenderten an den Schmuckständen der Sifang-Straße vorbei, wo es von Menschen nur so wimmelte. Wir lächelten uns kurz zu, ich hatte jedoch vergessen, ob er der Ju Li'ai aus Italien oder der Ju Li'ai aus Frankreich war. Der französische Ju Li'ai lebte hier seit vielen Jahren, von Zeit zu Zeit verschwand er in ein abgelegenes Tal in den Bergen und sammelte alte Lieder von Volksgruppen wie den Lisu, den Hani, den Yi oder auch den Tibetern, die nahm er dann mit in den Westen und beantragte dafür Kunstfördermittel, außerdem gravierte er selbst kleine Teller, die er an Straßenständen verkaufte. Der italienische Ju Li'ai war erst im vorletzten Jahr gekommen, er tat nichts anderes, als den ganzen lieben langen Tag Haschisch zu rauchen. Wenn ihm das Geld ausging, stieg er auf einen Berg, pflückte Hanf, röstete ihn zu Hause und fabrizierte Haschsnacks, die er an Kneipen verkaufte. Ein Mädchen aus einer reichen Beijinger Familie wollte Ju Li'ai heiraten, um auswandern zu können. Da offenbarte er ihr: Sein Zuhause in Italien bestehe aus nichts als einer alten Karre, die er ein wenig zusammengeflickt hatte; um kreuz und quer durchs Land zu fahren, sei sie ganz passabel, aber nicht zum Kochen und Liebemachen. Das Mädchen aus reichem Hause meinte, das sei egal, sobald ihre Staatsangehörigkeit geändert sei, könnten sie am Mittelmeer eine Villa kaufen. Und Ju Li'ai antwortete darauf naiv: »Warum kaufen wir nicht einfach eine Villa am Erhai-See? Sonne und Hasch sind hier völlig umsonst.«

Gerüchte dieser Art waren zahlreich wie die Haare eines Ochsen, als ich gleich an der Kreuzung zur Straße des Volkes noch dem Schriftsteller Yang Pigui aus Henan über den Weg lief, fragte ich ihn deshalb sofort, ob das nun eben der italienische oder der französische Ju Li'ai gewesen sei. Yang Pigui war perfekt im Schlussfolgern und er war sich ganz sicher, dass es der französische war, denn ein klappriges französisches Kamel sei immer noch besser als ein italienisches Pferd, und so sei er schließlich die erste Wahl des Mädchens aus reichem Hause geworden.

Ich sagte: »Du machst mich ja ganz konfus.«

Yang Pigui sagte: »Konfus werden darf man unter keinen Umständen, hier in der Altstadt gibt es jede Menge Spitzel, erst vor kurzem wurde ich wieder einmal von der Polizei abgeführt, an einen Spezialstuhl gekettet und eine Nacht lang verhört. Der Grund: Irgendeine politisch problematische Person sollte angeblich zu mir nach Dali kommen, um eine Internet-Konferenz zu planen.«

Ich fragte, ob der Spezialstuhl aus Eisen gewesen sei.

Yang Pigui sagte, aus Holz, an den Armlehnen habe es Handschellen gegeben, unten Fußschellen, sobald er einmal drin gesessen sei, habe er sich kein bisschen mehr rühren können. Sie hätten ständig um den heißen Brei herumgeredet, ohne jede Grundlage nach einem »künftigen Geheimnis« gestochert, bis er irgendwann nicht mehr habe an sich halten können und nur noch »kacken« gebrüllt habe – da endlich hätten sie sich daran gemacht, klackend die vier Schlösser aufzuschließen: »Wobei beim letzten auch noch der Schlüssel blockierte, es musste mit einer Zange aufgebrochen werden.«

Ich sagte: »So behandelt man einen Amokläufer, einen Mörder.«

Yang Pigui sagte: »Gedanken töten doch auch. Vermutlich habe ich selbst einem Spitzel der Nationalen Sicherheit unvorsichtigerweise zu sehr vertraut und schon wurde aus ein paar Sätzen beim Schnaps ein Straftatbestand – aber ich hatte alles im Griff, ich hielt bis zum nächsten Tag durch und wurde wie erwartet wieder auf freien Fuß gesetzt.«

Danach liefen zwei Wirrköpfe, den Arm jeweils um die Schulter des anderen gelegt, zur Musikkneipe »September« im unteren Teil der Straße des Volkes. Der Dichter Haizi, der sich noch vor dem Massaker auf dem Platz des Himmlischen Friedens vor einen Zug geworfen hatte, hatte ein berühmtes Gedicht mit dem Titel »September« geschrieben, aus dem der blinde Sänger Zhou Yunpeng ein Lied machte, das in der Halb- und Unterwelt eine Zeitlang kursierte, und am Ende hatten sicher ein paar hundert Kneipen im ganzen Land ihren Namen in »September« geändert. Yang Pigui pflegte eine starke poetische Neigung, nach drei Runden Schnaps kam ihm plötzlich ein Gedanke, er meinte, auch Haizi sei von einem Spitzel in die Verzweiflung getrieben worden, und dass das so sei, sei aus dem Gedicht »September« zu ersehen:

»Fern ist im Wind in der Ferne ferner als fern
Meine Qin klagt ohne Tränen
ich gebe die Ferne der Ferne zurück an das Gras.«

Ich schüttelte den Kopf: »Kann ich nicht erkennen.«

Yang Pigui sagte: »Aus so viel Tragik kannst du das nicht heraushören? Ich hab mich viele Jahre mit den chinesischen Schriftzeichen befasst, ich weiß, dass Verse, die immer wieder wiederholt werden, oft ein für Leben und Tod relevantes Geheimnis verbergen. ›Die Ferne der Ferne‹, ›ferner als fern‹, wer war in dem Soßenfass Beijing, als die Studentenbewegung immer turbulenter wurde, die unsichtbare schwarze Hand hinter Haizi, die dafür sorgte, dass er entlang der Eisenbahn in ›die Ferne der Ferne‹ ging?«

»Ein Spitzel.«

»So ist es, ›die Ferne der Ferne‹ ist ein Rätsel, hat man es gelöst, kommt Spitzel des Todes dabei heraus.«

»Der einzige wirkliche Dichterstar der Studentenbewegung von '89 war Bei Dao, zusammen mit Lao Mu und Chen Jun initiierte er einen Appell zur Freilassung des politischen Gefangenen Wei Jingsheng, den dreiunddreißig der berühmtesten Literaten unterzeichneten, was eine Sensation war, fast hätte er den Nobelpreis für Literatur bekommen. Da wäre doch ein Spitzel an Bei Daos Seite irgendwie wahrscheinlicher gewesen.«

»Das ist ja ebenfalls richtig. ›Informanten sind in Schüssel, Topf und Wasserkrug, vor dem Giftzahn hüte die Zunge‹, von wem ist das?«

»Von mir.« Ich hätte gern auch meine eigenen Spitzelgeschichten erzählt, aber ich hielt mich dann doch lieber zurück.

In kleinen Grüppchen kamen die Gäste herein, man nickte einander zu und setzte sich, fahrende Sänger gingen spontan auf die Bühne, die einen sangen zu einem Saiteninstrument, andere trommelten, und auch Huanqing selbst, der Wirt und mein alter Freund, der so perfekt die Maultrommel spielte, machte ein paarmal Musik, kam dann in angeregter Stimmung zu uns her und trank mit uns.

Yin Ke, Inhaber des Antiquitätenladens neben der Kneipe, ursprünglich einmal geschäftsführendes Vorstandsmitglied beim Stone-Unternehmen, musste 1989 nach Frankreich ins Exil, kehrte nach 2000 still und leise zurück, zog sich in die Abgeschiedenheit von Dali zurück, tat sich dort mit einer Gruppe von Szenekünstlern zusammen und wurde auch von mir ein »besonderer Saufkumpan«. Nun stieß ich mit ihm am Nachbartisch ebenfalls an und wir wechselten ein paar Worte. Als ich mich wieder umdrehte, fand ich an der Seite von Yang Pigui einen über das ganze Gesicht strahlenden Maitreya Buddha vor, auch eine verwandte Seele: »Meine Wenigkeit war einziger Unterzeichner der *Charta 08* in der Region Dali, ich bin ein Mönch aus den Bergen mit dem Namen Lanruo.« Seit dem letzten Jahr waren das immer seine ersten Worte, dann ging es weiter: »Nach den buddhistischen Schriften sind alle Lebewesen gleich, das meint nichts anderes als demokratische Freiheit, die aktuelle Reinkarnation des Buddha Shakyamuni ist niemand anderes als Liu Xiaobo.«

Der Maitreya und Yang Pigui hatten mittlerweile vom Bier genug gehabt und waren zum lokalen sechsundfünfzigprozentigen Korn übergegangen. Gesprächsthema waren aber noch immer die »Spitzel«. Der Maitreya hatte seine Mönchskutte nach oben gezogen und sagte, wobei er seine Wampe, sein Markenzeichen, freilegte: »Spitzel kriechen aber auch wirklich in jedes Loch! In den vergangenen beiden Jahren hat eine bestimmte Firma mit der Regierung unter der Hand die Jizu-Berge erschlossen, für die Bergrücken in der Umgebung wurden große ausländische Windräder importiert, um mit Windkraft Strom zu erzeugen, und das wird wunderschön als Umweltprojekt bezeichnet, für die Zugvogelschwärme allerdings ist es ein grausiges Fiasko.«

»Wie das?«

»Das ist eine uralte Vogelzugstrecke. Zugvögel kommen seit Jahrtausenden hier durch, von Norden nach Süden und von Süden nach Norden, nie hat sich das geändert. Und jetzt hat man auf einmal auf den Bergrücken reihenweise Windräder aufgestellt, von deren Luftwirbeln die Zugvögel in Massen angesogen und geschreddert werden. Die Mönche und Nonnen aus den Klöstern dort haben ohne Erfolg dagegen angekämpft, und ich wurde schließlich beauftragt, eine ›Petition‹ zu entwerfen, das jedoch rief die Spitzel auf den Plan. Offenbar hat jedes Kloster seine Spitzel, ob es nun Mönche oder Nonnen sind oder Laien, die in den Bergen leben, sie mahnen jeden zur Duldsamkeit. Die Polizei quartierte sich in der Stadt ein, hatte aber bereits Klarheit über alle Aktivitäten in den Bergklöstern. Kaum war ich aus den Bergen heraus, befahlen sie mich umgehend zum Tee, die ›Petition‹ wurde mir bei einer Durchsuchung abgenommen und ich musste eine ›schriftliche Verpflichtung‹ verfassen, anders wäre ich nicht mehr fortgekommen.«

Der abgrundtief entrüstete Maitreya genoss so viel Respekt, dass jede Menge Leute mit ihm anstoßen wollten. »So etwas wie bei Ihnen«, kommentierte ein kräftiger Kerl, »wäre in Beijing viel früher kontrolliert worden.«

»Warum?«

»Warum? Wenn Sie auf Bergen und in Tälern Mönche und Nonnen zur Rebellion bewegen können, dann können Sie auch die Familien der

Mönche und Nonnen bis in den letzten Winkel des Landes zur Rebellion bewegen.«

»Ich will keine Rebellion. Wenn es nur Hasch zum Rauchen gibt, bin ich schon zufrieden.« Ein dürres Äffchen fiel ihm ins Wort: »Wer fliegen will, muss erst was zwitschern«.

»Ich hab Hasch schon mal probiert, ich hab gar nichts gemerkt«, meinte Yang Pigui, »Schnaps bringt da mehr.«

»War vielleicht was nicht in Ordnung mit dem Zeug!?«, lockte das dürre Äffchen, »ich hab Blätter hier, willst du's noch mal probieren?«

»Das stimmt wirklich«, bestätigte ich, »Yefu hat auch gesagt, dass er beim Haschen nichts spürt, als er dann mal was Hochwertiges geraucht hat und zu Hause war, lag er bis zum Abend des nächsten Tages flach und stand nur auf, um sich was in die Pfanne zu werfen, und als er eine Schaufel voll drin hatte, hat er die Pfanne mitsamt dem ganzen Öl auch noch umgeschmissen.«

»Also gut«, das dürre Äffchen wurde ganz aufgeregt, »ich dreh einen Joint, den lassen wir rumgehn.«

Weil ich drauf und dran war, etwas Unpassendes zu sagen, stand ich auf und ging zur Toilette, auch Yang Pigui rief, dass man woanders hingehen solle. Ein paar Minuten später war ich wieder da, trank den Schnaps am Tisch aus, zahlte und ging. Yang Pigui und der Maitreya folgten mir auf dem Fuß und wir schwankten gemeinsam die gepflasterte Straße hinunter. In der Altstadt von Dali war die Hölle los, nur auf der Straße des Volkes war kaum jemand zu sehen, die Häuser auf beiden Seiten waren niedrig, die Bürgersteige wurden früh hochgeklappt, die Kneipen allerdings hatten natürlich noch auf, denn die füllten sich überhaupt erst ab neun Uhr. Yang Pigui sagte, die Kneipen auf der Straße des Volkes könnten sich normalerweise nie länger als drei Jahre halten, ob wir wüssten, warum?

Ich sagte, ich hätte keine Ahnung.

Yang Pigui zerrte mich daraufhin in die Mitte der Straße, ich sollte nach oben schauen. Ich schaute nach oben, das Cang-Gebirge thronte über uns wie eine Reihe von schwarzen Menschen, Schulter an Schulter, die Straße, auf der wir standen, führte schnurstracks zum Nabel der schwarzen Figur in der Mitte. Yang Pigui sagte, das sei nicht der Nabel, das sei die Möse, und der Bach, der aus dem Bauch des Berges fließe, verwässere jedes Geschäft.

Der Maitreya meinte, das Geschäft der »Vogelbar« weiter oben laufe aber bestens. Und Yang Pigui sagte, wir sollten einmal in diese Richtung durch die geschlossenen Lider blinzeln, es dauerte eine Minute und es fiel uns beiden wie Schuppen von den Augen, die Position der »Vogelbar« überlagerte sich mit der der Klitoris der Schwarzen des Cang-Gebirges, und an einer so empfindsamen Stelle musste es natürlich laufen.

Dann hob ich voll ab. Die Straßenszenerie wurde ganz leicht, wie ein Theatervorhang raschelte sie im Wind. Ich sagte, Yang Pigui, ich bin gelinkt worden. Yang Pigui verdrehte die Augen und sagte nichts. Deshalb erklärte ich weiter: »Als ich auf dem Klo war, hat mir jemand was ins Glas getan.«

Yang Pigui schüttelte es und er verdrehte die Augen nicht mehr. Der Maitreya sagte: »Wir müssen sofort ein Versteck suchen, wenn euch einer denunziert, kommt ihr in das Drogenrehabilitationszentrum am anderen Ufer des Erhai-Sees.«

Yang Pigui sagte: »Das, das, das, wir sind doch keine Junkies!«

Der Maitreya sagte: »Das ist der Polizei egal, wenn sie euch fassen, solange ihr noch drauf seid, gibt das eine Riesenmeldung von wegen Dissidenten, die Drogen nehmen.«

Uns beiden fuhr der Schreck so in die Glieder, dass unsere Seelen von außen auf uns sahen, die Schläfen pochten, nahe Erinnerung entschwand in die Ferne, ferne Erinnerung kehrte zurück. Ein Wimpernschlag und Yang Pigui verwandelte sich in Xu Wanping, der dreimal gesessen hatte und ebenfalls von kleinerer Statur war. Xu Wanping sprang mir aus dem tausend Meilen entfernten Gefängnis von Chongqing vor die Füße und zählte an den Fingern ab: »Beim ersten Mal acht Jahre, beim zweiten Mal drei Jahre, beim dritten Mal zwölf Jahre.«

Ich sagte: »Was für ein Pech! Du warst kaum das zweite Mal raus, da kam ein Spitzel, steckte dir ein Päckchen Heroin zu und eine Videokamera der Polizei filmte das.«

Xu Wanping weinte, nein, es war Yang Pigui, der weinte und sagte: »Die Herrscher der gegenwärtigen Dynastie sind verdorbener als alle anderen, die in den Geschichtsbüchern stehen, ich gehe zum Caicun-Hafen am Erhai-See zurück und lege mich schlafen.«

Ich sagte, der Hafen sei fünf Kilometer von der Altstadt weg, unterwegs könnten ihn streunende Hunde schnappen und wegzerren.

Nach meiner Erinnerung verabschiedeten wir uns dann. Ich verließ die Altstadt, überquerte die Straße, Autolichter glitten kometenhaft aus dem »Ferner-als-fern« des »September«-Gedichts heran. Mir fiel ein albanischer Film ein, den ich als Kind gesehen hatte, wo im Tirana des Zweiten Weltkriegs eine Partisaneneinheit die ausländischen Teufel aus Deutschland aus dem Hinterhalt überfiel. Danach quollen Stahlhelme nur so aus dem Abhang, und während ich vor mich hin murmelnd nach Stahlhelmen Ausschau hielt, war ich unversehens auf einem Friedhof gelandet. Wieder draußen, stand ich vor einer Felsrinne, als ich um die Felsrinne herumging, fiel ich der Länge nach hin und blieb auf dem ausgesprochen weichen Boden einfach liegen. In einer anderen Welt telefonierte ich mit Liu Xia und wir lachten und lachten miteinander.

»Was gibt es in Dali?« Das fragte sie.

»In Dali gibt es Haschisch, das kannst du an einem Hang rauchen und dabei Purzelbäume schlagen«, antwortete ich.

»So frei alles!«, rief sie voller Bewunderung.

Ich sagte: »Deine Bewunderung ist einen Furz wert.« Und schon war ich wirklich ein Furz und der verlor mich im Wind.

Als ich wach wurde, war bereits Vormittag, die Sonne stand hoch, ich lag in einer Schlucht mit wildem Hanf rechts oberhalb des »Ein-Pagoden-Tempels«. In dieser Hanfschlucht, besser gesagt, in diesem über sechs Hektar großen Hanfdschungel wucherte es wie verrückt vor sich hin. Ich mühte mich hoch, konnte mir aber trotzdem keinen Überblick verschaffen. Als ich mich mit den Armen rudernd wie ein Schwimmer in Bewegung setzte, entdeckte ich, dass nur einen Meter neben mir Yang Pigui gelegen hatte, ich erinnerte mich doch noch, dass wir uns in der Nacht davor voneinander verabschiedet hatten. Noch schräger fand ich allerdings eine Reihe von Ausländern, die im Hanfdschungel offenbar Tag und Nacht rauchten und schliefen, schliefen und rauchten, wie Berggeister, die für alle Ewigkeit am Boden haften und ihre Kreise ziehen.

Ein berühmter daoistischer Berg

Zurück in der Wohnanlage herrschte Mutter mich an: »Wo hast du gesteckt?«

Ich war nicht gut drauf und schnodderte: »Bei den Nutten in der Sanyue-Straße.«

Mutter stutzte, griff sich unter der Treppe einen alten Holzstock und wuselte damit zu mir herüber, ich machte einen Satz wie ein Affe: »Was ist da denn schon dabei, Chen Duxiu, der erste Generalsekretär der Kommunistischen Partei, ging zu Nutten, Kaiser Mao ging zwar nicht zu den Nutten, hat aber auch so jeder Menge Frauen einen dicken Bauch gemacht.«

Da Mutter mich nicht erwischte, schimpfte sie: »Du elender Grünschnabel, musst du dein ganzes Leben verpfuschen.«

Ich beeilte mich, sie mit einem Lächeln zu besänftigen: »Ich hab dich nur auf den Arm genommen. Ich bin ein empfindsamer Charakter, ich würde nie einfach so rummachen.«

Mutter sagte: »Irgendwas hast du doch schon wieder ›rumgemacht‹? Du hast letzte Nacht dein Handy vergessen, als es immer wieder brummte, bin ich irgendwann rangegangen, und es war die Polizei. Ich sagte, du schläfst schon, und der Polizist sagte, eine Nachteule wie du ist unmöglich schon so früh im Bett. Ich fragte, was los ist. Und der Polizist sagte, ein alter Freund hat ihn beauftragt, dich einzuladen, ein Willkommensessen. Ich sagte, du bist schwer erkältet, hast Durchfall und darfst auf keinen Fall etwas Fettes essen. Der Polizist sagte, dann gibt es vegetarisch, die vegetarischen Gerichte mit Pilzen aus Dali seien ja berühmt. Ich sagte, egal was er isst, es kommt direkt wieder raus, er rennt alle zehn Minuten auf die Toilette. Der Polizist wollte aber einfach keine Ruhe geben, also hab ich aufgelegt. Nach einer Weile hat im Dunklen jemand an das Tor gewummert, ich hab nicht reagiert.«

Ich tat ihr ein bisschen schön: »Zum Glück hat der dumme Junge eine echte Tigerin zur Mutter!« Innerlich gratulierte ich mir, dass ich das Handy vergessen hatte. Mutter und Sohn stritten noch eine Weile herum, aßen dann den aufgewärmten Brei vom Vortag auf und gingen schließlich gemeinsam spazieren. Am Südlichen Stadttor trafen wir auf Zhang, den Nachbarn aus Chengdu, wir hatten uns über ein Jahr nicht gesehen, er war inzwischen ausgezehrt wie eine Mumie, aber seine feinen Koboldohren, die die Geister hören konnten, vibrierten noch immer im Wind. Ich legte die Hände zum Gruß ineinander und verbeugte mich tief: »Alter Freund, geht es dir gut?«

»Geht es der Sonne gut, geht es auch mir gut, du musst wissen, ich bin eigens zum Sonnenbaden hier.«

»Ich habe gehört, deine Frau ist auch hier?«

»Schon wieder weg. Sie hat verlangt, ich soll wieder bei dem Zeitungsverlag in Chengdu anfangen, aber nachdem ich es nur unter den größten Schwierigkeiten aus dem nasskalten Becken hier herauf auf die Hochebene geschafft habe, warum soll ich bei denen jetzt wieder anfangen und mich ein weiteres Mal verfolgen lassen? So haben wir uns ohne großes Brimborium scheiden lassen.«

»Du sonnst dich jetzt schon ganze drei Jahre, reicht das nicht mal?«

»Für das Fleisch schon, für die Knochen noch nicht.«

»Und wenn die Knochen soweit sind?«

»Dann kommt das Denken.«

»Wie tiefgründig.«

»Nicht tiefgründig, weitsichtig, ich bin ein Prophet.«

»Ja, klar. Wen du heimsuchst, du alte Unke, der hat verspielt.«

»Habe ich dich heimgesucht?«

»Wir haben uns zweimal getroffen, jedes Mal hast du falschen Alarm geschlagen; diesmal halt bitte einfach die Klappe!«

»Deine Augäpfel, lieber Freund, sind in dauernder Bewegung, wie bei einem Dieb.«

»Klappe!«

»War die Polente wieder da?«

»Verdammt, ich hab gesagt, du sollst die Klappe halten.«

»Aber, ich seh doch, aus deiner Stirn steigt die Purpurwolke, das ist ein gutes Omen.«

»Was? Sprich, sprich weiter.«

»Die Mysterien des Himmels darf man nicht preisgeben.«

»Nur ein bisschen, ich lade dich auch zum Mittagessen ein.«

Damit gingen wir zusammen in ein muslimisches Restaurant, wo Zhang ohne jede Spur von Höflichkeit drei Portionen sojageschmortes Rindfleisch verdrückte, er wirkte wie ein ins Leben zurückgeworfenes Hungergespenst, meine Mutter seufzte mehrmals nur: »Der Ärmste«.

Zhang hob den Kopf aus dem warmen Dampf und betrachtete eingehend Mutter und Sohn, dann sagte er, den von blauen Adern übersäten Hals streckend: »Deine Mutter ist dein Schild.«

»Das bin ich allerdings immer gewesen, von Anfang an bis heute«, beschwerte sich Mutter, »mit fünf hat er einem Nachbarkind ins Ohr gebissen, als dem seine Eltern bei uns vor der Tür standen, musste ich dann wohl oder übel mit dem Kleinen ins Krankenhaus, wo es mit fünf Stichen genäht wurde.«

»Das hast du doch schon hundertmal erzählt, Mutter«, sagte ich ungeduldig, »jetzt beißt der Staat mir ins Ohr.«

Zhang kicherte und Mutter bestellte für ihn noch eine Suppe mit Rinderinnereien, er schlürfte einen Löffel, war ganz hin und weg und schlug vor, mit mir in die Weibao-Berge zu gehen, um dort etwas über meine Zukunft zu erfahren.

Ich sagte, hier in der Gegend gebe es Tempel wie Sand am Meer, warum wir dazu bis ins Weibao-Gebirge müssten?

Zhang sagte, die Weibao-Berge, das sei das gelobte Land des Daoismus, dort gebe es Geheimnisse, die selbst Geistern und Göttern Rätsel aufgäben.

Das war mir neu, ich kannte nur den Qingcheng-Berg in Sichuan als heiliges daoistisches Land.

Zhangs spitze Koboldohren hatten meine lautlosen Gedanken offenbar hören können, denn er sagte sogleich voller Geringschätzung: »Auf dem Qingcheng-Berg gibt es jedes Jahr Millionen von Besuchern, der magische Odem dort hat sich längst verflüchtigt.«

Ich hatte das dunkle Gefühl, dass schon am Vorabend irgendwann davon die Rede gewesen war, die Wahrsagestäbe in den Weibao-Bergen seien die effektivsten, aber ich konnte mich nicht erinnern, wer das gesagt hatte. In diesem Moment lief, wie es der Zufall wollte, Yang Pigui an der Tür vorüber, ich rief ihm schnell nach, und als wir zusammen beim Rindfleisch saßen, fragte ich ihn wie von ungefähr, wer denn am gestrigen Abend von den Wahrsagestäben im Weibao-Gebirge erzählt habe.

Yang Pigui antwortete, Yin Ke, der Inhaber des Antiquitätenladens, als ein daoistischer Priester mittleren Alters mit wallendem weißen Gewand hereingekommen sei und grüßte, habe Yin Ke mir eben diese Weibao-Berge empfohlen, doch ich hätte mich gleich abgewendet und mit dem Maitreya weiter sinnloses Zeug geredet.

Als Zhang das hörte, fragte er, ob der daoistische Priester mit dem weißen Gewand vielleicht Xiaoyao aus dem Tempel »Changchun-Höhle« war. Yang Pigui bejahte das. Und Zhang erzählte daraufhin, er habe bei dem daoistischen Priester Xiaoyao Schattenboxen gelernt, einmal, die Mondnacht sei taghell gewesen, hätten Meister und Schüler gleichzeitig die Figur »Der Kranich breitet seine Flügel aus« geübt, er selbst sei dadurch auf einer etwas höher gelegenen Plattform gelandet, doch Xiaoyao sei, ein weißer Lichtstrahl, vom flachen Boden bis auf ein Haus hinauf.

Yang Pigui und ich äußerten Zweifel, Mutter jedoch bezeugte, in den dreißiger Jahren, sie selbst sei erst drei Jahre alt gewesen, sei ein Meister des Leichten Kungfu, bei dem der eigene Körper halt extrem leicht werde, einmal, noch mit ihr an der rechten Hand, vom flachen Boden auf ein zweistöckiges Haus rauf. »Später ist er von Sichuan mit dem großen Heer von Liu Xiang in den antijapanischen Widerstandskrieg gezogen, und irgendwann mitten in der Nacht zischte er wie ein Blitz in ein Militärcamp der japanischen Teufel hinein und schlug einem Kommandanten im Rang des Oberst den Kopf ab.«

Unversehens hatte uns unser Geplauder bis in die Republikzeit geführt, ich gebot eilig Einhalt und verabredete mit Zhang und Yang Pigui für den nächsten Tag eine Tour ins Weibao-Gebirge. Mutter wäre gern mitgekommen, aber vermutlich wäre es für sie zu anstrengend geworden und sie erklärte sich deshalb von sich aus bereit, bei unseren Sachen zu bleiben. Ich versicherte ihr, dass wir innerhalb von drei Tagen zurück wären und ich den Maitreya telefonisch bitten würde vorbeizuschauen, um ihr »zur Seite zu stehen«. Mutter meinte allerdings: »Der Maitreya ist ein bisschen ungebildet, mir wäre dieser Wu Chuang, dieser Chinese mit der amerikanischen Staatsbürgerschaft, lieber, der, der im tiefsten Winter mit nacktem Oberkörper Fahrrad fährt und beim Lesen eine Sonnenbrille trägt.«

Wir mussten lachen und priesen Mutter für ihre Klarsichtigkeit.

Am Nachmittag des nächsten Tages kam noch der Künstler Pian Shankong auf einen Besuch vorbei, und am Ende hielten wir zu viert einen Minibus an und begaben uns damit in die zweihundert Kilometer entfernte alte Stadt Weishan, die Wiege des Nanzhao-Reiches, von wo aus wir nach einer weiteren Stunde, in der Abenddämmerung, am Fuß des Weibao-Gebirges eintrafen. Auch dort wollten wir gleich weiter und charterten in einem Dorf der Yi einen Karren mit Zugmaschine, keuchend und schnaufend krochen wir die Serpentinen hoch. Die Wälder wogten sanft im Abendwind und jenseits der Wälder tanzten rosafarbene Wolken wie mit der Sonne dahinschwindende Blütenblätter. Einige Augenblicke später, die Sonne war inzwischen zum größeren Teil hinter dem Horizont verschwunden, hüllte ein aus den Tiefen des Universums hervorquellendes Schwarz von beiden Seiten unseren Graben immer mehr ein und füllte ihn rundum hinauf zum Rand. Die Schatten der Berge zitterten wie zahllose düstere Zungen, unsere Zugmaschine stoppte an so einer ausgestreckten Zungenspitze und unser Fahrer aus dem Volk der Yi drehte sich um und meinte: »Hier ist es.«

Der Pförtner hatte längst Dienstschluss, deshalb brauchten wir keine Eintrittskarte mehr und gingen durch den alten steinernen Erinnerungsbogen am Südlichen Himmelstor direkt hinein. Wir überquerten zweihundert Meter weit ein Plateau, dann gab es zu unseren Füßen drei Wege, einen oberen, einen mittleren und einen unteren. Wir entschieden uns für den mittleren und drangen im Zickzack in das Herz des Gebirges vor, bis der Weg nur noch eine etwas hellere Spur hergab. Pian Shankong sagte, er sei einmal Mönch im Fangguang-Tempel in den Jizu-Bergen gewesen, da habe er sich oft nachts zurechtfinden müssen, und so bot er sich uns als Führer an. Anfangs liefen wir einer am Rock des anderen, doch dann trat der hochgradig kurzsichtige Yang Pigui plötzlich ins Leere und verlor den Halt, mich selbst hat es hingehauen. Darauf änderten wir unsere Strategie und hielten uns gegenseitig an einem langen, waagerecht gehaltenen Ast. Eulen riefen, einmal lang, einmal kurz, dazwischen wiederholtes Krächzen. Pian Shankong sagte, lang sei das Männchen, kurz das Weibchen, das Krächzen bedeute, die Liebe sei erfolgreich vollzogen, nun müsse man sich um den Nachwuchs kümmern.

Zhang sagte, das sei Unsinn, das sei ein gerade einmal gänseeigroßer Krächzvogel, aber die Geräusche, die er mit seiner Zunge mache, seien mehrere Schluchten weit zu hören.

Ich sagte, wenn Pian Shankong schon aus den Lauten das Geschlecht heraushören könne, sei es kein Wunder, dass er aus dem Tempel ins normale Leben zurückkehren musste.

Yang Pigui sagte, irgendetwas sei hier absolut gespenstisch, von unten zerre etwas an seinen Hosenbeinen. Er fingerte deshalb sein Handy heraus, machte Licht damit, beugte sich nach unten, leuchtete und das Licht fiel auf einen Grabstein, auf dem stand: »Li Zhuang, daoistischer Priester, am Soundsovielten in die Unsterblichkeit eingegangen.« Wir bekamen alle eine Gänsehaut. Ich sagte gerade, dieser Dao-Meister Li und Yang Pigui seien jetzt vom Schicksal miteinander verbunden, da blitzte die Mondsichel aus dem Gehölz und zog einen Schwanz von Wolkenstreifen hinter sich her, der aussah wie ein riesiger Staubwedel, und plötzlich war eine meterlange Reihe von Steinstufen auszumachen. Aus Pian Shankong brach ein lautes »Buddha Amitabha« heraus, Yang Pigui meinte, das passe hier aber nicht, und schrie, uns allen voran, dreimal und noch lauter: »Das Dao, das man nennen kann, ist nicht das ewige Dao; der Name, den man nennen kann, ist nicht der ewige Name.«[88]

Mit diesem kostbaren Mondlicht schafften wir es die Stufen hinunter und nach gut zehn Minuten erreichten wir das Eingangstor des Tempels »Changchun-Höhle«, drinnen war ein diffuses Licht, doch antwortete niemand auf unser Klopfen und ich rief mit Pian Shankongs Handy um die Ecke Yin Ke in der Altstadt von Dali an. Keinen Augenblick später war ein Knarren zu hören und ein Streifen weißes Licht fiel heraus: »Der arme Daoist Xiaoyao begrüßt seine werten Gäste.«

Eilig erwiderten wir den Gruß, höflich die Hände vor der Brust ineinandergelegt. Xiaoyao ging über den Innenhof voraus, im nächtlichen

Dämmerlicht betrachteten wir ehrfürchtig die Haupthalle, die im Lotossitz zu meditieren schien wie ein Laozi, im Rücken die Felswand und an der Stelle, wo die Hände aufeinander treffen, das unverschlossene Tor der Halle. Xiaoyao sagte: »Oben ist der hell erleuchtete Himmelspalast, er korrespondiert mit der fünften Linie, das heißt, der zweiten von oben, im schöpferischen Hexagramm *Qian* des *Buchs der Wandlungen*, also mit dem ›fliegenden Drachen am Himmel‹. Die Aufschrift auf der Tafel lautet deshalb ›hier ist die ganze Welt enthalten‹, ›über den Wolken zeigt sich der höchste Palast‹. Hier unten setzen wir gerade den Fuß auf den lichtlosen Erdpalast, er korrespondiert mit der fünften Linie im empfangenden Hexagramm *Kun*, über die es im Kommentar *Xiang* zum *Buch der Wandlungen* heißt: ›Die Kraft der Erde ist *kun*, Hingabe, der Edle trägt in dieser Weise mit seiner großen Tugend die Dinge.‹ Wahrhaft wundervoll.«

Yang Pigui sagte: »Wie ich gehört habe, folgt der ganze Tempel »Changchun-Höhle« der Anordnung der acht Trigramme des *Buchs der Wandlungen*?«

Xiaoyao darauf: »Fürwahr. Es heißt, die ›Acht Unsterblichen‹[89] überquerten das Meer und Lü Dongbin kam herab auf einem Kranich[90] und er schuf in den Weibao-Bergen die wahre Lehre der höchsten Unsterblichkeit; nach der Überlieferung soll dann vor mehr als siebenhundert Jahren Qiu Chuji, sein Name im Dao ist Changchunzi[91], um einem Unglück zu entkommen, in die »Höhle des Unsterblichen« in der rückwärtigen Felswand geflohen sein, und er erbte die geheime Schrift des Erleuchteten Wang Chongyang[92], verschmolz die drei Schulen Konfuzianismus, Daoismus und Buddhismus miteinander und begründete in der Drachentorschule des Quanzhen-Daoismus die Regeln für das Verlassen der Familie und die Aufnahme in einen Orden neu, wodurch die Weibao-Berge weithin bekannt wurden; in den Jahren des Qing-Kaisers Qianlong[93] kam ein daoistischer Priester aus Kunming hierher, um in einer einfachen Hütte in Askese zu leben, und wie die Jahre vergingen, vergaß er seine Sorgen, vergaß das Leben, vergaß den Tod und zuletzt ging er in äußerster Glückseligkeit in die Unsterblichkeit ein, Zhuangzi nennt das den ›Ausgleich der Weltanschauungen‹.«

Auf diese Geschichte hin mussten wir einfach klatschen und äußerten uns beifällig. Xiaoyao streckte jedoch sofort seinen Zeigefinger in die Höhe und machte: »Psst!« Im linken Seitenraum der Haupthalle des Tempels fand nämlich gerade eine »Versammlung der Unsterblichen« statt, mit gut zehn Unsterblichen, alles daoistische Priester aus den verschiedenen Tempeln der Weibao-Berge. Da wir auf keinen Fall stören wollten, suchten wir nach den Anweisungen von Xiaoyao umgehend und leise unsere Betten im rechten Seitenflügel auf. Der Mond strahlte hell, es gab keinen Wind und die Bäume standen bewegungslos, die Unsterblichen andererseits diskutierten im Seitenflügel drüben heftig und pausenlos, was uns reichlich verwunderte. Seit jeher glaubten Daoisten an das »Regieren ohne eingreifendes Handeln«, worüber diskutierten sie also so heftig? Der ungeduldige Yang Pigui sprang unter dem Vorwand, er müsse mal kurz raus, aus dem Fenster, er war neugierig. Nicht viel später stand er keuchend wieder im Zimmer und meinte, es sei unglaublich, zwei Priester seien aufeinander losgegangen, als sie dann angefangen hätten zu schreien, man solle das außerhalb des Tempels austragen, sei noch Xiaoyao schlichtend dazwischengegangen. Wir fragten nach dem Grund. Yang Pigui fuhr fort, es scheine, als wollten Religions- und Tourismusbehörde die Weibao-Berge weiter erschließen, es habe bereits eine Generalversammlung aller daoistischen Priester hier stattgefunden, ein offizielles Dokument mit rotem Briefkopf und Siegel habe mitten auf dem Tisch gelegen.

»Und dann?«

»Dann haben meine Beine den Boden verlassen und *wuuuuusch* befand ich mich nicht mehr zu Füßen des Jadekaisers in der Haupthalle, sondern wieder hier.«

»Du kannst dich auch leicht machen wie ein Meister des Leichten Kungfu und fliegen?«

»Nein, jemand, der es kann, hat mich zurückverfrachtet.«

»Und wer war das?«

»Ich hab mir vor Schreck fast in die Hosen gemacht, da konnte ich mich nicht mehr umschauen.«

Pian Shankong wollte das alles nicht recht glauben. Wir anderen drängten ihn deshalb: »Künstler haben das dickste Fell, gehst du noch mal?« Pian Shankong zögerte etwas und folglich erklärte ich mich bereit, ihm Deckung zu geben. Wir zogen uns also wieder ordentlich an, zurrten unsere Gürtel fest, schlüpften wie in alter Zeit Räuber auf nächtlichem Beutezug zum Fenster hinaus, stiegen ein paar Stufen hinauf und verschwanden in der Haupthalle, zwischen den Schenkeln des Jadekaisers berieten wir flüsternd eine Weile und schließlich ging Pian Shankong zuerst durch die Seitentür hinaus. Aber nach nicht einmal einer halben Minute war ein »Mann!« zu hören und *wuuuuusch* rauschte ein Schatten vorüber. Mir wurde klar, dass jetzt Pian Shankong erwischt worden war, meine Kopfhaut kribbelte, doch ich wollte die Gelegenheit nutzen, ging im Bogen um den Jadekaiser herum, machte mich aus der Tür hinter seinem Hinterteil, hielt mich eng an den vor Geistern schützenden Schrein des Höllenkönigs Yama, schaute hierhin und dorthin, hatte Glück und konnte von einer erhöhten Position aus durch ein Fenster einen Blick auf die chaotische Versammlung der Unsterblichen erhaschen.

Ein dicker Priester mit silberweißem Bart sagte: »Da nun dieses offizielle Dokument ausgegeben worden ist, haben wir keine andere Wahl, als zu kooperieren. Das Amt für religiöse Angelegenheiten wie das Amt für Tourismus haben Anweisungen gegeben, es heißt, die Entwicklung des Daoismus-Tourismus in den Weibao-Bergen habe riesiges Potential und sollte schneller vorankommen, wie in Lijiang und Dali, leider habe man dem in der Vergangenheit nicht genug Bedeutung beigemessen und zu wenig in Richtung Werbung unternommen. Jetzt ist die Regierung entschlossen, mit einer Werbeoffensive auf allen Kanälen von überall Reisegruppen anzulocken. Alle daoistischen Tempel müssen sich den modernen Zeiten anpassen und Veränderungen einleiten.«

Xiaoyao sagte: »Veränderungen welcher Art?«

»Die daoistischen Priester sollen sich nicht mehr nur der Kultivierung ihrer inneren Ruhe und der Abkehr von weltlichen Verlockungen widmen, sie sollen für Touristengruppen, die in unsere Berge pilgern, eigenverantwortlich heilige daoistische Musik, Schattenboxen und traditionelle Schwertkämpfe zur Aufführung bringen; die Tempel können leerstehende Zimmer und Speiseräume zur Nutzung anbieten; die daoistische Teezeremonie in den Weibao-Bergen ist tausend Jahre alt, man könnte zum Beispiel der Öffentlichkeit zeigen, wie der Tee nach diesen Regeln aufzugießen ist, das sollte das Augenmerk der Leute noch mehr auf sich ziehen als eine japanische Teezeremonie. Außerdem könnten mit Seminaren zum daoistischen Klassiker *Daodejing* oder zum *Klassiker des Gelben Kaisers zur Inneren Medizin* Studierende angezogen werden …«

Ein dünner Priester mit grauem Bart unterbrach ihn: »Sind die vielen erst auf dem Berg, sind die Lektionen nicht zu halten, ein Dao-Priester ohne Lektion und es bleibt vom Dao nur noch der Name.«

»Vorführungen sind doch auch Lektionen«, lachte der dicke Priester, »und ist man in der Lage, einem Touristenpublikum etwas in vollkommener innerer Ruhe vorzuführen, kommt man dem Ideal ›die große Erscheinung ist ohne Form, der große Klang ist ohne Ton‹ sehr nahe.«

Der dünne Priester sagte: »Auf unserem Berg gibt es seit Generationen von Patriarchen Orte für geheime religiöse Praktiken, die dürfen wir den Außenstehenden nicht einfach so preisgeben.«

Der dicke Priester sagte: »Werden wir preisgeben müssen, die Regierung wird Leute schicken, die dem nachgehen werden, alle interessanten Stellen, egal wie groß, sind in der Neuauflage der Touristenkarte der Weibao-Berge zu verzeichnen. Außerdem werden die jeweiligen Meldeunterlagen der Priester und Nonnen in den Bergen überprüft und an übergeordnete Stellen weitergegeben werden, freie Priester, die nicht in einem Tempel gemeldet, oder freie Schüler, die noch nicht durch das Amt für religiöse Angelegenheiten zugelassen sind und eigenmächtig aufgenommen wurden, müssen die Berge verlassen …«

Einem jungen Priester, dessen langes Haar das Gesicht vollständig verdeckte, platzte der Kragen: »Wenn die das durchziehen, dann ist die Schule der Himmlischen Meister am Ende!«

Und der dicke Priester sagte: »Die Herstellung alchemistischer Drogen und der Unsterblichkeitspille, das Züchten und Freisetzen von Insekten mit bösen Kräften und das Einfangen und Freisetzen von Geistern wird die Regierung mit Sicherheit verbieten. Dein Kostüm mit den ›Yin-Yang-Augen‹ wirst du ebenfalls wohl verändern müssen.«

Der junge Priester richtete sich auf, schüttelte ein wenig den Kopf, bis aus dem Vorhang seiner langen Haare eine Gesichtshälfte mit dem schwachen Schein eines Lächelns herausschaute, sein dunkles ›Yin-Auge‹, das sich zur Nacht erst öffnet, sandte kalten Glanz aus.

Der dicke Priester sagte: »Junger Freund, deine daoistischen Fertigkeiten sind noch recht dürftig, du solltest vielleicht besser deinen Meister herbitten.«

Der junge Priester zog ein Handy aus seiner Tasche, wählte eine Nummer, sagte jedoch kein Wort. Nach etwa zehn Sekunden brach er ab und setzte sich wieder aufrecht und steif hin wie eine Marionette. Noch mal etwas später begann dann ein Summen, zuerst schwach, dann immer stärker, und Schwärme langbeiniger Moskitos, jeder einzelne mindestens so groß wie eine Walnuss, setzten von der Bergseite her zu einem Überraschungsangriff an, drangen durch das Fenster ein und sammelten sich über dem Kopf des dicken Priesters zu einer dunklen Spiralwolke. Der dicke Priester rief: »Das ist erstaunlich«, zog einen Zauberwedel aus seinem Priesterrock und begann, in alle Richtungen um sich zu schlagen. Tricks wie mit diesen »Zauberinsekten« waren mir nicht unbekannt, »Gu« heißt das achtzehnte Hexagramm im *Buch der Wandlungen* und es steht für eben solche »Insekten mit schädlicher Zauberkraft«[94]: Diese übergroßen Moskitos mit ihren langen Beinen, dazu übergroße Spinnen, Tausendfüßler und Kröten werden von einer daoistischen Schule an Orten des äußersten Yin-Prinzips, also in der Abgeschiedenheit absoluter Finsternis, mit verdorbenem Zeug gezüchtet und dienen als eine ganz besondere Waffe gegen Feinde. Wird ein Mensch oder Haustier von solch einem Insekt gebissen, zeigen sich Müdigkeit und Wahnvorstellungen, man spricht vom »Zauberbiss«.

Der dicke Priester kämpfte eine ganze Weile gegen die Legionen von Moskitos, und unter den Lampen häufte sich eine pechschwarze Schicht von toten Moskitos. Als der junge Priester das erkannte, wurde er böse, heulte auf und stürzte sich wie ein Wolf hinüber, der dicke Priester machte einen Satz in die Luft und stand auf dem Tisch. Xiaoyao umklammerte den jungen Priester hastig mit beiden Armen, die anderen hielten den dicken Priester zurück: »Lasst es gut sein«, sagte Xiaoyao, »für heute Abend lasst uns auseinandergehen. Wir sind im gleichen Geiste vereint, warum so hitzig miteinander?!«

Ich zog mich schnell zurück. Wieder im Zimmer erzählte ich, was ich gesehen und gehört hatte, die anderen wollten mir das alles nicht recht glauben. Yang Pigui meinte: »Die Moskitos in diesen Bergen sind von Natur aus viel größer als in der Stadt, obwohl sie sich nur von Pflanzen ernähren.«

Ich sagte: »Und wenn ein Vegetarier sich erst mal dem Fleisch zuwendet, dann ist er darauf wilder als jeder normale Fleischesser«, als ein Klatschen zu hören war – Yang Pigui hatte sich selbst eine Ohrfeige gegeben und eine hühnereigroße Spinne erschlagen. Pian Shankong zog sofort an der Lampenschnur und wir waren eine geraume Weile damit beschäftigt, die Plagegeister im Zimmer loszuwerden, danach verschlossen wir die Tür und löschten wieder das Licht.

Die zehntausend Pfeifen der Himmelsorgel schwiegen. Yang Pigui fing an zu schnarchen. Pian Shankongs Hand kam aus der Dunkelheit zu mir herüber und schrammte gegen mein abstehendes Ohr. Wie bei einer Epiphanie vernahm ich in der Tiefe der Nacht den Klang eines Holzfisches.[95] »Das kann doch nicht schon Xiaoyao bei den Morgenübungen in der Halle sein?«, dachte ich bei mir. Darauf reagierte mit einem Mal mein Freund Zhang, der die ganze Zeit über keinen Ton mehr von sich gegeben hatte: »Das ist nicht Xiaoyao, das sind die einsamen Seelen und Geister, die gegen den Holzfisch des Höllenkönigs schlagen.«

Mich schauderte ein wenig, dann war plötzlich nichts mehr zu hören. Zhang fuhr fort: »Wenn du dich eine Weile flach hinlegst, steigt das ständig fließende *Qi*, der Odem der Erde, backwarm auf, ich fühle mich schon wie ein gedämpftes Baozi, alles, Schulter, Rücken, Gliedmaßen und sämtliche Organe des Körpers durchströmt der Duft von Fleisch. Hier, im Tempel Changchun-Höhle ist ohne Frage ein *Qi*-Auge, hier ist der Nabel der Weibao-Berge, wir haben das Glück, auf dem Nabel des Gebirges zu schlafen, wenn das kein Wink des Schicksals ist.«

Ich entspannte mich und wurde ebenfalls ein vom jahrtausendealten *Qi* der Erde gedämpfter Menschenkloß. Kurz döste ich ein, aber gleich begann die matte Dämmerung. Vogelgezwitscher, dann eine kristallklare Bambusflöte; das Vogelgezwitscher wurde fröhlicher, die Bambusflöte kristallener. Ich hatte keine Lust, mich zu bewegen, die Bilder des Vorabends hallten noch in meinem Kopf nach und es wollte kein Ende nehmen.

Plötzlich hallte die Tempelglocke und wollte auch kein Ende mehr nehmen. Die Sonne ging wie immer auf.

Affen und Unsterbliche

Wir standen einer nach dem anderen auf und wuschen uns. Zhang folgte vor der »Höhle des Unsterblichen« erst Xiaoyao bei seinen Übungen im Schattenboxen, dann praktizierten sie zusammen die Übung der »Schiebenden Hände«, bei der sich ihre Hände in einer gemeinsamen Bewegung berührten.

Xiaoyao lachte: »Wenn die Flut steigt, steigt das Schiff, das läuft ja wie am Schnürchen.«

Zhang antwortete: »Dass das Schiff steigt, wenn die Flut steigt, das ist einfach, aber sich die Situation dann auch zunutze zu machen, das ist nicht so leicht, Meister, Ihr Lob habe ich kaum verdient.«

Danach gingen wir zur Haupthalle des Tempels, erwiesen dem Jadekaiser unseren Respekt und baten ihn um Antwort auf unsere Fragen. Als die Reihe an mir war, schüttelte ich den bunten Bambuszylinder mit den Wahrsagestäben, bis einer heraussprang, auf dem doch tatsächlich das Schriftzeichen »Zauberinsekt« stand, was mir nach den Geschehnissen des Vorabends gehörig Angst einjagte – sollten die mehrfachen Blockaden meiner Ausreise und die Hoffnungslosigkeit meiner ganzen Situation am Ende auf den Biss eines Zauberinsekts zurückzuführen sein? Xiaoyao nahm den Stab und las, was weiter darauf stand, senkte ein wenig den Kopf und sagte erst nach einer ganzen Weile: »Das Schriftzeichen für ›Zauberinsekt‹ besteht aus zwei Teilen, unten steht das Zeichen für ›Gefäß‹ und oben dreimal das für ›Insekt‹. Das achtzehnte Hexagramm im *Buch der Wandlungen* hat oben das Trigramm ›Festigkeit‹, das für den Berg steht, und unten das Trigramm ›Sanftheit‹ für den Wind. Bruder, wie eine Drachenschlange schlafen Sie schon seit langer Zeit im finsteren Tal, das Ihr Gefäß ist, und lauern ebenso lange darauf, endlich loszuschlagen.«

»Gibt es eine Erklärung?«

»Ein Sturm wird durch das finstere Tal gehen und die Drachenschlangen in alle Winde zerstreuen. Und die Erklärung dazu lautet: ›Es ist von Nutzen, einen großen Fluss zu überqueren, wird das getan, wird etwas geschehen. Zwei Tage davor, zwei Tage danach, und jedem Ende wohnt ein Anfang inne, das ist der natürliche Verlauf.‹ ›Zwei Tage davor, zwei Tage danach‹ meint ganz allgemein einen bestimmten Zeitraum, wenn Sie in dieser Zeit nicht von Zauberinsekten in die Irre geführt werden, dann darf man Ihnen gratulieren.«

Insgeheim freute ich mich riesig, tatsächlich sagte ich nur: »Peinlich, peinlich. Bei Konfuzius heißt es: ›Mit fünfzig kennt man den Willen des Himmels.‹ Ich dummer Mensch bin zweiundfünfzig und habe noch immer keine Ahnung, was der Wille des Himmels sein könnte.«

Xiaoyao stutzte kurz, dann sagte er mit einem Seufzen: »Was der Wille des Himmels sein könnte? Wer weiß das schon? Das *Daodejing* sagt: ›Wer weiß, spricht nicht. Wer spricht, weiß nicht. Den Austausch sperren, die Türen schließen, die Spitzen stutzen, die Verwirrung lösen, den Glanz mäßigen, sich mit dem irdischen Staub vereinigen, das heißt mystische Einheit.‹ Je mehr also ein schwatzhafter Daoist wie ich spricht, desto weniger weiß er vom Willen des Himmels. Besser ist es, wenn er seine fünf Sinne versperrt, Türen und Fenster fest verschließt, sein Ego hintertreibt und sein Selbst befreit; wenn er wie die Lichtstrahlen in der Nacht schwindet und am Tag scheint; wie Staub mit dem Wind sich aufrichtet und mit dem Wind auch wieder endet. Dann bildet er mit der Welt ein harmonisches Ganzes, oder besser gesagt, dann ist er diese Welt selbst, die ein harmonisches Ganzes bildet.«

»Wenn das so ist, warum wollte Laozi dann das *Daodejing* schreiben? Und warum verfolgte er nach dessen Niederschrift weiter eigensinnig seinen Weg und verschwand über den Hangu-Pass in die Abgeschiedenheit? ›Den Glanz mäßigen, sich mit dem irdischen Staub vereinigen‹, der Glanz in verschiedenen Zeitabschnitten und der Staub in verschiedenen Umgebungen scheint mir doch keinesfalls immer gleich zu sein.«

»Aber das Nirwana ist immer gleich.«

Damit waren die Worte an ihr Ende gelangt, ich sagte nichts mehr.

Aber bei mir dachte ich: »Dieser Xiaoyao, der die Weltenläufte so durchschaut, hatte er nicht noch gestern Abend bei seinem Vermittlungsversuch unter daoistischen Priestern selbst sagen müssen: ›Warum so hitzig miteinander‹?«

Nach einem einfachen Mittagsmahl stiegen wir auf Steinstufen noch weiter hinauf, neben dem Weg ragten uralte Bäume in den Himmel, gewundene Pfade liefen kreuz und quer, überall lagen hier Tempel verstreut wie die Sterne am Himmel, ab und an sahen wir einen behaarten Affen, der auf einer Dachschwinge hockte und vor sich hin sann wie ein hagerer indischer Yoga-Meister, der über die Zeit meditiert. Yang Pigui schlug vor hinzugehen, ich war dagegen, denn ich wusste von meinen Bergtouren im Cang-Gebirge über die Jahre, dass man, solange die Beine noch frisch sind, am besten seine Energie darauf verwandte, in einem Zug den Gipfel zu erreichen, beim entspannteren Abstieg konnte man dann den lässigen Unsterblichen geben. Yang Pigui meinte, bis wir zurückkämen, sei der Affe fort. Pian Shankong sagte, wenn das ein Affe sei, wie ihn Darwin in seinen Büchern beschreibt, ein Affe also, der sich zum Menschen entwickeln könne, dann werde er nicht fortlaufen. Ich nickte zustimmend und sagte, und wenn er doch fort sein sollte, könnten wir uns immer noch den guten Zhang näher anschauen, der sei ja ohnehin noch dürrer als der Affe. Yang Pigui lachte, Zhang nicht.

So stiegen wir gut zweitausend Meter auf und kamen zu einer »Aufzuchtstation für Kraniche«. Wie der Name sagt, war das ein daoistischer Ort zur Aufzucht des vom Aussterben bedrohten Mandschurenkranichs gewesen, wegen eines verheerenden Waldbrands vor einiger Zeit allerdings war jetzt, soweit das Auge reichte, alles verbrannt – was für ein Kontrast zu dem saftigen Grün, das wir noch vor wenigen Minuten vor Augen hatten. Mit einem knarzenden Geräusch jedes Mal, wenn wir auf die verbrannte Erde traten, stiegen wir den gewundenen Weg am Bergrücken entlang noch einige hundert Meter hinauf bis zum nach drei Seiten hin steil abfallenden Gipfel – zwischen den Resten einer Mauer, die das Feuer übrig gelassen hatte, konnten wir uns nur mit Mühe noch vorstellen, dass das hier einst das weltentrückte Pfirsichblütenland war, der über dreihundert Jahre alte Tempel der Göttin Dou Mu.

Für Dou Mu, eine mächtige Göttin des chinesischen Daoismus und die Mutter der sieben Sterne des Großen Bären am Nordhimmel, wurden Opferaltäre in der Regel hoch oben auf schroffen Gipfeln errichtet, möglichst nah bei ihren sieben Söhnen, die den Menschen den rechten Weg weisen. Zhang sagte, als er letztes Mal hier gewesen sei, seien auf beiden Seiten der Haupthalle ihres Tempels viele Unsterbliche aufgereiht gewesen, am meisten hätten ihn jedoch zwei alte daoistische Nonnen fasziniert, die sich bei diesen Unsterblichen befanden. Über siebzig beziehungsweise über neunzig Jahre alt, saßen sie auf der Türschwelle und nähten und flickten und hantierten sehr behände mit Nadel und Faden. Er hatte sich mit ihnen unterhalten und dabei war ihm deutlich geworden, dass sie noch vor der Kulturrevolution hierher gekommen waren, sie hatten den Berg über vierzig Jahre nicht mehr verlassen, Essen und Kleidung wurden von der Dorfbevölkerung unten zu bestimmten Zeiten auf den Schultern nach oben gebracht. Als Zhang sie fragte, ob sie einsam seien, sagten sie, mit dem Opfern der Räucherstäbchen, dem Rezitieren der Sutren und dem Putzen sei der Tag im Nu vorbei, Einsamkeit käme ihnen überhaupt nicht in den Sinn. Zhang darauf: »Wirklich?« Da lachten sie über ihn und meinten, allein damit, bei so vielen Unsterblichen Gesicht und Körper sauber zu halten, hätte man wirklich jede Menge zu tun.

Nachdem diese Vergangenheit nun in Rauch aufgegangen war, kniete Zhang sich vornübergebeugt auf den Boden und machte drei Kotaus in Richtung auf das einsame Eingangstor des Klosters, das einzig die Katastrophe übriggelassen hatte. Als er aufstand, spürte er Hitzewellen über seinen Rücken laufen, er vermutete, Dou Mu sei gerührt von seinem Verhalten. Auf einem Vorsprung auf der gegenüberliegenden Seite schwadronierte währenddessen eine schwarze Menge haariger Affen vor sich hin, man hatte den Eindruck, sie ahmten eine Massenversammlung von Menschen nach. Als Ergebnis der Versammlung hängten sich sämtliche Affen einer an den anderen, bildeten ein Hundert-Meter-Affen-Seil und begannen im Abgrund hin und her zu schwingen wie an einem Trapez. Sie schwangen immer höher, es pfiff wie beim Schlagen einer Peitsche, schließlich, hoch oben in der Luft ein Schleudern und der Affe am Ende der Peitsche hing mit beiden Armen am Wipfel eines schiefen Baumes auf unserer Seite. Als wir das sahen, mussten wir wieder einmal applaudieren. Jetzt kniete Pian Shankong sich vornübergeneigt auf den Boden und machte vor der Affenhorde mit ihrem einzigartigen akrobatischen Können einen Kotau, danach erfuhr ich, dass das eine Kunst-Aktion von ihm war, sie trug den Titel »Kotau, um sich bei den Tieren für die mordlüsterne Menschheit zu entschuldigen«, seit Monaten schon hatte er Hunderten von Rindern, Schafen, Schweinen und Hunden sein Bedauern ausgedrückt, und jetzt erst recht diesen so intelligenten Affen.

Womöglich aber hatten die Affen zuvor noch nie einen Menschen gesehen, der sich so demütig verneigte, und hielten das Ganze für die Hinterlist eines Jägers, sie schrien Alarm, verschwanden in Verstecken und stürzten sich von dort einer nach dem anderen auf uns. Pian Shankong gab sich sofort geschlagen und floh, seine Hose allerdings ließ einige Federn; Zhang wirbelte mit der Taiji-Übung »Schiebende Hände« drei Angreifer fort und trug im Nacken selbst zwei blutige Wunden davon. Mich machte die Not erfinderisch, ich warf von den Keksen und Erdnüssen in meinem Rucksack Handvoll um Handvoll in die Gegend, bis sich schließlich die ganze Affenhorde darum balgte und die Gefahr gebannt war.

Auf dem Rückweg besuchten wir noch den »Tempel zum Ursprünglichen Dao«, auf dessen Altar wurde gleichzeitig Konfuzius, Laozi und Buddha Shakyamuni geopfert. Yang Pigui sagte, wie man da noch Jesus und Allah hinzuziehen müsste, um das Ganze zu vervollständigen. Zhang sagte, Jesus und Allah seien später als Buddha nach China gekommen und sie hätten das noch nicht aufgeholt. Ich fragte die alte Frau, die an der Seite über den Tempel wachte, nach ihrer Meinung. Sie sagte, sie habe nichts dagegen, im Tempel des Lokalgottes weiter unten werde noch mehr Unsterblichen geopfert, deshalb gingen dort auch mehr Pilger hin: »Sie können sich vor allen gleichzeitig verneigen, oder einfach die auswählen, die Sie am liebsten haben.«

Yang Pigui sagte, auch in der Welt der Götter habe man wohl eine Antipathie gegen Diktatur. Zhang sagte, das hier seien alles Hinterlassenschaften des Nanzhao-Reiches, im Tempel des Lokalgottes opfere man einem Dutzend oder mehr Herrschern aus über zweihundert Jahren, wollten Unsterbliche von außerhalb unterkommen, brauchten sie erst deren Zustimmung. Ich meinte: »Die einzige Ausnahme machte da die Kulturrevolution, da wurden sämtliche Unsterbliche gestürzt und in allen Tempeln hing ein Jubelporträt von Mao Zedong, dem schweinsköpfigen lebenden Unsterblichen.«

Unsere göttliche Reise durch die Weibao-Berge dauerte drei Tage, irdische Kost nahmen wir dabei kaum zu uns. Falls ich es nicht schaffen sollte, das Land zu verlassen, dachte ich mir, es wäre auch nicht schlecht, hier ein halbes oder auch ein Jahr in aller Abgeschiedenheit zu verbringen. Doch zu meiner Überraschung schüttelten alle Daoisten, die mit mir darüber sprachen, den Kopf und meinten, das sei nicht möglich. Selbst Xiaoyao fand, man könne nicht bleiben, er selbst sei dabei, sich mit Hilfe von Yin Kes Beziehungen von dem ganzen Tohuwabohu um die touristische Erschließung zu verabschieden und im fernen Beijing die Kunst des Schattenboxens weiterzugeben. »Warum das denn?«, fragte ich. Aber man verzichtete lieber auf eine Antwort und kam auf anderes zu sprechen.

Die Ortspolizei lädt zu ominösem Bankett

Schon am Abend meiner Rückkehr nach Dali stand wieder die Polizei vor der Tür, ein paar Begrüßungsfloskeln, und Mutter und ich mussten in einen Polizeiwagen steigen, mit dem wir von der Altstadt in die gut dreißig Kilometer entfernte Neustadt von Dali, nach Xiaguan, fuhren. Die Gegend auf der Strecke war mir nur zu vertraut: Als ich vor ein paar Jahren zum ersten Mal hier war, gab es um den Erhai-See herum lediglich eine alte Landstraße, auf der ich mehrere Tage lang am Seeufer unterwegs war und durch zahllose Fischerdörfer der Volksgruppen der Bai, der Hui und der Han kam, und es gab buddhistische Tempel, islamische Moscheen, die Benzhu-Tempel der Schutzpatrone der Bai und katholische und evangelische Kirchen. Sonnenlicht und Lichtreflexion auf den Wellen verschwammen ineinander, Rinder und Schafe weideten am Ufer,

Fische schwammen im Wasser, die Einheimischen bestellten wie seit Generationen ihre Felder zwischen Fischen und Vieh. Und ich, wie ein Gelehrter aus alter Zeit, ließ meine Bücher Bücher sein und plauderte mit den älteren Männern und Frauen, die ihre Wasserpfeifen rauchten, und ich hörte ihre Erzählungen, in denen sie klassische Vorbilder abwandelten – zum Beispiel die aus dem *Klassiker der Berge und Meere* stammende Geschichte vom mythischen Vogel Jingwei, der das Meer mit Steinen zu füllen versuchte. Ein kleiner Vogel, in den sich die Seele von Nüwa, der Tochter des alten legendären Herrschers Yandi, verwandelt hatte, nachdem sie im Meer ertrunken war, und der ständig einen kleinen Stein im Schnabel trug, um ihn in dieses Meer zu werfen, allerdings nun nicht mehr ins Ostchinesische Meer wie in der Mythologie, sondern in den ebenfalls riesigen Erhai-See. Oder auch die Geschichte aus der *Reise nach dem Westen*, auf der ein Mönch aus der Tang-Zeit mit drei Schülern auf der Suche nach den heiligen Schriften Buddhas nach Indien geht, und jetzt dabei durch das Königreich Dali kommt, im Cang-Gebirge das Gelbbrauen-Ungeheuer unterwirft und sich ganz nebenbei in einen Kaiser der Duan-Sippe verwandelt, der Herrscherfamilie des Königreichs Dali, und am Ende führt er noch das gesamte Reich dem Buddhismus zu – ich gebe zu, *Die Reise nach dem Westen* kennt jedermann in China, es ist auch in alle möglichen Sprachen übersetzt, doch dass beim Tee aus Mythen plötzlich echte Geschichte werden konnte und dann noch Religion, das hätte ich bei alledem dann doch nicht erwartet. Die Bai haben in jedem ihrer Dörfer auch einen Tempel, über die Gottheiten in jedem neuen Tempel wird von den jeweiligen Dorfbewohnern per Wahl entschieden, und solange sie noch Platz finden, gilt: je mehr, desto besser. Daher gibt es in den Tempeln der verschiedenen Dörfer die unterschiedlichsten Gottheiten, Buddha, Guanyin, aber auch den Tang-Mönch Sanzang aus der *Reise nach dem Westen* sowie seine Schüler Sun Wukong, den Affenkönig mit übernatürlichen Fähigkeiten, Zhu Bajie, halb Schwein, halb Mensch, und den buddhistischen Mönch Sha; hinzu kommen dann der Drachenkönig, der Donnergott, der Gott des Reichtums, der Erdgott, die Göttin des Kindersegens; schließlich die einheimischen Kaiser sowie Minister und Generäle vergangener Dynastien. Man erzählt sich, man habe in einem der Dörfer sogar mal diskutiert, ob man auch Jesus und Mohammed dazutun solle, doch das sei in den Nachbardörfern bei den Anhängern des Christentums und des Islams auf einhelligen Widerstand gestoßen.

Das allein Allah verehrende Volk der islamischen Hui kennt erheblich mehr Tabus als das polytheistische Volk der Bai. Das Christentum war erst spät, vor gut hundert Jahren, dazugekommen, doch hat es sich schnell verbreitet, die Kirchengemeinde von Dali hatte bereits vor 1949 über hunderttausend Anhänger, inzwischen schätzt man sie auf eine Million. Als ich vor drei Jahren an meinem Buch *Gott ist rot* arbeitete, führte mich die von Wu Yongsheng, dem Presbyter der Gegend, verfasste *Geschichte des Christentums in Dali* zu einem Maisfeld hinter der Hui-Siedlung Nanwulibrücke, wo ich mir voller Respekt die Relikte eines Friedhofs westlicher Missionare betrachtete, der von dem 1881 nach Dali gekommenen englischen Priester George Clarke gegründet worden war.

Die Fahrt war wie im Flug vorbei, schon bogen wir in das turbulente Xiaguan ein. Hier war der Regierungssitz des autonomen Bezirks Dali und es hieß, das sei auch das wildeste Drogenzentrum des Landes, doch ich verband den Ort vor allem mit der hundertjährigen Nonne Zhang Yinxian. In *Gott ist rot* habe ich beschrieben, wie sie bereits Anfang der 1980er Jahre, eine andere Nonne, die an der Schwelle des Todes stand, noch auf dem Rücken, vor dem Regierungssitz in einen achtundzwanzigtägigen Hungerstreik trat, an dessen Ende man ihrer Forderung entsprach und eine von den Missionaren hinterlassene Kirche zurückgab. An diesem Punkt meiner Überlegungen fragte ich den vorn sitzenden Leiter der hiesigen Nationalen Sicherheit spontan, ob er eigentlich gläubig sei, und er antwortete lachend: »Wäre ich nicht gläubig, warum hätte ich dann nach Ihnen gesucht.«

»Die Arbeit.«

»Das stimmt. Die Arbeit ist mein Glaube.«

Für einen Moment war ich zum Schweigen gebracht, dann antwortete ich mürrisch: »Die Arbeit ist auch mein Glaube.«

»Ihre Arbeit?«

»Erinnerung.«

»Aber Erinnerung ist selektiv. Wir beide zum Beispiel erinnern uns an die gleiche Sache unterschiedlich.«

»Haben Sie meine Bücher gelesen?«

»Im Netz habe ich *Chinas Gesellschaft von unten* und *Das Erdbebenirrenhaus* gelesen. Bei dem großen Erdbeben von 2008 war ich selbst in Sichuan, in Dujiangyan, die Regional- und die Zentralbehörden taten, was sie konnten, um den Opfern der Katastrophe zu helfen, Sie aber schwärzen immer nur an und stiften Unruhe, Sie erfinden Geschichten für ausländische Leser. Ihr aufgestauter Groll sitzt zu tief, das hat vielleicht mit dem Gefängnis zu tun.«

»Das kann sein.«

»Ihr Freund Liu Xiaobo sitzt wieder. Sie stehen unter dem Schutz von Herrn Yu, deshalb lässt man Ihnen jedes Mal wieder ein Schlupfloch offen.«

»Was für ein Schlupfloch? Ich bin vierzehnmal daran gehindert worden, das Land zu verlassen …«

Der Wagen war um das verstopfte Stadtzentrum herum durch eine Allee am Erhai in ein luxuriöses Fischerdorf gefahren. Vier Polizisten und zwei Zivilisten entschieden sich für einen Nebenraum in einem Restaurant am Hafen, bestellten ein Pilzgericht mit Riesenschirmlingen aus den Cang-Bergen und Fischsuppe mit Karauschen aus dem Erhai, dazu ein berühmtes lokales Gericht aus gerösteter Schweinehaut. Mutter bedankte sich, der Behördenleiter antwortete »sehr gerne!« und rief nach fünf Gläsern, die er eines nach dem anderen mit sechsundfünfzigprozentigem Korn aus Heqing füllte. In seinen Eröffnungsworten kam er dann recht direkt wieder zur Sache: »Ein Freund von Herrn Yu ist unser Freund, willkommen, mein Guter, ich erlaube mir, zuerst auf Sie zu trinken.«

Fünf Männer warfen gleichzeitig den Hals in den Nacken und schnell war die erste Flasche leer. Schon wurde noch eine aufgemacht. Diese Masche der Polizei von Yunnan war mir inzwischen bestens bekannt, man konnte nur mitmachen. Vier Liang[96] Schnaps rannen in meinen Bauch, mein Gesicht wurde knallrot, in mir tobte es gewaltig, dennoch musste ich tun, als wäre nichts. Ich nahm meine Brille ab und bekam verschwommen mit, dass Pilze und Fisch gebracht wurden, die Polizei gab den Startschuss zum Essen und Mutter füllte mir ein Schälchen Suppe ein, das ich, wieder Hals in den Nacken, hinunterkippte, als wäre ich noch beim Schnaps, dann aß ich von den Pilzen, doch die Zunge war völlig taub, ich schmeckte nichts.

»Mein guter Liao, oder mein guter Wei, wie Sie in der Unterwelt heißen, wir sind alte Bekannte«, der Behördenleiter lachte spöttisch.

»Wir sind uns noch nicht begegnet.«

»Doch, an der getarnten Front, Sie erinnern sich vielleicht nicht an uns, aber wir erinnern uns an Sie. Im Spätherbst 2006 sind Sie aus Lijiang hergebracht worden, Sie haben im Gasthof einer Bauernfamilie in der Nähe der *Tianlong Babu Filmstadt* gewohnt. Der zweitälteste Sohn des Inhabers und unser Liu hier trinken gern mal einen zusammen, was auch immer Sie unternommen haben, wir wussten Bescheid. Ist der gute Zhang noch hier?«

»Ist er.«

»Und Qiuqiu?«

»Weggelaufen.«

»Haben Sie sich mit Zhang wegen Qiuqiu zerstritten?«

»Qiuqiu war krank, womöglich hat er sich bei einem Seitensprung mit der kleinen Xiaohua unten vom Kohlewerk was weggeholt, es hat auch noch Bindfäden geregnet. Zhang hatte Angst, sich anzustecken, und einen weiten Bogen um ihn gemacht, ich habe ihn damals beschimpft, er hätte kein Herz.«

»Haha, wenn Sie wegen eines Hundes eine Freundschaft beenden, auch noch mit jemandem, der über viele Jahre Ihr Nachbar war, sind Sie dann nicht auch herzlos?«

»Wir haben uns wieder versöhnt, wir haben ja sogar gemeinsam einen Ausflug in die Weibao-Berge gemacht.«

»Hätten Sie gewusst, wie alles kommt, hätten Sie dann etwas anders gemacht? Maomao persönlich ist ja damals aufgekreuzt und hat euch beiden ins Gewissen geredet.«

»Wer soll das sein?«

»So schnell vergessen Sie? Und Sie wollen ein Arbeiter der Erinnerung sein? Maomao wohnt in der Yu'er-Straße, ein Mädchen aus Shanghai,

Sie drei sind einmal von Shangguan nach Shuanglang gefahren, in die Strand-Villa von Zhao Qing.«

»Ich bin euch wirklich dankbar, dass ihr so gut auf mein Privatleben achtet.«

»Liu Xia und Zhongzhong sind im Sommer 2007 gekommen?«

»Ja, wir wollten nach Shangri-La fahren.«

»Mit von der Partie waren noch Yu Shicun und Wu Chuang, außerdem eine Schauspielerin aus dem Film *Xiao Wu, der Taschendieb*, eine recht große Gruppe, die da mit einem Mietbus aus Lijiang nach Shangri-La unterwegs war …«

Mir wurde allmählich schwindlig. Hinter dem Behördenleiter war ein bodentiefes Fenster, draußen sah man den unüberschaubaren Erhai-See und der Mond sprang aus den Wellen wie durch eine unverschlossene Tür. Hinter diesem Mond gab es noch eine, für immer verlorene Welt, wie war es möglich, dass der Behördenleiter nun eben jene Welt beschrieb? Wie konnte er damals unter uns gewesen sein, unsichtbar?

Im Sommer 2007 stand Liu Xiaobo unter Hausarrest, Zhongzhong begleitete Liu Xia von Beijing zu einem Besuch bei mir. Zuerst wanderten wir am Fuß des Cang-Gebirges (zum Glück kiffte keiner von uns), dann ging es über Lijiang weiter nach Shangri-La. Es regnete pausenlos. Als der Regen doch einmal eine Pause machte, ritten wir ein paar Runden auf Yaks über eine durch die Nutzung schon ganz bucklig gewordene Wiese, meine Mutter sogar auf einem weißen Yak. Einzig interessant war ansonsten ein nächtlicher Besuch in der Bar des tibetischen Musikers Cai Rang. Aufgrund eines Stromausfalls kam das einzige Licht in der Bar von dem Feuer, das im offenen Kamin flackerte, wir saßen um das Feuer, tranken und unterhielten uns. Als wir dann nicht mehr wussten, was wir noch reden sollten, bat Cai Rang mich, mit ihm zu improvisieren. Yu Shicun hat das damals festgehalten: »Nach neun meinte Lao Wei, wir sollten alle Mann in die Kneipe von Cai Rang gehen. Zhongzhong sagte, er fühle sich noch immer ein wenig unwohl, richtete sich in unserer Wochenendpension häuslich ein und rührte sich nicht mehr. Wir tasteten uns in der Dunkelheit unter unseren Regenschirmen vorsichtig zu Cai Rangs

Kneipe, dort gab es bereits zwei, drei Gruppen von Gästen. Sieben, acht Ausländer saßen auf den Sofas und redeten kaum etwas, sie wirkten sehr entspannt, aber auch distanziert. Nur ein junger Ausländer erzählte in ausgezeichnetem Chinesisch, dass er schon lange hier lebe und sogar trommeln gelernt habe. Er klinkte sich in die Session von Lao Wei und Cai Rang ein und trommelte wie ein Wahnsinniger. Liu Xia meinte, sie habe eine Weile aufmerksam seine Hände beobachtet, es wäre schön gewesen, wenn man den Augenblick des Trommelschlags hätte fotografieren können.

Wie schon am Abend vorher präsentierte Cai Rang eine Show mit ganz besonderem Programm. Er holte ein Instrument, eine Dharma-Trommel aus dem tibetischen Buddhismus, ein mit Schafsleder bespanntes fächerförmiges flaches Ding, hervor und erklärte, das werde von den ›Lebenden Buddhas‹ bei Dharma-Zeremonien verwendet, er mache damit Musik und manchmal, wenn die Alten es mitbekämen, würden sie ihm Vorwürfe machen. Aber er finde, diese Trommel zeige den Charakter der tibetischen Musik besonders gut, und das sei auch etwas wert. Cai Rang schlug die Dharma-Trommel mit Trommelsticks und der Klang breitete sich tief und dunkel aus, es war sagenhaft, wie der Ort auf diese Weise gereinigt wurde. Einige Schläge später sang er mit klarer lauter Stimme, was dem Ganzen noch mal einen ganz anderen Anstrich gab. Und auch seine klare laute Stimme war noch nicht alles, man konnte spüren, dass seine Stimme weiteren Spielraum hatte. Sein Gesang war wie der Nebel, der an einem heiligen Berg aufsteigt, aber beseelter, mächtiger und aus tieferen Weiten kommend.

Cai Rangs Publikum bestand nur aus uns, einem guten Dutzend Leuten, trotzdem nahm er seinen Gesang sehr ernst. Und insbesondere durch das Zusammenspiel mit Lao Wei wurde dieser noch magischer. Es war ein Wechselspiel, laut und hell sprach mit tief und dunkel; sang der eine fein wie ein Seidenfaden, sang der andere dumpf wie eine tiefe Glocke oder Trommel. In beiden Stimmen lag eine traurige Hoffnungslosigkeit, die an diesem verregneten Tag aber überhaupt nicht trostlos wirkte, im Gegenteil, da war eine geradezu heilige und außerirdische Reinheit. Die Ausländer gafften auf ihrer Seite, sie schienen der exotischen Musik zwar zuzuhören, zugleich aber hatten sie augenscheinlich abgeschaltet und nahmen nichts davon in sich auf. War ein Lied zu Ende, klatschten alle. Und Cai Rang und Lao Wei nahmen sich das nächste Stück vor …«

Wie im Traum … und in diese traumartigen Bilder wurde nun ein Loch gestoßen – war tatsächlich auch die Nationale Sicherheit vor Ort gewesen? War der Behördenleiter höchstpersönlich unter den Zuhörern gewesen? Ich sah ihn reden, er redete wie ein Wasserfall und beschrieb jede Einzelheit. Dem Bücherwurm Yu Shicun wäre all das niemals bewusst geworden, er war ganz auf die Musik konzentriert. Gab es ein Augenpaar, das sich im Verborgenen auf ihn konzentrierte, auf uns konzentrierte, auf Unmut und Spott, auf die geheimen Pläne unter Alkoholeinfluss? Pläne, die jeder von uns wieder vergaß, kaum dass sie geäußert waren. Zeit, Ort, Teilnehmer und wen diese Teilnehmer wiederum später trafen. Es hieß, die *Charta 08* sei über Jahre im Entstehen gewesen, wusste Liu Xia davon? Ein Glück jedenfalls, dass sie mir nie etwas erzählt hatte.

Liu Xia war einmal meine Konspirateurin gewesen. Anfang März 1990, einen halben Monat, bevor ich ins Gefängnis kam, suchte sie mich in Fuling auf, zwei Tage später verabschiedeten wir uns im Hafen voneinander, ich scheine ihr eine Kassette mit dem »Massaker« zugesteckt zu haben. Danach fuhr ich mit dem Schiff nach Chongqing, um den poetischen Film »Requiem« zu drehen, Schauspieler und Crew sind dabei vollständig ins Netz gegangen. Bei einem Verhör meinte die Polizei, wir seien mitten in der Nacht über die Mauer der Dritten Universität für Militärmedizin gestiegen, um dort Nachtszenen zu drehen, ich sagte, daran könne ich mich nicht erinnern, die Polizei sagte, das sei unmöglich, ich behauptete, das entspreche nicht den Tatsachen. Daraufhin zog die Polizei eine Videoaufnahme heraus, und da war ich und pinkelte an die Mauer und kletterte dann hinüber, wobei ich mich wie ein echter Volksschädling in alle Richtungen umsah. Damals trank ich nicht und doch schien es, als hätte ich wie heute getrunken, auf einmal wurde mir schwindlig. Himmel, die wussten wirklich alles! Sie waren die wahren »Arbeiter der Erinnerung« und hatten dafür ihre ganz spezielle Ausbildung durchlaufen! Heraklit sagte, man kann nicht zweimal in denselben Fluss steigen, doch ich machte in meinem Leben immer wieder ein und denselben Fehler!

Ich konnte mich nicht mehr halten, lehnte mich Gesicht nach oben an die Rückenlehne des Stuhls und fing ein verzweifeltes Schnarchkonzert an. Mutter rüttelte mich wach und wollte mir Suppe geben. Ich sagte, ich will nicht, gehen wir. Der Behördenleiter sagte, in Ordnung, reden wir ein andermal weiter. Ich sagte, es gebe nichts zu reden und meine Trinkfestigkeit sei begrenzt, allein Kühnheit beim Trinken halte mich überhaupt aufrecht. Der Behördenleiter sagte, ich weiß, ich weiß, nächstes Mal trinken wir Tee. Ich sagte, am meisten Angst hätte ich davor, mit Menschen zusammen zu sein, die viel zu viel wüssten, über alles und jedes Bescheid wüssten, wenn er das noch mal so mache, würde ich verschwinden und zwar auf Nimmerwiedersehen. Der Behördenleiter brummelte eine halbe Ewigkeit unschlüssig vor sich hin und sagte dann: »Guter Liao, bleiben Sie ruhig in Dali. Sie sind jetzt international bekannt, alles ist jetzt anders.«

»DIE AUSREISE DIESES MANNES ALARMIERT DIE WELT«

Der Korrespondent der *Frankfurter Rundschau* in Beijing

Eines Tages im August rief ich in einem Internet-Café in der Altstadt meine E-Mails ab und fand zu meiner Überraschung eine Nachricht von Bernhard Bartsch, dem Korrespondenten der *Frankfurter Rundschau* in Beijing, vor, in der er mich bat, ein Gerücht zu bestätigen: Die deutsche und die chinesische Regierung hätten eine Vereinbarung getroffen, dass ich in nächster Zeit würde ausreisen können. Ich antwortete: »Nicht, dass ich wüsste.« Bernhard Bartsch schrieb sofort zurück, wenn ich von der Polizei eine entsprechende Nachricht bekommen würde, solle ich als Erstes bitte ihm Bescheid geben.

An diesem Abend fand ich keinen Schlaf. Tags darauf ging ich wieder in das Internet-Café, wo ich viele E-Mails von Journalisten vorfand, die mich nach meiner Ausreise befragten. Noch seltsamer aber war, was ich auf einmal in einer Nachricht von Zhongzhong, einem der eisernen Brüder von Liu Xiaobo und mir, der in Beijing das Sichuan-Restaurant betrieb, las, dass laut einer gut unterrichteten Person mit doppelter Staatsbürgerschaft die Übereinkunft über meine Ausreise nach einem Flugzeugdeal über vier Milliarden Euro zwischen der deutschen und der chinesischen Regierung sozusagen in einem Aufwasch zustandegekommen war. Ich war so alarmiert, dass ich sofort das Handy, das ich mehrere Tage nicht benutzt hatte, anmachte und zu ihm hinüberbrüllte: »Du alter Kneipenwirt, woher weißt du das alles?«

»Das pfeifen schon die Spatzen von den Dächern, nur du blöder Hund sitzt auf den Ohren!«

»Ich hatte wirklich keine Ahnung.«

»Gestern Abend haben sich ein paar Kumpels bei mir einen Feuertopf reingetan, waren alle besoffen und haben dauernd geschrien ›Lao Wei gibt einen aus‹, bis ihnen einfiel, dass du ja in Chengdu bist.«

»Ich bin in Yunnan.«

»Mach dich sofort auf den Weg und erledige die Ausreiseformalitäten!«

»Ich habe noch keine Nachricht.«

»Tu nicht so großspurig, alles ist sich einig, es war die Raubkopie von ›Das Leben der Anderen‹, die Merkel auf den Gedanken gebracht hat, sie hat Angst, du blöder Hund wirst die Schauspielerin sein, die sie im Film gewaltsam um die Ecke bringen …«

Der Strom knisterte, danach ging das Gespräch in Gewirbel unter, es kamen nur noch Bruchstücke an. »Dann sag zu Merkel, im Augenblick wird eine chinesische Realversion von ›Das Leben der Anderen‹ aufgeführt«, dachte ich. Ich wollte gerade das Handy ausmachen, da erreichte mich wie von Geisterhand eine SMS der Polizei: »Bitte zurückkommen, Gespräche über Ausreise.«

Am dritten Tag war ich wieder in Chengdu, am vierten trank ich Tee mit der Inneren Sicherheit. Der dicke Li zog eine sauber vorbereitete schriftliche Garantie mit insgesamt sieben Paragraphen heraus, so in etwa, es sei mir nicht erlaubt, u. a. öffentliche Lesungen des Gedichts »Massaker« zu veranstalten, im Ausland Kontakt mit Falun Gong und der Demokratiebewegung aufzunehmen, öffentlich sensible politische Fragen anzusprechen, etwas über den täglichen Kontakt mit der Polizei verlauten zu lassen, und vor Ablauf einer gewissen Frist müsse ich in China zurück sein. Ich habe schleunigst unterschrieben und enthüllte ihnen rückhaltlos die hässliche Fratze von jemandem, den übermäßig nach Freiheit dürstet. Diese Art von schriftlichen Garantien haben meine Eltern und ich während meiner Inhaftierung jede Menge unterschrieben, auch wenn es dumm und feige war, sich selbst zu verkaufen und zu verleumden, so würde der Einzelne nach dem Sturz der Kommunistischen Partei und der Enthüllung entsprechender Akten zwar nicht gerade ein großartiges Bild abgeben, aber in der Welt von Menschen und Teufeln würden die Plätze getauscht werden, und solange man nicht andere verraten hatte, würde man zumindest das absolute Minimum an Menschlichkeit verteidigt haben.

Dann das Visum. Dann eine Mail an den guten Bernhard Bartsch. Er antwortete postwendend, um Zeuge dieses »historischen Augenblicks« zu sein, werde er später nach Chengdu kommen und meine Ausreise begleiten.

Wie verabredet traf Bernhard Bartsch am Mittag des 14. September 2010 aus Beijing bei mir ein. Letztes Mal hatte ich mit meiner Ausreise keinen Erfolg gehabt, da war er klammheimlich in Chengdu aufgetaucht und hatte mich interviewt, diesmal war also sein »Zweiter Besuch im Palast«[97], und er klopfte ganz direkt an meine Tür. Ich rannte nach Tee, er sagte, das sei nicht nötig, ein Schluck kühles Wasser würde es tun. Ich sagte, das komme nicht in Frage, »Sie schickt der Himmel, das ist das Mindeste«. Er lachte, seine Stirn glänzte in der Sonne, er hatte etwas von einer Büste von Michelangelo. Ich schlug zwei Eier in die Pfanne, die er mit zwei Scheiben Brot im Nu verputzte, anschließend schlürften wir unseren Tee.

»Planen wir mal kurz durch«, sagte er mit einem Blick aus dem Fenster.

»Gut.«

»Zweieinhalb Stunden vor der Boardingzeit treffen wir uns, pünktlich, am Haupteingang des International Terminal des Shuangliu Flughafens von Chengdu, wir gehen getrennt hinein, wir kennen uns nicht. Sie stellen sich zuerst an, wenn es an der Kontrolle irgendwelche Schwierigkeiten gibt, rühren Sie sich nicht von der Stelle und zetteln irgendeine Diskussion an, ich nehme alles auf und telefoniere gleichzeitig mit einem Kollegen in Beijing. Wenn Polizei auftaucht, gehen Sie mit ihnen, ich werde unauffällig folgen, um zu sehen, wohin Sie gebracht werden, und wende mich dann an das Deutsche Konsulat in Chengdu.

»Gut.«

»Dann verabschiede ich mich jetzt. Bestenfalls wird nichts passieren, dann marschieren zwei Reisende, die sich nicht kennen, durch die Grenzkontrolle und fangen auf einmal laut an zu lachen: ›Keine schlechte Vorstellung, Genossen!‹«

»Genossen?«

»Ich komme aus Ostdeutschland.«

»Ich habe hier ein paar Dinge, könnten Sie die mitnehmen?«

»Verbotene Sachen?«

»Meine sämtlichen Aufzeichnungen, Fotos und Tonbandaufnahmen, alles auf der Festplatte hier. Und hier in der Tasche sind die Manuskripte aus dem Gefängnis, Anklageschrift, Urteil, die Vorladung zum Gericht, das Namensschild für Delinquenten, Originalmitschrift der Verhöre und so weiter.«

»Machen Sie sich keine Sorgen!«

»Die Geschichte, das endlose Meer / begraben in den Aktenspeichern des Staates / bis eines Tages das Ganze aus irgendeinem Grund /
geordnet oder beseitigt wird // Ich werde beseitigt vor dieser leeren Bühne / ohne Publikum, ohne Zeugen / ohne Angehörige.«

»Von Ihnen?«

»Ja, aus dem Gefängnis.«

»Verstehe. Die Stasi-Akten aus der früheren DDR sind jetzt offen zugänglich, vielleicht haben Sie Gelegenheit, sich das anzuschauen. Vielleicht werden die Sachen, die der Vernichtung entgangen sind, hier irgendwann einmal in ein ähnliches Archiv zurückkehren, das Archiv für historische Katastrophen in China.«

Abends trafen wir uns pünktlich um 10 Uhr, keiner zeigte eine Regung. Nach einer guten halben Stunde in einer langen Schlange war noch der große Koffer zweitausend Meter vom ersten zum zweiten Terminal geschleppt. Der Zoll kontrollierte dann die Dokumente, wobei mir der Schweiß in Strömen den Rücken hinabrann und das Herz raste, als das hübsche junge Ding kurz zögerte: »Mein Herr, Sie haben so viele Visa in Ihrem Pass und doch haben Sie nie eines benutzt?«

»Ich hatte nie die Zeit, aber jetzt ist es soweit«, sagte ich mit einem falschen Lächeln.

Das junge Ding lachte: »Ein vielbeschäftigter Mann, verstehe, ich wünsche Ihnen eine gute Reise!«

Es geschah nichts Unvorhergesehenes! Hehe, es war schon ungewohnt, eine Barriere, über die ich ein halbes Leben nicht hinweggekommen war, existierte jetzt nicht mehr? Ich stierte vor mich hin, bis Bernhard Bartsch mir auf die Schulter klopfte und »Genossen« rief, da erwachte ich wie aus einem Traum.

Anschließend stieg ich in das Flugzeug, legte den Sicherheitsgurt an,

Bartsch hinter mir. Es war Mitternacht, draußen waren spärliche Lichter zu sehen. In diesem besonderen Augenblick rief ich vorsichtigerweise Liu Xia an, erreichte sie aber nicht; ich rief Zhongzhong, den Restaurantchef, an, der hatte gerade zugemacht, war zu Hause und schlecht aufgelegt, er brüllte mir jäh ins Ohr: »Blöder Hund, mach, dass du aus diesem Scheißland wegkommst!« Mehr kam nicht. Ich rief meinen Freund Wang an, den Unter-dem-Bett-Schriftsteller, er war auf Nachtschicht; ich rief Teng Biao an, den Rechtsschutzanwalt, hörte aber nur die Stimme seiner Mutter am anderen Ende: »Sind Sie von der Polizei? Es ist schon so spät, Sie sind ja eine Heimsuchung!« Ich rief meinen Gefängniskameraden Li Bifeng an, er sagte, sein Herz sei wie in der Kralle einer Katze, er könne nicht schlafen, er habe schon drei Schafgarben für mich geworfen, mit dem *Buch der Wandlungen*, verdammt, es passe hinten und vorne nichts zusammen. Ich rief bei Yang Pigui an, meinem Saufkumpan, vor Aufregung kam aber nur unzusammenhängendes Zeug heraus, er bat mich schließlich, ein bisschen zu warten. Also wartete ich gute zehn Minuten, bis er zurückrief und in einem Atemzug ein paar Dutzend Namen herunterratterte, »sie« alle, sagte er, würden das weitertwittern, verfolgen und keinen Schlaf finden. Und dann las er laut den Text vor:

> Diesem Mann, dessen Name nicht einmal genannt werden und den man öffentlich nur mit seinem Pseudonym ansprechen darf, diesem Mann, der seit einundzwanzig Jahren heimatlos herumirrt und der seinem eigenen Land so sehr im Magen liegt, diesem Mann, der mit vierzehn abgelehnten Ausreiseanträgen einen Rekord aufgestellt hat, ist nun endlich sein Ausreiserecht zuteil geworden.
>
> Die Ausreise dieses Mannes alarmiert die Welt, ihm sei ein Alles Gute getwittert.
>
> Vergangenen Monat haben wir noch gemeinsam schwer einen gehoben und seiner trostlosen Flöte gelauscht. Traurige Lieder heroisch klangen, leer durch die Tage gegangen, und einen Augenblick später wird er tatsächlich den Boden eines fremden Landes betreten. Die angehängten Fotos wurden in so mancher durchzechten Nacht gemacht, und so erinnern wir uns an einen Bruder, der für eine Weile seine Freiheit gewonnen hat.

Ich hatte auf einmal einen Kloß im Hals. Und ein schlechtes Gewissen, als hätte ich meine einstigen Leidensgenossen im Stich gelassen. Als Kind hatte ich folgendes Märchen gelesen: Der Schatzbeutel eines Unsterblichen wurde von einem Vagabunden gestohlen, in dieses Täschchen, seit Ewigkeiten nur groß wie eine Handfläche, passten Tausende von Menschen. Und dann sammelt der Vagabund unterwegs eine Unzahl von Obdachlosen ein, hängt sie sich an die Hüfte, wandert mit ihnen durch die Welt und sie essen und trinken und vergnügen sich. Ach, hätte ich doch solch ein Täschchen, als erste würde ich den armen Yang Pigui dahinein packen.

In der Kabine wurde es dunkel, die Motoren dröhnten, zu meiner Überraschung erschien eine SMS nach der anderen auf meinem Handy, von meinen Untergrund-Freunden, von in Beijing akkreditierten Journalisten und eine sogar vom dicken Li, dem Polizisten: »So eine Chance kommt nicht so leicht wieder, pass auf, was du sagst und tust, keine Nebenschauplätze, wenn was ist, melde dich, ich wünsch dir immer eine Handbreit Wasser unter dem Kiel!«

Ich lachte quäkend. Endlich hoben wir ab! Verdammt, nach zweiundfünfzig Jahren kam ich endlich aus der pervertierten Umarmung von Mutter Heimat heraus, leicht wie eine Gänsefeder schwebte ich durch die Weite des Alls.

In den frühen Morgenstunden stiegen wir am Flughafen von Budapest um. Bernhard Bartsch lud mich zum Frühstück ein und nutzte die Gelegenheit für ein frühes Interview. Aus Mangel an Schlaf war mein Denken ein Werk aus rostigen Zahnrädern und kam sehr langsam in Gang. Das war das erste Interview, das ich auf freiem Boden gab, Bernhard Bartsch hackte in Windeseile die Worte in seinen Computer: »Die Zeitungen kommen bald raus«, erklärte er, ohne aufzuschauen.

Der Himmel wurde langsam blau, blau wie ein See tief in den Bergen, in alten Wäldern, die Nacht verblasste am Horizont, der See wurde allmählich größer, es war zu spüren, wie eine Brise das Wasser des Sees kräuselte, undeutlich waren die Schatten von Wasserpflanzen auszumachen, sie standen auf dem Kopf. Die Tickets der Passagiere wurden kontrolliert, es ging zu der wartenden Maschine, als kreuze eine lange Reihe von Fischen durch einen umgestürzten See. Die große Interkontinentalmaschine für Flüge von Asien nach Europa wurde ersetzt durch eine kleinere, für europäische Maßstäbe, die biegsamen chinesischen Stewardessen wurden ersetzt durch mütterliche ungarische Flugbegleiterinnen, die Stimmung in der Kabine wurde dadurch um vieles familiärer.

Ich war ein chinesischer Stoffel, den die blonde Flugbegleiterin mit ihren Grimassen trotzdem zum Lachen brachte. Das Glänzen in der Höhe. Das tiefe Grün in der Tiefe. Und in der Mitte das Eisengrau. Das Flugzeug hob und senkte sich, ein Gefühl, als übe der Geist des berühmten Kalligraphen Wang Xizhi die Grasschrift, mühelos, und alles ist vollendet.

Heimat in der Fremde

Am 15. September 2010 um neun Uhr vormittags landete die Maschine auf dem Flughafen Berlin-Tegel. Bernhard Bartsch ergriff die Gelegenheit für ein paar Fotos und er ergriff außerdem die Gelegenheit, sich davonzumachen; ich fragte, ob man sich noch sieht? Vielleicht, sagte er im Gehen. Die Leute, die mich in Empfang nahmen, standen am Ausgang, Bartsch schob sich durch sie hindurch, wie ein Geist war er noch kurz zu sehen und ging dann in der wogenden Menge unter.

Ich hatte noch gar keine Zeit, mich verloren zu fühlen, da stand schon Ulli, der Leiter des Berliner Literaturfestivals, neben mir, die Begrüßungszeremonie zweier Menschen ist nicht anders als von zwei Tieren, ich, das Wildschwein aus China, wurde von dem grauen Bären aus Deutschland in die Arme geschlossen, wobei die Tatzen einen von oben bis unten abklopften; dann kamen Ullis Assistent Jakob und Zuo Jing, eine professionelle Übersetzerin. Alles redete mit Händen und Füßen, es wurde viel gelacht, als wären wir schon lange die besten Freunde. Der junge Jakob pfiff sogar zweimal und im nächsten Moment erinnerte ich mich des albanischen Films vom Zweiten Weltkrieg aus meiner Kindheit, irgendwie wirkte Jakob, dieser junge deutsche Teufel, wie ein später Nachkomme von Bergpartisanen.

Unsere Gruppe stieg in zwei Mercedes-Limousinen, der Mund von

Ulli und der Mund von Zuo Jing standen den ganzen Weg über nicht still. Ich hingegen betrachtete mir angelegentlich die Landschaft, der Sonnenschein und das verwehende Laub, die Häuser und Straßen wurden von Astgabeln gespalten, es sah etwas schäbig aus. Das war Berlin, die internationale Metropole? Wieso sah man keine Hochhäuser und Wolkenkratzer? Zuo Jing erklärte, die Häuser im Stadtgebiet seien im Allgemeinen nicht höher als fünf bis sechs Stockwerke, in den florierenden Vierteln gäbe es allerdings höhere Gebäude, aber die dürften auch nicht höher sein als die Kirchen. Ich fragte, warum das so sei? Zuo Jing sagte, das sei vielleicht Tradition und die Deutschen mögen das so.

Ich war verblüfft, dann hing ich meinen Gedanken nach. Meine Seele sprang aus dem Wagen, wie eines der wirbelnden gelben Blätter, die unter dem Fuß der Reisenden knirschten. Wieso war mir dieser Ort so vertraut? War ich in einem früheren Leben schon einmal hier gewesen, wie es die Reinkarnationslehre des tibetischen Buddhismus besagte? Ich erinnerte mich an meine Kindheit, ich bin im Kreis Yanting zur Welt gekommen, in einem von Bergketten wie von den Windungen einer Ohrmuschel umgebenen kleinen Städtchen. Es gab vier Straßen, je eine im Norden, Süden, Osten und Westen, überall standen ein- oder zweistöckige mit wellenförmigen grauen Ziegeln gedeckte Häuser. Chengdu war sehr viel größer als Yanting und auch die Häuser waren sehr viel höher, aber wie in diesem Berlin, das ich da vor Augen hatte, in der Regel nicht höher als fünf, sechs Geschosse. Damals war die von grünem Flechtwerk überwucherte Stadtmauer noch mehr oder weniger erhalten und umschloss die Altstadt mit ihren Häusern mit den grauen Dächern und den weißen Mauern.

Das Chengdu innerhalb der Stadtmauer hatte eine wechselvolle Geschichte hinter sich, über zweitausend Jahre, doch man konnte sich seine ursprüngliche Gestalt noch vorstellen. Gedenkbögen und Tempel, von denen der Rauch des Räucherwerks aufstieg, waren so zahlreich wie in Berlin die Kirchen und die Teehäuser so zahlreich wie hier die Cafés und Wirtshäuser. Die Geschichte der Großfamilie, aus der meine Mutter kam, reichte sehr weit zurück, sie residierte während der Republikzeit hinter einem Tempel, beim Morgen- und Abendgong fielen die Blätter von den Wutong-Bäumen und bedeckten Dächer und Gassen, das flaumweiche

Licht im Spätherbst ließ einen an die Ohren von Hunden und Katzen denken – und das war auch meine erste Annäherung an Berlin: die Ohren von Hunden und Katzen.

Ich bin in graue Dächer und das Laub von Wutong-Bäumen hineingeboren worden, und obwohl ich während der großen Hungersnot beinahe schon als Kind gestorben wäre, hat mich mein Vater, der Lehrer war, kaum dass das Leben mich wiederhatte, häufig auf den gut einen halben Mann hohen Acht-Unsterblichen-Tisch gesetzt, wo ich Gedichte aus der Tang- und Song-Zeit und sogar irgendwelche uralten Klassiker auswendig lernen musste. Natürlich war nicht daran zu denken, dass ich, schwach wie eine Sojabohnensprosse wie ich war, den Sinn von Zeilen wie die von Wang Bo[98] verstehen könnte: »Schwer ist, über den Pass zu gehn, wer trauert, wenn wer den Weg verlor; Treibholz kommt und geht, jeder ein Gast in der Fremde«, aber keine Träne, kein Schniefen, keine Weigerung konnte das eiserne Herz des Vaters erweichen. Es war mir unmöglich, von diesem Tisch herunterzukommen, der einzige Ausweg war, meinen Vater innerlich zu verfluchen und mir diese alten Bücher komplett einzuverleiben. So wurde die Saat der Tradition gelegt, viele Jahre später kehrte mein Papa durch den Tod in die Tradition zurück und ich sank herab zu einem von Niederlagen gebeutelten Schriftsteller, der auf der Stirn das Brandmal »Dissident« trug und den es Tausende von Meilen von seiner Heimat verschlug.

Berlin und Chengdu – welche geheime Nabelschnur sie wohl in diesem Kreiseln oder diesem Rad der Wiedergeburten verband? Hier Streifen um Streifen Stadtwald, der die Häuserfluchten, die Plätze und die Straßenviertel zerschnitt, spärliche Fahrzeuge und Fußgänger wie in dem lange schon verklungenen Chengdu – der Wall der Kaiserzeit im Stadtkern, der Qingyang-Tempel, in dem man Laozi, und in der näheren Vorstadt der Tempel, in dem man Manjushri[99] verehrt, in der ferneren Vorstadt historische Stätten wie die Strohhütte Du Fus[100], der Zhaojue-Tempel, die »Strom-Blick-Pagode« und zwischen ihnen gewundene Bambushaine und selbst für den Wind undurchdringlicher Mischwald.

Dem Ende der gewalttätigen Mao-Zedong-Ideen folgte auf dem Fuß eine nicht mehr einzudämmende Brutalität des Marktes. Dreißig Jahre

Reformen, der Aufstieg Chinas, bewiesen von den nach einem einzigen Muster gebauten Hochhäusern und Autobahnen. Die Städte imitieren sich gegenseitig und sehen alle gleich aus: Menschenströme, Verkehrsströme, man weiß nicht mehr, was ist Abwasserkanal, was Flusslauf, verschmutzt und verstopft wie sie sind. Historisches Schönheitsempfinden kann man nicht essen, also wurde die Stadtmauer geschleift, das alte Chengdu verlor seinen Rahmen, die Stadtfläche nahm zu, dramatisch, um mehr als das Zehnfache. Der traditionell langsame Lebensrhythmus der kleinen Leute in ihren Gassen machte dem schnellen Rhythmus von heute Platz, dem Rhythmus eines jobbenden Ameisenvolkes im Wirtschaftsboom, die alte Heimat der Kindertage entfernt sich jeden Tag ein Stück mehr, am Ende wird auch die Erinnerung an die alte Heimat der Kindertage jeden Tag ein Stück verschwommener werden. Vor fünfzehn Jahren habe ich tief in einer schmutzigen Gasse Wang Yu interviewt, den letzten Vertreter aus der Sichuan-Schule der alten Qin-Zither, und habe dem Lied »Heller Mond scheint über dem Tianshan« von Li Bai gelauscht, der Klang der Saiten wanderte mit einem Hauch von Ferne um die Dächer. Vor fünf Jahren war ich auf einer Reise in die Vergangenheit noch einmal hier und habe mich im Betondschungel verirrt, die Wildgänse zogen ohne Spur darüber hinweg, ich fragte über eine Stunde nach, kein Mensch kannte den uralten Einsiedler mit seiner Qin noch, der hier einmal gewohnt hatte.

Ach, Berlin lässt einen chinesischen Literaten nostalgisch werden.

Die Eröffnung des Berliner Literaturfestivals

Die Straße hieß Bleibtreustraße, auch das Hotel hieß so, »Hotel Bleibtreu«, und es setzte die Einbildungskraft in Gang. Zuo Jing sagte, das sei Berlins berühmtestes Literatenhotel, hier hätten schon die berühmtesten Schriftsteller und Dichter der Welt gewohnt, darunter auch Chinesen wie Bei Dao und Gao Xingjian.

Wir stiegen aus dem Wagen und bevor ich richtig stand, war um mich eine lebhaft fröhliche Menge. Zunächst war da Tienchi, die lachte, dass man keine Augen mehr sah. Auch wenn es immer heißt, Chinesen wären in ihrer Körpersprache sehr zurückhaltend, umarmten wir uns doch fest, wir hatten uns so lange nur Briefe geschrieben und waren einander noch nie begegnet; dann Peter, der Redakteur vom Fischer Verlag, der, da er mit seiner Körperlänge bis in die Wolken ragte, die rechte Schulter herabbeugte und mich vorsichtig und feierlich umarmte, und das mit einem beherrschten und doch strahlenden Lächeln, es war wie in einem deutschen Märchen. Der junge Chef des »Bleibtreu« blieb dicht hinter uns, seine tadellose Frisur und Umsicht ließen die Zeit langsam rückwärts laufen, hinter ihm schossen die Angestellten des Hotels wie Bambussprossen nach einem Regen aus dem Boden. Alle wechselten ein paar Sätze miteinander, Tienchi drängte, ich solle mich ausruhen, denn kurz nach Mittag würde es eine Pressekonferenz geben.

Der kapitalistische Hotelbesitzer führte mich mit meinem sozialistischen Hintergrund zum Aufzug, im Korridor ging es zweimal um die Kurve und dann öffnete er mir persönlich die Tür von Zimmer 308. Von Bad zu Fenster zu übergroßem Schlafzimmer zeigte und erklärte er mir jede Kleinigkeit, machte eine Verbeugung, zog sich zurück, schloss leise die Tür und lächelte ein »Wir sehen uns später«. Tienchi und Peter blieben noch zehn Minuten, dann lächelten auch sie ein »Wir sehen uns später«.

Ich war zurück im Mutterleib, nackt bis auf die Haut, und ließ den Kopf über die Bettkante hängen. Selbst das Bett dieses fremden unbekannten Landes war zu groß, ich rollte mich in mich zusammen und nahm nur ein Fünftel des Bettes ein. Ich lachte dumm vor mich hin, doch dann sprang ich plötzlich auf, landete auf dem Teppich und öffnete den Koffer. Ich kramte das *Buch der Wandlungen* und das *Shiji* aus dem Koffer, die beiden Bücher, die ich mitnehmen musste, wenn ich aus der Tür ging; dann noch alte Fotografien des Herrn Papa und der Schwester, ich sprach murmelnd zu den beiden Toten, bis ich wie in Trance ihr Lachen in der anderen Welt hörte.

Das Fenster auf und Luft herein. Gelbes Laub fiel herab, Vögel zwitscherten, Sonnenstrahlen, die einen dünnen Nebel nach sich zogen, huschten vorbei wie ein Sprung Sikahirsche, die Hufspuren blitzten in die Augen, Silberfäden. Oh, ein großer Junge mit nackten Oberarmen schaute vom Balkon gegenüber nach unten, ich schaute ebenfalls nach unten, und in der Mitte der Straße schritten mit aufgestecktem Haar und Seidenschleppen Hofdamen der Tang.

»Da fehlt noch etwas, diese Art von Aktionskunst müsste von einer alten Qin begleitet werden«, murmelte ich.

Abends um acht wurde das Berliner Literaturfestival eröffnet.

An die dreihundert Schriftsteller und Dichter aus über dreißig Ländern waren der Einladung in das muschelförmige Haus der Kulturen der Welt gefolgt. Wir gingen vom ersten Stock aus hinein, folgten der Topographie langsam hinunter und wurden ganz unten in der vordersten Reihe platziert. Die Bühne war auf gleicher Höhe, gewissermaßen die Grenze bildete eine halbhohe Treppe; wenn ich von der Mitte der Bühne auf den sich diffus öffnenden Zuschauerraum schaute, war ich umgeben von einer undeutlichen Masse von Gehirnen.

Auf der rechten Seite stand ein mannshoher Bronzegong, wenn man dagegen schlug, bebte die Erde und man war jäh so klein mit Hut. Dann betraten nacheinander ein hoher Regierungsvertreter, Sponsoren und der Leiter des Literaturfestivals die Bühne und hielten eine Ansprache. Meine Ausreise konnte man als »Wunder« bezeichnen, weshalb die Redner alle meinen Namen nannten. Ulli hat seinem Affen ordentlich Zucker gegeben, was ihm einen donnernden Applaus einbrachte, woraufhin ich mich mehrfach erhob und vor dem Publikum verbeugte.

Der Hauptgast dieses Literaturfestivals betrat als letzter die Bühne, es war ein alter, vom Leben gezeichneter Schriftsteller aus Spanien, dessen Angehörige Terrorattentaten ausgesetzt waren, weil er die dunklen Seiten der Wirklichkeit in seinem Werk enthüllt hatte. Er wäre beinahe in Tränen ausgebrochen, doch er beherrschte sich; er schritt zur linken Seite der Bühne, ließ sich an einem kleinen Tisch nieder, nahm die Brille ab, schwieg einen Augenblick, setzte sie wieder auf und las langsam aus einem Roman. Ich verstand natürlich kein Wort, und auch die Leute um mich herum setzten die Kopfhörer auf. Martina, die aus Hamburg angereiste Dolmetscherin, hielt den Kopf schief und übersetzte flüsternd, und ich habe das wohl auch verstanden, allerdings im gleichen Augenblick wieder vergessen.

Der alte Schriftsteller las eine ganze Weile, sein Timbre war würdevoll und traurig, also lauschte ich, als lauschte ich Musik. Auf diesem Planeten gab es, von den Rändern her, eine ganze Reihe von verzweifelten Schreien, auch wenn die Stimme brach, auch wenn die Brust von Messern durchbohrt wurde, es war dennoch unmöglich, die Mehrheit der Menschen zu erreichen, und selbst wenn man sie erreichte, war es im Nu vergessen. Dieser Schriftsteller hatte all das aufgezeichnet und hätte es fast mit dem Leben bezahlt.

Nach der Lesung erhoben sich alle zu einem langen Applaus. Der alte Schriftsteller kam von der Bühne und setzte sich neben mich, ich umarmte ihn und bat ihn innerlich um Vergebung, dass ich ihm einen Teil der Aufmerksamkeit, die ihm gehörte, geraubt hatte. Glücklicherweise kam ich aus der größten Diktatur der Welt und erntete dafür internationale Aufmerksamkeit, wie ein Star; doch die ungezählten mit Blut und Tränen geschriebenen Texte aus den vielen kleineren Staaten oder Gegenden beachtete niemand oder die Autoren blieben im Verborgenen.

Die Eröffnung war zu Ende, Ulli lud uns zu einem Mitternachts-Imbiss ein, und die Schriftsteller, die noch nicht genug hatten, hasteten in Gruppen zur Paris Bar auf dem berühmten Ku'damm. Wir bewegten uns etwas behäbiger, und als wir eintraten, war die Bar vollkommen verräuchert und alles saß bereits an einem langen Tisch und fing an zu essen und zu trinken. Wie ein Keil zwängten wir uns dazu, ich hatte einen Jetlag und keinen Appetit und bestellte nur ein Bier, nippte ein wenig daran, als der irakische Schriftsteller gegenüber mir ein kleines Glas Whisky eingoss. Ulli stellte uns vor, so erfuhr ich, dass der Mann unter Saddam Hussein getötet werden sollte, weil er satirische Texte zur Politik veröffentlicht hatte; also war er geflohen und lebte heute als Expatriate in London.

Er gab eine Zeitschrift für Exilliteratur heraus und bereitete ein Literaturfestival in Nordafrika vor. »Aus Ihrem Land habe ich Bei Dao eingeladen«, sagte er mit einer Grimasse, »ein Literaturfestival ist nur ein Vorwand, es geht darum, umsonst zu essen und zu trinken, sich am Rande der Wüste ein bisschen danebenzubenehmen, man muss sich ranhalten, solange die Sonne noch nicht heraus ist, wenn man nicht will, dass man mit dem Alkohol verdampft.«

Ich nickte: »Oh, oh!«

»In der arabischen Literaturszene kennen viele Bei Dao, weil er die palästinensische Befreiungsorganisation unterstützt und außerdem Arafat besucht hat. Es gibt einen Säufer aus den Arabischen Emiraten, der zwei chinesische Dichter kennt, Li Bo und Bei Dao. Der hat mich einmal gefragt, wer von den beiden denn älter sei, Li oder Bei? Und wessen Gedichte besser? Eine ausgesprochen seltsame Frage, die ich nicht beantworten konnte. Sie sind Chinese, was meinen Sie?«

Ich wusste nicht, was ich sagen sollte. Denn meine Kenntnisse von Arabien waren in etwa so beeindruckend wie die meines Gegenübers von China. Als Kind hatte ich einmal »Tausendundeine Nacht« gelesen, als Erwachsener las ich »Alibaba und die vierzig Räuber« und in den letzten Jahren habe ich ein paar Filme aus dem Iran und aus Afghanistan gesehen. Von der zeitgenössischen Literatur weiß ich nur, dass Saddam Hussein auch Gedichte geschrieben hat. Vor mir hatte ich also den ersten leibhaftigen Schriftsteller aus dem Irak mit einem langen Namen, den ich mir nicht merken konnte.

Wir tranken weiter. Und auch die Emotionen gingen hoch. Er bückte sich und zog aus der Tasche neben seinen Füßen seine Zeitschrift für Exilliteratur heraus, signierte und schenkte sie mir. Ich kann kein Englisch, blätterte die Bilder durch und hob unentwegt den Daumen. Irgendwie habe ich dann wohl auch noch die Flöte gezückt und gespielt. Hehe, trotz des Lärms in der Bar haben die Leute auf beiden Seiten des langen Tischs tatsächlich zugehört, sind doch anders, diese Schriftsteller.

Es wurde weiter angestoßen, es gab weitere Umarmungen. »Irak«, ich konnte den Namen des Mannes nicht aussprechen, also rief ich den Namen seines Landes, »ich habe Saddam vor dir gekannt.«

»China«, der Kollege gab es sofort zurück, Zahn um Zahn, »zu Zeiten von Saddam waren wir mit euch ganz dicke, jeden Morgen, wenn ich wach wurde und aus dem Haus ging, bin ich über einen von euren Arbeitern gestolpert, es war wie ein Umzug von Ameisen. Unsere Ölfelder, unsere Bauten waren ohne eure Arbeiter nicht zu denken. Jedes Jahr am

1. Oktober war dann auch euer Nationalfeiertag, einmal bin ich wie immer wach geworden, bin aus dem Haus und da war der ganze Himmel plötzlich rot, Hunderte gesäßgroßer roter Fahnen mit fünf Sternen flatterten und flatterten. Ich fühlte mich schlecht, ihr seid wirklich Patrioten. Doch als ich näher kam, waren es gar nicht eure Fahnen, sondern Hunderte völlig identischer roter Unterhosen, die auf Wäscheleinen flatterten und flatterten. So viele Menschen und alle die gleichen Unterhosen, die gleichen Gedanken, der gleiche Handbetrieb? Ich war eine ganze Weile richtig durcheinander, bis mir klar wurde, dass in eurer so alten und großen Tradition die roten Unterhosen so was wie ein Talisman sein müssen.«

Alles prustete los. Ich seufzte: »Jetzt verstehe ich, warum Saddam dich umbringen lassen wollte. Ich schätze, auch Mao Zedong könnte aus seinem Grab kommen und das gleiche versuchen.«

Wieder andere Themen, wieder Gläser anzustoßen, auch die Beine unter dem Tisch wischten einander weg. »Irak« erzählte, bevor er vollends betrunken war, einen letzten Witz: »Ein Ägypter bittet einen Iraker, ein Lied zu singen, der Iraker lehnt das immer wieder ab, doch er entgeht dem nicht, also macht er halt den Mund auf. Und je länger er singt, umso mehr steigert er sich rein, am Ende schließt er die Augen und gibt alles, bis die Kehle raucht. Er steigert sich so hinein, dass er völlig außer sich gerät, der Ägypter erträgt es nicht mehr und schreit: Halt! Halt! Ich lasse dich singen und du heulst?!«

Wolf Biermann

Ich hätte auch gerne so geheult, eine ganze Nacht lang. Aber am nächsten Tag musste ich zum Mittagessen mit Wolf Biermann.

Biermanns Vater war Jude, er starb im Zweiten Weltkrieg durch die Hand der Nazis. Biermann stammt aus Hamburg und wurde im Alter von sechzehn, weil er am Ideal der Gleichheit hing, von seiner Mutter, die im Untergrund bereits Mitglied der Kommunistischen Partei war, heimlich nach Ostdeutschland geschickt, wo er über zwanzig Jahre eine sozialistische Erziehung bekam. Wider Erwarten war Ostdeutschland viel schlimmer als Westdeutschland, die Tage erschienen ihm wie Jahre, mit vierzig dann suchte er nach Mitteln und Wegen zurückzukehren und hat in einer Kölner Sporthalle vor fast zehntausend Menschen ein Konzert gegeben und sich öffentlich Luft gemacht. Das war im extrem turbulenten und leidvollen Jahr 1976, als die drei Großen der Kommunistischen Partei Chinas (Zhou Enlai, Zhu De und Mao Zedong) nacheinander heimgingen und in einem fernen Vorort von Beijing, in Tangshan, ein schweres Erdbeben 240 000 Menschen begrub.

Damals sang Biermann das Lied »In China hinter der Mauer«:

Wo wird das Volk wie Vieh
regiert
Verdummt, entmündigt
und kastriert
Damit es schuftet und
pariert
und wo liegt auf der Lauer
Der Bürokratenschutz-
verein
Sperrt gute Kommunisten ein
Wenn sie nicht halleluja schrein??

In China! In China!
In China hinter der Mauer …

Sag bloß mal einen wahren Satz
Dann kriegst du einen vor den Latz
Die Freiheit ist ein toter Spatz
verfault im Vogelbauer
Und wo, mein Freund, wirst du
geschasst
Hat mal ein Spitzel aufgepasst
Und wo verfaulst du dann
im Knast??

In China! In China!
In China hinter der Mauer …

Dieses Lied sagt China, meint aber Ostdeutschland, einundzwanzig Jahre nach dem Fall der Berliner Mauer erschien es noch einmal im »Hamburger Abendblatt« unter dem Titel »Drei Worte und zwei Liedstrophen für den Dichter Liao Yiwu in China«. Biermann erklärte: »Die Funktion der Berliner und der Chinesischen Mauer ist die gleiche, beide sollen die Menschen daran hindern, frei ein und aus zu gehen.«

Kein Wunder, dass das Lied noch nicht verklungen war, als die Machthaber in Ostdeutschland seine Ausbürgerung bekanntgaben.

Heute ist Biermann alt und klein von Statur, aber seine Worte sind wie Lederbälle, je schneller man schlägt, umso höher springen sie. Durch den Dampf des Feuertopfs hat er unablässig Grimassen geschnitten, seine blassgelben großen Augäpfel konnten innerhalb von Sekunden verschiedensten und widersprüchlichsten Ausdruck annehmen. Er erinnerte sich an die Zeit in Ostdeutschland, wo er auch einmal in der chinesischen Botschaft zu Gast war: »Sie klatschten patsch, patsch, patsch, genau dreimal, das hieß: ›Willkommen‹. Dann setzten sich alle, mit regungslosen Mienen. Ihr Lachen klang ganz scharf, wie Husten, erst wenn der Chef lachte, durften auch die Untergebenen lachen, und dabei musste man auf die Zeit achtgeben, man durfte nicht zu lange lachen, man durfte nicht zu kurz lachen, sonst machte man einen Fehler …«

Nachmittag um vier fuhr ich mit dem Zug nach Hamburg, Tienchi begleitete mich. Die »Hamburger Abendpost« richtete in einem China-Restaurant vor Ort ein Abendessen aus und hatte gut zwei Dutzend verschiedenste VIPs eingeladen. Der Chefredakteur Hans Jürgen Fink sprach ein paar Grußworte und auch der Kultusminister und Tienchi sagten ein paar Worte. Tienchi kam mit bebender Stimme auf Liu Xiaobo zu sprechen, auf Hu Jia, Guo Feixiong und Gao Zhisheng.

Natürlich wurde ich auch reichlich abgefüllt, ich habe einen Hamburger Herbsthummer gegessen, groß wie eine Wassermelone. Und gegen den Seewind, der einem bis auf die Knochen ging, bin ich mit Herrn Jürgen in die Überschall-Cruise Lounge am Hafen. Der Erwähnung wert wäre hier noch ein weißhaariger Professor mit Namen Guan Yuqian, der dem Vernehmen nach zu Maos Zeiten Schlimmstes durchgemacht hat und den es, dem Tode mehrfach entronnen, schließlich über viele Stationen hierher ans andere Ende der Welt verschlagen hat, wo er um politisches Asyl nachsuchte, eingebürgert wurde und auch eine Deutsche geheiratet hat. Bis heute fliegt er zwischen beiden Ländern hin und her, freut sich seines Erfolgs und bezeichnet sich selbst als »unabhängigen Botschafter der Freundschaft« zwischen Deutschland und China. Er war eigens angereist, stand auf einmal vor meiner Hotelzimmertür, und als er mit mir allein war, steckte er mir einen Brief mit einem Text, den er zur Veröffentlichung in einer chinesischen Zeitschrift vorbereitete, in die Hosentasche. Darin schrieb er: »Dass Liao Yiwu in der westlichen Welt so willkommen geheißen wird, könnte verständlicher nicht sein. Das erinnert mich an die Zeit, als ich noch für das Friedenskomitee in Beijing gearbeitet habe und der Schriftsteller Robert, ein Kämpfer gegen Rassendiskriminierung, aus Amerika kam. Damals war Amerika Chinas größter Feind, weswegen er mehr als willkommen war. Er war das ideale Propagandawerkzeug gegen Amerika. Wenn heute Liao Yiwu nach Deutschland kommt, so kümmert sich die deutsche Kulturlandschaft nicht weiter darum, dass die deutsche Regierung China als ›Freund‹ betrachtet und die Geschäftsbeziehungen wichtig sind. Solange China unter dem Namen ›Kommunismus‹ läuft, werden sie dich niemals anständig behandeln, ganz egal, wie du die Politik auch veränderst. Dass Liao Yiwu ausreisen durfte, zeigt deutlich, dass sich die chinesische Politik gelockert hat, doch in den vergangenen zwei, drei Jahren ist die antichinesische Propaganda der deutschen Medien fundamental gewesen, und diese Haltung zu ändern, ist leichter gesagt als getan.«

»Vor zwanzig Jahren ist Wolf Biermann, ein Vertreter der Avantgarde, ein Volksdichter und Volkssänger, der mit der ostdeutschen Gesellschaft nicht zufrieden war, in den Westen gegangen und war für eine Weile sehr populär. Jetzt hat der Leiter in Berlin die beiden bewusst zusammengebracht, sie haben sich herzlich umarmt, aber Liao Yiwu hat überhaupt nicht gewusst, wen er da vor sich hat. Tags darauf waren die Zeitungen voll davon, dass beide das Gleiche durchgemacht hätten. Insgeheim habe ich für den guten Liao Yiwu Blut und Wasser geschwitzt. Diese Medien machen dich zu einem Werkzeug ihrer Propaganda und wenn du nicht mehr gebraucht wirst, werden sie dich auch nicht mehr beachten. Schau sie dir doch an, diese Wei Jingshengs, Wang Ruowangs, diese ehemaligen Helden des westlichen Antikommunismus, und jetzt! Wer kümmert sich noch um sie? Bruder, wir müssen lernen, auf uns selbst aufzupassen!«

Ein Streifzug durch Hamburg

Schräg gegenüber einer alten Kirche ist eine alte Kneipe, dort wurde ich von der *Süddeutschen Zeitung* interviewt. Draußen das dichte Laub und Astwerk der Bäume, zwei Alte saßen vor der Treppe der Kirche in der Sonne. Ein Windstoß kegelte ein paar Spatzen in die Bar, sie hüpften zwischen den Tresen herum und bettelten um Futter. Wirt und Spatzen starrten einander eingehend in die Augen, bevor er sie mit ein paar Brotkrumen fütterte. »Was für ein entspanntes Bild!«, seufzte ich. Martina, die Übersetzerin, sagte: »Hamburg ist konservativer als Berlin und der Lebensrhythmus hier ist viel langsamer.«

Ich sagte, der Lebensrhythmus in China ist noch langsamer. Martina war anderer Meinung, sagte, sie sei schon oft in China gewesen, da schössen von einem Tag auf den anderen ganze Hochhäuser aus dem Boden, von einem Tag auf den anderen würden Straßen gebaut und die Ansichten der Menschen änderten sich nicht weniger schnell.

»Ich meinte das Gefängnis.« Dann begann das Interview. Ich fuhr fort: »Da war einer namens Yang Jinian, der hatte vierunddreißig Jahre, Diebstahl: ein Schaf. Und warum? Weil er das Urteil nicht akzeptierte und immer nach einer Möglichkeit suchte abzuhauen. Auf den ersten Fluchtversuch standen brutale Prügel und eine Erhöhung der Strafe; beim zweiten gab es wieder Prügel und eine erneute Erhöhung der Strafe. Auf diese Weise hat sich die Zeit, die er abzusitzen hatte, weiter und weiter in die Länge gezogen, er wurde ein reifer Mann, verzweifelte und ergab sich in sein Schicksal. Winter kamen und gingen, Jahr folgte auf Jahr, die Delinquenten wurden eingeliefert und wieder entlassen, am Ende war nur noch Yang Jinian mit seinem ausdruckslosen Gesicht übrig. Mao Zedong starb, Hua Guofeng verließ die politische Bühne, Deng Xiaoping betrat die politische Bühne, Jiang Zemin betrat die politische Bühne, was so viel heißt wie, die Kaiser und Dynastien hatten ein paarmal gewechselt, doch Yang Jinian steckte noch immer in der Umerziehung durch Arbeit. Fast war er so etwas wie ein Symptom für das Leben im Knast, und das, weil er im Alter von elf Jahren ein einziges verdammtes Schaf gestohlen hatte.«

»Einsitzen im Alter von elf?«, fragte der Journalist überrascht, »zu welcher Zeit war das?«

»1957. Nach vierunddreißig Jahren war er so daran gewöhnt, dass er das Gefängnis als sein Zuhause ansah – da war seine Zeit auf einmal um und er wurde entlassen! Das war einfach nicht zu ertragen und musste doch akzeptiert werden. Yang Jinian blieb nichts anderes übrig, als mit hängendem Kopf das Gefängnis zu verlassen und in das Dorf zurückzukehren, das er vor einer halben Ewigkeit verlassen hatte. Von seinen Verwandten war keiner mehr am Leben, vor allem während der Großen Hungersnot von 1959 bis 1962 waren die Eltern und über die Hälfte der Dorfbewohner verhungert. Zeit war vergangen und alles hatte sich verändert, kein Mensch kannte mehr den kindlichen Schafdieb von einst. Die Dorfverwaltung warf ihn hinaus, der Parteizellensekretär des Dorfes drückte ihm einen Hundenapf in die Hand und stellte jemanden ab, der ihn nicht mehr ins Dorf ließ. Er verkam zu einem heimatlosen Köter. Wie sehnte er sich da nach seinem Gefängnis! Da hatte er wenigstens ein Dach über dem Kopf, ein Bett und am Tag drei Mahlzeiten. Freiheit hieß Hunger, Kälte und keinen Ort nirgends, schrecklich!

Mit einem ›Empfehlungsschreiben für Wanderarbeiter‹ kehrte er zu seinem vertrauten und warmen Gefängnis zurück. Die hohen Mauern, der Elektrodraht, ein ums andere Mal lief er um den Komplex herum, schrie sich die Stimme heiser nach seinen Gefängniskameraden, er durfte nicht hinein. Mit einem Kloß im Hals hockte er sich vor das Gefängnistor und heulte wie ein Schlosshund. Die Wärter bekamen Mitleid mit ihm und trösteten ihn: ›Mensch, Yang, wir sind ja auf deiner Seite, nach über vierunddreißig Jahren hätte man selbst mit einem räudigen Hund Mitleid.‹ Doch nach dem Gesetz gebe es nur einen Weg zurück, eine erneute Straftat – wenn er zum Beispiel ein paar Dutzend Schafe stehlen würde – dann könne er in seinen ›Garten Eden‹ zurück.

Und so blieb ihm nichts anderes, als unentwegt zwischen dem Gefängnis und seinem alten Dorf hin und her zu fahren und zu einem dieser petitionistischen Herumtreiber zu verkommen. Er hatte im Gefängnis lesen und schreiben gelernt, deshalb blieb ihm, neben dem Hin und Her zwischen Dorf und Gefängnis und dem Betteln um Essen, als einzige geistige Tätigkeit das Schreiben von ›Beschwerdebriefen‹. Ich habe im Winter 2001 ein Interview mit ihm gemacht. Drei Monate später habe ich seine Geschichte schriftlich festgehalten. Er ist dann in Untermiete im Umkreis des Beijinger Petitionendorfs bei einem mysteriösen Brand ums Leben gekommen.«

»Und das war es?«, sagte der Journalist erschrocken. »Und das erzählen Sie so ruhig?«

»Das Leben einer chinesischen Ameise«, sagte ich niedergeschlagen, »braucht es da noch literarische Welten?«

Das Museum für Hamburgische Geschichte, 8 Uhr Abend, meine erste Lesung im Westen.

Der Wind aus dem Hamburger Hafen ging mir durch Mark und Bein, doch als ich das hundert Jahre alte Gebäude betrat, wurde mir warm. Wir folgten Jürgen, dem Leiter des Ganzen, auf dem Fuß durch einen Korridor im Renaissance-Stil direkt zu der Kaffee-Bar im Innersten, dann weiter durch das dichtgedrängte Publikum ein Dutzend Stufen hinunter in die Katakomben. Auf allen vier Seiten ragten Säulen auf, Resultate einer Ausgrabung, auf den Säulen Reliefs, auf den Reliefs schließlich Bögen wie über dem Eingang zum Paradies. Es war, als begebe man sich in eine zehntausend Ellen tiefe Schlucht, und als ich die Rednertribüne betrat und vor dem Publikum stand, hatte ich das Gefühl, von unsichtbarer Hand nach oben gezogen zu werden.

Zhang Daoling, der Leichenschminker aus »Fräulein Hallo und der Bauernkaiser«, hätte sich auch niemals träumen lassen, dass seine Geschichte einmal an einer solchen Himmelspforte von einer furchteinflößend schönen Schauspielerin gelesen werden würde. Sie hatte in einer ganzen Reihe von Filmen mitgespielt und sagte, sie müsse gleich nach der Lesung nach Ungarn fliegen für die Außenaufnahmen eines Liebesfilms. Ich war sehr angespannt, zog einen 56prozentigen Schnaps aus Sichuan aus der Tasche, ein besonderes Geschenk von Jürgen, und kippte mir ein Glas nach dem anderen hinter die Binde. Über Martina sagte ich der Schauspielerin, ich hätte Zhang Daoling siebenmal interviewt, jedes Mal hätte ich am Ende unter dem Tisch gelegen und kotzend seinen murmelnden Selbstgesprächen über mir gelauscht. Sie sagte: »Ach, tatsächlich«, hat lachend einen Schluck mit mir getrunken, stieß vor Schreck einen kurzen Schrei aus, so dass man an ein aufgeschrecktes Reh dachte.

Jürgen hatte beide Hände vor der Brust verschränkt und hielt eine kleine Eröffnungsansprache. Schnapsselig brachte ich die Sutrenschale mit einer kreisenden Bewegung zum Schwingen – ein Utensil des tibetischen Buddhismus, bei dem eine kreisende Bewegung einer Reinkarnation entspricht – räusperte mich und rief: »Der Gelbe Fluss ist ausgetrocknet, die Tränen der Mütter sind ausgetrocknet; die Tränen des Gelben Flusses sind ausgetrocknet, die Brüste der Mütter sind ausgetrocknet!«

Die Zuhörer waren sehr erschrocken.

Peter Sillem saß in der ersten Reihe und hielt den Atem an. Am nächsten Morgen schrieb er an Philip Gourevitch, seinen Kollegen beim *New Yorker* und Autor von *We Wish to Inform You That Tomorrow We Will Be Killed with Our Families: Stories from Rwanda*: »Liao heulte Berglieder, spielte eine Lochflöte, erzählte Geschichten – und breitete eine Philosophie vor uns aus, in der sich Trinken, Freiheit und Emotion verbanden. Als eine schöne Schauspielerin die Geschichte vom ›Leichenschminker‹ las, sprach er mit der Übersetzerin dem Hirseschnaps zu und die Gläser klirrten. Am Anfang war das regelrecht komisch, gegen Ende aber brachen die Emotionen aus ihm heraus wie aus einem Vulkan. Zum Abschluss spielte er eine traurige Melodie und bei dem fast zehnminütigen, ununterbrochenen Applaus der zweihundertfünfzig Zuhörer setzte er sich unter Tränen nieder. Eine sehr berührende Szene. Das hätten Sie sehen müssen! Neben mir saß Wolf Biermann, ein bekannter deutscher Dichter und Musiker, ein Dissident der früheren DDR. Vor über dreißig Jahren war er ausgebürgert worden und hatte in Köln ein Konzert gegeben, dessen Wirkung bis heute nachhallt. Auch Biermann weinte, er sagte, das erinnere ihn an Vieles, was damals in Köln gewesen sei.«

Am nächsten Morgen nahm Jürgen mich mit auf einen Rundgang durch Hamburg. Wie abgemacht, kamen wir um neun an ein verfallenes Gebäude, bei dem der kalte Wind durch die Türen pfiff. Löckchen, die wir dort trafen – ich nannte sie »Löckchen«, weil sie so lockiges Haar hatte – stand mitten im Zug, kleine Gestalt, kleines Gesicht, große Brille, eingezogener Hals, einem Comic-Aschenputtel bemerkenswert ähnlich.

Sie drückte mir ein Flugblatt in die Hand, ich verstand nicht; sie fragte: »Englisch?« Ich verstand immer noch nicht. Löckchen lachte und führte uns einmal durch das Gebäude, die Wände waren in allen möglichen Farben bemalt, mit Bildern, mit Texten, mit riesigen Pfeilen und Fragezeichen. Wir durchquerten eine Freiluftinstallation, eine Art von Hosenlatz aus verrostetem Eisenschrott. Und auf der anderen Seite erhob sich ein Glaspalast, den man gerade hochgezogen hatte.

Löckchen sagte: »Sie wollen das Haus hier einreißen, weil es siebzig, achtzig Jahre alt ist und altmodisch, deshalb muss es weg. Aber wir meinen, mit alten Häusern ist es wie mit alten Menschen, sie sind ein Sediment der Geschichte. Das schert sie nicht, so ein Eck sei wie das Loch in einer alten Hose und beeinträchtige die ganze Ästhetik der Stadt. Ist der Glaspalast da etwa schön? Sind Stahlträger und Beton schön? Wenn das so weitergeht, dann war's das mit Hamburg.«

»Wer sind ›sie‹?«

»Irgendwelche Hamburger Grundstücksmakler. Eine Katastrophe, sie haben eine Unsumme hier hineingesteckt und den ganzen Streifen hier aufgekauft, und wenn ihnen etwas nicht gefällt, wird abgerissen und neu gebaut. Künstler und Geschäftsleute kommen da natürlich auf keinen gemeinsamen Nenner. Und so haben wir den Laden schnell besetzt, bevor sie überhaupt erst anfangen konnten.«

»Und die ursprünglichen Bewohner?«

»Längst weggezogen. Jede Menge Hochhäuser stehen leer, also nichts wie hinein mit den Künstlern, du kannst dir Arbeits- und Schlafzimmer aussuchen, in jeder beliebigen Größe, ohne Miete und ohne die Sorge, dass man dich an die Luft setzt.«

»Warum?«

»Wir sind viele. Niemand wagt, etwas einzureißen, wenn im Nachbargebäude noch Leute sind.

»Und Wasser, Strom und Heizung sind abgestellt?«

»Das wäre unmenschlich, das kann die Hamburger Bürgerschaft nicht verantworten.«

»Und jetzt?«

»Wir stehen gegen die Geschäftsleute, die Medien berichten, wenn die gesellschaftliche Wirkung einmal groß genug ist, dann wird die Regierung notgedrungen auf den Plan treten, das alles hier den Geschäftsleuten wieder abkaufen und aus dem Ganzen eine Schutzzone für Künstler machen müssen. Die Häuser müssen in regelmäßigen Abständen renoviert werden, wenn man sie sanieren muss, dann muss man sie halt sanieren. Auf alle Fälle haben wir einen ersten Sieg errungen.«

»Unter einer ganzen Reihe von Hamburger Brücken liegen Penner, wieso sind sie nicht hier eingezogen?«

»Künstler und Penner sind natürlich nicht dasselbe. Jetzt einmal davon abgesehen, ob einer bekannt ist oder nicht, Künstler gehen einer kreativen Arbeit nach, während Penner nur eine besondere Lebensform darstellen.«

»Außer dass beide gerne schlafen.«

»Korrekt. Hören Sie, im ganzen Gebäude rührt sich nichts.«

Löckchen gähnte und führte uns weiter in die kostenlose Bar im Kellergeschoss, wo sich Bierflaschen stapelten und zerbrochen überall auf dem Boden herumlagen. Löckchen sagte, das macht nichts, wenn die Lichtorgel an sei, dann sehe das ganz anders aus, und mit Musik sei das ein Traum. »Sogar die Mäuse werden künstlerisch inspiriert, die kommen in Scharen raus und tanzen. Ich schätze, die leben hier schon seit Hunderten von Generationen.«

Martina, der Übersetzerin, juckte der Kopf. Die ganze Kavalkade machte, dass sie aus der Erdhöhle rauskam und sich in einer überirdischen Bar stationierte.

Bei heißem Tee und Käsebroten tauchten unentwegt Künstler auf wie Fische aus den Tiefen der See. Ein Freund von Löckchen, ein sehniger kleiner Mensch mit gelbem Gesicht, sah, wie dünn meine Sachen waren, nahm sofort seinen schwarzen Schal ab und schenkte ihn mir. Alles schwieg eine Weile und Löckchen bat mich, über chinesische Künstler zu erzählen.

Ich sagte, im Mai dieses Jahres hätten ein paar Dutzend Künstler in Songzhuang, einem Künstlerdorf in Beijing, ein »spontanes Kunstfestival« beantragt, das die Polizei nicht genehmigt habe, doch die Künstler hätten das nicht einfach geschluckt. Ein Mann namens Pian Shankong habe eine Eisenkette vorbereitet, hundert Meter lang, zwischen den Kettengliedern mit vielen Schlössern samt Schlüssel, habe alle zusammengerufen und eine Brandrede gehalten: »Wenn die Bullen angreifen, werden wir alle, so hoffe ich, zusammenhalten, und uns sofort das rechte Handgelenk an die Kette schließen und den Schlüssel wegwerfen. Denkt nur, wie viele Künstler dann eine Kette bilden wie ein Haufen Heuschrecken, und wenn die von den Bullen durch die Straßen gezogen wird, dann unterscheidet sich das kaum von öffentlichem Menschenhandel!«

»Was für eine tolle Kunstaktion!«, seufzte Martina bewundernd, »und dann?«

»Die Polizei war zu schnell. Der Plan der Künstler war noch lange nicht umgesetzt, da saß schon ein gutes Dutzend von ihnen im Gefängnis.«

»Sie sprechen von Pian Shankong, der die Kette gemacht hat?«, fragte Martina nach.

»Auch der Pian Shankong, der Scheiße gefressen hat.«

»Der hat echt Scheiße gefressen?«, rief Löckchen erschrocken.

»2009, zum zwanzigsten Jahrestag des Massakers auf dem Platz des Himmlischen Friedens, hat er auf die Außenwand eines Kunstmuseums in Beijing geschrieben: ›Ihr habt die Macht gewählt, ich wähle die Scheiße!‹, er konnte seine Trauer kaum kontrollieren und hat vor allen Leuten einen Batzen seines eigenen Kots gegessen.«

»Wahnsinn!«, Löckchen sprang auf, »was für ein Mann, bewundernswert!«

Don Quichotte und Sancho Panza

Drei Tage später kehrte ich nach Berlin zurück, wo im Haus der Kulturen der Welt die zweite Lesung mit Musik stattfand, es waren über achthundert Menschen gekommen, die Sitzplätze reichten nicht und viele mussten im hinteren Bereich stehen. Im Anschluss ging es weiter nach Frankfurt, Köln, Bonn, Stuttgart und Paris, viele Orte, und es gab immer mehr Rampenlicht. Hier soll davon nicht weiter die Rede sein.

Nur soviel: Als ich am Abend der zweiten Lesung Bücher signierte, sah ich ein, zwei Tramps direkt auf mich zukommen. Ich musterte sie genauer, da erst erkannte ich sie, es waren zwei alte Freunde, Meng, der Maler, und Bei, der Dichter, zwei von meinen Kumpanen zu Hause, und Meng und Bei hatten eine Gemeinsamkeit, ihre Haare verdeckten das ganze Gesicht, was sie allerdings nicht verdecken konnten, war, was sie schon alles durchgemacht hatten; der Unterschied zwischen ihnen war, Meng trug eine Tuchhose, während Bei einen Tuchrock trug, die sie, wie man sich erzählte, im Winter gegen eine Lederhose bzw. einen Lederrock tauschten. Bei hatte sich vor Jahren zudem angewöhnt, an einem etwa zwei Meter langen gestrickten Schal einen Koffer hinter sich her zu ziehen, der vollgestopft war mit selbst redigierten und gedruckten Büchern zur Kultur, und wenn er zufällig eine Yuppie-Braut traf, fing er sofort an, seine Habseligkeiten feilzubieten. Vom Temperament her war deshalb Bei eher ein Don Quichotte und für Meng blieb nur die Rolle eines untreuen Sancho Panza. Im Sommer 2000 habe ich die beiden im Kellerlager der »Schachtel«, einem Café in der Nähe der Universität Beijing, zum ersten Mal gesehen, wir haben die ganze Nacht herumgealbert, Bei hat angegeben wie eine Tüte Mücken, weil er die Untergrundzeitschrift *Qingxiang*, die er herausgab, gerade von seiner Untergrunddruckerei abgeholt hatte: Mit den Worten, »gut gemacht und preiswert«, nahm er ein Exemplar aus dem Koffer und drückte es mir in die Hand.

Ich war seit Jahren Autor seiner Zeitschrift, hatte praktisch nie irgendein Honorar gesehen, weshalb ich ziemlich heftig »ein paar mehr« verlangte.

Bei schüttelte immer wieder den Kopf. Meng warf ein: »Er hat Zhu Zheqin einen ganzen Packen überlassen.«

Zhu Zheqin war eine Schlagersängerin, damals ein richtiger Star, ihre CD mit Material aus Tibet trug den Titel »Sister Drum« und war gerade in aller Munde. Ich fragte: »Ist die irgendwie Autorin deiner Zeitschrift?«

»Ich bin hinter ihr her«, gab Bei schlankweg zu. »Die Zeitschrift ist meine Visitenkarte, wenn ich damit freigebig bin, dann hat das in ihren Augen Klasse, und wenn man wer ist, ist man im Spiel.«

Meng sagte: »Dabei ist die auf Tour, die kann keinen Blick hineinwerfen.«

»Umso geheimnisvoller das Ganze!«, sagte Bei und zeigte die Zähne, sehr kultiviert, aber mich machte das krank. Bei bemerkte, dass er jetzt schlechte Karten hatte, kehrte Meng den Rücken und lud mich für den nächsten Tag allein zum »Barbecue bei Ji« am Houhai-See ein, damit wären wir dann annähernd quitt.

Völlig unerwartet traf die Unterwelt noch mal einen Tag später das Gerücht, Bei und noch einer seien festgenommen worden, das Versteck, in dem sie die Zeitschrift gedruckt hätten, sei ebenfalls ausgehoben und alles beschlagnahmt worden, ein schwerer Verlust. Der gute Meng, der an der »illegalen Aktion« beteiligt gewesen war, hatte von der Sache Wind bekommen und sich aus dem Staub gemacht, es hieß, er habe sich Dreck ins Gesicht geschmiert, sich als Wanderarbeiter aus Henan verkleidet unterwegs mit einem geistig Behinderten zusammengetan und nebenbei von ihm einen Stapel Fotos gemacht, auf denen seine Gesichtszüge völlig entstellt waren. Wenig später schuf er danach eine Serie von haarsträubenden Ölbildern zum Thema »Idiot« und verkaufte sie zur allgemeinen Überraschung für gutes Geld in den Westen, er wurde ein bekannter Mann und »Idiot« ist in Kunstkreisen sein zweiter Name geworden. – Bei hingegen kam für über drei Wochen ins Gefängnis, der schöne Traum von der Schlagersängerin war geplatzt, stattdessen gab es für ihn von Stars der internationalen Literaturszene wie Susan Sontag einen gemeinsamen Aufruf. Der amerikanische State Council erschien als Vermittler auf der Bildfläche und schließlich wurde er über die Grenze geleitet und hat seither in China Einreiseverbot.

Inzwischen sind mehr als zehn Jahre an uns vorübergerauscht, viele von den Gefährten sind allmählich schlaff und träge geworden, kleideten sich aber immer noch, als seien sie die Avantgarde von einst. Und Bei sagte zu mir: »Scheiße, eine Eintrittskarte für über zehn Euro, das ist der reine Kapitalismus.«

»Warst du drin?«

»Beim Bücherverkauf habe ich eine Studentin aus Taiwan kennengelernt, da konnte ich mich reinschleichen.«

Tatsächlich standen einige Studentinnen aus Taiwan um ihn herum, alle hatten eine seiner Zeitschriften in der Hand. Bei stellte eine nach der anderen vor: »Das ist Yeemei, das ist Jiaxiu, und Tienchi muss ich natürlich nicht vorstellen.«

Ich wollte beiläufig ein Heft durchblättern: »Verdammt, ist das nicht die Ausgabe, die wir damals herausgebracht haben? Da ist ja noch mein ›Requiem‹ drin!«

»Das ist ein Reprint aus Taiwan, hat das Vielfache gekostet wie auf dem Festland.«

»Und die sind nach über zehn Jahren immer noch nicht verkauft?«

»Damals bin ich ausgebürgert worden, die westlichen Medien sind mit mir umgegangen wie jetzt mit dir, es wurde massiv hochgekocht, ich habe sofort ein paar Dutzend Interviews bekommen, ich hatte schon Blasen an der Zunge. Ich kann nicht schreiben wie du, aber ich bin der bessere Redakteur, doch sie hatten ja alles beschlagnahmt, mir blieb nichts anderes übrig, als alles irgendwo neu zu drucken. Bis ich dann alles voller Ungeduld noch mal gedruckt hatte, sind ein paar Monate ins Land gegangen, und bis dahin war der Wind längst umgeschlagen und kein Mensch hat mehr nach mir gefragt. Nicht wie bei dir, du hast deine Bücher früh irgendwohin geschafft, wo du jederzeit an sie herangekommen bist …«

»Egal, egal«, beschwichtigte ich ihn, »ich erinnere mich an Imre Kertesz, einen jüdischen Schriftsteller, der in Budapest lebte und in Amerika eine ganze Reihe von Büchern herausgebracht und nach über zehn Jahren keine tausend Exemplare verkauft hatte, dann aus heiterem Himmel den Nobelpreis bekam und auf einmal wurden seine Bücher Bestseller.«

»Gut, gut«, sagte Bei abwesend, »ich habe Hunger, wo bekommen wir einen Mitternachtsimbiss her?«

Yeemei war eine alte Berlinerin und führte uns in ein vietnamesisches Restaurant in der Kantstraße, wo jeder eine Schale Rindfleisch mit Reisnudeln bestellte. Bei schnappte sich die Stäbchen und schlang alles mit zwei, drei Happen hinunter, zurück blieb eine große Schale, halbvoll mit klarer Suppe: »Scheißtrick das, so eine Riesenschale und kaum was drin. Da sind die Döner der Türken was anderes, da hat man Fleisch und Gemüse in der Hand, groß wie ein Kopf, da wird man schon vom Hinsehen satt.«

Meng assistierte: »Richtig, richtig, der türkische Döner unten bei mir im Haus ist sicher der größte in ganz Berlin, mit einem kommt man über den ganzen Tag!«

Bei schlug sich auf den Schenkel: »Für so einen Döner würde ich sogar in deinem Arbeitszimmer wohnen!«

Tienchi, eine Veteranin im Kampf für Menschenrechte, seufzte angesichts von Leuten, die solchen Hunger hatten: »Ich habe keinen großen Appetit, lieber Bei, wenn es dir recht ist, überlasse ich dir meine Portion.«

Yeemei schloss sich an: »Ich will nur die Suppe, wer möchte die Nudeln und das Fleisch?«

Der gute Bei, der Don Quichotte, wollte alles. Das Gesicht von Sancho Panza wurde plötzlich aschgrau. Bei hob seinen Schal und lächelte höflich nickend in die Runde.

»So hungrig? Wo hast du dich denn all die Jahre herumgetrieben?«, ich konnte mir die flüsternde Bemerkung nicht verkneifen.

»Herumgetrieben? Überall und nirgends, wo man billig leben konnte, da bin ich hin. Mein lausiges Englisch hat in all den Jahren mit allen möglichen Situationen klarkommen müssen. Und du?«

»Was ich?«

»Willst du bleiben?«

»Yiwu will nicht bleiben«, antwortete Tienchi für mich, »der Nährboden für sein Schreiben ist in seinem Land.«

»Ja, richtig«, stimmte ich zu, »China ist die größte Müllhalde der Welt, aber nirgendwo auf der Welt gibt es so viele Geschichten wie auf dieser Müllhalde, da kann man sich die Finger wund schreiben, es nimmt kein Ende.«

Yu Luojin

Spät in der Nacht schloss das Restaurant und alle verabschiedeten sich auf der Straße voneinander. Wir bogen zweimal ab und waren in der Bleibtreustraße, Bei und Meng hatten noch nicht genug und kamen mit in mein Hotel, wir haben oben im zweiten Stock weitergetrunken. In meinem Tran bin ich ins Internet und habe eine Unmenge Mails gecheckt, von der Falun Gong, von Organisationen der Demokratiebewegung, von Journalisten aus Deutschland und aus dem Ausland, die alle sagten, sie hätten mich nicht kontaktieren können. Das waren Sicherheitsvorkehrungen der Deutschen, sämtliche eingehenden Mails mussten von der Serviceplattform des Hotels untersucht, gespeichert und dann an mich weitergeleitet werden, ob ich dann antwortete oder jemanden treffen wollte oder nicht, das war meine Entscheidung.

Yu Luojin aber war durchgekommen. Sie erzählte in ihrer Mail, ich würde von Agenten der chinesischen Kommunisten kontrolliert. So ein verdammter Mist.

Yu Luojin war die jüngere Schwester des kommunistischen Märtyrers Yu Luoke. In der Anfangszeit der Kulturrevolution hatte der auf eigene Kosten im Mimeographieverfahren eine kleine Zeitung herausgebracht, in der die Klassentheorie der Kommunistischen Partei kritisiert wurde, eine Provokation für die Behörden; er wurde auf einer Versammlung von mehreren zehntausend Menschen hingerichtet und anschließend seine gesamte Familie in Sippenhaft genommen. Auch Yu Luojin hatte drei Jahre im Gefängnis gesessen. Während der Tauwetterperiode in den 80er Jahren wurde Yu Luojin rehabilitiert und hatte erst dann Gelegenheit, ihre schockierende »Revisionsliteratur« herauszubringen, eine Sensation in China. 1987 hat sie einen Besuch in Westdeutschland genutzt und um politisches Asyl ersucht, wiederum für eine gewisse Zeit eine Sensation.

Danach war sie über zwanzig Jahre von der Bildfläche verschwunden, bevor sie in der Welt der Außenseiter wieder auftauchte und schließlich, aus welchen Gründen auch immer, ausgerechnet mit einem schlechten Element wie mir über das Netz Kontakt aufnahm und zu einer literarischen Freundin wurde – und speziell mir hatte Yu Luojin mit ihren Texten auch immer wieder moralisch den Rücken gestärkt. Als sie dann erfuhr, dass ich das Land verlassen hatte, hatte sie sich wie verrückt gefreut, Hotel und Eintrittskarte gebucht und sich mit ihrem deutschen Mann aus einer Kleinstadt im Süden mit dem Auto ein paar hundert Kilometer nach Berlin auf den Weg gemacht, den persönlichen Besuch jedoch hatte irgendetwas verhindert. Unerklärlicherweise hatte sie lediglich vom Bus aus einen Blick auf das Gebäude geworfen, in dem meine Lesung stattfand, und fuhr wieder zurück. Laut ihrer folgenden Beschreibung war ihr Hotel nur eine Straße von meinem entfernt, und spät nachts seien dort ein paar Prostituierte unterwegs gewesen; und dann hätten noch mit ihr Wand an Wand zwei recht lebhafte Lesbierinnen gewohnt.

In dieser Umgebung habe sie nur schwer Schlaf finden können und jede Menge »Rettungspläne« für mich entworfen:

erstens, mich sofort aus dem öffentlichen Blickfeld in ein geschlossenes Zimmer zu schaffen, um unter vier Augen mit mir zu sprechen, damit ich die »latente Krise« verstünde;

zweitens, mit dem Auto aus Berlin zu fliehen und mit ihr nach Hause zu kommen, dort ein paar Tage unterzutauchen, um dann schnellstens politisches Asyl zu beantragen;

drittens sollte ich auf unerfindliche Weise spurlos verschwinden, die öffentliche Meinung in Deutschland würde sicher hochkochen, damit hätte ich die Brücken ein für alle Mal hinter mir abgebrochen.

Ich ließ Bei und Meng näher an den Bildschirm heranrücken, damit sie verstünden, was Yu Luojin meinte.

»Wenn man kein Englisch und kein Chinesisch kann, tappt man einfach im Dunkeln«, murmelte Bei vor sich hin.

»Das ging Yu Luojin damals nicht anders.«

»Sie war ein verzweifelter Hase, und der springt auch über einen Feuergraben. Und du, mit deiner internationalen Reputation und der lockeren

Sonderbehandlung, die du genießt, du kannst jetzt zwischen beiden Welten hin und her rennen.«

»Ich renne auch zwischen beiden Welten hin und her«, sagte Meng und nahm einen Schluck, »in China unter Druck, dann nach Deutschland geheiratet und wieder unter Druck, nur anders. Keine Freunde, keine Deutschkenntnisse, die langen Winter, also was? Da trocknen einem Maler schnell die Inspirationen ein, bleibt man also zu Hause und pennt. Ihr beiden wisst nur zu gut, ich bin der König der Langschläfer, einen Tag und eine Nacht durch, kein Problem, aber ich habe auch schon zwei Tage und zwei Nächte gepennt, ohne dass jemand davon Notiz genommen hätte, das Zimmer war still wie eine Berghöhle. Mein Body war fast komplett sauer, die Gelenke krachten, ich musste raus aus der Falle und meine Alte war noch bester Dinge: ›Mein lieber Mengzi, im Deutschen gibt es ein altes Sprichwort: ›Nichts ist so wichtig wie ein guter Schlaf.‹ Mir sind die Tränen gekommen!«

»Deine Frau hat Humor.«

»Meine Tränen waren noch nicht trocken und ich hab mir ein Ticket nach Hause gekauft, ich bin in ein Sichuan-Restaurant an der Straße und hab drei Tage lang Feuertopf mit Abfallöl gefressen, mir sind die Backen in einem Tempo geschwollen, als wär ich schwanger. Dann ist die Stimme weggeblieben und ich hatte Probleme mit dem Atmen, zu viel Staub in der Luft. Hab dann paar schwarze Batzen rausgehustet, und mit dem Kopf zum Himmel langsam durchgeatmet: ›Die Welt ist so groß, ist da kein Platz, wo ein armer Irrer bleiben kann?‹ Traurig, unendlich traurig, die Inspiration des Künstlers, das ist, wie wenn Frauen ihre Tage haben, kommen sie, ist kein Halten mehr.«

»Verstehe«, sagte ich und trank in einem Schluck aus, »danke, Mengzi.«

Ich beantwortete die Mail auf der Stelle und lehnte dankend ab. Aber Yu Luojin stellte sich taub und machte weiter mit öffentlichen Aufrufen, was in der chinesischen Gemeinde im In- und Ausland hohe Wellen schlug und, als ich nach China zurückgekehrt war, noch immer heftig diskutiert wurde. Yu Luojin hat daraus eine unglaubliche Inspiration gezogen und einen Roman von über hunderttausend Schriftzeichen geschrieben, in dem ein »großer Tölpel« die Hauptrolle spielt, und der Tölpel bin ich.

Sie schreibt: »Der große sowjetische Ballettstar Nurejew hat in der letzten Minute, bevor er das Flugzeug nach Russland bestieg, ausgerufen: ›Ich will bleiben!‹ Musste das in letzter Minute sein? Hat ihn jemand überwacht und gab es keine andere Möglichkeit? Wenn der große Tölpel vor dem Flugzeug auch gerufen hätte: ›Ich will bleiben!‹, was wäre geschehen? Jenny dachte: Die beiden Gentlemen rechts und links von ihm hätten ihm blitzartig mit einem Taschentuch die Nase zugehalten, er hätte auf der Stelle nicht mehr gewusst, was los war, und nur noch blöde lachend den beiden Bodyguards hinterherlaufen können, unfähig, einen klaren Gedanken zu fassen. Bis die behäbige deutsche Polizei (eine Langsamkeit, die Bankraub erst möglich macht) vor Ort erschienen wäre, hätte der Tölpel in dem längst gestarteten Flieger gesessen mit einem blöden, vollkommen zufriedenen Lächeln im Gesicht.«

Die Toten verstehen alles

Bei ist am nächsten Tag nach Bonn, Meng hat weiter im Hotel auf dem Boden geschlafen und sich ganz nebenbei ein kostenloses Frühstück ergaunert. Die Zeit wurde lang, wir beide machten gut drei Wochen keinen Schritt ohne den anderen, wenn ich woanders hin auf Tour ging und genauso wenn wir wieder zurück waren. Die Fräuleins an der Rezeption lachten schon, wenn sie uns nur sahen. Das hieß so viel wie: Auf den Schriftsteller da haben sie in China Druck ausgeübt, er ist fast daran erstickt, und kaum war er hier, hat er sich einen Gleichgesinnten gesucht.

Meng hatte vor über fünf Jahren nach Deutschland geheiratet, gleich ein Baby bekommen, aber niemals Deutsch gelernt. Wenn er hier mit irgendjemandem zu tun hatte, gestikulierte er wie ein Taubstummer herum, und wenn seine Arme von dem Gewedel müde wurden, malte er kleine Männchen auf ein Stück Papier. Man hat mir erzählt, zu Hause male er, wenn er seiner Frau gegenüber etwas Komplexeres ausdrücken wollte, eben komplexere Männchen. Seine Frau hatte sich seinerzeit Hals über Kopf in ihn verliebt, und auch Chinesisch lernte sie von ihm, denn Chinesisch hat eine Bilderschrift.

Mengs große Gabe war sein Orientierungssinn. Wo er auch war, er musste einen Weg nur einmal gegangen sein und hatte ihn im Kopf. Vor allem auf Friedhöfen, die konnten noch so groß und verwirrend sein, er wusste immer, wo man hinein und hinaus kam. So sind wir beide mitten in der Nacht über die Friedhöfe Berlins gegeistert. Und wenn der Mond dann durch die Zweige fiel und Muster auf den Weg zeichnete, war es, als zögen irgendwelche vergangenen Dinge über den Boden. Eichhörnchen stellten sich in den Weg, der Herbst wurde kühl und sie mussten Wintervorräte anlegen. Deshalb gingen wir in die Hocke, hielten ihnen Erdnüsse, Nüsse und Schokolade hin, die sie uns aus der Hand schnappten und davonhuschten. Kaum waren wir ein paar Schritte gegangen, tauchten sie schon wieder vor uns auf, sie waren unersättlich. Meng sagte, »hier kannst du sagen, was du willst, da sagt keiner ein Wort, du kannst vor einem stehen und ihn volllabern, du kannst auch eine ganze Gruppe volllabern, ich hätte nicht gesehen, dass besonders viele Deutsche Chinesisch könnten, ganz zu schweigen von den Dialekten von Henan und Sichuan«.

Ich sagte, »nach der buddhistischen Reinkarnationslehre bleiben die Toten zeitweilig im Uterus von Mutter Erde, wenn du vor Einsamkeit verrückt wirst, komm her und gib ihnen pränatalen Unterricht«.

Natürlich sind wir auch zur Berliner Mauer, zum Platz der Bücherverbrennung und zum Brandenburger Tor, alles nachts. Der Einzige, der seine Kommentare abgab, war der gute Meng, der Dummkopf aus Henan, der zum einen kein Deutsch konnte und zum anderen keine Ahnung von Geschichte hatte; bierernst machte er ein Foto nach dem anderen für mich, alle voller Grieß. Einmal haben wir in einer Kneipe ein Bier bestellt, da hat er vor Aufregung das Reden mit Händen und Füßen übertrieben, der Ober hat nach dem Telefon gegriffen, bereit, Alarm zu schlagen. Das einzige Wort, das ich auf Deutsch im Kopf hatte, war »Dunkelbier«, ein Glück, auch wenn Meng ein Helles gestikulierte, aber was war schon zwischen einem Dunklen und einem Hellen für ein Unterschied, Bier war Bier. Ich schaute ihn an und schaute auch auf die Kirche Wilhelms des Zweiten, die in die Nacht ragte und deren Kopf im Zweiten Weltkrieg von Bomben zerstört worden war, und sagte in singendem Tonfall: »Bitter, Bruder, bitter!«

»Dem alten Jia geht es noch schlechter als mir. Wir haben zusammen in einem Haus gewohnt, paar Jahre her, ich wusste gar nicht, dass sich in dem Gebäude noch ein Landsmann versteckt. Bis wir uns eines Abends im Treppenhaus begegnet sind, wir schauten uns nur an, und als wir zu reden anfingen, erfuhr ich, dass er zu Zeiten monatelang nicht vor die Tür ging.«

»Was hat er denn gemacht?«

»Mit Gott gekämpft. Ein Buch geschrieben mit seinen Theorien, bis zur Vertreibung aus dem Paradies.«

»Wer ist er?!«

»Vor dem Fall der Mauer war er der Haupt-Auslandskorrespondent der Nachrichtenagentur Neues China, weil er gegen das Massaker auf dem Platz des Himmlischen Friedens protestiert hat, ist er kriminalisiert worden, hat dann von Ostdeutschland heimlich nach Westdeutschland rübergemacht, nur dass allgemein überraschend ein paar Jahre später die Wiedervereinigung kam. Jia konnte nicht zurück, und er war auch nicht gerne mit Menschen zusammen, also ging er am besten gleich in Klausur. Dass wir einander begegnet sind, war die Rettung für uns beide, ich hab sofort die Einladung in sein Vogelnest angenommen, eine richtige Räuberhöhle, schlimmer als ein Rattenbau. Ich hab ihm beim Lüften geholfen, Tee gemacht und eine Zigarette angeboten, da war dann auf der Stelle wieder viel mehr Leben drin. Hehe, ausgerechnet, er mit seinem exzellenten Deutsch kommt noch weniger gut klar als ich mit meinen null Sprachkenntnissen.«

Ein Landsmann aus Sichuan auf der Seine

Anfang Oktober bin ich nach Paris und traf dort auf meinen Landsmann Hu Dong, den ich über zwanzig Jahre nicht gesehen hatte. In den 80er Jahren war Hu Dong ein Dichter der Machismo-Gruppe, ein repräsentativer Text ist »Ich will nach Paris auf'm Tuckerkahn«, der in der Untergrundlyrikzeitschrift »Modernistische Liga« erschien und bis heute nachwirkt:

… Ich will nach Paris auf'm Tuckerkahn
den Louvre sehen Versailles die andern Scheiß-Paläste
ich will nicht Opa Tangs Teekanne Oma Songs Nudelholz zurück

nein, ich nicht, auch die Franzosen haben Dreck am Stecken

ich will in den großen Bauch von Pompidou
die Schätze dort abräumen
und dem Palastmuseum vermachen unter der Hand
dem ersten Museum vor Ort den chinesischen Familien

… Ich will nach Paris auf'm Tuckerkahn
schätze ich brauche so hunderttausend Minuten
für sieben Kontinente und fünf Ozeane
durch alle mir bekannten Länder
ich werde Inder kennenlernen, Araber
Amis, Kanadier und andere interessante Barbaren
wir reden, private, Staatsprobleme, was am Herzen liegt
ich werde Streit anfangen mit dem ganzen Führungspersonal
gegen alle Straßenverkehrsordnungen verstoßen
die Öffentliche Sicherheit von Indien von Ägypten bis zu Amerika
werden mir Dutzende von Geheimagenten nachschicken …

In Chengdu war es vom Haus meiner Eltern bis zum Haus der Dongs zu Fuß gerade mal eine halbe Stunde. Nach dem Massaker auf dem Platz des Himmlischen Friedens hab ich Kassetten mit dem Gedicht »Massaker« gemacht und überall verteilt, auch Hu Dong habe ich eine zukommen lassen. Wir verschliefen damals die Tage und trafen uns erst am Abend gegen zehn im Licht der Straßenlaternen, sind um die Häuser gezogen und haben uns beim ersten Tageslicht resigniert getrennt. Bewaffnete Polizei war die ganze Nacht auf Patrouille, kontrollierte verdächtige Elemente, gelegentlich fuhren sie auch in Kolonnen, die mit Blaulicht und Sirene an uns vorbeischossen. Wir sprangen zur Seite oder flüchteten uns in eine der kleinen Gassen auf der Suche nach »Geisterschänken«, die die ganze Nacht offen hatten und wo wir ein paar Doppelte vom Bocksdornschnaps tranken, in dem Blutblasen schwammen, und die Beschwerde anstimmten: »Scheitert die Revolution, scheitert auch die Lyrik.« Ich hatte mir angewöhnt, Hu Dong »Tuckerkäpt'n« zu nennen, da war er, als sei er auf ein Riff gelaufen, eines Tages auf einmal spurlos verschwunden. Ich stand bei ihm vor dem Haus, schrie mir die Seele aus dem Hals, und das nicht nur einmal, aber es rührte sich nichts. Etwas später kam ich in den Knast. Als ich entlassen wurde, hörte ich, er habe, wie in seinem Gedicht beschrieben, eine Ausländerin geheiratet, sei »auf'm Tuckerkahn nach Paris« gefahren, habe sich aber nur in Marseille eine Weile aufgehalten und sei dann auf vielen Umwegen über die Straße von Calais nach London.

Hu Dong ist nicht mehr nach China zurück, mit China war er ein für alle Mal fertig, er ließ sich nieder, und was er alles an Provokationen der »Öffentlichen Sicherheiten« vieler Länder in dem frühen Gedicht beschrieben hatte, zerplatzte wie Seifenblasen. Wir liefen uns in der Nähe des 13. Bezirks, am Eingang der Metro, in die Arme, es war eine andere Zeit geworden, wir waren überrascht, alt waren wir geworden, fett, die Hosenzwickel hingen unordentlich herab. In meiner verstaubten Erinnerung hatte Hu Dong auf Schulter und Rücken dicke Fettpolster, eher dürfte es aber ein dattelroter Schal aus der schönen Jugendzeit gewesen sein.

An diesem Abend haben wir alte Träume aufgewärmt, sind durch ein Gewirr von Straßen zur Seine gelaufen und die ganze Nacht an ihrem Ufer entlang. Die Pariser Straßen zwischen Herbst und Winter wurden zu den Straßen Chengdus zwischen Frühling und Sommer, allerdings einundzwanzig Jahre früher. Auf der Pont Mirabeau kam es über mich und ich deklamierte: »Sous le pont Mirabeau coule la Seine / Et nos amours / Faut-il qu'il m'en souvienne / La joie venait toujours après la peine.«[101]

»Ich komme mir vor wie in den 80er Jahren, auf irgendeiner Brücke in Chengdu«, lachte Hu Dong.

Ich wurde rot und meinte: »Ich kralle mich an meiner Jugend fest.«

Hu Dong sagte: »Ebenfalls vor vielen Jahren, da war der Baudelaire ein armer Schlucker und er ist auf dieser Brücke, die ja zu Apollinaire gehört, eine ganze Nacht lang hin und her gelaufen, und er wollte gerade hinunterspringen und seinem Leben ein Ende setzen, als ihn ein paar Passanten daran hinderten. Wenn er damals Erfolg gehabt hätte, hätten wir ›Le spleen de Paris‹ nie lesen können.«

»Der geniale deutsche Dichter Paul Celan hatte da mehr Erfolg. Er ist auch von dieser Brücke gesprungen.«

»Hast du das nachgeprüft? Es gibt ziemlich viele Brücken über die Seine.«

»Meng Ming übersetzt Celan, er sollte es wissen.«

Daraufhin sind wir ein paar Kilometer wieder zurück gelaufen, um uns bei dem Dichter Meng Ming für die Nacht einzuquartieren. Er ließ uns auf unser Klopfen rein, wir zwängten uns zu dritt an den Tisch in der Küche und tranken was, es ging eine ganze Weile hoch her, dann spielte ich Flöte, sie trommelten den Takt und Celan war vergessen.

Allerhand Exilanten

Am nächsten Mittag brachte mich Hu Dong zu Dai Sijie, dem berühmten Autor des nostalgischen Romans »Balzac und die kleine Schneiderin«, drei Männer aus Sichuan auf dem Balkon einer Klippe von einem Hochhaus, vor sich getrockneten Tofu in Chili-Öl, in den Gläsern Shao-Schnaps und geratscht, das war etwas ganz Besonderes. Dann tauchte ein vierter Mann aus Sichuan auf, er hieß Gao Yuan und wollte mich in einer klapprigen Karre zu einem Besuch bei der berühmten Galerie Lafayette abholen. Ich erklärte, ich hätte kein Interesse am Shopping, Gao Yuan aber meinte, neben dem Lafayette sei ein Sichuan-Restaurant, das sei immer proppenvoll. In Paris gibt es noch Sichuan-Restaurants, die proppenvoll sind?, fragte ich. Gao Yuan sagte, Sichuan-Restaurants seien auf der ganzen Welt proppenvoll, selbst solche, die gar nicht von Leuten aus Sichuan geführt würden. Trotzdem, bei dem Laden, zu dem wir wollten, müsse man drei Tage im Voraus einen Tisch bestellen. Ich war überwältigt, verabschiedete mich, in traditioneller Weise die Hände vor der Brust ineinandergelegt, von Hu Dong und Dai Sijie und ging mit Gao Yuan nach unten.

Gao Yuan war ein alter Fotograf, der durch Zufall in die Geschehnisse am 4. Juni 1989 geraten war, dann aber ohne Rücksicht auf Leib und Leben in den Straßen von Chengdu eine Unmenge Fotos von blutigen Zusammenstößen zwischen der Polizei und den Menschen gemacht hatte; als sie im Westen veröffentlicht wurden, kam er auf eine der Schwarzen Listen der Polizei und ist deswegen ins Exil gegangen. Wenig später hat er sich auf Ölmalerei verlegt, das Thema blieb der 4. Juni 1989, aber sie waren nicht so gut zu verkaufen wie die ursprünglichen Aufnahmen. Deshalb hat Gao Yuan in diesen Jahren Hochzeitskleider fotografiert, er musste ja von irgendetwas leben, hat Werbung gemacht und war auch als Reiseführer tätig. Einmal hatte er das außergewöhnliche Glück, eine Reisegruppe aus Chongqing zu bekommen, neun Staatsanwälte und neun Richter, alle die Taschen voller Geld. Er mietete einen Minibus der Luxusklasse, zeigte ihnen den Louvre, den Arc de Triomphe, Notre Dame, aber sie hatten an nichts Interesse; Eiffelturm, Centre Pompidou, Champs-Élysées interessierten sie noch weniger; er war ganz aus dem Konzept und zog dann während der Fahrt über die Korruption in China und die schlechten Lebensbedingungen her. Die Staatsbediensteten waren ganz Ohr und nach einer Weile klopfte ihm jemand auf die Schulter: »Mein Lieber, man kann darüber gar nicht genug schimpfen! Wir wissen darüber mehr als uns lieb ist! Aber lassen Sie uns nicht über Politik reden! Die Zeit ist kostbar, wir wollen noch zur Galerie Lafayette.«

Daraufhin brachte Gao Yuan sie zum Shopping-Tempel Lafayette mit seiner über hundertjährigen Geschichte, sie verbrachten zwischen Erdgeschoss und sechstem Stock mehrere Stunden; dann weitere Stunden zwischen sechstem Stock und Erdgeschoss. Markenjuwelen, Markenklamotten, Markenhandtaschen, jeder von ihnen raffte sich wortlos eine Masse von Zeug zusammen und gab über eine Million Yuan aus. Als es Abend wurde, bemerkten sie, dass Gao Yuan mühsam gute Miene machte, sie waren untröstlich und nahmen kein Blatt vor den Mund: »Lieber Freund, Sie sind wegen des Vierten Juni geflohen? Und nun irren Sie heimatlos herum, ein Kind ohne Mutter und Vater, das ist bitter, sehr bitter! Schreiben Sie doch eine Selbstkritik, gehen Sie zur Botschaft, klären Sie das, kämpfen Sie, dass Sie zurückkehren können, und erleben Sie gemeinsam mit Ihren Verwandten den wirtschaftlichen Aufschwung!«

»Die Bastarde haben auf einmal angefangen, bei mir Lobbyarbeit zu machen«, schloss Gao Yuan seine Geschichte, drehte den Kopf zur Seite und lachte mich an. Ich mahnte ihn, auf den Verkehr zu achten. Er sagte, wenn man sich über zwanzig Jahre in Paris aufgehalten habe, könne man mit geschlossenen Augen fahren und verfahre sich nicht. Anschließend zeigte er nach draußen, meinte, die Prostituierten in dieser Straße seien alle ehemalige Angestellte von staatlichen Firmen in den drei Ostprovinzen Chinas, im Durchschnitt zwischen dreißig und vierzig, es gebe aber auch welche, die seien an die fünfzig, sechzig, Kunden seien vor allem Araber, auch ein paar Schwarze und die sporadischen Weißen seien Witwer, die aus ihrem Alter ein Geheimnis machten. Wie die denn hierherkämen, fragte ich, das sei doch unheimlich weit. Menschenschmuggler, sagte Gao Yuan, sie seien schwarz hier und das Schwarzgeld, das sie verdienen, würden sie nach Hause schicken.

Der Kamerad war ein richtiger Frankreichkenner, es gab keine Hintertür, die er nicht kannte, wenn ich einmal etwas über die unteren Schichten im Ausland schreiben sollte, dann wäre er die erste Anlaufstelle. Während ich noch diesem Gedanken nachhing, erreichten wir das Sichuan-Restaurant, vor der Tür hing ein großer Lampion, unter dem Lampion drängten sich ein paar Dutzend Landsleute. Gao Yuan sagte, ich solle mich nicht von der Stelle rühren, und machte sich auf Parkplatzsuche. Ich rührte mich nicht von der Stelle. Die Landsleute wogten heran wie Brandung, von der gegenüberliegenden Straßenseite, aus der Galerie Lafayette, aus dem Sextheater Moulin Rouge, sogar von dem fernen Arc de Triomphe, mit großen Paketen, mit kleinen Paketen, vor dem Bauch wie Kängurus, auf dem Rücken und alle im Kaufrausch. Die hatten Geld, als habe man alle Chinesen mit Geld oder eine der ersten chinesischen Einkaufsstraßen aus einem Flugzeug hier abgeworfen, nirgends war eine nicht-chinesische Sprache zu hören und die Ausländer, also die Einheimischen, waren in der Minderheit. Kein Wunder, wenn die Beziehungen von gleich zwei französischen Präsidenten mit den Diktatoren unseres Landes ambivalent waren: Als Xi Jinping mit einer Unmenge von Bestellungen in der Hand verkündete, der »Löwe ist erwacht« (so wie der schlafende Löwe des Ostens vor gut hundert Jahren schon einmal erwacht war, als bei der vom Boxeraufstand[102] ausgelösten Katastrophe die westlichen Botschaften umstellt wurden und als Resultat die Truppen der Vereinigten Acht Staaten den Alten Sommerpalast »Yuanmingyuan« in Beijing in Schutt und Asche legten), lachte der neben ihm stehende Hollande wie ein begriffsstutziger Hase in Richtung des Löwen und wagte das Wort »Menschenrechte« nicht einmal auszusprechen – und da Banden von Taschendieben aus vielen Satellitenstaaten der ehemaligen Sowjetunion in letzter Zeit vor allem chinesische Reisende, die im Geld nur so schwammen, aufs Korn nahmen und die Gelder, die der französischen Polizei für die öffentliche Sicherheit zur Verfügung standen, bei weitem nicht ausreichten, gab es Gerüchten zufolge gerade sogar Überlegungen, Kräfte aus China heranzuziehen, um die Sicherheit der chinesischen Reisenden zu gewährleisten.

Das dreistöckige Sichuan-Restaurant war längst voll besetzt, Gao Yuan und ich schlüpften wie Schlammbeißer in die privaten Räume im Souterrain. Vor dem Eingang stand aufrecht eine Geldkatze, deren rechte Tatze unablässig winkte, im Bildstock hinter der Tür stand ein Gott des Reichtums mit seinem roten Gesicht und großen Bauch und dem Dollarsack in der Hand. Unterhalb des Gottes des Reichtums saß aufrecht Liu, verantwortlich für die Demokratische Partei Chinas in Europa, links von ihm Wang, Sprecher der Civil Force, rechts von ihm Zhang, Sprecher der Demokratischen Front, und auf der gegenüberliegenden Seite waren da noch der alte politische Gefangene Ren Wanding, ein Veteran der Demokratischen Mauer am Beijinger Xidan von 1978, und Wei Xiaotao, der jüngere Bruder des so populären Wei Jingsheng. Dann erst kam Gao Yuan, der Führer der Free China Artists Association.

Der Tisch bog sich unter Getränken und Speisen, doch bevor wir die Stäbchen zückten, erhoben wir natürlich uns und die Gläser. Liu Shizun sprach ein paar Begrüßungsworte des Sinns, die vier großen chinesischen Exilorganisationen im Ausland würden hier und heute zusammen mit zwei älteren Vorkämpfern unserer Sache Liao Yiwu willkommen heißen, der so viel habe auf sich nehmen müssen, um aus dem vom Feind besetzten Land herauszukommen. Darüber hinaus übermittelte er Grüße von Xu Wenli, dem Vorsitzenden der Zentrale der Demokratischen Partei Chinas an der Brown University auf Rhode Island. Beim Essen begriff ich langsam, dass die vier großen Exilorganisationen die Demokratische Partei als stärkste Kraft betrachteten, sie war 1998 gegründet worden und unterhielt Zweigniederlassungen überall auf der Welt, selbst innerhalb von China gab es geheime Zweigstellen, die Zahl der Mitglieder geht in die zehntausend, mindestens, einige ihrer Mitglieder, wie Xu Wenli, Wang Youcai, Qin Yongmin, He Depu, Cha Jianguo, Liu Xianbin, She Wanbao, Hu Mingjun, Xu Wanping, Wang Sen, hatten Jahre in Gefängnissen verbracht und waren hart geblieben. An zweiter Stelle kam die Demokratische Front, nach dem Massaker auf dem Platz des Himmlischen Friedens hatte sich eine große Zahl von Exilanten in Paris versammelt und ihre Gründung verkündet, danach allerdings zerstreute man sich in alle Winde und sie erlebte einen gewissen Niedergang, die Struktur der Organisation jedoch existierte noch; dann die Civil Force mit ihrem Hauptsitz in Amerika, deren Gründer Dr. Yang Jianli ich einmal getroffen hatte, der attraktive Wang, der schon mehrfach als asiatischer Statist in französischen Filmen mitgespielt hatte, war verantwortlich für die Angelegenheiten in Europa, wie zum Beispiel Protestveranstaltungen oder Reden gegen die chinesischen Kommunisten; die Organisation von Gao Yuan schließlich, dieses Generals ohne Armee, nahm den respektablen letzten Platz ein, sein Hauptquartier war sein Atelier.

Wenn sich Persönlichkeiten der Demokratiebewegung in einem Restaurant zusammenfanden, gab es in der Regel nur ein Thema: die Zukunft des Vaterlandes. Gleich nach dem Massaker auf dem Platz des Himmlischen Friedens am 4. Juni 1989 glaubten die Volksmassen, es sei nur noch eine Frage der Zeit, bis die Kommunistische Partei ihre Macht verliere; einige Jahre später starb Deng Xiaoping, alles sagte voraus, die Gesellschaft nach Deng werde sich »öffnen«; anschließend nährte Zhu Rongji diese Hoffnungen, indem er davon sprach, »neunundneunzig Särge seien für korrupte Beamte, einer für ihn selbst«. Ein wenig später nahm Wen Jiabao das auf, er begleitete vor dem Massaker Zhao Ziyang auf den Platz des Himmlischen Friedens und offenbarte dort vor den Massen, dass die Reformer den innerparteilichen Kampf verloren hatten und sie ihr Gewissen nicht schlafen ließ.

»Genug, genug, stoßen wir an!« Wenn alle sich nur noch in Zukunftsprognosen ergingen und die Gespräche hitzig wurden, unterbrach ich das Ganze immer wieder abrupt, diesmal sagte ich: »Die Demokratie im Schnapsglas ist im Handumdrehn eingelöst, da erübrigt sich alles Weitere.«

Alle sahen mich von der Seite an und lachten. Vor wie vielen Jahren war ich eigentlich zu so einem frivolen Hampelmann heruntergekommen? Solange man sich nur als erster einen Rausch antrank, machte sich daraus niemand etwas. Ich erinnere mich vage, ich lag schon auf dem Tisch, dass ein Dichter, den ich aus China kannte, lauthals meinen Namen rufend unser Nebenzimmer stürmte, angeblich hatte er sich eigens mit dem Zug aus Südfrankreich aufgemacht, um mir seinen Respekt zu zollen. In meinem umnebelten Zustand umarmte er mich und drückte sein Gesicht an das meine, wie im Theater. Der Mann aß nichts, griff sich die Flasche Sichuan-Schnaps auf dem runden Tisch, gluckgluckgluck, war ein Drittel davon weg, er stand hoch aufgerichtet auf dem Stuhl und deklamierte über den versammelten Essensresten mein Gedicht »Massaker«. Nachdem er noch ein paarmal geschrien hatte: »Mäht sie nieder, mäht sie nieder, kein Pardon!«, brach seine Stimme und er verstummte. Keuchend wie ein Ochse schlug er sich wild geworden mit beiden Fäusten gegen die Stirn, und damit nicht genug, ließ er am Ende geräuschvoll die Hosen herunter, entblößte sein Teil und zog daran wie bei der Karottenernte.

Alles schaute sich an, ich raste vor Scham, stand auf und wollte auf ihn losgehen, doch Gao Yuan und Liu hielten mich fest. Man verabschiedete sich eilig. Liu, der viel von der Welt gesehen hatte, nahm das Ganze nicht besonders ernst und sagte, als er die Rechnung kommen ließ, zu mir: »Freie Welt halt, jedem Tierchen sein Pläsierchen.« Später hörte ich, dass dieser sogenannte Dichter schon lange das Interesse der Ausländer an der traditionellen Kultur Chinas nutzte, um als angeblicher Künstler sein Geld mit »Tusche und Traumdeutung« zu verdienen – in der Hoffnung, im Gefolge von Zao Wou-Ki[103] ein »bestbezahlter Meister der Abstrakten Schule« zu werden. Konkret arbeitete er folgendermaßen: Er ließ sich von Ausländern, die sich bei ihm einfanden, ihre Träume erzählen, schmierte ein paar Schriftzeichen aufs Papier und verkaufte diese an die Träumer.

Einmal, bei den völlig unrealistischen Träumereien einer alten Dame von siebzig Jahren, gingen die Pferde mit ihm durch und der Bastard ließ vor allen Leuten nicht nur die Hosen herunter, sondern fing auch noch an zu masturbieren und veranstaltete mit seinem Samen eine Grasschrift-Orgie, wie sie die Welt noch nicht gesehen hatte.

Die Sinologin Marie Holzmann

Meine größte Bereicherung in Paris war, dass ich mich mit meiner Übersetzerin Marie Holzmann vom ersten Augenblick an sehr gut verstand. Ihren Namen hatte ich in den 80er Jahren schon einmal gehört, er ging aber in einer Unmenge von Namen der Sinologie wie Eugene Perry Link, Andrew J. Nathan, Geremie Barme, Jean-Philippe Béja, Kubin, Helmut Martin und Nils Göran David Malmqvist unter. Damals hatte die chinesische Öffnungspolitik gerade erst begonnen, auch in der Literatur gab es ein »Tauwetter« und Literaten hatten nur über die schmale Brücke der Sinologie eine Möglichkeit, in den Westen zu gelangen – und Sinologen schienen so rar wie Pandabären. Als Bei Dao und Gao Xingjian sich Ende der 80er Jahre in die internationale Literaturszene aufmachten und den Direktzug zur Königlich Schwedischen Akademie der Literatur bestiegen, bestiegen zur gleichen Zeit nicht wenige literarische Landeier wie ich den Direktzug ins Gefängnis. Von Gu Cheng, der auf Waiheke Island in Neuseeland zuerst seine Frau erschlagen und dann Selbstmord begangen hatte, erfuhr ich aus einer alten Zeitung. Ach, das war eine andere Welt. Und diese Marie Holzmann war für mich ebenfalls wie eine andere Welt. Sie war im Alter von sechzehn Jahren mit ihrem Vater nach Taiwan gegangen und lernte dort Chinesisch. Just während der landesweiten Anti-Konfuzius-und-Lin-Biao-Kampagne[104] kam sie dann 1975 an die Universität Beijing, wo sie überhaupt nicht durchstieg, was der zweite Mann der Kommunistischen Partei Chinas und der über zweitausend Jahre alte Konfuzius miteinander zu tun haben sollten. Als hätten sie sich zu einer Anti-Mao-Partei zusammengetan. In der Folge erlebte sie die vier dramatischsten Jahre der neueren Geschichte Chinas, den Tod Mao Zedongs und die Verhaftung und Inhaftierung der Viererbande, deren Kopf Maos Frau war, was die Zeitungen unisono und kategorisch als letzten Willen ihres Mannes verkauften. Der dreimal entmachtete Deng Xiaoping kroch zum dritten Mal aus seinem Loch und drängte Hua Guofeng in die Position eines Schattenkönigs von seinen Gnaden, während er selbst die Macht monopolisierte und seine Reform- und Öffnungspolitik proklamierte. Daraufhin wurde eine Mauer am Xidan, die sogenannte Mauer der Demokratie, zu *dem* Ort der Redefreiheit im Land.

Die französische Auslandsstudentin Marie Holzmann erfuhr über die omnipräsenten Wandzeitungen zum ersten Mal von chinesischen Altersgenossen wie Wei Jingsheng, Xu Wenli, Liu Qing, Liu Nianchun, Hu Ping, Ren Wanding, die öffentlich und vernehmlich für Demokratie und Menschenrechte eintraten; dazu kamen Leute wie Mang Ke, Bei Dao, Zhou Meiying, Ma Desheng, Wang Keping, Qu Leilei, die sich für die Freiheit der Kunst und der Veröffentlichung einsetzten, diese Leute waren jeder für sich Herausgeber und Beiträger von »reaktionären« Zeitschriften wie *Beijinger Frühling*, *Vierter-Mai-Forum*, *Heute*, *Fruchtbares Land* und *Malgruppe Stern*. Sie waren alle ganz versessen darauf, mit westlichen Botschaften und Journalisten ins Gespräch zu kommen, Marie Holzmann war da natürlich der direkteste Kanal, und bevor Wei Jingsheng auf Anordnung Deng Xiaopings festgenommen wurde, hatte sie ihn unzählige Male zu Interviews begleitet.

Später ging sie nach Frankreich zurück. Später hat sie sich, weil eine ganze Anzahl politischer Gefangener ihre Freunde waren, gegen die chinesische Regierung gestellt. Doch für mich war Marie Holzmann vollkommen unerreichbar, wie ein Stern am Himmel. Bis sie im Herbst 2003 eher zufällig mein verbotenes Buch *Chinas Gesellschaft von unten* las und eine Auswahl daraus übersetzte und herausbrachte; ein paar Jahre später übersetzte und publizierte sie weiterhin *Das Erdbebenirrenhaus*, anschließend mein Gedicht »Massaker« sowie mein Buch *Die Kugel und das Opium. Leben und Tod am Platz des Himmlischen Friedens.*[105]

Nun stand diese Marie Holzmann wie aus heiterem Himmel auf einmal vor mir, so normal wie Wasser. Aus einer alten Literatenfamilie stammend, hätte sie in ihrem Leben jedem Sturm aus dem Weg gehen können, hatte in China aber stattdessen eine ganze Reihe von Stürmen erlebt. Sie wohnte in Chinatown im dreizehnten Bezirk von Paris, der Innenhof war vollständig umpflanzt mit Sichuan-Bambus, bei den Alten hießen Bambus, Kiefer und Pflaumenblüte die »drei Freunde im Winter«, weil sie, wenn alles andere in der großen Kälte zerfällt, noch immer grün bleiben und üppig, ein Symbol extremster Lebenskraft. Marie Holzmann sagte, der Bambus erinnere sie an den großen Dichter Tao Yuanming aus der Jin-Zeit[106], der sich amtsmüde als Einsiedler in einen Bambushain zurückgezogen habe. Aber Tao Yuanming hat den Boden bestellt, scherzte ich, das machen Sie nicht! Marie Holzmann meinte, sie habe keinen Acker, den sie bestellen könnte, also kultiviere sie Regenwürmer. Und tatsächlich wimmelte es in der großen Abfalltonne hinter ihrem Haus nur so von Regenwürmern, die vom Abfall lebten und den Boden fruchtbar machten, eine gigantische Müllentsorgung. Sie seufzte zustimmend.

Ich blieb im Haus von Marie Holzmann. Für den Abend hatte sie eine ganze Reihe von Gästen eingeladen. Den tiefsten Eindruck hinterließ bei mir ein Mann namens Ma Desheng, er saß im Rollstuhl, es sah aus, als habe er keinen Unterleib, doch die obere Hälfte seines Körpers deklamierte mit großer Leidenschaft Gedichte. Drei Jahre später hat er zu meiner Freude vor ein paar hundert Gästen anlässlich der Vorstellung der französischen Ausgabe von *Die Kugel und das Opium* im »Palais de Tokyo«, dem Pariser Museum für Moderne Kunst, mit der gleichen Verve Gedichte meines Gefängniskameraden Li Bifeng deklamiert und mich fast zu Tränen gerührt. Keine Ahnung, wie Ma Desheng, dieser so hochgradig spastischen Lähmungen unterworfene Mann, seine Ölgemälde, bei denen ein Fels eine ganze Wand einnimmt, überhaupt herstellen konnte, er konnte ja schwerlich mit dem Pinsel in der Hand herumgeflogen sein. Er übte sich in einer fast vergessenen Form des Qigong, um sich gegen die jähen und tödlichen Schmerzen zu stemmen, war schon mehrere Male an den Toren zur Unterwelt wieder zurückgeschickt worden und hatte sich eine supergesunde Sehnsucht nach körperlicher Liebe bewahrt, ein Unsterblicher. Wenn Ma Desheng einmal eine Religion gründen sollte, ich wäre sein erster Jünger.

Der Bildhauer Wang Keping saß Ma Desheng schräg gegenüber, die beiden hatten vor über dreißig Jahren an der Mauer der Demokratie am Xidan die »Malgruppe Stern« aufgebaut, noch heute waren sie ein Tandem aus Ruhe und Bewegung. Wang Keping war ein einsilbiger Mensch, wie die Holzplastiken, die er schuf, Ausdruck der endlosen Wechselfälle des Lebens. Gao Yuan und Wei Xiaotao andererseits brauchten einen solchen Ausdruck nicht, ihnen standen die Wechselfälle des Lebens ins Gesicht geschrieben.

Marie Holzmann hatte wie eine französische Mutter den Kreis ihrer alten Kinder aus China zusammengetrommelt und stellte nun die halbe Wohnung auf den Kopf, bis sie eine große Flasche Rotwein zu Tage förderte, einen 89er, abgefüllt im Juni, gut und gerne anderthalb Liter. Sie sagte, am meisten stehe es Liao Yiwu zu, diese Flasche zu leeren, der Mann, der in der Nacht des großen Massakers das Gedicht »Massaker« gelesen habe. Ich hatte noch gar nichts getrunken, war aber schon puterrot im Gesicht, derartige Komplimente konnte ich nicht ertragen.

Für einen Augenblick waren wir zurück in China, Wei Xiaotao und ich bildeten ein Paar und gaben keine Ruhe, bevor nicht einer von uns unter dem Tisch lag. Alle trugen zur Unterhaltung bei und es waren mindestens drei verschiedene Sorten Alkohol auf dem Tisch. Nachher wusste ich nicht mehr, wie ich das gewundene Treppenhaus hochgekommen war. In das kleine Bett in dem kleinen Zimmer zwängte man sich wie in ein Vogelnest, seit über zwanzig Jahren hatte dieses Nest zahllose Asylanten aufgenommen, die heute allmählich schon nicht mehr fliegen konnten, zwei, drei waren bereits tot.

Der Dichter Lao Mu

Am nächsten Tag bin ich mit Marie Holzmann in den Buchladen Le Phénix gegangen, dem Vernehmen nach der langlebigste Buchladen mit chinesischen Büchern in Paris. Hier hatten zahllose Schriftsteller-, Dichter- und Kritikerlesungen stattgefunden, auch ich verhielt mich wie ein Römer in Rom, verbreitete zwei Stunden lang konterrevolutionären Zündstoff und signierte Bücher. Anschließend bekam ich die freundliche Einladung eines ehemaligen Exilanten und jetzigen Besitzers eines Chinarestaurants zu einem größeren Diner mit mindestens dreißig chinesischen und ausländischen Konterrevolutionären. In dem zunehmend verräucherten Raum wurde ich von Chen Yan, dem Leiter von Radio France International Chinese interviewt, es ging weiter nur um China, ich versuchte, das Thema zu öffnen und über Chinesen in Frankreich zu sprechen, aber Chen Yan kam beharrlich immer wieder auf sein Ausgangsthema zurück. Der dicke Wirt schob sich an meine Seite, wir saßen eine ganze Weile da, doch redete bedauerlicherweise unentwegt jemand dazwischen, so dass ich keine Chance hatte, mit Chen Yan vernünftig zu reden.

Als ich im Jahr darauf wieder herkam, war der Ort unverändert, aber die Menschen waren andere, von dem alten Wirt, der mit seiner Freundlichkeit den Laden zum Laufen gebracht hatte, hieß es, er habe seine Finger in dubiose Geschäfte gesteckt, habe Kredite zu Wucherzinsen vergeben und die Leute unter Druck gesetzt. Eines Tages hat eine Familie, die ihm Geld schuldete, jemanden aus Vietnam angeheuert, der schon am frühen Morgen auf der Matte stand und behauptete, er wolle die Schulden begleichen. Man setzte sich zusammen, eine Kanne Wulong-Tee war aufgegossen und musste noch ziehen, als der Vietnamese eine Miniatur-Maschinenpistole, eine K47 aus der Aktentasche zog (es gibt einen Schnaps, der ebenfalls K47 heißt), und *tatata* durchzog, Blut und Fleischfetzen flogen durch die Luft, der Wirt war auf der Stelle ein Sieb. Der beknackte Mörder war wie ein Wirbelwind von der Bildfläche verschwunden. Als die Polizei erschien, war der Tee auf dem Tisch noch heiß.

Marie Holzmann konnte deswegen lange Zeit keine Ruhe mehr finden. Am meisten allerdings beunruhigte sie noch etwas ganz anderes: Als ich eines Morgens mit ihr zu einem Treffen mit dem Kulturminister Frankreichs recht eilig unterwegs war, trafen wir an einer alten Kreuzung (in einem französischen Film, der im 18. Jahrhundert spielt, hatte ich ähnliche Kreuzungen aus glitzerndem Blaustein gesehen) unvermutet auf einen chinesischen Bettler, nein, nicht einfach ein Bettler, sondern vielmehr einen Hybriden aus Bettler, Säufer und Verrücktem. In eine chinesische Wattejacke, die rabenschwarz war wie ein Ofenrohr, war Zeitungspapier, in das Zeitungspapier waren Papiertaschen und in die Papiertaschen waren zwei Schnapsflaschen und ein halbes Brot gestopft, so lag er neben einer Rundbogenkolonnade und zitterte vor Kälte. Marie Holzmann schrie mit sich überschlagender Stimme: »Lao Mu!«

Lao Mu wälzte sich hoch und seine Augen glühten.

»Du bist wirklich Lao Mu? Wieso bist du hier?«, Marie Holzmann bückte sich und tastete nach seiner Stirn, »hast du Fieber?«

»Nein, nein.« Wie ein streunender Hund wich er ihr aus, aus seinem Mund streifte uns ein übler Geruch.

»Ich bin Marie. Kennst du mich nicht mehr?«

»Marie, Marie«, brummte Lao Mu, »du bist Marie? Da, schau, mir sind alle Zähne ausgefall'n, letztes Jahr zwei, das Jahr davor fünf und in diesem Jahr der Rest. 'n Platz zum Schlafen hab ich nich' mehr, bin schon lang erkältet, huste mir fast die Lunge aus'm Hals, und kein Platz zum Schlafen, hab schon paar Nächte kein Auge mehr zugekriegt …« Er fing an Rotz und Wasser zu heulen, ein einzelner Schneidezahn steckte noch da wie eine grüne Fliege.

»Ich bring dich ins Krankenhaus.«

»Geh in kein Krankenhaus. Gib mir Geld.«

»Armer Lao Mu!«

»Gib mir Geld! Geld!!«

Marie Holzmann wischte sich die Tränen aus dem Gesicht, holte hastig ihren Geldbeutel und hatte den 20-Euro Schein noch nicht richtig herausgezogen, als Lao Mu ihn ihr ungeduldig aus der Hand riss.

»Ich gehe, ich gehe.« Er taumelte, das Zeug, das er in seiner Jacke hatte, rasselte zu Boden, er las es verwirrt auf und verstaute es wieder an seiner Brust. Marie wollte schnell noch zu ihm hin, doch ihre Hand griff schon ins Leere und sie rief ihm nach: »Wo willst du denn hin?« Wie in einer Filmszene von *Les Misérables* stürzte Lao Mu, wälzte sich wieder hoch und schleppte sich davon wie eine Krähe mit gebrochenem Flügel. Beim Überqueren der Straße stieß er fast mit einer Touristenkutsche zusammen, der Kutscher in seiner altertümlichen Livree brachte beide Pferde elegant zum Stehen und verbeugte sich hoch aufgerichtet vor ihm, so dass alle Passanten hinschauten. Lao Mu ging um das Wagenrad herum, der

Palast gegenüber glitzerte goldblau, an der Ecke schaute er zurück, ein Staubkorn im All, und auf einmal war er verschwunden.

Die Kirchenglocken läuteten pünktlich, *dingdong, dingdong*. Marie murmelte: »Ich habe Lao Mu über zehn Jahre nicht gesehen, wo hätte ich denn gedacht …«

Ich wusste nicht, was ich sagen sollte. Der Name Lao Mu war zu weit weg, als ich ihn zum ersten Mal hörte, das war noch 1985, er hatte das zweibändige Werk *Neue poetische Strömungen* herausgebracht, mein Langgedicht »Jenseits der magischen Erde« war auch darin, es wimmelte von Tippfehlern, ich hatte kein Honorar gesehen und auch kein Belegexemplar, schrieb ihm einen Brief mit der Zeichnung einer Atombombe und eines hoch in den Himmel ragenden Pimmels, sehr pornographisch und sehr brutal. Einen halben Monat später schickte er mir zwei Belegexemplare, darin ein Brief, in dem es hieß, das Manuskript hätten meine Kumpels für mich eingeschickt und das Honorar sei dann von irgendwem versoffen worden, er zeige hiermit dem landauf, landab so berühmten Weisen Liao mit dem Bart seine Ehrerbietung – darunter eine Zeichnung mit zwei Atombomben und zwei in den Himmel gereckten Pimmeln. Ich war im ersten Moment sofort auf hundertachtzig, doch dann freute ich mich, wie es aussah, kannte der Scheißkerl Alan Ginsbergs »Amerika« und konnte die berühmte Zeile »Go fuck yourself with your atom bomb« richtig einsetzen und er hatte damit, schon ein halber Genosse, das Zeug für die zweite Kampfbrigade der chinesischen Beat Generation. Damals durchstreifte Haizi, Lao Mus Dichterfreund an der Universität Beijing, gerade Tag und Nacht den Kosmos, über allerlei Umwege bekam ich einen dicken mimeographierten Gedichtband in die Hand: »Erde«, »Sonne«, »Ruinen«, »Doch das Wasser, das Wasser«, kurz, er hatte zu Wasser, zu Land und in der Luft alles ausgeschöpft, am Ende stand das Gedicht seines Freitods: »Die Ferne ist nur fern, sonst nichts«.

Getroffen haben Lao Mu und ich uns 1988, am Übergang vom Frühling in den Sommer, in Yangzhou, bei der Eröffnung von »Diskussionsforum: Chinas neue Zeit, Chinas neue Gedichte«. Ein großer Raum voll von Alten, Mittelalten und Jungen, die sich ein paar Tage und Nächte verbale Schlachten lieferten und keine anderen Probleme hatten als die Frage, ob die Tradition fortgeführt werden müsse oder nicht. Sollten Gedichte Geschlechtsorgane haben? Wer denn, wer denn, wer denn das Zeug dazu hätte, sich auf den internationalen Zug nach Schweden zu schwingen, und so weiter. Aber Lao Mu, ein ganz junger Kerl noch, setzte sich, die Beine überkreuz, mit dick aufgeblasenen Backen vor die versammelte Mannschaft und – hörte, als sei er ein erleuchteter alter Mönch, nicht zu. Als die anderen sich die Zunge wund diskutiert hatten, gab der Moderator, um für eine entspannte Stimmung zu sorgen, Lao Mu das Wort, und zwar ein paarmal, bis Lao Mu die Augen öffnete, die Arme vor der Brust kreuzte, sich verbeugte und sprach: »Zeit für Qigong, bitte nicht stören!«

Ein Gott aus einer anderen Welt.

Doch dieser Gott und Bei Dao, damals heißer Kandidat für den Nobelpreis, und der von seinem Studium in Amerika zurückgekehrte Chen Jun hatten dann zum Frühjahr des folgenden Jahres die Köpfe zusammengesteckt und gemeinsam einen »Offenen Brief« mit den Unterschriften von dreiunddreißig Personen verfasst, dessen vollständiger Text wie folgt lautete:

Offener Brief der Beijinger Kulturschaffenden an den Ständigen Ausschuss des Zentralkomitees der Kommunistischen Partei Chinas

Wir haben erfahren, dass Herr Fang Lizhi nach seinem offenen Brief an den Vorsitzenden Deng Xiaoping vom 6. Januar 1989 zutiefst beunruhigt ist.

Zum vierzigsten Jahrestag der Gründung der Volksrepublik China und siebzigsten Jahrestag der 4. Mai-Bewegung würde, wie wir meinen, eine generelle Amnestie, vor allem für den politischen Gefangenen Wei Jingsheng, eine für die Reformen nützliche Atmosphäre der Harmonie schaffen und zugleich im Einklang stehen mit der allgemeinen Tendenz der heutigen Welt hin zu einer täglich stärkeren Betonung der Menschenrechte.

Bei Dao, Shao Yanxiang, Niu Han, Lao Mu, Wu Zuguang, Li Tuo, Bing Xin, Zhang Jie, Zong Pu, Wu Zuxiang, Tang Yijie, Le Daiyun, Huang Ziping, Zhang Dainian, Chen Pingyuan, Yan Wenjing, Liu Dong, Feng Yidai, Xiao Qian, Su Xiaokang, Jin Guantao, Li Zehou, Pang Pu, Zhu Wei, Wang Yan, Bao Zunxin, Tian Zhuangzhuang, Liu Qingfeng, Mang Ke, Gao Gao, Su Shaozhi, Wang Ruoshui, Chen Jun, den 13. Februar 1989

Da die Unterzeichnenden zur einflussreichsten kulturellen Elite Chinas gehörten, löste das Ganze sofort ein großflächiges gesellschaftliches Beben aus und gilt allgemein als direkter Vorläufer der Demokratiebewegung von 1989. Lao Mus Beitrag dazu ist unübersehbar, aufgrund seiner realen Kraft wie seiner Reputation als Dichter wurde er zum Leiter der Propagandaabteilung der Föderation der nationalen Selbstverwaltung der Studenten und des Direktivbüros auf dem Platz des Himmlischen Friedens gewählt und hat damit vermutlich von den Dichtern aller Zeiten und Länder am meisten in einem Amt geleistet – ich spreche hier von einem wilden, vom Volk gewählten Amt, nicht von einem Amt, das ein Hof verliehen hat.

Wang Juntao, der zu dreizehn Jahren Haft verurteilte Drahtzieher des Vierten Juni '89, schreibt in seinen Erinnerungen: »In den 80er Jahren gab es auf dem Campus der Universität Beijing drei herausragende Dichter: Haizi, Luo Yihe und Lao Mu. Haizi und ich hatten uns flüchtig schon an der Universität für Politik und Recht kennengelernt. Damals plauderten wir mit ein paar Alumni der Uni Beijing, Haizi wirkte ein wenig bedrückt und sagte nicht viel. Am Vorabend der Ereignisse vom Vierten Juni legte er sich dann auf die Schienen und nahm sich das Leben. Luo Yihe lernte ich bei einem Picknick kennen, das war 1985, sein damals bester Freund starb bei diesem Picknick, er ertrank im Huairou-Stausee. Während der Demokratiebewegung von 1989 nahm Luo am Hungerstreik teil, schon nach wenigen Tagen trat eine Hirnblutung auf und er starb ganz plötzlich. Er war das erste Opfer der Demokratiebewegung von '89. Nach einer Vollversammlung sämtlicher Führer der Demokratiebewegung in der Hauptstadt lernte ich Lao Mu kennen. Er redete aufgeregt auf mich ein, wenn die Demokratiebewegung etwas früher ausgebrochen wäre, wäre Haizi noch am Leben und hätte in der Bewegung einen Ort für seine Gedanken gefunden – und dann noch Luo Yihes unerwarteter Tod, der Lao Mu zum einzigen Dichter des Campus der Uni Beijing machte, der mit dem Leben davonkam. Er spürte, dass er nun nicht mehr nur für sich selbst stand, sondern auch für die beiden toten Freunde, die sich in diese große Bewegung gestürzt hatten.«

Wenig später sprachen die Gewehre und das Blut floss in Strömen. Lao

Mu wurde zu einem landesweit gesuchten Kriminellen, er floh Hals über Kopf und bei Nacht und Nebel und schrieb sich ein in die in die Zehntausende gehende Armee von Exilanten des Vierten Juni. Sie waren die jüngsten und schillerndsten Exilanten des zwanzigsten Jahrhunderts, der Großteil dieser unglückseligen Helden war kaum zwanzig Jahre alt und stand schon im Fokus der Weltöffentlichkeit. Nach entsprechenden Unterlagen zu urteilen, haben Amerika, Kanada, Australien und die Länder Europas über Nacht mehrere zehntausend Green Cards ausgestellt, die auch als »Blutkarten des Vierten Juni« bezeichnet wurden. Privaten Erinnerungen ist zu entnehmen, dass Präsident Mitterrand mehrfach chinesische Exilanten empfing, als diese in Paris die »Demokratische Front« bildeten, auch ließ die finanzielle Unterstützung aus der Bevölkerung nicht nach, und als am französischen Nationalfeiertag einer ihrer Vertreter die Bühne betrat und eine Rede hielt, wurde er von den Einwohnern der französischen Hauptstadt mit donnerndem Applaus begrüßt. Später allerdings ging es drunter und drüber, die Streitereien unter den Demonstranten auf dem Platz des Himmlischen Friedens waren kaum verhallt, da setzten sie sich in Paris unerwarteterweise fort, man konnte sich nicht einig werden und verstreute sich in alle Himmelsrichtungen. Ohne die Unterstützung der Massen verlor Lao Mu vollkommen die Orientierung, konnte aber auch nicht mehr nach Hause, ertränkte seinen Kummer in Alkohol und geriet immer weiter ab von der Bahn. Entweder er sagte kein Wort oder er fiel einem weinend um den Hals, es konnte sogar vorkommen, dass er vor allen Leuten pinkelte. Seine taiwanische Freundin hat ihn entsetzt verlassen. So folgte Jahr auf Jahr, der Heiligenschein hier verblasste und dort war die Kommunistische Partei Chinas nicht nur weit davon entfernt abzudanken, sie wurde im Gegenteil immer reicher und mächtiger. Wie Kenner der Materie enthüllten, hatten sich Leute aus der chinesischen Botschaft längst auf Lao Mus Fährte gesetzt und ihn auch aufgespürt – sie stellten ihm in Aussicht, heimkehren, seine Familie sehen und sich behandeln lassen zu können, unter der Bedingung, dass er ein bereits gedrucktes »Reuebekenntnis« unterschreibt. Lao Mu nickte zu all dem, ging, vollkommen neben sich, ein Stück des Wegs mit ihnen und bog dann in ein Restaurant in der Nähe der ehemaligen Wohnung

Balzacs. Sie fragten, was er trinken wolle, er sagte, er habe Hunger, woraufhin sie ihm ein riesiges Steak bestellten und ihm anschließend einen Stift in die Hand drückten. Lao Mu lachte dumm und wollte schon unterschreiben, als er auf einmal auf das Papier starrte und murmelte: »Bereuen? Reue, Reue? Bereuen?«

»Ja, du musst Reue zeigen!« Sie zogen eine Kamera aus dem Aktenkoffer und stellten die Linse ein.

Das Lächeln auf Lao Mus Gesicht gefror. Jäh sprang er auf und schrie: »Jemand wie ich zeigt keine Reue!«, und wollte aus dem Restaurant stürzen. Sie drückten ihn zu Boden, mussten ihn aber doch wieder loslassen, weil die anderen Gäste sich schon umdrehten und der Wirt nach dem Telefon griff …

»Ich hatte ihn schon für tot gehalten.« Schließlich bekam ich doch noch einen vollständigen Satz heraus. Das war so, in der Erinnerung vieler Leute in China waren die Männer der Stunde von damals wie Lao Mu, Haizi oder Luo Yihe längst tot. Aber von Haizi und Luo Yihe waren immerhin noch vor nicht allzu langer Zeit Gedichte herausgekommen und sie hatten unzählige Fans. Zu dem Ort in Shanhaijing, einer Vorstadt von Beijing, wo Haizi sich auf die Schienen gelegt hatte, pilgerten Jahr für Jahr jede Menge junge Leute und rezitierten ihm zu Ehren aus seinen spirituellen Arbeiten. Lao Mu hingegen, als einziger noch am Leben, war richtig tot.

»Du bist im Augenblick eine Person des öffentlichen Interesses, du konntest nicht mehr die Erfahrung machen, wie leidvoll ein Leben im Exil sein kann«, sagte Marie kopfschüttelnd zu mir.

In dieser Nacht fand ich keinen Schlaf, also ging ich zum Computer, googelte Lao Mu und fand unter dem ersten Eintrag zu meiner Überraschung den Post »Suche den Dichter Lao Mu«: »Suche meinen Landsmann Liu Weiguo, in den Vierzigern, sein Dichterpseudonym ist Lao Mu, wohnhaft in einem Vorort von Paris. Ende der achtziger Jahre nach Frankreich gekommen, Kontakt mit Zuhause danach abgebrochen. Sein Vater ist vor einigen Jahren verstorben, seine alte Mutter vermisst den Sohn sehr. Wer ihn kennt, bitte mit Herrn Huang Kontakt aufnehmen. 0612530170. Danke.«

Es folgte ein längerer Artikel, in den ein Gedicht platziert war, das Lao Mu mit gut zwanzig geschrieben hatte:

Die Sonne fiel und barst
überall Gold
über die Straße schwebt
ein blondes Mädchen

Der Friedensnobelpreis für Liu Xiaobo

Am Vormittag des 8. Oktober fuhr ich mit Meng von Berlin aus zur Frankfurter Buchmesse, auf halbem Weg erreichte uns die Nachricht, dass unser alter Freund Liu Xiaobo den Friedensnobelpreis bekommen hatte! Es war ein deutscher Radiosender, wir verstanden kein Wort, aber die drei Silben »Liu-xiao-bo« schlugen bei uns ein wie eine Bombe. Ulli, der Leiter des Berliner Literaturfestivals auf dem Sitz neben mir, zog mich auf einmal hoch, während Meng eine Flasche 56prozentigen Sichuan-Schnaps herauskramte, es konnte uns dreien gar nicht schnell genug gehen, wir tranken nacheinander dreimal ex und verwandelten uns auf der Stelle in drei riesige feuerschnaubende Affen. Meng beteuerte, das sei der glücklichste Augenblick in seinem Leben, beinahe mit seiner ersten Liebesnacht in einem Atemzug zu nennen, ich lachte prustend, doch mit einem Mal fing er derart an zu jammern, dass auch meine Stimmung umschlug. Unter Tränen klagte er, 1989 sei er noch Student gewesen, habe wie die anderen unter den Zeltplanen der Studentenbewegung gelebt, um das Eisen zu schmieden, solange es heiß war, und da sei es mit einem jungen Mädchen zu einer ganz ungewöhnlichen revolutionären Beziehung gekommen. Damals habe er die vier Prinzen, zu denen auch Liu Xiaobo gehörte, nur von weitem gesehen, wie sie Hand in Hand vor dem Denkmal für die Helden des Volkes standen und das »Hungerstreik-Manifest« vortrugen, die unübersehbare Menschenmenge rief fortgesetzt die Namen von Hou Dejian und Liu Xiaobo, es klang wie das Rauschen der Brandung, und man hatte das unmittelbare Gefühl, ein Heldenzeitalter sei angebrochen, ein Zeitalter des allgemeinen Patriotismus; kein Mensch hat damit gerechnet, dass Schüsse fallen, Blut fließen und ein Zeitalter von Feiglingen anbrechen würde, ein Zeitalter der allgemeinen Geldgier.

Ich hatte noch nicht recht verstanden und bat ihn weiterzuerzählen.

Doch Meng stammelte nur, erst nach gut zehn Jahren, Liu Xiaobo sei dreimal im Gefängnis gewesen, habe er den Mann aus der Nähe gesehen: Pferdegesicht, zwei Ohren, länger noch als das Gesicht. Xiaobo habe ihm einen Gedichtband geschenkt und seine Idioten-Bilder als sehr bewegend gelobt, und ob er eigene Erfahrungen damit gemacht habe? Er habe schnell den Kopf geschüttelt. Xiaobo habe gelacht und gemeint, die Innenwelten von geistig Behinderten seien sehr reich, weshalb manche von ihnen zu Künstlern mit ganz besonderen Fähigkeiten würden.

Ich hatte ihn immer noch nicht richtig verstanden und bat ihn erneut weiterzuerzählen.

Doch Meng reckte den Hals, goss sich ein weiteres Glas ein und fragte mich auf einmal mit großen Augen, was er gerade gesagt habe? Es war das erste Mal, dass mir eine derartige Geistesabwesenheit begegnete. Es gibt eine seltene Refluxkrankheit mit derartigen Symptomen, Nahes erscheint verschwommen, Fernes klar und die fernste Vergangenheit erscheint am klarsten. Konnte das sein? Ich versuchte, ihn auf die Zeit vor seiner Geburt und seine frühe Kindheit anzusprechen, doch da winkte Meng unerwarteterweise ab, lass, lass, lass, kurzer Hänger, wenn Xiaobo im Gefängnis ist, müssen wir etwas für ihn tun.

Ich fasste es nicht und war sprachlos. Denn die Literatur hatte Liu Xiaobo, Liu Xia und mich zusammengebracht, das war in den achtziger Jahren, und nach der Entlassung aus dem Gefängnis schweißte uns unser gemeinsames Schicksal als politische Gefangene zusammen. Liu Xiaobo hat sich wegen der vielen unschuldigen Toten auf dem Platz des Himmlischen Friedens immer gequält, sie ließen ihm keine Ruhe, weshalb sein Leben nach dem Tiananmen zweierlei war: Konfession und Kampf. Im Hochsommer 1996 kam er mit Liu Xia nach Chengdu und wohnte im Haus meiner Eltern, kaufte meiner Freundin Song Yu einen Haufen Markenklamotten, ließ aber dafür meine Gesammelten Werke von Václav Havel mitgehen. Später stiegen wir gemeinsam auf den Qingcheng Hinterberg mit seinen vielen daoistischen Tempeln und wohnten in einem Bauerndorf mitten im tiefsten Dschungel, es gab ein Gewitter, es goss in Strömen, auf einmal stand ein heller Mond hoch am Himmel, die Hämorrhoiden Zhongzhongs, der uns »Übeltäter« unter Lebensgefahr begleitet hatte, waren aufgebrochen, er hockte mit Schmerzen in der Mitte des umfriedeten Hofes und genoss den Mond. Xiaobo plauderte eine Weile mit ihm, dann drehte er sich um und spielte mit mir chinesisches Schach, eine Partie zehn Kuai – ich konnte ja nicht ahnen, dass ich innerhalb von ein paar Minuten drei Partien hintereinander verlieren würde, daraufhin sprang ich auf und machte mich vom Acker. Xiaobo setzte mir nach, in den Wald hinein und wieder hinaus, wir waren nur noch ein paar Schritte voneinander entfernt, als wir vor Müdigkeit einfach nicht mehr konnten.

Ich sagte, ich lasse eher die Hosen herunter, als noch mal zu zahlen. So eine Unverschämtheit sei ihm ja noch nicht untergekommen, meinte Xiaobo. Daraufhin raschelte ich zweimal und folgte splitterfasernackt der Steintreppe hinauf, um ein Mondbad zu nehmen, wobei ich, den Pimmel in beiden Händen, schrie: »Vorbei mit gemütlich!« Ich hatte nicht erwartet, dass Xiaobo mittlerweile auch blankziehen und an mir vorbeirauschen würde; der schwankende Schemen, weiß wie ein Embryo, schoss die Steintreppe nach oben, an den Spitzen der Zweige war die Milchstraße, er wäre am liebsten in die Milchstraße hinaufgerannt, hinein in den Uterus des Universums, um dort im direkten Kontakt mit Himmel und Erde allein die ganz große Ungebundenheit zu genießen. Ich stieß ein langgezogenes Röhren aus, das Xiaobo von der anderen Seite der Milchstraße mit einem »Ah ah« beantwortete – damals wusste ich nicht, dass er keine vierzehn Tage später wieder im Gefängnis sein würde.

Einige Stunden vor seiner Verhaftung stellte ich die ganze Wohnung auf den Kopf, konnte aber meine Havel-Ausgabe nicht finden, ich hatte mich überall gestoßen und war grün und blau, als das Telefon klingelte, er gackerte am anderen Ende: »Na, Glatzkopf, jetzt rat mal, rat mal, was ich mache! Rat mal!«

»Keine Ahnung!«

»Ich trinke Tee aus Sichuan und lese dabei ›Die Macht der Machtlosen‹ von Václav Havel, willst du, du, du, dass ich dir, dir, dir etwas daraus vorlese?«

Ich war augenblicklich auf hundertachtzig. Aber dann haben sie den bösen Jungen für drei Jahre hinter Gitter gebracht, die »Macht der Machtlosen« wurde zu einem Porträt seiner selbst im Gefängnis.

Schockiert von der schrecklichen Nachricht habe ich als erstes belastendes Material an einen anderen Ort geschafft. Mein grauhaariger Herr Papa stopfte, ohne große Worte zu machen, den Karton mit Manuskripten von Interviews, die Xiaobo nach seiner ersten Entlassung mit Wang Meng, Wang Shuo, A Cheng, Cui Jian, Zhang Yimou, Chen Kaige, Jiang Wen und anderen Berühmtheiten geführt hatte, in eine Leinentasche, band sie sich dann wie Feuerholz hinten aufs Rad und fuhr damit kreuz und quer durch die vollen Straßen. Mein Vater erwies sich eines »unverbesserlichen Konterrevolutionärs« wirklich würdig, er hatte seine ganz eigene Art, Spuren zu verwischen – doch drei Jahre später, als Xiaobo wieder draußen war, hatte er vergessen, wo er die Manuskripte versteckt hatte. Der alte Herr hat nächtelang nicht geschlafen, rauchte die Zigaretten packungweise und nebelte sich völlig ein, aber er erinnerte sich trotzdem nicht. Xiaobo konnte das Ganze nur verstimmt drangeben: »Vie-, vie-, vielleicht wird es dem alten Herrn ja eines, eines Tages auf, auf, auf einmal einfallen!«

Der alte Schwarzseher hatte es auf den Punkt getroffen: Drei Jahre später, es war tiefer Herbst, mein Vater war schon dabei, sich von dieser Welt zu verabschieden, als ihm plötzlich wieder einfiel, wo die Manuskripte Xiaobos geblieben waren – es zeigte sich, er hatte sie unter dem Bett meines Onkels mütterlicherseits versteckt – und das war wirklich sicher! Mein Onkel war als Mann der Nationalen Volkspartei ja ein alter Kriegsverbrecher und hatte viel durchgemacht, er hielt unbedingt dicht. Selbst als es im Winter vor drei Jahren mit ihm zu Ende ging, hatte er kein Sterbenswörtchen verlauten lassen.

Mir war das ausgesprochen unangenehm, doch Xiaobo war sehr nachsichtig und fuhr fort, mich, zu Unrecht, als engen Freund in dieser chaotischen Zeit zu betrachten. Da damals das Internet noch nicht sehr weit verbreitet war, hat er mir aus dem Hausarrest heraus über die Adressen von Verwandten eine ganze Reihe von Briefen geschickt. Als er *Die Kugel und das Opium* gelesen hatte, schrieb er: »In der Geschichte gibt es keine Notwendigkeit, das Erscheinen eines Märtyrers kann die Seele eines Volkes von Grund auf verändern und auch den Geist der Menschen erheben. Gandhi war ein Zufall, Havel war ein Zufall, der vor zweitausend Jahren in einer Krippe geborene Jesus war ein noch größerer Zufall. Die Erhebung des Menschen wird durch die zufällige Geburt solcher Individuen erreicht. Man darf nicht auf das kollektive Gewissen der großen Masse hoffen, man kann nur darauf bauen, dass das Gewissen von großen Individuen in der feigen Masse kondensiert. Bei uns hat sich kein moralischer Gigant erhoben, ein sehr wichtiger Grund für das Schweigen und Vergessen nach dem großen Massaker auf dem Tiananmen. Vor allem aber ein Volk wie das unsere braucht solche moralischen Giganten, die inspirierende Kraft eines solchen Vorbilds ist unerschöpflich, ein einzelnes Zeichen kann zahllose moralische Ressourcen wachrufen. So hätte zum Beispiel Fang Lizhi in die amerikanische Botschaft gehen, Zhao Ziyang nach seiner Entmachtung weiter Widerstand leisten oder Bei Dao im Land bleiben können. Ein sehr wichtiger Grund für das Schweigen und Vergessen nach dem Vierten Juni 1989 – bei uns hat sich kein moralischer Gigant erhoben. … Wann immer es zu großen Tragödien kommt, bin ich von der Schlechtigkeit und Feigheit der Menschen entsetzt. Wohingegen mich das Fehlen von Gutheit und Standhaftigkeit nicht aus der Ruhe bringt. Schön ist an einem Text, wenn er im Dunkeln die Wahrheit aufscheinen lässt, im Schönen kristallisiert sich die Wahrheit. Während Lärm und Prachtentfaltung die Wahrheit nur verdecken können. Vor der Klugheit der Welt sind wir beide Narren, wir gehören auf das »Narrenschiff« des alten Europa, wir treiben auf dem Meer und das erste Land, auf das wir stoßen, ist unsere Heimat. … Wir leben einzig aus dem Gefühl des Schmerzes heraus, den es nur im Leben gibt, und der Schmerz ist zugleich der Zustand höchster Blindheit und Wachheit. Blind, weil er, wenn alle anderen apathisch sind, schreit, ohne die Zeichen der Zeit erkannt zu haben; wach, weil er, wenn alle anderen an Gedächtnisverlust leiden, sich an die blutigen Schwerter erinnert. In einem Gedicht an Liu Xia habe ich einmal geschrieben: ›Einer Ameise Träne hielt Deinen

Schritt zurück.‹ … Ich habe Deine Schwester Feifei nie kennengelernt, sie muss ein tolles Mädchen gewesen sein, so wie Du sie beschreibst, habe ich mich in sie verliebt. Der Tanz mit den Geistern und den Geschlagenen ist der wahre Tanz des Lebens. Wenn Du ihr Grab sauber machst, bring ihr, wenn möglich, von mir einen Strauß Blumen.«

Der Zug ratterte über die Gleise der Erinnerung, als wir in Frankfurt ankamen, dehnten die Gleise des Nichts sich weiter aus, verließen die Erde und erhoben sich über das Auf und Ab der Hochhäuser. Durch die Wolken starteten und landeten die Passagiere des gleichen Nichts. Mir schien, ich sehe Xiaobo aus dem Gefängnis kommen und sich unter die Passagiere mischen, die sich zerstreuen wie Wolken. Als ich aus dem Zug stieg, bekam ich von jenseits des Horizonts mein Augenlicht zurück, Xiaobo verwandelte sich in Tienchi, die schon lange auf dem Bahnsteig wartete.

Wir umarmten uns lachend, ein Rest war noch in der Flasche, Tienchi, die normalerweise keinen Alkohol anrührt, griff sich die Flasche und machte sie leer, dann sind wir zusammen in das Gebäude der größten Buchmesse der Welt gegangen. In diesem Flugzeugträger, in dem sich eine Flut von Menschen in ein Meer von Büchern stürzte, wuselten Scharen von Journalisten herum, ich vertrat Xiaobo, stand vor dem Ausstellungsstand des Fischer Verlags und war für Stunden einem Dauerbombardement ausgesetzt, das Tienchi übersetzte.

Wieder und wieder pries ich die Brillanz der Marketingstrategie der chinesischen Kommunisten, dass sie ihn ausgerechnet am Heiligen Abend des vergangenen Jahres zu einer schweren Strafe verurteilt hatten und damit Millionen von Westlern, die mit der Diktatur in China nicht sonderlich vertraut waren, auf einen Schlag den Allerweltsnamen Liu Xiaobo wieder ins Gedächtnis riefen. Die Journalisten lachten über das ganze Gesicht, doch für mich hatte das einen bitteren Beigeschmack.

»Werden Sie in Norwegen in Vertretung von Liu Xiaobo eine Rede halten?«, fragte ein Engländer.

Ich schüttelte den Kopf.

»Warum nicht?«

»Ich will nach China zurückkehren.«

Ja, ich wollte nach China zurückkehren. Wenn ich in diesem Augenblick im Land wäre, würde ich vielleicht ein gigantisches Feuerwerk abbrennen und bis in die frühen Morgenstunden mit Freunden feiern und trinken, und sollte die Polizei mich nicht vor die Tür lassen, würde ich mich zu Hause selbst unter den Tisch trinken. Ich wusste nicht, dass sich die erfreuliche Nachricht über das Internet schlagartig in ganz China verbreitet hatte. Nicht einmal die Gefängniswärter konnten das für sich behalten und haben Xiaobo bei der erstbesten Gelegenheit die gute Nachricht übermittelt.

Liu Xia, die von der Sicherheit zu ihrem Besuchstermin im Gefängnis begleitet wurde, sagte nichts, doch das Paar wusste alles und hat sich vor einer Unmenge von Polizei innig umarmt.

»Xiaobo hat geweint!« Zwei Tage später habe ich mit Liu Xia telefoniert, sie sagte: »Er hat geweint, weil die Mütter des Tiananmen den Preis nicht erhalten haben, er sagte, dieser Preis gehöre den Opfern des Vierten Juni!«

Auch mir kamen die Tränen. Xiaobos Worte waren wie eine Steinlawine, die zu Tal geht, und hallten lange in mir nach. Ja, in diesen Jahren hatte ich wie oft in Artikeln dazu aufgerufen, den Friedensnobelpreis an Frau Professor Ding Zilin, die die »Mütter des Tiananmen«[107] ins Leben gerufen hat, zu vergeben, das haben wir über fünfmal öffentlich empfohlen. Ding Zilins einziger Sohn ist am Morgen des Vierten Juni erschossen worden, in der Atmosphäre der Angst wurden die Opfer zu ihrer Familie, sie war die erste, die das Schweigen brach und vor der internationalen Öffentlichkeit das Mörderregime anklagte. In den folgenden gut zwanzig Jahren stand das Ehepaar Ding Zilin pausenlos unter Hausarrest, aber sie sind, direkt oder indirekt, über alle möglichen inoffiziellen Kanäle jeder kleinsten Spur nachgegangen und haben tatsächlich zu über einhundertundachtzig Opferangehörigen Kontakt aufgenommen und den ausgesprochen einflussreichen Bund der »Mütter des Tiananmen« gebildet. Sie alle haben sich gegenseitig Mut gemacht, Beweise für das Massaker gesammelt, Fakten festgehalten, das Ganze über die New Yorker »Human Rights in China« herausgebracht, Jahr für Jahr Briefe an die zuständigen Behörden geschrieben, nach Schuldigen gesucht und den Herrschenden den Schlaf geraubt. Xiaobo sagte zu mir: »Die Arbeit Ding Zilins erinnert an Elie Wiesel, der 1986 den Friedensnobelpreis bekommen hat, Wiesel hat sich in seinen Werken vor allem der Erinnerung an den Holocaust gewidmet. Was er in seiner Preisrede sagte: ›Die Aufmerksamkeit des Einzelnen verwandelt sich in eine allgemeine Ächtung von Unterdrückung, Hass und Gewalt‹, das trifft auch auf Ding Zilin zu.«[108]

»Der Häftling, der hoffte, dass jemand anderes den Nobelpreis bekommt, hat ihn nun selbst bekommen!« Ich atmete tief durch. Und im Tausende Kilometer entfernten Beijing hat Wu Tun, der Sänger der Untergrundband »Zunge«, ein kahlgeschorener hagerer Affe, gegen den eiskalten Gegenwind aus der Politik und begleitet von ein paar Dutzend Dissidenten mit gelben Seidengürteln ein Xiaobo gewidmetes Lied mit dem Titel »Zehntausend Namen« gesungen:

Niemand mehr isst, liebt und hat Kinder
niemand mehr im Knast, im Krankenhaus
Dinge, die uns begleiten, jeder, den sie begleiten
jede Zeit, jeder Moment ist bereit
für das Kommen dieser wunderbaren Zeit
…
Flugzeuge fallen auf die Wipfel
kleine Wagen ankern auf dem Wasser
Bäume tragen bunte Steine
was für ein wunderbarer Augenblick
…
Gandhi hat ihn erlebt, ein Inder hat Gandhi getötet
Martin Luther King hat ihn erlebt, ein Mörder hat ihn weggemacht
Mandela hat ihn erlebt, Südafrikas erster schwarzer Präsident
auch ein Chinese hat ihn erlebt, er konnte für Jahre nicht heim
war das schwarzer Humor oder eine Falle
jedes Geheimnis wird sich entdecken
niemand mehr kann sich verstecken
…
Der nächste Friedensnobelpreis
wird an jeden einzelnen Chinesen verliehen
das steigert das Bruttoinlandsprodukt

das treibt die Nachfrage an
Friedensnobelpreise gibt es immer
er wird an jeden einzelnen Erdenmenschen verliehen
du, ich, er
keiner mehr braucht Angst zu haben,
                dass es dem anderen besser geht
Tiere, Pflanzen und jede Zelle
keiner mehr braucht Angst zu haben,
                dass es dem anderen besser geht
jede hormongefüllte Atombombe
keiner mehr braucht Angst zu haben,
                dass es dem anderen besser geht
Gehen wir nach Oslo oder Amsterdam? Die Männer dort und Frauen
tragen Blumen im Haar und gürten sich mit Laub
und stehen in den Schaufenstern an den Straßen
ihre Körper sind unsere Früchte
und Lächeln ist ihr Beweis
keiner mehr braucht Angst zu haben,
                dass es dem anderen besser geht
…

Dieses sehr lange und sehr eintönige Lied kann über Stunden, über ganze Abende so weitergehen. Erstaunlich genug, dass es damals im chinesischen Untergrund der größte Hit war. Man erzählt sich, es seien ein paar Dutzend Leute festgenommen worden, weil sie dieses Lied gesungen hätten; während noch mehr festgenommen wurden, weil sie vor der Wohnung von Liu Xiaobo und seiner Frau Feuerwerk abbrannten, Slogans riefen und die Internationale sangen.

Der Stand Chinas auf der Frankfurter Buchmesse

Ein paar Tage später wurde das Telefon von Liu Xia gekappt, und so von aller Welt abgeschnitten starrte auch ich wie hypnotisiert ganze zwei Stunden auf das Video von »Zehntausend Namen«. Mitten in der Nacht dann rappelte sich Meng vom Boden im Hotelzimmer auf und erzählte, er habe gerade geträumt, der Sänger sei zusammengeschlagen worden, weil er nur so für eine Weile zum Schweigen gebracht werden könne. Ich sagte, wenn du es kannst, mach doch noch was Längeres. Meng meinte, die handgezogenen Nudeln aus Henan seien länger, in der Nähe der Buchmesse gebe es einen Laden für Henan-Nudeln von Leuten aus der Präfektur Wenzhou, da könnten wir ja morgen essen.

Am darauffolgenden Tag machten wir beide uns jeweils über zwei große Schüsseln Nudeln mit einer doppelten Portion Lammfleisch her – Meng zahlte. Anschließend besuchten wir wieder die Buchmesse, Gastland in diesem Jahr war Argentinien, weshalb am chinesischen Stand nur zwei Angestellte standen, wovon einer auch noch hinter der Theke zusammengerollt ein Nickerchen machte. Wir bogen in den Stand hinein, auf dem Bücherregal standen zwei Reihen *Deng Xiaoping – Ausgewählte Werke* und zwei Reihen *Jiang Zemin – Gesammelte Werke*, in der verbleibenden Reihe standen vereinzelt ein paar Klassiker herum wie *Gesundheitsvorsorge in der chinesischen Medizin*, *Schattenboxen – Ein Handbuch*, *Die vier Bücher und die fünf Klassiker* und die *Vierundzwanzig Dynastiegeschichten*. Dazwischen zwängten sich ein paar Romane zeitgenössischer Autoren von dem Kaliber Wang Meng, Tie Ning und Mo Yan. Ich sagte erstaunt: »Was ist denn das?«

Die Angestellte blinzelte herüber: »Wie, was ist denn das?‹«

»Nur Sie beide?«

»Es gibt noch drei.«

»Wo?«

»Sind shoppen.«

»Das ist doch ein Witz! Letztes Jahr waren über zweitausend Leute hier!«

»Letztes Jahr waren wir Gastland, ›Kulturolympiade‹, da musste alles an bekannteren Literaten zu unserem Stand. Wir hatten mehrere Stockwerke zur Verfügung, tägliche Veranstaltungen und der zukünftige Topmann Xi Jinping und Kanzlerin Merkel waren gemeinsam bei der Eröffnung.«

»Jaja, und Tie Ning und Mo Yan haben beide eine Rede gehalten und paritätisch Goethe und Konfuzius ihre Reverenz erwiesen.«

»Jaja, eine große Ausstellung, ein Riesenevent, da blieb einem die Spucke weg!«

»Jaja, das chinesische Volk ist seitdem aufgestanden!«

»Jaja … wo kommt ihr denn her?«

»Aus China, wir dachten, in diesem Jahr sei es genauso wie im letzten.«

»Selbst wenn wir wieder das Geld hätten, wir können nicht jedes Jahr Gastland sein.«

»Das chinesische Volk ist aufgestanden …«

»Man darf aber nicht stehen bleiben und sich nicht bewegen. Hat der Vorsitzende Mao sich nicht auch bewegt, als er das gesagt hat?«

»Hahaha, aber in diesem Jahr hat Liu Xiaobo den Nobelpreis bekommen und das chinesische Volk steht immer noch da.«

»Wie meinen? Sie sind noch mal …?«

»Wir sind Kollegen von Liu Xiaobo, Schriftsteller und Dissidenten«, der gute Bei hatte sich, wann auch immer, stiekum zu uns gesellt und antwortete von hinter meinem Rücken. Die Angestellte wurde vor Schreck blass. Er wiederum rollte sein langes Haar zusammen und schnalzte aggressiv: »Die ganze Frankfurter Buchmesse hallt wider vom Namen dieses Häftlings, haben Sie das nicht gehört?«

»Liu Xiaobo macht Politik, er ist kein Schriftsteller!«

»Aber Deng Xiaoping und Jiang Zemin, das sind Schriftsteller?«, er zeigte auf das Regal, »die nehmen fast das gesamte Regal ein! Ist das keine Politik?«

»Blöde Schnalle!«, schnaubte Meng, die Passanten wurden schon auf uns aufmerksam. Bei nahm die Gelegenheit ins Visier, öffnete in Windeseile die Kiste, die er bei sich trug, zog einen Stapel Bücher heraus und fing an, sie anzupreisen: »Kennen Sie Liu Xiaobo? Der erste Chinese, der den Friedensnobelpreis bekommen hat, mein Name ist Bei, ich bin sein wandelnder Bücherschrank!« Er wiederholte das Gleiche noch einmal auf Englisch und für eine Weile stand eine ganze Reihe von Ausländern um uns herum. Er verteilte ein Buch nach dem anderen, leider alle in chinesischer Sprache, die Leute blätterten darin herum und gaben sie wieder zurück.

»Verdammt, wenn ich das früher gewusst hätte, hätte ich eine zweisprachige Ausgabe herausgebracht«, muffelte Bei. Anschließend kämpften wir uns, er immer vorneweg, zum Ausstellungsbereich Taiwans durch, etwa zweihundert Meter, die Aufmachung war imponierend, das Regal an der Wand vollgepackt mit einer regelrechten Bibliothek von klassischen und modernen Büchern aus dem In- und Ausland, Spezialempfehlungen lagen auf dem Verkaufstresen, ein erfrischender Anblick im Vergleich zu dem beschämenden Bild, das der chinesische Ausstellungsstand abgab.

Bei schmiedete gleich das Eisen, solange es noch heiß war, suchte ein zuständiges Fräulein für seine Lobbyarbeit und fragte sie, ob er Bücher aus dem »Qingxiang-Verlag« hier in Kommission auslegen könne.

Das Fräulein fragte lächelnd: »Sind Sie denn Verkaufsagent dieses Verlags?«

Meng antwortete wie aus der Pistole geschossen: »Er ist sogar Verleger, Redakteur, Vertriebsleiter und Kassierer, alles in einer Person!«

Bei wurde rot, konnte aber schlecht in die Luft gehen. Das Fräulein sagte ziemlich baff: »Wenn das so ist, mein Herr, würde Ihnen dann ein Quadratmeter für einen speziellen Stand zur Ausstellung Ihrer Bücher genügen?«

Bei beherrschte seine wilde Freude und sagte sehr langsam: »Das, das ginge natürlich auch!«

»Standmiete wären einhundert Euro am Tag!«

»Was?«, schrie Bei und breitete die Arme aus wie der große Vogel Peng. Das Fräulein erbebte, machte auf dem Absatz kehrt und rief nach dem Manager. Bei drehte sich wie wild auf der Stelle und sein Hosenrock flog hoch: »Ich bin ein Freund von Liu Xiaobo! Liu Xiaobo, der Nobelpreisträger! Der Verfasser der Charta 08! Den kennt man doch, der im Gefängnis ist?!«

Die Leute wurden auf den Lärm aufmerksam und blieben um uns herum stehen. Ich setzte hastig ein Lächeln auf. Dann machten wir drei, dass wir wegkamen.

Auszeit

An dieser Stelle musste ich den Stift vorübergehend zur Seite legen, weil meine Frau ihrer Niederkunft entgegensah und der alte Liao, der bald Nachwuchs bekam, dieser Sache bedeutungsvoll entgegensah.

Geburtstermin war der 16. November 2014 gewesen, aber es zog sich weitere neun Tage hin – Lu war schon immer etwas langsam gewesen, ihr Bauch war extrem angeschwollen, aber es tat sich nichts und wir machten uns auf ins Krankenhaus. Vor gut einem halben Jahr hatten wir uns bei dem kirchlichen Martin-Luther-Krankenhaus angemeldet, was ein bisschen nach dem 1960 ermordeten schwarzen Priester Martin Luther King klang. Der Arzt (und eine Hebamme vom Dienst) hatten wiederholt zu mehr Bewegung geraten, weswegen wir auf Verkehrsmittel verzichteten und uns im kalten Wind zu Fuß auf den Weg machten. Es ging über Straßen und Straßenbahnschienen voller Laub, vorbei an Viadukt und Autobahn, Lu immer dem Navi ihres Handys nach, krochen wir voran wie die Schnecken, ihr Gesicht und das Gesicht der tiefstehenden Sonne waren abwechselnd bleich und rot. Lu war völlig erschöpft und sagte: »Was machen wir denn, wenn jetzt die Wehen kommen?« Ich sagte keinen Ton, mimte nur stumme Entschlossenheit. Und dann sagte sie: »Du bist jetzt schon über drei Jahre in diesem Land und kannst immer noch nicht mehr als ›Guten Tag‹ und ›Danke‹?« Ich schwieg weiter. Sie seufzte und fuhr fort: »Du wirst mit dem Baby Deutsch lernen!« Ich beeilte mich zu nicken.

Am Fuß eines Hügels war ein See, Wasservögel zogen zu zweit und zu dritt auf dem Wasser ihre Kreise; Menschen zu zweit, zu dritt, die am Ufer ihre Hunde ausführten. Die letzten Sonnenstrahlen strichen wie die Krallen einer Katze über meine Schultern. Lu sagte, mach ein Foto, und ich machte ein Foto von dem See und den Leuten. In diesem Augenblick flackerten die Straßenlaternen auf. Für den Vierzig-Minuten-Weg zum Krankenhaus brauchten wir über eine Stunde. Tianjue, die ehrenamtliche Übersetzerin, wartete schon am Aufzug.

Tianjue war eine Masterstudentin für europäische Literatur an der Humboldt-Universität, eine außergewöhnlich kultivierte junge Frau, warmherzig und besonnen, die ständige Begleiterin bei Lus täglichen Untersuchungen. Wir wurden in den Kreißsaal gebracht, das Bett war sehr breit, »das reicht ja für zwei Wasserbüffel«, rutschte es mir heraus. Lu sagte nur: »Is' gut, is' gut, lass mal deine dummen Sprüche!« Tianjue schürzte die Lippen und lachte.

Arzt und Krankenschwester kamen, dann kam die Apparateuntersuchung, anschließend bekam Lu ein Wehenmittel, eine halbe Tablette. Nach ein paar Stunden tat sich immer noch nichts und der Arzt forderte uns auf, ein wenig draußen auf und ab zu gehen. Draußen wehte ein kalter Wind, die großen Bäume ächzten, eine Kirchturmspitze zeigte pfeilrecht in einen hellen Sternenhimmel. Die Frauen schüttelte es vor Kälte, sie blieben aber weiter ruhig. Wir waren mit eingezogenen Köpfen einmal um den Block gegangen, als Lu plötzlich aufstöhnte und Tianjue es ihr gleichtat: »Die Wehen?«

»Nein, der kleine Kerl hat mich getreten.«

Ich atmete tief durch. Doch schräg gegenüber gingen deutsche Schwangere zu zweit und zu dritt spazieren, manche rannten auf einmal los, eine weinte laut, haha, das war Stimulus genug.

Die Wehen setzten erst in der zweiten Nacht ein, wie der Takt eines undeutlichen Tanzes, mit dem ein dunkler Fluss aus grauer Vorzeit plötzlich heranwogt. Lu hielt sich den Bauch und entspannte sich nach zwei Minuten wieder. »Endlich«, sagte sie, es war Licht am Ende des Tunnels.

»So also geht das!«, rief Tianjue heiser, »wenn ich einmal so weit bin, dann weiß ich Bescheid.«

Ich packte Lus Hand, doch sie sagte nur: »Ist nichts, schäl mir lieber einen Apfel!«

»Das mache ich!«, sagte Tianjue. Der Apfel war kaum in Lus Mund verschwunden, als sie erstarrte. Die Wehen kamen jetzt im Abstand von zwanzig Minuten, Lu sagte, das sei wie Elektroschocks. Tianjue stand auf, um Bescheid zu sagen, doch der diensthabende Arzt meinte, es sei noch nicht so weit.

In der entscheidenden Nacht dann blieb Tianjue bei Lu und ich ging allein nach Hause. Lu war selbst hilflos und machte sich dabei noch Sorgen, ob ich den Weg auch finden würde – sie nahm einen Stift und malte ihn mir auf. Ach, wie hatte ich eine so fürsorgliche Frau nur verdient? Als ich hinauskam, stand ich direkt vor einer bronzenen Bismarck-Statue mit Hund, ich bog nach rechts ab, ging geradeaus über eine Kreuzung, ein paar hundert Meter weiter war die kleine Anhöhe, das freie Feld und der See. Der Mond brach durch die schwarzen Wolken, ein Reiher trat aus seinem Schatten und brachte ein wenig Heimweh mit. Wie oft hatte ich gesagt, Heimat sei in alten Büchern, die man überall hin mitnehmen könne, aber dann hatte mich doch eine namenlose Melancholie überkommen. Bis im Juli des vergangenen Jahres Lu aus Yunnan kam. Ich war über die Grenze von Yunnan geflohen, man brauchte diese so vertraute Landschaft nur zu erwähnen und Lu lächelte in ihrer feinen, kultivierten Art und ähnelte auf geheimnisvolle Weise meiner Schwester Feifei auf den alten Fotos.

Ich hatte in meinem sogenannten Vaterland zweimal eine Familie gegründet, beide waren mit einem Handstreich zerstört worden. Grund war das Gedicht »Massaker«, das ich in der Nacht der Ereignisse auf dem Platz des Himmlischen Friedens gelesen hatte. Als ich dafür über ein halbes Jahr schon im Gefängnis steckte, kam Miaomiao zur Welt, mit drei kam sie im Arm meiner früheren Frau Axia zu Besuch in den Knast – als die Kleine den kahlgeschorenen Gefangenen erblickte, fing sie sofort an zu schreien und flüchtete sich in die Arme ihrer Mutter, als wolle sie zurück in ihren Leib. Ich sah von ihr kaum mehr als ihre wogenden Locken, was mich sehr schmerzte, ein Schmerz, den ich in einem Text mit dem Titel »Kaprice« festgehalten habe: »Ich war nicht bei ihrer Geburt, nichts werde ich je mehr bedauern. Man sagt, die kleinen Handflächen von Neugeborenen sind ohne Linien, ein paar Minuten oder Stunden später erst würden sie langsam sichtbar. Wahrsager sagen, das Schicksal eines Menschen entscheide sich in diesen Minuten, weshalb die ›Handlesekunst‹ bis heute weit verbreitet ist. Wie sahen die Linien in ihrer Hand aus? Ach, ich wünschte, sie könnte wie jedes andere Kind in Ruhe durch die Zeit gehen, wenn sie so unerträglich stur wird wie ihr Vater, dann ist sie verloren …«

Danach, es ist schwer, das in Worte zu fassen, begannen die Transformationen der Welt und ich sah mein Fleisch und Blut zwanzig Jahre nicht. Ich ließ mich treiben, mein Inneres war wie tote Asche und auf einmal führte mich die Hand des Schicksals nach Deutschland. Kurz darauf tat sie dasselbe mit Lu.

Meng sagte immer wieder, ohne Kind und Kegel in der Fremde, das mache leicht depressiv, deshalb spinne er für uns einen roten Faden von zehntausend Meilen. Über zwei Monate Briefwechsel, wir verstanden uns gut, dann das erste Internet-Video. Lu ist viel jünger als ich, aber sie ist still wie ein Gemälde, das hat sehr viel mit ihrer Kindheit zu tun. In einem Brief erinnerte sie sich an ihre Urgroßmutter:

> Sie war eine freundliche alte Matrone mit gebundenen Füßen, ordentlich und behände, bei Tagesanbruch saß sie im Hof, kämmte ihren langen Zopf aus und drehte ihn geschickt zu einem akkuraten Knoten an ihrem Hinterkopf; die Haare, die sie herausgekämmt hatte, hob sie sorgfältig auf und steckte sie zu einem Knäuel gerollt in einen Riss der Lehmmauer. Ihr Aussehen war nicht das einer typischen Han-Chinesin, sie hatte eine leichte Hakennase, tiefe Augenhöhlen und eine hübsche Gesichtslinie, Zähne waren ihr nur wenige geblieben, weshalb sich ihr Unterkiefer sichtbar ein wenig nach oben verschob. Neben dem Kämmen ihres Haars wickelte sie morgens auch die Bänder, mit denen ihre Füße gebunden waren, auch sie waren sehr lang und reichten von ihrer Fußspitze bis zum Unterschenkel; immer wenn sie sich die Füße frisch band, saß ich ächzend daneben und fragte, ob das denn nicht weh tue, so seltsam verformte und auf drei Zoll zusammengepresste Lotusfüße, und sie sagte, beim ersten Binden sei ihr der Schmerz durch und durch gegangen, ihre Eltern hätten es schier nicht ertragen, aber sie hätten keine Wahl gehabt, ohne gebundene Füße hätte sie nie einen Mann gefunden. Ich sagte, dann würde ich nie heiraten, ich wolle mir die Füße nicht binden, sie konnte sich vor Lachen nicht halten und sagte, ich dummes Ding müsse mir keine Sorgen machen, die Zeiten hätten sich geändert, man müsse sich die Füße nicht mehr binden. Ich war mir da nicht so sicher, der Gedanke beschäftigte mich noch eine ganze Weile und ich stellte mir den Schmerz vor, um die Unruhe zu mildern, wenn er denn wirklich käme. Später ist aber tatsächlich nichts passiert, alleine deshalb bin ich schon mehr als glücklich, in unserer Zeit auf die Welt gekommen zu sein. Und doch ist auch sie mit ihren von den Maßen her so kleinen Füßen über so viel Erde gegangen, dass ich das gar nicht ermessen kann – als der Groß-

vater zur Schule ging, hatte sie über zehn Meilen Wegs, um ihm seine Mantou-Dampfnudeln zu bringen; als meine Mutter auf die höhere Schule ging, tippelte sie auch da die gut zehn Meilen und brachte ihr etwas zu essen; als die Reihe an mir war, brachte sie mich jedes Frühjahr durch weite, goldgelbe Rapsfelder gut zehn Meilen zum Tempeljahrmarkt, der betäubende Duft machte mich unwiderstehlich schläfrig und sie ging und ging und ließ mich ein gut Stück hinter sich. Auf dem Ackerrain, über den der Weg führte, trug sie eine schräg geknöpfte Bluse in Marineblau und ein paar tiefblaue Hosen, beide selbstgemacht, was einen besonders schönen Kontrast zu den Rapsfeldern abgab. Wenn ich anfing zu jammern, ich kann nicht mehr, mir tun die Füße weh, ging sie in die Hocke, sagte, na, dann komm her, ich muss damals etwa vier gewesen sein, und nahm mich huckepack, was ohne Zweifel eine Wiege war, und als ich die Augen blinzelnd wieder auftat, waren wir bereits mitten im Jahrmarktstrubel. Sie kaufte mir Spielsachen und etwas zu essen, für sie besonders wichtig war der Kauf von Stoff. Erst später erfuhr ich, dass der Stoff für ihr Totengewand und ihre Totenschuhe war, sie war schon sehr alt und traf für den Fall der Fälle selbst alle Vorkehrungen, in den vierzehn Jahren von ihrem Achtzigsten bis zu ihrem Vierundneunzigsten nutzte sie jede freie Minute, um für sich die passende Kleidung und die passenden Schuhe für jede Jahreszeit zu machen, in meiner Erinnerung bestand meine gesamte Kindheit vom dritten bis zum dreizehnten Lebensjahr eigentlich nur daraus, sie bei den Vorbereitungen für ihre letzte Reise zu begleiten.

Lus Brief brachte mir die für immer verloren geglaubte dörfliche Heimat zurück und meine Kinderjahre, die drei Jahre der großen Hungersnot waren gerade vorüber, auch die Erwachsenen in meinem Dorf haben mich, wie ihre Urgroßmutter, huckepack durch die goldgelben Rapsfelder zur Tempelmesse mitgenommen. Kurz darauf brach die Kulturrevolution aus, sämtliche Tempelmessen in China wurden als feudaler Aberglaube zerstört, doch Anfang der 80er Jahre, als Lu geboren wurde, waren die dörflichen Tempelmessen wie von Zauberhand wieder da, die Geschichte wurde leichter Hand vom Tisch gewischt und mit vom Tisch gewischt wurde der große Altersunterschied zwischen Lu und mir. Als sie über die große Mauer flog und ohne weitere Komplikationen in Berlin landete, hatte sie dann noch die traditionellen »Vier Schätze des Studiums«, Pinsel, Tusche, Papier und Tuschstein, bei sich, das *Buch der Lieder* und die *Lieder von Chu*, ich war wie in einer anderen Welt.

Mein Haus hat einen Garten, doch am folgenden Tag gingen wir trotzdem auf einen Friedhof. Lu machte pausenlos Fotos, sagte, dieser Friedhof sei aber groß und still, wenn man den Atem anhalte, könne man die kleinen Schuhe ihrer Urgroßmutter zwischen den Bäumen tippeln hören. Ich sagte, was sie da höre, sei ein Specht.

Lu sagte: »Du bist ganz schön unpoetisch. Spürst du nicht, dass auch dein Papa, deine Mama, dein Opa hier zwischen den Bäumen wandeln?«

»Die Heimat in der Fremde«, ein Stoßseufzer, der in den Gedichten Hölderlins so oft vorkommt. Ich nickte heftig mit dem Kopf. Zwei Wildenten nutzen ihre Chance, ans Ufer zu steigen, und schüttelten vor uns das Gefieder; und zwei Fischreiher schüttelten vor den Enten das Gefieder. Das war das »Walden oder Leben in den Wäldern«[109], von dem ich geträumt hatte, Lu sagte: »Ewige Ruhe, welch ein Genuss, der Tod hat etwas so Beruhigendes.«

»Stimmt«, sagte ich, »es hat etwas sehr Beruhigendes, in fremder Erde begraben zu werden.« Später habe ich dann meinem Roman *Die Wiedergeburt der Ameisen* Folgendes vorangestellt: »Schlaf, der letzte Wein ist getrunken. Schlaf, letzte Heimat in Sichuan. Schlaft, Großvater, Onkel, Schwester und Vater, schlaft. Wer findet ewig keinen Frieden?«

Zum Beginn des Frühlings haben wir auf dem Standesamt geheiratet und auf die Saat muss die Ernte folgen, das versteht jeder Bauer. Und so haben wir im Spätherbst Hochzeitseinladungen verschickt. Bruder und Schwägerin kamen aus Chengdu, der alten Heimat, die traditionelle große rote Bettdecke im Gepäck und die Glückwünsche der Verwandtschaft. Peter Sillem und Jakob kamen aus Frankfurt, sie hatten Porzellan aus der Kangxi-Ära der Qing-Dynastie[110] dabei, dünn wie Schreibpapier, das mehrere hundert Jahre überstanden hatte. Himmel, wie war er nur darauf gekommen, so eine empfindliche Antiquität zu verschenken! Herta, Harry und Yeemei schoben mit einem Kinderwagen an, um den dann alles herumstand, als im letzten Licht des Abendscheins Gruppenfotos gemacht wurden und wir darauf anstießen. Nach dem Fest gingen alle wieder ihrer Wege, nur Bei, der alte Vagabund, schlief gleich im Souterrain.

Mitternacht kam ich nach Hause, das knallrote Schriftzeichen für »Doppeltes Glück« zur Hochzeit hing noch immer an unserer Tür, die Wärme der vergangenen Tage war ebenfalls noch da. Ich legte mich auf der Stelle hin, auch wenn ich keinen Schlaf finden konnte, musste ich mich ausruhen. Denn morgen würde die kleine Ameise aus ihrem Bau kommen. Herta Müller hatte ihr den deutschen Namen »Anna« gegeben, dazu kam der chinesische Name »Shuyi« und der Name der Mutter – »Yang«, also hieß unser Töchterchen nun »Anna-Shuyi Yang«.

In diesem Zustand zwischen Wachen und Schlafen habe ich immer das Gefühl, da ist eine Stimme, die mich auffordert aufzustehen, aber wenn ich dann die Augen aufmache, ist es weiterhin dunkel. Mache ich die Augen wieder zu, ist die Stimme wieder da. Dann gehe ich wie ein Traumwandler mit gesenktem Kopf und gefalteten Händen vor der Brust zum Bücherschrank. Im obersten Regal steht ein goldener Buddha. Den habe ich aus den Händen des 17. Gyalwa Karmapa am 8. September 2012, es war früh am Morgen, im geheimen Hof von Dharamsala[111] in Indien empfangen. Nach dem tibetischen Buddhismus hat der Siebenundzwanzigjährige bereits eine Reinkarnationsgeschichte von über neunhundert Jahren durchlaufen und seine magische Kraft ist grenzenlos. Ich hatte den goldenen Buddha nach einer knapp einstündigen Audienz erhalten und mich unter den Augen des Ehrwürdigen langsam zurückgezogen – ich verließ ihn alles andere als gerne. Anschließend brachte uns der Begleiter des Ehrwürdigen in ein Büro, bedeckte den goldenen Buddha mit einem Tuch aus weißer Seide und packte ihn dann weiter in einen tibetischen Hada-Schal. Er murmelte dabei, diese Statue habe den Karmapa viele Jahre begleitet, doch jetzt müsse sie sich auf eine weite Reise begeben. *Om mani padme hum*. Er rezitierte diese vier Worte mehrfach, bevor er sich verbeugte und uns nach draußen begleitete. Ich selbst wiederholte das *Om mani padme hum* in diesem Augenblick ebenfalls mehrere Male, nicht als Abschieds-, sondern als Wiedersehensgruß – wurde die »Geburt« im Rad der Reinkarnationen nicht als »Wiedersehen« bezeichnet? Ich fragte den Buddha, ob ihm das sprichwörtliche »Lächeln mit der Blume zwischen den Fingern« plötzlich in den Sinn gekommen sei. An einem Frühlingstag vor gut 2500 Jahren hatte Buddha Shakyamuni vor mehreren hundert Schülern mit einem Mal nichts mehr sagen können und wie nebenbei eine Blume aus einem Blumentopf zwischen die Finger genommen, in der Halle hätte man für eine Weile eine Stecknadel zu Boden fallen hören können, aber niemand verstand den Sinn dieser Geste; nur sein alter Schüler Mahakasyapa lächelte und begriff. Und so hat Buddha ihm sofort Mantel und Bettelschale des Chan-Buddhismus überreicht. – In diesem Augenblick hatte ich das Gefühl, der goldene Buddha des Karmapa würde ebenfalls lächeln, draußen der beißend kalte Wind, im Zimmer zitternde Blumen – Lu hatte viel Zeit damit verbracht, diese winterfesten Blumen zu ziehen, sollte es eine Verbindung geben zwischen ihrer Niederkunft und dem »Lächeln des Buddha mit der Blume«?

Solchen Gedanken nachhängend kochte ich jetzt ein paar kleine Hirsebällchen, packte sie in einen Warmhaltebehälter und verließ hastig die Wohnung. Es war schon fast acht, als ich das Krankenhaus erreichte. Lu konnte nicht mehr, sie zwang sich, zwei von den Bällchen zu schlucken und schrie auf. Der Arzt und die Krankenschwester waren in Windeseile da und Lu wurde in den Kreißsaal geschoben. In diesem kritischen Augenblick erschien Zuo Jing und trat an die Stelle von Tianjue, die die ganze Nacht da gewesen war, ich atmete auf.

Doch Lu atmete nur noch aus, und auch wenn sie immer wieder aufstöhnte, so atmete sie unterbewusst weiter aus, sie war in der Tat die geborene Mutter. Die Wehen kamen in immer kürzeren Abständen, schließlich sprangen die Zahlen auf dem Screen nicht mehr, weil der Schmerz die Toleranz der Apparatur bereits überstieg. Zuo Jing rief den Arzt, doch es kam die Krankenschwester und wechselte, als würde sie auf das Baby warten, lächelnd die Urinmatte, hob den Daumen in meine Richtung und war auch schon wieder verschwunden. Lu war kurz davor zu bersten, kniff mich vom Handrücken bis zu den Hüften, sprang dann hoch wie ein Karpfen und klammerte sich mit beiden Händen an meine rechte Schulter, glitt wieder herunter und hinterließ auf meinem Rücken eine sojapastenfarbene Spur. Ein Glück, dass ich um die Hüften herum gut gepolstert war und diese raubtierähnlichen Attacken aushalten konnte.

Bevor es losging, hatte Lu sich ein kleines Handtuch zurechtgelegt, ich wischte ihr den Schweiß ab, als sie jäh zubiss, ein paar Sekunden wimmerte und dann auf einmal sich entspannend aufheulte: »Gehen wir nach Hause! Das kommt nicht!!«

War das kein Unsinn?

Doch Zuo Jing klatschte in die Hände und antwortete: »Nach Hause! Nach Hause! Das wird nichts mit uns!!«

Fast hätte ich lachen müssen. Mir fehlte wirklich der sittliche Ernst. Lu kämpfte und ich, der ich sie doch von Herzen liebte, war gleichzeitig voller Freude – alles war ganz normal, das Baby lag mit dem Kopf nach unten, ganz gerade, eingehüllt von einer Unmenge Fruchtwasser, und drückte langsam in den Geburtskanal.

Das Leben verging wie im Flug, auf einmal kam mir ein Gedicht mit dem Titel »Tür« in den Sinn, das ich vor sechsundzwanzig Jahren geschrieben hatte:

> Am Ende sah ich das Säuglingsgesicht der Sonne zwischen den Schenkeln der Bergkette. Der Felsen riss, der Urwald sträubte jäh sein weiches Haar, tiefrot fiel Tau auf die Baumkronen, dunkle Flüsse schäumten im Bauch der Erde, in der Hitze schmolzen Gold, Antimon und Kupfer.
>
> Die Berge hoben und senkten sich, die Pflanzendecke riss auf.
>
> Der Wind schrie wie eine grobe Hebamme, zog Wolkenhandtücher herab, wischte über die presslila Brüste der Wöchnerin. Blutkaskaden wandten ihr die Hände, der Himmel war voller Blut.
>
> Die Knie wurden weich, in mir erlebte ich gleichen Aufruhr – so löste ich das Geheimnis der Geburt. Unter Tränen sah ich meine Frau, sie öffnete schweigend die Tür. Einst tat sie sich selbst auf – diese Tür der Erde. Wir Naturgeborenen kommen alle diesen Weg in ein neues Leben.

Sie quälte sich von neun Uhr morgens bis ein Uhr Mittag, der Arzt und die Krankenschwester sahen abwechselnd nach ihr, schließlich hieß es laut: »o.k.«. Wie eine militärische Übung wurde ein Wagen mit den entsprechenden Instrumenten herangeschoben, der diensthabende Arzt wurde rechts und links von Assistenten flankiert, die die Schenkel der Wöchnerin öffneten, der Arzt beugte sich ganz nahe, berührte die Vagina, ich ging auf die andere Seite und schaute durch seinen Ellbogen, ein dunkles Etwas, hühnereigroß, das war die Schädeldecke. Als ich wieder an meinem alten Platz war, stocksteif wie ein Fahnenmast, packten sie Lus linke Schulter und ihren linken Arm, der Arzt schaute ernst wie ein General in die Runde und brüllte Lu an: »Schau mich an!« Dann atmete er tief durch, hielt die Luft an, ballte wild die Fäuste und presste mit aller Kraft nach unten: »So!« Lu war fast nicht mehr bei sich, als sie es ihm nachtat, tief ausatmete und mit aller Kraft presste – ihre bleichen Wangen wurden kurz tiefrot, ihr Haar war wirr wie Gras im Wind, ich strich es ihr aus dem Gesicht, und sie, die normalerweise unglaublich sanft war, hatte etwas Wildes im Blick. Der Arzt sagte immer wieder: »Prima!« und dann brüllten die drei deutschen Frau wie auf Verabredung: »Fester! Fester!! Fester!!!«

Es war wie der Gesang von Bootsleuten auf dem Yangtse in alter Zeit, ein regelmäßiger Rhythmus und noch meilenweit zu hören, Lus Schreie waren die Schreie eines vor Jahrzehntausenden begonnenen Erbes, in diesem Augenblick vom deutschen »Fester!« überdeckt, der buntgefleckte Fisch wurde von rollenden Wogen überdeckt. Gut zehn Minuten später kam der Kopf des Babys und steckte in der Tür, wie auf Verabredung gaben die drei Frauen Lu frei, kippten gemeinsam den Körper nach unten, hoben ihre sechs Fäuste und brüllten mit aller Kraft: »Fester!« Nichts in ihrem Leben sollte Lu je wieder so mitreißen und stimulieren, Tränen, Schweiß, Blut, alles mischte sich, Ah – Ah – Ah –, es war, als werde jemand ermordet, ein langer und unmenschlicher Schrei, der mir noch Tage später in den Ohren hallte.

Zuo Jing hielt es nicht mehr aus und drehte sich weinend weg. Und just in diesem Augenblick hat mein Töchterchen mit einem blubbernden Geräusch das Licht der Welt erblickt. Das Fruchtwasser füllte ein ganzes Becken, die gewundene Nabelschnur wickelte sich um den Leib der Mutter, die Kleine war ganz in sich zusammengerollt, der Kopf voller schwarzer Haare, die kleinen Fäuste gegen das Kinn gepresst. Der Arzt nahm eine Schere, fragte mich: »Geht es?«, ich nickte, nahm die Schere aus seiner Hand und durchschnitt die Nabelschnur. Die rechte Hand des Arztes stützte die Kleine, mit der linken patschte er ihr zweimal auf den Rücken und sie fing an zu schreien, ein befreiender Schrei und im Kreißsaal brach Jubel aus. Der Arzt wickelte sie ein und reichte sie Lu. Ich küsste sie, küsste sie beide. Ich hätte gern die kleinen Händchen der Kleinen aufgemacht, um mich mit eigenen Augen zu überzeugen, ob da wirklich keine Linien waren, wagte es aber nicht.

Da öffneten sich ihre Lider, zuerst das linke Auge, es wanderte zur Seite und wurde groß, und es vergingen gut und gerne fünf Minuten, bis auch das rechte Auge aufging. So klein und schon Grimassen schneiden? Unglaublich!

»Heimat in der Fremde, Lieber«, Lu redete im Schlaf.

Und, das war mir klar, in diesem Augenblick meinte Lu mit »Heimat« nicht die Heimat, die so viele tausend Meilen entfernt war.

Am Abend des 17. August 2011 hatte es im Berliner Theater eine Veranstaltung zur Veröffentlichung meines neuen Buches *Für ein Lied und hundert Lieder* gegeben, Herta Müller hielt die Eröffnungsrede mit dem Titel »Hier die Wut, am anderen Ufer die Zärtlichkeit«, sie führte aus:

> Ich bin glücklich, dass es Liao Yiwu gelungen ist, statt ins Gefängnis hierher zu uns, in unsere Fremde, zu kommen. Es ist für ihn ein bitteres Glück, weit mehr, als man es fassen kann. So ein bitteres Glück ist an und für sich mehr wert als glattes Glück – es hat immer zu viel gekostet, aber einem noch mehr erspart. Vom bitteren Glück wird man nicht getragen, man hat es zu schleppen. Es herrscht über einen mit allen seinen »jenseitigen Zärtlichkeiten«.
>
> Heimat, das ist der Ort, wo man geboren ist und lebt.
>
> Oder geboren ist, lange gelebt hat, dann gegangen und immer mal wieder zurückgekehrt und wieder gegangen ist.
>
> Für gerettete Verfolgte ist Heimat der Ort, wo man geboren ist, lange gelebt hat, geflohen ist und nicht mehr hin darf.
>
> Man sagt sich: Hol sie der Teufel. Doch das klappt nicht. Diese Heimat bleibt der intimste Feind, den man hat. Man hat alle, die man liebt, zurückgelassen. Und die sind weiter so ausgeliefert, wie man selber war: Wenn sie nicht schon im Gefängnis sind, müssen sie »sich in Acht nehmen vor flachen Händen«.

Seine Heimat wird Liao Yiwu in nächster Zeit nicht betreten dürfen. Aber das bittere Glück ist schlau – es verwechselt absichtlich Heimweh mit Heimwehlosigkeit. Und es ist ein exzellenter Meister des Konjunktivs. Es sagt einem klipp und klar: Du hättest doch nie so sein wollen, wie du hättest werden müssen, wenn du hättest daheim bleiben dürfen. Dieser Konjunktiv ist nicht mehr Wunschform, sondern Fazit. Er vertreibt alle Wehmut, wissend, dass sie ohne wegzugehen wiederkehrt. Aber auch der Meister Konjunktiv kommt wieder. Wir reden von Heimat – ich glaube, das bittere Glück ist die Heimat des Konjunktivs. Im Exil spürt man das jeden Tag mit diesseitiger Wut und »jenseitigen Zärtlichkeiten«.

Mein lieber Yiwu, nach dem bitteren Glück kann auch das reine Glück kommen, in der Tat ist es heute bereits gekommen.

Im Nu waren mehr als drei Jahre vergangen, »die diesseitige Wut« ist mit Lu und Anna-Shuyi näher gekommen, wie Herta Müller gesagt hat, und hat sich durch das Leben gewandelt in »jenseitige Zärtlichkeiten«. Mit solchen Verdüsterungen begann das neue Leben, auf dem Höhepunkt des Winters habe ich den Schreiber hingelegt und ein halbes Jahr lang wie ein Hund mit kahlem Schwanz Tag und Nacht meine Kreise um die beiden Mädels gezogen und daraus ein Riesending gemacht, mein ungewöhnlich strukturiertes Hirn, mit dem ich als »Aufnahmegerät der Epoche« geprahlt hatte, war in Nullkommanichts mit den Windeln ausgewaschen. Bis an einem Mittag nach Ostern, an dem alles Leben in der Welt wieder am Erwachen war, der hochgewachsene Peter Sillem vom Fischer Verlag wie ein langhalsiger Kranich von Frankfurt geflogen kam. Gedolmetscht von Yeemei tranken wir etwas, sprachen über Familie, Fremde und Heimat, um schließlich auf Literatur zu sprechen zu kommen. Peter fragte mich nach meiner Reise nach Taiwan, die ich unlängst unternommen hatte, und ich erzählte in allen Einzelheiten; dann sagte Peter, während er Shuyi für ein Erinnerungsfoto im Arm hielt, im vergangenen Jahr seien die mehr als 1200 Seiten umfassenden »Schwarzen Hefte« von Heidegger erschienen, die, eigenhändig vom Autor dem Herausgeber zugeeignetes gedankliches Erbe, zeigten, dass sein Antisemitismus mit seiner Philosophie untrennbar verbunden sei.

Für Yeemei war das etwas Neues und sie fragte selbst bei Peter nach.

Ich starrte die beiden an und das lang entbehrte Verlangen nach schriftstellerischer Arbeit kroch nach dem Winterschlaf zischend aus der Höhle der Seele wie das vipernhafte Erbe Heideggers. Wieder zu Hause stürzte ich zum Schreibtisch, machte den Computer an und schrieb ein Stück, es war ein ziemlicher Mist; dann noch ein Stück, immer noch Mist. Enttäuscht ließ ich mich in den Sitz fallen und Lu drückte mir die Kleine in den Arm.

Tief in der Nacht, als alles ruhig war, versuchte ich es noch einmal, ich saß wie auf glühenden Kohlen – und das mehrere Nächte lang. Im Schlafzimmer stillte Lu die Kleine, ich schaute eine ganze Weile geistesabwesend zu. »Gehen wir schlafen?«, fragte Lu. Doch ich berührte das zarte Gesicht des Babys und dieses herrliche Menschenkind ließ auf der Stelle die Brust fahren und lachte mich lallend an.

Vater und Tochter, beide gleichermaßen ahnungslos. Lu seufzte unendlich erschöpft.

Günter Grass

Am nächsten Mittag sprang mir vom Computerbildschirm eine Zeile entgegen: »Günter Grass ist tot. Er wurde 87 Jahre alt.«

Auf einmal war da Angst. Und Dank für den unsterblichen Autor der »Blechtrommel«, der nun zu den Gelben Quellen der Unterwelt eilte und mich Spätgeborenen in den fernen Tälern der Erinnerung aussetzte.

Ich hatte ganz vergessen, dass ich ein Stück Schicksal mit ihm teilte. Das war am 18. September 2010, nach meiner ersten Lesung in Deutschland, Jürgen, der Chefredakteur des *Hamburger Abendblatts* war ausgesprochen bewegt und brachte uns beide zusammen. Ich erinnere mich, es wurde bereits dunkel und ein kalter, durchdringender Wind wehte vom Hafen pfeifend herein, ich wisperte Martina, meiner Dolmetscherin, zu, ich hätte wohl zu wenig anzuziehen dabei, als sie meinte, das mache gar nichts, wir müssten nicht vor die Tür, Grass werde selbst vorbeikommen.

Wirklich? Ich war verdutzt.

Martina sagte, jaja, der alte Herr beschäftige sich sehr mit China, er wolle mich treffen, weil er seine Unterstützung für die verfolgten Autoren zum Ausdruck bringen wolle.

Wirklich? Ich fühlte mich mehr als geehrt. Wir hatten in unserem Hotel kaum warten müssen, als das Ehepaar Grass wie aufs Stichwort erschien, Jürgen vornweg und zwei Begleiter und ein älterer Literaturkritiker im Schlepptau. Nach Händeschütteln und Begrüßung ging es im Gänsemarsch in das prächtige Restaurant. Gott, mir schwindelte ein wenig, ich, der schmutzige Poet vom Bodensatz der Gesellschaft, ging mit Günter Grass, dem Großmeister der Literatur, zum Abendessen!

Grass war mir bekannt seit meinen Zwanzigern. Anfang der Achtziger, als das »Lang lebe Kaiser Mao« vorüber war, zerbrach die rote Mauer, die das Land abgeschottet hatte, das durch Gehirnwäsche lange Zeit verdummte Volk atmete plötzlich die Luft der Freiheit, nach der es so dürstete. Schlimmer als der Durst des Körpers ist der des Geistes, während der Großen Kulturrevolution gehörte alles außer den *Werken des Vorsitzenden Mao* und den *Werken Lu Xuns* zu den legal vernichteten »Verbotenen Büchern«.

Wie während des »Tauwetters«, das mit dem Auftreten Chruschtschows in der früheren Sowjetunion eintrat, haben die von Deng Xiaoping hinter den Kulissen gesteuerten Autoritäten Chinas ihren Untertanen schließlich mehr Lesestoff zugestanden, woraufhin eine ganze Menge moderner Werke aus dem Westen in alten und neuen Übersetzungen ins Land kamen. Vor diesem Hintergrund bin ich auf Grass gestoßen, damals konnte die von Xiao Qian herausgegebene Zeitschrift *Weltliteratur* zweimonatlich erscheinen, jede Nummer hatte einen Schwerpunkt, unter dem nicht nur Romane, Gedichte und Kritiken aus der Sowjetunion und Osteuropa, sondern auch jede Menge aus England, Frankreich und Deutschland vorgestellt und empfohlen wurden. Wie Tausende anderer junger Literaten verschlang ich in meinem Heißhunger nach geistiger Nahrung alles, Tag und Nacht, und so habe ich in einer Nacht auch einen großen Teil der »Blechtrommel« verschlungen und lernte, wie der Held des Romans, der sich weigert, erwachsen zu werden, mit seinem wütenden Geschrei die Fenster ganzer Straßen zu Bruch gehen lässt. Ich bewunderte das surreale Genie des Autors und seinen Anti-Nazismus sehr, als er dann

1999 noch erwartungsgemäß den Literaturnobelpreis bekam – er hätte für uns Untergrundautoren das moralische und literarische Vorbild sein können, hätte er im Alter in seinen Erinnerungen nicht seine hässliche Seite gezeigt und hätte der Eintritt in die Waffen-SS im Alter von siebzehn Jahren nicht über sechzig Jahre seines Lebens überschattet!

Doch wie dem auch war, wer ohne Fehler ist, werfe den ersten Stein, ein großer Mann bleibt ein großer Mann, auch wenn er einen Makel hat. Damals war ich der Gast aus einem fernen Land und man setzte mich dem großen Mann gegenüber, keine zwei Meter durch den Tisch voneinander getrennt. Grass bewegte sich bedächtig, er hatte einen kleinen Buckel, aber sein Blick war scharf und schien auf den Grund meines Herzens sehen zu können. Da sagte er auf einmal: »Vor vielen Jahren habe ich das *Jin Ping Mei* gelesen, das kann man als einen großen chinesischen Roman bezeichnen, dass die traditionell so konservativen Chinesen überraschenderweise die geschlechtliche Liebe zwischen Mann und Frau so genau und lebendig beschrieben haben, ist wirklich etwas ganz Außerordentliches!«

Ich bekam den Mund nicht mehr zu und wusste nicht, was ich antworten sollte. Das *Jin Ping Mei* war ein Straßenroman aus der Ming-Dynastie[112], in den ersten acht Kapiteln wird die Anekdote von »der Rache Wu Songs für den Mord an seiner Schwägerin« aus den *Räubern vom Liang-Schan-Moor* kopiert und modifiziert und sein Protagonist Ximen Qing, ein neureicher Wucherer, wie sie heutzutage in China als Anführer von Unterweltgruppierungen mit den Autoritäten unter der Hand zusammenarbeiteten, der aufgrund eines ungewöhnlich entwickelten Geschlechtsorgans die Hauptbeschäftigung seines Lebens in einem exzessiven Sexualleben sieht, hat am Ende kein Öl mehr auf dem Docht. Im Buch werden alle möglichen Sexualpraktiken extensiv und im Detail beschrieben, der Name des Buches ist zusammengesetzt aus dem Namen zweier Konkubinen und einer Dienerin Ximen Qings. Und doch bleibt das *Jin Ping Mei* auch in der Beschreibung von nackten Tatsachen hinter Büchern wie dem *Rouputuan. Andachtsmatten aus Fleisch* oder dem daoistischen *Die Verbindung der Essenzen* zurück, es heißt, es konkurrierten tatsächlich mehrere Dutzend verschiedene solch innerliche, geheime Schriften miteinander, weshalb die Autoritäten sich über Generationen und Dynastien hinweg genötigt sahen, immer einige dieser pornographischen Bücher auf den Index zu setzen. Innerhalb des Hofes allerdings gingen sie trotzdem von Hand zu Hand, selbst Kaiser Mao und seine Favoriten haben, dem Volk Enthaltsamkeit und Askese predigend, heimlich im *Jin Ping Mei* gelesen und Ximen Qing nachgeeifert. Was sexuellen Missbrauch angeht, hat Kaiser Mao Ximen Qing weit, weit übertroffen.

Doch wenn ich das einfach so sagen würde, würde das Grass nicht vor den Kopf stoßen?

Das Abendessen kam auf den Tisch, Grass hatte Ente bestellt. Der alte Herr kam gerade von der Lesung eines neuen Buches, war sehr hungrig und aß mit gutem Appetit. Ich hatte mich ihm angeschlossen und ebenfalls Ente bestellt. Die Leute um uns herum saßen stocksteif da und rührten sich nicht, die Angestellten des Hotels liefen geschäftig hin und her, die Achtung vor dem Schriftsteller zeigte sich ohne Worte. In China hatten die Menschen längst die Achtung vor Schriftstellern verloren, es begann mit dem Jahr 1949, dass Intellektuelle zu lobhudelnden Hundsfotten verkamen, bei dem Geringsten, was als Misston aufgefasst wurde, setzte es Prügel.

Beim Dessert kam Grass auf Lao Shes *Vier Generationen unter einem Dach* zu sprechen und lobte dieses Buch über den grünen Klee. Ich hörte wieder sprachlos und mit offenem Mund zu und spielte den Taubstummen. Denn auch *Vier Generationen unter einem Dach* war ein Straßenroman, aus der Republikzeit, natürlich nicht so pornographisch wie das *Jin Ping Mei*, aber eine derartige Lobrede ebenfalls nicht wert. Lao She war nach den Irrungen der Geschichte zu einem Kulturbürokraten der Kommunistischen Partei herabgesunken und schrieb nicht wenige opportunistische und die Wirklichkeit beschönigende Sachen wie etwa *Chaoyanggou*, zu Beginn der Kulturrevolution hat er sich dann, weil er die Misshandlungen nicht mehr ertragen konnte, in einen See gestürzt.

Wir kamen auf keinen gemeinsamen Nenner, das Abendessen war kein Gewinn. Wir waren einander im Grunde fremd, dieser Grass aus der Generation meines Vaters und ich, nach dem Treffen waren wir einander noch fremder, so dass nur jeder seines Weges gehen konnte. Eine schwarze Limousine hielt vor dem Hotel, die Tür ging auf und ein Pulk von Personen stand Spalier. Bevor Grass einstieg, drehte er sich noch einmal zu dem vor Kälte zitternden chinesischen Schriftsteller um, nahm ihn in den Blick und zog langsam eine Tabakspfeife aus der Hosentasche. Ich erlebte einen Flashback, vor über zwanzig Jahren war auf dem Cover der *Weltliteratur* genau diese Pfeife abgebildet gewesen! Ja, genau dieses typische Bild von Grass mit der Pfeife in der Hand, das würde mir bleiben!

Ich konnte nichts machen, ich war traurig. Genauso wie ich fünf Jahre später, als ich erfuhr, dass Grass für immer gegangen war, traurig war. »Er hatte nur die besten Absichten«, sagte ich mir beschämt, »es lag an mir, ich war einfach überempfindlich, habe zu sehr auf das geachtet, was er sagte. Eine ganze Reihe von älteren Menschen im Westen verharrt, was ihre Kenntnisse von China angeht, auf dem Stand von recht veralteten und exotistischen Übersetzungen.«

Herta Müller

Nicht lange nach dem Treffen mit Günter Grass habe ich im Berliner Literaturhaus auch Herta Müller getroffen, in so kurzer Zeit gleich zwei Literaturnobelpreisträger zu treffen, war wirklich wie ein Wunder für mich.

Wenn man sagt, Grass lebe in der Geschichte, dann lebt Herta Müller mitten unter uns, wie eine Nachbarin im Geiste – ob ich sie nun kenne oder noch nicht kannte, sie lebt mitten unter uns. Wie etwa auf der Frankfurter Buchmesse 2009, wo China Gastland war, über hundert bekannte Schriftsteller zugegen waren und gut und gerne zweitausend Verlagshändler, die die *soft power* der »Kulturolympiade« zum Besten gaben und sich dann unerwartet Bei Ling und Dai Qing gegenübersahen, zwei Stachelschweinen von konterrevolutionären Autoren. Ihr dubioser doppelter Ausschluss durch die offizielle chinesische Delegation und die Organisatoren der Buchmesse löste eine Welle der Entrüstung aus, die deutschen Medien gingen auf Konfrontationskurs, eines Tages bekam ich einen überraschenden Anruf von dem sehr namhaft gewordenen Bei, der seine Aufregung kaum verbergen konnte: »Herta Müller, die diesjährige Nobelpreisträgerin! Sie hat mich persönlich mit einem Reporter am Stand der *Epoch Times* aufgesucht und ihre Unterstützung für die chinesischen Exilanten zum Ausdruck gebracht, wir haben sogar ein gemeinsames Foto gemacht!«

»Echt? Schick es mal her!«

Anschließend habe ich dieses Foto von Bei Ling und Herta Müller auf der Frankfurter Buchmesse in Umlauf gebracht, ich habe es auch ins Netz gestellt, wo es Millionen von reaktionären Internetusern hinter der Firewall »illegal« sehen konnten. Jemand konnte es sich nicht verkneifen, von der ersten Seite der staatlichen Homepage Bilder von Merkel und Xi Jinping herunterzuladen und sie auf das Foto von Bei Ling und Herta Müller zu montieren – mit entsprechenden Hinweisen: deutsche Kanzlerin, der chinesische Kronprinz, Dichter im Exil, Nobelpreisträgerin.

Just als ich von bewaffneten Polizisten aus dem Flugzeug geholt wurde, gab es zur Eröffnung des Kölner Literaturfestivals lit.COLOGNE ein Gespräch zwischen Herta Müller und Ai Weiwei, dem konterrevolutionärsten chinesischen Künstler, bei dem die chinesische Diktatur auf das Schärfste attackiert wurde. Doch wegen der Aura des Nobelpreises wurden Hertas Bücher weiter in China herausgegeben, ganze elf Bände auf einmal! Die Übersetzungen waren zu schnell gemacht und ließen sehr zu wünschen übrig, viele Passagen hatten überhaupt keinen Zusammenhang, ich überflog sie nur kurz und gab es dann auf. Doch Liu Xia, die Frau von Liu Xiaobo, war ein Herta Müller-Fan, sie hat Tage und Nächte hindurch gelesen und fand es gut. Ich fragte, was denn gut gewesen sei. Sie sagte, Herta Müllers Vokabular und ihr Satzbau seien sehr ungewöhnlich, das Poetische komme von innen, und auch wenn die Übersetzungen zu wünschen übrig ließen, so werde der Genuss doch nicht gestört, wenn man es sich in aller Ruhe durch den Kopf gehen lasse. Ich sagte, da hat eine Dichterin eine Dichterin gelesen. »Bist du denn kein Dichter?«, sagte Liu Xia. Ich sagte: »Ich bin ein ganz normaler Kerl aus den Rattenlöchern der Gesellschaft.«

Noch mal später, als ich von Beijing nach Chengdu zurückkehrte, hatte Liu Xia jemanden damit betraut, die in Hongkong erschienene »Gedichtsammlung von Liu Xia und Liu Xiaobo« mitzubringen, wofür Zhongzhong und ich jeweils ein Vorwort geschrieben hatten – ich sollte den Band bei Gelegenheit Herta Müller übergeben, auf die Titelseite hatte sie zum Dank für Hertas tiefe Sorge um den inhaftierten Liu Xiaobo wohl selbst noch etwas geschrieben. Ich erschrak, denn damals gab es nicht das geringste Anzeichen dafür, dass ich in Bälde das Land würde verlassen können, ganz zu schweigen davon, Herta Müller zu sehen. Aber mysteriöserweise dauerte es kein halbes Jahr und ich traf Herta tatsächlich im Berliner Literaturhaus.

Jakob begleitete mich, Zuo Jing übersetzte, ich war verlegen, die Körbe von Komplimenten, die ich vorbereitet hatte, wusste ich nicht anzubringen, also stürzte ich hastig zwei Gläser Wein hinunter, um mir Mut zu machen, und bekam auf der Stelle eine knallrote Birne. Ich kramte Liu Xias Geschenk heraus und überreichte es, Herta nahm es lächelnd entgegen, betrachtete das Coverfoto mit dem Ehepaar Liu und fragte, wie denn die Situation der beiden sei. Ich stotterte mir eine Antwort zurecht, aus der Zuo Jing das Beste machte, und Herta zeigte sich tatsächlich tief bewegt. Herta, Václav Havel, Bischof Tutu, der Dalai Lama und viele andere hatten dafür gesorgt, dass Liu Xiaobo den Friedensnobelpreis erhielt. Herta sagte, das sei recht eigentlich ein Mysterium: Im vergangenen Jahr hätten die chinesischen Kommunisten Liu Xiaobo zu elf Jahren Haft verurteilt und sich ausgerechnet den Heiligen Abend für die Bekanntgabe ausgesucht, was für eine törichte Provokation, die in der freien Welt eine so noch nie dagewesene negative Reaktion habe auslösen müssen: »Und so schauten wir, was wir machen konnten – und es dauerte keine zwei Wochen und wir sahen, was wir machen konnten, mysteriös.«

Ich nickte zustimmend und es wurde einen Augenblick lang still. Eigentlich hatte ich mit Herta über Literatur reden wollen, doch obwohl ich mir mehrfach gegen die Wangen schlug, die Sprache wollte nicht aus mir heraus und ich ließ es bleiben. Ich war Ende des vergangenen Jahrhunderts als erster von den chinesischen Untergrundautoren mit Hertas Werk in Berührung gekommen, in einer internen Zeitschrift der Akademie der Wissenschaften der Provinz Sichuan stand ein wissenschaftlicher Artikel, der den Roman *Niederungen* vorstellte und im Anhang ein Stück Übersetzung aus dem Original bot. Es ging um ein Dorf in Rumänien, um eine Großfamilie, ein zwei Jahre altes Mädchen, seine Eltern und seine Großeltern benutzen alle das gleiche Waschwasser, alle rollen mit den gleichen traditionellen Gesten vom Genick her quer nach unten »graue Nudeln« in das erst dampfende und dann eiskalte Wasser, die Badewanne mit der cremigen »Nudelsuppe« steht im Esszimmer, wo sich die ganze Familie versammelt und auf das Fernsehprogramm wartet – das war das schlimmste Bad, von dem ich je gelesen hatte, Herta überlagerte ihre Worte, als schreibe sie ein schmutziges Karma-Gedicht.

»Schmutziges Karma«, das war auch eine gute Beschreibung für chinesische Dörfer. Die alte Heimat meines Vaters lag zwischen Hügeln und Bergen, wo ein heißes Bad einen Wendepunkt im Leben eines Menschen anzeigte wie Hochzeit oder Tod. Selbst bei der Geburt, wenn auch mit Schreien und viel Blut erkämpft, war es streng verboten, sich zu waschen und nach draußen zu gehen. Die Wöchnerin musste in einem hermetisch abgeschlossenen Raum bleiben, sie wurde für einen Monat fest in Decken verpackt, die sie wie eine Verpuppung Schicht um Schicht ablegte. Das war das seit Menschengedenken praktizierte »Monatskindbett«.

Zudem war das Erhitzen von Wasser eine lästige Angelegenheit, auf dem Ofen ein großer, halbmanntiefer Reistopf, man musste sich die Hüfte verrenkten, um ihn sauber zu bekommen, dann Wasser hinein, Deckel drauf und eine Unmenge Brennholz, um das Wasser zum Kochen zu bringen und das dann in einen Holzbottich in einen privaten Raum. Kleider runter, dann in eine große Fußwanne erst stellen, dann setzen und geschrubbt, bis es weh tat. Aufgrund ihrer sich über lange Jahre hinziehenden Ungewaschenheit hatten die »rumänischen grauen Nudeln« aus der Feder von Herta über Ländergrenzen und Rassenunterschiede hinweg den weiten Weg bis zu den Waschzubern voller chinesischer Tradition gemacht.

Von diesen Gedanken und Gefühlen hatte ich Herta eigentlich erzählen wollen. Als ich jung war, war Ceaușescu, ihr einstiger Unterdrücker, häufig in China zu Besuch, er war wohl sogar in meine Heimatstadt Chengdu gekommen, um von der schmackhaften Sichuan-Küche zu kosten. Verglichen mit anderen kommunistischen Diktatoren hatte Ceaușescu ein modisches Äußeres, ein gewinnendes Lächeln, so wie die Coverfiguren des Playboy, nichtsdestotrotz war er der Alleinherrscher über die »Niederungen« des flächenmäßig gar nicht so kleinen Rumänien! Am Ende wurde er verhaftet und exekutiert, und das war ebenfalls das von unbändigem Zorn erfüllte Volk, das sich aus den »Niederungen« ergoss wie Waschwasser.

Weiterhin hatte ich über *Cristina und ihre Attrappe oder Was (nicht) in den Akten der Securitate steht* sprechen wollen – vor einem halben Jahr war ich unter Hausarrest gestellt worden, die *Southern Weekend*, das Blatt mit der höchsten Auflage in China, brachte unter »Literatur und Kunst aus dem Ausland« eine gekürzte Fassung von Hertas damals neuestem Buch. Ich las es zweimal, reichte es an andere Untergrundschriftsteller weiter, alle waren unabhängig voneinander sehr angetan. Ich erinnere mich, dass Anfang und Schluss zwar voneinander abwichen, aber aufeinander antworteten, was einem das Gefühl gab, die Geschichte wiederhole sich unentwegt:

»In meiner Akte bin ich zwei verschiedene Personen. Die eine heißt CRISTINA, ist Staatsfeind und wird bekämpft. Um diese CRISTINA zu kompromittieren, wird in der Fälscherwerkstatt der Abteilung ›D‹ (Desinformation) eine Attrappe fabriziert, mit allen Zutaten, die mir am meisten schaden – systemtreue Kommunistin, skrupellose Agentin, Parteimitglied, das ich im Unterschied zu vielen Funktionären der Landsmannschaft nie war.

Überall, wo ich hinkam, hatte ich mit dieser Attrappe zu leben. Sie wurde mir nicht nur hinterhergeschickt, sie eilte mir auch voraus. Obwohl ich von Anfang an und immer nur gegen die Diktatur geschrieben habe, geht die Attrappe bis heute ihre eigenen Wege. Sie hat sich verselbständigt. Obwohl die Diktatur seit zwanzig Jahren passé ist, irrlichtert diese Attrappe umher. Wie lange noch?«

Ob in den Geheimakten über Liao Yiwu auch eine andere Inkarnation herumgeisterte, wie es Herta beschrieben hat? Ich wusste es nicht. Mit der Art und Weise, wie Informanten eingesetzt wurden, war ich vertraut, die vertrauenswürdigsten Freunde konnten gekauft sein, in unregelmäßigen Abständen über dich berichten und Gerüchte in die Welt setzen, du selbst seiest ein Informant; Informanten gingen so weit, privat mit dir zu erörtern, wer Informant ist und wer es sein könnte. 1987 ist Herta auf vielen Umwegen von Rumänien nach Westdeutschland geflohen, ist aber hier von einer Abteilung des Nachrichtendienstes überwacht worden, ihr Status als politischer Flüchtling wurde mehrfach überprüft, weil man hier das Gerücht zu glauben begann, das man dort mit Hilfe der »Attrappe« über sie in Umlauf gebracht hatte, dass sie nämlich eine rote Agentin sei.

Genau wie bei mir. Ob ihm das auch so vorgekommen wäre, wenn Liu Xiaobo das alles gelesen hätte? Er war in den Augen des Parteienstaats so wichtig, dass es, bevor man ihn ins Gefängnis warf, um ihn herum sehr viel mehr Informanten gegeben haben musste als bei Herta und mir.

An dieser Stelle kam ich nicht weiter. Egal, raus und ein paarmal um den Block und dann weiterschreiben, der Hauptfaden würde dann vielleicht klarer. Doch das erste Treffen mit Herta, das war anders als die Niederschrift von Erinnerungen, als ich da nicht weiterkam, hatte ich keine Gelegenheit, von vorne anzufangen. Weshalb ich erst, als der Abschied bevorstand, ein paar Andeutungen über meine schlimme Lage machte. Es ist einen Dreck wert, wenn einem das Herz überfließt, man aber nichts herausbringt, wer verstand schon, was sich in so einer verstockten Gurke verbarg? Ein Glück, dass Herta mit dem zerquälten Gestotter, das von mir kam, so sehr geduldig war: »Ich war einmal Lehrerin für Deutsch«, lachte sie, »ich weiß, dass ein unbeholfener Mund kein unbeholfenes Herz bedeutet.«

Ich starrte sie an und bekam feuchte Augen. Und dann, später, womöglich ein Leben später, war Herta eine Freundin geworden. Sie hatte politische Gefangene wie Li Bifeng, Liu Xianbin, Liu Xiaobo, Liu Xia, Gao Yu, Pu Zhiqiang, Gao Zhisheng, Xu Zhiyong, Yili Hamu, Xu Wanping, Guo Feixiong und viele andere nie gesehen, aber sie war auch ihnen eine Freundin, sie stand von Anfang an an meiner Seite, wo immer wir deren Qualen anprangerten. Ich denke, dass inzwischen nicht mehr wenige chinesische Literaten internationale Preise gewonnen haben. Ob im Untergrund oder nicht, verboten oder nicht, Mainstream oder nicht, Exilant oder nicht, aufgrund intensivierter Begegnungen und des fruchtbaren Austauschs zwischen der akademischen Welt Chinas und des Westens, wie sie auf den »raschen Aufstieg« und den »Boom« des diktatorischen China folgten, scheint chinesische Literatur in jedem Winkel der Erde wieder und wieder mit Preisen ausgezeichnet worden zu sein; fast will es scheinen, dass jede Preisrede den Gedanken unterstreicht, man müsse sich »mit dem Licht der Menschlichkeit gegen die grenzenlose Finsternis stellen«, doch nicht ein Preisträger hat dabei so einfach, direkt und unmissverständlich wie sie die kommunistische Diktatur angegriffen, immer wieder das Massaker auf dem Tiananmen thematisiert und verurteilt und für die weggesperrten Kollegen im Geiste und im Beruf seine Stimme erhoben.

Als wir am 17. November 2014 tief in der Nacht die Schirme aufspannten für das Widerstand leistende Hongkong und den Machthabern in Beijing den Mittelfinger zeigten, als wir auf Deutsch und auf Chinesisch lauthals unser »*Gundanba!*« und »Haut ab!« schrien, da hatte ich ganz vergessen, dass sie ja in Rumänien geboren war, ich hatte eher das Gefühl, sie wäre im heutigen China zur Welt gekommen und lebe dort unter uns. Auch unzählige, von Furcht oder Lüge erdachte chinesische Schriftsteller haben geschrien »Haut ab!« – vielleicht sind alle jetzt wie Cao Xueqin[113], bereits tot und reine, klassische Autoren.

Wieder das Hexagramm für *Brunnen*

Der Tag der Rückreise rückte allmählich näher, wie auch der Winter Berlins allmählich näher rückte – es war erst die zweite Hälfte des Oktobers, aber ein schneidend kalter Wind zog um die Häuser und die Gesichter der Menschen waren ganz blau. Wenn man aus dem Fenster von Zimmer 308 im Hotel Bleibtreu nach draußen schaute, sah man das Laub innerhalb von zwei, drei Tagen gelb werden, raschelnd und wirbelnd herabfallen und die ganze Straße bedecken. Meine Sachen waren zu dünn, ich hatte nicht erwartet, dass es hier so viel kälter sein würde als zu Hause, ich wollte mir einen dicken Mantel kaufen, streifte durch ein paar Läden, aber mir tat es leid um das Geld. Also verkroch ich mich nach Möglichkeit auf meinem Zimmer, las, war im Internet, schlief. Der Strom der Journalisten riss nicht ab, ich traf sie im Restaurant im Erdgeschoss, wo wir etwas tranken und Interviews machten, alles ganz entspannt. Wenn der Alkohol seine Wirkung tat und ich mit heißen Ohren dasaß, nutzten die Journalisten die Gelegenheit und fragten mich, ob ich nach China zurückkehren oder hierbleiben würde.

Wenn ich im Radio oder im Fernsehen bei einer Live-Sendung dabei war, wurde ich auf der Stelle zu einem Express-Paket, rannte zur Tür, zum dort wartenden Wagen, raste ein paar Kilometer zum Studio, erzählte Geschichte um Geschichte, setzte noch eine Geschichte über den Nobelpreisträger Liu Xiaobo drauf und schon war ich wieder im Hotel. Ein Journalist hat das einmal so auf den Punkt gebracht: »Es ist wirklich nicht unberechtigt, wenn es heißt, Literaten könnten jede sensible Frage mit einer Geschichte beantworten.« Aber ich konnte nicht mit der Geschichte antworten, wie ich vor meiner Ausreise aus China eine »Garantie« unterschrieben hatte. Wie von der Polizei angeordnet, habe ich nicht aus meinem Gedicht »Massaker« gelesen, hatte keinen Kontakt zur Falun Gong, Organisationen der Demokratiebewegung und westlichen Menschenrechtsorganisationen und hatte mehrmals politische als ästhetische Fragen behandelt. Ich spekulierte darauf, dass es kein Problem sein würde, nach China zurückzukehren, und nicht nur das, dass ich in Zukunft keine Schwierigkeiten mehr haben und frei ein- und ausreisen können würde – ein glücklicher Zufall, war über den Übersetzer Su Qin gerade eine Einladung des *PEN Amerika* und von dem legendären Salman Rushdie gekommen, im April nächsten Jahres in New York an einem internationalen Literaturfestival teilzunehmen, es sollte eine spezielle Lesung aus meinen Werken und ein Gespräch zwischen dem Autor und Mitorganisator Yan Lianke vom PEN und Zha Jianying, einem Journalisten und Schriftsteller, der dann Amerika bereisen würde, geben – das war ein Zeichen, ein Zeichen dafür, dass der Untergrundautor Liao Yiwu an der Oberfläche erscheinen, die verfluchte zweite Haut des Dissidenten abstreifen und mit Autoren, die ohne Probleme in China ein- und ausreisen konnten, auf einer Stufe stehen würde – mir fiel ein jahrzehntealter Stein vom Herzen und ich verabredete mich mit Meng, dem Idioten-Künstler, in Zimmer 308, um kräftig auf dieses verspätete neue Leben anzustoßen. Wir machten drei Flaschen Rotwein und eine halbe Flasche Erguotou-Schnaps aus dem Asia-Supermarkt nieder und lümmelten auf dem Teppich herum. Ich hatte einen Knoten in der Zunge, von einem Augenblick auf den anderen war mir das Gehirn aus dem Genick gefahren und in das Jahr 1990 gehuscht, in den Multimediaraum der Dritten Medizinischen Militäruniversität im Distrikt Shapingba in Chongqing, wo ein paar ahnungslose Untergrundlyriker wie im Rausch das »Massaker« und das Parallelwerk »Requiem« aufzeichneten. Damals war ich der Liao mit dem Bart, dünn wie ein Bambusstock und agil wie eine Antilope, ich konnte stundenlang toben, ohne müde zu werden: »Panzer fielen in die Kaiserstadt ein wie Läuse, die Haut des Vaterlands juckt, wohin kannst du fliehen?« Damit sprang ich vom Kameraobjektiv weg, rannte hinter den Vorhang, war mit einem Satz auf dem Sofa, und gab lauthals zum Besten, was später dann zu einem konterrevolutionären Verbrechen wurde: »Die Kommunistische Partei wird ihre Macht verlieren, die Opfer vom Vierten Juni werden rehabilitiert, ich werde eigenhändig aus einem B52-Bomber vierzig bildschöne Mörderinnen über dem Tianfu-Platz in Chengdu abwerfen, alle in Mini-Röcken, High Heels, schusssicheren Westen und mit Maschinenpistolen im Anschlag, wenn sie den Boden berühren, gehen die Salven los, so wird gefeiert, dass der Staat die Erfolge der Revolution zerstört! Ihr da auf dem Platz, wollt ihr leben oder sterben?« Um mich herum wurde gegrölt: »Sterben!«, einer von meinen Mitangeklagten brüllte: »Vierzig reichen nicht, wir brauchen vierhundert!« Ich kicherte, mein Gehirn kehrte in die Gegenwart zurück und ich hörte, wie Meng, zusammengesunken in seinem wirren Haar, brummelte: »Wo gibt es noch so etwas Schönes!« Er hatte sich über ein halbes Jahr die Haare nicht mehr schneiden lassen und hob jedes Büschel, das ihm vom Kopf fiel, sorgfältig auf, seine Art der Aktionskunst.

»Was sagst du?«

»Ich sage, du kannst noch so alt sein, du bist immer noch so blöd wie damals, als Junger, als du das ›Requiem‹ aufgenommen hast.«

»War man im Knast, ist nicht blöd auch blöd, sonst wär man nicht dort gewesen. Was ist mit Xiaobo?«

»Xiaobo, der sucht Menschlichkeit, und wer suchet, der findet, der ist dir zu groß, wie kannst du den in einem Atemzug mit dir selber nennen?«

»Im Land geht etwas vor, Xiaobo hat den Nobelpreis bekommen, Liu Xia hat ihn zum ersten Mal besucht und sogar umarmt.«

»Und seither keine Nachricht mehr.«

»Vielleicht brüten sie über seiner Freilassung, keine Nachricht ist vielleicht die explosivste Nachricht.«

»Haha, ein Literat mit dem Gehirn eines Schweins, kein Wunder, dass du ihnen damals ins Netz gegangen bist.«

»Scheiße, was wetten wir!?«

»Wenn du nicht zurückgehst, wetten wir, wenn sie Xiaobo freilassen, hast du gewonnen, wenn nicht, hast du verloren – fünfhundert Euro!«

»Fünfhundert Euro? Das sind umgerechnet viertausendfünfhundert Renminbi.«

»Wenn du zurückgehst, keine Wette, wenn irgendetwas ist, muss ich dich im Knast besuchen und den Verlust tragen.«

»Na, na, na, schlaf jetzt. Wenn wir wieder nüchtern sind, wird Papa mal das *Buch der Wandlungen* befragen.«

Am nächsten Tag sind wir nach Mittag wach geworden und haben erst da im Netz mitbekommen, dass die Organisation der Demokratiebewegung im Ausland eine Einladungsliste zur offiziellen Verleihung des Friedensnobelpreises veröffentlicht hatte, es gab über einhundertvierzig geladene Gäste, die Hälfte aus China, wie es hieß, war diese Liste mit Zustimmung von Liu Xia bereits nach Oslo gegangen. Ich war auf den ehrenvollen hinteren Plätzen, mein Name stand neben dem von Zhongzhong, dem Restaurantbesitzer und Spieler. Ich telefonierte übers Internet mit ihm, der Dreckskerl hatte gerade einen Krug selbstangesetzten *Rotes Fort* leergemacht und lag im Tran auf dem Bett: »Hallo, hallo, so spät noch am Telefon?!«

»Du stehst auf der Einladungsliste für die Verleihung des Nobelpreises.«

»Davon weiß ich nix.«

»Hat Liu Xia nicht mit dir gesprochen?«

»Die ist doch schon eine Ewigkeit von der Welt abgeschottet.«

»Kommst du?«

»Was soll ich dort, bei der Kälte?«

»Die Öffentlichkeit genießen.«

»Das hast du doch gerade gemacht, du hast 1,3 Milliarden schwer arbeitender Massen vor der Öffentlichkeit vertreten. Verdammt, nein, verflucht, was für ein Sprung von zwanzig auf fünfzig, der Himmel hatte beschlossen, dass du eingehst, wie ein Fisch auf dem Trocknen, doch der gesalzene Fisch ist ihm vom Teller gesprungen, *pudung*, ist er wieder im Wasser und treibt sich in allen vier Meeren herum, und die Brüder, die dich durch und durch kennen, die sind mit einem Mal ganz wirr im Kopf. Der gute alte Liao aus dem Untergrund, der Pechvogel, der betteln geht, um Essen bettelt, um ein Dach über dem Kopf bettelt, und um den ich mir verdammte Sorgen mache, bist das noch du?«

»Das bin nicht mehr ich. Der Lao Wei, der Nichtsnutz am Boden der Gesellschaft, der flieht gerade fort von dir.«

»Und er soll um Himmels willen bleiben, wo er ist, das Fengshui hat sich dir dort zugewandt, mach das Beste draus, viel Platz, um unterzukriechen.«

»Ich kann kein Deutsch, ich kann kein Englisch, ich kann nirgends unterkriechen.«

»Lern's. Red mit Händen und Füßen, aber fang an. Auch ein Taubstummer kann durch die Welt reisen.«

»Aber ich bin nicht taubstumm, ich bin Schriftsteller, nicht gerade berauschend, von der eigenen Muttersprache getrennt zu sein.«

»Zurückzukommen ist noch weniger berauschend. Im Augenblick brauchst du hier nur mit Liu Xiaobo in Kontakt zu stehen und du stehst Tag und Nacht unter Beobachtung. Scheißkerl, geh deinen verdammten Scheißweg, mach den einzigen Vertreter von denen, die es aus dem Land nach draußen geschafft haben, deine Freunde sagen dir: Bleib, wo du bist! Komm nicht zurück, wenn du nicht hörst, dann war's das mit uns.«

»Ich will zurück, und wenn nicht mit euch, dann ohne euch. Du hast mir mit roter Tinte schon zwei ›Trennungsbescheide‹ geschrieben.«

»Das ist Selbstmord.«

»Nach Oslo kommen Massen, allein von den vierundsechzig Exilanten weltweit kommt die Hälfte, wie ich höre, ist das dort ein teures Pflaster, selbst für die Notdurft muss man die Kleinigkeit von 1,50 Euro abdrücken. Noch mal: Was, wenn ich mich bei dieser hochnoblen Veranstaltung blamiere?«

»Dann spiel Flöte und halt die Klappe, dann wirst du dich mit an Sicherheit grenzender Wahrscheinlichkeit nicht blamieren. ›Die Mütter des Tiananmen‹, das ›Klagelied des Vierten Juni‹, ›Unsterblicher Exilant‹, das war doch immer dein Repertoire, wenn du einen sitzen gehabt hast, oft genug genau dann, wenn alles am Tisch saß und ihnen deine Köstlichkeiten so gut runter gingen wie eine Gräte im Hals.«

»Hehe, da ist das Fernsehen gekommen und hat mit mir und Tienchi ein Interview gemacht, die Moderatorin, eine schöne Frau, hat mir eine Flasche *Maotai*-Schnaps geschenkt und meinte, bei der Preisverleihung sei für sehr guten alten Wein gesorgt, da könne ich ja auf die Bühne gehen und Flöte spielen.«

»Wein, Weib und Gesang, was für ein Leben!«

»Da sollte man eher bleiben wollen, nicht?!«

»Eine Rückkehr wäre Selbstmord.«

»Und wenn ich doch am Leben bleibe?«

»Dann ziehen sie dir die Haut ab.«

»*Peng*!« Am anderen Ende wurde der Hörer aufgeknallt. Ich ließ mich enttäuscht aufs Bett fallen, ich war durcheinander und griff nach dem *Buch der Wandlungen*, das ich immer dabei hatte, wenn ich verreiste. Das *Buch der Wandlungen* ist Chinas ältestes und gewichtigstes Orakelbuch, es stammt von dem politischen Gefangenen König Wen von Zhou, der vor über dreitausend Jahren gelebt hat, es ist von Konfuzius neu redigiert und über Generationen weitergegeben worden. In der alten Zeit gab es eine ganze Reihe ähnlicher Werke, die jedoch ausnahmslos vom Ersten Kaiser von China[114] bei der Bücher- und Gelehrtenverbrennung vernichtet wurden.

Das erste Hexagramm meines Leben hat mir, ohne ein Wort der Erklärung, mein späterer Mitangeklagter Wan Xia bei dem Bankett zum Start der Dreharbeiten für den poetischen Film »Requiem« geworfen. Alles war betrunken, Wan Xia hat sechs Münzen herausgekramt und sie einfach Richtung Himmel geworfen; ich sollte sie aufheben und sie nach gerade und ungerade, Yin und Yang nebeneinanderlegen, heraus kam das Hexagramm »Brunnen«. Später wurde mir klar, dass es auf diese Art keine Veränderung geben konnte, das war nicht richtig. Richtig wären drei Münzen gewesen, ein kurzes Gebet und dann sechsmal geworfen, Veränderung und Nicht-Veränderung von Hexagramm und Strichen wären so auf ganz natürliche Weise sichtbar geworden – aber wenn der alte Himmelsvater unser aller Los zurechtlegt, kümmert er sich im Allgemeinen nicht um Richtig und Falsch, oder vielleicht lässt er Falsch eben einfach falsch sein. Das Resultat von Wan Xias Orakel: Alle, die damals dabei waren, sind ohne Ausnahme im Gefängnis gelandet – in meinem Buch *Ein Lied für hundert Lieder* habe ich auf diese Szene zurückgeblickt.

Und jetzt, im freien Berlin, im Hotel Bleibtreu, war ich da dem »Brunnen« entronnen? Ich kam hoch, nahm eine Dusche und wechselte die Sachen, nahm die alten Fotos von meinem Vater und meiner Schwester, verneigte mich vor ihnen, murmelte ein paar Worte und warf das Orakel. Und was soll ich sagen, ich wechselte jäh die Farbe, es war wieder der »Brunnen«! In den vergangenen gut zwanzig Jahren hatte ich unzählige Male das Orakel befragt und jetzt kam tatsächlich wieder der »Brunnen«! Mir schlug das Herz bis in den Hals, ich machte weiter und blätterte nach den Variablen. Dort hieß es: »Die fünfte Linie: ungetrennt, zeigt einen klaren Brunnen, kalter Quell zu trinken. Die Erklärung lautet: Vom kalten Quell ist (frei) zu trinken – das wird angezeigt durch die zentrale und korrekte Position (der Linie).« Das bedeutete, Körper und Seele, durch Tod und Leben gegangen, werden transformiert, der bereits ausgetrocknete alte Brunnen wird zu neuem Leben erweckt, aus den Tiefen der Erde wird erneut eine kalte, süße Quelle aufsteigen, ein Symbol dafür, dass ein Mensch des zentralen und korrekten Daos teilhaftig wird.

Das zentrale und korrekte Dao? Ich ließ mir die Worte auf der Zunge zergehen und mein Gehirn weitete sich. Schließlich erhob sich eine Hühnerbrust, ahmte eine große Persönlichkeit nach, stolzierte vor dem Bett hin und her und dem Körper entrang sich ein lautes *Kikeriki*.

Belastendes Material bleibt in Deutschland

Viele Jahre schon hatte mich das *Buch der Wandlungen* in seinen Bann gezogen, diesmal war es nicht anders, auch wenn das Gefühl der Vagheit alles andere als berauschend war, aber es war immer noch, als arrangiere ein Todgeweihter sein eigenes Begräbnis. Mein Manuskript aus dem Gefängnis, über zweihundert Seiten wie schwarze Sesamkörner hingeworfener Schriftzeichen, fünf CD-Roms, eine Festplatte voller Texte, Fotos und Tonmaterialien, überreichte ich Tienchi. Den bereits unterschriebenen Vertrag zwischen dem Fischer Verlag und mir über mein neues Buch (*Der Vierte Juni. Meine Zeugenaussage*, von Peter Sillem geändert in *Für ein Lied und hundert Lieder. Ein Zeugenbericht aus chinesischen Gefängnissen*) gab ich ebenfalls Tienchi, auch die Korrektur des Originals und der Übersetzung legte ich in ihre Hände. Diese »Gefängnisenzyklopädie« von fast sechshundert Seiten, von dem sehr angesehenen Sinologen Peter Hoffmann übersetzt, war eigentlich schon lang genug, aber mir ging es wie der Schlange, die versucht, einen Elefanten zu verschlingen, ich war nie zufrieden, und nach einem allgemeinen Umtrunk in Frankfurt habe ich bei Peter Sillem vorgefühlt, ob nicht noch zehn im Gefängnis geschriebene Gedichte als Anhang hinzugefügt werden könnten. Peter fixierte mich einen Augenblick und fragte dann zögernd: »Ist dir das sehr wichtig, Yiwu?«

Ich nickte und Peter lachte: »Na, dann aber alle!«

»Du, du, du meinst alle dreißig können in das Buch?«

»Ja.«

Mein Gott, ein Glück, dass ein Tisch zwischen uns stand, sonst hätte ich diesen hochgewachsenen Freund, mit dem ich keine Sprache teilte, in die Luft geworfen – zehn Monate später, das Buch war gerade vor zwei Wochen herausgekommen und stand schon in der Bestsellerliste des *Spiegel*, wurde mir an der Ludwig-Maximilians-Universität München der Geschwister-Scholl-Preis verliehen, der erste wichtige Preis, den ich im Westen erhalten habe, und Herta Müller hat die Laudatio gehalten. Weitere zehn Monate später hatte Su Qin, der Übersetzer von *Corpse Walker*, das Buch ins Englische übersetzt, nach seinem Erscheinen war es ein Hit, wurde schnell in sehr vielen Sprachen verbreitet und somit zum bislang international einflussreichsten literarischen Zeugnis für das Massaker auf dem Platz des Himmlischen Friedens. Robert Badinter, der frühere Vorsitzende des französischen Verfassungsrats, unter dem die Todesstrafe abgeschafft worden war, meinte, das Buch sei so unsterblich wie Solschenizyns *Archipel Gulag.*

Und doch hatte ich für dieses Buch, das zweimal von der Polizei beschlagnahmt und von mir insgesamt dreimal geschrieben worden war, vorher jahrelang keinen Verlag finden können. 2003 hatte der internationale *Mirror Books* Verlag das noch unfertige Manuskript herausgebracht und nicht einmal zweihundert Exemplare verkaufen können, es blieb völlig wirkungslos. 2011 brachte der Verlag *Asian Culture* das fertige Manuskript in Taiwan heraus, bis heute gingen davon keine tausend Exemplare über den Ladentisch und es hatte damit ein ähnliches Schicksal wie Elie Wiesels autobiographisches Werk *Die Nacht*, in dem er den Völkermord in Auschwitz beschrieb und an dem jahrelang niemand Interesse zeigte. Elie Wiesel erklärte, das Trauma des jüdischen Volkes sitze so tief, dass niemand an einen Albtraum rühren wolle, der erst so kurze Zeit vorüber sei. Und die Chinesen? Sitzt ihr Trauma weniger tief, ist das alles zu nah, so dass alles derart in Vergessenheit gerät? Nein, die Mörder sind sogar noch auf der politischen Bühne, sie verbreiten nach wie vor Schrecken, es geht gar nicht anders, man muss das Vergessen wählen.

In *Ein Lied für hundert Lieder* habe ich die Vorgänge um die Entstehung und die Lesung meines Gedichts »Massaker« in allen Einzelheiten beschrieben, mein späteres Leben liegt vollständig in diesem Gedicht beschlossen. Nach meiner Entlassung aus dem Gefängnis habe ich das Gedicht »Massaker« wenigstens einmal im Jahr vorgetragen – wie Gou Jian, der König von Yue, in der Frühlings- und Herbstperiode über Jahre hinweg auf Reisighaufen lag und sich die bittere Galle von der Nasenspitze leckte, um an den Untergang seines Reichs und die Schande der Versklavung zu erinnern – manchmal habe ich den Text zu Hause unter der Decke gelesen, ich bekam kaum Luft; manchmal habe ich einen absolut geheimen Ort aufgesucht, mein hysterisches Toben aufgezeichnet und auf eine CD gebrannt.

Ein Freund aus dem Untergrund, mit Rock 'n' Roll groß geworden, traf mich per Zufall in einer Kneipe, wo ich als Straßenmusiker auftrat, er hatte das »Massaker« ebenfalls unzählige Male für mich aufgenommen: »Das ist belastendes Material«, druckste er an einem Nachmittag Anfang des neuen Jahrhunderts herum, »für was nehmen wir das eigentlich auf? Es lohnt die Mühe nicht.«

Ich sagte, ich müsste sehen, ob ich noch mal die Kraft hätte, es vorzutragen. Ich habe mitten im tiefsten Winter im Eiswasser gebadet, ich bin jeden Abend fünf Kilometer gelaufen, nur um genug Kraft zu haben, dieses Gedicht vorzutragen.

Mein Freund sagte: »Gut, ich stehe nicht unter der gleichen Anklage wie du, mir fehlt der Mut, um mich wie du langfristig mit dem Staat anzulegen, ich gebe dir alle Mutterbänder zurück und dann geht jeder seiner Wege!« Ich nickte und bin in der Folgezeit auf die Märkte für Raubkopien gerannt, habe auf den Computer überspielt und wie wahnsinnig verbreitet, es war wie eine Sucht.

Am Ende hat mir der deutsche Journalist Bernhard Bartsch »das Belastungsmaterial« von vielen Jahren heimlich außer Landes geschafft, wo es einen ruhigen Schlaf auf einer Festplatte schlief und nicht mehr von der Polizei konfisziert werden konnte, aber ich musste den Impuls unterdrücken, es zu neuem Leben zu erwecken. Jens, ein Radiojournalist, und Ali, ein Kameramann, verabredeten über Zuo Jing mit mir und Meng einen Umtrunk bei sich zu Hause, einem alten, von Wein überwucherten Gebäude, wo sich in der Wohnung von Jens zu meiner Überraschung noch ein Aufnahmestudio verbarg. Im Handumdrehen hatten wir einen sitzen, ich lag auf dem Boden und fing sogar an zu schnarchen. Doch dann stand ich wieder auf, kippte eine Flasche Wasser und zwängte mich mit Jens in das durch Luftkissen abgedämmte Aufnahmestudio. Er setzte einen Kopfhörer auf und stellte ein paar Fragen. Meine Gefühle fingen an, verrückt zu spielen, ich spürte zahllose Knüppel gegen mein Schädeldach schlagen. Ich hielt einen Abakus in Händen und zog mich in eine Ecke zurück und brüllte plötzlich los, dass Jens vor Schreck ganz blass wurde:

»Das Kriegsrecht wird nach und nach außer Kraft gesetzt, die alte und zahnlose Staatsmaschinerie übt Druck aus, wenn jemand den Mut hat, etwas gegen die Misere zu tun, unbewaffnete Rowdys sind zu Abertausenden gefallen, professionelle Killer schwimmen in stählernen Rüstungen in einem Meer von Blut, vor den fest verschlossenen Fenstern lodern Brände, mit den Röcken toter Mädchen werden Militärstiefel geputzt …«

Die Geister der unschuldigen Opfer von 1989 standen in der Fremde wieder auf, war das Fügung? Eine Weile lachte ich wie übergeschnappt, eine Weile hatte ich Heulkrämpfe, eine Weile metzelte ich, eine Weile flehte ich. Alle Rollen, die auf dem Platz des Himmlischen Friedens zu vergeben gewesen waren, waren in mich gefahren wie ein Elektroschock, ganz so wie es in dem vor dem »Massaker« entstandenen Gedicht »Traumstadt« steht:

Sie marschieren in Reihen
die einen sind Henker
die anderen Gefangene auf dem Weg zur Exekution
und dir fällt eine Doppelrolle zu

Am Ende war ich erschöpft. Konnte die Tränen nicht halten. Liebe, bitte glaub mir, es wird der Tag kommen, da wird Liao Yiwu auf dem Platz des Himmlischen Friedens stehen, dem Herzen der zerfallenen Kaiserstadt, und ein letztes Mal das »Massaker« lesen, das über ein paar Dutzend Hochtonlautsprecher verstärkt wird. Vielleicht sind seine Stimmbänder dann nicht mehr ganz jung und haben nicht mehr diesen realistisch-metallischen Klang vom Aufeinanderprallen von Panzern, Gewehren, Helmen und Bajonetten; vielleicht reißen seine Stimmbänder und diese Risse machen ihn stumm; vielleicht hat er gerade geschrien und sein Blutdruck jagt so in die Höhe, dass er aus allen sieben Öffnungen blutet und sein Leben aushaucht, aber es muss versucht werden. Vielleicht mit achtzig, mit neunzig, es muss versucht werden. Wenn seine Seele in den Himmel schwebt, in diesem Augenblick wird er zurückblicken auf den Moment, an dem er das »Massaker« zum ersten Mal gelesen hat; oder wie er nach seiner Entlassung aus dem Gefängnis jeden Abend fünf Kilometer gelaufen ist, um fit zu sein für eine Lesung dieses Gedichts. In der langsam sich entfernenden Klanghalluzination wird er die Arme der ewig jungen Opfer ergreifen und über die langen Reihen der längst zu Staub zerfallenen Schlächter schreiten. Sein Leben würde länger sein als das der Diktatoren der chinesischen Kommunisten oder all derer, die ihnen gleichkamen.

Jens und Ali verstanden, was in diesen Worten mitschwang. Jens beteuerte immer wieder, ohne meine Einwilligung werde er diese Lesung und dieses Interview niemals veröffentlichen. Es wurde langsam spät, wir tranken schweigend weiter, die Erregung war vorüber, alles war ein wenig müde. Zuo Jing meinte lachend, sie müsse jetzt nicht mehr übersetzen, sie habe Feierabend. Ali meinte, sie solle doch noch etwas bleiben. Jens und er waren zusammen aufgewachsen, vom Kindergarten bis zum Gymnasium waren sie zusammen. Doch Alis Eltern stammten aus dem Iran vor Khomeini.

Am Mittag des 28. Oktober war ich mit Tienchi in Berlin unterwegs und wir kamen in ein altes Backsteingebäude, das aussah wie eine Fabrik, und dort befand sich im vierten Stock die Redaktion der renommierten Zeitschrift *Lettre International*. Wir stiegen hinauf, bahnten uns einen Weg durch die von Büchern, Computern und Vordrucken überhäuften Schreibtische zu dem im Zentrum des Ganzen befindlichen Büro des Chefredakteurs. Frank Berberich mit seinen grauen Schläfen erhob sich hinter einem langen Tisch, wir schüttelten einander die Hände und begrüßten uns. Frank Berberich, der schon die linke *taz* mitgegründet hatte, hatte 1984 auch *Lettre International* ins Leben gerufen, eine vierteljährlich erscheinende Kulturzeitschrift und ein anhaltendes Verlustgeschäft, bis heute ist er der Chefredakteur, viele bekannte Literaturpreisträger gehören zu seinen Autoren. Vor ungefähr drei Jahren hatte *Lettre International* mein »Achtzehn Tage im Leben eines chinesischen Dichters« veröffentlicht und anschließend auch immer wieder Auszüge aus meinen Interviews mit *Chinas Gesellschaft von unten* – und das mit nicht geringer Resonanz.

Draußen ging die Sonne inzwischen unter, zuerst orange, dann dottergelb, am Ende sank wie von Brillanten ein Funkeln herab, das die Sterne ringsum verschwinden ließ. Frank Berberichs Tonbandgerät lief noch immer, das Interview dauerte nun schon über sieben Stunden, und beide Seiten hatten den Eindruck, dass es das noch nicht war. Es gab keinen Tropfen Alkohol und ich redete dennoch wie ein Wasserfall, das war das einzige Mal in meinem Leben. Ich dachte an Milan Kunderas *Unerträgliche Leichtigkeit des Seins*, der Chirurg Thomas war nach dem Prager Frühling bereits aus seinem Land geflohen und dann doch, ohne Rücksicht auf irgendetwas, der Liebe wegen zurückgekommen, aber als er, vollständig desillusioniert, noch einmal an Flucht denkt, ist diese nicht mehr möglich. Daraufhin erklingt in seinem Kopf eine Klaviermelodie: »Wäre es nicht anders gegangen? Es wäre nicht anders gegangen! Es wäre nicht anders gegangen …« Wo das nun auf mich zukam, ließ ich in Deutschland noch einiges an »Erbe« zurück, bevor ich mich auf einen ungewissen Rückweg machte, es wäre nicht anders gegangen …

Nicht lange nach unserem Abschied hat Frank Berberich in Zusammenarbeit mit der Sinologin Karin Betz die Tonbandaufnahme ins Deutsche übersetzt und unter dem Titel »Der Biss des Menschen – Über Leben und Sterben in China und die Kunst, Geschichten zu sammeln« im Sommerheft des folgenden Jahres veröffentlicht.

Ich besitze diese Nummer, kann sie aber leider nicht lesen. Hier einige Auszüge, wie sie mir im Gedächtnis geblieben sind.[115]

Frage: Sie sind jetzt schon einige Wochen in Deutschland, wie weit sind Sie nach Ihrem Gefühl von zu Hause entfernt?

Antwort: Sehr weit. Alles in Deutschland ist so gut, nicht zuletzt mein Gefühl, sehr weit vom Platz meines Schreibens entfernt zu sein. Freiheit ist für mich etwas Erregendes, aber sie ist so weit entfernt von den Menschen, über die ich schreibe. Und so weit von der Geschichte, die mit mir zu tun hat …

Frage: Wenn man Ihre Bücher liest, hat man den Eindruck, die Protagonisten Ihrer Geschichten legen ihre Seele in Ihre Hände, manchmal ähnelt das fast einem Testament. Wie haben Sie ihr Vertrauten gewonnen?

Antwort: Mein Lehrer in Sachen Literatur war das Gefängnis. Dort hat niemand eine Ahnung, ob einer Schriftsteller, Journalist oder Dichter ist, und es schert auch niemanden. In den Zellen sitzen oft Todeskandidaten, die wissen, dass ihre Tage gezählt sind, deshalb erzählen sie in ihrer extremen Angst wieder und wieder ihre gesamte Geschichte. Da gibt es keine überflüssigen Rücksichten, da gibt es nur dieses endlose Auskotzen, da braucht man beide Ohren. Zum Beispiel die Geschichte von dem Mörder seiner Frau, der ihre Leiche zerstückelt und gegessen hat, ich habe sie zigmal gehört; die Geschichte vom Ausbruch durch die Jauchegrube habe ich ebenfalls zigmal gehört. Sie wollten sie einfach loswerden. Und solange sie nicht zur Exekution geholt wurden, musste ich, so gut es ging, zuhören. Noch nach meiner Entlassung waren sie ein Teil meiner Albträume, ich musste das aufschreiben. Das ist so viele Jahre her und doch manchmal noch unsagbar erschütternd, denn, ob Analphabet, Mistkerl oder Betrüger, sie alle hatten den Wunsch, alles loszuwerden, vor allem, wenn der Tod näherrückte, alle, ob sie eine Erziehung genossen hatten oder nicht, hatten, wenn es auf das Ende zuging, die Hoffnung, eine Spur von ihrem Leben, von ihren Gefühlen und Ansichten auf dieser Welt zu hinterlassen, ein ganzes Leben reicht dazu nicht aus, oder wie ein Todeskandidat sagte: »Wie beim Wasserlassen, einmal gepisst verschwindet alles spurlos auf Nimmerwiedersehen.«

Frage: Sie sagen, Sie seien sehr bemüht darum, den Geschichten ihre ursprüngliche Form zu geben, wie groß ist aber dann der Unterschied zwischen Ihrer Erzählung und der ursprünglichen Form der Geschichten? Entspricht dieser Unterschied noch dem moralischen Postulat der Übereinstimmung mit der Realität? Und: Bleibt Ihre persönliche Schreibtechnik erkennbar?

Antwort: Diese Art von Interviews mit Außenseitern der chinesischen Gesellschaft ist monoton und langweilig und ohne jede literarische Ästhetik. Die Protagonisten meiner Geschichten, die Bauern, Arbeiter, Säufer, Verbrecher, Petitionäre und Obdachlosen und und und sind immer wieder durch die Mühlen der Zeit gedreht worden und sie hatten in ihrem Leben vermutlich noch nie jemanden getroffen, der bereit war, ihnen zuzuhören und das Gehörte festzuhalten. Das war oft ein zermürbendes Geduldsspiel, der größte Teil von dem, was ich aufgenommen oder notiert habe, ist wirres Zeug und kommt nicht auf den Punkt, ein Gerede ohne Zentrum, es kann vorkommen, dass von zwei Stunden nur zwei bis fünf Minuten buchstäblich der Rede wert sind. Da braucht man die Geduld eines Heckenschützen, der im Hinterhalt lauert und darauf wartet, dass seine Zielperson sich bewegt. Es kann vorkommen, dass das Licht eines ganzen Lebens in diesen zwei bis fünf Minuten Erzählung aufscheint, das muss man packen, ihm nachgehn und dann muss man wie ein Schütze den Abzug drücken. Sehr häufig habe ich aufgeben müssen, doch besonders bedeutsame Anhaltspunkte tauchen auch unversehens auf, wie in einem pechschwarzen Mauseloch ein Licht sichtbar wird. Von dem ungeordneten Haufen ursprünglicher Eindrücke muss man die tief eingegrabenen Lebensgeschichten wieder und wieder und Schicht um Schicht herausfiltern, das ist die Gabe und Aufgabe des Schriftstellers.

Meine Arbeit teilt sich in drei Phasen: zuerst das Sammeln des ursprünglichen Materials, aus dem ungeordneten Wortchaos die Kontur einer Geschichte herausarbeiten und die ursprüngliche Version vereinfachen; dann gilt es, die ursprüngliche Form wiederherzustellen und immer wieder »die Umstände persönlich zu erleben«; schließlich kommt die eigentliche Schreibarbeit, bei der die Erzählung des Schriftstellers mit dem persönlichen Hintergrund der Personen verschmilzt. Ich muss dem Leid dieser Menschen gerecht werden, damit ihr Leben, wenn es durch meine Feder gegangen ist, Unsterblichkeit erlangt. Die Brüder Grimm haben für ihre Märchen einen Großteil der Zeit dafür aufgewandt, den ursprünglichen Erzählungen der Menschen zuzuhören, sie aufzuzeichnen und sie dann Abschnitt für Abschnitt zu filtern und zu einer endgültigen Fassung zu verbinden, ein anderes Genre, aber die Arbeitsweise ist die gleiche. Nur dass das heutige China viel komplexer ist, als es die Zeiten der Brüder Grimm waren …

31. Oktober, in Deutschland war die Zeit umgestellt worden, Winterzeit. Es war Nachmittag, ich lag noch auf meinem Bett im Hotel Bleibtreu, mein Kopf brummte, Restalkohol der letzten Nacht. In Wirklichkeit war es der Restalkohol einer ganzen Reihe von Nächten. Ich vertrage nicht viel, bei einem Gespräch mit einem Moderator war ich wegen des Alkohols sogar eingeschlafen, Tienchi rüttelte mich schnell wieder wach und brachte mich zum Flötespielen. Das Publikum brüllte erst vor Lachen, dann wurde es mucksmäuschenstill. Ich setzte mich von Zeit zu Zeit sehr gerade hin und saß auf der Bühne wie ein Zombie; von Zeit zu Zeit zog ich die Beine hoch wie ein Embryo, der in einem unsichtbaren Uterus gefangen ist. Während ich weiter wie in Trance etwas erzählte von »sehr angenehm, sehr angenehm, es ist sehr angenehm so zu sterben«, lachte

Tienchi: »Über so große Fragen wie Leben oder Tod sprechen wir später, im Augenblick möchte dieser Leser nur wissen …«

Um drei Uhr am Nachmittag ging dann die Tür meines Zimmers auf, Meng kam herein und fragte: »Alles fertig? Yeemei steht unten mit ihrem Wagen.«

»Kein Problem«, sagte ich, »ich hab alles in den Koffer gestopft.« »Alter«, fing Meng wieder an, »wenn du dich jetzt entschließt, nicht zurückzugehn, dann ist es noch nicht zu spät!«

Ich schüttelte den Kopf. Meng zog die Gardinen auf, stemmte wie wer weiß wer die Hände in die Hüften, schaute auf die Straße, atmete tief durch und sagte: »Ist das wirklich gut überlegt?« Ich sagte, ich würde darüber nicht mehr nachdenken.

»Ich hätte doch noch mit dir in den Stadtwald in der Nähe vom Zoo gehen sollen«, sagte er traurig, »überall das Laub auf dem Boden, rot, gelb, braun, grau, gebrochenes Grün, die Farben knirschen, wenn man über sie hinweggeht, schade, dafür ist jetzt keine Zeit mehr.«

Dann gingen wir runter, stiegen in den Wagen, und es dauerte nicht lange und wir waren am Flughafen Tegel. Als der Koffer aufgegeben war, hatte ich noch eine große Tasche unter dem Arm, alles durcheinander wie auf der Flucht. Wir lehnten an einem Fenster und sprachen über die hinter uns liegende Zeit, Tienchi nahm es am schwersten, ich tröstete sie. Schließlich war Boardingzeit und wir machten ein gemeinsames Foto zum Andenken. Alle paar Schritte drehte ich mich um, sie waren immer noch da, und dann, einen Augenblick später, weg.

Alles war weg, alles.

In zehntausend Metern Höhe dachte ich an »Die Mauer«, die Abschiedsvorstellung gestern Nacht im Babylon. Biermann sang wie zuvor sein »China hinter der Mauer«, ich sang zum ersten Mal »Das Lied vom Huanghe-Schiffer«. Am Vorabend des Massakers hatte sich dieses Lied im Gefolge der dreiteiligen Fernsehreihe »Flusselegie« unter dem Titel »Die neunundneunzig Schleifen des Huanghe«[116] wie ein Lauffeuer verbreitet. Ich war unentwegt am Trinken, um in Stimmung zu bleiben, und brüllte genauso unentwegt herum, um nicht betrunken zu werden, es fehlte nicht viel und ich hätte einen kompletten Narren aus mir gemacht. Als das Lied zu Ende war, gab es mehrere Vorhänge, ein paar hundert Leute gaben *Standing ovations*, das Filmtheater fühlte sich an wie ein Cocktail-Shaker. Nachdem ich meine Sachen aufgeräumt hatte, wankte ich von der Bühne und sah die kleine Gestalt von Herta Müller, die dort wartete. Das gab meinem Herzen einen Stich und ich fiel ihr weinend um den Hals. Auch sie fing an zu weinen, strich mir über die Glatze und sagte: »Yiwu, hast du Angst? Wenn du Angst hast, geh nicht.« Journalisten umringten uns und machten Fotos, sie wurde ärgerlich und schrie ihnen etwas Längeres ins Gesicht.

Nach dem Signieren der Bücher lernte ich noch Horst Köhler, den früheren Bundespräsidenten, kennen. Peter Sillem und Monika Schoeller, Verlegerin des Fischer Verlags, warteten still, bis sich das Theater langsam leerte, und begrüßten dann Biermann und seine Frau, mich und alle meine Freunde, zusammen gingen wir zum Abendessen, einem langen Abschied.

Monika schenkte mir einen silbernen Löffel, auf dessen Stiel vor ewigen Zeiten der Name ihrer Familie eingraviert worden war ... in zehntausend Metern Höhe überdachte ich jedes Detail dieses Kommens und Gehens und eine wunderbare Ermattung überkam mich. Als ich die Augen wieder aufmachte, war es bereits hell. Durch graue Wolkenschichten sank die Maschine etwas tiefer, aus der Vogelperspektive sah ich die Große Mauer, die mein Vaterland in ein unsichtbares Gefängnis verwandelt hatte – Biermann hatte sie nie gesehen, doch das Lied, in dem er sie verfluchte, ein halbes Leben lang in die Welt geschrien.

DAS VATERLAND SCHERT SICH NICHT DRUM

Der Vogel kehrt in den Käfig zurück

»Nach tagelangem hohen Flug kehrte der Vogel, verdammt nochmal, in den Käfig zurück.« Als ich das Flugzeug verließ, platzte dieser Satz in meinen Kopf, ich hatte jedoch keine Gelegenheit mehr, ihn noch aufzuschreiben, denn eine halbe Stunde später war ich verhaftet – die Grenzkontrollen hatte ich gerade passiert und mein Herz trommelte noch aufs Heftigste, aber das ungute Gefühl hatte nachgelassen. Ich ging auf die Toilette, wusch mir das Gesicht mit kaltem Wasser und nahm alle meine Energie zusammen, um mich wieder zu zeigen, da tauchten hinter einer Ecke vier Agenten der Inneren Sicherheit auf. Die zahlreichen Reisenden teilten sich an uns wie ein Fluss an einem Riff und strömten in zwei Richtungen weiter. »Willkommen zurück in den Armen des Vaterlandes.« Der Agentenboss an der Spitze applaudierte grinsend.

Ich fiel aus allen Wolken. Noch bevor ich meine Sinne wieder beisammen hatte, wurde ich von den Agenten einer schnellen Leibesvisitation unterzogen, Handy, Reisepass, Computer und mein Handgepäck waren mir im Handumdrehen abgenommen, ich hatte keine andere Wahl, als zu tun, was sie sagten, und so ging es los, mit mir in der Mitte. Auf diese Weise durchquerten wir zwei Terminalebenen, und als wir an den Laufbändern der Gepäckausgabe vorbeikamen und ich Halt machte, um auf mein Gepäck zu warten, sagten sie, das sei nicht nötig, in Kürze werde es jemand bringen. Weil ich mich weiter umsah, schoben sie mich an Schulter und Rücken: »Was da herumläuft, ist alles von Hainan Airlines, oder nicht? Ich hab schon telefoniert. Los jetzt.«

Wir gingen zum Büro der Öffentlichen Sicherheit des Hauptstadtflughafens, wo ich in einem angrenzenden Verhörraum dann meinen großen Koffer wiedersah, den ich vor dem Flug aufgegeben hatte. Sie suchten den Schlüssel in meiner Tasche, öffneten eigenmächtig das Schloss und durchsuchten alles, mich beachteten sie nicht weiter. Die bunten Illustrierten und Zeitungen aus Deutschland breiteten sie auf dem Tisch aus, die völlig durcheinandergebrachten Kleider und zwei Flaschen Rotwein stopften sie in den Koffer zurück. Ich fragte vollkommen blöde: »Sie können Deutsch?«

Der Agentenboss darauf: »Wir nicht, aber bei uns gibt es Leute, die Deutsch können, deshalb bleibt das alles hier.«

»Wozu?«

»Sie können doch auch kein Deutsch.«

»Aber da drin sind Fotos von mir.«

»Sie sind ganz schön von sich eingenommen.«

»Das geht Sie nichts an.«

»Wenn mich das nichts anginge, wäre ich nicht hier. Erinnern Sie sich nicht an mich, Liao Yiwu?«

Als ich den Kopf hob, rauschte die Zeit rückwärts, er war es, der Agentenboss, er hieß Jiang, der dünne große Kerl, der aussah wie der Hongkonger Filmstar Big Tony Leung Ka-fai, in der Nacht vor der Wintersonnenwende 2007 war er verantwortlich für meine Verhaftung und Rückverbringung an den Heimatort. Damals hatte ich den fünften *Freedom to Write Award* des Unabhängigen Chinesischen PEN-Zentrums erhalten, die feierliche Preisverleihung sollte im Nebenraum eines Beijinger Restaurants geheim stattfinden, ich war selbst wie ein Spion einige Tage früher in die Hauptstadt gekommen und hielt mich versteckt, um im rechten Augenblick auf der Bildfläche zu erscheinen und aus den Händen des PEN-Vorsitzenden Liu Xiaobo Medaille und Preisgeld in Empfang zu nehmen, meine Dankesrede mit dem Titel »Vier Lehrmeister« vorzutragen, das »Klagelied des Vierten Juni« auf der Flöte zu spielen und mich wie ein altgewordenes Kind ausgiebig loben zu lassen. Doch plötzlich war der schöne Traum von jetzt auf gleich vorbei und Dutzende der Teilnehmer standen unter strenger Beobachtung. Bevor wir ins Netz gingen, hatte ich irgendwie mit dem unter Hausarrest stehenden Liu Xiaobo noch ein Telefonat geführt und dabei zum letzten Mal sein Gestotter gehört.

Seinerzeit wurde ich dann mit einer schwarzen, unablässig furzenden Limousine von der »Suppenschüssel«, einem Sichuan-Restaurant im Dorf der Asienspiele, zum Polizeirevier von Datun gebracht. Keinen Augenblick später begann unter der Leitung eben dieses Tony Leung Ka-fai in aller Eile das Verhör. In einem Raum für geheime Zusammenkünfte im ersten Stock legte er los mit der Frage, zu welchem Zweck ich hier sei. Ich antwortete, ohne weiter nachzudenken, nichts Bestimmtes, einfach so, er brüllte: »Musst du Abschaum jetzt auch Beijing unsicher machen«, stürzte sich auf mich wie ein tollwütiger Hund, packte mich am Kragen und schüttelte mich wie verrückt, dann drückte er mich gegen den Tisch, auch seine beiden Komplizen rasten heran und meine Arme wurden auf den Rücken gefesselt, ein Schmerz, der sich tief eingebrannt hatte. Und so stöhnte ich: »Noch wenn ich Asche bin, werde ich mich an Sie erinnern, Leung Ka-fai.«

»Gegensätze ziehen sich an«, Tony Leung Ka-fai kratzte sich am Kopf, »tatsächlich ist mein persönlicher Eindruck von Ihnen gar nicht schlecht.«

»Was wollen Sie also?«

»Haha, die Leute aus Sichuan sind immer gleich beim Wie und Was, bei uns gibt es kein Wie und Was, wir kommen den öffentlichen Angelegenheiten nach und fertig.«

»Auch ich habe keinerlei Wie und Was, hätte ich das, wäre ich nicht zurückgekommen.«

»Verstehe. Fangen wir also an. Name? Alter? Heimatanschrift?«

»Liao Yiwu, zweiundfünfzig, wohnhaft in der bunten Blumenstadt, Bezirk Wenjiang, Chengdu-Stadt, Provinz Sichuan.«

»In Ordnung. Das ist die ›Vorladung‹ des Amtes für Öffentliche Sicherheit Beijing, hier mein Ausweis, haben Sie das genau gesehen? Bürger Liao Yiwu, ich werde Sie jetzt gemäß dem Gesetz befragen, würden Sie bitte mit uns kooperieren?«

»Stets zu Diensten. Aber ich bin müde, Jetlag.«

Ein Protokollführer an der Seite schrieb mit. Tony Leung Ka-fai schaute auf seine Armbanduhr und sagte: »Verstehe. Dann sollten wir keine Zeit verlieren, schenken Sie uns reinen Wein ein über alles, was Sie auf dieser Auslandsreise getan haben, legen Sie die Karten auf den Tisch, wollten Sie nicht mit der Drei-Uhr-Maschine am Nachmittag zurück nach Chengdu?«

Ich war plötzlich high, als hätte man mir eine Morphinspritze gegeben, und machte meine Aussage so schnell, wie ich nur sprechen konnte. Dazwischen fragte Leung Ka-fai immer wieder nach, zum Beispiel, warum ich nicht im Westen geblieben sei. Warum ich nicht an der Preisverleihungsfeier in Norwegen teilgenommen hätte? Warum ich nicht die reaktionären Kräfte im Ausland kontaktiert hätte, und so weiter. Ich beantwortete eins nach dem anderen mit gleichbleibend liebenswürdiger und freundlicher Miene und hielt mich an die Regeln. Für mich überlegte ich, da das Verbot nun aufgehoben war, würde ich ertragen, was ich ertragen konnte, auf keinen Fall sollte dieser Mist meine spätere freie Ein- und Ausreise beeinflussen.

Die Dateien in meinem Computer und in meinem Gehirn wurden durchforstet, fast wie früher wurde jede Textdatei überflogen und kopiert, um als Belastungsmaterial dienen zu können. Noch mehr als die Texte waren sie allerdings interessiert an Audios und Fotos, denn, wenn sie den Ranken zur Frucht folgten, konnten sie womöglich zufällig auf Spuren stoßen, die zur Lösung des Falles beitrugen. Auf dem Flug hatte ich noch im E-Book *Die Nacht* gelesen, die erschütternden Memoiren des jüdischen Schriftstellers Elie Wiesel unter anderem über den Holocaust im Konzentrationslager Auschwitz, die ich vor ein paar Tagen heruntergeladen hatte und die in einer Millionenauflage erschienen sein sollen. Doch kaum war ich ein paar Seiten weit gekommen, war auf einmal der Akku leer und ich musste zu meinem Ärger aufhören. Als der für Technik zuständige Agent das Gerät an den Strom angeschlossen und neu gestartet hatte, erschienen gänzlich unerwartet auf dem Bildschirm ausgerechnet die folgenden Zeilen:

> Ich bin nicht so naiv zu glauben, dass ein schmales kleines Buch den Lauf der Geschichte verändern und das Gewissen der Menschen wachrütteln kann.
>
> Bücher sind nicht mehr so wirkungsvoll wie in der Vergangenheit.
>
> Wer heute den Mund nicht aufmacht, wird ihn morgen auch nicht aufmachen.

»Der Hund frisst doch immer wieder die gleiche Scheiße!«, fluchte der Technikagent. Tony Leung Ka-fai wandte sich ihm zu, überlegte kurz und grinste mich dann boshaft an: »Gerade geschrieben?«

»Das hat Wiesel geschrieben.«

»Noch ein Pseudonym von Ihnen?«

»Elie Wiesel, Überlebender des Konzentrationslagers Auschwitz, Friedensnobelpreisträger, wie Liu Xiaobo, das ist aus einem seiner Hauptwerke. Scrollen Sie bitte mit Ihrem Finger und schauen Sie ganz am Anfang und ganz am Ende, das Buch verkauft sich bei uns in China nicht schlecht.«

Nach ein paar weiteren Minuten war das Missverständnis bereinigt und der Technikagent etwas verlegen. Ich sagte nachsichtig: »Macht nichts, verschiedene Berufe, verschiedene Welten. Die Polizei von Chongqing hat einmal bei einer Untersuchung den Namen des englischen Dichters Eliot, der ›The Waste Land‹ geschrieben hat, also ›Ai-lüe-te‹, falsch verstanden als ›ai liao de‹, ›schrecklich verliebt‹, und mich beschimpft, von wegen in meinem Alter und sich so zu verlieben, das gehöre sich nicht, ich sei nichts als ein verkommener Schürzenjäger.«

Tony Leung Ka-fai schielte mir einen Blick zu: »Ein richtiger Literat, perfekt in sarkastischen Sprüchen, wir werden das kopieren und später mal lernen wir alles nach.«

Ich hätte gern gesagt, wenn ihr bei Wiesel in die Schule gegangen seid, werdet ihr euch nicht mehr für so schmutzige Geschäfte hergeben und den Laufburschen spielen für eine Diktatur, aber ich sperrte nur den Mund auf und blieb stumm wie ein Fisch. Leung Ka-fai reichte mir eine Flasche Mineralwasser, ich legte den Kopf in den Nacken und schüttete die halbe Flasche in mich hinein, doch die Seele blieb durstig, durstig vor Angst. War ich nun nicht im Ausland gewesen und hatte den herrlichen Geschmack der Freiheit ausreichend schmecken können? Und hatte ich nicht groß erzählt, dass ich dann ohne Bedauern sterben könnte? In diesem Augenblick machte ich mir auf einmal mehr Sorgen als je zuvor, sollte ich mich denn der Muttermilch niemals entwöhnen können?

Aushalten. Durch Aushalten sind in der Geschichte unsagbar viele zu großen Persönlichkeiten geworden. Zu den letzten gehört Liu Xiaobo, er hielt aus, auch das vierte Mal im Gefängnis hielt er aus, ich bin da ein Furz. Indem ich so vor mich hin dachte, überzog auf einmal ein schurkisches Lächeln mein Gesicht, das Leung Ka-fai ein wenig befremdete: »Liao Yiwu, Sie haben sich ziemlich verändert.«

»Ja? Die Zeiten ändern sich, die Umstände ändern sich, da ist es nur natürlich, wenn auch ich mich ändere.«

»Ja? Schreiben Sie nicht mehr über die Gesellschaft von unten? Krakeelen Sie nicht mehr herum, Sie springen von einem Hochhaus?«

»Früher durfte ich nicht hinaus, ich war am Ersticken, jetzt war ich draußen und kann wieder atmen. Für die Zukunft bin ich unbedingt darauf angewiesen, meine Geschichten in China zu schreiben, ich werde mit den Übersetzungen im Ausland Geld verdienen und mich allmählich von den ideologischen Strudeln befreien.«

»Ist das so? Konnten Sie nicht im Westen bleiben?«

»Ein paar Monate war völlig in Ordnung, länger, wäre das Medieninteresse abgeklungen, ich kann mich nicht verständigen, bin das Essen nicht gewohnt, deshalb konnte ich nicht bleiben.«

»Wenn das so ist, dann arbeiten Sie doch mit uns zusammen.«

»Ich habe schon immer mit Ihnen zusammengearbeitet, durch mich haben Sie einen superstabilen Fond zur Aufrechterhaltung der Stabilität im Land.« Wieder einmal konnte ich meine scharfe Zunge nicht im Zaum halten, tja, ich war in der Kunst des Aushaltens einfach nicht gut genug. Aber ich hatte Glück, Leung Ka-fai nahm es mir nicht wirklich übel und erklärte »die öffentliche Angelegenheit« für »beendet«. Er schlug die Beine übereinander und sagte: »Setzen Sie bitte Ihren Fingerabdruck unter die Niederschrift der Befragung, Daumen oder Zeigefinger, geht beides, und zwar auf jeder Seite, an den geänderten Stellen ebenfalls, ja genau, einmal am Anfang, einmal am Ende. Nun trödeln Sie nicht, wir sind doch hier nicht bei Lu Xuns *Wahrer Geschichte des Ah Q*, den sie einen Kopf kürzer gemacht haben, als er seinen Kringel gesetzt hatte. Danke. Sie haben jetzt noch viel Zeit, sollen wir Sie bringen? Sie schütteln den Kopf? In Ordnung, nichts zu danken. Das hier war im Grunde ja auch gar keine richtig offizielle Vorladung, es sollte mehr ein informeller Austausch sein, und Sie möchten das bitte alles für sich behalten, in Ordnung? Gegenüber wem auch immer, Sie lassen kein Sterbenswörtchen durchsickern, leise, leise und noch mal leise, sofern nichts Unvorhergesehenes dazwischenkommt, können Sie in Zukunft ausreisen und einreisen, wie Sie wollen, viel Erfolg und dabei Spaß, niemanden wird es mehr kümmern …«

Als die Abendsonne im Westen unterging, war ich wieder in Chengdu, und weiter ging es sofort nach Wenjiang zu mir nach Hause, wo ich staubbedeckt und müde von der Reise, wie ich war, mit den Kleidern ins Bett fiel. Ich schlief bis tief in die Nacht, stand dann hellwach auf und sinnierte am Fenster vor mich hin, ich kam mir vor wie ein Geist und dachte an den Vorabend meiner Ausreise, als der deutsche Journalist Bernhard Bartsch von Beijing hierher geflogen kam, auf eben diesem Stuhl saß und leise mit mir die Details der Ausreise besprach, wir gingen im Voraus durch, was passieren könnte und was im Notfall zu tun sei, am Ende passierte nichts – einmal um die Welt und ich war wieder an den Ausgangspunkt zurückgekehrt und auch hier machte es den Anschein, als wäre nichts passiert.

Das Internet war wie immer abgestellt, ich verließ wie immer voller Unruhe die Wohnung, ging wie in einem Traum zwei Kilometer durch das schummrige Licht der Straßenlaternen in die alte Kreisstadt Wenjiang und suchte mir dort ein Internet-Café, das nachts geöffnet hatte. Tür und Fenster waren fest verschlossen, die Vorhänge waren zugezogen, erst als ich eine Weile in der Dunkelheit gestanden hatte, wurde ich von jemandem vom Personal, der mit einer Taschenlampe in der Hand auf Rundgang war, zur Servicetheke des Cafés gebracht: »Ausweis?«

»Hab ich nicht dabei.«

»Noch nie was vom ›Internet-Klarnamensystem‹ gehört?«

»Ich bin gerade von einer auswärtigen Geschäftsreise zurück, vor einem Monat ging das doch noch so.«

»Blödsinn, vor einem Jahr ging das schon nicht mehr so.«

»Also gut, ich schau mal, was ich finde.«

Ich fingerte meinen Geldbeutel heraus, zögerte ein wenig, zog von irgendwo zwischendrin ein gelbes Plastikteil raus und reichte es über die Theke, das Gesicht dahinter hielt das Teil wieder und wieder gegen das

Licht einer Tischlampe, dann brummte es mürrisch: »Das Spielzeug da ist zu alt.«

»Und wenn, es ist ein Ausweis.«

»Da gibt es schon Generationen neuere.«

»War zu faul, bin nicht dazu gekommen, mir was Neues geben zu lassen.«

»Online wird das nicht erkannt.«

»Die reale Person steht doch vor Ihnen.«

»Na, also gut. Nach Mitternacht wird die Internetpolizei vermutlich nicht mehr vorbeikommen. Gehen Sie zu Computer zehn, drin, ganz hinten, aber nur dieses eine Mal.«

Ich lachte zweimal, kam mir clever vor und zahlte fünfzig Kuai Kaution. Diesen Uralt-Ausweis hatte noch mein Gefängniskumpel Yang Wei für mich besorgt, das war ungefähr zehn Jahre her. Der auf dem Foto war ich, als Name stand da »Li Yougui« und die Adresse irgendeiner Dorfeinheit in irgendeiner Gemeinde irgendeiner Kreisstadt in den Außenbezirken von Chengdu. Li Yougui hatte es tatsächlich gegeben, doch er war schon seit den 1990er Jahren unter der Erde und hatte seinen Frieden, Yang Wei hatte durch sorgfältiges Abschreiben des Grabsteins und eine anschließende Spurensuche die Verwandten des Toten gefunden und ihnen für ein paar hundert Kuai zwei noch nicht abgelaufene Ausweise abgekauft. Neben Li Yougui gab es noch einen Zhang Jiafu, unter dessen Namen sich Yang Wei selbst einer Reisegruppe anschloss und so nach Thailand entkam, wo er sich zuerst einige Jahre herumtrieb, bevor er schließlich politisches Asyl erhielt und nach Kanada ging. Kurz vor seiner Ausreise schaffte er es noch, mir »Li Yougui« zuzustecken.

Ich hinterließ Tienchi in dem Postfach, das nur wir beide nutzten, eine Nachricht, damit sie sich keine Sorgen machte, verschwieg allerdings, was am Beijinger Flughafen geschehen war. Schon nach kurzer Zeit hinterließ auch Tienchi eine Nachricht im Ordner »Entwürfe« und schärfte mir zum wiederholten Male ein, ich solle »um der höheren Sache willen Demütigungen aushalten«. Außerdem berichtete sie mir, dass Herta Müller von meinen Auftritten vollkommen hingerissen gewesen sei, sie werde für mich ein Stipendium der Humboldt-Universität beantragen. Ich war auf der Stelle high wie ein fertiger Junkie, dem man Kokain gespritzt hat, ich konnte nicht mehr an mich halten und schrieb: »Liebe Schwester, ich spüre mein Vaterland ist bei dir, auch meine Feifei, die schon im Paradies weilt, ist bei dir.«

Der erste Feuertopf daheim

Bei Tagesanbruch nahm ich den ersten Minibus und kehrte vom Busbahnhof Wenjiang zurück ins Stadtzentrum zu meiner Mutter im Ginkgowaldviertel, um dort meiner Schläfrigkeit entschlossen abzuhelfen. Meine Mutter stand gewöhnlich früh auf und kümmerte sich unten in ihrem kleinen Garten um Blumen und Pflanzen. Als sie nun plötzlich ihren Weltenbummler durch die Tür hereinkommen sah, ließ sie vor Schreck die Gießkanne scheppernd zu Boden fallen, schnell holte ich die deutsche Schokolade heraus, aber Mutter schob sie weg und sagte mit Tränen im Gesicht: »Ermao, du bist schon wieder in Schwierigkeiten.« Ich war überrascht: »Wer sagt, dass ich in Schwierigkeiten bin? Das Essen in Deutschland war phantastisch, fühl mal meine Hüften, ich hab mindestens einen Rettungsring zugelegt.« Mutter hörte auf zu weinen, schob tatsächlich das Hemd ihres Sohnes nach oben und knetete mit beiden Händen das verräterische Fleisch und seufzte erleichtert: »Die Polizei war dreimal hier, zum Mondfest haben sie mir auch noch Mondkuchen geschenkt und gesagt, solange Ihr Ermao nicht zu Hause ist, sind wir alle Ihre Söhne. Ich habe immer wieder gesagt, dass sie sich nicht so viel Mühe machen sollen, wenn Ermao selbst auch nicht da ist, so doch immer noch sein älterer Bruder Damao. Da sagten sie, Ermao hat sein Vaterland eingebüßt, draußen machen sie ein Jenseits-Tamtam um ihn, das ist aber nichts als Fürze auf'm Pott, ein bisschen Geblubber und der Gestank ist in alle Winde, oder wie ist es bei so vielen Demokraten des Vierten Juni – niemand schert sich dann mehr um ihn, kann gut sein, er liegt bei dieser Kälte schon unter der Brücke.« Ich stampfte mit dem Fuß und schimpfte »bloßes Gerede«, hatte allerdings keine Möglichkeit, es aufzuklären, die konkreten Beweise dafür, dass der einfache Mann seinen Traum verwirklicht hatte – die deutschsprachigen Zeitungen und Illustrierten mit den vielen Fotos von mir – waren mir ja allesamt abgenommen worden. Also gähnte ich und floh in Vaters altes Zimmer, doch bevor ich die Tür zu hatte, brachte Mutter noch schnell einen Fuß dazwischen und sagte: »Ruf bei Damao und Xiaofei an.« Ich sagte: »Lass uns darüber reden, wenn ich ausgeschlafen hab.« Mutter sagte: »Wenn du nicht anrufst, ruf ich an.« Ich verdrehte die Augen und sagte: »Wieder mal eine Kritikversammlung gegen mich mit der ganzen Familie?« Mutter lachte: »Diesmal ist doch nichts passiert, wir essen am Abend Feuertopf.«

Ich zog mich aus und legte mich hin. Seit Vaters Tod schlief ich immer in seinem Bett, einmal hatte ich sogar mit seiner Steppdecke über dem Kopf das »Massaker« lesen geübt. In meinem Dämmerzustand damals hatte ich, während Geräusche des Massakers durch die Decke nach draußen drangen, oft das Gefühl gehabt, mein alter Herr stehe am Bett, schaue mich an und strecke fiktive Hände aus, um mich zurückzuhalten. Auch Jiumao, sein großer gelber Hund, schaute hinter Vaters Rücken vor und kläffte mich wild an. Jiumao hatte viel mehr auf unseren Vater geachtet als wir Kinder, wenn Vater sich setzte, legte Jiumao die Schnauze auf seine Knie; legte er sich hin, kroch Jiumao unter das Bett und lag dort ganz still; als Vater im Krankenhaus in sein zukünftiges Leben einging, verstand Jiumao das nicht und lag weiter unter dem Bett, es konnte rufen, wer wollte, er kam nicht heraus. Die drei Tage, die wir mit den Begräbnis beschäftigt waren, verbrachte Jiumao unter dem Bett, fraß nichts. Ich sah mich schließlich gezwungen, wie der Hund ebenfalls unter das Bett zu kriechen, ihn zu streicheln, mit Würstchen zu füttern, ihm dabei die unbarmherzige Wahrheit ins Ohr zu flüstern und ihn geduldig dazu zu bringen, stark zu sein und weiterzuleben.

Doch er vermisste Vaters Obhut und meine Mutter wurde mit ihm nicht mehr fertig, sie musste ihn zu Freunden auf dem Land geben. Weil er dort reihenweise Hühner und Enten tot biss und Ermahnungen erfolglos blieben, jagte man ihn am Ende fort und er verkam zum herrenlosen Streuner. Wenn Mutter oder meine Schwester mit mir ins Gericht gingen, blieb es nicht aus, dass sie auf ihn zu sprechen kamen, wie er zum Beispiel irgendwann einmal spät nachts seine Nase in Dinge steckte, die ihn nichts angingen, außerhalb unseres Grundstücks einen Betrunkenen jagte und ihm den Hosenboden zerfetzte, und dann die Polizei uns aufsuchte, um den Hundeausweis zu überprüfen und uns ein Bußgeld aufzubrummen – und dann wurden Analogien gezogen zu mir – ich, ihr Ermao, würde das Land jagen und ihm den Hosenboden zerfetzen, ich sei aus demselben Holz geschnitzt wie Jiumao, kein Wunder also, wenn die Polizei uns aufsuche, um unsere »Vorläufige Aufenthaltsberechtigung« zu überprüfen, und mich dazu für eine Weile wie in den Zwinger fortgesperrt habe.

Die Vergangenheit stieg wie Rauch durch meine Träume auf, als Jiumao gerade dabei war, mich mit seiner dampfend heißen Zunge abzuschlecken, riss ich die Augen auf, doch es war Mutter, die mit einem brühheißen Handtuch das schmutzige Gesicht ihres Weltenbummlers abwischte, ich schrie auf. Mutter sagte: »Was schreist du denn so? Du wolltest schon als Kind dein Gesicht immer nicht waschen lassen, selbst wenn du eine richtige Rotznase gehabt hast, musste ich erst warten, bis du dich hingelegt hast, um das wieder ein bisschen in Ordnung zu bringen.« Weil ich plötzlich schniefen musste und mit den Tränen kämpfte, rannte ich ins Bad, doch Damao war dort gerade am Pinkeln. Wir nickten uns zu, draußen traf ich Xiaofei und meine Neffen Longyi und Xiaonan – als ich aus dem Gefängnis kam, waren die beiden Hosenscheißer erst ein paar Jahre alt gewesen, mittlerweile waren das stattliche junge Burschen geworden.

Die Abendsonne schien ins Fenster, ich zog aus meiner Tasche eine Tafel Schokolade, für einen halben Euro recht preiswert, und verteilte sie, die ganze Familie war anerkennend am Kauen und das tausende Meilen entfernte Deutschland klebte in diesem Augenblick zwischen unseren Zähnen. Damao seufzte: »Schade, dass Pa uns verlassen musste und Ermaos Schokolade nicht mehr probieren konnte und nicht mehr gesehen hat, dass er das Land verlassen hat und zurückgekommen ist, keiner von uns ist bislang so weit weg gewesen. Du solltest für ihn und für unsere Schwester Feifei ein Räucherstäbchen anzünden, um sie ein wenig zu trösten.«

Ich nickte: »Ja, wenn wir zum Lichtfest im April in Yanting die Gräber sauber machen, werde ich, wie es sich gehört, zu ihnen gehen.«

Xiaofei fand das nicht genug: »Das ist doch nicht dasselbe, mach gleich ein Räucherstäbchen an, vor Vaters Bett, wo du vorhin noch geschlafen hast, du hast von ihm gelebt, du hast ihn schlaflose Nächte gekostet, du bringst es auch noch fertig, dass er auch im Tod keine Ruhe findet, sein Transistorradio hast du schon ein dutzendmal umgetauscht, jedes Mal in ein besseres, nur um besser Feindsender hören zu können und zu sehen, ob du dort zufällig deinen Namen aufschnappen kannst.«

Ich schämte mich auf einmal in Grund und Boden. Unter Aufsicht der gesamten Familie zündete ich die Räucherstäbchen an und stieg noch einmal auf das Bett, um Kotau zu machen. Damao lobte mich: »Wo Ermao nun im Ausland war, weiß er sich tatsächlich ein bisschen besser zu benehmen.«

Auch Xiaofei sagte: »Er beißt nicht mehr wild um sich wie Jiumao.«

Auf meinem Gesicht zeigte sich Zufriedenheit: »So ein Auslandsstudium bildet natürlich.«

Und Xiaofei: »Du hast keinen Doktor gemacht, was meinst du mit Auslandsstudium? Außerdem bist du über fünfzig, selbst wenn du im Ausland studieren wolltest, dich will doch niemand. Sonst hättest du auch nicht den Schwanz eingezogen und wärst wiedergekommen.«

Kurzzeitig fehlten mir die Worte, in mir mischten sich die unterschiedlichsten Empfindungen, doch letztlich musste ich zu meinem Ärger klein beigeben. Vom Seitenzimmer hatte Mutter schon mehrfach gerufen, wir sollten zum Feuertopf los, woraufhin sich alle im Gänsemarsch zum Restaurant »Zum Roten Brokathimmel« schräg gegenüber der Straßenmündung aufmachten, dem berühmtesten alteingesessenen Restaurant in dieser Gegend, als ich 1994 aus dem Gefängnis kam, ließ Vater hier das Willkommensbankett stattfinden, er hatte zwei Tische für jeweils gut zehn Leuten reserviert, doch weder er noch der viertälteste Bruder meiner Mutter waren noch unter uns, aber das zum Erbarmen schmutzige zweistöckige Betongebäude war wie immer. Auch der jenseits scharfe Dampf drang noch wie immer in die Nase, wenn Reisende aus anderen Gegenden das unvorbereitet einatmeten, verschlug es ihnen den Atem und sie mussten husten oder niesen. Das Restaurant war immer brechend voll, deshalb mussten wir an der Treppe eine Viertelstunde warten, bis wir von einem Mitarbeiter an einen Tisch im Freien gebracht wurden. Xiaofei legte sofort los und bestellte die Spezialität des Hauses, »Schmorhuhn mit Taro-Kartoffeln«, gleich darauf steckte die ganze Familie im frostigen Wind die Köpfe zusammen und fischte den Topf leer, dazu kamen etliche kleinere begleitende Gerichte, weil uns das aber noch nicht reichte, ließen wir noch mal einen Feuertopf bringen. Mutter sagte: »Wenn Ermao dabei ist, bleibt niemals was übrig. Egal ob Huhn, Ente oder Schwein, in einem Augenblick ist alles verputzt.«

Schmatzend gab ich geölt zurück: »Unter den Zutaten für die Suppen im ›Roten Brokathimmel‹ sind mit Sicherheit Schlafmohnkapseln, egal wie weit du fort bist, diesen himmlischen Geschmack wirst du nicht vergessen.«

Als wir eine Pause einlegten, unterhielten wir uns zwanglos, das Gespräch begann unvermeidlich bei den fernen Gefängnisbesuchen, es war bis heute wie eine Abrechnung, seit fast zwanzig Jahren war ich unverändert derjenige, dem geholfen wurde, oder um den man sich seit der Geburt Sorgen machte: »Im Winter vor vier Jahren«, erinnerte sich Damao, »hast du bei dir Anhänger von Falun Gong interviewt, und als deswegen die Polizei vor der Tür stand, bist du durch ein Fenster im siebten Stock über das Flachdach abgehauen, ich und unser Schwager Wang Lu haben uns damals beim Fahren abgewechselt und dich mit dem Auto nach Mianyang gebracht.«

Xiaofei ergänzte: »Damals war die Autobahn gesperrt, der Nebel war so dicht, dass man selbst mit Scheinwerfern nichts mehr gesehen hat, und wir sind mit dir über die alten ausgedienten Landstraßen und haben für zweihundert Kilometer die ganze Nacht gebraucht. Hätte uns die Polizei damals erwischt, wäre die ganze Familie der Komplizenschaft bezichtigt worden.«

Ich streckte mich und sagte: »Alles gut, das ist vorbei, wenn morgen wie immer die Sonne aufgeht, wird auch ein völlig neuer Ermao geboren sein.«

Ein Gesundheitssturm fegt über das Land

Doch gänzlich unerwartet kam die Sonne am nächsten Tag nicht heraus. Am Nachmittag, es war noch immer bewölkt und regnerisch, lud ich drei Freunde zum Tee am Ufer des Funan-Flusses ein, und dort geschah dann etwas noch Unerwarteteres, als wir uns nämlich gerade niederlassen wollten, liefen urplötzlich scharenweise alte Männer und Frauen um uns herum, vor und zurück, hin und her, und klatschten rhythmisch in die Hände. Ohne ein Zwinkern stierte ich sie an, um dadurch ohne Worte meinen Protest zum Ausdruck zu bringen, aber sie nahmen nicht nur keinerlei Notiz davon, ihr Klatschen wurde sogar noch lauter. Als der Teemeister, der die Kupferkanne brachte, mit einem bösen Lächeln stillschweigend darüber hinwegsah, platzte uns der Kragen. Der Teemeister sagte: »Das ist jetzt überall so.«

Ich sagte: »Die Idee des Teetrinkens ist doch Ruhe und Frieden.« Und der Teemeister: »Das finden Sie am besten auf dem öffentlichen Friedhof.«

Ich darauf: »Warum sagen Sie so etwas?«

Der Teemeister: »Meine Herren, offenbar ist Ihnen die neueste Mode ›Gesund durch Klatschen‹ nicht bekannt? Das fegt wie ein Sturm über das Land, schon seit einem guten halben Jahr, in der ganzen Stadt gibt es keinen Ort mehr, wo man seine Ruhe und seinen Frieden hätte.« Unser guter Wang, Kunstredakteur bei einer Zeitung, nickte: »Das stimmt. Bei uns in der Nachbarschaft, oben im Haus, unten auf der Straße, überall diese klatschenden alten Leute. Grund dafür ist ein Gesundheitsprogramm des Zentralfernsehens, bei dem irgend so ein Spezialist mit großem Engagement dafür wirbt, jeden Tag zwei Stunden zu klatschen, um die Muskeln und Gefäße im ganzen Körper in Vibration zu versetzen, so kann man angeblich ohne Spritzen und Medikamente garantiert jede Krankheit kurieren und ganz im Vorbeigehen hundert Jahre alt werden.«

Mit einem Mal erinnerte ich mich wieder, dass dieses Geklatsche schon vor meiner Ausreise die Stadt erfüllt hatte, aber weil ich selbst den Lärm im Ausland für Wochen nicht gehört hatte, hatte ich mich offenbar nicht entsprechend darauf einstellen können. Unser Künstler Hu Niu lachte:

»Der Alte bei uns nebenan war mal mitten in der Nacht am Klatschen, das Haus ist nicht schallisoliert und so bin ich mehrmals in der Nacht aus dem Schlaf hoch. Am nächsten Tag hab ich ihn im Treppenhaus getroffen, und ach du liebe Scheiße, er klatschte immer noch. Da habe ich auch angefangen, von den Waden über Schenkel und Hintern zum Bauch und zur Brust, alles. Als ich mir dann selbst eine ins Gesicht klatschen wollte, warf der Alte mir einen schrägen Blick zu, schimpfte ›keine Erziehung‹ und schlug die Tür hinter sich zu.« Li Bifeng sagte anerkennend: »Dabei war deine Methode noch ganzheitlicher und gesundheitsfördernder.« Damit stand er auf, um sich dem klatschenden Heer an die Fersen zu heften, er schlug sich auf den Hintern wie auf eine Schnarrtrommel, dass es nur so schnarrte. Doch der Teemeister zog ihn mit den Worten zurück: »Mein Herr, wollen Sie Prügel beziehen? Wird man von einem jungen Menschen geschlagen, kommt die 110 noch, um zu schlichten, aber wenn man von Alten verprügelt wird, dann hat man es einfach verdient.«

Es war nichts zu machen, mussten wir halt im Rhythmus des Geklatsches unseren Tee trinken. Hu Niu hatte erst kürzlich aus heiterem Himmel einen Sohn bekommen, er hatte im Krankenhaus einen DNA-Test machen lassen und tatsächlich, es passte, das Ganze war zehn Jahre her, eine Freundin, mit der er in Beijing damals zusammenwohnte. Wir fanden das alle reichlich kurios und wollten genauer wissen, ob er wirklich keine Ahnung gehabt habe, dass unter den Menschen »sein Samen aufgegangen war«. Hu Niu schwor uns: »Es ist absolut die Wahrheit. Sie hat ihn zur Welt gebracht und aufgezogen und keinen Ton gesagt, erst nach all den Jahren hat sie ihn mir plötzlich präsentiert und sich gleich wieder in Luft aufgelöst. Das kam genauso überraschend für mich wie für Liao die plötzliche Auslandsreise.« Wang fragte: »Versteht ihr euch denn, so als Vater und Sohn?« Hu Niu darauf: »Blut ist dicker als Wasser, schon bei unserem ersten Treffen spürten wir eine große Zuneigung, haha, ist ein großer Gewinn für mich.«

Das war kaum erzählt, als sich quer herüber eine Gruppe Bettler an uns herangekämpft hatte, die uns, ebenfalls klatschend, um Geld angingen. Ich sagte entgeistert: »Wollt ihr denn auch fit werden?« Das gab ihnen Auftrieb und sie sangen jetzt noch zu dem Geklatsche: »Gutes Neues, gutes Neues, allen ein gutes Neues Jahr. Wir singen, wir tanzen und wünschen allen ein gutes Neues Jahr.«

Da war nichts zu machen, wir mussten aufstehen und einstimmen, und während wir uns auf den Hintern klatschten, holte jeder einen Kuai heraus und damit schickten wir sie weg. Dann nahmen wir gemeinsam ein Taxi, wieder »Zum Roten Brokathimmel«. Diesmal gingen wir in den ersten Stock und bekamen einen Platz am Fenster, die Straßenlaterne vor dem Gitterfenster war schon an und ihre bleichen schrägen Strahlen mischten sich mit dem roten öligen Schaum, der in den Feuertöpfen brodelte. Wir wollten jeder zwei Liang Chinesischen Bocksdornschnaps, nur Wang verlangte wegen seines Bluthochdrucks Bier. Diese Szene hatten wir in unserem Leben bereits so viele Male gespielt. Wir bestellten noch »Schmorhuhn mit Taro-Kartoffeln«, und komisch, um das alteingesessene Restaurant herum gab es niemanden, der klatschte, ich fragte, wie das sein könne, und der Ober, der uns das Essen brachte, meinte: »Unsere Schärfe bringt am meisten für die Gesundheit, neueste wissenschaftliche Experimente belegen, ein Korn Sichuan-Pfeffer aus Hanyuan verlängert das Leben um mindestens eine Sekunde, wozu also klatschen?«

Li Bifeng erwiderte: »Das stimmt nicht ganz. Zwar ist Schärfe schon besser für die Gesundheit als das Geklatsche, aber noch um einiges besser sind Mungbohnen, eine Handvoll Mungbohnen jeden Tag und man ist gegen Krebs immun. Das ist nicht auf meinem Mist gewachsen, das hat gestern Mittag im Zentralfernsehen ein Experte des Gesundheitsprogramms gesagt. Wenn der Herr also keine Milliarden klatschender Volksmassen sieht, dann laufen sie gerade zur Mungbohnensuppe über! Mungbohnen bekommt man in der Regel für etwas mehr als einen Kuai pro Pfund, die Preise werden im Handumdrehen auf über zwanzig Kuai steigen, teurer als der Sichuan Pfeffer aus Hanyuan, und sie werden weiter steigen, ins Unermessliche. Das ist wie damals beim Erdbeben am 12. Mai 2008 mit dem Speisesalz, da hat so eine reiche Alte eine ganze Lkw-Ladung davon bei sich zu Hause gehortet, das hätte ein paar hundert Leuten für mehrere Leben gereicht.«

Der Ober schlug sich an die Stirn: »Das macht absolut Sinn! Die

Schärfe bringt Feuer, Mungbohnen verringern die innere Hitze, isst man von beidem, bringt man Yin und Yang in ein klares Gleichgewicht. Wir haben erst vor kurzem eine Hanyuan-Mungbohnensuppe neu auf die Speisekarte gesetzt, die kostet uns bei der Herstellung pro Schälchen zehn Kuai, bei mehreren Bestellungen geben wir einen Rabatt von zwanzig Prozent, die Herstellung kostet uns da noch acht Kuai das Schälchen.«

Hu Niu sagte: »Was ist denn eine ›Hanyuan-Mungbohnensuppe‹?«

Der Ober: »Die wird aus Mungbohnen gemacht, die unter den Sichuan-Pfefferbäumen von Hanyuan gezogen werden. Die neusten wissenschaftlichen Experimente beweisen nämlich, wenn man ein Korn vom Hanyuan-Sichuan-Pfeffer und eine Hanyuan-Mungbohne isst, also gleichzeitig, verlängert man sein Leben, Minimum, um zwei Sekunden.«

Ich spottete: »Und wenn es noch mal zu einem Erdbeben wie am 12. Mai kommt und hier plötzlich die Häuser einstürzen und die Menschen zugrunde gehen?«

Der Ober: »Dann gratulieren wir allen, die Menschlichkeit gesucht und gefunden haben, die Gesundheit gesucht und das ewige Leben gefunden haben.«

Hu Niu verbeugte sich tief mit vor der Brust zum Gruß ineinandergelegten Händen: »Der Mund spricht wie Lotus, das Herz birgt Schlange und Skorpion, Herr Ober, Sie sind eindeutig die Reinkarnation von Song Jiang aus den *Räubern vom Liang-Schan-Moor*.«

Der Ober: »Song Jiang hat doch kapituliert, gegen Straffreiheit und ein öffentliches Amt hat er kapituliert und ist als Feigling gestorben, so einer bin ich bestimmt nicht.«

Hu Niu: »Und wenn es der Song Jiang wäre, dem sie die Strafe ins Gesicht tätowiert und den sie nach Jiangzhou verbannt haben und der schwer betrunken oben im Xunyang-Turm ein aufrührerisches Gedicht an die Wand geschrieben hat?«

Der Ober: »Der passt schon eher. Aber an dem Haus unten wäre eine Straße für Strichbienen und Freier, nicht der Fluss Xunyang, wo Helden wieder auftauchen.«

Li Bifeng war mit dem Mut des Alkohols gerade drauf und dran, damit anzugeben, was für Helden wir seien, da kam von über uns ein ohrenbetäubendes Kreischen und Fauchen, eine fette Katze, groß wie ein kleiner Hund, war zu sehen, auf der Jagd nach einer fetten Ratte, groß wie eine kleine Katze, von einem Dachvorsprung waren sie durch ein Fenster hereingesetzt und richteten nun ein heilloses Durcheinander an, indem sie zwischen den Dachbalken einen engen Kampf führten und jede Menge Staub aufwirbelten. Gut zwanzig Gäste schnellten unter Ahya-Rufen an ihren Tischen hoch, die fette, vollkommen desorientierte Ratte verlor auch noch den Halt und platschte wie eine Bombe kopfüber in einen direkt an der Wand stehenden Feuertopf. Scharfe Brühe spritzte überall hin, die Leute hielten sich die Hände vors Gesicht und wichen schiebend und ziehend aus. Die fette Ratte, die quiekend im siedenden Topf zappelte, schaffte es schließlich, kam mit zerfetzter Haut über dem rohen Fleisch wieder heraus und rannte in einem Umhang aus rotem scharfen Öl weiter um ihr Leben. Und ihr natürlicher Feind, der sprang wie der Fliegende General aus der Han-Dynastie[117] mit wütendem Miauen vom Dach schnurstracks auf den Boden und erledigte die Flüchtige unter dem Tisch mit einem letzten Hieb.

Ein einziges Tohuwabohu. Die Gäste verlangten lautstark nach Entschädigung. Chef und Chefin tauchten auf, die Hände entschuldigend vor der Brust verbeugten sie sich im Kreis, verteilten Zigaretten im Kreis, riefen gleichzeitig nach ihren Mitarbeitern, redeten den Leuten geduldig zu, nach unten zu gehen und sich zur neu eröffneten Ladenfront auf der anderen Straßenseite zu begeben, pro Tisch entschädigten sie jeweils mit »Schmorhuhn mit Taro-Kartoffeln« und Bocksdornschnaps.

Blitzkrieg

Wir saßen wieder an einem runden Tisch und stießen gerade an, um den Schreck hinunterzuspülen, als mir jemand über die Schulter strich und rief: »Na, Liao!«

Ich drehte mich um und entdeckte zu meinem nicht kleinen Schrecken tatsächlich den dicken Li von der Inneren Sicherheit.

»Dir scheint es ja sehr gut zu gehen.«

»Was gibt es?«

»Ich will mit dir Tee trinken.«

»Woher weißt du, dass ich hier bin?«

»Deine Mutter hat es mir gesagt.«

Also verabschiedete ich mich von meinen drei winterharten Freunden und ging ohne ein weiteres Wort mit. Wir passierten die T-Kreuzung, wir passierten das Haus meiner Eltern und kamen zum »Jinxi-Teehaus«, wo bereits zwei weitere Agenten in einem Séparée warteten.

Ich bestellte Chrysanthementee und fragte noch mal: »Was gibt es?« Der dicke Li hatte inzwischen gut zehn Jahre mit mir zu tun und war ebenfalls sehr direkt: »Warst du nach deiner Rückkehr im Internet?«

»Nein.«

»Wirklich nicht?«

»Nein.«

»Du lügst. Am Abend deiner Rückkehr warst du gleich in einem Internet-Café.«

»Und ist Lügen gesetzeswidrig?«

»Das ist nicht gesetzeswidrig, aber wozu hast du dich mit einem falschen Ausweis registriert? Wer ist Li Yougui?«

»Ein ferner Verwandter des dicken Li wohl.«

»Unsinn. Laut unseren Nachforschungen ist Li Yougui noch im vergangenen Jahrhundert verstorben.«

»Es gibt viele mit dem Namen.«

»Liao, du hast dir deine Aus- und Einreise-Freiheit schwer erkämpft, du solltest darauf aufpassen!«

Wie ein Ball, dem die Luft ausgeht, gab ich sofort nach: »Entschuldigung, tut mir leid für die Umstände.«

»Kein Thema, pass in Zukunft einfach auf. Das ›Internet-Klarnamensystem‹ ist ein neues nationales Gesetz, stell dich darauf ein, dann kommen wir klar.«

»Haha, wie du und ich, wir haben uns aufeinander eingestellt und jetzt kommen wir klar.«

»Nun denn, lass uns einen Blick auf deine Publikationsverträge werfen.«

Er wechselte das Gesprächsthema so schnell, ich war völlig verdutzt: »Was?«

»Die Publikationsverträge, mit Deutschland, mit Taiwan und auch mit Amerika.«

»Gibt es nicht.«

»Im Internet-Café wurde das registriert. Liao Tienchi, Liao Chih-feng, Su Qin, die Namen stimmen doch, oder nicht?«

Ein Schwall heißes Blut schoss mir wie aus einem Springbrunnen bis unter das Schädeldach, während mir schwindelte, hätte ich am liebsten »Infam!« gebrüllt, aber mir blieb nichts übrig als auszuhalten. Die lange nicht gehörte hohe und heisere Stimme des fahrenden Sängers Zhao Muyang drängte an mein Ohr: »Kommt alles auf dasselbe raus, ich kann mir nur sagen: halte aus.«

Ich gab vor, aufs Klo zu müssen, und ging dann mal eben zur Theke für eine Flasche Bier. Der dicke Li staunte: »Im Teehaus wird Alkohol verkauft, läuft da nicht was falsch?«

Ich trank einen Schluck und lachte höhnisch: »Es gibt noch viel mehr, was ich nicht verstehe, veröffentlicht man zum Beispiel im Westen ein Buch, dauert das einige Jahre, bis es so weit ist.«

»Lieber Liao, versteh uns nicht falsch, wir wollen nur genau wissen, was Sache ist.«

»Es gibt mündliche Angebote, ein schriftlicher Vertrag ist in weiter Ferne.« Ich schnappte mir eine Notiz und buchstabierte mit Mühe die deutschen Buchstaben des Fischer Verlags: »Googelt, dann werdet ihr verstehen, dieser von einer Eismeerfischerfamilie gegründete Verlag ist noch um vieles älter als die 1921 ins Leben gerufene Kommunistische Partei Chinas, dort wurde belletristische Literatur von unzähligen Meistern wie Kafka, Thomas Mann oder Hesse veröffentlicht. Ganz zufällig kam es dazu, dass sie meine Anthologie der *Gesellschaft von unten* herausbrachten, der Titel wurde geändert in *Fräulein Hallo und der Bauernkaiser*. Bis zum nächsten Buch braucht es Zeit, das ist nicht einfach, wenigstens fünf Jahre …«

Der dicke Li packte meinen Zettel in aller Ruhe in eine Tasche: »In Ordnung, wir werden uns das im Internet anschauen.«

Nachdem ich das mit viel Glück gut hinter mich gebracht hatte, kehrte ich noch in derselben Nacht nach Wenjiang zurück und versenkte mich so intensiv in mein Schreiben, dass ich keinen Schritt mehr vor die Tür tat. Ich hatte die Absicht, innerhalb von zwei Monaten einen Beitrag fertig zu machen, zu dem der Deutsche Akademische Austauschdienst (DAAD) weltweit ein paar Dutzend Schriftsteller eingeladen hatte, das einheitliche Thema war »Zukünftige Überlebenstechniken der Menschheit«, wobei mir allerdings nicht recht klar war, was für eine Sache diese Zukunft war, und so konnte ich nur der Vergangenheit nachgehen, von Laozi, Zhuangzi, Konfuzius und Sima Qian über Ji Kang und Ruan Ji aus den Dynastien Wei und Jin bis zu Li Bai und Du Fu in der Tang-Dynastie. Diese Alten waren meine unerreichbaren Ideale und damit die Zukunft, in der sich der Hund in den Schwanz beißt und am angestammten Platz kreist. Sie haben unter dem Druck ihrer Zeit und andauernden Qualen ein Leben geführt, das nach über tausend Jahren noch ein Licht ausstrahlt, warum konnte unsereins das nicht? Während ich mir darüber noch den Kopf zerbrach, klingelte mein Handy, es war der Dichter im Exil, mein Freund Bei Ling: »Hallo, hallo« ging es eine ganze Weile, bis wir uns über eine knackende Leitung unterhalten konnten.

»Liao?«

»Ja.«

»Weißt du, dass mir in Beijing am Flughafen übel mitgespielt wurde?«

»Wie das?«

»Ich war auf dem Flug von Frankfurt nach Taiwan, in Beijing musste ich umsteigen, der Zwischenstopp sollte gut zehn Stunden dauern. Meine Familie lebt ja in Beijing, ich wollte sie besuchen, ich war schon über zehn Jahre nicht mehr dort. Am Ende war ich noch nicht einmal in der Grenzkontrolle und online schon entdeckt worden. Ein Dutzend Polizisten stellten mich und verschleppten mich in einen Polizeiwagen. Ich stritt mich eine Weile herum, dann sagte ich, habt ihr eine Ahnung, warum ein Dichter nicht ins Land darf? Weil sie keinen Ton sagten, gab ich selbst zur Antwort: ›Wegen der Literatur.‹«

»Und die haben einen Scheiß verstanden.«

»Stimmt. Deshalb haben sie auf mich eingeschlagen.«

»Ist dein Gesicht geschwollen? Hast du aus dem Mund geblutet?«

»Das Rückgrat hat sich verschoben, ich habe ein Stahlkorsett, ich kann vor Schmerzen nicht schlafen.«

»Himmel!«

»Sie haben mich mit der Maschine, mit der ich gekommen bin, zurückgeschickt, ich hab alles versucht, schließlich ging mein Flugticket nach Taiwan. Das alles interessierte sie nicht, sie stopften mich kurzerhand ins Flugzeug. Mit meiner Verletzung kehrte ich nach Frankfurt zurück, in Deutschland hab ich keine Krankenversicherung, die Behandlung wäre wirklich teuer gewesen, ich hatte keine Wahl, ich legte mich drei Tage ins Bett, hielt unter Qualen dem doppelten seelischen und körperlichen Schmerz stand, eine üble Sache, kaufte mir noch mal ein Ticket und flog noch mal nach Taiwan.«

»Wo bist du jetzt?«

»Wieder in Taiwan. Hier ist es um einiges billiger.«

»Wie kannst du da an Geld denken? Was denn, wenn ein Bein gebrochen wäre?«

»Selbst wenn ich eine Prothese brauchte, würde ich die billigste nehmen.«

»Und beim Sarg?«

»Den würde ja nicht ich aussuchen. Wenn ich vor dir gehe, denk dran, ich hätte den billigsten genommen.«

Ich musste laut lachen, aber nach zwei, drei Sekunden stieg plötzlich Traurigkeit in mir auf. »Bei dir ist doch alles in Ordnung?«, fragte Bei.

Verloren in einem Nebel von Trostlosigkeit wollte ich die andere Seite nicht anstecken und gab seufzend nur ein kurzes: »Ja doch, ich bin wunschlos glücklich«, zurück, dann brach ich das Telefonat ab. Natürlich war nun auch der Gedankengang des Schreibens abgebrochen. Zur Klärung von Körper und Geist griff ich nach meiner Flöte, aber noch bevor etwas wie eine Melodie zustande gekommen war, klopfte es dumpf an die Tür. »Wer da? Die Hausverwaltung?«, grummelte ich, »warum habt ihr denn nicht unten geklingelt und kommt direkt in den vierten Stock?« Die Flöte noch zwischen den Fingern öffnete ich die Tür einen Spalt, und draußen stand tatsächlich die Hausverwaltung, hinter der Hausverwaltung allerdings stand der dicke Li von der Inneren Sicherheit.

»Wir haben uns doch gestern erst gesehen.«

»Ein Tag ohne dich kommt mir vor wie drei Jahre.«

»Führt ihr einen Blitzkrieg? Scheiße, kommt rein.«

Auf einmal quoll mir ein Hornissenschwarm von sieben Agenten entgegen. Der dicke Li kam geradewegs zur Sache: »Zeig uns die Verlagsverträge.«

»Es gibt keine.«

»Mach deinen Computer an.«

»Nein.«

»Dann durchsuchen wir die ganze Wohnung.«

»Auf welcher Grundlage?«

»Auf der Grundlage des von unserem Büro unterschriebenen Durchsuchungsbefehls.«

»Dann, dann, dann durchsucht halt den Computer.«

Schon saß der Technikspezialist am Tisch und filzte gründlich den Computer, er schloss eine mobile Festplatte an und kopierte alles, was auf dem Laptop war. Aber es war tatsächlich so, es gab keine Verträge. »Nach unseren Erkenntnissen«, meinte der dicke Li, »soll deine Gefängnisautobiographie *Vierter Juni. Meine Zeugenaussage* in Deutschland und in Taiwan herauskommen.«

»Wir haben mal darüber gesprochen, es gibt keine Verträge.«

»Was wurde gesprochen?«

»Hab ich längst vergessen.«

»Erinnere dich.«

»Ich hab mir Sorgen gemacht, dass ich keine Leser habe. Vor acht Jahren hat *Mirror Books* doch mal was herausgebracht, aber nicht einmal die zweihundert Bücher sind verkauft worden.«

»Das ist in der Tat die Wahrheit, wir haben auf dem Büchermarkt an der Songxian-Brücke noch Raubdrucke ausfindig gemacht und konfisziert«, grinste der dicke Li und bleckte dabei seine Zähne. »Liao, deine Schriften aus den neunziger Jahren stecken noch in den Archivschränken unserer Einheit, der Leiter wollte sie schon routinemäßig vernichten, aber ich habe abgeraten; auch hier habe ich abgeraten, wir durchsuchen nicht die ganze Wohnung, wir sperren nur deinen Computer. Wir Intellektuelle müssen zusammenhalten, wir dürfen uns nicht gegenseitig Ärger machen, nicht wahr?«

Äußerlich lächelte ich, doch in meinem Innern bereute ich: Wo man so mit Literaten umsprang, aus welchem Grund nur war ich hierher zurückgekommen? Plötzlich bekam ich heftige Bauchschmerzen, vielleicht noch vom scharfen Feuertopf, ich murmelte undeutlich vor mich hin: »Tut mir leid, ein großes Geschäft.«

»Was?«

»Im Beijinger Hochchinesisch sagt man das, ein großes Geschäft, im Sichuaner Dialekt sagt man dazu einfach abkacken. Geht ihr einfach weiter eurem Geschäft nach.«

»Vulgär.«

Als ich fertig war, waren die Agenten fort, ich stürzte zum Fenster, um noch einen Blick auf ihre in der Ferne entschwindenden Rücken zu erhaschen, äußerst bedauerlich, es raschelte nur ein eisiger Wind, das Laub war verwelkt, ein paar vereinzelte Spatzen machten Spektakel, die Sonne zeigte, als wäre sie krank, ab und an unter der schwarzen Wolkendecke ein blasses verdrecktes Gesicht. Der Lauf der Welt, scheiße, egal, was passierte, hinterher war es immer, als wäre nichts gewesen. Hatte man vor Zeiten auch Polizisten auf Laozi und Zhuangzi angesetzt? Ich erinnerte mich, dass Zhuangzi über einen im Gefängnis geschrieben hat und über einen, dem sie die Nase abgeschnitten, und einen, dem sie ein Bein abgehackt haben, hat er deswegen keinen Ärger bekommen? Und als sie sich aus dem Staub machten, gab es da genug Polizeikräfte für die Fahndung? Und der jinzeitliche Nachfolger der beiden, Tao Yuanming, der in derselben Nacht, in der er seinen Beamtenhut an einen Nagel gehängt hatte, aus der Welt verschwand, wer hätte diesen Mut, den Hof derart zu verachten und in der Abgeschiedenheit noch aufrührerische Verse zu schreiben wie: »Der Edle gibt für den Freund das Leben hin, nimmt das Schwert, verlässt Yanjing«?[118]

Ich setzte mich wieder an den Tisch, wandte mich dem Computer zu und wollte tippen, doch es kam nichts; ich griff nach meiner Flöte, doch meine Luft war aus. Ich wollte aufspringen und mit einem Schlag diese Wand durchstoßen, doch ich stand völlig neben mir. Und weswegen stand ich neben mir? Besser man besäuft sich und kommt so zur Ruhe.

Dann wurde auch die Ruhe zu einem Albtraum. Ich war wieder in Shibanpo Nummer 15, im Untersuchungsgefängnis von Chongqing, schon seit Jahren hatte ich meine Strafe abgesessen und war aus dem Gefängnis raus, warum waren da immer noch diese Wände? Eine durchgehende große Pritsche, auf die sich mehr als zwanzig Leute quetschten, links und rechts von mir die Todeskandidaten in eisernen Fuß- und Handfesseln, ich wollte aufstehen, schrie: »Ich will raus! Einmal ist genug!« Aber dieser Traum vom Knast kam seit Jahren immer wieder und jedes Mal warf ich mich so hin und her, dass ich mit Krämpfen in beiden Beinen wach wurde.

Ich machte das Licht an, goss mir eine Tasse heißes Wasser ein, schluckte eine Handvoll Calcium, ging und schwankte durch die Straßen. Ganz zufällig entdeckte ich ein besseres Teehaus, das nachts offen hatte, trat ein und sah eine Menge Leute beim Mahjong und eine Menge Leute vor Notebooks beim Computerspielen. Ich bestellte mir für fünfzig Kuai eine Kanne Puer-Tee und hatte einen Gedankenblitz, ging mit noch mal dreißig Kuai zur Theke und lieh mir einen Spielecomputer. Das hier war kein Internet-Café und man brauchte keinerlei Ausweispapiere, was für eine freudige Überraschung.

Ich hinterließ Tienchi eine Nachricht über die neuesten Entwicklungen, die sie sehr besorgt machten, am liebsten hätte sie von ihrer Seite durch den Computer die Hände ausgestreckt und mich hinübergezogen. »Die letzte Überarbeitung von *Vierter Juni. Meine Zeugenaussage* ist inzwischen abgeschlossen, Fischer hat beschlossen, es im März nächstes Jahr rauszubringen. Aber wie es jetzt aussieht, sollte das besser verschoben werden. Sprechen wir noch mal darüber, wenn du wieder aus dem Land bist.«

»Ich möchte, dass es wie geplant rauskommt. Sollte ich nicht mehr raus können, verschwinde ich in die Gegend am Goldsandfluss und treibe mich an der Grenze zwischen Yunnan und Sichuan herum. Ich folge der

Route der Interviews in *Gott ist rot*, in dieser endlosen Gebirgsgegend findet mich kein Mensch, solange ich Handy und Computer nicht in Betrieb nehme.«

»Wegen der Veröffentlichung eines Buches sich in dieser Berggegend vergraben? Das kommt nicht in Frage, in welcher Zeit leben wir denn!«

Ich gab als Antwort ein missmutiges Grummeln von mir und ging offline. Um meine schlechte Stimmung zu heben, stöberte ich auf gut Glück in meinem Postfach herum, und las mit Vergnügen auf einmal eine Mail von Yu Luojin: »Großer gelber Hund, als Du letztes Mal nach Deutschland gekommen bist, habe ich eine ganz eigene Phantasie gehabt: Wenn Du jemand finden könntest, egal ob Deutsche oder Chinesin, die altersmäßig zu Dir passt (einfach ganz zufällig, ohne groß zu suchen), mit einem passablen Deutsch, könntest Du mit ihr zusammenleben oder sie heiraten und ich würde mir in keinem Fall wünschen, dass Du nach China zurückkehrst oder nach Amerika gehst. Deutschland ist einfach besser, das Leben ist sicherer, die Landschaft ist schöner, und man lebt ruhiger und freier. Als ich damals diese schöne Phantasie an Kang Zhengguo schickte, war der zu meinem Erstaunen gleich vollkommen entrüstet, ich bekam eine lange und sehr sarkastische Mail von ihm, woraufhin allerdings ich mich wieder genötigt sah, mit einem Rotstift in seinem Brief Stelle für Stelle zu widerlegen und zu kritisieren und das schickte ich schließlich sehr zufrieden in einer Rundmail an ein paar Leute, die mir besonders wichtig sind, denn ich fand, dass man darin sehr schön den wahren Kang erkennen kann. Hahaha, diese Leute mit einem nicht unbedeutenden Horizont haben zurückgeschrieben, ›wirklich erhellend, das zu lesen‹ …«

Erinnerungen an Luotuo, Wenxian und den guten alten Tao

Bestimmt habe ich eine Menge Leute und Ereignisse vergessen, so ist Erinnerung, der Gedankenfluss wird im Laufe der Zeit immer träger, als träfe er auf einen hohen Damm, am Ende kommt er ganz zum Stehen, der Druck der Brandungswellen steigt dabei unzulässig. Ich verließ den Computer voller Unruhe und Ungeduld, ging aus dem Haus und setzte mich in die sommerliche Dunkelheit. Als ich vor gut zwanzig Jahren meine »Zeugenaussage zum Vierten Juni 1989« (deutscher Titel: *Für ein Lied und hundert Lieder. Ein Zeugenbericht aus chinesischen Gefängnissen*) schrieb, war es genauso, oft drehte ich den Stift zwischen den Fingern, stach damit voller Tatendrang auf das Papier ein, war aber ohne Inspiration und ohne Leidenschaft, manchmal brachte ich an einem Tag kaum ein paar Dutzend Schriftzeichen zustande. Ich hielt nur die Attitüde des Schreibens aufrecht, die Attitüde eines in die Jahre gekommenen lachhaften Schlachters, der schon seit Jahren keine Schweine mehr töten konnte, aber das verrostete Schlachtermesser noch immer fest in Händen hielt …

Kurz gesagt, ich bereute alles, der Käfigvogel war davongeflogen und zurückgekehrt, ich war das größte Rindvieh aller Zeiten, ganz wie es der gute alte Tao einmal nach ein paar Gläsern deutlich gemacht hatte. Das war im Hochsommer 2009, der Dichter Luotuo, hoch wie ein Hügel, war mit dem kleinen alten wie ein Fleckenbambus verschrumpelten Kerl eigens aus einem Kreis des Beijinger Umlands in Zhongzhongs Sichuan-Restaurant »Zur Suppenschüssel« zum gemeinsamen Essen herbeigeeilt. Wir setzten uns um einen Feuertopf mit Hühnerklein, der alte Tao trank aber nur, die Stäbchen rührte er nicht an. Als ich mit großer Verve erklärte, der Boden für mein Schreiben sei in China, die muttersprachliche Umgebung zu verlassen käme einer Entwurzelung gleich, polterte Tao plötzlich mit heiserer Stimme: »Riesenrindvieh!« Bei ihm war Kehlkopfkrebs im Endstadium diagnostiziert worden, irgendwo an der Zungenwurzel oder in der Kehle war ein bösartiger Tumor gewachsen: »Deshalb muss ich schneller bechern«. Dann lachte er. »Der Direktor der Fabrik für den Schnaps *Roter Stern* ist ein enger Freund aus Kinderzeiten, ich habe über diesen internen Kanal ein ganzes Zimmer voll fünfundsechzigprozentigen echten Erguotou-Schnaps gekauft, vor meinem Tod habe ich noch eine ganze Menge zu tun.«

»Fünfundsechzigprozentigen Erguotou? Hab ich noch nie gesehen«, hielt ich dagegen.

»Die wenigsten haben den schon mal gesehen, weil er nur in geringer Menge produziert wird.« Zufrieden fuhr der alte Tao fort: »Auf dem Markt wird nur Sechsundfünfzigprozentiger verkauft, der Alkohol wird verschnitten, wegen des Geschmacks, ein Gefühl im Mund, als werde man von weichen Messern gepiekst.«

»Die höchste Anerkennung unseres lieben Tao für jemanden ist ›Riesenrindvieh‹«, Luotuo versuchte zu vermitteln.

»Du willst nicht etwa Taos Erbe antreten wollen?«, sagte ich misstrauisch.

»Ein paar Kisten könnte ich schon zu mir nach Hause schaffen, aber ohne unseren Tao werde ich auch am Trinken keine Freude mehr haben.«

»Das ist ja eine noch höhere Anerkennung als ›Riesenrindvieh‹«, sagte ich und schlug mir dabei gegen die Stirn.

Mit Luotuo, einem Freund für die Ewigkeit, raffte sich der in seinem achten Lebensjahrzehnt stehende Tao, mit vollständigem Namen Tao Jiakai, zu jeder Jahreszeit in einen Sun-Yatsen-Anzug gekleideter, stadtbekannter Saufbruder und Schneider, noch mal energisch auf und machte es noch etwas länger als ein Jahr. Luotuo nutzte die Kanäle, über die die Untergrundzeitschrift *Manuskripte* herausgegeben wurde, und veröffentlichte illegal *Der alte Tao und seine Freunde* in fünfhundert Exemplaren, viele meiner Gefängnisgedichte waren dort aufgenommen. Wie mir zu Ohren kam, strich der alte Tao sanft über das nach der Druckerschwärze duftende Packpapier mit unseren Sachen, blinzelte mit kleinen Augen, machte schluckweise eine Flasche seines fünfundsechzigprozentigen Erguotou leer, und dann ging er, den Körper vollkommen aufrecht, von uns.

Etwas mehr als ein Jahr nachdem Tao uns verlassen hatte, am Chinesischen Neujahr, ich saß wieder im Käfig fest, war es erneut Luotuo, hoch wie ein Hügel, der ein paar Leute von Beijing südwärts nach Chengdu führte, zu mir nach Hause, und auf Nebelwand einen Streifen hell leuchtender Farbe auftrug. Beim Hereinkommen stellte er fünfzig Exemplare der gesammelten Werke ab und zwei Flaschen von dem seltenen fünfundsechzigprozentigen Erguotou, er grüßte mich höflich, die Hände vor der Brust, mit einer tiefen Verbeugung: »Liao, ich hab alles mitgebracht, was Tao wiederholt angemahnt hat.« Ich konnte es kaum erwarten durchzublättern, es begann mit: »Die Wolken hat kein Wind verweht, spür jedoch im Alter noch, wo der Gipfel steht, wo kein Nachbar, kein Unsterblicher geht.«

Alle waren sofort ganz andächtig. In unserer weiten und chaotischen Welt hatte es einen Menschen wie den alten Tao wirklich gegeben, der in den alten Zeiten lebte, wie ein Komet aufleuchtete und vorüber war und uns mit einem tiefen Gefühl der Verlorenheit zurückließ, wie mancher in Klassikern und historischen Aufzeichnungen mit nur wenigen Strichen beschriebene Reisende. Ich konnte nicht anders, ich musste die folgenden Zeilen zum Besten geben:

Der Zug der Geschichte

An der Station Viertes Jahrhundert
Stieg ein erstrangiger Dichter aus
An der Station Achtes, Neuntes Jahrhundert
Stiegen vier, fünf erstrangige Dichter aus
An der Station Zehntes Jahrhundert
Stieg ein erstrangiger Dichter aus
An der Station Elftes, Zwölftes Jahrhundert
Stiegen vier, fünf erstrangige Dichter aus
An der Station Siebzehntes Jahrhundert
Stiegen zwei zweitrangige Dichter aus
An der Station Neunzehntes Jahrhundert
Stieg ein erstrangiger Dichter aus
An der Station Zwanzigstes Jahrhundert
Stiegen drei, vier dritt- und viertrangige Dichter aus
An der Station Einundzwanzigstes Jahrhundert
Steigt nicht einer aus

Alle lachten, es war, als wäre der gute Tao noch bei uns. Ich nahm Luotuo auf den Arm: »Bist du kein Dichter? Tao hat nicht einmal dich dazugezählt.« Luotuo lachte leise vor sich hin: »Das stimmt, aber ich habe die Gedichte immerhin zusammengestellt. Ich wollte ihn mal nach einer Erklärung fragen, aber ich kam nicht mehr dazu, er krakeelte mich nur noch an: ›Ich fürcht mich nicht vor dem Tod, das ist kein Geprahle, ich hab lang genug gelebt, ich hab vierzig Tonnen Schnaps getrunken, höchstens wär's, ich will weiter da sein, weil ich noch nicht genug intus hab.‹« Ich lachte jetzt ebenfalls: »Wenn das so ist, dann lasst uns auf der Stelle was trinken, damit wir nicht noch zu kurz kommen.«

Luotuo stammt von den Mandschu ab, sein Name bedeutet »Kamel«, und obwohl von voluminöser Statur, ist er im Herzen fein wie ein Haar, das alles lässt einen an das Bibelwort denken: »Eher geht ein Kamel durch ein Nadelöhr, als dass ein Reicher in das Reich Gottes gelangt.« Luotuo war nicht reich, vielmehr hatte er das Herz eines Bodhisattvas, weshalb er jederzeit durch das Nadelöhr des Schicksals hin und her pendeln konnte. Er hatte früher unter tiefen Depressionen gelitten und konnte Selbstmordgedanken im Grunde nur mit Medikamenten unterdrücken, am Ende jedoch machte er sich davon frei, ersetzte die Medikamente durch Alkohol und folgte damit den wei-jin-zeitlichen Sieben Weisen vom Bambushain.

Im Schnitt kamen Luotuo und ich in einem Jahr wenigstens einmal zusammen, wir tranken oder gingen auf Reisen. An diesem Frühlingsfest war er früh dran, und das wegen Liu Wenxian aus dem taiwanischen Xinzhu, einem schönen Mann mit ungewöhnlich geradem Körper und Nasenrücken, der übers Meer zu Besuch gekommen war. Wenxian hatte ebenfalls an tiefen Depressionen gelitten, auch er hatte das Herz eines Bodhisattvas, wenn die beiden an einem Ort beisammen waren, wurde jeder zum wahren Doktor des anderen. Die wiederholten, seit Generationen überlieferten Geheimrezepte waren Bier, Reiswein, Schnaps und alle möglichen regionalen Alkoholika, es wurde Tag und Nacht getrunken.

Weil Trunkenbolde einfach einen guten Draht zueinander haben, deshalb ging beim Frühlingsfest 2011 die Post ab wie noch nie in meinem Leben. Wenxian brachte noch zwei Freunde mit, die drei taten sich bei mir zu Hause mit den schon gut zehn Leuten um Luotuo zusammen, voller Begeisterung wurden die Fäuste gerieben und die Ärmel hochgekrempelt, man war bereit, in den Kampf zu schreiten, ganz wie sich seinerzeit der Buschräuber Mao Zedong im Jinggang-Gebirge mit dem Kriegsherrn Zhu De[119] zusammengetan hatte, nur hier mit dem gemeinsamen Ziel, zu fressen und zu saufen, dass die Schwarte krachte. Vom letzten Tag des

Mondjahres bis zum Laternenfest, dem Abschluss des Chinesischen Neujahrsfestes, mehr als einen halben Monat also, war es wahrscheinlich das gemeinsame Ziel von über einer Milliarde Chinesen, zu fressen und zu saufen, dass die Schwarte krachte.

Unter den Kumpels von Luotuo war noch ein gewisser Yan Yong, sein jüngerer Bruder Yan Wen war vor dem Morgengrauen am 4. Juni 1989 von den Truppen zur Durchsetzung des Ausnahmezustands erschossen worden, in der »Liste von 202 Todesopfern des Massakers auf dem Tiananmen« im Anhang von *Die Kugel und das Opium* gibt es einen Kurzbericht darüber. Yan Yong erzählte, er habe über zwanzig Jahre geschwiegen, eigentlich habe er bis zu seinem Tod schweigen wollen, doch dann habe er zufällig mein »Klagelied des Vierten Juni« gelesen, er sei so erschüttert gewesen, dass er sich einen Stift gegriffen und in einem langen Text seine Erinnerung niedergeschrieben habe. Wir tranken zusammen ein Glas von dem Jinmen-Gaoliang-Schnaps, den Wenxian mitgebracht hatte, Luotuo wiederum trank den beiden von der taiwanischen Luftwaffe zu, die mit Wenxian gekommen waren, gut zwanzig Jahre früher waren die noch in ständiger Bereitschaft für einen Gegenangriff auf das Festland. Der mit einer dunklen Stimme undeutlich brummelnde ältere von den beiden, dieser Scheißkerl, hatte damals mehrfach mit dem Flugzeug unseren Luftraum »verletzt« und sogar heimlich militärisch und politisch wichtiges Gelände der Stadt Wenzhou in der Provinz Zhejiang ausgekundschaftet, er war Oberst, ein Held, der größten Gefahren nur knapp entronnen war. Chang Ming war sein Untergebener, verantwortlich für die Wartung der Kampfflugzeuge.

Der Scheißkerl trank den Alkohol nur wie Medizin und befahl Chang Ming in der Attitüde des vorgesetzten Offiziers in der Tat, an seiner Stelle zu trinken; doch Chang Ming ließ sich davon erstaunlicherweise überhaupt nicht beeindrucken und der Scheißkerl konnte, heftig den Nasenrücken massierend, nur verlegen erzählen, er sei damals in einer Höhe von zehntausend Metern geflogen, der Überdruck habe seine Nasenhöhlen verletzt und das wirke sich auf seine Trinkfestigkeit aus. Alle brachten ihr Mitgefühl zum Ausdruck, und er konnte so tun als ob und nur noch nippen.

Ich wollte mich hingegen ganz bewusst volllaufen lassen, doch es dauerte ewig, mehrmals verzog ich mich von der Tafel aufs Klo, meine Beine gaben mächtig nach, aber mein Kopf blieb völlig klar. Wenxian meinte: »Lao Wei, es war so schwer für dich rauszukommen, warum wolltest du denn nur zurück?«

Mit einem gekünstelten Grinsen sagte ich, wenn ich im Ausland Geld verdiene und es dann bei uns ausgebe, dann läuft das auf einen profitablen Wechselkurs hinaus. Wenxian meinte: »Ist das so, und wo ist der Staat in deiner Milchmädchenrechnung geblieben?« Ich hielt sofort die Klappe.

Im weiteren Verlauf gerieten die Dinge dann durcheinander. Kurzum, ein paar Tage später zerstreuten wir uns wieder in alle Himmelsrichtungen, Wenxian und Luotuo schleiften mich mit, wir fuhren Richtung Osten nach Xiamen in der Provinz Fujian, auf die hühnereigroße Insel Gulangyu, wo wir im Angesicht des Ozeans weiter an unserem Rausch arbeiteten. Mir fiel mein Onkel ein, der lang verstorbene Kriegsverbrecher, der sich hier einmal ins Meer gestürzt und vergeblich versucht hatte, zur von den Truppen der Nationalpartei gehaltenen Insel Jinmen zu schwimmen, von den Wellen jedoch zurückgerissen wurde und so knapp vor dem Ziel scheiterte; Persönlichkeiten der Demokratiebewegung wie Tang Yuanjun und Yan Jun andererseits, die ebenfalls im Knast gesessen hatten, taten es ihm nach und schafften es, in einem Stück hinüberzuschwimmen und nach mehreren Rückschlägen letztlich in Amerika ein neues Zuhause zu finden. Tja, mit dem Leben ist es wie mit dem unstet wandernden Sand des Ganges, wer kann schon klar sagen, auf was er künftig einmal stoßen wird.

So verloren wir uns mehr und mehr in unseren Gedanken, während wir den Mond betrachteten und die im Mond glitzernden Silhouetten der Schiffe. Wenxian sagte, weiter hinten auf der anderen Seite sei seine Heimatstadt Xinzhu, das sei der schmutzigste Strand in ganz Taiwan, zugleich aber auch der, an dem am häufigsten illegale Schlepperboote auftauchten, deshalb habe das »Repatriierungszentrum für Personen aus Festland-China« seinen Sitz ebenfalls in Xinzhu. Und der Scheißkerl und Luftwaffengeneral im Ruhestand hocke mangels anderer Entfaltungsmöglichkeiten das ganze Jahr über zwischen den Riffen dort im seichten Wasser, um Nachtfische zu fangen. Ohne an irgendetwas denken zu müssen, angele er, völlig regungslos, ganze Nächte hindurch. Luotuo und ich gaben nur ein paar Grunzer von uns, keine Ahnung, wie viel Bier und Reiswein wir tranken, während wir Wenxians endlosem Palaver zuhörten.

Etwas später notierte Luotuo einige verstreute Erinnerungen an die lokalen Sitten und Gebräuche und verspottete dabei das Ganze selbst als »Kalten Kaffee«, allerdings ist das ein kalter Kaffee, von dem ich, noch mal später, in der Fremde ein ums andere Mal mit großem Genuss trank und damit den Durst einer ähnlich niedergeschlagenen Verfassung löschte. Die Texte Luotuos haben ohne Frage ihren Reiz:

> Das kleine Lokal im Erdgeschoss eines Wohnhauses am anderen Ende der Bienennestbergstraße war nur am Abend geöffnet. Es hieß »Bienennest-Kaltspeisen«, im Angebot fand sich allerdings nicht eine kalte Speise, vielmehr Fisch, wie im Norden auf einer Pfannkuchenpfanne gebraten, oder auch Venusmuscheln in Papier und dergleichen. Die niedrigen Tische auf der freien Fläche vor dem Haus hatten in der Mitte eine Aussparung, in die die Fischpfannen eingelegt wurden, etwas Öl drauf, dann der Fisch oder die Venusmuscheln, halb gebraten, halb gebacken, dann kann sehr schnell getrunken werden. Der Ladenbesitzer war ein großer Kerl, sah sehr freundlich aus, war jeden Abend ordentlich am Rennen, rein und raus, rein und raus, setzte sich nur gelegentlich im Rücken seiner Gäste und trank für sich ein Gläschen oder ein halbes. Im Öl- und Fischdunst spielten Liao und Wenxian einmal jeder für sich Mundharmonika. Ob Liao seine Flöte herausholte, weiß ich gar nicht mehr, ich meine, tun sollen hätte er es auf alle Fälle nicht, Flöte und Fischbräter wollen auf so engem Raum nicht recht zueinander passen, allerdings scherte sich Liao nicht wie ich um solche Dinge. Gewiss sein kann ich mir, dass Liao gesungen hat, denn der Besitzer des Ladens meinte, unter der Markise seien wir ja auf alle Fälle sicher, nur für den Fall, dass aus den oberen Stockwerken Flaschen geflogen kämen, würden sie uns nicht treffen.
>
> Die Ding'aozai-Straße war eine kleine Straße in der Nähe des Nanputuo-Tempels. Ihr Name ist unverständlich, tatsächlich ist in Xiamen bei extrem vielen solchen Ortsnamen der Wortgebrauch genauso eigen und

unverständlich wie bei den Menschen von der Küste und aus den Bergen. An einem großen offenen Stand hier hielten wir unser erstes Festmahl mit Meeresfrüchten. Wenxian und ich tranken ordentlich was weg, zum einen hatten wir uns vorher eine lange Zeit nicht gesehen, zum anderen waren wir beide in der Fremde, warum also nicht einmal etwas kräftiger zuschlagen.

»Malasang« ist ein Laden für frisch gepresste kalte Säfte in einer alten Gasse auf Gulangyu, um genau zu sein, gibt es zwei davon, die Chefin des einen ist jung und sieht gut aus, die im anderen ist alt und ihr Lüster verblasst, und diese erklärt eiligen Kunden ständig voller Hass, dass ihr »Malasang« der richtige »Malasang« sei. Doch die junge Chefin ließ Wenxian eine ganz besondere Vorzugsbehandlung zukommen, jedes Mal schenkte sie ihm einen Teller Sternfrüchte. Liao meinte, sie habe bestimmt ein Auge auf Wenxian geworfen.

»Arongs Frühlingsrollen« ist eine Xiamen Snackbude mit Verkauf am Eingang in der Quanzhou-Straße auf Gulangyu, sie waren einverstanden, dass wir bei ihnen im Hof Tee trinken, kostenlos versorgten sie uns mit Geschirr und heißem Wasser. Aus Dankbarkeit und auch, weil es tatsächlich gut schmeckte, aßen wir daher mit einer Truppe von sechs Leuten einmal ungefähr zwanzig von ihren erlesenen Frühlingsrollen, die anders waren als die im Norden. Als die Wirtin dann einmal kurz nicht da war, machte Liao an ihrer Stelle im Frühlingsrollenladen den Marktschreier, schaffte jedoch nicht einen Kunden ran.

Für ein Dank-Theaterspiel wurde eines Abends auf einer von der Bienennestbergstraße umschlossenen Freifläche in einem Wohnviertel eine Bühne aufgebaut und von einer der fahrenden Theatertruppen in alten Kostümen ein Stück dargeboten, dessen Name mir nicht bekannt war. Wenxian meinte, es müsse ein Theaterspiel für die Götter sein, das Geld dafür werde von den Familien der Nachbarschaft aufgebracht, eine Familie spiele den Gastgeber. Das sei ungefähr wie bei einem Theaterstück oder Film, zu denen in den Dörfern im Norden bei wichtigen Familienereignissen wie Hochzeiten oder Beerdigungen die gastgebende Familie alle anderen im Dorf einlädt. Niemals hätte ich erwartet, dass sich in einer Stadt wie Xiamen solch alte Bräuche gehalten haben …

Luotuo kehrte zwei Tage früher nach Beijing zurück, Wenxian und ich blieben noch, unter dumpfen Donnerschlägen spazierten wir durch den Nanputuo-Tempel. Meister Hong Yi[120] hatte hier einige Jahre als buddhistischer Mönch gelebt und eine ganze Menge kalligraphischer Schätze hinterlassen, die in einem langen Gang ausgestellt waren, darunter auch das kurz vor seinem Tod geschriebene »Schmerz und Freude gehen in eins«. Wir beide traten ganz nah an den Rahmen heran und inspizierten es sehr genau, konnten jedoch nicht erkennen, ob es echt war. Bevor er Mönch wurde, hieß Meister Hong Yi mit bürgerlichem Namen Li Shutong und er schrieb damals noch ein Gedicht zu der Melodie einer amerikanischen Country-Ballade aus dem 19. Jahrhundert: »Dreaming of Home and Mother«, er nannte sein Gedicht »Lebewohl«:

> Am langen Pavillon, am alten Wegesrain
> duftend grün das Gras zum Himmel steht,
> ferne Flöte, Wind durch Weiden geht,
> Berg um Berg im Abendschein …

Dieses Lied vom Anfang des 20. Jahrhunderts wurde in China von Generation zu Generation weitergereicht und so zu einem allseits bekannten »Jahrhundertklassiker der Nationalkultur«. Von der ganzen Situation sehr berührt, sangen wir spontan ein paar Zeilen leise vor uns hin und ernteten unvermittelt beifälliges Kopfnicken vorübergehender Mönche und Nonnen. Am Fuß einer Steintreppe erklärte uns eine Novizin sogar eigens, dass Meister Hong Yi in ihrem Tempel einige Jahre als buddhistischer Mönch gelebt habe, und daher gebe es dieses unsterbliche Werk.

Wir kicherten. Anschließend kaufte jeder von uns im Holzhaus der Mönche, das als Laden diente, als Souvenir eine goldgelbe Mönchskutte. Wenxian sagte: »Wie für Euch gemacht, alter Glatzkopf, ein echter buddhistischer Wandermönch.« Ich legte schnell die Hände wie zum Gebet zusammen und sagte: »Ganz ausgezeichnet«. Kurz darauf kam dann alles anders, das Wetter schlug um, die Mönchskutte floh am Ende mit mir ins Exil ans andere Ende der Welt, jetzt steckt sie in einer Ecke meines deutschen Kleiderschranks.

Als wir am nächsten Tag frühmorgens gemeinsam unseren Gasthof verließen und, die Hände grüßend vor der Brust, schweren Herzens Abschied voneinander nahmen, kam vom Horizont immer noch ein dumpfes Donnergrollen.

Rückkehr auf das Anwesen des Grundbesitzers

Es wurde Frühling, draußen brachen an den Spitzen der Zweige die ersten Knospen durch, mein Wunsch nach Freiheit war wie diese Knospen und wechselte wie diese auch von zartem zu kräftigem Smaragdgrün. Und so rief ich bei der Inneren Sicherheit an und stellte einen weiteren Ausreiseantrag.

Der dicke Li antwortete: »Liao, besorg dir erst das Visum, wir schauen uns das dann hier alles an, das sollte keine Probleme geben.«

Ich atmete auf und vertiefte mich wieder in meine Schreiberei. Ich fuhr sogar mit einem Vorstadtbus in die Stadt Anren im Kreis Dayi, um Liu Xiaofei, dem Enkel von Liu Wencai, dem berühmtesten Großgrundbesitzer in ganz China, einen Besuch abzustatten, in seinem Haus hatte ich einst Quartier bezogen und war mit ihm auf Spurensuche von Dorf zu Dorf gegangen, als ich viele Grundbesitzer, Landarbeiter und arme Bauern im Alter zwischen sechzig und über neunzig interviewte, die Grundlage für mein späteres umfangreiches Werk *Der letzte Grundbesitzer*. Als Liu Xiaofei fünf Jahre alt war, erlebte er den Machtwechsel 1949, doch sprach er, indem er sich an die Stirn schlug, noch von Glück: »Mein Vater war gerade vor drei Monaten gestorben, da griff die Kommunistische Partei an, der alte Herr wurde im Handumdrehen zu einem typischen Vertreter der Ausbeuterklasse gemacht, wäre er nicht schon tot gewesen, man hätte ihn zig Mal erschossen und das ist noch wenig.« Ich schnalzte mit der Zunge: »Warum sollte man jemanden denn gleich zig Mal erschießen wollen?« Liu Xiaofei antwortete: »Wenn Sie sich hier die Skulpturengruppe ›Der Hof für die Pachteinnahme‹[121] angesehen haben, werden Sie es verstehen.«

Als ich im Kindergarten war, hatte ich am Rockzipfel einer Tante die Skulpturengruppe »Der Hof für die Pachteinnahme« besichtigt, die lebensgroßen Lehmskulpturen klagen eine wie die andere das üble Verhalten von Liu Wencai an, zum Beispiel stirbt ein Baby in den Armen einer Schwangeren, damit er Muttermilch trinken kann; oder es wird einem Pachtbauern mit einer Luftpumpe Luft in den Anus geblasen, bis der Bauch platzt; oder auch der private unterirdische Wasserkerker und so weiter und so fort – das hat bei uns kleinen Hosenscheißern einen tiefen erzieherischen Eindruck hinterlassen. Damals vergaß ich sogar, dass mein eigener Großvater Grundbesitzer war und man mit den gleichen willkürlich an den Haaren herbeigezogenen Gräueltaten aus ihm einen Dämon mit schwarzem Gesicht und wilden Fangzähnen gemacht hatte, ihn völlig grundlos beschuldigte und quälte, bis er am Ende mehr tot als lebendig war.

Andererseits war da Wu Shiyue, ein etwa gleichaltriger enger Freund von Liu Xiaofei, seine Mutter hatte ihm an seinem zweiten Geburtstag ein letztes Mal die Brust gegeben und sich aus Angst vor der Schande aus heiterem Himmel an ihrem traditionellen Himmelbett aus geschnitztem Holz erhängt. Er selbst hatte noch keine Ahnung von den Dingen des Lebens, und als er hungrig erwachte, klammerte er sich an die steifen Beine seiner Mutter und weinte und schrie, weinte und schrie noch, als er vom Bett fiel und zur Tür hinauskrabbelte. Viele Leute liefen an ihm vorüber, alles arme Bauern und Landarbeiter aus seinem Dorf, alle unterwegs zur öffentlichen Verhandlung gegen seinen Vater. Er krabbelte weiter und weiter, vom Feldweg auf einen Acker, bis er schließlich in ein Nassreisfeld stürzte und langsam im Schlick versank. Nicht einer hatte die Traute, die Hand auszustrecken und diesen »Balg eines despotischen Grundbesitzers« herauszufischen.

»Und Sie haben es überlebt?«, fragte ich.

»So ist es, so ist es«, sagte er, »erst als ich den Mund voller Schlamm hatte und kaum noch Luft bekam, zog mich plötzlich doch eine Hand raus – meine Patin, Kopf der Frauen mit guter Abstammung und roter Gesinnung, konnte es nicht mehr mit ansehen und spürte einen Arbeitsgruppenleiter auf, den sie fragte, ob dieses Baby denn sterben solle. Der Gruppenleiter brummelte eine Weile vor sich hin, bis er zurückfragte, wer es denn aufziehen solle. Da sagte sie: »Ich mach das.« In diesem Augenblick hörte man Gewehrschüsse, *pengpengpeng*, und während er neu geboren wurde, flog seinem Vater der Schädel auseinander und er hauchte unter tausendfachem Jubelgeschrei der Volksmassen sein Leben aus.

Mein Stick-Recorder war die ganze Zeit über an gewesen, später würde ich das auf meine Festplatte überspielen. Mir war klar, ich würde das wahrscheinlich für Jahre speichern (viele meiner gesammelten Originalaufnahmen speicherte ich für viele Jahre), und mir war klar, es würde beträchtlichen Mut brauchen, um das wieder abzuspielen und zu bearbeiten. Am nächsten Tag suchten wir in einem abgelegenen Dorf noch Wu Shiyues Patin auf, eine Großmutter in ihren Achtzigern mit eingefallenem Mund. Ich fotografierte sie alle zusammen. Danach kehrten wir zum Mittagessen nach Anren zurück. Liu Xiaofei schob sich nur ein paar Bissen in den Mund und fragte dann voller Ungeduld, wann er denn das Manuskript sehen könne. Als ich zögerte, zog er sein langes kohlrabenschwarzes Haar auseinander und ließ mich die Wurzeln sehen: »Schon ganz weiß, wenn ich es färbe, kommen die Wurzeln sofort wieder weiß raus. Liao, schreiben Sie es schnell, bitte, und veröffentlichen Sie es schnell, stellvertretend für all die vielen Geister derer, die aus meiner Familie zu Unrecht in den Tod getrieben wurden und nichts mehr sagen können, ich bitte Sie auf Knien, schmieden Sie das Eisen, solange es heiß ist, wer wird sich sonst, in der Zukunft, noch erinnern können?«

Meine Wangen brannten wie Feuer, wie nach einer Ohrfeige. Ich dachte, ich würde wohl für immer in meiner Heimat bleiben und bis zu meinem Ende in diese endlosen Leidensgeschichten verstrickt sein. »Ein bisschen Geduld!«, murmelte ich. Um uns herum waren jede Menge der im westlichen Sichuan verbreiteten Häuser mit weißen Mauern und grauen Dachziegeln dem Erdboden gleichgemacht worden, man war jetzt dabei, an ihrer Stelle eine von der Regierung so genannte »Museumsstadt« aus dem Boden zu stampfen. Irgendwann einmal sollte eine Schmalspureisenbahn durch das Zentrum dieser »Stadt« fahren, eine kleine Dampfbahn aus der Requisite, wie es sie nur noch in einer Reihe von Filmen über die Republikzeit gab, würde jeden Tag ein paar dutzendmal Touristen auf einer kilometerlangen Besichtigungstour hin und her karren. Hauptattraktionen waren die von Liu Xiaofeis Familie hinterlassenen alten feudalen Häuser und Anlagen und eine neu errichtete Gedenkstätte für den Widerstandskrieg der Armee von Sichuan gegen Japan.

Als ich von Liu Xiaofei zurück war, entledigte ich mich sofort meiner Montur und ging an den Fingern meine bevorstehende Reise durch: Auf die von meinem Agenten Bernstein über meinen Übersetzer Su Qin an mich weitergegebene Einladung hin würde ich am 4. April nach New York fliegen und am Literaturfestival des *PEN America* teilnehmen, bei der Eröffnungszeremonie sollte es ein Gespräch mit Zha Jianying, Yan Lianke und mir geben, die englische Ausgabe von *Gott ist rot* würde ebenfalls rechtzeitig herauskommen; als Nächstes würde ich nach Australien fliegen, am Sydney Literaturfestival teilnehmen und dabei für die australische Ausgabe von *The Corpse Walker* Werbung machen; weiter würde es nach Taipei gehen, um für *Vierter Juni. Meine Zeugenaussage* zu werben; zuletzt würde ich in Berlin sein und für die deutsche Ausgabe desselben *Für ein Lied und hundert Lieder* Werbung machen. »Eine halbe Weltreise, was für ein Hammer.« Mit aufgestütztem Kinn träumte ich vor mich hin, wobei mir schon der Geifer aus dem Mund lief.

Die Jasminrevolution

Mitte Februar kam der Schriftsteller Yu Jie zu mir zu Besuch und versetzte mir einen Schock. Yu Jie war ein herausragender Student der Universität Beijing gewesen, in den neunziger Jahren publizierte er *Feuer und Eis*, eine Sammlung kritischer Essays, und wurde auf einen Schlag berühmt, danach war er außer Rand und Band, er publizierte ohne Unterbrechung ein paar Dutzend Bücher, die in mehreren Millionen Exemplaren vertrieben wurden, und sein Einfluss wurde gigantisch. Kurz nach dem ersten Buch hatte er sich mit Liu Xiaobo angefreundet, und von dem guten Liu bei der Hand genommen, verabschiedete er sich von einem Leben auf Staatskosten, schloss sich dem »Unabhängigen chinesischen PEN-Zentrum« an, dessen Präsident Liu Xiaobo war, und ging seither den Weg der Opposition gegen die Diktatur, von dem es kein Zurück gab. Yu Jies Ansehen im Inland und im Ausland stand dem Liu Xiaobos kaum nach, und beide nahmen oftmals auch ihren Liao aus der Unterschicht unter ihre Fittiche. Seit vielen Jahren überwachte die Polizei Yu Jie streng, von Zeit zu Zeit tauchten Polizeiautos vor seinem Haus auf, jedoch hatten sie ihm bislang kein Haar gekrümmt. Alle glaubten, sein Ruhm sei sein zuverlässigster Schutz.

Diesmal allerdings war Yu Jie ziemlich am Ende, von seinem früheren jugendlichen Überschwang war wenig übrig. Er kam direkt zur Sache und erzählte, ihm sei grausam mitgespielt worden. Ich fragte, in welcher Weise? Und er erzählte, man habe ihn in die Verleihung des Nobelpreises an Liu Xiaobo im Jahr zuvor hineingezogen, er sei für Tage unter Hausarrest gestellt worden, bis am 9. Dezember, dem Tag vor der Preisverleihung, ein Trupp von der Inneren Sicherheit ihm einen schwarzen Sack über den Kopf gezogen, ihn von der Stelle weg verhaftet, mit dem Auto in den Außenbezirk Changping gebracht und in ein dunkles Zimmer gesteckt habe, wo, ohne irgendeine Möglichkeit zur Gegenwehr, sieben große Kerle auf ihn einprügelten, er sei nur so durch die Gegend geflogen: »Ich habe über einhundert Ohrfeigen bekommen, ich wurde sogar gezwungen, mich selbst zu ohrfeigen, Hosen, Kleidung, alles wurde mir vom Leib gerissen und sie machten, wie es ihnen passte, Nacktfotos von mir und sagten, die würden sie zu einem Hurenbesuch von mir montieren und im Internet veröffentlichen.«

»Solche Exzesse?«

»Ich bin ohnmächtig geworden, habe kaum mehr Luft bekommen; als ich ins Krankenhaus gebracht wurde, war man dort mehrere Stunden mit meiner Rettung beschäftigt, bis ich schließlich wieder unter den Lebenden war.«

»Die ganzen Jahre sind sie gegen dich nicht handgreiflich geworden, warum diesmal?«

»Weil sie dachten, es wird etwas Größeres passieren. Sie haben gesagt, die müssen nur oben einen Ton pfeifen und sie werden mich sofort bei lebendigem Leib begraben, niemand wird etwas davon erfahren. Weiter sagten sie, es gibt in ganz China nicht mehr als zweihundert bekannte

Dissidenten, die gegen die Regierung opponieren, man muss nur oben die politische Situation für instabil halten, schon sind die alle innerhalb von einer Nacht bei lebendigem Leib begraben …«

Yu Jie verlor die Fassung, er begann sogar zu schluchzen. Ich beruhigte ihn und bot ihm schnell an, über Nacht zu bleiben. Ich machte ihm einen Vorschlag: »Du solltest nicht hier bleiben, ich würde dir raten, geh nach Yunnan in die Gegend des Jiaozi-Schneeberges im autonomen Kreis Luquan, da gibt es keine Fernstraßen, kein Internet, die Polizei wird dich nicht finden. Vor gut hundert Jahren sind westliche Missionare auf Packtieren dort hineingeritten und danach niemals wieder herausgekommen. Du bist Christ, da kannst du bei der Gelegenheit gleich nach den Orten suchen, wo ihre Knochen begraben sind.«

»Du hast schon in *Gott ist rot* darüber geschrieben.«

»Folge den Wegen und den Personen im Buch, die Christen auf den Dörfern werden dich schützen.«

»Und Frau und Kind?«

»Wenn man um sein Leben rennt, kann man keine Rücksicht nehmen.«

»Nein, nein, die Familie muss im Leben und im Tod zusammen bleiben.«

Am nächsten Tag machte sich Yu Jie frühmorgens wieder auf, heim nach Pujiang, die Innere Sicherheit hatte ihn aus der Hauptstadt ausgewiesen, fürs Erste war es ihm nicht erlaubt zurückzukehren. Ich hatte das unbestimmte Gefühl, mich selbst womöglich nicht mehr schützen zu können, kontaktierte meinen Freund David Gao, Diplomat am amerikanischen Konsulat in Chengdu, damit man mein Jahresvisum zur mehrfachen Ein- und Ausreise früher ausstellte, und über mein unlängst erst neu aktiviertes *Gmail*-Postfach meinen englischen Übersetzer Su Qin.

Auch mit dem Deutschen Konsulat stand ich in regelmäßigem Kontakt, die Sekretärin Angela war bereits in den 1980er Jahren nach China gekommen, sie war noch nicht allzu lange von Beijing nach Chengdu versetzt, hatte sich aber hier schon vollkommen eingelebt, selbst mit der fremden Kultur und ihren zwischenmenschlichen Beziehungen war sie sehr vertraut. Wir tranken mehrmals Tee in einem künstlich angelegten

Park unter einer vom Konsulat einige hundert Meter entfernten Hochstraßenkreuzung und verstanden uns auf Anhieb bestens. Angela gab mir eine Telefonnummer, über die nur ich mit ihr in Verbindung treten konnte, und sagte, im Notfall könnten wir so jederzeit zusammenkommen, um uns zu beraten, und das Visum wäre schon gar kein Thema – alle relevanten Fortschritte berichtete ich kurz und knapp an die Innere Sicherheit. Am anderen Ende des Telefons meinte der dicke Li darauf sehr behäbig: »In Ordnung, in Ordnung, wenn es soweit ist, unterschreibst du wie beim letzten Mal noch eine ›Garantieerklärung‹ und wir lassen dich raus. Die Klauseln sind im Großen und Ganzen gleich.«

Am Mittag des 20. Februar erreichte mich dann unerwartet ein Anruf des in der Hauptstadt obdachlos umherziehenden Unterschichtpoeten Zheng Zidan: »Ich eile gerade zu McDonald's in der Wangfujing-Straße, ich mach bei der Jasminrevolution mit.« Mir fuhr der Schreck ordentlich in die Knochen, er indessen beschwerte sich: »Du hast von einer derart großen Sache nichts mitbekommen? In Beijing, Shanghai, Guangzhou, Wuhan, Shenzhen und auch in eurem Chengdu, kurz gesagt, in den zentralen Zonen von zig Großstädten im ganzen Land wird man heute Nachmittag um zwei zeitgleich in öffentlichen Versammlungen fordern, dass die Kommunistische Partei abtritt.«

»Ihr seid ja lebensmüde.«

»Von diesem Leben hab ich schon lange die Nase voll.«

»Ihr werdet mit Sicherheit verhaftet.«

»Es ist verdammt kalt, im Gefängnis ist immerhin geheizt.«

»Was wirst du denn machen?«

»Ein Gedicht lesen, ich habe gerade ein besonders reaktionäres Langgedicht im Sinne unserer Literaturgruppe ›Abfall‹ fertig, das möchte ich auf der Kundgebung öffentlich machen. Lao Wei, hol auch dein ›Massaker‹ raus und trag es vor.«

»Ich kann doch nicht zur Wangfujing kommen.«

»In Beijing ist es an der Wangfujing, in Chengdu versammelt man sich am Haupteingang des Wuhou-Tempels, ich hab das im Internet für dich recherchiert.«

Wir beendeten das Telefonat und seither ist Zheng Zidan auch nicht mehr aufgetaucht. Ich machte mich auf den Weg und fuhr vom Westen nach Süden, um bei dem Spaß dabei zu sein. Während wir der Hauptstraße am Wuhou-Tempel näher kamen, sah ich am Rand eine lange Reihe von gepanzerten Militärfahrzeugen stehen und mit scharfen Waffen patrouillierende Polizisten. Als wir die Endstation ›Wuhou-Tempel‹ erreichten, fuhr der Bus unter Anleitung der Verkehrspolizei erst einmal durch, zwei Straßenecken weiter hielt er dann und ließ uns aussteigen. Alles fluchte vor sich hin, ich lief mit dem Strom den ganzen Weg zurück und konnte von ziemlich weit weg schon erkennen, dass mehrere gepanzerte Militärfahrzeuge quer zur Treppe den Haupteingang des Wuhou-Tempels abriegelten. Der Kluge weiß die Zeichen der Zeit zu deuten, ich zog mich auf der Stelle zurück.

Ohne freies Internet war mir damals nicht deutlich, dass eine Revolution unter dem Decknamen »Jasmin« im Mittleren Osten schon davor sehr konkrete Formen angenommen hatte, zu Beginn hatte in Tunesien über Twitter und Facebook die »Selbstverbrennung« des 26-jährigen Gemüsehändlers Mohamed Bouazizi schnell die Runde gemacht, was stürmische Massenproteste auslöste und zum Sturz des Diktators Zine el-Abidine Ben Ali führte; anschließend ging Ägypten denselben Weg und mit Husni Mubarak wurde ein weiterer Diktator gestürzt, in Libyen brach ein Bürgerkrieg aus und für einen Moment verhielten sich die Diktatoren der arabischen Welt angesichts des nächsten Pfeils im Köcher wie aufgescheuchte Hühner – nicht weniger verängstigt und aufgescheucht waren die chinesischen Diktatoren, denn theistische und atheistische Diktaturen waren Brüder im Geist und voneinander abhängig, man musste auf der Hut sein und zu allem entschlossen.

In der Tat folgte, wie nicht anders zu erwarten, auch eine chinesische Revolution unter dem Decknamen »Jasmin«, wenn auch eher virtuell. Man sagt, zwanzig Leute hätten sie initiiert, alles Hacker in den Zwanzigern; acht Leute im Land, zwölf im Ausland, in sechs verschiedenen westlichen Ländern. Die verabredeten »Slogans und Regeln« waren wie folgt:

Slogans

Wir wollen Essen, wir wollen Arbeit, wir wollen Wohnraum, wir wollen Unparteilichkeit, wir wollen Gerechtigkeit.

Garantie für Privateigentum, Unabhängigkeit der Justiz.

Politische Reformen, Ende der Ein-Parteien-Diktatur.

Aufhebung von Pressebeschränkungen, Pressefreiheit, lang lebe die Freiheit, lang lebe die Demokratie.

Regeln

Geh nur zu festgesetzten Plätzen, schau dich aus der Ferne um, geh schweigend mit, sollte es eine Gelegenheit geben, nutze sie und rufe mutig deinen Slogan.

Die Teilnehmer sollen aufpassen und einander helfen. Sollte einem Teilnehmer an der Versammlung eine schlechte Behandlung widerfahren, soll er es sich mit größter Geduld gefallen lassen.

Umstehende mögen beizeiten Hilfe leisten.

Nach Versammlungsende keinen Müll zurücklassen, vertretet Demokratie und Freiheit mit der hohen Kultiviertheit der Chinesen und in Verhältnismäßigkeit der Mittel.

Daraufhin wurden in dieser verdammten Konterrevolution der neuen Generation auf verschiedenen Plattformen im In- und Ausland unentwegt Zeiten und Orte für Kundgebungen der »Jasminrevolution« bekannt gegeben, an die hundert große und mittlere chinesische Städte »mischten mit«, allein aufgrund dieses Flächenbombardements öffentlicher Meinung im Internet dürften Lesern schnell die Straßendemonstrationen von März bis Juli 1989 in den Sinn gekommen sein, als Millionen von Menschen auf die Straße gingen und am Ende das Massaker vom Vierten Juni auf dem Platz des Himmlischen Friedens stand – und auch diesmal sahen die obersten Behörden rot, die Internetpolizei wurde umgehend aufgestockt, gleichermaßen die bewaffnete Volkspolizei, die den Befehl hatte, »ohne Vorwarnung von der Schusswaffe Gebrauch zu machen«, Tag und Nacht in Bereitschaft war und Tag und Nacht ausrückte. Aber so schnell dieses Ausrücken auch vonstatten ging, die Bewegungen der versammelten »Krawallmacher« waren schneller, die Polizisten liefen jedes Mal ins Leere. Die Menschen? Wo waren die? Viele Polizisten schrien vorübereilende Passanten an, es wurde sogar in die Luft geschossen, doch niemand wusste, was es mit dem »Jasmin« auf sich habe – zumindest tat man so.

Es war eine gespenstische Revolution mit, wie man es nennt, »Flashmobs«, außer der Versammlung am Eingang des McDonald's in der Beijinger Wangfujing-Straße am 20. Februar um zwei Uhr nachmittags blieb alles ein virtuelles Spiel. Und in der Wangfujing war die Hälfte der zwei-, dreihundert Leute vor Ort auch von der Geheimpolizei und jeder sonst behauptete, nur Passant zu sein. Mit größter Mühe spürte man einen großen Mann auf, der einen Jasminzweig in der Hosentasche stecken hatte, westliche Journalisten und die Polizei stürzten sich gleichermaßen auf ihn, der erschrockene Mann brüllte immer wieder: »Was soll das, was soll das?«, ein Haufen Polizisten nahm ihn dazwischen und packte ihn in ein Polizeiauto, der Mann beklagte sich lauthals wieder und wieder, aber keiner hörte ihm zu. Es stellte sich schließlich heraus, dass er auf dem Boden einen Jasminzweig entdeckt hatte, einem geschenkten Gaul schaut man nicht ins Maul, er hob ihn auf und hatte den Salat!

Ähnliche Unrechtmäßigkeiten häuften sich. Künstler aus dem Beijinger Künstlerdorf Songzhuang besorgten sich Jasminzweige, warfen sie auf einen Haufen und zündeten sie an, woraufhin alle ins Gefängnis wanderten. Der Kurator dieser Kunstaktion, Wen Pulin, kam ein wenig zu spät, er setzte sich nach Tibet ab. Als die Autorin Liu Di, die »Maus aus Edelstahl«, am Apple Store in Sanlitun vorbei kam, hatte sie einen Einfall, ging wieder nach Hause und twitterte, morgen Mittag gebe es am Store einen »Flashmob«. Zwei Stunden später stand die Polizei vor ihrer Tür, sie wurde auf ein Polizeirevier gebracht, wo sie beharrlich beteuerte, das sei »alles nur ein Spaß« gewesen, doch man glaubte ihr nicht. Erst als in der Abenddämmerung des nächsten Tages die Geheimagenten, die stundenlang vor Ort auf der Lauer gelegen hatten, zurückkamen und berichteten, niemand sei dagewesen, wurde sie gezwungen, eine eingehende »Selbstkritik« zu schreiben, und danach auf freien Fuß gesetzt.

Und wenigstens zweihundert Dissidenten wurden mit einem schwarzen Sack über dem Kopf zu Hause oder von der Straße weg verhaftet, darunter Rechtsschutzanwälte wie Teng Biao, Jiang Tianyong, Tang Jitian oder Xu Zhizong, die überwiegende Mehrheit von ihnen trat für die allmähliche Entwicklung der Demokratie ein und stand gegen jede Art von Revolution. »Vermisst« war 2011 *das* Schlüsselwort im Internet. Nachdem wir bis spät in die Nacht gezecht hatten, ging mein alter Saufkumpan Ran Yunfei zu Hause in seinem Tran ins Internet. Da er ein öffentlich engagierter Intellektueller ist und wie alle diese Intellektuellen die schöne Tugend der Toleranz besitzt, verbreitete er mit einem Mausklick Gruppenposts der »Jasminrevolution« weiter, obwohl er sie eigentlich nicht für seriös genug hielt – ab dem nächsten Vormittag wurde er vermisst, die Polizei der Inneren Sicherheit hatte ihn zum Tee gebeten, er ging ordentlich gekleidet die sieben Stockwerke hinunter, seither fehlte von ihm jede Spur. Als seine Frau ihn nach mehreren Tagen immer noch nicht zurück sah, bekam sie eine solche Panik, dass sie vor den Toren der Schriftstellervereinigung der Provinz Sichuan zum Gebet niederkniete, dem Himmel ihr Leid klagte und Gott anflehte, ihr etwas über den Verbleib ihres Mannes zu sagen. Das lockte mehrere hundert Neugierige an und auch die Polizisten der 110, die sie zur Vernehmung zum nächstgelegenen Revier brachte – landesweit sind wegen eines solchen »Mausvergehens« Dutzende Personen wie Li Tiantian, Liu Guohui, Ding Mao, Zhu Yufu, Liao Shuangyuan, Huang Yanming, Feng Zhenghu, Lu Yongxiang, Xiao Yong, Zhang Jianping, Shi Yulin, She Wanbao, Liang Haiyi oder Chen Wei »vermisst worden«, manche hatten nur ein, zwei Fotos verbreitet.

Ich konnte von Glück sagen, dass mein Internetanschluss gekappt war, auch wenn ich mich ins Teehaus schlich und dort einen der Spielecomputer nutzte, hatte ich nicht den Nerv, mir dort fremde Mails anzusehen. Andernfalls – ein Augenblick der Unachtsamkeit und ich hätte mir mit dem rechten Zeigefinger ebenfalls ein »Mausvergehen« eingehandelt. Ran Yunfei war für ein gutes halbes Jahr in Geheimhaft, und weil er vor seinem Vergehen noch mit mir gegessen und getrunken hatte, wurde auch ich in die Sache hineingezogen und für eine Woche unter Hausarrest gestellt, zwei Polizeiautos parkten vor dem Haus, zum Einkaufen eskortierte mich die Polizei. Kaum waren diese Einschränkungen wieder aufgehoben, bohrte ich allen widrigen Umständen zum Trotz in Sachen Ausreise nach und der dicke Li murmelte eine Weile vor sich hin, bis er mir mitteilte, ich würde am 28. März benachrichtigt werden.

Erneutes Ausreiseverbot

Am 1. März veröffentlichten die Kommunisten das »Verbot der Nutzung von Internet und Ähnlichem für illegale Aktivitäten«, jedes Internet-Café hielt sich von da an strikt an das »Internet-Klarnamensystem«, die Geheimpolizei sorgte dafür, dass die Leute nichts dagegen unternehmen konnten, ich igelte mich eben zu Hause ein, wenn es etwas Dringendes gab, schrieb ich an Tienchi in Deutschland eine SMS und wir verabredeten eine Zeit zum Telefonieren. Am Nachmittag des 28. traf ich den dicken Li und noch einen anderen von der Inneren Sicherheit in einem Teegarten in der Nähe der Wohnung meiner Mutter.

»Die ›Garantieerklärung‹?«, sagte ich voller Ungeduld.

Die beiden warfen sich einen kurzen Blick zu und grinsten mich durchtrieben an.

»Gebt schon her, dass ich sie unterschreiben kann!«

»Nicht nötig«, meinte der dicke Li leise und zurückhaltend.

»Was heißt ›nicht nötig‹? Mit Sicherheit ist das nötig!«, bellte ich mit meiner übelsten Renegatenvisage, »nur wenn ich raus darf, erkläre ich mich mit irgendwelchen Bedingungen einverstanden.«

»Es gibt eben keine ›Garantieerklärung‹, ich wollte für dich ja eine erwirken, aber von oben kam neulich die Instruktion, dass du wieder Ausreiseverbot hast. Kurz gesagt, der politische Wind hat gedreht.«

»Die Jasminrevolution?«

»Sieh an, wie sensibel.«

»Damit habe ich nichts zu tun.«

»Auf den ersten Blick hast du damit nichts zu tun, aber wenn wir dich in dieser hochsensiblen Zeit, in der es um die Existenz unseres Landes geht, rauslassen und du veröffentlichst noch mal einen so genannten Zeugenbericht aus dem Gefängnis, tja, dann.«

»Ich garantiere, dass ich nichts veröffentliche.«

»Vergiss es, Liao, in ein paar Monaten sprechen wir noch mal darüber.«

»Das geht nicht. Ich habe schon die Visa und die Flugtickets, alles völlig legal, ich will raus.«

»Flugtickets kann man zurückgeben, abgelaufene Visa kann man neu beantragen, du bist eine international bekannte Persönlichkeit, das ist kein Problem.«

»Ich will raus!«

»Auf welchem Weg soll es denn rausgehen?«

»Durch die Beijinger Grenzkontrolle.«

»Liao, ich rate dir sehr, dich nicht trotzdem über die Grenze zu schlagen, diesmal wäre das wirklich etwas ganz anderes.«

»Wie anders wäre es denn diesmal?«

»Es wäre diesmal anders als beim letzten Mal. Letztes Mal haben wir dich vom Flughafen Shuangliu abgeholt, haben etwas mehr als drei Stunden auf dem Polizeirevier verbracht, gut gegessen und getrunken und dann haben wir dich nach Hause begleitet, das war doch recht großzügig, oder nicht? Aber die Westmedien haben das in kürzester Zeit hochgekocht, sie haben sich auf dich fokussiert und damit wie nicht normal kostenlose Werbung für deine Bücher gemacht.«

»Und wie wäre es dann also dieses Mal?«

»Dieses Mal wäre es unerlässlich, dass du für eine Weile verschwindest.«

»Wie lange?«

»Weiß ich nicht, ich weiß auch nicht, wo man dich hinsperren würde, deine Familie würde man erst informieren, wenn die Situation sich wieder entspannt und man oben findet, dass das in Ordnung geht.«

Ein kalter Luftzug kroch mir vom Rücken bis zum Scheitel, meine Wangen zuckten unmerklich. Die beiden von der Inneren Sicherheit standen auf: »Liao, jetzt weißt du, was Sache ist, nimm es, wie es ist. Sei klug und warte. Du und ich, wir haben jetzt schon zehn, zwanzig Jahre miteinander zu tun, selbst bei Schweinen und Hunden kommen da Gefühle auf, ich werde dich nicht zum Narren halten.«

Völlig aus der Fassung verabredete ich mit höchster Dringlichkeit Treffen mit Diplomaten des Amerikanischen und des Deutschen Konsulats, die gleichermaßen ihre Ratlosigkeit zum Ausdruck brachten. »Die Kommunistische Partei ist verrückt geworden«, deshalb sei wenigstens für die Zeit der Jasminrevolution jedes Gespräch über Menschenrechte abgelehnt, sie beharrten auf der Behauptung, »man schützt die sogenannten Menschenrechte nur vor, eigentlich will man, dass wir die politische Macht aufgeben«. Als ich den Kopf schüttelte und mir ein Lächeln abzwang, tröstete mich der deutsche Diplomat: »Weiter warten, weiter probieren, vielleicht wird es am Ende ein Drittland …« Ich war wie gelähmt und mir drehte sich alles.

All meine Hoffnung war an dieser Stelle nur noch eine Seifenblase. Ich ging zu meiner Mutter und schaute die *Gmail*-Korrespondenz mit meinem englischen Übersetzer Su Qin durch, die ich mir vor einigen Tagen kopiert hatte, das war wie aus einer anderen Zeit:

24. 2.: Mit Amerika (dem Literaturfestival) und Australien (dem Literaturfestival) stehe ich zurzeit in Kontakt, sie beabsichtigen, gemeinsam ein kombiniertes Ticket von China nach Amerika und weiter nach Australien für Dich zu kaufen. Das letztliche Ergebnis ist mir noch nicht zugegangen. Ich habe schon angerufen, um Druck zu machen.

Obwohl ich Sydney Deine Situation mitgeteilt habe, möchten sie trotzdem, dass Du in China ein Visum auf dem Postweg beantragst, sie haben an das australische Konsulat einen Brief geschickt mit der Bitte, dass sie sich Deiner annehmen. Ich habe gesagt, ich würde es Dir übermitteln.

Wenn es was Neues gibt, lasse ich Dich das sofort wissen.

Pass auf Dich auf!

27. 2.: Die Situation im Land ist gefährlicher als je zuvor. Ein Visumsantrag per Post ist ganz sicher nicht zu machen, es könnte gut sein, dass sich auf dem Postweg mein Pass auf rätselhafte Weise in Luft auflöst.

Mein alter Saufkumpan Ran Yunfei, ein besonders einflussreicher Autor politischer Kommentare, wurde vor einigen Tagen abgeholt. Vorvorgestern hat seine Frau die Nachricht erhalten, dass seine Anklage auf »Anstiftung zum Umsturz« lautet, wenn es dabei bleibt, bekommt er wenigstens zehn Jahre. Ich würde gern nach seiner Frau und seinem Kind sehen, aber die Polizei hat mir das in den vergangenen Tagen nicht erlaubt, stattdessen kommen sie jeden Tag vorbei und schauen nach, ob ich zu Hause bin. Verdammt nochmal, in welcher Welt leben wir eigentlich.

Die Australier sind gut, die behandeln das despotische China, als wäre es das freie Australien.

Was soll ich machen, ich werde mich weiter zu Hause einigeln und schreiben, bis wir uns sehen.

14.3.: Ich habe am Freitag letzter Woche über einen amerikanischen Offiziellen bei der Australischen Botschaft in Amerika angerufen und mich erkundigt, was wäre, wenn Du das Visum in Amerika beantragen würdest.

Sie haben gesagt, Du müsstest auf jeden Fall nach Washington, in anderen Städten bieten sie diesen Service nicht an. Und das Visum würde vier bis fünf Wochen Zeit brauchen. Wenn der PEN oder ein amerikanischer Offizieller sich schriftlich für Dich verbürgen würde, könnte es ein wenig schneller gehen, aber dafür garantieren könne man nicht. Sydney habe ich das alles nicht mitgeteilt, ich habe nur mit ihnen geredet, damit sie sich keine Sorgen machen.

Insgeheim hoffe ich allerdings immer noch, dass nach dem Ende von Volkskongress und Konsultativkonferenz die Situation besser wird, und frage mich, ob Du es nicht vielleicht doch noch im Land versuchen kannst. In China könntest Du vielleicht eine Vorzugsbehandlung durch das australische Konsulat erhalten. Du hast vorher schon einmal einen Antrag gestellt, darüber gibt es eine Notiz. In Amerika hier würde es um einiges bürokratischer ablaufen. Die ganze Angelegenheit würde uns einiges an Zeit kosten und Dein Programm hier beeinflussen.

Natürlich, wenn es in China nicht geht, dann kommst Du eben so her und wir sprechen noch einmal über alles. Wir sollten dann jemanden damit beauftragen.

15.3.: Wenn es noch wie früher wäre, wäre es unproblematisch, das australische Visum zu beantragen, ich wäre dafür einfach nach Beijing gefahren. Doch im Augenblick stehe ich unter zu strenger Beobachtung, die Polizei hat schon sehr deutlich gemacht, dass ich zu kooperieren habe, ich muss zu Hause bleiben, darf mich nicht öffentlich äußern, nur dann werden sie in Betracht ziehen, mich wieder ausreisen zu lassen. Und der Postweg wäre noch gefährlicher, ich möchte nicht riskieren, meinen Pass mit dem amerikanischen Visum dem Risiko auszusetzen, »sich in Luft aufzulösen«.

Mit den Flugtickets gibt es doch keine Probleme? Ich hoffe, ich werde am soundsovielten im nächsten Monat, wenn sich die Politik zwischendrin einmal eine Verschnaufpause gönnt, reibungslos ausreisen können.

23.3.: Die Flugtickets sind gebucht. Am 4.4. mittags um 12 Uhr fliegst Du mit der amerikanischen United Airlines nach San Francisco. Von Chengdu nach Beijing kauf bitte zunächst selbst. Du brauchst nur Deinen Pass.

Wäre es denn denkbar, dass Du Deine Ausreiseerlaubnis festmachen könntest? In New York hier kann man sonst für die Veranstaltungen des Literaturfestivals Deine Veranstaltungen nicht fix machen.

Alles Gute für dich.

23.3.: Fürs Erste haben sie meiner Ausreise zugestimmt, doch zuvor wird es noch ein Gespräch geben, sie wollen, dass ich etwas Schriftliches von ihnen unterschreibe.

Aber Du kannst alles fix machen.

Der Freund von mir aus Harvard hat gesagt, er wird Dich anrufen, um die Hochschultour festzulegen.

Ich schaute himmelwärts, atmete tief durch und legte mich hin. Ich war jetzt dreiundfünfzig Jahre alt und immer noch auf andere angewiesen, mein Leben war das Allerletzte. Mir gingen zahllose Gedanken durch den Kopf und wurden immer verworrener. Nach dem ursprünglichen Plan sollten die englische Ausgabe von *Gott ist rot* und die deutsche Ausgabe *Für ein Lied und hundert Lieder* nach meiner Ausreise erscheinen und beworben werden, jetzt konnte ich nicht ausreisen und die Polizei hatte schon durchklingen lassen, dass ich einer Strafe von etwa zehn Jahren ins Auge sehen müsse, sollte ich etwas publizieren. Ich war eine Geisel, eine Geisel der eigenen Bücher, war es das wert? Möglicherweise dachte Liu Xiaobo, dass es das wert war, Geisel des eigenen Denkens zu sein, deshalb suchte er Humanität und erntete Humanität, er hatte dafür den Friedensnobelpreis verdient. Aber ich fand das nicht zufriedenstellend, selbst wenn meine zwei Bücher dadurch, dass ich zum zweiten Mal in den Knast ginge, auf der ganzen Welt bekannt und über Generationen bleibende Klassiker werden würden, wollte ich dafür nicht einsitzen. Auf was also warten, hau einfach ab, und wenn du nicht raus kommst, hau ab nach Yunnan, in die weite Gebirgsgegend von Luquan, *Gott ist rot* hast du dort recherchiert und geschrieben, wobei dir Doktor Sun, der über zehn Jahre dort Wanderdoktor war, den Weg gewiesen hat. »Doktor Sun!« In meinen Augen wurde es hell, mit einem Satz war ich aus dem Bett: »Doktor Sun kennt das Grenzgebiet von Yunnan wie seine Westentasche, er wird sicher einen Weg wissen!«

Doktor Sun war einst in meine Angelegenheiten verwickelt worden, er wurde von der Nationalen Sicherheit von Yunnan in Kunming festgenommen, eine Woche lang rund um die Uhr verhört, um seine Beziehung zu mir genauestens darzulegen. Doktor Sun hatte schon einiges zu ertragen gehabt, aber das jetzt ging über alles vorher hinaus, er brach zusammen und gab danach auch seinen Traum auf, in unserer Zeit als Missionar im Namen Gottes in einer armen und entlegenen Gegend Menschen von ihren Krankheiten zu erlösen, er hatte in Amerika Asyl gesucht. Ich schrieb ihm eine SMS, im selben Augenblick schon hörte ich seine Stimme: »Hallo, ist da Lao Wei, ich bin Doktor Sun.«

Ich rief laut »Ja!«, dann redete ich wirr und planlos von meiner gegenwärtigen unschönen Situation und meinen Überlegungen. Doktor Sun sagte in aller Ruhe: »Wenn das so ist, musst du warten, bis ich von Amerika nach Thailand fliege und weiter nach Myanmar, ich suche persönlich einen zuverlässigen Schlepper, der mit dir die zwei Tage über die Bergpfade geht, die Linien der Grenzverteidigung umläuft und dann in einem Kleinlaster mitfährt, bis ich dir im Goldenen Dreieck zu Hilfe komme. Schätzungsweise wird dich das dreißig- bis fünfzigtausend Renminbi kosten.«

»Hat eure Kirche nicht die Beziehungen dafür?«

»Die Kirchen auf beiden Seiten stehen natürlich in engem Kontakt miteinander, aber wenn eine Kirche von der anderen Seite jemanden herausholen will, muss auch sie Geld für einen Schlepper bezahlen.«

»Dann, also, bis wann warte ich auf dich?«

»Jetzt haben wir Ende März, etwa Ende Juli bin ich in Myanmar. Ist dieses Telefon sicher?«

»Außer dir weiß nur Tienchi Liao in Deutschland davon.«

Geduldiges Warten auf die Katastrophe

Ein paar Stunden später ging ich einkaufen. Auf einem Bauernmarkt kaufte ich am Stand einer Marktfrau, der ein Arm fehlte, Gemüse, am Stand eines Fleischhändlers mit nur einem Auge ein Pfund durchwachsenes Schweinefleisch, zu Hause wollte ich »Zweimal gekochtes Schweinefleisch« machen und mich so mit einem guten Essen belohnen und wieder auf Vordermann bringen. Auf einmal wurde der trübe Himmel hell, die letzten Strahlen der untergehenden Sonne stachen zwischen zwei Wolkenkratzern durch, ich kniff unbewusst die Augen zusammen und genau in diesem Moment fuhr ein Wagen von hinten in mich hinein, ich sprang mit einem Schrei gerade so noch zur Seite und knallte mit dem Hintern gegen eine junge Frau, die vor einem Laden Kerne knabberte. An meinem Ohr krachte es dröhnend, das durchwachsene Schweinefleisch war ein paar Meter weitergeflogen. Der Wagen des Verrückten aber fuhr nicht die Spur langsamer, er raste noch zig Meter auf dem Fußweg weiter, dann erst ging es mit Karacho wieder auf die Straße zurück, Drachen aus Qualm erhoben sich und weg war er.

Bis ich mich hochgerappelt hatte, hatte die erschrockene junge Frau schon die Tür hinter sich zugemacht, übrig war nur ein Boden voller Sonnenblumenkerne. In Grüppchen waren ein paar Schaulustige mit ausdruckslosen Gesichtern zusammengekommen, genau wie die Gaffer in Lun Xuns *Wahrer Geschichte des Ah Q*, die sich an seiner Enthauptung delektieren. Mein rechtes Bein lahmte, ich schob sie also beiseite und hüpfte auf einem Bein bis unter einen Postkasten mit fleckigem Anstrich, wo ich mein Fleisch wieder einsammelte, dann hielt ich winkend eine Fahrradrikscha an und fuhr nach Hause.

Die ganze Nacht saß ich da wie das Kaninchen vor der Schlange. Wer provozierte Verkehrsunfälle? Die Innere Sicherheit? Die Nationale Sicherheit? Ein reaktionärer Literat, der nicht mehr als das Allernötigste hatte, konnte doch den Staatsapparat nicht wirklich so weit bringen, vielleicht war es einfach nur ein Blödmann, der besoffen Auto fuhr. Leider hatte ich das Kennzeichen nicht so schnell erkannt und so konnte ich es nicht der Polizei melden.

Ich quälte mich herum, bis die Sonne schon hoch stand und Mutter und Schwester unten herumspektakelten, ich schob den Vorhang zur Seite und gab ihnen Antwort, danach zog ich mich unter Schmerzen in meinem Bein angemessen an, ging hinunter und fuhr mit ihnen in unseren mehrere hundert Kilometer entfernten Stammsitz Lijiaping in der Gemeinde Fenghe im Kreis Yanting. Vor dem Lichtfest Anfang April die Gräber der Familie herzurichten und den Ahnen Opfer zu bringen ist eine Tradition, die man in China seit Jahrtausenden pflegt. Du Mu[122], ein Dichter der späten Tang-Zeit, schrieb schon darüber: »Lichtfest, wie der Regen fällt, auf dem Weg bricht Trauer manches Herz«.

Mein Schwager Wang Lu, ein Kerl aus der Provinz Shandong, über eins achtzig groß und dabei sanft wie eine Katze, saß am Steuer. Meine Schwester beschwerte sich: »Letzte Nacht hat Wang Lu geschnarcht, dass die Wände gewackelt haben, ich konnte ewig nicht einschlafen, nach einem Tritt war für ein paar Minuten Ruhe, dann hat er sich umgedreht und angefangen zu grunzen. Ich war mit Mühe ein bisschen eingeschlummert, auf einmal standen unser Vater und unsere ältere Schwester neben dem Bett, ich vermute, ihnen ist im Jenseits das Geld ausgegangen, deshalb sollten wir heute etwas mehr Papiergeld verbrennen.«

Wang Lu lachte einfältig und sagte, dein Vater hat doch gern Mahjong gespielt, bald kommen wir in die Kreisstadt, wir könnten auch ein Mahjongspiel aus Papier für ihn kaufen. Meine Schwester sagte: »Halt die Klappe, Vater konnte dieses falsche Zeug nicht ausstehen, wenn wir etwas verbrennen, dann nur ganz authentisches Papiergeld.«

Mutter war mit ihren Gedanken ganz woanders und ich für mein Teil schlief den ganzen Weg über. Irgendwann murmelte Mutter: »Die Toten sind leicht zufrieden, man kommt einmal im Jahr und gut ist es, nur wegen Ermao, diesem Mensch, zernage ich mir das Herz.«

Mittags erreichten wir die Kreisstadt Yanting, fuhren über die Mijiang-Brücke, kauften vor dem neu gebauten Leizu-Tempel eine Rolle Räucherstäbchen, Kerzen und Papiergeld und zwei große Packen Böller, dann fuhren wir weiter in die Gemeinde Fenghe. Vor neun Jahren war Vater in einem Sarg zurückgebracht worden für die Beerdigung, und etwas später hatte ich den hiesigen Fengshui-Meister Luo Tianwang im hohen Alter von neunzig Jahren nach einem Kotau auch interviewt, wodurch ich ganz unverhofft zu einem Text über »Totenrufer« kam. Niemand hätte damals gedacht, dass mich die englische Übersetzung von »Die Totenrufer« später einmal im Westen schlagartig bekannt machen würde.[123]

Meine Schwester sagte: »Luo Tianwang ist vor drei Jahren gestorben, er war sechsundneunzig Jahre alt.«

Ich sagte: »Interessante Menschen kommen in den Himmel, vielleicht spielt Luo Tianwang jetzt gerade mit Vater und unserer Schwester Mahjong.« Alle mussten lachen, obwohl man das Gefühl hatte, eigentlich sollte man nicht lachen. Mutter sagte: »Ermao, dein haltloses Mundwerk wird dich noch in Teufels Küche bringen.«

Schließlich erreichten wir unseren Heimatort, neben der Fernstraße war ein sehr schmaler Abhang, den wir hinunterrutschten, wir überquerten ein schlammiges Feld, eine Brücke, zuletzt fuhren wir einen kurzen Abhang wieder hinauf und der Wagen stand am Eingang zum heruntergekommenen alten Hof der Familie Li. Spiegelgleich zum alten Hof mit seiner fast hundertjährigen Geschichte gab es ein vollständig renoviertes Ahnengrab, an dessen Rücken sich ein sattgrüner Höhenzug schmiegte und das nach vorne auf einen plätschernden Bach und eine trapezförmige Fläche hinausschaute, das war von äußerster Imposanz und es war das letzte geomantische Meisterwerk von Luo Tianwang. An diesem Ort haben Vater, unsere ältere Schwester, Großvater, Großmutter, Urgroßvater und der an einer Krankheit verstorbene Mann einer Cousine ihre letzte Ruhe gefunden. Wir zündeten Kerzen an, stellten Räucherstäbchen auf und verbrannten Papiergeld, und als wir dann vor den brennenden Räucherstäbchen still und mit geschlossenen Augen beteten, formulierte jeder für sich einen Herzenswunsch, der niemandem erzählt werden durfte. Mein Herzenswunsch war die Flucht, beziehungsweise der Abschied für immer. Ich sagte zu Schwester und Vater: »Wenn ich in den nächsten Jahren aus bestimmten Gründen nicht mehr kommen kann, nehmt es mir bitte nicht übel.« Im Jenseits, hatte ich das Gefühl, lächelten Schwester und Vater, mir kribbelten Kopfhaut und

Stirn, vermutlich weil sie mich mit ihren Händen sanft streichelten und tätschelten.

Die Böller machten einen ohrenbetäubenden Lärm. Ich konnte die Tränen nicht zurückhalten.

Auf dem Rückweg erreichte mich ein Anruf von Zhongzhong, dem Restaurantbesitzer, er fragte, ob ich in nächster Zeit nach Beijing fahren werde. Ich sagte, ursprünglich hätte ich über Beijing nach Amerika fliegen wollen. Zhongzhong sagte, das interessiere ihn nicht, er wolle mich nur erinnern, dass am Scherztag des ersten April Liu Xias Geburtstag sei und Xiaobo noch immer im Gefängnis, ob ich käme. Ich sagte sofort zu. Doch Zhongzhong meinte weiter, seit Xiaobos Nobelpreis stehe sie unter Hausarrest, wir würden sie nicht sehen können.

Ich sagte: »Wozu soll ich dann kommen?«

Und Zhongzhong sagte: »Du bist jetzt eine berühmte und du bist eine laut vernehmbare Stimme, wie wäre es, wenn wir an ihrem Geburtstag bei ihrem Haus unten zu ihr hinauf rufen?«

Am 31. flog ich also nach Beijing, machte mich sofort auf zu Zhongzhongs »Suppenschüssel« und stopfte mich erst einmal richtig voll. Am Mittag des nächsten Tages wieder nüchtern, warnte man uns aber, das Restaurant sei voll Innerer Sicherheit, da war nichts zu machen, wir mussten unsere schräge Idee des Besuchs bei Liu Xia fallen lassen. Und weil ich nun nichts zu tun hatte, ging ich mit Zhongzhongs Computer ins Internet und verschickte bei der Gelegenheit einen offenen Brief:

> Liebe Freunde,
> ursprünglich wollte ich am 4.4. nach Amerika, für eine Lesereise mit meinem neuen englischen Buch *God is red*, das in Kürze bei HarperCollins erscheint, und mit dem bei Random House erschienenen *The Corpse Walker*[124], doch am 28.3. kam von der Polizei erneut ein Verbot, ich darf das Land nicht verlassen.
>
> Mein ursprünglicher Plan war, San Francisco, Chicago, Boston, New York, Washington und viele andere Städte zu besuchen, zudem sollte ich in Harvard, Yale und an vielen anderen Universitäten Vorträge halten, aus meinen Texten lesen und Musik performen, auf Einladung zugleich an ei-

nem New Yorker Literaturfestival teilnehmen und mit Schriftstellern aus aller Welt über »zeitgenössische Literatur und historische Zeugenberichte« sprechen. Jetzt muss ich das alles vollständig canceln.

Auch in Australien wird mein neues Buch veröffentlicht werden, den Plan, von Amerika aus Australien zu besuchen, muss ich ebenfalls canceln.

Seit ich im letzten Jahr von meinem Besuch in Deutschland zurückgekehrt bin, stehe ich unter Überwachung, viele Male hat die Polizei mich zum Teetrinken geladen, auch mein Schreiben wird ständig unterbrochen und jetzt wurde mir aus Gründen der nationalen Sicherheit erneut verboten, das Land zu verlassen.

In den vergangenen etwas mehr als zehn Jahren habe ich sechzehnmal mein Recht auf Ausreise in Anspruch nehmen wollen, einmal hatte ich Erfolg, fünfzehnmal bin ich jetzt gescheitert.

Euch möchte ich vielmals für Eure langjährige Fürsorge danken,

Liao Yiwu

Mein letztes Ziel wäre Deutschland gewesen und dort die Veröffentlichung von *Für ein Lied und hundert Lieder*, das mir schon so viel Ärger eingebracht hatte. Aber ich durfte die Polizei nicht zu sehr provozieren und das alles preisgeben. Danach machte ich dann mein Handy aus und lief zu den Chaoten der Beijinger Kunstlagerhallen 798 im Bezirk Dashanzi, wo ich die Künstlerbrüder Gao und den Künstler Wu Wenjian aufsuchte, weiter ging es mit Wu Wenjian nach Tianjin, dort verdrückten wir uns in ein Wirtshaus und soffen die Nacht durch. Mein Stick-Rekorder lief wieder die ganze Zeit. Wu Wenjian, der sieben Jahre im Gefängnis gesessen hatte, war einst der Führer gewesen für meine Interviews mit einfachen Bürgern des Landes, die während der Zeit des Vierten Juni gegen die gewaltsame Unterdrückung opponiert hatten. Ohne ihn würde *Die Kugel und das Opium* nicht existieren. Ich sagte zu ihm: »Wu Wenjian, du musst diesen Albtraum hinter dir lassen, lass die viele Wut und führ ein gesünderes Leben.«

Wu Wenjian sagte: »Mit mir ist alles in Ordnung, das Leben der vielen, denen sie Todesstrafe auf Bewährung, lebenslänglich, zehn oder zwanzig Jahren gegeben haben, ist zerstört.«

Ich sagte: »Du bist du, lass das zerstörte Leben der anderen nicht auch dein Leben zerstören.«

Wu Wenjian begann zu weinen, gleich darauf lachte er und sagte: »Keine Sorge, keine Sorge, aber wieso führen wir heute Nacht so ernste Reden und geben uns gut gemeinte Ratschläge?«

Ich erinnere mich, dass ich noch Flöte gespielt und auf der Tischplatte trommelnd das Lied »Der Yang-Pass mit drei Refrains« von Wang Wei[125] aus der Blütezeit der Tang-Dynastie gesungen habe:

»Weicheng, Staub weicht Morgenregen ein,
der Schänke grüne Weiden scheinen neu.
Trink mit mir noch einen Becher Wein,
Westlich vom Yang-Pass wird kein Freund mehr sein.«

Und Wu Wenjian erwiderte: »Wenn es das Vaterland nicht mehr gibt, werden die Freunde noch sein, mein Bruder, was geht dir durch den Sinn?«

Am Vormittag des 3. April kam es zu einer großen Sache, der höchst populäre chinesische Künstler Ai Weiwei hielt gegen alle Warnungen der Inneren Sicherheit eisern daran fest, am Beijinger Flughafen »die Barriere zu durchbrechen«, er wollte für eine Ausstellung nach Taiwan fliegen – das Ende vom Lied: Auch er war auf der Stelle »vermisst geworden«, von einem Augenblick auf den anderen wusste niemand mehr irgendetwas über seinen Verbleib. Als der Künstler Meng bei mir aufkreuzte, um mir von Ai Weiweis Verschwinden zu berichten, lief mir vor Angst sofort der kalte Schweiß aus allen Poren, ich konnte von Glück sagen, dass ich die Zeichen der Zeit erkannt und nicht den Plan gefasst hatte, am 4. April denselben Blödsinn zu machen. Für Ai Weiwei wie für seine Familie war das keineswegs normal, sein Vater Ai Qing[126] war der berühmteste Dichter in der Mao-Ära und mit dem Räubergeneral Wang Zhen sehr eng, und selbst ihn hatte sich die Obrigkeit nun gegriffen, es war so klar, dass sie vollkommen rot sahen …

Der gute Meng konnte tief in mein Herz sehen und zog plötzlich ohne jede Vorwarnung eine Scheckkarte aus der Tasche, von einer kleinen Regionalbank in der Provinz Henan, er sagte, wo das nun mit Ai passiert sei, habe er als Erstes gleich an mich gedacht, mit dieser Karte hätte ich zwanzigtausend Kuai: »Nimm sie für den Anfang. Wenn es nicht reicht, sag Bescheid und ich pack noch mal was drauf.«

Ich sagte: »Ich habe Geld.«

Er sagte: »Wenn du mit deiner eigenen Karte Geld holst, wird das sofort registriert und anhand der Daten können sie jeden einzelnen deiner Wege nachvollziehen.«

Ein guter Punkt, ich nahm die Karte, legte dankbar eine Faust in die andere Hand, verbeugte mich und vertraute Meng einen Koffer an. Meng sagte: »Sei ganz ruhig, ich übergebe ihn einem absolut vertrauenswürdigen Ausländer, er wird auf jeden Fall sicher nach Deutschland kommen.«

Ai Weiwei blieb einundachtzig Tage vermisst, bis er freigelassen wurde und nach Hause zurückkehrte, sein Reisepass wurde konfisziert, er hatte über dreißig Pfund abgenommen, wirkte erschöpft und zehn Jahre älter, ich meinerseits war mittlerweile nach Berlin geflohen. Als er erfuhr, dass ich davongekommen war, erzählte Meng, riss er seine zusammengekniffenen Augen weit auf und rief mehrmals »sowas, sowas«, dann versank er wieder in seiner Welt. Zwei Wochen später war Jakob, der Mitarbeiter des Berliner Literaturfestivals, in Beijing, suchte ihn auf und fragte, ob er Liao Yiwu, der nun kürzlich ja seine Freiheit erlangt habe, irgendetwas mitteilen wolle. Ai riss eine Seite aus seinem Notizbuch und schrieb nur die zwei Schriftzeichen für »Freiheit« darauf – nach vier Jahren voller Verbote kam dann auch er nach Berlin und ich gab ihm in einem Bilderrahmen seine »Freiheit« zurück.

Anders als Ai Weiwei, dieser große, dicke und vor Esprit sprühende Komödiant, hatte Liu Xia, die kleine, schmächtige und schon seit langem schlaflose Tragödin, ihr Übel vorhergeahnt. Liu Xiaobo war wegen der von ihm entworfenen *Charta 08* noch nicht lange im Gefängnis, da besuchte die bekannte Dokumentarfilmerin Ai Xiaoming sie eines Nachts heimlich. Ai Xiaoming fragte sie damals: »War Ihnen klar, dass etwas passieren wird?«

Liu Xia antwortete: »Mir schwante etwas lange vorher. Seit der erste Entwurf der *Charta 08* hier im Haus war und Xiaobo begann, sich in die Korrekturen zu vertiefen, war mir klar, dass das nicht gutgehen konnte.«

»Haben Sie gelesen, was drinsteht?«

»Ich habe mich nicht dafür interessiert, trotzdem war mir klar, dass das nicht gutgehen konnte. Ich habe Xiaobo gewarnt, aber es war nutzlos, da war nichts zu machen, mir blieb nur, wie schon früher einige Male, geduldig auf die Katastrophe zu warten.«

Die Solidarität Salman Rushdies

Ich verdrückte mich von Beijing zurück nach Chengdu, ich war elend und furchtsam wie ein herrenloser Hund. Eines Tages sortierte ich meinen Geldbeutel und hatte plötzlich eine Telefonnummer in den Fingern, eine Weile strich ich mir ein ums andere Mal über die Stirn, dann erinnerte ich mich an Liu aus Wenshan. Und im nächsten Augenblick schon stand mir der ganze letzte heimliche Grenzübertritt nach Yunnan wieder deutlich vor Augen. Mir ging ein Licht auf, ich raste nach unten und schaute mich in der Kreisstadt Wenjiang nach einem der kleinen Gemischtwarenläden mit öffentlichem Telefon um.

Ich wählte, es war zwei Jahre her, trotzdem ging es durch und die Stimme klang nach Yunnan: »Wer da?«

»Ist da Liu? Ich bin Liao.«

»Liao? Ah ja, ja, der Herr Lehrer Liao. Sind Sie in Hekou?«

»Nein, in Chengdu. Ich wende mich an Sie in einer dringenden Angelegenheit.«

»Ah ja, ja, wenn es so ist, dann machen wir es nicht über diese Nummer.«

Und Liu nannte mir gleich eine andere. Gut zehn Minuten später war ich in einem anderen Gemischtwarenladen und wählte erneut. Liu hatte noch mal eine andere Nummer für mich. Ich ging wieder in einen anderen Laden, wählte erneut und erst jetzt waren beide Seiten entspannt genug.

»Die Nummer jetzt ist eine Verbindung nur für Sie«, sagte Liu.

»In Ordnung, ich werde ebenfalls eine Verbindung nur für Sie organisieren.«

»Nicht so kompliziert, Sie kommen am besten wie beim letzten Mal her und machen mich ausfindig, oder auch jemand anderen, irgendjemand kann Sie immer über den Fluss rudern.«

»Dieses Mal möchte ich über die Brücke gehen.«

»Haben Sie Pass und Visum?«

»Ja.«

»Dann brauchen Sie mich nicht.«

»Es geht auch mit Pass und Visum nicht, deshalb brauche ich Sie.«

»Sie handeln aber nicht mit Rauschgift?«

»Nein.«

»Und auch sonst liegt nichts gegen Sie vor?«

»Nein.«

»Ah ja, ja, ich werde darüber nachdenken.«

»Unsicher?«

»Diese Sache kommt mir ein wenig merkwürdig vor, ich muss mir Klarheit verschaffen.«

»Gut, gut, bleiben wir in Verbindung.«

Das Handy in meiner Tasche piepte. Ich hängte das öffentliche Telefon ein, warf, während der Ladeninhaber mich erstaunt ansah, fünf Kuai hin, sagte kurz »stimmt so!«, und nahm erst beim Gehen den Anruf entgegen.

Es war ein Beijinger Korrespondent der amerikanischen Nachrichtenagentur Associated Press, der mich zu meiner erneuten Ausreisesperre interviewte. In den nächsten Tagen gab es zig Interviews mit Amerika und Australien. Es hieß, der renommierte Rushdie habe sogar in der *New York Times* einen Artikel veröffentlicht, in dem er für Liu Xiaobo, Ai Weiwei und mich in einem Aufwasch seine Solidarität bekundete, wobei ich allerdings noch draußen war und die andern beiden saßen, was einen himmelweiten Unterschied macht.

Dann erfuhr ich, dass sowohl beim Literaturfestival in New York als auch in Sydney bei der Eröffnungszeremonie für den armen Hund Liao, der trotz Einladung nicht vor Ort sein konnte, ein leerer Stuhl aufgestellt werden würde, und von so viel unerwarteter Gunstbezeigung überwältigt griff ich schließlich zum Stift und schrieb »Worte des Dankes an das Internationale Literaturfestival von New York und an Herrn Salman Rushdie«:

Salman Rushdie wurde einst wegen seiner *Satanischen Verse* von dem iranischen Staatschef Khomeini für vogelfrei erklärt, sein Kopf sollte fünf Millionen amerikanische Dollar wert sein.

In den 1980er Jahren war ich noch ein junger Dichter, aber als ich mir zum ersten Mal seines Namens bewusst wurde, war ich sogleich tief bewegt. Dass ich nun zum zweiten Mal eine Einladung von einem so mutigen Schriftsteller erhalten darf, ist für mich eine extreme Ehre, auch wenn ich den weiten Ozean nach New York nicht überqueren darf. Auch wenn ein Staatskäfig mich gefangen hält. Auch wenn meine Freunde Ran Yunfei, Liu Xiaobo und Ai Weiwei zur gleichen Zeit Schreckliches durchmachen.

Liebe Schriftsteller des New Yorker Literaturfestivals, die Ihr Euch für mich einsetzt, wir werden uns nicht sehen können, aber unsere Herzen werden für immer verbunden sein.

2010 gab es an einem gewissen Versammlungsort in Norwegen bereits einmal einen leeren Stuhl, für meinen alten Freund, für Herrn Liu Xiaobo.

Ich wünschte, mein Schreiben, meine Zeugnisse von der chinesischen Geschichte und Gegenwart, könnten jenem leeren Stuhl, den Ihr bei der Eröffnungszeremonie für mich aufstellt, tatsächlich gerecht werden.

Mit bestem Dank Euch allen,

Liao Yiwu, chinesischer Schriftsteller

Salman Rushdie schrieb sehr schnell einen Brief zurück:

Lieber Liao Yiwu,

durch die Innovativität und die Lebendigkeit, die Ihr Schreiben über die chinesische Geschichte und Gegenwart aufweist, haben Sie auf der ganzen Welt viele Bewunderer gewonnen, auch hier in Amerika gibt es sehr viele, natürlich werden Sie dem leeren Stuhl in höchstem Maße gerecht.

Insofern als dieser leere Stuhl symbolisch dafür steht, dass die chinesische Regierung Ihre Stimme zu unterdrücken versucht, darf es keinerlei Zweifel daran geben, dass Sie und genauso Ihre Gesinnungsgenossen Liu Xiaobo, Ai Weiwei, Ran Yunfei und zahlreiche andere Schriftsteller, Künstler und Persönlichkeiten des öffentlichen Lebens auf keinen Fall so behandelt werden dürfen – sie alle werden derzeit von der chinesischen Regierung ebenfalls unterdrückt und haben keine Möglichkeit, vor dem Publikum Ihres Landes und dem Publikum der Welt ihre Stimmen zu erheben.

Um es kurz zu sagen: Wir denken an Sie. Seit Monaten haben wir uns darauf gefreut, Sie hier beim PEN American World Voices Festival 2011 in New York begrüßen zu dürfen und Sie bei zwei der Hauptveranstaltungen dort zu hören. Dass Ihre Regierung Ihnen die Teilnahme verwehrt, verletzt nicht nur ein weiteres Mal Ihre von den chinesischen Gesetzen und dem Völkerrecht geschützten Rechte auf Freiheit des Schreibens, freie Meinungsäußerung und Reisefreiheit, sondern es verletzt ebenfalls unser Recht, Sie persönlich zu sehen und zu hören. Wir sind der Meinung, Ihr Fehlen – nun, ich denke, es ist der beste Beweis dafür, wie mächtig Ihr Schreiben tatsächlich ist.

Sie sollen wissen: Ich stehe mit allen Kollegen des PEN America auf Ihrer Seite; wir werden weiterhin gegen jedes Bestreben, Ihr freies Schreiben einzuschränken, protestieren.

Salman Rushdie

Nachdem ich das gelesen hatte, machte ich entschlossen den Computer aus und verließ das Teehaus. Mein Handy meldete sich wieder, aber ich schaltete es aus, ich nahm jetzt keine weiteren Interviews mehr an.

Ich schickte eine SMS an die Polizei und teilte mit, dass ich nach Yunnan fahren werde, der dicke Li schrieb zurück, er sei einverstanden. Daraufhin packte ich, insbesondere steckte ich alte Fotos von Vater und von meiner älteren Schwester jeweils in das *Buch der Wandlungen* bzw. die *Aufzeichnungen des Historikers*, die beiden alten Bücher, die ich auf längeren Reisen immer bei mir haben musste, damit ich alle die von mir so bewunderten Größen der chinesischen Tradition bei mir hatte.

Ich kaufte ein Schlafwagenticket zweiter Klasse für drei Tage später, für die Strecke Chengdu Nordbahnhof nach Guangtong in Yunnan, einem kleinen, von der Provinzhauptstadt Kunming noch einige Stunden Fahrt entfernten Bahnhof auf dem Gebiert von Chuxiong. Gewöhnlich stieg ich in Guangtong dann in einen Fernminibus nach Dali um, das sparte Zeit.

Als Nächstes machte ich meine Neubauwohnung, in der ich noch keine drei Jahre gewohnt hatte, gründlich sauber, verschloss Türen und Fenster, Sofa und Tisch verhängte ich mit Tüchern, um sie vor Verschmutzung zu schützen. *The Corpse Walker* hatte mich im Westen über Nacht bekannt gemacht, von dem, was ich über Jahre gespart und was ich als erstes Autorenhonorar bekommen hatte, habe ich am fernen Ende der Stadt diese geräumige Bleibe erworben, etwas, wovon ich vorher nicht einmal zu träumen gewagt hatte, vier Zimmer und zwei Bäder, mehr als einhundert Quadratmeter, dazu habe ich selbst noch mit großer Sorgfalt eine Mansarde ausgebaut und hergerichtet. Durch das große Erdbeben in Sichuan 2008 waren am Dach zwar mehrere Risse entstanden, doch dank der Ausbesserungen gab es keine größeren Unannehmlichkeiten. »In diesem Leben wollte ich eigentlich nicht mehr woanders hin.« Seufzend setzte ich hinzu, »aber der Mensch denkt und der Himmel lenkt, verdammte Scheiße«.

Weil ich schlechter Stimmung war, fuhr ich in die Stadt und besuchte Liu Shahe, einen alten, in der Provinz Sichuan weithin bekannten Mann mit einer langen persönlichen Geschichte. 1957 wurde dieser Herr zu einem der wichtigsten, vom Despoten Mao Zedong namentlich kritisierten Rechtsabweichler und musste mehr als zwanzig Jahre Umerziehung durch körperliche Arbeit über sich ergehen lassen, kehrte erst Anfang der 1980er Jahre auf einen Redaktionsposten bei der Lyrikzeitschrift *Sterne* zurück. Auch ich war in dieser Zeit auf Probe bei den *Sternen* angestellt und konnte viel von ihm lernen; dann kam ich ins Gefängnis, wurde wieder entlassen und befand mich in einer extremen Notlage, aber Herr Meng ließ mich nicht hängen und so konnte ich noch mehr lernen. Heute nun war meine Zukunft unklarer denn je, mein Gesicht sprach Bände von diesen Sorgen, Herr Liu legte sein Buch zur Seite, sah mich von oben bis unten prüfend an und bestand am Ende darauf, dass ich zum Essen bliebe. Seine Gattin gab eiligst zusätzlich Reis in den Topf und erklärte, es gebe eine besonders gut zum Reis passende Suppe mit fermentierten schwarzen Sojabohnen. Ich fühlte unbeschreibliche Wehmut in mir und lehnte ab mit den Worten: »Ich habe schon gegessen«. Doch die alte Dame lachte: »Ihre Augen sagen etwas anderes.« Ich lachte ebenfalls: »Im Alter von zwei Jahren traf mich die große Hungersnot, ich wäre fast verhungert, deshalb sind meine Augen immer hungrig, auch wenn der

Bauch es nicht ist.« Die alte Dame folgerte daraus, es fehle noch an Gemüse, steckte den Kopf tief in den Kühlschrank und förderte alles mögliche Grünzeug zu Tage.

Während wir auf das Essen warteten, kam Herr Liu ganz zufällig auf den Abschnitt »Baum auf dem Berg« im Buch *Zhuangzi, Exoterisches*[127] zu sprechen, darin gibt es eine Anekdote über den Eremiten Lin Hui, der auf der Flucht einen sehr wertvollen Jadeanhänger zurücklässt und dafür aus einer verfallenen Ruine ein Findelkind mitnimmt – zwei Jahre später erhielt ich den Friedenspreis des Deutschen Buchhandels und in meiner Preisrede zitierte ich diese Anekdote, um zu zeigen, dass die historische Wahrheit wie ein solches Findelkind ist, sie braucht jemanden mit Herz wie Lin Hui, der nicht zuerst an praktischen Nutzen oder Schaden denkt, sondern sie aufhebt, sie hegt und pflegt und die Aufgabe ihrer Tradierung schultert – damals allerdings befürchtete ich, der alte Herr könne hinter meine Pläne kommen, wechselte das Thema und bat ihn um eine Kalligraphie. Er krempelte die Ärmel hoch und ging in ein anderes Zimmer, nach kurzer Zeit standen sehr lebendig die vier Schriftzeichen »müde Vögel finden heim« auf dem Papier, jedes Schriftzeichen handtellergroß, Zweige und Stamm mit großer Kraft, das war aus dem Gedicht »Zurück nach Hause« des Eremiten Tao Yuanming aus der Jin-Zeit, dort heißt es: »Ohne Absicht steigen Wolken über Gipfel, müde Vögel finden heim.« Tao Yuanming verabscheute die düstere Politik seiner Zeit, hängte Beamtenhut und -siegel an den Nagel und floh noch in derselben Nacht vom Hof an seinen Heimatort, wo er fortan in der Abgeschiedenheit der Berge lebte.

Meine verborgenen Pläne ließen mich nun noch mehr glauben, der alte Herr wolle dem Jungspund mittels der Anekdote vom Rückzug und der Heimkehr Tao Yuanmings eine Ermahnung mit auf den Weg geben »heimzufinden«. Bis er erneut in das Zimmer ging und rechts von den vier großen Schriftzeichen in der gleichen Weise in kleinerer Normalschrift festhielt: »Lesen und Schreiben entspricht am meisten deinen Anlagen und das ist auch deine Berufung.« Jetzt erst entspannte ich mich.

Das Leben als Roman

Als ich die alte Stadt Dali erreichte, dämmerte es bereits, wie gewöhnlich suchte ich mir in der Südtorsiedlung am Fuß des Cang-Gebirges einen bäuerlichen Gasthof. Noch bevor ich mich aber ausstrecken konnte, kam mir ein Anruf des dicken Li von der Inneren Sicherheit in Chengdu hinterher, in dem er mir schon wieder einschärfte, bald sei ja der Vierte Juni, ich solle mich bedeckt halten und keinen Ärger machen. Ich hielt mich im Zaum, sagte »hmm, hmm«, und bohrte dann selbst nach, wann ich denn nun in die Freiheit hinaus könne. Der dicke Li sagte, »solange du dich durchgehend bedeckt hältst, bedeckt bis zum Schluss, wird es keine Frage sein, dass du in die Freiheit hinauskommst«. Ich murmelte ein kurzes: »Verdammt!« Der dicke Li verstand: »Es langt!«, er lachte mies.

Deprimiert legte ich mich hin, um Mitternacht wachte ich auf und spazierte zwei Runden durch die Altstadt, immer noch nicht müde, überquerte ich weiter die Straße und folgte dem Weg in die Berge, im Mondlicht stieg ich in die Cang-Berge. Ich bog mehrmals ab, dann trat ich aus den schwankenden Baumschatten und kam durch einige Grabhügel. Das »Frag die Cang-Berge« ist eben so entstanden, zu jener Zeit gab es noch meinen kleinen Shar-Pei Qiuqiu, sobald wir auf dem Berg waren, sprang er munter hin und her, und einmal zog er hinter einem Grab einen einzelnen morschen Knochen hervor, ich befahl: »Lass fallen!«, doch er gehorchte nicht und schoss mit dem Knochen im Maul davon, ich schnaubte ärgerlich, hob einen Stein auf und warf nach ihm – und jetzt gab es ihn nicht mehr, alles war nur noch eine schöne Erinnerung. Ich zog einen Flachmann heraus und nahm ein paar Schluck, legte den Kopf in den Nacken und sah, wie über dem Gipfel eine dieser legendären Schau-nach-dem-Manne-Wolken wie ein Segelboot vom anderen Ende des tiefen Tals quietschend vorbeizog, Qiuqiu hockte am Bug. Ich stieß einen langen Seufzer aus, machte kehrt, stieg hinab und taumelte in den Gasthof zurück, fiel mit den Kleidern ins Bett und war sofort weg.

Als ich meine Augen wieder aufmachte, stand die Sonne bereits im Westen, ans Bettende gebeugt kramte ich mein zweites Handy heraus und rief den Unterweltler Liu an, ich erkundigte mich, wie er vorangekommen sei, Liu antwortete: »Bin dran!«, und legte auf. Eine halbe Ewigkeit sagte ich noch: »Hallo hallo!«, doch keine Antwort. Was sollte ich machen, ich kramte ein drittes Handy heraus und schickte Tienchi in Deutschland eine SMS, erst danach fiel mir ein, dass dort ja noch mitten in der Nacht war.

Ich fühlte mich leer und so kehrte ich zu meinem ersten, offiziellen Handy zurück, ich wollte mit dem Schriftsteller Yang Pigui aus Henan, der am Erhai-Seehafen Caicun lebte, was trinken. Yang Pigui konnte sich am anderen Ende vor Freude kaum fassen und sagte sofort, treffen wir uns gleich bei der Kneipe »Zum Kamelhöcker« am Fuß der Stadtmauer. Fast hätte ich gesagt, beim Kamelhöcker gibt es zu viele Spitzel, doch ich verkniff es mir.

Damit begann wieder das benebelte Leben in Suff und Tran. Yang Pigui war ein so verrückter Kerl, der trank sogar medizinischen Alkohol, wie das schmeckte, war ihm völlig egal; und dann auf der anderen Seite der Inhaber des Kamelhöckers, Sun, rundlich und prall wie ein buddhistischer Abt, der sich aufs Meditieren versteht, tatsächlich jedoch ein Christ, wenn die beiden erst einmal ein paar intus hatten, fanden ihre Debatten kein Ende mehr. Erst als der Dichter Xiong mit einem Schritt auf den Tisch stieg und wie ein abgestochenes Schwein ein pseudoklassisches Langgedicht zu quietschen begann, ging Sun hinüber und klatschte und krakeelte mit, »stürze nicht im Alter«.

Mir war schon schwindlig, aber so ein Hänfling bestand hartnäckig darauf, mit mir ein Glas zu leeren. Sun stellte ihn mir vor, »das ist der Li von der Nationalen Sicherheitsbehörde vor Ort, er hat gerade seinen Abschluss an der Uni gemacht und vor Jahren auf der Straße dein *Chinas Gesellschaft von unten* erworben, er hat es über Nacht verschlungen und liegt dir seither zu Füßen«. Daraufhin wollte ich nicht so sein und leerte weitere zwei Gläser. Li sagte, eines anderen Tags werde er bestimmt eigens den Herrn Liao zu Erhai-Seefisch und Cangbergpilzen einladen, ich sagte, zu viel der Ehre, und glitt wie von selbst zu Boden. Yang Pigui hielt mich fest, kippte die vier, fünf Schnaps, die man uns hingeschoben hatte, brüllte: »Muss los!«, und half mir zur Tür hinaus. Wir setzten uns an einen plätschernden Bach und schnappten frische Luft.

Ich erinnere mich, dass wir eine Weile Knittelverse improvisierten, dann gingen wir ins Wasser, um einen Fisch zu fangen, natürlich gab es keine Fische und so diskutierten wir im hüfthohen Wasser Staatsangelegenheiten, dort konnte man immerhin nicht abgehört werden. Yang Pigui sagte, der Staat werde sich sicher noch unter den Händen unserer Generation verändern, ich sagte, er solle nicht von Veränderung reden, Erleichterung würde schon reichen. Mit einem Mal war ich kurz und kräftig am Wiederkäuen, dann kam es mir hoch und der ganze Dreck floss den Bach hinunter. Yang Pigui spottete, kaum von Erleichterung gesprochen, schon ist Erleichterung da, du altes Scheißhaus. Ich sagte, das eigentliche Scheißhaus ist schon der Staat, du, ich, wir sind nur zwei schriftstellernde Maden. Yang Pigui seufzte, so wenig Selbstachtung, lieber Liao, du weißt wirklich deine Rolle zu spielen.

Plötzlich war ich voller Furcht, kicherte aber weiter. In diesem Augenblick war die alte Stadt Dali ein viereckiges Schachbrett, schaute man in den Sternenhimmel, schien da ein endlos sich hinziehender Ellbogen zu sein, der einen funkelnden Spielstein nach dem anderen auf das Schachbrett setzt. Von der über alles erhabenen Stirn des ewigen Spielers wischte jede kühle Brise eine Wolke fort. Ich sagte: »Yang Pigui, der Himmel hat bestimmt, dass wir in dieser Welt leben, wenn man keine Rolle spielt, dann kann man sich doch gleich wie Qu Yuan[128] in den Fluss stürzen und seinem Leben ein Ende machen.«

Yang Pigui wollte gerade etwas dagegen sagen, als unvermittelt von der Stadtmauer oben, als gebe es dafür einen Anlass, Flötentöne heranwehten, ich tastete instinktiv meinen Unterleib ab und brummelte, wo denn meine Flöte sei. Yang Pigui sagte: »Du hast sie diesmal nicht dabei gehabt.«

Als das Lied zu Ende war, rief von oben jemand: »Meister!« Ich starrte ins Licht und erkannte schließlich Wuzi, die Flöte in seiner Hand hatte ich ihm vor zwei Jahren geschenkt. Eigentlich wollte ich über ihn gar nicht schreiben, aber nachfolgend passierte noch so viel Eigenartiges, dass ich in der Aufzeichnung einen Bogen schlagen muss, um noch ein paar Fakten zu liefern.

Wuzi mit seiner schwärzlichen Gesichtsfarbe, seinem hoch aufgebundenen Haarknoten und seinem langen Oberkleid sah aus wie ein daoistischer Wanderpriester, tatsächlich war er ein fahrender Sänger. Er und ich hatten uns in der Residenz von Herrn Yu, die man als »Geheimdienststation der Unterwelt« kennt, zum ersten Mal getroffen und waren uns auf den ersten Blick sympathisch, wir hatten zusammen viel Spaß beim Improvisieren, ich spielte Flöte und heulte klagend dazu, er bediente eine Elefantenfußtrommel und eine kleine Handtrommel. Gelegentlich spielte er in einer Bar auch Klavier und sang solo den Song »Heimweh« des Taiwaners Luo Dayou, was bei einer ganzen Menge Reisender fern der Heimat die Tränen nur so fließen ließ. Eines Tages trat er über meine Türschwelle, sah, dass niemand sonst da war, fiel auf die Knie, machte sogar einen Kotau vor mir und nannte mich »Meister«. Ich zog ihn schnell hoch und sagte, was das denn solle. Er aber sagte: »Als ich ein paar Jahre alt war, haben sich meine Eltern scheiden lassen, mit zehn Jahren bin ich von zu Hause fort, die Bitterkeiten der Welt habe ich zur Genüge gekostet«, und so weiter und so fort, schluchzte und klagte er unter Tränen. Ich ertrage solche Szenen nicht, wurde sofort schwach und zog eine Flöte hervor, die ich ihm mit den Worten überreichte: »Gut dann, hilf dir fürs Erste, indem du damit übst.«

Damals hat Herr Yu mir schwer zugesetzt, Tag und Nacht war ich besoffen, alles war nur noch ein einziges dunkles Chaos, und immer wenn ich ausging, war da noch die Geheimdiensteskorte der Nationalen Sicherheit, meine Nerven waren angespannt wie eine Bogensehne, nur wenn Wuzi kam, entspannten sie sich ein wenig. Wir beide gingen häufig zusammen spazieren und fassten allmählich ein tiefes Vertrauen zueinander. Wuzi hatte eine beträchtliche Ausdauer, das Flötenspiel übte er wie ein Mönch, der seine Studien betreibt, um vier Uhr morgens stand er auf und ging hinaus, stellte sich fern von allen Menschen pfeilgerade wie eine Tragestange in das weite Land und begann die Flöte zu spielen, dass es nur so schluchzte und heulte, und er kehrte erst, wenn es hell war, zurück.

Die vertanen Monate endeten für mich damit, dass ich von einer Gruppe unbekannter Rowdys zusammengeschlagen wurde, danach konnte ich, übel zugerichtet, nach Hause. Zuvor jedoch war Wuzi spurlos verschwunden, wie von Herrn Yu zu hören war, habe es diesen Kerl von einer Kröte nach Schwanenfleisch gelüstet, er sei wie verrückt hinter der Tochter so eines Superreichen hergewesen und sollte von irgendwelchen Gaunern getötet werden.

Viel Zeit war seither ins Land gegangen und jetzt stand dieser verfolgte Wuzi wieder vor mir, wie vor zwei Jahren die Flöte unter dem Arm, als wäre nichts gewesen: »Meister, Ihr solltet weniger trinken.« Er grüßte, die Hände vor der Brust ineinandergelegt.

»Ja, ja!«, sagte ich ungeduldig, »ich vertrage nichts, wir reden morgen«.

»Ich gebe Euch meine Telefonnummer.« Er lachte.

»Ja, ja.«

Zurück im Gasthof nahm ich eine heiße Dusche und wurde klarer im Kopf. Danach wickelte ich mir die Bettdecke um, setzte mich, nahm einen Kugelschreiber zur Hand und schrieb, ohne weiter nachzudenken, auf einem Blatt Papier drauflos, es entstand der Anfang oder auch das Ende eines parabelhaften Romans:

Nachdem der Staat mehrmals die Farben gewechselt hatte, saß Lao Wei immer noch unter dem Stadttorturm am Platz des Himmlischen Friedens und blies die Flöte. Er war sechsundneunzig Jahre alt, er hatte gar nicht mehr die Kraft, Töne hervorzubringen, aber er war daran gewöhnt, diesen rabenschwarzen Bambusstock gegen die Unterlippe zu pressen, mit letzter Kraft bewahrte er die Haltung eines Flötenspielers, es war die Haltung seines Lehrers Sima, des buddhistischen Mönchs, vor Jahren im Gefängnis, der, den Kopf tief in den Armbeugen, die Schicksalsergebenheit ins Extrem trieb.

»Jede Melodie ist ein toter Körper, dringt deine Lebenskraft in diesen toten Körper ein, wird er lebendig.« So sprach Sima, der Mönch.

»Und wenn der Flötenspieler selbst ein toter Körper ist?«, murmelte Lao Wei.

Die Besonderheit von Simas Technik war, das Spielen im Hier und Jetzt zu vergessen, die Flöte jenseits aller Flöten zu hören, als höre er die Zeit jenseits aller Zeiten. Lao Wei verstand erst an seinem vierundachtzigsten Geburtstag, dass das ein grenzenloser Schwindel war. Damals hielt er wie immer die Flöte vor sich hin und transportierte Luft hinein, doch bevor er blasen konnte, wurde von einem heulend geisterhaften Lufthauch seine Kehle blockiert, der weiter in alle seine Glieder vordrang – Sima, der

Mönch, saß in seiner Flöte und spielte in umgekehrter Richtung ihn. »Willst du über mich von den Toten auferstehen?«, lachte er ihn auf sein Krankenbett gekrümmt aus.

Der alte Mönch saß wie das Qi im Energiezentrum des Unterbauchs und schwieg.

Kaum ging es seinem kranken Körper wieder besser, verließ er auf einen Stock gestützt das Haus und wanderte langsam nach Norden. Aus der Zeitung erfuhr er, dass sein Schüler Sowieso, den er vor vielen Jahren gehabt hatte, ein hoher Beamter geworden war und einen großen Beitrag zur erneuten Bildung einer Koalitionsregierung von Nationalpartei und Kommunistischer Partei geleistet hatte; und Schüler Sowieso dieses hohen Beamten wiederum führte fünfzehn Jahre lang die Massen mit dem Ziel eines Bruchs dieser Koalitionsregierung, bildete eine Mehrparteienregierung und wurde am Ende ein noch höherer Beamter. Die Zufriedenen sperrten die Unzufriedenen ins Gefängnis und beide Seiten schrieben Artikel zur Erinnerung an Lao Wei, was bedeutete, dass er wie Sima, der Mönch, in die Geschichte einging.

Da Lao Wei jahrelang so tief in das Flötenspiel versunken war, konnte er zunehmend nur die untere Hälfte der Dinge wahrnehmen. Als er den Kopf dann einmal hob, wandelte sich der Himmel des Nordens auf einen Schlag. Ein jäher Windstoß fegte den Staub und die Touristen fort, verwischte die Farben der Abendsonne mehr und mehr, es schien, als bliesen fiktive rote Lippen auf einer unsichtbaren Flöte. Sie antwortete auf die Klänge des Himmels, und als der Mond herauskam, glich er einem silbernen Stahlhelm, Lao Wei schaute sich mit großen Augen um und sah, dass der riesige Platz in seiner vollkommenen Leere einsank, verkam und im Handumdrehen von Unkraut überwuchert war. Von der Großen Halle des Volkes auf der linken Seite blieben nur Mauern und ein paar Säulen, der fernere Haupteingang ähnelte einem Altar aus alter Zeit, wo unentwegt Autos bellten wie Hunde. Lao Wei überlief es kalt, er hatte das Gefühl, alles sei Gefängnis. »Was ist mit den Soldaten dort, die Flaggen hissen und wieder einholen? Und was mit den Schaulustigen aus dem Volk?«, dachte er und spielte mit seinen trüben alten Augen auf der Flöte die »Langsame Weise von Yangzhou«, ein Musikstück des *Ci*-Dichters Jiang Kui aus der Südlichen Song-Dynastie[129], das erzählte, wie das Reich der Jin die Gebiete südlich des Yangtse überrannte, vom trostlosen Anblick Yangzhous nach dem Überfall und dass dieser neunhundert Jahre alte Anblick auf mehr als fünfzig seiner eigenen Jahre lag.

Er erhob sich langsam, machte sich auf den Heimweg, und wie er sich bewegte, begann er zu schweben und begriff: Das war der Tod. Was nicht alles auf diesem Platz des Himmlischen Friedens passiert war, und nun starb er, wie er es sich gewünscht hatte, hier, im Zentrum des politischen, wirtschaftlichen, kulturellen und blutigen Geschehens. Er war ein Teil gewesen von jenem leidenschaftlichen Zeitalter, in dem Narren von ihren Träumen erzählten, beim kleinsten Anlass hatten sich hier Abertausende, ja Millionen versammelt. Er schrieb das »Massaker« und schwor, dieses auf dem Tor vorzutragen, es mit Hunderten großer Lautsprecher in die Welt zu tragen.

Er wollte unter keinen Umständen zurückschauen, konnte dann doch nicht anders und schaute zurück. Wolken, noch umfänglicher als die riesigen Blätter der Faser-Banane, hatten sich zu einem Tor geformt und verschlossen den Himmel. Durch einen kaum erkennbaren Spalt sah er auf den gewaltigen Kadavern von Nationalpartei und Kommunistischer Partei Parteien und Gruppierungen wimmeln wie die Maden, alle damit beschäftigt, sich zwischen Insel und Festland mehr und mehr Parteimitglieder einzuverleiben. Das Nationalparlament hatte seine Sitzung beendet, in langer Reihe schritten die Abgeordneten die Stufen herunter und teilten sich auf, um eine geschäftige Menschenmenge vor seiner sterblichen Hülle zu versammeln. Er hörte jemanden mit Sichuan-Akzent sagen: »Sind das nicht die sterblichen Überreste des werten Lao Wei aus der letzten Dynastie, wie kommen die hierher?«

Ein Leichenwagen holte den Leichnam. Ein anderer Abgeordneter seufzte: »Mein Großvater hat ihn mal auf der Flöte gehört.«

Anzahlung für die Flucht

Am 6. Juni, vormittags um 11 Uhr, erhielt ich einen Anruf von meinem Liu aus der Unterwelt, er erklärte, die Sache beginne Formen anzunehmen, klappe alles, sei eine Gebühr von vierzigtausend zu zahlen. Ich sagte, in Ordnung. Liu sagte: »Wenn es in Ordnung ist, zahlen Sie bitte viertausend im Voraus.« Ich sagte: »Und was, wenn es nicht klappt?« Liu sagte: »Wenn es nicht klappt, dann klappt es nicht, die Vorauszahlung wird nicht zurückgezahlt, aber in unserem Geschäft ist Vertrauenswürdigkeit das A und O.« Dann gab er mir eine Kontonummer für die Überweisung durch.

In meinen Gedanken herrschte das totale Chaos. Deshalb wollte ich das *Buch der Wandlungen* befragen, stieg auf das Dach des Gasthofes, ging auf dem Sonnendach in der Art und Weise eines Schamanen mehrmals im Kreis, stellte mich schließlich in die Mitte, hinter mir dehnte sich das Cang-Gebirge, vor mir schimmerte der Erhai-See, ich faltete die Hände, schloss die Augen und betete einen Augenblick, dann warf ich drei alte Kupfermünzen Richtung Himmel, sammelte sie wieder ein und entschied, ob sich aus den Seiten Kopf oder Zahl Yin oder Yang ergab, das machte ich sechsmal und erhielt das Hexagramm »Wende«, dessen Linien sich zudem als unwandelbar zeigten. Die »Erklärung« dafür übersetzt in die heutige Sprache lautet: Himmel und Erde ziehen große Kreise, die Dinge der Welt ziehen kleine Kreise, Menschen, Schweine und Hunde, Würmer und Ameisen aber ziehen in einer engen Verkettung mit Himmel und Erde und den Dingen der Welt die kleinsten Kreise. Deshalb steht das Hexagramm »Wende« für erfolgreichen Verlauf, Gehen und Kommen wird nicht behindert, Freundschaften sind ohne Argwohn zu schließen, und wenn es heißt »nach sieben Tagen kommt die Wende«, verweist das auf Tod und Leben, auf Fortgehen und Rückkehr, sieben Tage sind dafür der Zyklus.

Meine Gedanken tobten, der heiße Schweiß brach mir aus, ich fiel dumpf auf die Knie, ehrte dreimal die Sonne, machte neun Kotaus und rief leise die Seelen von Schwester und Vater im Himmel, bat sie um ihren Schutz. Als dann mein Handy plötzlich klingelte, erwachte ich wie aus einem Traum, es war Sun, der Inhaber des »Kamelhöckers«: »Heute ist das Drachenbootfest, wir trinken am Abend was und essen Zongzi, in Erinnerung an Qu Yuan.«

»Essen und Trinken geht klar, die Erinnerung an Qu Yuan lassen wir lieber bleiben.«

»Qu Yuan war Dichter, du bist auch einer; Qu Yuan war schon vor über zweitausend Jahren ein Dissident, du bist auch einer.«

»Aber Qu Yuan hat sein Land geliebt, ich liebe es nicht.«

»In Ordnung, das wird am Telefon zu teuer, wir diskutieren besser nicht hier und jetzt über Politik.«

Sieben Tage später zur Mittagszeit, im »Ewigen Kalender« ein günstiger Zeitpunkt im Sonnenverlauf, stand ich vor einem Geldautomaten in der Altstadt von Dali und überwies mit der Bankkarte die Anzahlung von viertausend. Eine Stunde später rief Liu an und sagte: »Ist angekommen.« Ich konnte nicht anders, als ihn zu fragen: »Wie sicher ist die Sache jetzt?«

Er antwortete: »schwer zu sagen«, und beendete das Gespräch abrupt. Ich war etwas entmutigt, da ausgerechnet rief Tienchi an, der Zeitunterschied zwischen beiden Seiten war sechs Stunden, in Deutschland musste es Nacht sein. Deshalb platzte ich direkt mit der Frage heraus: »Du schläfst nicht?«

»Ich mache mir Sorgen um dich.«

»Gerade hab ich die viertausend angezahlt, ich hoffe nur, das ist nicht zum Fenster hinausgeworfen.«

»Das ist auch vierzigtausend wert. Du musst das irgendwie hinbekommen.«

»Wenn nichts dazwischenkommt, werde ich die vierzigtausend schon bezahlen. Aber was, wenn etwas dazwischenkommt?«

»Du bist zu klug, hast du denn nicht schon alles, was dazwischenkommen kann, durchgespielt?«

»Ja doch. Ich verbringe ja praktisch mein ganzes Leben damit, auf Unvorhergesehenes zu reagieren, jetzt bin ich dreiundfünfzig, als ich damals nach dem Gefängnis begonnen habe, *Für ein Lied und hundert Lieder* zu schreiben, war ich gerade mal sechsunddreißig.«

»Wir werden alle älter. Aber dieses Buch hat, genau wie du, einiges durchgemacht, es ist unvorstellbar. Bei Fischer macht man sich Sorgen, dass dir etwas passieren könnte, sie haben den Publikationstermin noch einmal hinausgeschoben.«

»War das notwendig?«

»Peter sagt, ja, der Verlag trägt gegenüber seinen Autoren eine Verantwortung, die man nicht einfach außer Acht lassen kann.«

»Falls ich irgendwo hängen bleiben sollte, verschwinde ich in den Tälern der Yunnaner Berge, dort bin ich abgetrennt vom Rest der Welt, die Polizei wird mich nicht zu fassen bekommen.«

»Das geht nicht, du bist kein Urmensch.«

»Bitte richte Peter aus, dass dieses Buch auf gar keinen Fall noch mal hinausgeschoben werden darf.«

»Aber wenn bei dir doch noch was dazwischenkommt?«

»Ach, gib es einfach weiter, irgendwas wird mir dann schon einfallen.«

»Yiwu, sei doch nicht so ungeduldig!«

»Die Sonne sinkt, wo bin ich zuhaus«

Meine Bücher sind mein Leben, der Mensch kommt nicht raus, das Buch kommt nicht raus, wie sollte ich da nicht ungeduldig sein? Ich irrte kopflos wie eine Fliege umher, vom Südtor der Altstadt zum Nordtor, vom Westtor zum Osttor. Als ich zur katholischen Kirche im unteren Abschnitt der Straße des Volkes kam, trat ich durch das Haupttor, spähte alles aus, fand Zhang Yinxian, die legendäre einhundertdrei Jahre alte Nonne, allerdings nicht und machte mich wieder auf den Heimweg, auf dem ich direkt in Wuzi hineinrannte: »Meister, wen sucht Ihr denn so hektisch?«

»Ich such dich«, platzte es unbesonnen aus mir heraus.

»Ich suche Euch auch.«

Dann passte ja alles. Gemeinsam änderten wir die Richtung, gingen durch diese und jene verwinkelte Gasse, zum Nordtor hinaus und hinein in ein Luxuswohngebiet im Schatten grüner Bäume, in dem es nur alleinstehende Villen gab. Wuzi verlangte vom Pförtner einen Schlüssel und schloss damit eins der Häuser ganz außen auf. Ich bekam vor Staunen den Mund gar nicht mehr zu. Wuzi erklärte: »Die gehört Herrn Wang, einem taiwanischen Teehändler, der ist oft nicht da und ich passe für ihn auf Haus und Hof auf.«

Ich zog die Schuhe aus, ging hinein und schaute mir alles an, es gab drei Etagen, gut und gerne dreihundert Quadratmeter. Wuzi bewohnte das Erdgeschoss, an der Stirnseite des Wohnzimmers hingen zwei buddhistische Gemälde im alten Stil, »Bodhidharma meditiert vor der Wand« und »Jianzhen setzt nach Osten über«. Natürlich gab es auch ein gerahmtes Bild von Nan Huai-Chin, dem großen Meister des Buddhismus in Taiwan, alt, rüstig und die reine Freundlichkeit. Wuzi bat mich höflich, mich doch ans Fenster zu setzen, und bot mir besten Puer-Tee an, selbst zog er sich Richtung Zimmerecke zurück. Ich entdeckte, dass quer über das Teetischchen aus Adlerholz eine Guqin-Zither lag, und fragte, wem die gehöre. Wuzi sagte, ihm, er habe sie selbst gemacht.

Ich strich vorsichtig über die Saiten und sah Wuzi plötzlich in einem ganz anderen Licht. Er krempelte die Ärmel seines Kittels auf und spielte ein Stück, schüchtern und mit gesenktem Kopf, und obwohl ich dabei nichts Großartiges heraushören konnte, gab ich mich nachdenklich. Danach holte Wuzi seine Flöte hervor und spielte darauf, mir wurde deutlich, dass es da durchaus eine künstlerische Idee gab, aber es fehlte am Feeling, und so griff ich mir seine Flöte und hieß ihn Schnaps bringen. Wuzi sagte, jemand, der sich in Askese übe, habe keinen Schnaps. Ich sagte: »Wo gibt es denn sowas?« Dann begann ich, keinen Widerspruch duldend, zu spielen, die Klänge gingen auf wie scharfe Schwerter und fügten sich wieder ineinander wie in ihre Schwertscheiden, und während stürmische Wellen am Ufer zerstoben, war jede Schwermut mit einem Mal aus dem Körper gespien. Wuzi applaudierte und meinte anerkennend: »Das Dao, das man nennen kann, ist nicht das ewige Dao; die Flöte, die man spielen kann, ist nicht die ewige Flöte.« Ich lächelte spöttisch: »Was faselst du bei einer Bambusflöte von ›ewigem Dao und ewiger Flöte‹? Mir scheint, zwischen dir und mir liegen Welten.«

Wuzi war baff. Dann rang er sich ein Lächeln ab: »Meister, tadelt mich ruhig. Euer Schüler hatte von Kindesbeinen an ein unstetes Leben, oft lag er anderen auf der Tasche, hat viel zu wenig gelernt, mit der Gesellschaft ist er nur oberflächlich vertraut und er hat nicht Eurer rebellisches Rückgrat, das allem und jedem standhält.«

Ich bemerkte, wie taktlos meine Bemerkung war. Also lachte ich zweimal und rief: »Tee, trinken wir Tee!«

Wuzi meinte ebenfalls lachend: »Ich habe jede Menge von diesem tollen Tee, Meister, wie lange werdet Ihr diesmal in Dali bleiben? Ihr könnt gern jeden Tag zum Tee kommen. Gestern war der ehrenwerte buddhistische Laienbruder Zhao Qing aus Shuanglang am gegenüberliegenden Ufer des Erhai-Sees hier, er ist Großmeister Nan Huai-Chins letzter Schüler auf dem Festland und hat sich dem Buddhismus so mit Haut und Haaren verschrieben, dass sein ganzer Körper nur noch nach Lotosblumen duftet, ich bin gerade dabei, mit seiner Hilfe ein bisschen hinter die Dinge zu blicken.«

»Ich werde diesmal länger bleiben, meine Mutter kommt im nächsten Monat.«

»Dann ist mir auch Eure Mutter willkommen zum Tee in meiner bescheidenen Hütte.«

»Und wenn der Hausbesitzer zurückkommt, dann geht das doch nicht mehr.«

»Seid nur unbesorgt. Der Hausbesitzer schätzt unsere Art von Andersartigkeit mit ihren besonderen Fähigkeiten, Ihr seid dazu noch Dissident, das schätzt er noch mehr.«

Ich fixierte Wuzi, ich konnte nicht verhindern, dass ich argwöhnisch wurde. Doch dann besann ich mich wieder, genau so waren sie doch in der Welt der Vagabunden seit Jahr und Tag. Ich verabschiedete mich höflich, die Hände zum Gruß vor der Brust.

Ich ging zum unteren Abschnitt der Straße des Volkes zurück, kam an Yin Kes Antiquitätenladen vorbei, das Rolltor war hochgezogen und das Schaufenster beleuchtet und so ging ich auf einen Sprung hinein. Yin Ke war ein Jahr älter als ich, vor dem Massaker auf dem Platz des Himmlischen Friedens war er geschäftsführendes Vorstandsmitglied beim Stone-Unternehmen, floh dann mit dem gefeierten Vorstandsvorsitzenden Wan Runnan, schloss sich in Paris der Führung der Demokratischen Front Chinas an, von der er sich aber bald wieder zurückzog. Nach der Jahrtausendwende kehrte er unauffällig aus dem Ausland heim, über die Art und Weise der Rückkehr sprach er nie und ich hatte auch keine Lust, danach zu fragen. Yin Ke und ich hatten uns eines Nachts in der Kneipe »Fünfzig Kurze« zufällig kennengelernt, wir sahen uns ein paar

Sekunden an und waren auf rätselhafte Weise Freunde. Einmal hatte er mir eine spezielle Flöte, eine Xun aus der Zeit der Streitenden Reiche[130], für Monate geliehen, aber immer, wenn ich diese aufhob und zum Mund brachte, legte ich sie dann doch wieder weg, ich hatte Angst, die so unglaublich alte Töpferware in Form eines fetten Schweins könnte brechen, wenn ich erst einmal wirklich Luft hineinbringen würde, ich hätte dafür niemals aufkommen können. Oft machte Yin Ke sich nach Beijing auf, auf dem Antiquitätenmarkt von Panjiayuan hatte er noch einen Laden, seine Beziehungen zu manchen Immobilienmagnaten von heute ließen sich noch auf die Zeit vor dem Vierten Juni zurückverfolgen. Yin Ke hat eine Vorliebe für Künstler, Künstler stehen gerne im Mittelpunkt und machen sich keinen Kopf, mit ihnen kommt man ganz entspannt in Kontakt. Bei ihm zu Hause habe ich Han Hsiang-ning kennengelernt, Mitglied der »Malergruppe Mai« während des Kriegsrechts in Taiwan, in den 1960er Jahren besuchte er Amerika, nachdem er berühmt geworden war, kehrte er in sein Geburtsland China zurück und hatte sich erst vor ein paar Jahren am Erhai-See niedergelassen. Han ähnelt äußerlich in erstaunlicher Weise Chiang Kai-shek, auch in seiner nie zu Scherzen aufgelegten Ernsthaftigkeit war er ihm nicht unähnlich. Und oft an Hans Seite war Yue Minjun, dessen Bilder für bis zu zehn Millionen gehandelt werden und der dabei äußerlich wie der Werkstattleiter in einem staatseigenen Betrieb wirkt. Hatte Yin Ke etwas getrunken oder gehascht, sang er, wobei er sich selbst auf einem Instrument begleitete, »Zurück nach Hause« von dem in den 1980er Jahren auf dem chinesischen Festland so populären taiwanischen Sänger-Star Hou Dejian, ein Lied über einen 1949 geschlagenen Veteranen der Nationalpartei und über die Rückkehr in die Heimat nach jahrzehntelanger Abwesenheit:

»Zurück nach Hause, ach,
Jugend wächst es zu,
Jugend wächst es zu,
als ich die Heimat ließ,
wir waren 25, ich und du.
Der Abschied fiel so schwer,
ist viele Winter her!

Wie weit muss ich gehn,
um dich noch mal zu seh'n?
Der Frühling ging, der Herbst ist nah
schon 35 Jahr'
will dich wiederseh'n,
muss warten Jahr um Jahr …«.

Bei dieser alten, rauen und tief verzweifelten Melodie konnte meine Generation noch seufzen, doch in unserem Internetzeitalter interessierte man sich längst nicht mehr dafür, selbst der gute Hou, der das Lied geschrieben hat, hat, wie es heißt, mit der Vergangenheit gebrochen und lebt jetzt von der Wahrsagerei mit dem *Buch der Wandlungen.*

Auf Yin Kes Sofa gekuschelt hatte ich vom frühen Morgen bis zum späten Abend, vom Tee bis zum Schnaps ein Gefühl, als mischten sich immer wieder Schatten von Hund und Mensch. Yin Kes großer schwarzer Hund glich einem wortkargen Philosophen, mal hockte er hier, mal lief er dort, die Fragen, über die er nachdachte, waren keinesfalls weniger als beim Menschen. Spät in der Nacht erhob ich mich schließlich, massierte mir mit den Fäusten ein wenig die Hüfte und wollte mich verabschieden. Da kam plötzlich vom Eingang noch mal Lärm und es stellte sich heraus, es war der Dichter Yefu, in seinem Schlepptau drei modische Frauen. Da Yefu und ich als gute alte Freunde gelten konnten, setzte ich mich wieder. Und ohne dass es Yefus Vorstellung irgendwie bedurft hätte, hatte jeder erkannt, dass eine der Frauen die gerade sehr angesagte Moderatorin Chai Jing von »Von Angesicht zu Angesicht« im chinesischen Zentralfernsehen war, die Einschaltquoten dieser Sendung gingen, hieß es, wie bei der »Brennpunkt-Diskussion« von Bai Yansong leicht in die hundert Millionen. Bedauerlicherweise sehe ich nicht fern, deshalb konnte ich wenig beitragen, nach dem üblichen Begrüßungsgeplauder zog ich mich wie eine Klapperschlange vom Sofa auf ein antikes Bett aus der Ming-Zeit zurück, das Yin Ke eben erst auf dem Land erworben hatte. Im Zimmer war es recht dunkel und kalt, die kleine Mo vom Volk der Bai kümmerte sich um Holzkohle für das Feuerbecken, blies ein paarmal durch ein Bambusrohr, schon loderte es. Wegen des großen Temperaturunterschieds zwischen Tag und Nacht war es in vielen Gebieten Yunnans durchaus Brauch, sich in Sommernächten an einem Feuer zu wärmen. Die drei Frauen setzten sich auch um das Feuer und wanden sich dazu noch von den einheimischen Bai handgewebte große Tücher um den Kopf. Yin Ke und Yefu führten schon lange ein unstetes Wanderleben, zudem hatten sie in Beijing gemeinsame Freunde, wenn sie miteinander sprachen, war da ganz natürlich ein großes Einvernehmen. Und weil die Stimmung gut war, bat Yefu Yin Ke gleich, etwas zu spielen und zu singen, wie immer bei Yin Ke wurde es etwas von Hou Dejian, er gedachte Hou Dejians auf die gleiche Weise, wie er des für ihn nicht rückholbaren Jahres 1989 gedachte, nichts anderes kannte er. Danach bat Yefu mich, etwas auf der Flöte zu spielen. Daraufhin drückte ich mich an Yin Ke vorbei nach vorne und zog meine lange pechschwarze Xiao aus der Tasche. Yefu meinte, er sei betrunken, verkroch sich in eine Ecke, lehnte sich aufrecht an die Wand und schnarchte. Yin Ke machte das Licht aus, übrig blieb allein das Feuer. Genau genommen waren Yin Ke und ich vom Nachmittag bis zum Abend schon mehrmals betrunken gewesen.

Jetzt spielte ich das »Klagelied des Vierten Juni«, das ich für Liu Xiaobo geschrieben hatte. Beim dem Gedanken an meine Brüder, die bis heute im Gefängnis saßen, während ich bald auf der Flucht sein würde, die ich so lange nicht gesehen hatte und bei denen vollkommen ungewiss war, an welchem Tag und zu welcher Stunde wir uns wiedersehen würden, kamen mir unweigerlich die Tränen. Die Flöte folgte den Gedanken ihres Spielers, schluchzte und heulte, und als ich merkte, dass auch die Frauen vor sich hin schluchzten, legte ich die Flöte quer über die Knie und begann so laut zu singen, dass die Dachziegel zitterten.

Später schrieb Chai Jing für ein Buch Yefus ein Vorwort mit dem Titel »Die Sonne sinkt, wo bin ich zuhaus«[131], was auf einen Gedichtklassiker anspielt, die »Gelbe Kranichpagode« von Cui Hao, einem Dichter der Tang-Zeit, in diesem Vorwort schreibt sie:

> Am Abend vor der Abreise gingen wir gemeinsam zu einem alten Freund, mit einem Riesengetöse schoben wir eigenhändig das Rolltor auf, ein paar Leute saßen dort mit untergeschlagenen Beinen auf einem Holzsofa und

unterhielten sich, darunter einer, der sonderlich klein und dick war, Yefu sagte über ihn, er sei schon einmal für einen Film ausgesucht worden, habe einen Rohling gespielt, dem man eine Bierflasche überzieht, doch er sei mit der Requisite nicht zufrieden gewesen und habe eine echte Bierflasche verlangt, sein Kopf wurde übel zugerichtet, es floss Blut, aber er war dann zufrieden und kam ins Krankenhaus. Als ich ihn mir eine Weile genauer angesehen hatte, hatte ich eher den Eindruck, er sei ein scheuer Mensch, der nicht viel redet, doch Yefu deutete auf einen Tisch neben mir und sagte, den hat er gestern im Suff zu Klump getreten.

Als wir saßen, waren wir sieben, acht Leute, die munter plauderten, es wurde zur Gitarre gesungen, alles war bester Stimmung, wir kugelten uns vor Lachen. Da sagte Yefu zu dem kleinen Dicken, spiel doch etwas auf der Flöte.

Der Dicke sagte wieder kein Wort, griff nach einer Ledertasche und zog eine schwarze Flöte heraus.

Jemand pustete die Kerzen aus, es wurde ganz dunkel, nur weit weg schimmerte noch ein wenig Licht, auf den Pflastersteinen des verlassenen Dorfes hörte man in der Ferne Frauenschuhe. Seine ersten Töne waren extrem tief, die Melodie war einfach und bestand fast nur aus dem Atmen der Lippen, das ebenfalls wie aus der Ferne kam, das ferne Keuchen eines Sturms.

Zu Beginn berührte es mich überhaupt nicht, ich nahm einfach nur meinen Schal, drückte ihn gegen das Gesicht und hörte zu.

Die Melodie kreiste und kreiste, mal wollte sie explodieren und wurde brutal unter Kontrolle gehalten, dann wieder wurde sie schneller und schneller und, kurz bevor sie kollabierte, kehrte wieder Ruhe ein, die Ruhe dauerte lange, als dann schon gar nichts mehr zu hören war, begann wieder in der Ferne ein unterdrücktes Schluchzen. In diesen Klängen steckte nicht das Schicksal von irgendjemandem, das war jahrtausendealter einsamer Groll, jahrtausendealte Ohnmacht.

Allen anwesenden Jungs und Mädels kamen die Tränen, nur Yefu hatte sich in eine Ecke verkrochen, saß auf dem Boden und war völlig in der Dunkelheit verschwunden.

Als er zum zweiten Teil kam, war der Groll fort, alles war gesagt, doch er konnte es nicht dabei belassen, stoppte plötzlich und sang:

»… Mondnacht durchzieht Erinnerung
und meine Liebe fällt mir ein,
es wird auf seinen Wegen alt, wer lebt,
wer tot ist, bleibt für immer jung …«

In jener Nacht habe ich einiges getrunken, mein Schal war völlig durchnässt.

Auch wenn mich die kurzsichtige Chai Jing als einen »kleinen Dicken« unbekannter Herkunft beschreibt und auch wenn Yefu mich etwas dramatisch vorgestellt hatte, möchte ich Chai Jing für diesen Text danken. Er kommt ohne jeden Zweifel aus tiefstem Herzen. Genauso wie vier Jahre später ihr gut hundertminütiger Dokumentarfilm »Under the Dome«, den ich zu Hause in Berlin im Internet gesehen habe und für den ich ihr ebenso danken möchte, getragen von ihrem Gewissen zeigt sie mit großem Engagement Millionen und Abermillionen von Menschen die Wahrheit über den katastrophalen Smog in China.

Kotau vor den Tieren

Ich hatte die Miete zwei Monate im Voraus gezahlt und war nun Tag und Nacht mit Freunden unterwegs, geisterte durch die Kneipen und bereitete mich darauf vor, mir lange mit ihnen die Zeit zu vertreiben. Die lokale Polizei war nicht bei mir aufgetaucht und so rief ich alle paar Tage den dicken Li von der Inneren Sicherheit in Chengdu an, um zu erfahren, ob es »von oben etwas Neues gibt«.

Der dicke Li war genervt davon und betonte ein ums andere Mal: »Wenn es etwas Neues gibt, werde ich dich benachrichtigen, du musst nicht den lieben langen Tag nur daran denken.«

Ich betonte daraufhin: »Ich bin ein einfaches Licht, kann ich das Land nicht verlassen, kann ich nicht schlafen.«

Der dicke Li lachte bitter: »Ich kann nicht zum Tee zu dir fliegen, aber wenn du ernsthaft eine Einladung zum Tee möchtest, dann bitte ich die Innere Sicherheit von Dali, dir Gesellschaft zu leisten.«

Ich sagte schnell: »Nicht nötig«.

Als ich das Handy ausmachte, war gerade Mittagszeit, die hoch stehende herrliche Sonne seihte durch die alten Japanischen Schnurbäume am Straßenrand Sonnenflecken auf den Boden. Ich lief mit großen Schritten zum mittleren Abschnitt der Fuxing-Straße, dort war in einer engen Gasse rechter Hand das vegetarische Restaurant eines Laienbruders des Amitabha-Buddhismus, in dem man für fünf Kuai pro Person so ordentlich zu essen bekam, dass es bei der galoppierenden Inflation damals einer versteckten Verteilung von Almosen gleichkam, entsprechend voll war es hier immer. In der stürmischen Menschenflut sah ich Wuzi, wie er sich nach vorne drängte; als würde ich schwimmen, ruderte ich mich durch, wir zahlten zusammen, erhielten Schüssel und Stäbchen und bedienten uns ausgiebig am Büfett. Tische und Stühle waren vollständig besetzt und so stellten wir unsere Schüsseln auf den Steinstufen ab, schmatzten Kopf an Kopf wie die Schweine und im Nu war alles verputzt. Danach massierten wir uns zufrieden die Bäuche, gingen in aller Seelenruhe einmal um die Stadt, und als das Essen verdaut war, gingen wir zum Tee weiter zu Wuzi. Ich erinnerte mich wieder, wie ich, gestrandet in Herrn Yus Residenz, schon vor zwei Jahren so mit Wuzi herumspaziert war, wie wir in den Teehäusern und Bars ein und aus gingen, in perfekter Harmonie gemeinsam mit Flöte und Trommel auftraten und der Bursche eines Nachmittags plötzlich spurlos verschwunden war. Herr Yu sagte, er habe sich in Liebesdingen verirrt und werde von Kriminellen gejagt, die ihn töten wollten.

»Ist das wahr?«, fragte ich.

»Ja«, antwortete er.

»Du wolltest der Schwiegersohn so eines Nabob werden?«

»Ja.«

»Und was war?«

»Ich bin nicht ganz draufgegangen, hab wohl großes Glück gehabt.«

»Ich würde gern wissen, was genau passiert ist.«

»Sprechen wir nicht davon, es ist vorbei.«

»Hat es mit Herrn Yu zu tun?«

»Meister, bitte, sprechen wir nicht davon, es ist vorbei.«

Als es für den Augenblick nichts mehr von Interesse gab, verabschiedete ich mich und lief vor der Tür überraschend in den Künstler Pian Shankong hinein. Kurz vorher hatte er sich noch in Beijing herumgetrieben, vermutlich hatte ihn ebenfalls die Jasminrevolution in Panik versetzt und er machte sich wie alle anderen aus dem Staub. Während ich mir noch darüber meine Gedanken machte, sagte Pian Shankong schon: »So was, der Lao Wei.«

»So was, der Pian Shankong.«

»Ich sage ›so was‹ nicht einfach nur, weil wir uns hier zufällig treffen.«

»Warum sagst du es dann?«

»Mein ›so was‹ heißt, immer wenn es einen wirklich wichtigen Zeitpunkt gibt, laufe ich dir altem Hundsfott in die Arme.«

»Zum Beispiel?«

»Vor drei Jahren machte Gao Minglu, der aus dem Ausland zurückgekehrte Kunstkritiker, in Beijing eine Retrospektive zum zwanzigsten Jahrestag der Ausstellung für moderne Kunst 1989, viele alte Freunde prahlten und speichelleckerten dort herum und ergötzten sich an ihrem nostalgischen Schmerz, da hab ich aus Wut über die Kastration der Kunst durch die Macht an Ort und Stelle einen Haufen Scheiße gefressen und den ästhetischen Teetischen den Spaß verdorben, in den Nachrichten wurde das ein Riesending. Ein paar Stunden später bin ich dir in die Arme gelaufen.«

»Und was noch?«

»Vor sechs Jahren ist meine Frau mit dem Baby im Arm zum Fangguang Tempel in die Jizu-Berge rauf, hat Kotau Richtung Klostertor gemacht und laut geschrien: ›Ich will meinen Mann zurück‹, hat das drei Tage und drei Nächte lang durchgehalten und, nachdem ihre Tränen erschöpft waren, Blut geweint. Mein Meister hatte Mitleid, er mahnte, meine Bande zur irdischen Welt seien nicht gekappt, es sei klüger, nach Hause zurückzukehren. Ich lehnte ab, das hieße ja, drei Jahre religiöses Leben wären umsonst gewesen. Mein Meister deklamierte laut ›Buddha Amitabha‹ und sagte keinen Ton mehr. Ich konnte nichts tun, ich musste zu Kind und Frau und ins normale Leben zurück. Wenige Stunden später bin ich wieder dir in die Arme gelaufen.«

»Und?«

»Und jetzt, verdammte Scheiße, laufe ich dir schon wieder in die Arme.«

»Und?«

»Diesmal hab ich jetzt schon drei Jahre Zeit darauf verwendet, durch das ganze Land zu reisen und stellvertretend für die Menschheit mit Kotaus bei den Tieren Abbitte zu leisten, weil wir sie unentwegt schlachten und ihre Kadaver fressen, was eine schwere Sünde ist. Gestern erst war ich im Yuantongshan-Zoo in Kunming und habe einen ganzen Nachmittag lang Kotaus gemacht, von den Affen über die Zebras und die Wildschweine bis zu den Löwen, Tigern und Leoparden hab ich alle bedacht.«

»Katzen und Mäuse, Hühner und Enten, Rinder und Schafe auch?«

»Selbstverständlich.«

»Bären?«

»Muss ich noch.«

»Das trifft sich. Ein paar Kilometer vor dem Südtor der Altstadt, die Berge auf der einen und ein Bach auf der anderen Seite, ist eine Fabrik für Bärengalle, ich hab mich früher schon mal für dich hineingeschlichen und ein wenig spioniert, in langen Reihen von Eisenkäfigen stecken da gut an die hundert Braun- und Schwarzbären. Die vollkommen wahnsinnigen Leute stecken Tag und Nacht kleine Röhrchen in sie hinein und extrahieren Galle, aus der, wie es heißt, rein natürliche Gesundheitscremes gefertigt werden. Und selbst wenn sie krepiert sind, lässt man sie nicht in Ruhe, denn Bärenfleisch, Bärenhaut, Bärenknochen und Bärendärme kann man auch noch zu Geld machen. Ab morgen gehst du jeden Tag hin und machst Kotau, bis sie die Bärengallenfabrik zumachen müssen.«

»Hinter derart himmelschreienden Verbrechen steckt, wenn sich niemand um sie schert, garantiert die Regierung.«

»Ja, richtig. Du musst dir ein bisschen Publikum mitnehmen, am besten noch das Fernsehen, damit du keine Überraschungen erlebst.«

»Meinst du, sie könnten mich verprügeln?«

»Schon möglich. Das würde aus deiner Kunstaktion eine Sensation machen.«

»Und wenn sie mich hineinschleifen und mir eine Abreibung verpassen, wo es niemand sieht?«

»Du bindest dir vorher am unteren Rücken zwei Stahlplatten zusammen.«

»Das geht nicht, wir brauchen einen sorgfältig überlegten Plan.«

Daraufhin hockten wir uns an den Straßenrand, hoben ein paar trockene Zweige auf, stocherten und zeichneten, jedoch ohne jedes Resultat. Irgendwann hoben wir den Kopf und bemerkten Wuzi hinter uns, er grinste über beide Ohren: »Wirklich, mein Meister hat Brüder überall auf der Welt, etwas Tee?«

Frag die Cang-Berge

Am 26. Juni spät in der Nacht, ich war gerade mit einer Gruppe fahrender Sänger, die aus Beijing in den Süden gekommen waren, in der Kneipe »Zum Kamelhöcker« etwas trinken, da rief aus heiterem Himmel der Unterweltler Liu an, ich könne zum Monatsende oder Anfang des nächsten Monats rüber. Mir fuhr der Schreck in die Glieder, ich machte mich sofort auf den Heimweg, teilte das zu Hause sofort Tienchi mit und sie gab es sofort weiter an Peter Sillem vom Fischer Verlag. Wie mir berichtet wurde, sah Peter in seinem Büro gerade hinter sich und betrachtete eingehend das Ankündigungsposter für die Veröffentlichung von *Für ein Lied und hundert Lieder* im Zentrum des Bücherregals hinter ihm, mit einem riesigen Foto von mir Glatzkopf mit unheilschwangerem Blick, als das Telefon klingelte. Als Nächstes erfuhren mein englischer Übersetzer Su Qin, der New Yorker Agent Bernstein und das deutsche Außenministerium von dieser wichtigen Entwicklung. Wie es der Zufall wollte, rief auch Freundin Angela vom Deutschen Konsulat in Chengdu am nächsten Vormittag an und erklärte, sie habe zum Monatsende oder auch Anfang des nächsten Monats in Kunming zu tun, ob sie mich denn dort irgendwie treffen könne, um ein wenig zu plaudern. Ich sagte: »Das wäre wirklich großartig, ihr habt mir schon bei der ersten Ausreise geholfen, für die zweite Ausreise werde ich eure Hilfe wohl wieder brauchen«.

Angela sagte: »Du bist ein Schriftsteller, wie man ihn nicht alle Tage trifft, wir helfen selbstverständlich gerne.«

Ich dachte daran, dass ich nun nur noch wenige Tage hier wäre, dass ich, ob es gut gehen würde oder nicht, für viele Jahre nicht hierher würde zurückkommen können, und das machte mich unendlich traurig. Huanqing, mein Partner unter den fahrenden Musikern, war noch in Dali, ich suchte ihn auf, wir holten den genialen Performer Li Daiguo, einen Amerikaner chinesischer Abstammung, dazu und veranstalteten gemeinsam ein Konzert mit improvisierter Musik. Huanqing arbeitete mit dem Computer und spielte zu verschiedenen natürlichen Klangeffekten Maultrommel, Nanguan-Musik, Blasinstrumente aus Bambus oder ein Lithophon; Li Daiguo spielte von der chinesischen Laute, der chinesischen Zither Guzheng, der Geige und dem Cello bis zur Bambusflöte und der zweisaitigen chinesischen Geige, der Erhu, sieben, acht chinesische und ausländische Instrumente mit meisterlicher Perfektion; ich selbst mischte mich mal mit meiner Flöte, mal mit meiner rauen Stimme darunter, mehrfach spürte ich Traurigkeit in mir aufsteigen, doch ich hütete mich, das zu zeigen. Schließlich jedoch begann Huanqing »Frag die Cang-Berge« zu singen, dieses vor vier Jahren geschaffene Lied, das später zu Huanqings Repertoire gehörte, mit dem er sein Geld verdiente:

er macht für sie sich krumm,
Geist geht mit Geistern um,
frag die Cang-Berge, warum? …

Spontan stimmte ich ein und gemeinsam mit Huanqing fauchte und zischte ich im Rückblick auf die Vergangenheit, was das Zeug hielt, sang leise, seufzte tief und gab mich einfach hin. An diesem Abend waren viele Freunde und Bekannte gekommen, zum Beispiel der von Kopf bis Fuß tiefbraun gebrannte Wu Chuang, der zu jeder Jahreszeit nur kurze Hosen und ärmellose Shirts trug, gerade erst von einer Fahrradtour von mehreren hundert Meilen zurück war und unentwegt vor sich hin krakeelend für mich Drinks mixte. Er hatte die meiste Zeit seines Lebens in dieser Weise auf der Straße vertrödelt. Als ich 2003 zum ersten Mal nach Lijiang kam, war ich noch kaum da, als mir am Eingang eines Lokals mit offener Feuerstelle, das dem Taiwaner Adan gehörte, plötzlich von jemandem heftig auf die rechte Schulter geschlagen wurde, ich dachte zuerst, das sei die Innere Sicherheit, doch es war der Amerikarückkehrer Wu Chuang, der selbst nachts eine Sonnenbrille trug und erzählte, er habe an irgendeinem Flughafen im Ausland eine Ausgabe von *Chinas Gesellschaft von unten* aus dem taiwanischen Rye Field Verlag gekauft. So wurden wir Freunde, später freundete er sich über mich auch mit Zhong-zhong und Liu Xiaobo an. Der Kerl war so versessen darauf, die innersten Geheimnisse unseres Vaterlandes in Erfahrung zu bringen, er ging den Dingen so gründlich auf den Grund, dass man durchaus hätte argwöhnisch werden können, aber schlussendlich war er einfach nur ein Amateur der Demokratiebewegung und dachte sich nichts weiter dabei. Außerdem war da Puzhao, ein verbitterter Reiseagenturmanager, dessen Beruf und Hobby es war, im Rausch mit Gästen herumzuziehen, es hieß, er sei aus Chengdu, wisse jedoch alles über die lokalen Gegebenheiten und Gebräuche Yunnans. Ich kannte ihn schon etliche Jahre, wir waren fast so etwas wie Busenfreunde. Dann waren da natürlich noch Yang Pigui, Wuzi, Sun, Xiong, Zhang und Yin Ke. Völlig überraschend war auch Zhenjiang, der Drummer aus meiner Zeit in der illegalen Kneipe »Nummer 66« in Lijiang, hergeeilt und taumelte, noch staubig und müde von der Reise, angetrunken mit einer kleinen Handtrommel im Arm ebenfalls auf die Bühne, um seinen Teil zu dem Spaß beizutragen.

»Lebe wohl«, sagte ich unter Tränen zu mir selbst, »nicht Mensch, nicht Geist, mein Dali, alles ist vergänglich wie eine Wolke, die vorüberzieht, lebe wohl!«

Am 28. gegen Abend hatte ich alles für die Reise zusammengepackt, ging unruhig auf das Dach des Gasthauses und betrachtete mir von oben die Gegend. Das Cang-Gebirge direkt vor mir war wie eine Schutzwand, mächtige Truppen schienen dort auf der Lauer zu liegen, Regimenter schwarzer Wolken wurden vom Sturmwind herangeführt, flankiert von Nebel und Regen, der mit flatterndem Geräusch hinter der Schutzwand vorsprudelte und alles überzog; der Erhai-See in der Ferne lag ungewöhnlich ruhig, der Mond war gerade aufgestiegen mit Streifen von Karminrot, Zitronengelb und dunklem Jadegrün; Sinnbilder von Sexualität und Vernunft. Ich schloss erschöpft die Augen, doch schon wenige Sekunden später zogen die blutgierigen Wolken des Cang-Gebirges über mich hinweg, augenblicklich wurde der Himmel zu einem wütenden, auf dem Kopf stehenden Meer, die noch leuchtend reine Hälfte wurde kontaminiert, zugedeckt, hinweggefegt und der Mond am Ende verschlungen – ein Gewitterschauer brach los.

Ich ging ins Zimmer, legte mich aufs Bett und wollte gerade anfangen, mich mit dem christlichen Fasten und Beten zu beschäftigen, als mich wieder mal ein Alkoholanruf ereilte, es war Puzhao, der unstete Reiseführer. Ich sagte, er möge mich entschuldigen, er sagte: »Ich stehe schon mit dem Auto vor der Tür!«

Ich sagte: »Bei dem Wetter geht man am besten ins Bett.«

Er sagte: »Am besten trinkt man etwas«.

So ging es ohne Ergebnis hin und her, bis ich einfach »Gute Nacht« sagte.

Er meinte daraufhin: »Wage es nicht, sonst komme ich hoch und schlag dir die Tür ein!«

Da ging ich eben mit.

Kaum im Auto bereute ich es schon, denn bei ihm saßen zwei hübsche Schnapsdrosseln, achtziger Generation, eine von ihnen flippte gerade am Handy aus und beschimpfte ihren tausend Meilen entfernten Freund als Hurensohn. Die andere Seite aber war nicht willens, sich beleidigen zu lassen, und beendete das Gespräch. Daraufhin rief sie wieder an und hatte kaum angefangen: »Du Hurensohn, einfach aufzulegen, hast du nun mit dem Flittchen …«, wieder Ende. Sie rief noch mal an, kam nicht mehr durch. Daraufhin legten die beiden einander den Arm um die Schultern, starteten einträchtig einen Kreuzzug gegen alle Männer auf Erden und warfen den Kopf in den Nacken, um sich einen hinter die Binde zu kippen. Als ihnen auffiel, dass ich mich in meiner Überflüssigkeit unwohl fühlte, drängten sie mir ihre halbe Flasche Erguotou-Schnaps auf: »Hier, Hurensohn, trink.« Wie von der Erleuchtung getroffen, stand ich urplötzlich völlig neben mir.

Puzhao suchte in der Nähe des Wuhua-Gebäudes im Zentrum der Altstadt einen sehr kleinen Nachtclub, einer nach dem anderen traten wir, drei Männer, drei Frauen, ein und stellten zwei kleine Tische zusammen.

Ich senkte den Kopf und futterte erst einmal drauflos, aber schmecken wollte es mir nicht recht, denn die beiden Schönen flippten in ihrem Suff weiter herum. Puzhao hatte die beiden als zwei der Besten in der aktuellen Lyrikszene vorgestellt, ich allerdings hatte mich schon im vergangenen Jahrhundert von dieser Szene verabschiedet, ich war dafür zu altmodisch und unsensibel. Dann fragte mich die betrogene Schöne auch noch, ob ich den Dichter Sowieso von der »Nicht-Nicht«-Bewegung kennte. Das war nun ebenfalls eine Sache des vergangenen Jahrhunderts, ich hatte gehört, Sowieso habe in den neunziger Jahren in Chengdu ein Nachtlokal aufgemacht, einen Arsch voll Schulden eingefahren, habe sich deshalb auf das Fabrikgelände Dashanzi 798 im Beijinger Kunstbezirk abgesetzt, Aktionsdichtung und Aktionskunst, und soll sich tatsächlich der Lyrikgruppe »Unterleib« als Berater aufgedrängt haben. Ich konnte da nur einmal kräftig durch die Nase schnauben: »Der taugt nichts.«

Die betrogene Schöne war empört, richtete sich auf und hielt mir von ihrer Seite des Tisches ihren schönen, wie eine jadeweiße Bambussprosse schlanken Stinkefinger vor die Nase: »Und du taugst was!«

Ich sagte: »Ich kannte den schon, da warst du noch gar nicht auf der Welt.«

Kaum war das heraus, machte die betrogene Schöne mich laut stöhnend an: »Fick dich, Arschloch!«

Jetzt war ich auf hundertachtzig, warf den Tisch um und den beiden Schönen klatschten die Reste von Essen und Getränken in den Schoß. Sie kreischten einträchtig auf, landeten mit ihren Hinterteilen auf dem Boden, zwei Weinflaschen zerschmetterte es, die Splitter trafen Puzhao, der aufgestanden war, um den Streit zu schlichten, voll an der Brust. Auch ich verlor den Halt und revanchierte mich weiter mit einem Hagel von Gläsern, Platten, Schüsseln, Tellern, der zum Großteil an Puzhaos Rücken zu Bruch ging. Glücklicherweise war der Inhaber des Nachtclubs ein Bekannter von Puzhao und er holte nicht die Polizei. Das Schlachtfeld weitete sich aus vor die Tür, und als ich dort wieder etwas zur Vernunft gekommen war, drehte ich mich um und ging. Die zwei Schönen wollten mich jetzt zur Strecke bringen und setzten mir ein paar Meter nach, traten dabei unvorsichtigerweise mit ihren bloßen Füßen erst in Hundescheiße und dann in Glasscherben, das Blut floss nur so und es stank erbärmlich.

Das Unwetter war vorüber, die Altstadt lag in ihrer alten Beschaulichkeit da, sauber und frisch, und ich entfernte mich auf der gepflasterten Straße von dem Geheule und Geschimpfe hinter mir immer mehr. Der »Ein-Pagoden-Tempel« tauchte auf, Sterne drehten sich um die Pagodenspitze, und während ich bergauf stieg und hinaufschaute, schwamm der nackte Mond aus einem Haufen Fischschuppenwolken heraus. Ein Anruf Puzhaos kam mir hinterher: »Es tut mir leid, Lao Wei, irgendwann mache ich das mit ein paar Drinks wieder gut.«

Herr im Himmel, wer ist er?

Am nächsten Vormittag schulterte ich mein Gepäck, bestieg am Straßenrand einen großen Fernbus, erreichte am Nachmittag den Fernbusbahnhof von Kunming und fuhr im Taxi weiter zum »Jade-See« im Stadtzentrum. Eigentlich hatte ich vor, in der Jugendherberge neben der Universität Yunnan zu übernachten, doch plötzlich fiel mir ein, dass der Jugendherbergschef ein Bekannter des Auslandsrückkehrers Wu Chuang war, und Wände haben Ohren, deshalb ließ ich das. Ich ging bergauf bis zum »Yuantong-Tempel«, wieder abwärts und bog schließlich in eine lange Straße mit dichtem, schattenspendendem Grün ein, und weil mir langsam die Kraft ausging, wählte ich als Nächstbestes eine einfache Pension aus einer Kette, zweihundert Kuai die Nacht, Flure und Zimmer gleichermaßen eng und lang wie schmale Bergstollen. Völlig ermattet legte ich mich hin und rief bewusst mit meinem offiziellen Handy meine deutsche Freundin Angela an, kam aber nicht durch; stattdessen erhielt ich einen Anruf meines Saufkumpans Yang Pigui, der sich nach der Schlacht vom Vorabend erkundigte. Als Antwort lachte ich nur. Dann wusch ich mir Gesicht und Hände und ging etwas essen, dabei rief ich den dicken Li von der Inneren Sicherheit in Chengdu an und fragte nach der Ausreiseerlaubnis. Der dicke Li erklärte, er sei gerade auf Dienstreise in einer anderen Provinz und habe keine Zeit zum Schwatzen.

Wieder einen Tag später, morgens um acht Uhr, checkte ich, extrem misstrauisch, wie ich war, aus meinem Zimmer aus und wechselte in ein »Linye-Hotel« in einer tiefen Gasse auf der anderen Straßenseite, mit einem sehr breiten Treppenaufgang und Eingangsbereich, aber außerordentlich heruntergekommen, es gehörte zu den ehemals staatlich betriebenen Gästehäusern, die sich nur in neuer Aufmachung präsentierten. An der Wand hingen sogar noch die »Worte des Vorsitzenden Mao«: »Von allen Enden der Welt sind wir zusammengekommen für das gemeinsame revolutionäre Ziel.« Ich wurde in den ersten Stock eingewiesen, das Zimmer war ein paar Dutzend Quadratmeter groß, es gab Bett, Sofa, Teppich, hier hätte man internationale Gäste empfangen können, trotzdem kostete es pro Nacht nur einhundertfünfzig Kuai.

Anschließend ging ich schnurstracks zum vietnamesischen Konsulat in Kunming, zahlte fünfhundert Kuai für ein Reisevisum, auf dem Rückweg wanderte ich ziellos durch die Straßen, bis ich am Eingang der Gasse zum »Linye-Hotel« zu meinem Erstaunen Wuzi erblickte.

Er sah mich zur gleichen Zeit, lachte zuerst und sagte dann ein wenig verlegen: »Sowas, der Meister.«

»Sowas, der Wuzi.«

»Ich besuche hier meinen Vater.«

»Ich besuche eine alte Freundin.«

»Der Meister hat wirklich überall Freunde.«

»Die Freundin ist am Konsulat, wir wollen eingehender miteinander reden, damit ich vielleicht wieder ins Ausland kann.«

»So ist das, na dann, gehen wir zusammen was trinken, wenn es dunkel wird, ich möchte Euch gern gratulieren.«

Am Abend ließen wir uns authentische »Über-die-Brücke-Reisnudelsuppe«[132] aus Mengzi in Yunnan schmecken, zwanzig Kuai für eine extragroße Schüssel kochende Brühe, am Ende trieften unsere Gesichter vor Öl. Bis spät in die Nacht saßen wir noch in einem kleinen Grillladen im Stil der Grenzsiedlung Gejiu und tranken. Wuzi erklärte, seine Haut reagiere allergisch, und trank nur Bier, ich schenkte mir zwei kleine Flaschen Schnaps ein und meine Beine kamen ins Rudern, sie hüpften wie auf Wasser. Wuzi stützte mich, unterwegs redeten wir über dies und das und fanden kein Ende, keine Ahnung, wie lange wir dahinschwankten, bis wir in meiner Bleibe waren. Ich schlief im Bett, Wuzi auf dem Sofa, er lag kerzengerade, hatte sich sein daoistisches Gewand über das Gesicht geworfen, was mich irgendwie an die Geschichte vom »Totenrufer« erinnerte. Ein Hahn krähte, wer hätte gedacht, dass man in einem Stadthotel wie diesem noch einen Hahnenschrei zu hören bekäme. Wuzi setzte sich auf und machte im Schneidersitz seine Meditationsübung, als dann der Morgen dämmerte, fiel er um und schlief weiter. Ich war die ganze Zeit über im Tran, als ich die Augen öffnete, zeigte die Uhr an der Wand genau neun Uhr, Wuzi stand dem Fenster gegenüber und betrachtete sich aufmerksam mein Reisegepäck.

Wir gingen gemeinsam hinunter und checkten aus. Ich rief erneut Angela an, diesmal kam ich durch, aber niemand ging ran, deshalb hinterließ ich ihr eine Nachricht mit: »Bis bald«. Anschließend schüttelte ich Wuzi zum Abschied die Hand und stieg in ein Taxi. Wuzi winkte mir draußen noch eine Weile nach, es hatte den Anschein, als sei ihm wehmütig ums Herz, wollte sich jedoch nichts anmerken lassen. Während der Fahrt fragte der Fahrer mehrmals, wohin es gehen solle, eigentlich wollte ich antworten »zum Südbahnhof«, aber dann sagte ich aus unerfindlichen Gründen »zum Jade-See-Hotel«.

Vor diesem luxuriösesten Hotel der Stadt stieg ich um, ich dachte nicht darüber nach, warum ich das tat, ich misstraute Wuzi in keiner Weise. Es war wie eine mysteriöse Macht, die mir den Weg wies und der ich folgte, ohne dass es mir irgendwie bewusst gewesen wäre – genau wie damals am frühen Morgen des 4. Juni 1989 mit der Lesung des Gedichts »Massaker«, ich starb fast vor Angst, trotzdem machte ich weiter, bis zum Gefängnis, bis die erste Hälfte meines Lebens auf den Kopf gestellt war und ich nichts mehr rückgängig machen konnte – hatte es nur diesen einen Weg gegeben? Es hatte nur diesen einen Weg gegeben! Die unbedeutenden Menschen können nicht anders, als der Macht zu folgen, die den vorbestimmten Weg weist.

Ich klaubte den Akku des Handys heraus, zögerte ein paar Minuten und nahm dann auch die Speicherkarte raus. Mit einem anderen Handy schrieb ich eine SMS an Tienchi in Deutschland, wie ein alter Spionagefuchs zog ich routiniert meine Arbeit durch. Es wurde langsam dunkel, Wind kam auf, der Fernbus von Kunming nonstop nach Hekou brauchte via Mengzi fast zehn Stunden.

Drei Jahre später an einem Herbsttag erhielt ich zu Hause in Berlin überraschend eine E-Mail von Wuzi. Ich freute mich so, dass ich ihn gleich über Internet anrief. Wuzi lebte nach wie vor in der Tausende von Meilen entfernten alten Stadt Dali, als er meine Stimme hörte, konnte er vor Erleichterung zunächst gar nichts sagen, erst nach etlichen Minuten kam er wieder runter. Dann sagte er, er habe über den Bekannten eines Bekannten und mehrere Ecken eben meine E-Mail-Adresse erhalten, das sei für ihn ja fast schon eine geheimnisvolle himmlische Fügung. Ich fragte, wie es um sein Flötenspiel stehe, er sagte, das habe eine gewisse Reife erlangt, zudem habe er gelernt, die alten Xiao-Flöten selbst herzustellen. Ich schnalzte bewundernd mit der Zunge. Von da an blieben wir in Verbindung. Wuzi hatte seinen Namen in Wu Sanwei geändert, doch ich nannte ihn nach alter Gewohnheit weiter Wuzi, auch wenn er mich zu meiner Verwunderung mehrmals mit außerordentlichem Ernst korrigierte.

Ohne dass wir es irgendwie vereinbart hätten, vermieden wir Politisches, tauschten uns nur über Musik, religiöse Übungen und die Vergangenheit aus, wie zwei gebildete Eremiten von klassischer Schlichtheit, die aller irdischen Profanität bereits völlig entsagt haben. Wuzi klapperte schon seit Jahren alle berühmten Berge und bedeutenden Flüsse ab, schaute in die Wolken und übte seine Lebensenergie; seine Grenzen erweiterten sich, wie ein Boot mit der Flut höher steigt, und obwohl er mich weiterhin mit »Meister« anredete, richtete er in seinen Briefen viele Ermahnungen an mich, als sei er der alte Meister, in der Art von: »Trinkt in Maßen und meditiert viel, ist die Lebensenergie in Ordnung, ist Euch ein langes Leben gewiss.« Außerdem beauftragte er jemanden, mir zwei von seinen selbst gefertigten Flöten mitzubringen, sie ergänzten sich wie Yin und Yang, klangen besonders tief und kosteten besonders viel Luft. So viel Freundlichkeit konnte ich schlecht ausschlagen und musste wie ein Schüler wieder täglich üben.

Im folgenden Jahr zum Frühlingsanfang lud man mich zur internationalen Literaturwoche in Taipei ein, Wuzi erfuhr davon, wurde ganz aufgeregt und schaffte es tatsächlich innerhalb von zwei Tagen, eine Reiseerlaubnis für Taiwan zu bekommen, bei sich hatte er eine Flöte und eine Guqin-Zither, er kam auf eigene Kosten geflogen. Meister und Schüler waren wieder vereint, alte Träume kehrten ins Bewusstsein zurück, wie siamesische Zwillinge waren wir einen halben Monat lang gemeinsam auf Achse und hatten auch drei, vier gemeinsame Auftritte. Wuzi nutzte meine Kontakte, um seinen Freundeskreis erheblich auszubauen, und er war fasziniert vom »Blauregen-Teehaus«, dem traditionellen taiwanischen Treffpunkt für Dissidenten. Eines Tages in Hualien allerdings fixierte ich sein zu einem halben Lächeln verzogenes Gesicht, oder besser vielleicht, diese Maske, und hatte plötzlich das Gefühl, irgendetwas stimmt nicht, und auch wenn ich fürs Erste nicht sagen konnte, was, entfernte ich mich in den letzten beiden Tagen von ihm. Wieder in Deutschland berichtete ich einem Freund in Taiwan vertraulich von dem in mir aufgekeimten Verdacht. Der Freund stellte Nachforschungen an und erklärte mir in seinem Antwortbrief, »Wuzi« und »Wu Sanwei« seien beides Aliasnamen, eingereist sei er unter dem Namen »Wu Mi«. Wu Mi? Ich hatte mit ihm inzwischen viele Jahre Kontakt, aber dieser Name war mir gänzlich unbekannt!

Weiter erklärte der Freund, Wu Mi habe in seiner Unterkunft ein hochwertiges Aufnahmegerät zurückgelassen, darauf sei von der ersten bis zur letzten Minute alles aufgezeichnet, was ich in Taiwan gesagt und getan hatte, die öffentlichen Gespräche, die privaten Unterhaltungen, die Interviews mit mir, sogar mein Gemaule und Getratsche. Herr im Himmel, wer ist er? Was wollte er? Warum hatte er das Aufnahmegerät zurückgelassen, was sollte das? War das ein Hinweis, dass ich selbst noch am anderen Ende der Welt unter ihrer Kontrolle stand? Die Zeit floss in einem tosenden Gedankenstrom zurück, 2007, als ich zum ersten Mal in Herrn Yus Residenz in der Falle saß, kam er; kurz darauf, als niemand zu sehen war, fiel er dumpf vor mir auf die Knie, bat mich, sein Lehrer zu werden, und bekam eine Flöte von mir; noch später war er plötzlich verschwunden und tauchte genauso plötzlich wieder auf – und bei meiner Flucht erneut in den Straßen von Kunming – glücklicherweise war ich zur gleichen Zeit mit Angela vom Deutschen Konsulat verabredet gewesen und legte, völlig im Dunkeln tappend und mir dabei noch mordsclever vorkommend, unbewusst eine falsche Fährte. Das war knapp gewesen! Der Schöpfer spielt mit dem Menschen, je mehr ich darüber nachdachte, desto mehr standen mir die Haare zu Berge.

Die letzte Nacht

Schließlich hatte ich die Grenzposten am Nanxi Fluss erreicht.

Schwarze Wolken ballten sich über uns, es schüttete wie aus Eimern, weshalb die Grenzposten die Personalausweise nur recht nachlässig inspizierten. Unser Bus fuhr weiter und erreichte nach etwas mehr als dreißig Kilometern in eineinhalb Stunden die Kreisstadt Hekou an der Grenze, der Busbahnhof stand völlig unter Wasser, die zahlreichen Reisenden stiegen mit hochgekrempelten Hosen aus, im knietiefen Wasser kam man nur sehr langsam voran und erst außerhalb des Bahnhofs verliefen wir uns allmählich im trüben Straßenlicht. Ich folgte, von Kopf bis Fuß nass bis auf die Haut, besonders langsam als Letzter. Ich ging Richtung Grenzfluss zwischen China und Vietnam, an der Straße kam mir einer der im ganzen Land verbreiteten »Shaxian-Imbisse« sehr zupass, ich trat ein und bestellte eine »Wantan-Nudelsuppe«, die stark alkalisch roch. Als ich eben essen wollte, machte ein zischender Blitz aus dem immer weiter anschwellenden Fluss eine grelle Schneeszenerie. Ich schlotterte, die Stäbchen fielen mir vor Schreck zu Boden, der Chef sah es und gab mir noch zwei Wantan-Klößchen dazu, wohl aus Mitleid mit dem ortsfremden Gast.

Als der Regen endlich nachließ, war es fast sieben Uhr, ich machte mich erneut auf den Weg, die lange dem Fluss folgende Straße tauchte langsam unter den schwindenden Wasserfluten wieder auf. Ich suchte mir im Zwickel bei der chinesisch-vietnamesischen Brücke die Unterkunft mit der imposantesten Fassade, ihre bunten Lichter blendeten nur so, und dieses Hotel hieß »Der Osten ist rot«. Kaum hatte ich die Lobby betreten, drängte sich von den Sofas auf beiden Seiten eine ordentliche Menge Mädchen, es dürften gut zehn gewesen sein, schiebend und stoßend um mich. Ohne sie eines Blickes zu würdigen, stürzte ich direkt zur Rezeption, verlangte ein »Luxuszimmer« für dreihundertfünfzig und lief schnellen Schrittes in den zweiten Stock hinauf, rastete Türschloss und Türkette ein, rief wieder bei Liu an und berichtete, wo ich war.

Kaum zwanzig Minuten später klopfte Liu an die Tür und trat ein, er sah noch immer aus wie vor zwei Jahren, weißes Hemd, weiße Zähne, wir sahen uns lächelnd an und ich fühlte mich so ungemein behaglich wie ein Junkie, der sich gerade eine Spritze gesetzt hat. Wir legten uns über das Bett, groß genug für zwei Wasserbüffel, und flüsterten leise miteinander, der Regen draußen war wieder stärker geworden und die Klimaanlage machte noch mehr Lärm als dieser Regen. Liu sagte: »Morgen früh um zehn Uhr und bitte pünktlich.«

»Werden Sie da sein?«

»Ja. Ich werde aus der Ferne zusehen.«

»Werde ich Sie sehen können?«

»Ich werde Sie sehen können. Lassen Sie es auf einen Versuch ankommen.«

»Wie sicher ist es?«

»Sicher lässt sich nichts sagen. Der Dicke hat genickt, aber sicher lässt sich nichts sagen.«

»Und falls ich nicht durchkomme?«

»Dann kommen Sie wieder zurück. Und fahren wie letztes Mal mit dem Boot rüber, das kostet nur die Hälfte, und ich kümmere mich darum, dass Sie auf beiden Seiten der Grenzkontrolle ordnungsgemäß die offiziellen Stempel erhalten.«

»Was für Gurkenstempel sollen das denn sein? Aus Seife?«

»Als die Acht Unsterblichen das Meer überquerten, zeigte jeder sein besonderes Können, in unserem Geschäft ist Vertrauenswürdigkeit das A und O.«

»Und falls ich verhaftet werde?«

»Bin ich sofort da, um einzuschreiten.«

»Das Personal der Grenzkontrolle hört auf Sie?«

»Natürlich, wir zahlen jeden Monat unsere Steuern, alles immer ganz sauber.«

»Dann noch …«

»Was noch?«

Ich wusste selbst nicht, was noch.

Liu stieg aus dem Bett und zog seine Schuhe an, er zupfte den Kragen seines weißen Hemds zurecht und lächelte mich erneut an: »Haben Sie sonst noch Fragen, mein Herr?«

Ich wusste es selbst nicht, ob ich noch Fragen hatte.

»Ich empfehle mich.«

Donner und Regen mischten sich, die Erde bebte in ihren Grundfesten, und Liu war augenblicklich verschwunden, als wäre er nie hier gewesen. Ich wälzte mich im Bett hin und her, ich war vollkommen durcheinander, ich wusste einfach nicht, was ich tun sollte. Verdammt nochmal, die Anzahlung war gemacht und ich war den ganzen Weg hierher gekommen, trotzdem gab es keine Sicherheit, dieser Liu war einfach aalglatt! Natürlich, ein illegaler Mittelsmann würde niemals eine feste Zusage machen, selbst bei vollkommener Sicherheit würde er nur dreißig, vierzig Prozent davon zugeben. Aber wenn ich nun wirklich an der Grenze aufgehalten würde? Liu wäre da, eine Verhaftung wäre unmöglich, aber dann würde ich zurückkehren und mit dem Boot die Grenze überqueren, und es wäre, mit einem toten Reisepass in der Tasche, wieder wie bei meiner letzten illegalen Grenzüberquerung. War ich denn ein dämlicher Goldesel, der zwanzigtausend Kuai für nichts und wieder nichts an diesen Liu zu verschenken hatte? Der Marktpreis für einen illegalen Grenzübertritt in Hekou lag bei etwas über zweihundert Kuai. Wenn Liu sagte, er würde sich um Aus- und Einreisestempel auf beiden Seiten kümmern, war das zuverlässig? Vielleicht war das ein illegaler, privat gefertigter Stempel und man konnte das online leicht herausfinden.

Was tun? Wen fragen? Am Tag des Drachenbootfestes am 6. Juni hatte ich sechsmal nacheinander drei Kupfermünzen geworfen und das Hexagramm »Wende« nach dem *Buch der Wandlungen* erhalten, alle sechs Linien standen für Beständigkeit. Die Erklärung sagte, dass der Weg nach draußen störungsfrei sein sollte. Außerdem war es kurz vor zwölf, nichts war mehr wie früher, in diesem Leben gab es für mich keinen Weg mehr zurück.

Für den Fall, dass ich wie beim letzten Mal in Vietnam wäre, den Reisepass aber nicht verwenden könnte, was dann? Dann könnte ich immer noch von Lào Cai in die Sommerfrische Shaba fahren, dort am See gab es Dutzende von Hotels, mit meinem chinesischen Personalausweis würde ich mich reihum dort einquartieren, mit der deutschen Seite Kontakt aufnehmen und Tienchi oder Yeemei bitten herzufliegen, um mir zu helfen. Weil man bei einer Zugfahrt schnell überprüft wurde, würde man am besten einen kleinen Wagen mieten und damit direkt nach Hanoi fahren, wäre ich dort erst in der Deutschen Botschaft, wäre ich in Sicherheit – während ich das alles so vor mich hin grübelte, hob sich meine gedrückte Stimmung allmählich wieder, ich lachte durchtrieben, ein echter Intrigenexperte durch und durch – außerdem: zur Zeit setzten China und Vietnam wegen ihres Gerangels um ein paar Inseln im Südchinesischen Meer gerade ihre Kriegsschiffe in Bewegung und tönten etwas von Krieg. Wenn die Deutsche Botschaft mir politisches Asyl geben würde, würde Vietnam sein Fähnchen sicherlich nach dem Wind richten.

Auch meine Freundin Angela aus dem Konsulat in Chengdu hatte mir schon einmal vorgeschlagen, es vielleicht über ein Drittland zu versuchen. Trotzdem wagte ich nicht recht, darauf zu vertrauen. Ich war schon so oft in eine Sackgasse geraten, dass ich mich daran gewöhnt hatte, bei allem immer das Schlimmste zu befürchten. Wenn nun die Deutsche Botschaft in Vietnam Schwierigkeiten fürchtete, keinen Anlass für einen diplomatischen Zwischenfall bieten wollte und mich und jeden weiteren Vermittlungsversuch, durch wen auch immer, zurückwies?

Ich suchte mein kleines Notizbuch heraus und blätterte es durch bis zum Festnetztelefon und Handy des Beijinger Korrespondenten der *Frankfurter Rundschau* Bernhard Bartsch. Ich sagte mir selbst: »Er ist vom Schicksal bestimmt. Als ich das erste Mal das Land verließ, war er es, der mich von meiner Heimat Chengdu den ganzen Weg bis nach Berlin begleitet hat und für eine Riesennachricht sorgte; er wird es diesmal wieder sein, den ich, nur falls es zum Äußersten kommen sollte, in Shaba informieren und bitten werde, herzufliegen und mich nach Hanoi zu begleiten. Wenn sich die Deutsche Botschaft dann meiner nicht annehmen würde, würde das eine noch viel größere Nachricht geben, weshalb sie sich das gar nicht leisten könnten.«

Meine eingehende Planung brauchte geraume Zeit, als ich nichts mehr an ihr auszusetzen fand, ging ich duschen, wechselte mein T-Shirt und legte mich träge hin. Nach ein paar Minuten wummerte es plötzlich gegen die Tür, ich dachte erst, Liu wäre zurückgekommen, stand auf und sperrte die Tür auf.

Durch den Türspalt sah ich tropfnasses langes Haar und ein von diesem Haar zur Hälfte verdecktes, totenblasses Gesicht: »Mein Herr, kann ich hereinkommen, es regnet?« Das war reinstes Mandarin.

»Nein.« Ich machte die Tür zu und schloss wieder ab, schlafwandlerisch legte ich mich wieder aufs Bett und, nach meinem Gefühl keinen Augenblick später, war erneut ein Geräusch an der Tür.

»Was gibt es?«, rief ich laut. An der Tür ging es weiter, so schloss ich zum zweiten Mal auf, auf der anderen Seite sah ich zum zweiten Mal tropfnasses langes Haar und ein von diesem Haar zur Hälfte verdecktes, totenblasses Gesicht: »Mein Herr, kann ich reinkommen, es regnet?« Das war nun Yunnan-Dialekt, wie man ihn in Kunming sprach.

»Nein.« Ich wollte gerade die Tür wieder zumachen und abschließen, da schlängelte ein Arm geschmeidig wie eine Kletternatter durch den Türspalt und löste mit einer Handbewegung klackend die Türkette, erschrocken packte ich zu und schob den Arm mit Gewalt zurück.

So ging es hin und her, im Halbschlaf kam es mir vor, es sei bereits heller Tag, aber als ich aufstand, zum Fenster stürzte und den Vorhang hob, rann immer noch plätschernd das Wasser die Scheibe hinunter. Bevor es dämmerte, wummerte es ein drittes Mal an die Zimmertür und wollte nicht mehr aufhören, ich konnte gar nicht anders, ich musste erneut aufschließen, und wieder war da das tropfnasse lange Haar und das totenblasse Gesicht: »Landsmann, lassen Sie mich bitte ein wenig in Ihr Zimmer, der Regen, für eine kostenlose Massage.« Das war der Dialekt von Chongqing.

Ich spürte spontan Anteilnahme in mir aufsteigen, ich hatte am Boden der Gesellschaft gelebt, ich wusste, wie es sich für sie anfühlte, sich eine ganze Nacht herumzutreiben. Daher sagte ich freundlich lachend: »Komm morgen Abend wieder.«

»Ein morgen Abend wird es nicht geben«, dachte ich bei mir. Danach schaltete ich die Standklimaanlage aus, die donnerte wie Kanonenfeuer, setzte mich im Schneidersitz in die Mitte des Bettes und lauschte dem Gewitterregen, der langsam schwächer wurde. Der Fluss der Zeit hing kopfunter über mir, in mir stiegen Wasserwirbel auf, Augen wie Wasserwirbel. Unwillkürlich senkte ich den Kopf und faltete die Hände zum Gebet: »In ein paar Stunden werde ich zur Brücke gehen, die über Leben und Tod entscheidet, Vater, Schwester, werdet Ihr über mich wachen? Und Ihr Seelen der Opfer von 1989, Ihr Brüder der Opfer von 1989, Ihr Mütter und Väter von 1989, wo Ihr auch seid, im Himmel, im Untergrund, im Regen oder verweht von der Zeit, am Ufer dieses Grenzflusses verneige ich mich vor Euch.«

SCHLUSSKAPITEL

Dissidenten auch in Vietnam

Es war der Morgen des 5. Juli 2011, der dritte Morgen nach meinem Grenzübertritt nach Vietnam, ich lag immer noch im Bett, irgendwo zwischen Schlaf und Traum. Manchmal blinzelte ich ein wenig Richtung Laptop, zwei Unterarmlängen von mir entfernt. War das vorgestern oder gestern Abend gewesen? Ich hatte achtzehn Stunden am Stück getippt und ich hatte, ohne das Ganze gespeichert zu haben, auf einmal das Bewusstsein verloren. Tag und Traum verschwammen, einzelne Details, einzelnen Vagabunden gleich, zogen an mir vorbei und in die Ferne, völlig vage, völlig willkürlich. Bevor ich herübergekommen war, hatte ich dort noch in einem anderen Bett gelegen, am Grenzfluss auf der anderen Seite, es hatte die ganze Nacht gewittert, geregnet und gestürmt, ich hatte mich auf das Schlimmste gefasst gemacht, doch am Ende war alles wasserdicht und falscher Alarm. Der Himmel hatte sich erbarmt und mein Glück drehte sich jäh, wie es im Leben nicht ein zweites Mal passieren würde.

Es war nach neun. Ich stand auf und duschte, streichelte leicht den Laptop neben mir und lud das elektronische Ticket herunter, das mir Yeemei, die Freundin aus Berlin, per E-Mail geschickt hatte, speicherte es auf einen Stick, ging wieder hinunter, suchte den Chef des Hotels und redete in Zeichensprache ein paar Minuten auf ihn ein. Schließlich verstand er, ließ mich auf seinem Motorrad aufsitzen und fuhr mit mir über sieben, acht enge Gassen durch grillartige Hitzewellen, hielt dann abrupt bei einem alten Hotel, das die französischen Kolonialherren hier zurückgelassen hatten und in dem ich schon gewesen war, 1000 Renminbi die Nacht. Das Fräulein an der Rezeption war eine Verwandte von ihm, ohne große Umstände bekam ich kostenlos einen Ausdruck. Ich war dafür mehr als dankbar und bestand darauf, ihn zu einem Drink einzuladen, und er bestand auf seiner lächelnden und kopfschüttelnden Ablehnung, er brachte mich wieder zurück, empfahl mir das Hühnergeschnetzelte mit Reisnudeln neben seinem Hotel als leicht und schmackhaft, eine Schüssel zehntausend Dong, das waren ungefähr drei chinesische Kuai, und die Hühnerbrühe gebe es umsonst dazu. Dieses vietnamesische Volk war wirklich angenehm unkompliziert.

Ich aß zwei Schalen Nudeln und kostenlose Hühnerbrühe, und der Schweiß lief mir in Strömen herunter. Die sengende Sonne stand im Zenit, ich zögerte ein wenig und querte dann doch den endlosen Fluss von Motorrädern und schlenderte die pinselgerade Hauptstraße hinunter. Unterwegs reihte sich ein Laden an den anderen, alle paar Meter gab es einen fahrenden Händler, der Zuckerrohrsaft, Kokossaft, Joghurt und Eis verkaufte, ich schüttete Unmengen in mich hinein, die zu meiner Überraschung nicht anders wieder herauswollten, als dass mein T-Shirt und meine kurze Hose trieften. Ich sehnte mich danach, das T-Shirt auszuziehen, wagte es aber nicht, denn die Einheimischen um mich herum trugen ihre Hemden ordentlich, hatten die Bambushüte tief ins Gesicht gezogen, waren zurückhaltend in ihrem Benehmen und zeigten keine nackten Arme oder Brust. Vietnam war wie China eine Einparteien-Diktatur, nur hatte Vietnam nicht die chinesische Stadtverwaltung, ich sah selbst am großen Portal zum Regierungssitz in Hanoi noch Schwarzhändler, die Wassermelone mit Eis verkauften und Hühnergeschnetzeltes mit kalten Nudeln. Die Wache hockte sich dazu und aß mit großem Behagen, ein Kind, dünn wie eine Eisenstange, zog einen blinden Künstler an einem langen Stock über die Straße, der Mann spielte eine Huqin, eine Geige mit zwei Saiten, das Mädchen sang ein kleines Lied dazu, die alte und melancholische Melodie erinnerte mich an Melodien aus den 30er Jahren des vergangenen Jahrhunderts aus Shanghai wie »Herbstfluten-Lady«, »Das Jahreszeitenlied« oder »Der Mond scheint über das Reich«, gesungen von Zhou Xuan[133], Butterfly[134] und Ruan Lingyu[135], die sich mit Gift das Leben genommen hat, was die talentierte Zhang Ailing wiederum in einem Roman verarbeitete. Ach, die Klänge des Untergangs, wenn man noch etwas weiter zurückdachte, kam man zu Zeilen Du Mus aus der späten Tang-Dynastie: »Sie weiß nichts vom Untergang des Reichs, singt auf dem Fluss ›Blumen hinter der Halle‹«. Ich konnte nicht anders, ich musste diesem lebendigen Bild eine Weile folgen, gab der Kleinen mit

Tränen in den Augen zehntausend Dong – und als die Einheimischen sahen, wie großzügig der Fremde war, machten auch sie die Geldbeutel auf.

Ohne mir dessen recht bewusst zu werden, war ich ziemlich weit gelaufen, so dass ich ein Touristendreirad in Gegenrichtung anhalten musste, wie es Marguerite Duras in ihrem berühmten und später verfilmten Roman »Der Liebhaber« beschrieben hat. Es hieß, diese Gefährte, wo der Fahrer hinter dem Fahrgast sitzt, seien eine Besonderheit von Saigon, doch durch den Film sind sie im ganzen Land Mode geworden. Das Segeltuch war über dem Gefährt wie ein Deckel auf einem Dampftopf, eine Weile war ich dem Ersticken nahe, dann schlug ich es einfach zurück. Was ich nicht bedacht hatte: Jetzt versengte mir die glühende Sonne erbarmungslos den kahlen Schädel, wie eine Schweineschwarte im Grillofen, ich blinzelte und es roch verbrannt. Der Fahrer setzte mir eilfertig einen Bambushut auf den Kopf und seine Knie strampelten noch schneller auf und ab. Mit einem Mal stand dann in der Straße gegenüber dem Portal zum Regierungsgebäude ein Mann und hielt ein drei Fuß breites Transparent hoch, schrie etwas Unverständliches und die Wachen und sieben, acht Weiße Mäuse der vietnamesischen 110 rauschten an uns vorbei. Der Mann wurde in aller Öffentlichkeit zu Boden geworfen und mit Handschellen auf dem Rücken mitgenommen. Es gab sofort heftige Diskussionen, sogar mein Fahrer brüllte ein paar Sachen. Leider verstand ich kein Wort, nein, nicht leider, denn es wäre womöglich gefährlicher gewesen, wenn ich etwas von dem Ganzen verstanden hätte, ich wäre aus reiner Gewohnheit dahin und hätte mich umgesehen, und mich einstweilen nicht um die mehrmaligen Ermahnungen Su Qins am Telefon gekümmert.

Auch in Vietnam gab es Dissidenten, genau wie in China, während es an der Oberfläche dem Land gutging und das Volk in Frieden lebte, waren es da Dissidenten, normale Besucher oder extreme Patrioten, wenn urplötzlich Widerstand aufblitzte? Ich hatte den Dichter Nguyễn Xuân Ngãi erst vor wenigen Jahren zur Kenntnis genommen, den stellvertretenden Vorsitzenden der »Peoples Action Party of Vietnam«, der wegen umstürzlerischer Umtriebe zu sechs Jahren Gefängnis verurteilt worden und mehrfach der Folter ausgesetzt war. 2014 erhielt er den vom chinesischen PEN-Zentrum vergebenen »Liu Xiaobo-Preis für mutiges Schreiben«, ich war in der Auswahlkommission und hatte für ihn gestimmt, weil Szenen wie die gerade beschriebene noch lange nicht der Vergangenheit angehörten.

Nguyễn Xuân Ngãi hat ein Gedicht geschrieben mit dem Titel »Welche Dynastie war wie die«, die chinesische Übersetzung erschien in der Netzzeitschrift *Freedom to Write* des Unabhängigen Chinesischen PEN-Zentrums:

Mein Land ist wie eine Eselshaut
bei jedem Wunsch schrumpft sie ein Stück
beim Wunsch zu blüh'n: der Wald verliert seine Bäume, das Meer seine Fische
beim Wunsch der Einheit: Inseln und Berge werden von Fremden geschluckt …
Ich hielt friedlich ein Schild hoch, Widerstand gegen Beijing
zuerst kam Polizei
sie sah'n mich an wie einen räudigen Hund
ich stürzte, sie zerrten mich hoch
Schläge trafen mein Gesicht, immer wieder
aber das waren meine Landsleute
wir teilen dies trockene Land, die Steine, den Sand
das Land mit seinen Jahrtausenden Kampf und Schmerz
Überleben und Überwinden …
Ich lag auf dem Boden
schluckte Tränen
welche Dynastie war wie die
in unserer Geschichte der letzten viertausend Jahre?

(nach einer anonymen englischen Übersetzung ins Chinesische übersetzt von Xing Tong)

Die Nachfahren der Flüchtlinge

Als ich zurück beim Hotel war, war es noch nicht zwölf, es gab nichts zu tun und ich bin wieder zu dem ein paar hundert Meter entfernten Hoan-Kiem-See, setzte mich müßig unter einen großen Bananenbaum und genoss ein Hanoi-Bier. Seitlich war ein klimatisiertes Lokal, ich bin nicht hinein, beobachtete aber eine alte Frau, die vor dem Lokal Bier verkaufte, sie schob einen kleinen Karren vor sich her, in dem ein Eisschrank mit allen möglichen Getränken stand. Ich war nicht weit von ihr weg, schaute ihr mit einem dämlichen Grinsen ins Gesicht, streckte die Zunge heraus, schnitt Grimassen, die alte Frau freute sich, nahm den Bambushut ab und fächelte mir Luft zu. Das war mir dann ein bisschen peinlich, also erhob ich mich und kaufte ihr die verbliebenen sechs Flaschen Bier ab, mit denen ich mich aufmachte, die Altertümer in der Nähe in Augenschein zu nehmen; da waren der Tempel der Literatur, ein buddhistischer Tempel und dann noch der Tempel für einen General aus der Gegend. Wie in Lào Cai auch war der Tempel der Literatur, vor dem eine Unmenge von Räucherstäbchen brannten, dem Konfuzius geweiht. Ich mischte mich unter die Menge, zündete mit meiner massiven Bierfahne drei lange Räucherkerzen an, machte dreimal Kotau, wozu ein alter Konfuzianer in langem Hemd neben mir anscheinend als Antwort dreimal gegen einen Klangstein schlug und so tat, als würde er die Bierflaschen, die hinter mir auf dem Boden standen, nicht sehen.

Überall fielen einem chinesische Schriftzeichen ins Auge, Inschriften an Wänden, Gedenktafeln und so weiter, ich kannte sie alle und vergaß für eine Weile, dass ich in einem fremden Land war. Der deutlichen Mehrheit der Vietnamesen allerdings dürften die Inschriften eher nicht bekannt sein, da das moderne Vietnamesisch ja eine Buchstabenschrift war, die französische Missionare vor gut hundert Jahren nach dem französischen Alphabet und der ursprünglichen vietnamesischen Aussprache zusammengestellt hatten – und so gab es einen Schnitt zwischen der Vergangenheit und der Moderne, die in altem Chinesisch geschriebenen Geschichtsbücher waren die Sache einer Minderheit von Spezialisten, die sie studierten und in Auswahlübersetzungen ins moderne Vietnamesisch übertrugen.

Mitten in dem Treiben entdeckte ich zu meinem Erstaunen eine Steintafel, die an den Dichter Wang Bo erinnerte, dem zu Beginn der Tang-Zeit nur ein kurzes Leben beschieden war. Er war ertrunken, in vietnamesischen Gewässern, und wurde von den Fischern der Gegend in der Folge als »Wang, der Unsterbliche des Wassers« verehrt; damals war Vietnam ein Vasallenstaat Chinas, Wang Bo war über das Meer unterwegs zu seinem Vater, der als Bezirksmagistrat nach Jiaozhi im Nordwesten von Vietnam strafversetzt war, doch das Boot kenterte und ging unter. Als ich drei Jahre alt war, hatte mein Vater mich auf diesen halbmannshohen Acht-Unsterblichen-Tisch gehoben und mich Wang Bos »Vorwort zu einem Gedicht über Prinz Tengs Pavillon«, eine Art Essay über die Tang-Dichtung, aufsagen lassen. Ich konnte mich dem nicht entziehen, verstand aber auch den Sinn des Textes nicht und konnte meine Tränen lediglich runterschlucken – damals konnte ich nicht ahnen, dass das, womit man mich nach der damaligen Vorstellung vom Unterrichten wie eine Gans gestopft hatte, in einem Augenblick ein halbes Jahrhundert später zu einem Porträt meiner selbst werden würde: »Schwer ist, über den Pass zu gehn, wer trauert, wenn wer den Weg verlor; Treibholz kommt und geht, jeder ein Gast in der Fremde.« Ach, das Glück hielt einen doch ständig zum Narren, ich hatte noch nicht richtig verstanden, was das Leben überhaupt ist, da war die Hälfte schon vorbei.

Angetrunken kam ich ins Hotel zurück, aber in der grausamen Hitze war der Alkohol haste nicht gesehen wieder raus und ich nach einem kurzen Nickerchen schon wieder nüchtern. Ich browste im Internet, hatte gegenwärtig keine neuen E-Mails, also beschäftigte ich mich erst mit dem Aufräumen meines Gepäcks, dann ging ich mit meinem Bier wieder runter. Dort sah ich in der Tat, wie der Wirt gerade eine modische Dame in kurzärmliger Bluse und kurzer Hose begrüßte, ich lief gleich hin und lud sie mit Händen und Füßen zu einem Drink ein. Zu meiner Überraschung schaute sie mich auch noch an und sagte lächelnd: »Ich spreche Chinesisch.«

»Sie sind Chinesin, Fräulein?«, staunte ich, »Sie klingen gar nicht so!«

»Sie sind gut, mein Herr!«

»Haben Sie in Vietnam Chinesisch gelernt?«

»In der Schweiz.«

»Jetzt verstehe ich gar nichts mehr.«

Wir lehnten an der Theke, tranken und plauderten eine Weile. Sie hieß Li Hua und war eine 1982 in der Schweiz geborene Vietnamesin, genauer, eine vietnamesische Auslandschinesin. Ihre Familie stammte ursprünglich aus einem Fischerdorf namens »Winkel« bei Beihai in der Provinz Guangxi. Nach ihrem in der Wanli-Ära[136] der Ming-Dynastie begonnenen Familienstammbuch war der Vorfahr von Li Hua in der Kangxi-Ära der Qing-Dynastie von Liuzhou nach »Winkel« gezogen, er lebte vom Fischfang, heiratete, gründete eine Familie, die Jahrhunderte und Generationen überdauerte – und obwohl es in dieser Zeit jede Menge innerer und äußerer Probleme gab, blieb die Gegend relativ friedlich und sie bewegten sich nicht mehr weg. Bis 1949 die Kommunistische Partei die Nationalpartei in die Flucht schlug, es im ganzen Land die Bodenreform gab und etliche ältere Männer aus Li Huas Familie als Feudalfischer totgeschlagen, ein paar größere Fischerboote beschlagnahmt wurden und man ihren späteren Großvater einen Tag und eine Nacht lang aufhängte und verprügelte. Als er heruntergelassen wurde, damit man ihm etwas zu trinken geben konnte, nutzte er die Gunst der Stunde, schlug mit einer Schale eine Wache zu Boden, ging auf eine weitere los und rannte sie nieder, floh noch in der gleichen Nacht, sprang ins Meer und schwamm fünf Stunden, bis er völlig desorientiert von einem vietnamesischen Fischerboot gerettet wurde. Damals war Vietnam französische Kolonie, ihr Großvater wurde politischer Flüchtling, bekam Asyl und ließ sich in einem Fischerdorf in der Nähe der Küstenverteidigung nieder. Später gründete er mit einer ebenfalls hierhin geflohenen Frau eine Familie, aus der Li Huas Vater und Tante hervorgingen; noch später brach in Vietnam unter der Führung Ho Chi Minhs die Revolution aus, der »Unabhängigkeitskrieg« dauerte neun Jahre und die Franzosen wurden aus dem Land gejagt. Dann wurde Vietnam in der Mitte zerteilt und der Krieg ging weiter, Amerika und der Westen unterstützten den Süden, die Sowjetunion und China unterstützten den Norden, am Ende schlug der Norden den Süden und das Land wurde vereinigt. Zu dieser Zeit waren Li Huas Leute längst keine Fischer mehr, sie waren nach Hanoi gezogen, hatten unter großen Mühen ein

Geschäft gegründet, eine Warenhauskette aufgebaut und waren zu einer wohlhabenden Emigrantenfamilie geworden.

Ihr Lebtag hätten sie nicht erwartet, dass Vietnam sich am Ende auf die Seite der Sowjetunion stellen und sich eine anti-chinesische Welle erheben würde. Die Geschäfte ihrer Familie wurden kurz und klein geschlagen, Großvater und Großmutter wurden ins Gefängnis geworfen, sie wurden gezwungen, ihre »historischen Probleme zu gestehen«, wie etwa bei der Frage, ob sie als Spione der chinesischen Kommunisten ins Land gekommen seien. Viele Auslandschinesen flohen zurück nach China, Li Huas Familie wagte diesen Schritt nicht und konnte nur gesenkten Hauptes alles über sich ergehen lassen.

Ende 1978 schließlich, kurz vor dem Ausbruch des Chinesisch-Vietnamesischen Krieges, als bei tagelangen Demonstrationen in Hanoi und im Gebiet der Küstenverteidigung lauthals gefordert wurde, alle Chinesen sollten binnen einer gesetzten Frist das Land verlassen, wurden Li Huas Eltern mit zwei Kindern und zusammen mit gut zwanzig anderen, ebenfalls ruinierten Familien von Auslandschinesen vom vietnamesischen Grenzmilitär mit vorgehaltener Waffe auf ein Fischerboot gezwungen und auf offener See ausgesetzt. Sie wagten nicht, sich Richtung China zu wenden, von wo ihr Großvater vor dreißig Jahren mit Mühe und Not entkommen war. Also ging es Richtung Hongkong, unterwegs gerieten sie in einen Orkan, das Fischerboot schoss nur so dahin, wurde in die aufgewühlte See gezogen, und es hätte nicht viel gefehlt und es wäre mit Mann und Maus untergegangen und alle hätten ein nasses Grab gefunden, als sie von einem amerikanischen Kriegsschiff entdeckt wurden. Einer nach dem anderen wurden sie aufgefischt, einer nach dem anderen kamen sie ins Leben zurück und wurden nach Bangkok gebracht, wo sie vom Flüchtlingsbüro der Vereinten Nationen als Kriegsflüchtlinge anerkannt und auf verschiedene westliche Länder verteilt wurden. Li Huas damals vierköpfige Familie wurde von der Schweiz aufgenommen, drei Jahre später kam sie selbst in Zürich zur Welt und gehört damit zur zweiten Flüchtlingsgeneration in Zürich.

Das ist nur ein grober Umriss des Geschehenen, denn wir hatten nur begrenzt Zeit zum Plaudern und auch Li Huas Chinesisch hatte Grenzen.

Sie kicherte leise: »Meine Muttersprache ist Deutsch, die meiner Eltern Vietnamesisch, die meiner Großeltern Chinesisch. Die Großeltern sind in Vietnam gestorben und damit ist die Wurzel des Chinesischen gekappt; meine Eltern haben es von den Großeltern gelernt, haben es aber lange nicht gesprochen und es mehr oder weniger vergessen; ich selbst habe mein Chinesisch in Privatstunden gelernt, ich habe sehr hart gearbeitet, nach zwei, drei Jahren war es ganz passabel. Deshalb habe ich den Beruf der Reiseleiterin ergriffen, und dank der chinesischen Großeltern im Himmel, ich habe mit chinesischen Reisegruppen bisher nicht schlecht verdient.«

Ich kicherte jetzt ebenfalls und machte einen Spaß: »Sie könnten doch auch gut an vietnamesischen Reisegruppen verdienen, am besten gründen Sie einen transnationalen schweizerisch-vietnamesisch-chinesischen Reisetrust.«

Li Hua sagte: »Sie haben eine rege Phantasie, sind Sie vielleicht zufällig ein Schriftsteller?«

Ich wand mich ein wenig, fürchtete um mein Geheimnis, doch dann sagte ich mit einem Seufzer: »Ach, kein Schriftsteller könnte innerhalb von einigen Minuten eine derart wechselvolle Geschichte von den Großeltern über die Eltern bis zu den Kindern herausarbeiten und aufleben lassen. Von 1949 bis 1979, das sind dreißig Jahre und drei Generationen, die ohne jeden Grund zweimal zu Flüchtlingen wurden und jedes Mal fast zugrunde gingen. Verglichen damit ist meine Flucht nichts Besonderes und fast schon gewöhnlich.«

Aber Li Hua ging darauf überhaupt nicht ein und sagte nur: »Es gibt viele Vietnamesen, die es wegen des jahrelangen Krieges in alle Welt verschlagen hat, was meine Familie erlebt hat, haben andere Familien auch erlebt, das bedeutet gar nichts.«

Ich machte ihr ein ehrliches Kompliment: »Sie sind eine Naturbegabung, Sie sollten ähnliches Material sammeln und eine Geschichte über Flüchtlinge schreiben.«

Li Hua sagte: »Und wo soll die Zeit dafür herkommen? Alle machen doch in Business, vor allem in Restaurants. Vietnamesische Küche ist auf der ganzen Welt nicht weniger beliebt als die chinesische.«

Ohne es zu bemerken, hatten wir sechs Flaschen Bier geleert und mein Kopf fing erneut an, sich zu drehen. Li Hua verabschiedete sich und wurde vom Wirt zur Treppe am Ende des Korridors geführt. Die sengende Sonne draußen war verhängt, drinnen war der kreuzende Wind von Standventilatoren und Deckenventilatoren wie ein Sandsturm. Ich ging ebenfalls nach oben zum Duschen, da Tür und Fenster fest verschlossen gewesen und die Klimaanlage und der Deckenventilator die ganze Zeit gelaufen waren, war die Temperatur im Zimmer relativ niedrig und etliche namenlose Flug- und Krabbeltiere klebten verstreut an der Decke. Ich duschte und stellte mich tropfnass und nackt vor den Computer, im Nu allerdings hatten sich die Wassertropfen auf meinem Körper schon wieder in Schweiß verwandelt.

Das Handy brummte, es war mein Übersetzer Su Qin: »Hast du das Flugticket ausgedruckt?«, kam er geradewegs zur Sache, »hol es her und lies vor!«

Ich fingerte das Ticket auf der Stelle heraus, breitete es flach auf dem Tisch aus und las es vor, wobei ich nach jedem Wort Pause machte: »Flugnummer LO086, Startzeit in Hanoi: am 5., 23.25 Uhr, Ankunft in Warschau: am 6., 6.05 Uhr, Umsteige-Flugnummer: LO387, Startzeit Warschau: 06.45 Uhr, Ankunft Berlin Tegel: 8.00 Uhr.

»Taxi schon bestellt?«

»Ja.«

»Nimm genug Bargeld mit, für alle Fälle!«

»Ist klar.«

»Und das Handy aufladen. Auf dem Flughafen dann keine Angst, ich werde alle Viertelstunde anrufen.«

Wieder auf dem Bett und hilflos an die Decke gestarrt, fast drei Stunden, hoch, fertigmachen und raus. Das Taxi hielt pünktlich um halb sieben vor der Tür, das hatte Li Hua für mich bestellt, sie verabschiedete mich zusammen mit dem Chef des Hotels. Als wir uns die Hände gaben, sagte sie mit einem gewissen Witz: »In Ihren Augen sehe ich meinen Großvater.«

Ich rang mir ein bitteres Lächeln ab: »Sie wollen bei mir Ihre Wurzeln suchen? Bin ich denn jetzt schon so alt?«

Sie wandte sich um und übersetzte, der Wirt bog sich vor Lachen und reichte mir seine Visitenkarte: er hoffe, ich möge bald einmal wiederkommen.

»Das Dao, das man nennen kann, ist nicht das ewige Dao«

Der Wagen setzte sich langsam in Bewegung, fuhr langsam einen Halbkreis um den Hoan-Kiem-See und verließ dann den Strom von Motorrädern und beschleunigte auf die Hauptstraße. Ich war in einer komplexen Stimmung, drückte mir die Nase an der Scheibe platt und ließ, wie ein Kind, diesen von Trauer erfüllten Glutofen von einer Stadt nur ungern hinter mir, die Straßen waren voller Bambushüte, die Straßen waren voller von Bambushüten verdeckter Gesichter, die wie chinesische Gesichter aussahen, vertraut und doch fremd. Der Wagen wurde immer schneller und fuhr schließlich auf eine Autobahn auf, tatsächlich waren die Autobahnen in Nordvietnam allerdings eher wie die großen Hauptstraßen in China, nach wie vor fuhren und stoppten die Autos unentwegt, dabei bedeckte die untergehende tropische Sonne wie eine im Wind davonlaufende Gruppe junger Mädchen in scharlachroten langen Röcken, die aufflatterten, eine Pagode, die aus dem flachen Land aufragte, es war gerade acht Uhr vorbei, als der Nội Bài-Flughafen erreicht war.

Ich ging zum Terminal für die internationalen Flüge, der viel kleiner war als der des Shuangliu-Flughafens in Chengdu. Den Bergsteigerrucksack, der meinen Kopf überragte, auf dem Ast und die Laptop-Tasche schief um den Hals stand ich unter der Anzeigentafel über dem Eingang, um mir Klarheit über die Ticketschalter zu verschaffen, ging dann hundertfünfzig Meter nach links und fand den Schalter der Polish Airlines, wo kein Mensch war, denn es waren noch über drei Stunden bis zur Startzeit. Ich nahm mein Gepäck ab, setzte mich auf den Boden und war noch nicht wieder zu Atem gekommen, als Su Qin wieder anrief. Ich sagte, es sei alles in Ordnung, er sagte, gut, er rufe jetzt die Deutsche Botschaft in Hanoi an. In einer halben Stunde melde er sich wieder.

Erstaunlicherweise schon nach gut zehn Minuten ging das Schalterfräulein auf seinen Posten, ich sofort hin, mit dem ganzen Gepäck, als ich meinen Rucksack auf dem Gepäckband absetzte, wog er deutlich über dreißig Kilo, ich rechnete damit, nachzahlen zu müssen. Anschließend gab ich ihr Pass und Flugticket. Das Fräulein nickte, wandte sich lächelnd dem Bildschirm zu und checkte alles Punkt für Punkt ab. Auf einmal gefror ihr Lächeln, sie hob den Kopf und sagte etwas auf Englisch zu mir. Hilflos schüttelte ich den Kopf. Da sich so nichts machen ließ, nahm sie ein Papier und schrieb etwas auf Englisch. Ich nahm es nicht und schüttelte weiter den Kopf. Zufällig kam ein Beamter der Flughafenpolizei vorbei, ich schulterte wieder mein Gepäck und ging hastigen Schritts mit ihm.

Im ersten Stock wurden die Reisenden dichter. Wir kamen an einen Schalter an einer Glaswand, der Beamte klopfte mit einem Polizeiknüppel dagegen, drinnen erhob sich eine stark geschminkte Frau mit lockigem Haar, um vieles hübscher als die Schönheiten auf der Flughafenreklame. Der Beamte sagte mit lauter Stimme ein paar Sätze und die Schönheit öffnete die Tür und ließ mich ein, dann ging es durch eine weitere Tür, drinnen gab es eine ganze Reihe von Zimmern, wir aber blieben draußen in einem großen Empfangsraum, die Deckenbeleuchtung stach in die Augen, in den Vitrinen an der Wand waren Gewehre aller Art, auf einem Konferenztisch stand die Flagge Vietnams, es war ganz wie in den chinesischen Polizeistationen auch.

Der leitende Offizier kam aus einem der Zimmer, winkte mit den Händen, ließ mich mein Gepäck abnehmen und bot mir am Tisch einen Platz an. Die Schönheit fungierte als Übersetzerin und die Befragung konnte beginnen.

»Es gibt Probleme mit Ihrem Visum.«

»Ich verstehe nicht.«

»Sie können nicht über Vietnam nach Deutschland einreisen.«

»Ich verstehe nicht.«

»Sie müssen nach China zurück, von dort können Sie nach Deutschland.«

Ich war auf der Stelle vollkommen aufgelöst, mein Unterleib krampfte sich zusammen, der kalte Schweiß schoss mir wie Pfeile von der Stirn: »Nein!«

»Warum nein?«

»Ich habe in Chengdu bei der Visastelle des Deutschen Konsulats gefragt, sie haben gesagt, das geht.« Mein Hirn machte eine jähe Wendung und die Lügen flutschen nur so heraus: »Mein Ticket hat ebenfalls die Frau Guo vom deutschen Außenministerium für mich besorgt.«

Die Polizisten machten große Augen, der Leitende blätterte meinen Pass noch einmal durch und schaute ihn sich in allen Einzelheiten an: »Das deutsche Außenministerium hat das Ticket besorgt? Das ist doch gelogen? Wer sind Sie?«

In diesem Augenblick war Su Qin wieder am Telefon. Ohne ein weiteres Wort reichte ich dem Leitenden das Handy. Über tausende Kilometer hinweg redete Su Qin fünf, sechs Minuten, er redete wie ein Wasserfall, der Leitende machte keinen Mucks, am Ende sagte er nur: »Tut mir leid!«, und gab mir mein glühend heißes billiges Nokia zurück. Su Qin beruhigte mich: »Lao Wei, bleib ruhig, ich rufe sofort bei der Deutschen Botschaft an, sie haben mir versichert, wenn irgendetwas ist, sind sie da wie die Feuerwehr.

»Was soll ich jetzt machen?«

»Es ist noch Zeit bis zum Abflug, warte einfach!«

»Sie sagen, ich soll zurück nach China.«

»Mach dir keine Sorgen. Ich habe ihnen gerade erzählt, dass die Deutsche Botschaft jemanden schicken wird. Wegen des Konfliktes im Südchinesischen Meer mit China legen die Vietnamesen zurzeit sehr großen Wert auf gute Beziehungen zum Westen.«

Die Stimmung entspannte sich, die Befragung war fürs Erste ausgesetzt. Die Schönheit reichte mir eine Flasche Wasser, der Leitende starrte in einen Computer, vermutlich checkte er meinen Hintergrund. Eine Viertelstunde verstrich und wieder war Su Qin am Telefon, ich reichte ihn an den Leitenden weiter, er winkte ab; also reichte ich ihn an die Schönheit weiter, auch sie lehnte ab. Ich gab verärgert auf. Su Qin sagte mir: »Der deutsche Botschafter kommt schon.«

»Der deutsche Botschafter?«

»Vielleicht habe ich mich da auch verhört, aber jedenfalls, ein Diplomat ist unterwegs zum Flughafen.«

Ganz Abnicker, wiederholte ich Wort für Wort, was Su Qin gesagt hatte. Die Schönheit stutzte und übersetzte auf der Stelle; auch der Leitende stutzte, spitzte anschließend seine Lippen und erhob sich. Ich schulterte wieder einmal mein Gepäck und ging mit der Schönheit zur Tür hinaus. Jetzt sprach ich mit ihr durch das kleine Fenster in der Glaswand hindurch.

»Ihr Hintergrund ist sehr speziell, wir erlauben Ihnen ausnahmsweise die Ausreise. Allerdings gibt es da auch ein Problem mit Ihrem Ticket, einfach geht nicht, Sie brauchen einen Rückflug!«

»Ich komme nicht zurück.«

»Das ist nicht unsere Sache, Sie benötigen aber ein Ticket für Hin- und Rückflug.«

»Und ohne?«

»Ich frage einmal nach.« Die Schönheit griff zum Telefon, rief den Leitenden an, doch schon nach nicht einmal einer Minute sagte sie resolut: »Wenn Sie kein Rückflugticket kaufen, bringen wir Sie sofort zur chinesischen Grenzverteidigung.«

»Die Deutschen werden bald da sein.«

»Auch dann müssen Sie ein Ticket kaufen. Das gehört zu unseren Ein- und Ausreisebestimmungen.«

Dem konnte ich nichts entgegenhalten. Es war in den 80er Jahren gewesen, als sich der junge Liao Yiwu folgende unsterbliche Zeilen des französischen Lyrikers Saint-John Perse eingeprägt hatte: »C'est là le train du monde et je n'ai que du bien à en dire.«[137]

Die Schönheit war nun mit ihrem Computer beschäftigt, erst nach einer Weile hob sie den Kopf und beschäftigte sich wieder mit mir, dem sogleich der Atem stockte: »21. Juli, 10.10 Uhr abends, Polish Airline, Abflug in Berlin Tegel, über Warschau zum Nội Bài-Flughafen. Herr Liao, geht das?«

»Fräulein, was immer Sie vorschlagen, soll es sein.«

»In Ordnung. Danke. Das Rückflugticket inklusive Treibstoffgebühr und Versicherung, das macht zusammen in Vietnamesischen Dong …«, sie nannte eine erschreckend astronomische Zahlenreihe. Ich fragte, ob sie nicht etwas Billigeres hätte? Sie schüttelte lächelnd den Kopf. Ich fragte, ob ich den Computer sehen dürfe? Sie sagte, sie werde nachfragen. Ich beeilte mich, ihr zuvorzukommen, ich würde das Ticket kaufen.

Ich hatte tausend Euro in der Tasche, der Teil des Vorschusses für *Für ein Lied und hundert Lieder*, den mir Peter Sillem beim letzten Mal in Deutschland gegeben hatte. Ich nahm dieses Geld, dazu alles an Renminbi, was ich hatte, und schob ihr alles hinein. Die Schönheit aber schüttelte den Kopf: »Außer Vietnamesischen Dong nehmen wir nur Amerikanische Dollar. Wenden Sie sich bitte nach links, dann die Treppe hinunter, wieder nach rechts, dort ist der Wechselschalter für ausländische Währungen.«

Wie ein Sportler bei einem Geherrennen mit Gewichten fing ich einen Gewaltmarsch an. Stürzte zum Wechselschalter, in dem es stockfinster war. Daraufhin wieder zurück und die Schönheit gefragt. Die Schönheit griff zum Telefon, eine halbe Ewigkeit, niemand ging ran und sie meinte, dort hätten sie schon Feierabend: »Doch hier auf diesem Stockwerk sind viele Wechsler unterwegs, ich werde einen für Sie suchen!«

Ich konnte nur sagen: gut. Saint-John Perse hatte es ja vor langer Zeit vorhergesagt: »Das ist der Zug der Welt.«

Ich rotierte wie ein Blinder, der den Kopf verloren hat, ich hatte das Gefühl, die Zeit läuft mir davon. Währenddessen war Su Qin wieder am Telefon und gab Bescheid, die Deutschen seien auf dem Weg. Ich wartete auf Godot, wie in einem Traum, der kein Traum ist, ein frei flottierender Godot, ich suchte passiv nach einem Beweis für Becketts Philosophie. Wieder vergingen Jahre oder Minuten, die Schönheit rief eine verlotterte dicke Frau heran, sie sah genauso aus wie die dicke Frau auf dem Bahnhof von Lào Cai, die mit den alten Hühnern die Polizisten bestochen hatte. Sie brachte mich zurück zu dem Schalter im Erdgeschoss, wir beide hockten uns in einer Mauerecke auf den Boden, sie kramte eine Rechenmaschine heraus, tippte, den Preis für das Rückflugticket, das die Schönheit für mich ausgefertigt hatte, im Auge, auf der Tastatur herum und schrieb etwas auf einen Zettel. Dann nahm sie meine tausend Euro, zählte einige Minuten herum, schaute auf und schüttelte den Kopf.

Ich stieß ein paar Schreie aus, sie schüttelte immer noch den Kopf. Also drückte ich ihr halt noch sämtliche Renminbi, die ich hatte, in die Hand, zusammen zweitausendzweihundertundeinen Kuai, ich zeigte ihr die Fächer meines Rucksacks und meiner Tasche und dann auch noch meinen Geldbeutel, außer einem Haufen Dong, die aussahen wie aus dem Abfalleimer, war alles leer.

Die Dicke schüttelte immer noch den Kopf. Sie stöhnte dabei allerdings schon, als liege ihr etwas schwer auf dem Herzen, streckte die Hand aus und griff sich sämtliche Dong, zählte noch einmal, ließ mir drei Scheine als Souvenir, einen Fünftausender, einen Zehntausender und einen Hunderttausender.

(Als ich in Berlin war, habe ich davon zwei verschenkt, einen an Ulli, den Leiter des Berliner Festivals, und den anderen an den Schriftsteller Ha Jin, einen Auslandschinesen mit amerikanischem Pass, beide betrachteten sich eine ganze Weile den auf dem Schein abgebildeten Gründer des Vietkong Ho Chi Minh und seufzten: »Unschätzbar.«)

Ich bin in dieser Weise fast drei Stunden lang von einer Stelle zur anderen gelaufen und bekam von der Dicken für tausend Euro, zweitausendzweihundertundeinen Renminbi und über 1,5 Millionen Vietnamesische Dong eine braune Papiertüte vollgestopft mit einer Reihe ordentlicher Bündel Vietnamesischer Dong. Ich schulterte mein Gepäck, fing am Ende noch an zu rennen und war im Handumdrehen wieder vor dem Glasschalter im zweiten Stock. Völlig außer Atem stopfte ich die Papiertüte in den Schalter. Der Sicherheitscheck war in einiger Entfernung und die Reisenden bildeten bereits eine lange Schlange.

»Es ist noch Zeit«, die Schöne hatte die Scheine gezählt und lächelte mich an, »Herr Liao, ich wünsche Ihnen eine gute Reise!«

»Und das Rückflugticket?«

»Unser Schalter gibt keine Tickets aus. Lassen Sie Ihre E-Mail-Adresse hier, das Ticket wird Ihnen später ausgegeben. Das ist die Visitenkarte des Nội Bài-Flughafens, Sie können auch auf unsere Homepage gehen, geben Sie Ihre Passnummer und Ihren Namen ein, dann können Sie Ihr Ticket sofort downloaden.«

Ich war sprachlos.

»Bitte, Herr Liao, verpassen Sie nicht Ihren Flug!«

(Ein paar Tage später in Berlin ging Yeemei auf die Seite, die man mir genannt hatte, und gab meine Daten ein, um die Buchung des Rückflugtickets rückgängig zu machen, doch da war nichts; auf eine Anfrage bei den Polish Airlines hin lautete die Antwort: »Es gibt keine Aufzeichnung über einen Ticketkauf von Herrn Liao Yiwu in Hanoi.«)

Was sollte ich tun! Ich sprang hoch wie aufgezogen, schob mich durch die Schultern der Menge und schoss Richtung Erdgeschoss. Ich rief, man solle mich durchlassen, und wäre fast vor den Schalter gestürzt. Ich nahm den Bergsteigerrucksack ab, befreite ein paar Zehn-Dollar-Noten, die tief in seinem Inneren versteckt waren, bezahlte mein Übergepäck, bekam einen Boarding-Pass, keine Zeit zu entspannen, sprang ich wie aufgezogen weiter, hoch in den ersten Stock. Wie ein verrückt gewordener Köter grub ich mich mit gesenktem Kopf voran, ohne Rücksicht auf die Leute, die sich an der Sicherheitsleine entlang durch die Kurven bewegten. Eine Frau vom Sicherheitspersonal versuchte, mich aufzuhalten, aber ich schlüpfte unter ihrem Arm hindurch. Als ich dann stocksteif an der Sicherheitskontrolle stand, Laptop-Tasche, Geldbeutel und vier Handys auf das Gepäckband legte, kam sie auf mich zu, packte und beschimpfte mich. Da ich aber kein Wort verstand, lachte ich nur blöde.

Su Qin rief zum wievielten Male an, ich habe es nicht wahrgenommen. War ich taub geworden? Oder war ich mitten in von einem Zauberinsektenbiss ausgelösten Halluzinationen? Später erfuhr ich über zwei Kanäle, ich sei gerade durch die Sicherheitskontrolle durch gewesen, als der deutsche Botschafter oder eben ein Diplomat eintraf, sie hätten schweigend in der Menge gestanden und höchstpersönlich verfolgt, dass ich auch sicher wegkomme, erst dann hätten sie sich zurückgezogen.

Mein T-Shirt und meine kurze Hose waren immer noch triefend nass, als ich den langen Korridor entlanglief, hatte ich das Gefühl, keinen Faden am Leib zu haben, ja, als hätte ich nicht einmal mehr Haut auf den Knochen, je mehr ich lief, umso kleiner, umso verschwommener wurde ich, am Ende war ich so etwas wie ein Embryo, der sich windet und wendet, um zu entkommen, und sich in den Geburtskanal zurückzwängt. Das

Flugzeug brummte, wie im Mutterleib, ich war der Letzte, als ich durch die Kabinentür kam, gaben meine Knie nach, eine hochgewachsene Flugbegleiterin stützte mich und bedeutete mir, es bestehe kein Grund zur Eile. Anschließend schaute sie auf meinen Boarding-Pass und führte mich zu meinem Platz in der Mitte der Maschine.

Ich legte den Sicherheitsgurt an. Ein Klumpen Lehm. Der Mund war trocken, die Zunge brannte, ich hatte Krämpfe in beiden Beinen, in Wellen gingen die Spasmen über Becken, Hüfte und Rückgrat, jeder Muskel wurde einzeln knackend auseinandergezogen, meine Wangen verzerrten sich, auf dieser Reise hatte ich zu schnell Kalzium verloren. Neben mir saß ein alter Herr, kranichweißes Haar und jugendlicher Teint, er wandte sich mir zu und stellte zwei Fragen, ich verstand nicht und so streckte er zwei Finger aus und drückte sie von oben in die Mulde zwischen Daumen und Zeigefinger meiner rechten Hand, um den Schmerz zu lindern.

Ich schloss die Augen, kam wieder vor den Atem, und als die physiologischen Spasmen abebbten, kam in meinem Inneren plötzlich ein Sturm auf, während wir abhoben, tauchte vor meinen Augen ein Morgen im März 2010 auf, ich war auf dem Flughafen von Chengdu und wurde von einem guten Dutzend Polizisten mit Waffen im Anschlag aus dem Flugzeug gekidnappt.

Auch dieser Albtraum war im Nu vorüber. Es war dunkle Nacht in einem fremden Land, mein Nachbar hielt immer noch die Stelle zwischen Daumen und Zeigefinger, ich vergaß mich langsam selbst, spürte nur noch die beiden Finger des Alten, wie Yin und Yang, wie Himmel-Qian und Erde-Kun, wie männlich und weiblich, Leben und Tod vibrierten sie mit meinem Puls – war er Laozi, der mit Himmel, Erde und den Zehntausend Dingen blühte und verging? Der Beginn des *Daodejing* lautet: »Das Dao, das man nennen kann, ist nicht das ewige Dao.« Das bedeutet auf erster Ebene: Man kann das Dao des Himmels aussprechen, aber nicht mit gewöhnlichen Worten; auf zweiter Ebene: das Dao, den Weg des Himmels kann man auf Erden gehen, aber nicht mit normalen Schritten.

Ja, ich war jetzt dreiundfünfzig, ich war über das Alter hinaus, in dem Konfuzius »den Willen des Himmels erkannte«, bis ich mit notgedrungen ungewöhnlichen Schritten über die Grenze ging. Und gerade in diesem Augenblick verließ ich in ungewöhnlicher Weise den Erdboden und wurde von einer unsichtbaren »Mutter« in den Himmel geboren.

Lebe wohl, China, den du immer wieder eingesperrt hast, er wird nun über die Erde wandern.

Am 20. April 2014, Ostern, nach Vollendung der *Wiedergeburt der Ameisen* entworfen und begonnen.
Am 26. November 2015, Erntedankfest, Anna-Shuyi ist ein Jahr alt, in Berlin vollendet.

GEFÄNGNIS • TEMPEL

Mittwinter heute, die längste Nacht des Jahres
ich denke an Sima, den Mönch, meinen Flötenmeister
er zog im Gefängnis den Hals ein
wie eine tausend Jahre alte Schildkröte

Sima, der Mönch, angeklagt womöglich als Schildkröte
untergrub den Staat der KPCh. In den entlegensten Käffern
stürzten die Bäche vom Himmel
mit Bildern von Wolken, in Wolken
        weidendem Vieh, alles auf dem Kopf
und von Sternen. Spät im Herbst
hagelte Wind wie dichte Klangpfeile, der Mönch sang seine Sutren
manchmal in der Tempelhalle, Hände im Ärmel
irgendwelche Pilger
diskutierten die Stadt der Kaiser am Ende der Berge
Beijing, wie in der »Reise nach dem Westen«
das Himmelreich mit dem Veitstanz der Teufel. In alter Zeit
dauerte der Ritt zu den Prüfungen gut drei Jahreszeiten
Tripitaka holte im Paradies des Westens Buddhas Schriften
        und überlebte nur knapp

Doch die Nachricht erreichte Adler und Hunde am Hof
das war zu der Zeit, da man Raketen erfand und der Mönch,
faszinierend wie Tripitaka auf dem weiten Weg zu Buddha, fand
        keine Zeit für ein Lebwohl an Morgenglocke, Abendtrommel
seine lange Reise endete hinter Gittern.
        Sträflingskleidung war seine neue Kasaya
das war ein anderer Hof, zum Willkomm' gab es vom Wärter
drei in die Fresse. Der letzte Zahn fiel aus
er ging auf die Knie und wurde erleuchtet

Ach, der Jünger des Erleuchteten,
        der Wärter war ein anderer Buddha
eine Zeit, die sich drehte wie ein tollwütiger Hund, den eigenen
Schwanz erwischte und sich weiter drehte und drehte
und Sima, der Mönch, spielte Tag für Tag am Abend gesenkten Haup-
tes Flöte. Chinas Geschichte verlief entlang der Bambusflöte
wie die vom Himmel stürzenden Bäche. Zhuangzi sagt
Klang und Text, was man hört, was man schreibt,
        das ist des Menschen Orgel
alles, von der Wiege zum Grab, Liebe, Hass, hier ist es beschlossen
doch höher noch als des Menschen ist der Erde Orgel
der Klang der Mutter. Fels und Schlamm und Holz und Heimat
der Penis der Sonne sät wieder und wieder
Same und Keim, Brandschatz der Dörfer,
        Wirren des Kriegs, Heimkehr der Krieger
und der lange Trauerzug kriecht den Hügel hinauf,
        Gefallenenlieder steigen, kreisend
setzen die Wehen der Gebärenden ein. Die Frage war, kam das Kind
aus Scheide oder Erdspalt

Es gibt keine Antwort
auf die höchsten Fragen der Philosophie gibt es keine Antwort
wie: Woher kommen wir, wohin gehen wir, wer sind wir
in den Augen des großen Laozi
kommt das Ganze des Ganzen von des Himmels Orgel
des Himmels unsichtbarer, unberührbarer, unhörbarer Orgel
die, um uns zu jeder Zeit, jedem Augenblick uns
übersteigt. Oh, die Westler sagen Gott
viele Westler zweifeln an der Existenz Gottes
viele Chinesen zweifeln an der Existenz der Himmelsorgel

Warum reden von Gott, von des Himmels Orgel
warum reden von Himmel, warum reden
        von Rind, Schaf und Schwein

oder Hund oder Huhn oder Wortspiel
Brot ist Reichtum, ein Symbol, dürres Laub heißt schwer krank
dem Tyrann und Diktator ist das Volk Vieh, das kann man
schlachten
woher kommen Omen und Nomen der Welt? Zhuangzi sagt
ist einmal ein Anfang gemacht, nennen den Himmel wir Ross
was der Menschen Haupt deckt, nennen wir Ross
nicht Himmel. Wolken
nennen wir unsteten Rossschweif. Nennen den Wind Rossfurz
der über das Land zieht

Sima, der Mönch, meditierte fort
wie in diesem Augenblick ich in der Mittwinternacht Berlins
mit diesem Gedicht seiner gedenke, auf der Zungenspitze zergeht
der aus der Heimat Sichuan mitgebrachte Schnaps
etwas scharf, etwas taub, im Nachgang etwas süß
das Gefängnis war zu weit von der Heimat
das Gefängnis war der fernste Tempel, den Sima, der Mönch
je gewann. Wie das altindische Lumbini
der Geburtsort des Buddha. Wie heute Dharamsala
wohin die Reinkarnierten Dalai Lama und Karmapa
aus Tibet über Himalaya-Berge
ins Exil gingen

Der alte Mönch verstand nicht den Sinn von Exil. Eines Tages
im Knast, er hatte Flöte gespielt, in der Renminribao gelesen
fragt er doch, ist das »Tibet« des Dalai das »Paradies des Westens«
was konnte ich sagen, auf alle Fälle sei Tibet das Dach der Welt
dem Bauch des Paradieses ganz nah. Er fragte weiter, des Himmels
Buch, das ohne Worte, wurd doch geschrieben? In Tibet?
Dazu konnte ich noch weniger sagen.
    Auf alle Fälle rollen über die Berge dort Steine
wie Knochen älter als Himmel und Erde.
    Gebetsfahnen flattern um Schädel

verwitterte Augenhöhlen sind voll mit Om mani padme hum
Sutren haben kein Vaterland. So wie
die Bibel, der Koran, das Daodejing

Was gut ist an Schriften, hat kein Vaterland
und wer die Schriften schrieb
wo ist sein Vaterland? Bei den hohen Mauern
wo ist das Vaterland von Reptil, Häftling und Adler

Sima, der Mönch, war ein Boot
in den Wellen des Nichts
trieb er davon. Er
erkannte Tibet, womöglich kam er
in früherem Leben vom Schneeland. Wie der Oberlauf des Yangtse
durch die Milchstraße führt. Und der Unterlauf des Yarlung
Tsangpo
in Yunnan der Nu-Fluss ist. Und nach Süden wogt
durch Myanmar, Laos und Thailand als Mekong
Namen und Vaterländer kommen und gehen,
        doch das Wasser bleibt Wasser
vom Daodejing und dem Klassiker der Berge und Meere
besungenes
hinab von den Gipfeln mäanderndes Wasser

In allen Sprachen anders ausgesprochenes Wasser
wenn man einen Schluck trinkt, weiß man
in allen Sprachen anders benannte Flöte
wenn man sie spielt, weiß man
in allen Sprachen anders geformte Boote
wenn man in eins steigt, weiß man.
Krähen aus China landeten in Deutschland
ohne Zoll, landeten in
einem Hof mit Exilanten aus China
ihr Krächzen schreckte mich aus meinem Traum

von der Deutschstunde, wie
der auf den Spitzen der Zweige ruhende Hölderlin
spielte Sima, der Mönch, noch die Flöte. Nein, nein
die Nacht war still, in meinem Kopf spielte
wie vor Jahren der alte Mönch. Und dort auch erschienen
die Krähen aus China und Hölderlin

Das ist ein Anfang des Friedens, deshalb schrieb Hölderlin
»Mnemosyne« und »Rückkehr in die Heimat«
ich war und auch der alte Mönch war eingedenk
beider Ufer der Zeit, die sich im Erinnern begegnen
ich bin in Berlin, meine Seele kehrt heim im Kshana des Erinnerns
der alte Mönch im Gefängnis, seine Seele wird entlassen und frei
　　im Kshana des Erinnerns

Ich greife seine Hände des Nichts und schreite
in den Himmel über China. Nein, nein
die Diktatur China war längst zerfallen
das Land der gut einer Milliarde neu gefasst
in ein paar Dutzend Bundesstaaten. All die Ideologien
Präsidenten, Parlamente und Urstämme koexistierten
das leiderprobte Volk lebte endlich in Ruhe und Frieden.

Das Laub kehrte zur Wurzel zurück
der Gedanke des Zerfalls ging noch um. Am Vorabend der Wahl gab
es den »Hamlet«: »Sein oder Nichtsein«,
man sprach hinter dem Vorhang: »Wählen oder nicht«
und das Publikum schrie wie die Maultiere schrein:

»Nicht sein und nicht Nichtsein«
doch eine Wand weiter
in einem Staat kleiner als der Vatikan
kamen »nationale Interessen« in Mode, Laozi und Li Bai müßig
tranken und redeten und spielten Schach und

wusten nicht, wie die Figuren setzen, da kam Konfuzius
aus dem Staat Lu, von der Mündung des Huanghe,
sah sich um und wies zu den Bergen
der Weg, den man sagen kann, ist nicht der beständige Weg,
sagte Laozi mit vielsagendem Lachen
mein junger Freund belehrt wohl gern, du gehst als Botschafter
nach Tsaidam, Strafe muss sein

Und Konfuzius tat wie geheißen und wanderte aus
er maß neun Fuß und seine Schüler dreitausend
er reiste durch ein Dutzend Reiche, wollte den Erdkreis belehren
der Himmel war breit, die Erde war weit
die Heimat verloren in Zeit und
Tsaidam ein Salzsee, Salz für zehntausend Jahre
auch Wissen war Salz, Konfuzius extemporierte
des Leids zu gedenken war Salz, das die Zeiten
weniger missen konnten als Salz. Geschichtsbücher hielten es fest
Mao Zedong, Deng Xiaoping, die Große Hungersnot, die Reformen
das Massaker auf dem Tiananmen, die Falun Gong,
die Selbstverbrennungen in Tibet
wie deutsche Geschichtsbücher Hitler, die Juden, die Vernichtung
den Aufstand vom 17. Juni, Honecker, die Berliner Mauer
wie russische Geschichtsbücher Lenin, die Kollektivierung, Stalin
den Gulag, den Kalten Krieg und den Krieg in Tschetschenien
die Akten aller Verbrechen liegen tief in der Erde
sie werden nicht wie die Leichen verwesen, sie werden nicht
wie Samen durch die Erde brechen. »Nie wieder!«
steht im KZ von Dachau

»Nie wieder!« steht
in Xinjiang, in Tibet, in Kanton, in Shanghai am Zoll,
in der City, auf dem Friedhof
es steht auf dem Palastmuseum in Beijing,
in den Kochbüchern von Sichuan, in den Schnaps-

kellern von Guizhou, auf dem Westsee von Zhejiang
das kommunistische Reich, die weltweite Kontrolle
von Orwells »1984« –
»Nie wieder!«

Ich spiele Flöte, Sima, der Mönch, spielt in meinem Atem
mit. Vor gut zwanzig Jahren
trafen wir uns, im Gefängnis, wer hat damals gedacht
an die Wandlungen der Welt, der alte Himmel
wird älter ohne sein Zutun
gibt es im Gefangenenkäfig der Fremde
einen Flöte spielenden Mönch? Klarinette spielenden Priester
Bawu spielenden Imam? Ein Lebender Buddha, gut in
Liebesliedern
wie der sechste Dalai Lama Tsangyang Gyatso
für Jahre im Gefängniskeller von Lhasa. Als der Wärter
Sutren und Gesang verbot, kam Hass in sein Herz
und es folgte die Reue. Hoher Dalai, es ist so gefährlich
wenn jemandem das Singen abgeschnitten wird, ich fluchte, verlor
das Erbarmen, das ein Mönch braucht

Berge sind höher als Mauern

Berge sind auch höher als Berge

Im Traum brachst du aus
über die Mauer, über die Berge, über die Wolken

Das Sprichwort sagt: »Höher als der Himmel ist das Herz«
»Höher als der Himmel ist das Herz« – wer kann dies Gefängnis
überwinden

Sima, der Mönch, war längst am Ufer jenseits
nahm meine Hülle, als wollte er sagen

ein einsamer Vogel, der Frieden meditiert, ist
wie ein einsamer Stern leuchtend am Ende der Nacht
Flöte oder Wind standen still
das Wogen der Bäume und Dächer
erstarrte im Augenblick, wie in alten Filmen
Wellen verebben
trink aus zur Neige und schlaf
letzte Heimat in Sichuan, schlaf
hinter der Bäume Schatten ist Hölderlin noch
lang erfroren mit den weißen Schnäbeln die Krähen
Vater, Schwester, früh Gegangene, schlaft, schlaft
Ruhe wird nie jemand finden

Erster Entwurf Ende 2013
Überarbeitet und abgeschlossen an Silvester 2015 nach dem alten Kalender

Anmerkungen der Übersetzer

1 *»Vierter Juni«*: Am 3./4. Juni 1989 wurden friedliche Studentendemonstrationen auf dem Platz des Himmlischen Friedens (auch: Tiananmen-Platz) in Beijing von der Regierung Chinas gewaltsam durch Eingreifen des Militärs beendet. Die genaue Zahl der Toten ist unbekannt, die Presse berichtete aufgrund von Angaben des chinesischen Roten Kreuzes von über 2000 Toten und mehreren tausend Verletzten, Amnesty International gibt mehrere hundert bis mehrere tausend Tote an. Unter den toten Zivilisten waren neben StudentInnen auch viele SchülerInnen, ArbeiterInnen und andere BürgerInnen, die zum Teil die Demonstrationen unterstützten, zum Teil aber zufällig vor Ort waren. Viele TeilnehmerInnen und UnterstützerInnen der Demonstrationen wurden in der Folgezeit verhaftet, sofern es ihnen nicht gelang, rechtzeitig aus dem Land zu fliehen. Bis heute ist in China die Untersuchung dieses durch die Regierung unter Deng Xiaoping und dem Ministerpräsidenten Li Peng verordneten Massakers sowie das öffentliche Gedenken an die Toten verboten. Jedes Jahr werden in der Zeit vor dem Vierten Juni Überlebende des Massakers, Angehörige von Opfern und Dissidenten unter Druck gesetzt, sich nicht öffentlich zu äußern. Die Bezeichnung »Vierter Juni« verweist nicht nur auf das Massaker, sondern auf die gesamte Bewegung der Demonstrationen für Demokratie und Freiheit in Beijing und anderen Großstädten im Frühsommer 1989.

2 *Renminbi* (RMB) ist die offizielle chinesische Währung, deren größte Einheit der *Yuan* bzw. *Kuai* ist. Anfang Juli 2011, dem Zeitpunkt der Flucht Liaos entsprachen einem Euro knapp 10 Kuai/Yuan RMB.

3 *Chinesisch-Vietnamesischer Krieg*: Krieg zwischen China und Vietnam aufgrund von andauernden Grenzstreitigkeiten Februar bis März 1979.

4 *Dong* ist die vietnamesische Währung seit 1978. Im Juli 2011 entsprach ein Euro an die 30 000 Vietnamesischen Dong.

5 *Deng Xiaoping* lebte 1904–1997 und regierte in der Volksrepublik China faktisch von 1979 bis zu seinem Tod Anfang 1997 als starker Mann. Er ist

bekannt für seine marktorientierten Reformen im Land, die zu Chinas wirtschaftlichem Aufschwung führten, bei einer gleichbleibend harten Linie in politischen Fragen wie der alleinigen autoritären Herrschaft durch die Kommunistische Partei Chinas.

6 *Wei Jingsheng*, geb. 1950, war ein führender Aktivist der chinesischen Demokratiebewegung, hängte seine Forderung nach Demokratie unter anderem in Form einer Wandzeitung mit dem Titel »Die fünfte Modernisierung: Demokratie und anderes« als Ergänzung der »Vier Modernisierungen« Deng Xiaopings an die »Mauer der Demokratie« und war 18 Jahre in China inhaftiert. Heute lebt er in den USA und arbeitet dort weiter für ein demokratisches China.

7 *Xu Wenli*, geb. 1943, ist ebenfalls ein führender Kopf der Demokratiebewegung und Aktivist der »Mauer der Demokratie«, war in China 16 Jahre inhaftiert und lebt heute im Exil in den USA.

8 Die *»Mauer der Demokratie«* befindet sich in der Xidan-Straße in Beijing und war 1978/79 ein Zentrum der chinesischen Demokratiebewegung.

9 *Teresa Teng* lebte 1953–1995 und ist die vielleicht bekannteste taiwanische Pop-Sängerin in der VR China.

10 Der *Staat Lu*, in dem Konfuzius geboren ist, liegt heute in der Provinz Shandong.

11 *»Kein größerer Schmerz als ein sterbend Herz«:* Nach *Zhuangzi* (deutsch in der Übersetzung von Richard Wilhelm: *Das wahre Buch vom Südlichen Blütenland*), »Die Äußeren Kapitel«, Abschnitt: »Tian Zifang«, Worte des Konfuzius.

12 *Xia Ji* gilt als »Femme fatale« der Zeit. Sie war mehrfach verheiratet, mit verschiedenen Herrschern und anderen hohen Würdenträgern.

13 Das *Chunqiu*, die *Frühlings- und Herbstannalen*, sind eine Chronik des Staates Lu aus der sogenannten »Frühlings- und Herbstperiode« (722–481 v. Chr.), die Konfuzius zusammengestellt haben soll.

14 Liao Yiwu, *Für ein Lied und hundert Lieder: Ein Zeugenbericht aus chinesischen Gefängnissen*, Frankfurt am Main: S. Fischer, 2011.

15 Das *Lunyu*, im Allgemeinen ins Deutsche übersetzt als die *Gespräche des Konfuzius*.

16 *Huai-Hai-Operation*: 1948/49 eine der entscheidenden Operationen der kommunistischen Volksbefreiungsarmee, die letztlich zur Nieder-

lage der Nationalarmee und der Nationalen Volkspartei (Guomindang / Kuomintang) unter Chiang Kai-shek in China führten und deren Flucht nach Taiwan einleiteten.

17 *Putian in der Provinz Fujian*: Die bezirksfreie Stadt wie die Provinz liegen im Osten Chinas auf der Höhe von Taiwan.

18 Der *Kuroshio* (japanisch, auf Deutsch »Schwarze Strömung«) ist eine warme Oberflächen-Meeresströmung im westlichen Pazifik. Der Name kommt von der Farbe des Wassers, das deutlich dunkler ist als das Umgebungswasser.

19 Die *Insel Jinmen*, auch Kinmen oder Quemoy, ist eine Insel nicht weit vom Festland Chinas, steht jedoch unter der Verwaltung Taiwans.

20 *Chiang Ching-kuo*, auch Jiang Jingguo, lebte 1910–1988 und war der Sohn von Chiang Kai-shek, ebenfalls Mitglied der Nationalpartei und 1978–1988 Präsident der Republik China auf Taiwan.

21 *Chen Lifu* lebte 1900–2001 und war ein führender Kopf der Nationalpartei und überzeugter Anti-Kommunist, ein enger Freund Chiang Kai-sheks.

22 *Vater und Sohn Chiang:* Chiang Kai-shek und sein Sohn Chiang Ching-kuo.

23 Die *Dai- oder Tai-Völker* zählen zu den 55 offiziell anerkannten ethnischen Minderheiten in China und leben vor allem in der Provinz Yunnan.

24 *Sun Yat-sen*, hochchinesisch Sun Zhongshan, lebte 1866–1925 und wurde 1912 der erste Präsident der Republik China, er war Mitbegründer der Nationalpartei.

25 Der *Zweite Chinesisch-Japanische Krieg*, der hier gemeint ist, dauerte vom 7. Juli 1937 bis zum 9. September 1945 und wurde durch den Angriff Japans auf Pearl Harbor als »Pazifikkrieg« Teil des Zweiten Weltkriegs. Im Zuge dieses Krieges mit China marschierten japanische Truppen in China ein und besetzten immer weitere Teile des Landes, bis Japan im Zweiten Weltkrieg kapitulieren musste. Das war auch das Ende des Chinesisch-Japanischen Kriegs.

26 Die *Schlacht um Tai'erzhuang*, vom 24. März bis zum 7. April 1938, war eine Schlacht zwischen der chinesischen Nationalarmee und japanischen Truppen nordöstlich der Stadt Xuzhou in der Provinz Jiangsu, welche die chinesischen Verteidiger gewinnen konnten. Das war ihr ers-

ter Sieg im Zweiten Chinesisch-Japanischen Krieg gegen die bis dahin als unbesiegbar geltenden japanischen Truppen.

27 *Onkel Afanti* ist der chinesische Name (abgeleitet von Efendi, die türkische Anrede für »Herr«) für Nasreddin, eine literarische Figur humoristischer Geschichten in türkisch-islamisch beeinflussten Regionen bis hin zu den Turkvölkern Zentralasiens und den Uiguren im Nordwesten Chinas.

28 *Li Jieren*, Schriftsteller und Übersetzer, lebte 1891–1962.

29 Die *»Rechtsschutz«-Anwälte* in China sehen ihre Aufgabe darin, chinesische Bürger gerade bei der Vertretung und Durchsetzung ihnen nach der Gesetzeslage bereits zustehender Rechte gegen die Willkür von Polizei und Staat zu unterstützen. Dadurch sind Rechtsschutz-Anwälte selbst häufig Verfolgung und Repressalien ausgesetzt. Teng Biao (geb. 1973), der in diesem Buch als Rechtsvertreter Liaos in Erscheinung tritt, gehört zu den bekanntesten unter diesen Anwälten und war bereits zweimal in Haft.

30 *Charta 08*: Eine Petition für Demokratie in China vom Dezember 2008, initiiert von Liu Xiaobo, dem späteren Friedensnobelpreisträger, der inzwischen am 13. Juli 2017 im Alter von 61 Jahren gestorben ist. Für die *Charta 08* wurde Liu am 25. Dezember 2009 zu elf Jahren Gefängnis verurteilt und war bis zu seinem Tod inhaftiert. Außer Liu haben 302 weitere Intellektuelle dieses Manifest für mehr Demokratie in China unterschrieben.

31 *Wu Zixu* lebte im 5./6. Jh. v. Chr. und war ein einflussreicher Politiker des Reiches Wu, wohin er als Flüchtling aus dem Reich Chu gekommen war.

32 *He Zhizhang* lebte 659–744 während der Tang-Dynastie (618–907).

33 *Zhao Ziyang* lebte 1919–2005, er war ein Reformpolitiker der VR China, Generalsekretär der Kommunistischen Partei Chinas 1987–1989, wegen seiner gemäßigten und offenen Haltung gegenüber den Demonstrationen des »Vierten Juni 1989« auf dem Platz des Himmlischen Friedens in Beijing stand er nach dem Massaker durch das Militär bis zu seinem Tod unter Hausarrest.

34 Die *Sieben Weisen vom Bambushain* waren sieben Dichter und Exzentriker, die gegen Ende der Wei-Dynastie (220–265) lebten, offenbar sehr viel tranken und vermutlich zumindest teilweise Kontakt miteinander

hatten. Sie können als eine Art frühe Dissidenten gelten, da sie sich der ungeliebten Regierung auf unterschiedliche Weise verweigert haben sollen.

35 *Li Da* lebte 1890–1966.

36 *Chen Duxiu* lebte 1879–1942 und war ein bekannter führender Kommunist in China.

37 *Zhang Guotao* lebte 1897–1979 und war in den 20er und 30er Jahren ein führender chinesischer Kommunist, 1938 lief er zur Nationalpartei von Chiang Kai-shek über.

38 *Zhou Fohai* lebte 1897–1948, er hatte in Japan studiert und wurde dort zum Anhänger marxistischer Ideen. 1924 verließ er die Kommunistische Partei Chinas wieder und wechselte in die Nationalpartei. Den Krieg gegen Japan sah er später als sinnlos an und wurde mit einigen anderen chinesischen Politikern Teil einer sogenannten »Kollaborationsregierung« mit Japan.

39 *Weibo* ist ein chinesischer Internet-Dienst als Alternative zu *Facebook* und *Twitter*, die in China verboten sind.

40 *»Kommunistische Banditen«* ist ursprünglich ein Schimpfwort der chinesischen Nationalpartei für ihre Gegner in der Kommunistischen Partei aus der Zeit des chinesischen Bürgerkriegs um die Vorherrschaft in China.

41 *Der Vierte Juni. Meine Zeugenaussage* ist die Übersetzung des Originaltitels des Buches von Liao Yiwu über seine Zeit im Gefängnis wegen der Verbreitung seines Gedichts »Massaker« nach dem 4. Juni 1989. Auf Deutsch ist dieses Buch erschienen unter dem Titel *Für ein Lied und hundert Lieder: Ein Zeugenbericht aus chinesischen Gefängnissen* (siehe Anm. 14).

42 *»Einem Heer von drei Armeen …«:* Lunyu, Kap. IX/25, »Die Macht des Kleinsten« (Übersetzung Richard Wilhelm).

43 *»In dürftiger Zeit zeigt sich, wer taugt, …«:* Aus einem Gedicht (etwa »Lied der Rechtschaffenheit») von Wen Tianxiang (1236–1283) aus der Song-Dynastie (960–1279), der von den nach China vordringenden Mongolen gefangen genommen wurde, von ihnen eine Stellung angeboten bekam, diese aus Loyalitätsgefühlen gegenüber der chinesischen Song-Dynastie ablehnte, dafür ins Gefängnis geworfen und schließlich hingerichtet wurde.

44 *Chinas Gesellschaft von unten:* Die deutsche Ausgabe heißt mit vollem Titel: *Fräulein Hallo und der Bauernkaiser. Chinas Gesellschaft von unten*, Frankfurt am Main: S. Fischer, 2009. Der englische Titel des Buches lautet: *The Corpse Walker: Real Life Stories, China from the Bottom Up*, 2009.

45 *Die Stinkende Nummer Neun* war ein Schimpfwort in China für den Stand der Intellektuellen. Der Begriff stammt bereits aus der Zeit der Mongolenherrschaft in China (Yuan-Dynastie: 1279–1368), in der die unterworfenen Chinesen in zehn Schichten geordnet waren, deren neunter und vorletzter die konfuzianischen Gelehrten zwischen Prostituierten (8) und Bettlern (10) angehörten. Zur Zeit der Kulturrevolution wurden neun Kategorien von Gegnern der Revolution erstellt, wobei die Intellektuellen nun zur untersten, wieder neunten zählten. Als angebliche Gegner der Revolution wurden sie entsprechend grausam verfolgt und gedemütigt.

46 *A Bing* ist der Künstlername von Hua Yanjun, er lebte 1893–1950. Das Stück *»Der Mond in zwei Quellen«* stammt von 1939, es wurde komponiert und gespielt von A Bing selbst, heute ist es eines der bekanntesten Stücke für die zweisaitige chinesische Geige *Erhu* in China.

47 *Cao Cao* lebte 155–220, er war ein berühmter Staatsmann und General, gleichzeitig ein renommierter Dichter und Kalligraph, später Begründer des Reiches Wei. Die *Drei Reiche* waren die drei nebeneinander bestehenden Königreiche Wei im Norden, Wu im Süden und Shu Han im Westen, sie existierten 208–280 bzw. nach einer anderen historischen Einschätzung 220–280.

48 Die *Qing-Dynastie* regierte 1644–1911 und war die letzte Kaiser-Dynastie Chinas. Seit 1912 existiert die Republik China, die bis heute auf Taiwan fortbesteht.

49 *Annan oder Annam* ist eine alte Bezeichnung Chinas für Vietnam, sie bedeutet »Befriedeter Süden«.

50 *Odysseus Elytis*, ein griechischer Dichter, lebte 1911–1996.

51 *Jiang Taigong* geht angeln, diese Redewendung geht auf eine chinesische Legende zurück, nach der Jiang Taigong, der im 11. Jh. v. Chr. lebte, auf sehr ungewöhnliche Weise angelte, nämlich mit einem geraden »Haken« an der Angel, und gerade deshalb erreichte, was er wollte: den König für sich gewinnen, der auf seine Angeltechnik aufmerksam wurde,

von sich aus auf ihn zukam, in ihm im folgenden Gespräch einen klugen Mann erkannte und ihm eine Stellung am Hof anbot.

52 Liao Yiwu, *Gott ist rot. Geschichten aus dem Untergrund – Verfolgte Christen in China*, Frankfurt am Main: S. Fischer, 2014.

53 Die *Operation Zeisig* war eine von Hongkong aus organisierte Hilfsaktion nach dem Vierten Juni 1989, um es von der chinesischen Regierung verfolgten Teilnehmern und Unterstützern der Demonstrationen auf dem Platz des Himmlischen Friedens zu ermöglichen, China zu verlassen. Die Aktion lief bis 1997 und rettete über 400 Dissidenten das Leben bzw. die Freiheit, indem diese in westliche Länder entkommen konnten.

54 »*Wo ich heut Nacht vom Rausch erwacht'* …« ist eine Gedichtzeile des Song-Dichters Liu Yong (987–1053).

55 Die *Tang-Dynastie* regierte 618–907.

56 Die *Tianlongbabu Filmstadt* ist ein Filmstudio, in dem eine bekannte chinesische TV-Serie gedreht wurde, die Verfilmung eines bekannten Martial Arts Romans von Jin Yong (englischer Titel: *Demi-Gods and Semi-Devils* oder näher am chinesischen Original: *Eight Books of the Heavenly Dragon*). Heute ist die Filmstadt eine der attraktivsten Sehenswürdigkeiten der Stadt Dali.

57 *Zeit der Republik* in der Volksrepublik China war 1912–1949, auf Taiwan 1912 bis heute.

58 »*Hai*«, wie jeweils die letzte Silbe in den Namen der Seen Er*hai* und Lashi*hai* lautet, bedeutet »Meer«.

59 *Hu Yaobang* lebte 1915–1989, er war ein chinesischer Politiker der Kommunistischen Partei Chinas, der jedoch Verständnis für die Demokratiebestrebungen im China der 80er Jahre zeigte. Sein Tod im April 1989 gilt allgemein als Auslöser für die Demonstrationen auf dem Platz des Himmlischen Friedens.

60 *Reden Dengs auf seiner Reise in den Süden:* Anfang des Jahres 1992 reiste Deng Xiaoping in den Süden Chinas, in die Städte Guangzhou, Shenzhen und Shanghai, um in verschiedenen Reden weitere Reformen in Richtung »Sozialistische Marktwirtschaft« anzumahnen. Er öffnete die Wirtschaft des Landes damit Richtung Kapitalismus und freiem Handel.

61 Die *Menglong-Lyrik*, auch Obskure Lyrik, ist eine hermetische und moderne Form der Poesie, die von den späten 70er bis Mitte der 80er Jahre in China von großer Bedeutung war. Wichtige Vertreter dieser Lyrik wie

Bei Dao, Yang Lian und Gu Cheng haben in den 80er Jahren China aufgrund von Aktionen gegen ihre Art zu schreiben, wie die »Kampagne gegen geistige Verschmutzung«, verlassen.

62 *Liu Shaoqi* lebte 1898–1969, war ein führender Kommunist, starb jedoch als ein Opfer der Kulturrevolution.

63 *Laozi und Han Feizi:* Chinesische Philosophen des 6./5. bzw. 3. Jahrhunderts v. Chr., Laozi gilt als Begründer des Daoismus, Han Fei oder Han Feizi des Legalismus.

64 Die *Zhou-Dynastie* unterteilt sich in eine Westliche, ca. 11. Jh. bis 770 v. Chr., und eine Östliche Zhou-Dynastie, 770–256 v. Chr.

65 Der *Hangu-Pass* war ein strategisch wichtiger Pass an der Ostgrenze des Staates Qin zur Zeit der Streitenden Reiche (475–221 v. Chr.) und während der Östlichen Zhou-Dynastie, er liegt heute in der Provinz Henan.

66 Das Zitat »*Von allen Enden der Welt …*« heißt korrekt: »Von allen Enden der Welt sind wir zusammengekommen für das gemeinsame revolutionäre Ziel.«

67 *Li Houzhu* lebte ca. 937–978, er war der letzte Herrscher der Südlichen Tang (Regierungszeit 961–975) und ein bekannter Dichter. Er wurde vom ersten Kaiser der Song-Dynastie (960–1279) abgelöst, kam in Gefangenschaft und schrieb dort viele seiner Gedichte.

68 *Liu Binyan* lebte 1925–2005, er war Journalist und Romanschriftsteller, zunächst Kommunist, unter Mao Zedong jedoch wurde er 1957 zum Rechtsabweichler abgestempelt und war in der Folge Dissident. 1988 ging er an die Harvard University in Amerika und musste wegen des Vierten Juni 1989 im Exil bleiben.

69 Die *Wei-Dynastie* regierte 220–265, die *Jin-Dynastie* anschließend 265–420.

70 *Ruan Ji* lebte 210–263 während der Wei-Dynastie, war Dichter und einer der »Sieben Weisen vom Bambushain« (siehe Anm. 34).

71 *Kong Rong* lebte 153–208, er war ein Beamter und Dichter zur Zeit der Drei Reiche. Ihn ließ sein politischer Rivale Cao Cao (siehe Anm. 47) hinrichten.

72 *Xi Kang* lebte 223–262 im Reich Wei, er war Dichter, Philosoph und Musiker, mit 39 Jahren wurde er hingerichtet.

73 *Chen Tuan* lebte wohl im 9./10 Jahrhundert, die genauen Daten sind un-

klar, ein legendärer daoistischer Weiser. Er heißt auch der »Schlafende Unsterbliche« und seine Schlaffähigkeit soll in daoistischen Übungen begründet liegen.

74 Das *Lichtfest*, in chinesischer Umschrift »Qingming-Fest«, ist ein ähnliches Fest wie Allerheiligen, aber Anfang April, die Gräber der Vorfahren werden aufgeräumt und neu geschmückt, zudem werden den Ahnen Opfergaben dargebracht und man betet zu ihnen.

75 *»Bevor du in die Grube fährst, …«*: Diese Zeilen stammen aus dem Gedicht »Tragen« von Liu Xiaobo, »für meine Frau in ihrer Bedrängnis«, geschrieben an seinem Geburtstag am 28. Dezember 1996. Das vollständige Gedicht ist abgedruckt in Liu Xiaobo: *Ich habe keine Feinde, ich kenne keinen Hass. Ausgewählte Schriften und Gedichte*, hg. v. Tienchi Martin-Liao und Liu Xia, Frankfurt am Main: S. Fischer Verlag, 2011, S. 317.

76 *»Märchen«* bzw. auf Englisch »Fairytale« hieß das Kunstprojekt von Ai Weiwei anlässlich der Documenta 12 im Jahr 2007.

77 Das *Daodejing*, bekannt auch unter älteren Umschriften wie *Tao Te King*, ist eine berühmte klassische Schrift Chinas, die von dem daoistischen Weisen Laozi stammen soll, und gilt als einer der grundlegenden Texte des Daoismus. Entstehungsgeschichte und Autorenschaft sind tatsächlich bisher unklar. »Dao« steht für etwas wie »*den* Weg«, »*das* Prinzip«, »de« beinhaltet eine praktischere Bedeutung wie etwa »Tugend, Moral«, »Jing« bezeichnet einen »Klassiker«.

78 *Hua Guofeng* lebte 1921–2008, ein kommunistischer Politiker, der 1976 Mao Zedong als Vorsitzender der Kommunistischen Partei Chinas nachfolgte.

79 *Jiang Qing* lebte 1914–1991, sie war Maos vierte Frau und Kopf der sogenannten »Viererbande« vom linksradikalen Flügel der Kommunistischen Partei Chinas, die in der Kulturrevolution eine führende Rolle spielte, nach Maos Tod und dem Ende der Kulturrevolution wurden Jiang Qing und der »Viererbande« alle negativen Auswüchse der Kulturrevolution zur Last gelegt, so dass Mao selbst eine reine Weste behalten konnte.

80 Für die *öffentlichen Erklärung Westerwelles* siehe die Pressemitteilung des Auswärtigen Amtes vom 1.3.2010 »Westerwelle bedauert Ausreiseverbot für chinesischen Schriftsteller Liao Yiwu«, www.auswaertiges-

amt.de/DE/Infoservice/Presse/Meldungen/2010/100301LiaoYiwu.html (abgerufen am 12.4.2017).

81 *König Wen von Zhou* lebte 12./11. Jh. v. Chr. und regierte wohl in der ersten Hälfte des 11. Jhs. Er gilt als weiser Herrscher im konfuzianischen Sinne, der sich fähige Männer für die Regierung suchte. Dennoch war er eine Weile aus politischen Gründen in Gefangenschaft und soll nach einer Überlieferung in dieser Zeit die 64 Hexagramme des *Buches der Wandlungen* geschaffen und mit Erklärungen versehen haben.

82 *Aufs Land verschickte gebildete Jugendliche* waren junge Menschen, die beginnend in den 1950er Jahren bis in die 1970er Jahre aus den Städten aufs Land gingen, häufig unter Zwang, um dort zu arbeiten und zu leben und die Landwirtschaft insbesondere in armen und abgelegenen Regionen zu unterstützen. Die Mehrheit von ihnen hatte eine Schulausbildung der Grundstufe oder auch bis zur höheren Schule, wenige hatten eine Universität besucht.

83 Die *Frühlings- und Herbstperiode* ist nach den Reichsannalen des Staates Lu benannt (siehe auch Anm. 13), aus dem auch Konfuzius stammte, und bezeichnet konkret die Jahre 722–481 v. Chr., sie liegt damit in der Zeit der Östlichen Zhou-Dynastie (siehe Anm. 64), in der die Macht des »Himmelssohns der Zhou« allmählich abnahm und einzelne Reiche erstarkten.

84 *»Aufruf zu einer weltweiten Lesung«:* Der Text folgt hier dem deutschen Aufruf, wie er unter http://www.worldwide-reading.com/archiv/weltweite-lesung-fuer-liao-yiwu-und-in-erinnerung-an-das-massaker-am-tian2019anmen-platz-am-4.-juni-2010/aufruf (Abruf am 1.5.2017) publiziert ist. Abweichungen des chinesischen Textes bei Liao blieben unberücksichtigt.

85 Der *Tang-Kaiser Xuanzong* lebte 685–762 und regierte 712–756.

86 Die *Tang-Dynastie* bestand 618–907, die *Song-Dynastie* 960–1279 und die *mongolische Yuan-Dynastie* 1279–1368.

87 *Yao* soll etwa im 24./23. Jh. v. Chr. gelebt haben, er ist einer von fünf legendären Herrschern. Sein Nachfolger als Herrscher soll *Shun* gewesen sein, der aus einfachen Verhältnissen kam. Beide Herrscher haben nach der Überlieferung nicht ihre eigenen Nachfahren als Nachfolger eingesetzt, sondern jeweils Untertanen, die ihnen als die fähigsten für das Amt des Herrschers erschienen.

88 *»Das Dao, das man nennen kann, …«* ist der berühmte Anfang des chinesischen Klassikers *Daodejing* (siehe Anm. 77).

89 *»Die acht Unsterblichen«* sind daoistische Heilige, Menschen mit übernatürlichen Fähigkeiten, aus der chinesischen Mythologie. Nach der Legende überquerten sie das Meer ohne ein Schiff, stattdessen verfügte jeder von ihnen neben seinen besonderen Fähigkeiten über ein spezielles Requisit, das jedoch eigentlich nicht zur Überquerung eines Gewässers dient: beispielsweise ein magisches Schwert, ein Fächer oder eine Flöte.

90 *Lü Dongbin* wurde gegen Ende des 8. Jhs., während der Tang-Dynastie, geboren und ist einer der »Acht Unsterblichen«, seine besonderen Requisiten sind ein Fliegenwedel und das magische Schwert. Der *Kranich* steht für langes Leben und Glück, wegen seines leichten, hohen Flugs gilt er als Verbindung zwischen Himmel und Erde. Auf seinem Rücken gelangen »Unsterbliche« ins Paradies.

91 *Qiu Chuji* lebte 1148–1227 und war der fünfte Patriarch des Quanzhen-Daoismus.

92 *Wang Chongyang* lebte 1113–1170, er begründete als daoistischer Mönch in seinen letzten Lebensjahren den synkretistischen Quanzhen-Daoismus und Qiu Chuji war einer seiner Schüler.

93 *Kaiser Qianlong* regierte während der Qing-Dynastie (siehe Anm. 48) von 1735–1796.

94 *Hexagramm »Gu«:* In der Übersetzung der 64 Hexagramme des *Buchs der Wandlungen* heißt es über dieses Hexagramm mit dem Namen »*Gu*, Die Arbeit am Verdorbenen«: »Das chinesische Zeichen Gu stellt eine Schüssel dar, in deren Inhalt Würmer wachsen. Das bedeutet das Verdorbene […]«. Da dieses »Verdorbene« als Aufgabe im Raum steht, wieder beseitigt werden zu müssen, ist die »Bedeutung des Zeichens nicht einfach *das Verdorbene*, sondern *das Verdorbene als Aufgabe, die Arbeit am Verdorbenen.*« Vgl. *I Ging. Text und Materialien*, aus dem Chinesischen übersetzt von Richard Wilhelm, 14. Aufl. (Diederichs Gelbe Reihe), Köln: Diederichs, 1987, S. 85.

95 *Klang eines Holzfisches*: Der Holzfisch ist ein teilweise ausgehöhltes Holzschlaginstrument für religiöse Zeremonien, es kann z. B. als Begleitinstrument bei Rezitationen dienen oder Beginn und Ende einer Meditation anzeigen.

96 Ein *Liang* sind 50 Gramm.

97 *»Zweiter Besuch im Palast«*, chinesisch »Er gong jin«, ist der Titel eines berühmten und sehr populären Stücks der traditionellen Beijingoper.

98 *Wang Bo* lebte 649/650–676, war also ein Dichter der frühen Tang-Dynastie, er starb bereits im Alter von etwa 26 Jahren, wie es heißt, ertrank er auf einer Reise nach Vietnam, um seinen Vater dort zu besuchen. Vietnam war damals ein Vasallenstaat des Tang-Reiches. (Vgl. auch noch später im Text.)

99 *Manjushri* ist einer von drei großen Bodhisattvas im Buddhismus, er verkörpert Lernen und Weisheit, der Legende nach soll er ein Schüler des Buddha Shakyamuni gewesen sein.

100 *Du Fu* lebte 712–770 und zählt mit Li Bai zu den wichtigsten Dichtern der Tang-Dynastie.

101 *»Sous le pont Mirabeau coule la Seine …«* ist aus einem Gedicht von Apollinaire, »Le Pont Mirabeau«, in: *Alcools*, 1913.

102 Der *Boxeraufstand* war 1899–1901 ein chinesischer Widerstandskampf gegen die Besetzung des Landes durch die europäischen Mächte England, Frankreich, Deutschland, Österreich-Ungarn, Italien sowie durch die USA, Russland und Japan, insgesamt acht Länder, der jedoch scheiterte. Die Aufständischen waren in traditioneller Kampfkunst ausgebildet und gingen schlecht bewaffnet gegen die Besatzungsmächte vor. Deshalb erhielten sie von den Besatzungsmächten die Bezeichnung »Boxer«. Selbst nannten sie sich etwa »Kämpfer für Gerechtigkeit und Frieden«.

103 *Zao Wou-Ki* lebte 1920/21–2013 und war ein französisch-chinesischer Maler. Er ging 1947 nach Paris und wurde in den 60er Jahren in Frankreich eingebürgert. In den 80er Jahren fand seine Malerei in China Anerkennung. Er verbindet in seinen Gemälden traditionelle chinesische Tuschemalerei mit moderner abstrakter Malerei.

104 *Anti-Konfuzius-und-Lin-Biao-Kampagne:* Lin Biao lebte 1907–1971 und war ein hochrangiger Politiker der Kommunistischen Partei Chinas, zeitweise galt er als designierter Nachfolger Mao Zedongs. 1971 kam er bei einem Flugzeugabsturz ums Leben, angeblich hatte er einen Staatsstreich geplant. Lin wurde deshalb von der Kommunistischen Partei zum Verräter erklärt, obwohl bis heute unklar ist, was eigentlich passiert war, 1973 wurde er posthum von der Partei ausgeschlossen und 1974 be-

gann eine Kampagne gegen Lin Biao und Konfuzius, die bis zum Ende der Kulturrevolution 1976 andauerte und sich gegen alle möglichen angeblichen Gegner der Partei und Maos richtete.

105 Liao Yiwu, *Die Kugel und das Opium. Leben und Tod am Platz des Himmlischen Friedens*, Frankfurt am Main: S. Fischer Verlag, 2012.

106 *Tao Yuanming* lebte 365/372–427 in der *Östlichen Jin-Dynastie* (317–420) und ist ein berühmter chinesischer Dichter. Er hatte Posten in verschiedenen Regierungen inne, war aber von seinem Arbeitsumfeld so abgestoßen, dass er sich schließlich von allen Ämtern auf sein Landgut zurückzog, sich dort mit Freunden umgab und sich ganz auf die Dichtung konzentrierte.

107 Die »*Mütter des Tiananmen*« ist eine Gruppierung, die nach dem Massaker auf dem Platz des Himmlischen Friedens 1989 von Eltern, Verwandten und Freunden der Opfer gegründet wurde. Geleitet wird sie von Ding Zilin, einer emeritierten Professorin, deren Sohn, noch Schüler, damals erschossen wurde. Sie kämpfen für die Untersuchung und eine Neubewertung des Massakers, für das Recht, öffentlich um die Opfer zu trauern, und sie betreiben Aufklärungsarbeit zu den Ereignissen. Für ihr Engagement werden sie selbst von der chinesischen Regierung nach wie vor schikaniert, abgehört und stehen immer wieder unter Hausarrest, insbesondere in der Zeit vor dem Vierten Juni jedes Jahres seit 1989.

108 *»Die Aufmerksamkeit des Einzelnen verwandelt sich in eine allgemeine Ächtung von Unterdrückung, Hass und Gewalt«:* Dieses Zitat findet sich so nicht in der Nobelpreisrede von Elie Wiesel, auch nicht in der Begründung des Komitees.

109 *»Walden oder Leben in den Wäldern«:* Ein Buch von Henry David Thoreau (1817–1862), 1854 erschienen, über ein Leben als Aussteiger, das zu einem Klassiker alternativer Lebensweisen wurde.

110 Die *Kangxi-Ära der Qing-Dynastie* war unter dem Qing-Kaiser Kangxi 1661–1722, einem der bekanntesten chinesischen Herrscher.

111 *Dharamsala* ist der Sitz der Exilregierung Tibets in Indien.

112 Die *Ming-Dynastie* regierte 1368–1644.

113 *Cao Xueqin*, geb. zwischen 1715 und 1724 und gest. 1763 oder 1764, lebte in der Qing-Dynastie, war Schriftsteller und ist der Autor des wahrscheinlich berühmtesten chinesischen Romans *Der Traum der roten Kammer*.

114 Der *Erste Kaiser von China*, Qin Shihuang, lebte 259–210 v. Chr., er gründete die Qin-Dynastie (221–207 v. Chr.), die erste Dynastie des chinesischen Kaiserreichs, und regierte 247–210 v. Chr. 213 v. Chr. ließ er alle Bücher, derer man habhaft wurde, verbrennen, um konkurrierende Denkschulen und Lehrmeinungen zu vernichten, und als über 450 Gelehrte deshalb protestieren, ließ er sie hinrichten.

115 Die Übersetzung folgt hier der Erinnerung Liao Yiwus und übernimmt nicht die Version aus *Lettre*.

116 Der *Huanghe*, der Gelbe Fluss, gilt als Wiege der chinesischen Zivilisation, auch die Fernsehserie »*Flusselegie*«, die 1988 ausgestrahlt und sehr populär wurde, bezieht sich in ihrer kritischen Auseinandersetzung mit der stagnierenden chinesischen Kultur auf diesen Fluss.

117 »*Fliegender General*« lautete der Spitzname des Generals Li Guang aus der *Westlichen Han-Dynastie* (206 v. Chr. – 220 n. Chr.), der bis 119 v. Chr. lebte, der Tag seiner Geburt ist unbekannt.

118 »*Der Edle gibt für den Freund das Leben hin, …*«: Diese zwei Verse stammen aus Tao Yuanmings »Ode an Jing Ke«, den Attentäter, der im 3. Jh. v. Chr. den ersten chinesischen Kaiser Qin Shihuang töten wollte, aber scheiterte. Der chinesische Film »Der Kaiser und sein Attentäter« von 1999 hat diese Geschichte zur Grundlage.

119 *Zhu De* lebte 1886–1976, war ein kommunistischer Führer und über viele Jahre Oberkommandierender der Volksbefreiungsarmee.

120 »*Meister Hong Yi*«, eig. Li Shutong, lebte 1880–1942 und war Maler, Kalligraph und Lehrer für Kunst, 1918 wurde er buddhistischer Mönch, schrieb weiter kunstvolle Kalligraphien in einem sehr einfachen Stil und wurde berühmt als »Meister Hong Yi«.

121 »*Der Hof für die Pachteinnahme*« besteht aus über einhundert lebensgroßen Skulpturen und wurde 1965 von Künstlern der Hochschule der Künste Sichuan auf dem ehemaligen Anwesen des Großgrundbesitzers Liu Wencai (1887–1949) errichtet. »Der Hof« wurde zu einem Musterkunstwerk der Kulturrevolution, da er an verschiedenen Stationen voller Grausamkeit und Demütigung eine gnadenlose Ausbeutung der Landbevölkerung durch einen reichen Grundbesitzer vor der Machtübernahme der Kommunisten darstellt.

122 *Du Mu* lebte 803–852.

123 Die deutsche Übersetzung dieses Gesprächs über »*Die Totenrufer*«

findet sich in Liao Yiwu, *Fräulein Hallo und der Bauernkaiser*, S. 60–79.

124 *The Corpse Walker.* Real Life Stories: China from the Bottom up, erstmals erschienen 2008 bei Pantheon, Random House, entspricht in weiten Teilen dem deutschen Buch *Fräulein Hallo und der Bauernkaiser.*

125 *Wang Wei* lebte 701–761.

126 *Ai Qing*, chinesischer Dichter, Maler und Kommunist, lebte 1910–1996.

127 »*Baum auf dem Berg*« ist Geschichte 20 im Teil »Die Äußeren Kapitel« des Buches *Zhuangzi.*

128 *Qu Yuan* lebte 340–278 v. Chr. und war Staatsmann und Dichter, er hat sich angeblich im Exil in einem Fluss ertränkt. Anlässlich seines Todes wird jedes Jahr in China im Mai oder Juni das Drachenbootfest gefeiert, unter anderem mit »Drachenbootrennen« auf Flüssen, zu Ehren der Boote, die versuchten, Qu Yuan vor dem Ertrinken zu retten, sowie mit »Zongzi« genannten klebrigen Reisklößen mit süßer oder salziger Füllung, eingewickelt in Bambus- bzw. Schilfblätter, da mit ihnen die Fische im Fluss gefüttert worden sein sollen, damit sie nicht Qu Yuan fraßen.

129 *Jiang Kui* lebte ca. 1155–1221 und war Dichter, Komponist und Kalligraph. Die *Südliche Song* bestand 1127–1279.

130 Die *Zeit der Streitenden Reiche* war 475–221 v. Chr.

131 »*Die Sonne sinkt, wo bin ich zuhaus*« ist die vorletzte Zeile aus dem Gedicht »Gelbe Kranichpagode« von Cui Hao, der ca. 704–750 lebte. Die Kranichpagode steht in Wuhan, Provinz Hubei, und wurde durch das Gedicht berühmt.

132 »*Über-die-Brücke-Reisnudelsuppe*« ist eine der bekanntesten Speisen aus Yunnan, die heiße Brühe mit einer Schicht Öl und die Einlagen für die Suppe werden getrennt voneinander serviert. Eine Geschichte zum Namen der Suppe lautet: Eine Frau brachte ihrem Mann, der für die kaiserlichen Prüfungen lernte, Suppe zum Essen über eine Brücke, die auf dem Weg jedoch jedes Mal kalt wurde und die Nudeln weich. Deshalb füllte sie einen Tontopf mit kochender Brühe und oben einer Schicht Öl, die die Brühe heiß hielt, die Einlagen brachte sie extra. Nach der Ankunft erst mischte sie beides.

133 *Zhou Xuan* lebte 1918–1957 und war Sängerin und Filmschauspielerin.

134 *Butterfly*, chin. Hudie, auch Hu Ruihua, lebte 1908–1989 und war ebenfalls Sängerin und Filmschauspielerin.

135 *Ruan Lingyu* lebte 1910–1935 und war eine bekannte Stummfilmschauspielerin und Sängerin.

136 *Ming-Kaiser Wanli* lebte 1563–1620 und regierte von 1572–1620.

137 »*C'est là le train du monde …*«: aus Anabase IV; auf Deutsch: »Das ist der Zug der Welt und ich kann nichts anderes sagen als: gut.«

Liao Yiwu

Für ein Lied und hundert Lieder

Ein Zeugenbericht aus chinesischen Gefängnissen

Aus dem Chinesischen von Hans Peter Hoffmann

592 Seiten. Gebunden

Bis zum Vorabend des 4. Juni 1989 führt Liao Yiwu das Leben eines so unbekannten wie unpolitischen Hippie-Poeten. Doch mit dem Massaker auf dem Platz des Himmlischen Friedens ist schlagartig alles anders. Nachdem Liao ein kritisches Gedicht verfasst hat, wird er zu vier Jahren Haft im Gefängnis und in einem Arbeitslager verurteilt. Liao schildert schonungslos und auf literarisch höchst eindringliche Weise die brutale Realität seiner Inhaftierung: Er beschreibt, wie er und seine Mithäftlinge zu Halbmenschen degradiert werden und dabei manchmal selbst vergessen, was es bedeutet, Mensch und Mitmensch zu sein.

»Wer dieses Buch gelesen hat, versteht,
was Verfolgung und umzingelte Einsamkeit anrichten.
Das Buch ist Poesie und Zeitgeschichte zugleich.«
Herta Müller, Süddeutsche Zeitung

»Ebenso politisch wie existentiell bedeutend und
obendrein neuartige Literatur.«
Roger Willemsen, Literaturen

»Wenn Liao Yiwu dafür mit dem Literaturnobelpreis
geehrt würde, träfe es keinen Unwürdigen.«
Detlev Claussen, Süddeutsche Zeitung

S. Fischer

fi 1-044813 / 2

Liao Yiwu

Fräulein Hallo und der Bauernkaiser

Chinas Gesellschaft von unten

Aus dem Chinesischen von Hans Peter Hoffmann

und Karin Betz und Brigitte Höhenrieder

Mit einem Nachwort von Detlev Claussen

544 Seiten. Gebunden

Eine Prostituierte, ein buddhistischer Abt und der Manager einer öffentlichen Bedürfnisanstalt, eine Falun-Gong-Anhängerin, ein ehemaliger Rotgardist und ein uralter Feng-Shui-Meister – sie und viele andere hat Liao Yiwu, einer der bekanntesten Autoren Chinas und selbst ehemaliger politischer Häftling, mit Respekt, Einfühlungsvermögen und Humor nach ihrem Leben und ihren Hoffnungen befragt. Diese einzigartigen Gespräche lassen uns ein China entdekken, das wir sonst nicht zu sehen bekommen – ein China, in dem archaische Mythen und Riten allen politischen und technischen Revolutionen zum trotz noch lebendig sind, ein China der Ausgestoßenen und randständigen, deren Würde, Witz und Menschlichkeit ihnen niemand hat nehmen können.

»Leute, lest Liao Yiwu! (...) Liao hat in diesem epochalen Buch einen Gedenkstein aus Gesprächen für all die Unangepassten des modernen China errichtet.«

Süddeutsche Zeitung